文 / 白 / 对 / 照

资治通鑑

第二十册

〔宋〕司马光　　编撰

〔清〕康熙　乾隆　御批

〔清〕申涵煜　　点评

萧祥剑　　主编

中华文化讲堂　　译

团结出版社

目 录

资治通鉴卷第二百三十四　唐纪五十

起玄黓涒滩，尽阏逢阉茂五月，凡二年有奇。

【译文】起壬申（公元792年），止甲戌（公元794年）五月，共二年五个月。

【题解】本卷记录了公元792年至794年五月的历史，共两年零五个月。为唐德宗贞元八年到贞元十年五月。这一时期陆贽拜相，实行政治改革。各部升迁由长官举荐，不再由宰相包办，任用官吏考核实际才能，不凭花言巧语，给被惩官吏留下改过自新的机会，朝廷赈济灾民要及时，与外国商贩贸易不征税赋。陆贽还提出均平赋税与节用开支等六条措施，上奏边防体制六大失误，调整边防驻军，充实国家粮储。他的奏议明快直切，一针见血，但由于缺乏李泌以柔克刚的政治手腕，所以建议大多不被采纳，只做了两年多的宰相。德宗不改本性，信谗自用，虽任用李泌、陆贽，但更信赖卢杞、裴延龄等奸人，政治清浊混流，时局时好时坏。

德宗神武圣文皇帝九

贞元八年（壬申，公元七九二年）春，二月，壬寅，执梦冲，数其罪而斩之。云南之路始通。

三月，丁丑，山南东道节度使曹成王皋薨。

宣武节度使刘玄佐有威略，每李纳使至，玄佐厚结之，故常得其阴事，先为之备。纳惮之。其母虽贵，日织绢一匹，谓玄佐曰：“汝本寒微，天子富贵汝至此，必以死报之!”故玄佐始终不失臣节。庚午，玄佐薨。

山南东道节度判官李实知留后事，性刻薄，裁损军士衣食。鼓角将杨清潭帅众作乱夜，焚掠城中，独不犯曹王皋家。实逾城走免。明旦，都将徐诚缒城而入，号令禁遏，然后止。收清潭等六人斩之。实归京师，以为司农少卿。实，元庆之玄孙也。丙子，以荆南节度使樊泽为山南东道节度使。

【译文】贞元八年（壬申，公元792年）春季，二月，壬寅日（十七日），西川节度使韦皋拘禁苴梦冲，数责他的罪名而后将他斩首，去云南的路才通畅无阻。

三月，丁丑日（二十三日），山南东道节度使曹成王李皋去世。

宣武节度使刘玄佐颇有威信和才略，每次李纳派使前往，刘玄佐都招待他们非常优渥，因此常知晓李纳的一些阴谋，而能事先加以防范；李纳对他怀有戒备。刘玄佐的母亲即使已贵为太夫人，每天还是织一匹绢，她对刘玄佐说：“你出身于贫贱寒微的人家，天子让你富贵到这般地步，必须要用性命报效皇恩才对。”因此刘玄佐自始至终都能固守臣节。庚午日（十六日），刘玄佐去世。

山南东道节度判官李实掌管留后职位，李实性格苛刻，扣减士兵们的衣食。鼓角将杨清潭因此率众反叛，深夜，在城中放火掠夺，唯独不进犯曹王皋的家院。李实跳墙逃跑而免于危难。第二天清早，都将徐诚悬绳翻墙入城，发号命令阻止动乱，动乱才被镇压下来；徐诚拘禁杨清潭等六人，将他们斩首。李实返回京师，被派为司农少卿。李实，是李元庆的玄孙。丙子日

（二十二日），调派荆南节度使樊泽为山南东道节度使。

　　初，窦参为度支转运使，班宏副之。参许宏，俟一岁以使职归之。岁馀，参无归意，宏怒。司农少卿张滂，宏所荐也，参欲使滂分主江、淮盐铁，宏不可。滂知之，亦怨宏。及参为上所疏，乃让度支使于宏，又不欲利权专归于宏，乃荐滂于上。以宏判度支，以滂为户部侍郎、盐铁转运使，仍隶于宏以悦之。

　　窦参阴狡而愎，恃权而贪，每迁除，多与族子给事中申议之。申招权受赂，时人谓之"喜鹊"。上颇闻之，谓参曰："申必为卿累，宜出之以息物议。"参再三保其无他，申亦不悛。左金吾大将军虢王则之，巨之子也，与申善，左谏议大夫、知制诰吴通玄与陆贽不叶，窦申恐贽进用，阴与通玄、则之作谤书以倾贽。上皆察知其状。夏，四月，丁亥，贬则之昭州司马，通玄泉州司马，申道州司马。寻赐通玄死。

　　【译文】起初，窦参做度支转运使，班宏做他的副使。窦参向班宏许下承诺说，一年之后将转运使的官职让给他。过了一年多，窦参还毫无让位的意愿，班宏心里很气恼。司农少卿张滂，原是班宏推荐的，窦参想让张滂分权管理江、淮盐铁事情，班宏不愿意，被张滂知晓，因此张滂又对班宏心生恨意。等到唐德宗李适疏远窦参，窦参才把度支转运使的官职让给班宏，却不想让班宏专权取利，于是就向唐德宗推举张滂；要求唐德宗委任张滂为户部侍郎、盐铁转运使，仍隶属于班宏，借以取悦班宏。

　　窦参阴险狡猾而刚愎自用，仗着权力贪得无厌，每逢任命调派官员，常与同族的晚辈给事中窦申商量。窦申招揽权力，收受贿赂，当时的人称他为"喜鹊"。对这些事唐德宗李适略有所闻，就对窦参说："窦申一定会牵连到你，你最好把他外放，也好安抚对你不利的流言。"窦参再三保证窦申没什么，而窦申竟也不知悔改。左金吾大将军虢王李则之，是李巨的儿子，与窦申很友好。左谏议大夫、知制诰吴通玄和陆贽关系不睦，窦申害怕唐德宗起用陆贽，便暗地里和吴通玄、李则之伪造诽谤的书信，想借此构陷排挤陆贽；唐德宗李适察觉了他们的做法。夏季，四月，丁亥日（初三日），唐德宗李适把李则之贬谪为昭州司马，吴通玄贬谪为泉州司马，将窦申贬谪为道州司马；不久又赐吴通玄自杀。

刘玄佐之丧，将佐匿之，称疾请代，上亦为之隐，遣使即军中问："以陕虢观察使吴凑为代可乎？"监军孟介、行军司马卢瑗皆以为便，然后除之。凑行至汜水，玄佐之柩将发，军中请备仪仗，瑗不许，又令留器用以俟新使。将士怒。玄佐之婿及亲兵皆被甲，拥玄佐之子士宁释缞绖，登重榻，自为留后。执城将曹金岸、浚仪令李迈，曰："尔皆请吴凑者！"遂冎之。卢瑗逃免。士宁以财赏将士，劫孟介以请于朝。上以问宰相，窦参曰："今汴人指李纳以邀制命，不许，将合于纳。"庚寅，以士宁为宣武节度使。士宁疑宋州刺史崔良佐不附己，托言巡抚，至宋州，以都知兵马使刘逸准代之。逸准，正臣之子也。

乙未，贬中书侍郎、同平章事窦参为郴州别驾，贬窦申锦州司户。以尚书左丞赵憬、兵部侍郎陆贽并为中书侍郎、同平章事。憬，仁本之曾孙也。

【译文】刘玄佐去世，将佐隐藏不发丧，冒充刘玄佐之名称病请求派人接替，唐德宗李适也装作不知晓而替他们隐匿，派使者去到军中问道："派陕虢观察使吴凑前来接替怎么样？"监军孟介、行军司马卢瑗都认为很好，之后才颁发派令。吴凑走到汜水县，刘玄佐的灵柩即将发丧，军中请求准备仪仗队，卢瑗不允许，还下令仪仗队的器用留着迎接新使；将士们愤怒，因此刘玄佐的女婿及亲信的士兵都披甲执锐，拥护着刘玄佐的儿子刘士宁脱去孝服，登上高位，刘士宁被尊为留后。他们拘禁城将曹金岸及浚仪县令李迈，说："你们都是要求要吴凑来接替的！"于是就将他们凌迟处斩；卢瑗逃跑才免于一死。刘士宁以财物奖赏将士，挟持着孟介向朝廷请命。唐德宗李适问宰相，窦参说："如今汴人要挟李纳的势力邀请任官的制令，不允许的话，他们就会和李纳结合。"于是就在庚寅日（初六日），下令任刘士宁为宣武节度使。刘士宁猜疑宋州刺史崔良佐不服从他，于是就借口到境内巡抚，去到宋州，派都知兵马使刘逸准代替崔良佐的官职。刘逸准，是刘正臣的儿子。

乙未日（十一日），德宗贬谪中书侍郎、同平章事窦参为郴州别驾，贬谪窦申为锦州司户。任命尚书左丞赵憬、兵部侍郎陆贽都为中书侍郎、同平章事。赵憬，是赵仁本的曾孙。

张滂请盐铁旧簿于班宏，宏不与。滂与宏共择巡院官，莫有合者，阙官甚多。滂言于上曰："如此，职事必废，臣罪无所逃。"丙午，上命宏、滂分掌天下财赋，如大历故事。

壬子，吐蕃寇灵州，陷水口支渠，败营田。诏河东、振武救之，遣神策六军二千戍定远、怀远城。吐蕃乃退。

陆贽请令台省长官各举其属，著其名于诏书，异日考其殿最，并以升黜举者。五月，戊辰，诏行贽议。

【译文】张滂向班宏要盐铁旧簿，班宏不给。张滂和班宏一起选任巡院官，因为二人意见不合，没一个人因双方都满意而被任用，导致缺官非常多。张滂对德宗说："这样下去，空缺太多，办不好事，臣将无法逃脱罪责。"丙午日（二十二日），德宗命班宏、张滂分别掌管天下财赋，就像大历年间的做法一样。

壬子日（二十八日），吐蕃入侵灵州，攻占水口的支渠，毁坏守边士兵开垦的田地。德宗下诏河东、振武军支援，并派遣神策六军二千人驻守定远、怀远二城；吐蕃这才离去。

陆贽奏请让台省官员各自推举属员，把推举人的姓名一起写在诏书上，以备日后审核被推举人的优劣，借以奖惩推举人。五月，戊辰日（十四日），德宗下诏依从陆贽建议的方法实行。

未几，或言于上曰："诸司所举皆有情故，或受货赂，不得实才。"上密谕贽："自今除改，卿宜自择，勿任诸司。"贽上奏，其略曰："国朝五品以上，制敕命之，盖宰相商议奏可者也。六品以下则旨授，盖吏部铨材署职，诏旨画闻而不可否者也。开元中，起居、遗、补、御史等官，犹并列于选曹。其后幸臣专朝，舍金议而重己权，废公举而行私惠，是使周行庶品，苟不出时宰之意，则莫致也。"又曰："宣行以来，才举十数，议其资望，既不愧于班行，考其行能，又未闻于阙败。而议者遽以腾口，上烦圣聪。道之难行，亦可知矣！请使所言之人指陈其状，某人受贿，某举有情，付之有司，核其虚实。谬举者必行其罚，诬善者亦反其辜。何必贷其奸赃，不加辩诘，私其公议，不出主名，使无辜见疑，有罪获纵，枉直同贯，人何赖焉！又，宰相不过数人，岂能遍谙多士！若令悉命群官，理须展转询访，是则变公举为私荐，易明扬以暗投，情故必多，为弊益甚。所以承前命官，罕不涉谤。虽则秉钧不一，或自行情，亦由私访所亲，转为所卖。其弊非远，圣鉴明知。"又曰："今之宰相则往日台省长官，今之台省长官乃将来之宰相，但是职名暂异，固非行举顿殊。岂有为长官之时则不能举一二属吏，居宰相之位则可择千百具僚。物议悠悠，其惑斯甚。盖尊者领其要，卑者任其详，是以人主择辅臣，辅臣择庶长，庶长择佐僚，将务得人，无易于此。夫求才贵广，考课贵精。往者则天欲收人心，进用不次，非但人得荐士，亦得自举其才。然而课责既严，进退皆速，是以当代谓知人之明，累朝赖多士之用。"又曰："则天举用之法伤易而得人，陛下慎简之规太精而失士。"上竟追前诏不行。

【译文】没过多久，就有人对唐德宗李适说："各司所推荐的人，都是有私情或是亲戚关系，有的还收受贿赂，因此得不到有实际才华的人。"德宗密谕陆贽："从今往后，任官调遣，卿应自加择取，不要再委托各司。"陆贽上表，大要是说："国朝五品以上的官吏，制敕以命官，是宰相商讨决定上表，天子认可而后授予官职的。六品以下则降旨授官，是由吏部筛选才能，署任官职，下旨只画一'闻'字而不加否认的。开元年间，凡起居郎、舍人、拾遗、补阙、御史等官职，还是全由吏部奏报。之后因为佞臣专权朝政，废除由宰相商议的方法来加重个人权位，废除由吏部筛选举才的方法以行私人的恩德，导致节操刚正的人，如果不是出自宰相的授意，根本就不可能获取官职。"又说："自从颁布实行以来，被推荐的人才不过十几人罢了，就他们的资历名声来说，既不逊色于朝廷其他官员，而审核他们的操行才华，也没听闻有失职败事的情形。然而一些喜欢惹是生非的人，竟拨弄是非，扰乱圣上听闻。正道难于实施，由此便可见一斑！请说这种话的人指出事实，是谁收受贿赂，是谁徇私推荐，把他们交给主管官员，考核是真是假；对推举不当的人，必然要加以惩戒，而对诬陷善良的人，也一定要反坐治罪。又为什么要宽容那些贪官奸佞，不加追究诘问，隐匿公正的言论，不具名揭发，而使无辜人士被猜疑，反而宽容有罪的人，而使公正的人和邪恶的人一样声名狼藉，那公正人士还有什么好依附的呢？再者，宰相不过只有少数几个而已，怎能遍知全部的人士？假如各级官吏全令宰相委任，照理说宰相一定反复询访，那岂不是将公开的推举变成了私人的推举，而将公开的提升褒扬变成暗地里的荐进，徇私起用故旧的情形一定更多，所造成的舞弊也必然更加严重。因此若依从这种方法命官，很少会有不受诽谤的了。纵使由宰相主持任官的权限，也难免用人不公，或自行私利，还很可能有因为私访亲信，反被亲信出卖的事发生。这种缺点甚为明显，圣上只需稍稍鉴察，便能了解。"又说："如今的宰相就是以往的台省官员，如今的台省官员就是将来的宰相，只是职位官称上暂且不一样罢了，并不是位居台省官员时的推荐，与位居宰相时的推荐，猛然之间就会有不同。身为长官之时，不能推举一二个属吏，而一旦居于宰相地位，就能推举千百个备位的官吏，哪里有这种事呢？众议纷纷，竟然不明事理到这步田地。地位尊崇的人，只是综合一切事务的纲领，而由地位卑微的人去厘定细则，负责实施，因此人主选择宰辅之臣，宰辅之臣选择各级主管官员，而由各级主管选择辅助僚属，假如为了选用适合的人任职，这是不可更改的唯一方法。说起来求取人才越多越好，考核操守才华越精越好。以往武则天想要招揽人心，进用官吏不依次第，不仅人人可以推举才士，有才华的人还可以自我推举。然而处罚严厉，进而斥退得也快，因此现在说她有知人的智慧，并且历代治平无不有赖于委任众多才士。"又说："武则天任用人才的方法，即使有失于轻率，但能得真才，而陛下小心选才的规矩制定得太精细，却往往会失掉贤士。"德宗李适最终追回前诏不再实施。

癸酉，平卢节度使李纳薨。军中推其子师古知留后。

六月，吐蕃千馀骑寇泾州，掠田军千馀人而去。

岭南节度使奏："近日海舶珍异，多就安南市易，欲遣判官就安南收市，乞命中使一人与俱。"上欲从之，陆贽上言，以为："远国商贩，惟利是求，缓之斯来，扰之则去。广州素为众舶所凑，今忽改就安南，若非侵刻过深，则必招携失所，曾不内讼，更荡上心。况岭南、安南，莫非王土，中使、外使，悉是王臣，岂必信岭南而绝安南，重中使以轻外使。所奏望寝不行。"

秋，七月，甲寅朔，户部尚书判度支班宏薨。陆贽请以前湖南观察使李巽权判度支，上许之。既而复欲用司农少卿裴延龄，贽上言，以为："今之度支，准平万货，刻刻则生患，宽假则容奸。延龄诞妄小人，用之交骇物听。尸禄之责，固宜及于微臣。知人之明，亦恐伤于圣鉴。"上不从。己未，以延龄判度支事。

【译文】癸酉日（十九日），平卢节度使李纳去世，军中举荐他的儿子李师古代为留后。

六月，吐蕃千余骑兵侵略泾州，俘虏屯田士兵千余人后离开。

岭南节度使上表："最近海舶所载的奇珍异宝，大都运往安南交易，如今欲派判官前往安南收钱，请求朝廷从宫中派一名宦官同往。"德宗打算依其所请，陆贽因此上表，他以为："远方的商人，唯利是图，宽厚他们就会前来，打扰他们就会离开。广州向来是众舶集合的地方，如今他们突然都改往安南，假如不是侵财夺利过于苛待，就一定是携离有失正道，犯有过错，不知自责，反而动摇皇上的心思。更何况岭南、安南，无不是王朝的土地，朝廷派遣的中使，与安南负责交易的外使，也全部是王朝的臣属，为何只信任岭南的交易而不信任安南的交易，重视朝廷派遣的中使，而轻视在安南主事的外使？所奏报的这件事，希望搁置下来不要理会。"

秋季，七月，甲寅朔日（初一日），户部尚书判度支班宏逝世。陆贽请求派遣前湖南观察使李巽兼判度支，德宗应允。不久德宗又想任命司农少卿裴延龄为度支，陆贽上表，以为："今日的度支，均平各种货物售价，度支为人刻薄小气，就不免导致灾祸，而太过仁厚，就容易藏奸。裴延龄是个荒谬狂妄的奸人，假如他做度支，那一定会骇人听闻。尸位素餐的罪过，本当下及于卑职小臣；假如委任他为度支，恐也有伤皇上的知人之明。"德宗不听他的意见，己未日（初六日），任命裴延龄为度支。

河南、北、江、淮、荆、襄、陈、许等四十馀州大水，溺死者二万馀人，陆贽请遣使赈抚。上曰："闻所损殊少，即议优恤，恐生奸欺。"贽上奏，其略曰："流俗之弊，多徇诡谀，揣所悦意则侈其言，度所恶闻则小其事，制备失所，恒病于斯。"又曰："所费者财用，所收者人心，苟不失人，何忧乏用！"上许为遣使，而曰："淮西贡赋既阙，不必遣使。"贽复上奏，以为："陛下息师含垢，宥彼渠魁，惟兹下人，所宜矜恤。昔秦、晋仇敌，穆公犹救其饥，况帝王怀柔万邦，唯德与义，宁人负我，我无负人。"八月，遣中书舍人京兆奚陟等宣抚诸道水灾。

以前青州刺史李师古为平卢节度使。

韦皋攻吐蕃维州，获其大将论赞热。

【译文】河南、河北、江、淮、荆、襄、陈、许等四十余州发生水灾，淹死二万多人，陆贽请派遣使臣赈灾安抚。德宗李适说："听闻水灾受到的损失很小，假如议请加厚抚恤，恐怕会引起奸佞欺瞒的事情发生。"陆贽上表，内容大致是说："流俗的弊端，大半是由于阿谀奉承，揣测陛下心里喜欢的就夸大其词，讨厌的就大事化小，处置失当，常导致这种弊病。"又说："赈灾所消耗的不过是财物而已，而获取的却是民心拥戴，假如能不失民心，又怎会有财用不足的担忧呢？"德宗允许派使赈灾，却说："淮西很早就没进贡，不必派使前去。"陆贽又上奏折，以为："陛下偃旗息兵，含垢忍辱，既然宽容将帅，那也对该地的百姓更加怜悯体恤。以前秦、晋二国为敌，秦穆公还送粮赈济晋国的灾民，何况您身为帝王，内怀万邦，仰仗于恩惠与道义，宁可使人有负于我，而勿使我有负于人。"八月，派遣中书舍人京兆人奚陟等去安慰体恤各道水灾。

委任前青州刺史李师古为平卢节度使。

韦皋攻维州，俘虏吐蕃大将论赞热。

【乾隆御批】水连四十余州，溺人三万余计，赈抚惟恐不逮，犹虞或遗且灶蛙，泽雁皆按验可得，奸欺亦何自而生？此而尚欲屯膏，民困将谁恤乎？况德宗昔于朔方从迹之将士，尚议并给冬衣，而此淮西罹患之灾黎，独靳恤之升斗，前后自相刺谬亦已甚矣。

【译文】洪水泛滥四十余州，淹死的人有三万多，赈济抚慰还恐不够，还应当考虑给灾民留下粮食，有恩于大雁都能得到预期的报答，如果议行丰厚的抚恤，奸诈欺骗的事情怎么自然发生？此时还想贪吝施于灾民的恩泽，那灾民又由谁去抚恤呢？何况德宗昔日对待朔方顺从叛逆的将士，尚且提议发给他们冬衣，而此次淮西百姓遭受水灾，却吝惜一升一斗的赈济，前后自相违背也太大了。

陆贽上言，以边储不赡，由措置失当，蓄敛乖宜，其略曰："所谓措置失当者，戍卒不隶于守臣，守臣不总于元帅。至有一城之将，一旅之兵，各降中使监临，皆承别诏委任。分镇亘千里之地，莫相率从。缘边列十万之师，不设谋主。每有寇至，方从中覆，比蒙征发救援，寇已获胜罢归。吐蕃之比中国，众寡不敌，工拙不侔，然而彼攻有馀，我守不足。盖彼之号令由将，而我之节制在朝，彼之兵众合并而我之部分离析故也。所谓蓄敛乖宜者，陛下顷设就军、和籴之法以省运，制与人加倍之价以劝农，此令初行，人皆悦慕。而有司竞为苟且，专事纤啬，岁稔则不时敛藏，艰食则抑使收籴。遂使豪家、贪吏，反操利权，贱取于人以俟公私之乏。又有势要、近亲、羁游之士，委贱籴于军城，取高价于京邑，又多支缔纻充直。穷边寒不可衣，鬻无所售。上既无信于下，下亦以伪应之，度支物估转高，军城谷价转贵。度支以苟售滞货为功利，军司以所得加价为羡馀。虽高巡院，转成囊橐。至有空申簿帐，伪指囷仓，计其数则亿万有馀，考其实则百十不足。"

【译文】陆贽上表，以为边境储粮不够，是因为措施不当，储存赋敛失宜，大致是说："所谓措施不当，是因为士兵不隶属于戍边大臣，戍边大臣不隶属于元帅。甚至有一个守城的将领，一旅编制的士兵，就派一名宦官为使臣前去考察，并且另下诏令任命。各军军队分别驻守一地，延绵千里，双方不相统属；沿着边境排列有十万大军，而并未设立主持策划的主管。每当异族入侵，才由朝廷商议对策传令军中，等到征派军队前去支援，敌人早就获胜休战返回本土。吐蕃和中国相比较，士兵的多寡不等，战术的高下悬殊，然而他们入侵的兵力有余，而我们驻守的力量不足。这确实是因为他们的命令直接发自将帅，而我们则完全由朝廷控制；他们的士兵集合在一起，而我们的部队却分散的原因所在啊。所谓储蓄赋敛失宜，陛下最近制定士兵在驻军的所在地区耕作，由当地官员议价购买粮粟的方法，借以避免反复运粮的辛苦和费用的耗费，下令给予加倍粮价购买，借此激励农耕，此令初行，大家都高兴拥戴。然而长久之后，各地官员便苟且做事，一味苛待士兵百姓，斤斤计较，年成好时，便不定期地随时征收贮藏，歉收时，便以强制压迫的手段购买粮粟，导致豪强权贵、贪官污吏得以谋取利益，贱价购入，积累贮藏，以待公私粮食短缺之时，高价兜售，从中取利。除此之外，竟还有些权贵显要、达官贵族，以及羁旅遨游的贵幸，在边境驻军的城市中，设置粮号，贱价购买，而向京邑报取高价，还经常支付缔葛麻布折抵粮价，这些东西在边远地区，严寒之时不能做衣服穿，要卖也卖不出去。上级失信于下级，下级士兵也只好狡诈应对，导致度支抬高价格，军城粮价上涨。度支以苟且不正的方法，兜售滞销的货物牟利，而军城以所征收购买的粮食加价为盈余。即使设置巡院，也形同虚设。甚至伪造账本，谎报存粮，统计上报的数量，多达亿万有余，而检查实际的数目，还不到百分之十。"

又曰："旧制以关中用度之多，岁运东方租米，至有斗钱运斗米之言。习闻见而不达时宜者，则曰：'国之大事，不计费损，虽知劳烦，不可废也。'习近利而不防远患者，则曰：'每至秋成之时，但令畿内和籴，既易集事，又足劝农。'臣以两家之论，互有长短，将制国用，须权重轻。食不足而财有馀，则弛于积财而务实仓廪；食有馀而财不足，则缓于积食而啬用货泉。近岁关辅屡丰，公储委积，足给数年；今夏江、淮水潦，米贵加倍，人多流庸。关辅以谷贱伤农，宜加价以籴而无钱；江、淮以谷贵人困，宜减价以粜而无米。而又运彼所乏，益此所馀，斯所谓习见闻而不达时宜者也。今江、淮斗米直百五十钱，运至东渭桥，僦直又约二百，米糙且陈，尤为京邑所贱。据市司月估，斗粜三十七钱。耗其九而存其一，馁彼人而伤此农，制事若斯，可谓深失矣！顷者每年自江、湖、淮、浙运米百一十万斛，至河阴留四十万斛，贮河阴仓，至陕州又留三十万斛，贮太原仓，馀四十万斛输东渭桥。今河阴、太原仓见米犹有三百二十馀万斛，京兆诸县斗米不过直钱七十，请令来年江、淮止运三十万斛至河阴，河阴、陕州以次运至东渭桥，其江、淮所停运米八十万斛，委转运使每斗取八十钱于水灾州县粜之，以救贫乏，计得钱六十四万缗，减僦直六十九万缗。请令户部先以二十万缗付京兆，令籴入以补渭桥仓之缺数，斗用百钱以利农人。以一百二万六千缗付边镇，使籴十万人一年之粮，馀十万四千缗以充来年和籴之价。其江、淮米钱、僦直并委转运使折市绫、绢、䌷、绵，以输上都，偿先贷户部钱。"

【译文】又说："以前的法制，因关中的用度非常大，因此规定每年将东方的租米运送过去，导致一斗钱运一斗米的传言。全凭传言而不明事实的人就说：'这是有关国家的大事，不应计较费用消耗，即使明知不免辛苦烦恼，但是也不能废弃。'只图谋近利而不防范远患的人就说：'年年到达秋收之时，只要在京畿之内议价购买粮食就行。既易于把事办成，又能够激励农耕。'臣以为这两种言论，互有优劣，为了让国家财用充足而制定法律，必须衡量轻重。粮食不够而钱财有余之时，就该停缓积财，充实仓库；粮食充足而钱财不足之时，就应暂缓存粮而慎用钱财。近年来关辅地区连年丰收，官府粮仓积累满溢，足够数年消耗；今年夏季，江、淮水灾，米价上涨一倍，百姓大都流亡异乡，替人帮佣。关辅因谷贱伤农，应该提高售价买入，却没有钱财；江、淮因谷贵使百姓困顿，应该降低售价卖出，却没有米粮。反而还要他们运送米粮前去，以不足补益有余，全凭传言而不明事实的人，才会有这样的想法。而今江、淮一带，一斗米价格高到一百五十钱，运到东渭桥，运工的俸禄大约需要二百钱，稻米粗糙腐烂，尤其不受京邑人士喜欢。据市司每月上报的估价，一斗米的价格只值三十七钱，大致说来耗费十分之九的价值，而只余十分之一的价值，使江、淮的人饿死，同时也使京邑的百姓连带受牵连，这样处置事情，可真是大错特错！近来每年由江、湖、淮、浙运米一百一十万斛，到达河阴留下四十万斛，储存在河阴仓中，到达陕州又留下三十万斛，储存在太原仓中，余下的四十万斛运送到东渭桥。如今河阴仓、太原仓存米还有三百二十多万斛，京兆诸县一斗米的价格，也不过值七十钱，请令明年江、淮只运米三十万斛到河阴，之后再由河阴、陕州顺路转运到东渭桥，把江、淮其余还没交运的八十万斛米，委托转运使以每斗八十钱的价钱，卖给水灾地区的各州各县，用来赈济贫困的百姓，一共可收入六十四万缗，此外节约下俸禄六十九万缗。请令户部先上缴京兆二十万缗，命令京兆用来买米补渭桥仓缺少的数额，每斗使农民获利百钱；剩下的一百零二万六千缗，交给边镇，要他们购买十万士兵一年需要的粮食，还剩余的十万四千缗，则用作来年购米的钱。而在江、淮兜售稻米的钱，及节约下的俸禄，委托转运使全以绫、绢、绅、绵折算，运送至长安，以抵还向户部借贷的款项。”

九月，诏西北边贵籴以实仓储，边备浸充。

冬，十一月，壬子朔，日有食之。

吐蕃、云南日益相猜，每云南兵至境上，吐蕃辄亦发兵，声言相应，实为之备。辛酉，韦皋复遗云南王书，欲与共袭吐蕃，驱之云岭之外，悉平吐蕃城堡，独与云南筑大城于境上，置戍相保，永同一家。

右庶子妆公辅久不迁官，诣陆贽求迁，贽密语之曰："闻窦相屡奏拟，上不允，有怒公之言。"公辅惧，请为道士。上问其故，公辅不敢泄贽语，以闻参言为对。上怒参归怨于君。己巳，贬公辅为吉州别驾，又遣中使责参。

【译文】九月，德宗下令西北边境高价购买米粮，以充实仓库，边塞地区的用度才逐渐地充足。

冬季，十一月，壬子朔日（初一日），发生日食。

吐蕃和云南之间的猜疑日渐加深，每回云南的兵卒来到边境，吐蕃也就出兵，扬言相互接应，实际上借以戒备。辛酉日（初十日），韦皋又写信给云南王，打算和云南联合攻打吐蕃，把他们赶到云岭之外，捣毁吐蕃全部的城堡，只和云南联合，在边境上修筑一座大城，置兵驻守，相与共保，永远亲如一家。

左庶子姜公辅的职务长期没有调动，就去拜访陆贽请求调动。陆贽私下对他说："听闻窦相窦参曾多次奏请拜阁下为相，皇上都没允许，对你颇有怨恨之言。"姜公辅惊恐害怕，因此奏请辞官去做道士。德宗问他为何，姜公辅不敢泄露是陆贽对他说的这番话，而会德宗假称是窦参告知他这番话。德宗因为窦参将怨恨归于君主而恼怒；己巳日（十八日），把姜公辅贬为吉州别驾，并派遣宦官作为使者斥责窦参。

庚午，山南西道节度使严震奏败吐蕃于芳州及黑水堡。

初，李纳以棣州蛤蜒有盐利，城而据之。又戍德州之南三汊城，以通田绪之路。及李师古袭位，王武俊以其年少，轻之，是月，引兵屯德、棣，将取蛤蜒及三汊城。师古遣赵镐将兵拒之。上遣中使谕止之，武俊乃还。

初，刘怦薨，刘济在莫州，其母弟滩在父侧，以父命召济而以军府授之。济以滩为瀛州刺史，许它日代己。既而济用其子为副大使，滩怨之，擅通表朝廷，遣兵千人防秋。济怒，发兵击滩，破之。

左神策大将军柏良器，募才勇之士以易贩鬻者，监军窦文场恶之。会良器妻族饮醉，寓宿宫舍。十二月，丙戌，良器坐左迁右领军。自是宦官始专军政。

【译文】庚午日（十九日），山南西道节度使严震上表在芳州及黑水堡击败吐蕃。

起初，李纳因见棣州蛤蜒有盐利可谋取，因此筑城驻守；又派兵驻守德州南边的三汊城，和田绪勾结。等到李师古袭位，王武俊看他年幼而轻视他，于是就在这个月，领兵聚集于德、棣二州，打算攻占蛤蜒及三汊城。李师古派赵镐带兵抵抗。德宗李适派遣宦官为使加以晓谕制止，王武俊才返回。

起初刘怦逝世，刘济在莫州，刘济的同母弟刘滩跟随在父亲身边，以父命召刘济前去把将军府大权授给刘济。刘济任命刘滩为瀛州刺史，并承诺将来让刘滩代替他的职位。之后刘济任命他儿子做副大使，刘滩便怀恨在心，私自奏报朝廷，请派兵千人由他带领负责防秋。刘济愤怒，发兵攻打刘滩，而将刘滩击败。

左神策大将军柏良器，招收勇士来取代买卖人，监军窦文场很讨厌他。恰巧有一天柏良器妻子的亲故喝醉酒，宿在宫禁中值卫的宿舍中。十二月，丙戌日（初五日），柏良器因此事受到牵连，被贬为右领军。此后宦官又开始掌管军权。

贞元九年（癸酉，公元七九三年）春，正月，癸卯，初税茶。凡州、县产茶及茶山外要路，皆估其直，什税一，从盐铁使张滂之请也。滂奏："去岁水灾减税，用度不足，请税茶以足之。自明年以往，税茶之钱，令所在别贮，俟有水旱，以代民田税。"自是岁收茶税钱四十万缗，未尝以救水旱也。

滂又奏："奸人销钱为铜器以求赢，请悉禁铜器。铜山听人开采，无得私卖。

二月，甲寅，以义武留后张升云为节度使。

初，盐州既陷，塞外无复保障。吐蕃常阻绝灵武，侵扰鄜坊。辛酉，诏发兵三万五千人城盐州，又诏泾原、山南、剑南各发兵深入吐蕃以分其势，城之二旬而毕。命盐州节度使杜彦光戍之，朔方都虞候杨朝晟戍木波堡，由是灵、武银、夏、河西获安。

【译文】贞元九年（癸酉，公元793年）春季，正月，癸卯日（二十四日），开始征收茶税。凡是产茶的州县及茶山通向外界的道路，都按照产量估算价值，征收十分之一的茶税，这是按照盐铁使张滂的上奏决定的。张滂上表说："去年因为水灾税收降低，导致用度不足，请征收茶税，用以补足。从明年开始，征收的茶税，令各所在地另外储存，等到发生灾难，用来取代田租。"此后每年征收茶税四十万缗，但从没用来赈济过灾害。

张滂又上表说："奸佞熔销钱币铸成铜器谋取利益，请全面阻止售卖铜器。开采铜矿的人，也不得私下售卖。"

二月，甲寅日（初五日），委派义武留后张升云为节度使。

起初，盐州已被攻陷，塞外就毫无屏障；吐蕃常常阻挠灵武来往的通道，扰乱鄜坊。辛酉日（十二日），德宗李适下令派兵三万五千人修筑盐州城，又诏令泾原、山南、剑南各派军队进入吐蕃，分散他们的兵力，城垣修建二十天完成；命令盐州节度使杜彦光负责驻守，并令朔方都虞候杨朝晟驻守木波堡。此后灵、夏、河西一带才得以安稳。

上使人谕陆贽，以"要重之事，勿对赵憬陈论，当密封手疏以闻。"又"苗粲以父晋卿往年摄政，尝有不臣之言，诸子皆与古帝王同名，今不欲明行斥逐，兄弟亦各除外官，勿使近屯兵之地。"又"卿清慎太过，诸道馈遗，一皆拒绝，恐事情不通，如鞭靴之类，受亦无伤。"贽上奏，其略曰："昨臣所奏，惟赵憬得闻，陛下已至劳神，委曲防护。是于心膂之内，尚有形迹之拘，迹同事殊，鲜克以济。恐爽无私之德，且伤不吝之明。"又曰："爵人必于朝，刑人必于市，惟恐众之不睹，事之不彰。君上行之无愧心，兆庶听之无疑议，受赏安之无怍色，当刑居之无怨言，此圣王所以宣明典章，与天下公共者也。凡是潜诉之事，多非信实之言，利于中伤，惧于公辩。或云岁月已久，不可究寻；或云事体有妨，须为隐忍；或云恶迹未露，宜假它事为名；或云但弃其人，何必明言责辱。词皆近于情理，意实苑于矫诬，伤善售奸，莫斯为甚！若晋卿父子实有大罪，则当公议典宪；若被诬枉，岂令阴受播迁。夫听讼辨谗，必求情辨迹，情见迹著，辞服理穷，然后加刑罚焉，是以下无冤人，上无谬听。"又曰："监临受贿，盈尺有刑，至于士吏之微，尚当严禁，矧居风化之首，反可通行！贿道一开，展转滋甚，鞭靴不已，必及金玉。目见可欲，何能自窒于心！

已与交私，何能中绝其意！是以涓流不绝，溪壑成灾矣。"又曰："若有所受，有所却，则遇却者疑乎见拒而不通矣；若俱辞不受，则咸知不受者乃其常理，复何嫌阻之有乎！"

【译文】德宗派人告诉陆贽说："要紧的事，不要对赵憬说或和他商量，应该密封亲笔奏报上呈。"又说："苗粲由于他父亲晋卿以往摄政时，曾说过一些越过臣属礼仪的话，好几个儿子都和古代帝王同名，如今还不想明令驱逐他，他的兄弟也都在京外担任官职，不要让他接近驻兵的地方。"又说："卿太过于廉洁小心，对于诸道的赠送，全都拒绝接纳，恐怕有违人情伦理，如马鞭、皮靴之类，也不妨接纳。"陆贽上表，大致是说："臣昨日上表，只有赵憬知晓，就有劳陛下费神，而不惜委屈极力加以防备。这就表示在陛下的心里，还遭受着很多外在的拘束，心里受到拘束，做事非出于所愿，就很难顺利完成。恐怕不仅会有失于大公无私的品德，还会有伤于不吝悔过的明智。"又说："册封赏爵，一定要在朝堂上赏赐，刑人处斩，一定要在市朝实行，为的是害怕好事不被人知晓，坏事不被张扬。君上奖善惩恶都能无愧于心的话，那天下人闻知，自然也无疑虑，而使被奖赏褒扬的人，安然无愧，受刑罚处置的人，也心服口服，这才是皇上宣明典章，和全天下人一起遵循的做法啊。举凡有关谮诟诉讼的事，所说的话就不一定确切可信，利于暗地里害人，害怕公开明察。对于这些事，或许有人会说年代久远，已没办法追究；或许有人会说害怕会妨碍大体，因此必须隐藏容忍；也或许有人会说恶事也不明显，最好是借取他事为名；甚至或许有人会说将他斥责放弃就好，又何必一定要辨明罪责，加以斥责侮辱呢？这些说法，听起来似乎都合乎情理，然而实在都是些深藏狡诈诬罔的说辞。残害忠良而使奸计成功，没有比这更厉害的了！假如苗晋卿父子真犯有大罪，应该当众依法定罪，假如是被人冤枉陷害，又怎么让他蒙受不白之冤而被流放？说到审讯问案，明辨奸谗，一定要探究内情，明察事迹，实在是邪恶的行为，罪名昭著，令人心服口服，无理可诉，之后再加以刑罚惩治，那臣下才不致有蒙受冤屈的人，而皇上也不致会信任谗言，受人欺骗。"又说："监临官收受贿赂，纵然只是一尺布，按照法律规定，也要惩罚。对于官卑职贱，尚且应该严禁贿赂，何况是居于移风化俗之位的宰相，怎能收受贿赂呢？贿赂的大门一开，欲望越来越大，马鞭、皮靴不能满足，一定要接受金玉宝货。眼看着有心爱的东西可贪，有谁能不心动呢？既已接纳别人私下的贿赂，又怎么拒绝别人暗地里拜访，而不满足他的需求呢？因此细水长流，汇成溪壑，最终泛滥成灾。"又说："假如是有的接纳，有的拒绝，那被拒绝的人，必会怀疑对他所要求的事，是不愿意被通融；假如全不接纳，那都知晓不贿赂，是理所应当的事，又怎会对我有嫌隙疑虑呢？"

初，窦参恶左司郎中李巽，出为常州刺史。及参贬郴州，巽为湖南观察使。汴州节度使刘士宁遗参绢五十匹，巽奏参交结藩镇。上大怒，欲杀参，陆贽以为参罪不至死，上乃止，既而复遣中使谓贽曰："参交结中外，其意难测，社稷事重，卿速进文书处分。"贽上言："参朝廷大臣，诛之不可无名。昔刘晏之死，罪不明白，至今众议为之愤邑，叛臣得以为辞。参贪纵之罪，天下共知；至于潜怀异图，事迹暧昧。若不推鞫，遽加重辟，骇动不细。窦参于臣无分，陛下所知，岂欲营救其人，盖惜典刑不滥。"三月，更贬参驩州司马，男女皆配流。

上又命理其亲党，贽奏："罪有首从，法有重轻，参既蒙宥，亲党亦应末减。况参得罪之初，私党并已连坐，人心久定，请更不问。"从之。上又欲籍其家赀，贽曰："在法，反逆者尽没其财，赃污者止征所犯。皆须结正施刑，然后收籍。今罪法未详，陛下已存惠贷，若簿录其家，恐以财伤义。"时宦官左右恨参尤深，谤毁不已。参未至骧州，竟赐死于路。窦申杖杀，货财、奴婢悉传送京师。

【译文】起初，窦参厌恶左司郎中李巽，把他外放为常州刺史。等到窦参被贬到郴州，李巽在做湖南观察使。汴州节度使刘士宁赠送细绢五十匹给窦参，李巽就奏报窦参私交藩镇大将。德宗愤怒，想斩杀窦参，陆贽以为窦参的罪责还不至于被判死刑，德宗也就放弃了，之后又派遣宦官对陆贽说："窦参结交内外大臣，心怀不轨，危害社稷，事情严重，着卿速进奏表，拟定处罚方法。"陆贽上表："窦参是朝廷重臣，要治他死罪，不能事出无因。以前斩杀刘晏，罪责不明，如今众人议论纷纷为他打抱不平，导致叛臣有了借口。窦参贪污纵欲的罪名，是天下所有人都知道的事；至于心怀叵测的阴谋诡秘，事情并不明显。假如不经审讯问考，就突然加以重罚，恐怕造成的惊动不小。窦参和臣并没有任何交情，这是陛下知晓的事，臣绝不会为了要救他而徇私情，只是爱护朝廷刑罚不被滥用。"三月，又将窦参贬为骧州司马，一家男女都外放到边远地区。

德宗又下诏治窦参亲党的罪，陆贽上表："犯罪有首从的区分，刑罚有轻重的区分，窦参是罪魁祸首，都已经被宽恕，对他的亲党，更应当尽力宽免；何况起初在窦参犯罪受刑时，对他的私党都已牵连处罚，既然已经安抚人心，请不要再治他们的罪了。"德宗也接纳了他的意见。德宗又想没收窦参的家财，陆贽说："依照法律来说，造反的人，没收他所有的家私，贪污的人，只没收他所贪的部分，而且必须等结案正法服刑之后，再进行没收。如今窦参的罪责不明，而陛下也已经施恩宽恕了他，若是册录没收他的家私，恐怕会受到因财害义的嘲讽。"但是那时宦官都对窦参恨之入骨，不断地谗言诽谤他。窦参还没到达州，德宗竟下诏在途中赐死他。并下令把窦申用刑杖打死，将窦家的财物、奴婢，全部送到京师。

海州团练使张升璘，升云之弟，李纳之婿也。以父大祥归于定州，尝于公座骂王武俊，武俊奏之。夏，四月，丁丑，诏削其官，遣中使杖而囚之。定州富庶，武俊常欲之，因是遣兵袭取义丰，掠安喜、无极万馀口，徙之德、棣。升云闭城自守，屡遣使谢之，乃止。

上命李师古毁三汊城，师古奉诏。然常招聚亡命，有得罪于朝廷者，皆抚而用之。

五月，甲辰，以中书侍郎赵憬为门下侍郎、同平章事，义成节度使贾耽为在右仆射，右丞卢迈守本官，并同平章事。迈，翰之族子也。憬疑陆贽恃恩，欲专大政，排己置之门下，多称疾不豫事，由是与贽有隙。

【译文】海州团练使张升璘，是张升云的弟弟、李纳的女婿。为他父亲守丧期满，行过大祥祭，换下孝服后，返回定州，曾经在群官聚会时，在座席上当众大骂王武俊，武俊将这事上报德宗。夏季，四月，丁丑日（二十九日），德宗诏令罢免张升璘，杖责后将他拘禁。定州物财富裕，人口众多，王武俊常想占有，因此发兵偷袭义丰，抢夺安喜、无极两县中一万多人，将他们分别迁移到德、棣二州。张升云闭关自守，多次派人去向王武俊请罪，王武俊才息兵停战。

德宗令李师古毁掉三汊城，李师古奉诏行事；而常招收一些亡命之徒服役，其中有些曾经开罪过朝廷的人，他全部予以抚慰起用。

五月，甲辰日（二十七日），任命中书侍郎赵憬为门下侍郎、同平章事；义成节度使贾耽为右仆射，右丞卢迈仍担任原职，一起晋升为同平章事。卢迈是卢翰族兄的儿子。赵憬猜疑陆贽仗着宠信，想包揽大权，因此排挤他，而将他安置在门下省，因此常常称病不干预政事，和陆贽有了嫌隙。

陆贽上奏论备边六失，以为："措置乖方，课责亏度，财匮于兵众，力分于将多，怨生于不均，机失于遥制。

"关东戍卒，不习土风，身苦边荒，心畏戎虏。国家资奉若骄子，姑息如倩人。屈指计归，张颐待哺；或利王师之败，乘扰攘而东溃；或拔弃城镇，摇远近之心。岂惟无益，实亦有损。复有犯刑谪徙者，既是无良之类，且加怀土之情，思乱幸灾，又甚戍卒。可谓措置乖方矣。

自顷权移于下，柄失于朝，将之号令既鲜克行之于军，国之典常又不能施之于将，务相遵养，苟度岁时。欲赏一有功，翻虑无功者反仄；欲罚一有罪，复虑同恶者忧虞。罪以隐忍而不彰，功以嫌疑而不赏，姑息之道，乃至于斯。故使忘身效节者获诮于等夷，率众先登者取怨于士卒，偾军蹙国者不怀于愧畏，缓救失期者自以为智能。此义士所以痛心，勇夫所以解体。可谓课责亏度矣。

虏每入寇，将帅递相推倚，无敢谁何。虚张贼势上闻，则曰兵少不敌。朝廷莫之省察，唯务征发益师，无裨备御之功，重增供亿之弊。闾井日耗，征求日繁，以编户倾家、破产之资，兼有司榷盐、税酒之利，总其所入，岁以事边。可谓财匮于兵众矣。

【译文】陆贽上表陈述边防制度有六项缺点："一是措施不当；二是奖赏无常；三是士兵众多，导致财资不足；四是将领太多，导致兵力分散；五是待遇不公，导致人心怀愤恨；六是用兵由朝廷遥相掌控，贻误战机。

"关东士兵，水土不服，遭受边塞的寒冷，害怕戎虏的凶残。国家对他们的俸禄供养，视同天之骄子一样，每每为了苟且取安，就像非得求他们不可似的。而这些士兵，每天只是在屈指算着归期，张口待哺；有些趁着王师败北的机遇，趁着混乱溃败的当儿，东奔逃向家乡；有些甚至相率逃跑，弃城镇于不顾，致使远近人心惊慌不安。岂止是无益，确实有害。还有触犯法律而被流放贬谪的人，本非善类，再加上思乡情切，经常幸灾乐祸地希冀灾乱发生，更甚于士兵。这就是所谓的措施不当的过错。

"近年来，将帅们的大权频频下放，朝廷也同样失去威严，将帅的指令很少能通达于全军上下，国家的命令也不能施于将帅，双方都是在相率着姑息养奸，苟且偷生，过一天算一天。想要赏赐有功官吏，反而会顾虑到无功官员将生叛逆之心；想要惩罚一个有罪的奸臣贼子，又会顾虑到其他品德败坏的人将担忧不安。因此有人犯罪，却代为欺瞒，尽力忍让，而不敢张扬出来；有人立功，却因有所顾忌，而不便奖赏。姑息养奸，竟到了这般田地，以至于让遵守臣节、忘身报效的忠臣，饱受同僚的嘲笑，身先士卒，冲锋陷阵的骁将，深受士兵的埋怨，败军失地的将领，没有丝毫羞愧，更无所畏惧，救援延误的将领，反而自以为是聪明能干，幸运免入战祸。这就是忠贞义士所以痛心，勇敢武夫所以离心的缘故。这就是所谓赏罚失常的缺点。

"每遇戎敌入侵，将帅们便相互推脱，相互依赖，没一个敢对敌人如何，于是夸大敌寇兵力，上报朝廷，说自己兵力微弱，难以抵抗。朝廷不查明，只是一味招收士兵，加派救援，这不但无助于防御抵抗，反而加重粮械供应的弊端，导致闾里间的壮丁一天比一天少，而招募增援的士兵却一天比一天多，于是将增刮百姓以致百姓倾家荡产，再加上主管官员征得的盐、酒税合在一起，每年全都用在边防将士们的身上。这就是所谓士卒众多，导致国家财用不足的缺点。

"吐蕃举国胜兵之徒，才当中国十数大郡而已，动则中国惧其众而不敢抗，静则中国惮其强而不敢侵，厥理何哉？良以中国之节制多门，蕃丑之统帅专一故也。夫统帅专一，则人心不分，号令不贰，进退可齐，疾徐中意，机会靡愆，气势自壮。斯乃以少为众，以弱为强者也。开元、天宝之间，控御西北两蕃，唯朔方、河西、陇右三节度。中兴以来，未遑外讨，抗两蕃者亦朔方、泾原、陇右、河东四节度而已。自顷分朔方之地，建牙拥节者凡三使焉，其馀镇军，数且四十，皆承特诏委寄，各降中贵监临，人得抗衡，莫相禀属。每俟边书告急，方令计会用兵，既无军法下临，惟以客礼相待。夫兵，以气势为用者也，气聚则盛，散则消；势合则威，析则弱。今之边备，势弱气消，可谓力分于将多矣。

【译文】"吐蕃全国能手执兵器出征打仗的人，不过相当于中原十几个大州郡中招募的壮丁人数。他们一来进犯，我们就害怕他们人多势众，不敢和他们对战。他们平时不来进犯的时候，我们又害怕他们强大，而不敢攻打。这究竟是为什么呢？实在是因为我们中原有太多的节度使负责管理军队，而吐蕃却由一员大将负责统领全国军队啊。说到专由一人统领指挥，那人心就不致背叛，命令一致，进退与共，快慢如意，而不致错失良机，气势自然壮大。这就是兵家所谓的以少为多，以弱为强的用兵道理啊。开元、天宝年间，控制抵抗西北两藩的，只有朔方、河西、陇右三节度罢了。中兴之后，还未对外讨伐，抵御两藩的，也只不过朔方、泾原、陇右、河东四节度罢了。然而近年来，将朔方的兵权分划，建旄拥节的节度使就有三位，剩余各镇将领，将近有四十人，都是奉受特诏任命，还派遣贵幸的宦官分别莅临监督，而将领们地位相等，不相统属。等到每次边境传书前来告急时，才让他们一起商讨用兵抵抗的计策，这种方法，并不是以军法直接命令指挥他们，而是以宾客的礼仪相待而已。确切说来，用兵打仗，全靠一股士气；士气能聚集才会旺盛，分散了当然就衰弱；兵力能集中才会强盛，分散了当然就微弱。如今边境上抵御的部队，力弱气消，这就是所谓将领太多，导致兵力分散的缺点。

"理戎之要，在于练核优劣之科以为衣食等级之制，使能者企及，否者息心，虽有薄厚之殊而无觖望之衅。今穷边之地，长镇之兵，皆百战伤夷之馀，终年勤苦之剧，然衣粮所给，唯止当身，例为妻子所分，常有冻馁之色。而关东戍卒，怯于应敌，懈于服劳，衣粮所颁，厚逾数等。又有素非禁旅，本是边军，将校诡为媚词，因请遥隶神策，不离旧所，唯改虚名，其于廪赐之饶，遂有三倍之益。夫事业未异而给养有殊，苟未忘怀，孰能无愠！可谓怨生于不均矣。

"凡欲选任将帅，必先考察行能，可者遣之，不可者退之，疑者不使，使者不疑，故将在军，君命有所不受。自顷边军去就，

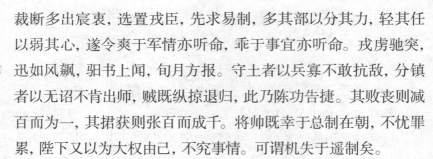

裁断多出宸衷，选置戎臣，先求易制，多其部以分其力，轻其任以弱其心，遂令爽于军情亦听命，乖于事宜亦听命。戎虏驰突，迅如风飙，驲书上闻，旬月方报。守土者以兵寡不敢抗敌，分镇者以无诏不肯出师，贼既纵掠退归，此乃陈功告捷。其败丧则减百而为一，其掳获则张百而成千。将帅既幸于总制在朝，不忧罪累，陛下又以为大权由己，不究事情。可谓机失于遥制矣。

【译文】"治兵的要则，在于考查平时训练的好坏，分辨高下，据此为衣食待遇上的区别，使有能力的士兵达到较高等级，而能力不足的士兵不会存有奢望，虽说有待遇厚薄的差别，但没有不满的嫌隙。如今穷荒的边境上，长年驻守在那里的士兵，都是些身经百战，受过伤的士兵，一年到头饱受劳苦，可是提供他们的衣食，仅足够他们一人的需要，忍饥挨饿地分给妻子食用，因此常饿得面黄肌瘦，冻得皮肤乌紫。而关东的士兵，害怕对敌，懒于劳役，但发放的衣食待遇，却比戍边士兵优渥数倍。还有些向来不属禁军，本是戍边的军队，将领们竟狡诈地说些阿谀奉承的话，请求遥隶于神策军，实际上并没离开原先驻守的边境，只不过是改变原先的番号，那粮食的供应，就增加到三倍以上。像这样，担负的工作并没有丝毫的改变，而供应却有了这么大的不同，如果心里还没忘记之前浅薄的待遇，只因如今隶属于神策军，就有了这样的区别，思前想后，谁能不感到怨恨不平呢？这就是所谓待遇不均，而令人心生怨恨的缺点。

"凡是委任将帅，必须事先考核他们的品行和才能，够水平的就派他任职，不够格的就放弃不用；猜疑他不忠，就不要委任他，既然委任了他，就不能对他心存丝毫猜忌，因此兵书上才有'将帅在外带领军队，君王的诏令有的就不必接纳'的说法。近年来对边将的委任和撤换，全凭皇上的裁决，而选择军帅，考虑的第一条件，也只看他是否容易控制，之后又将军队分成很多支队，目的是在于分散将帅的权责，实际上减少了将帅的责任，削减了将帅的斗志，导致他服从不合军情的命令，服从违背事情的命令。戎虏每次奔驰入侵，就好比一阵急风，边镇以传车驿马上报军情，起码也得一旬一月才能抵达朝廷。驻守边塞的将领，因兵少而不敢抵抗敌寇，分镇各地的将帅，又因没有命令而不愿出兵援救，等到贼虏大肆掠夺退回，他们却报捷邀功。对战败失利的损失，每次以百报一，而对俘虏的战利品，却以百报千。将帅们私下庆幸指挥的权力是由朝廷控制，自然不用担忧会受到战败的处罚，而陛下又因权力掌握在自己手中，自然也就不便再追究事实。这就是所谓由朝廷遥远控制，导致贻误军机的缺点。

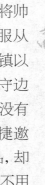

　　臣愚谓宜罢诸道将士防秋之制，令本道但供衣粮，募戍卒愿留及蕃、汉子弟以给之。又多开屯田，官为收籴，寇至则人自为战，时至则家自力农，与夫倏来忽往者，岂可同等而论哉！又宜择文武能臣为陇右、朔方、河东三元帅，分统缘边诸节度使，有非要者，随所便近而并之。然后减奸滥虚浮之费以丰财，定衣粮等级之制以和众，弘委任之道以宣其用，悬赏罚之典以考其成。如是，则戎狄威怀，疆场宁谧矣。"上虽不能尽从，心甚重之。

　　韦皋遣大将董勔等将兵出西山，破吐蕃之众，拔堡栅五十馀。

　　【译文】依臣愚昧的看法，就应当废弃诸道戍守防秋的制度，命令各道只负责提供衣食，召集自动留边驻守的士兵及蕃、汉子弟，他们平常的衣食就由各道提供。同时要他们开荒种地，每年的余粮，由官府购买，有敌入侵，便各自迎战，平常就各自

29

尽力于农事。这种方法，哪里是忽来忽往地更换戍守所能比较的呢？此外还应再选择三位有才能的大臣，任命他们为陇右、朔方、河东元帅，分别统领缘边全部的节度使，有没有必要存在的军队，便就近合并于其他部队。之后削减各种巧立名目，虚报滥用的费用，借以积累财物，制定衣食待遇的区别，使士兵心服，颁布选派任命的标准，以显示用人公平，颁布奖惩的法令，借以审核优劣，用以奖惩。这样做事的话，那戎虏必因害怕上国的威严，而心怀归附之意，边疆也将永久平安无事！"德宗虽未全能依照他的奏表行事，但心中对他却更为看重。

韦皋派遣大将董勔等率兵出西山，大败吐蕃，攻占堡栅五十多所。

丙午，门下侍郎、同平章事董晋罢为礼部尚书。

云南王异牟寻遣使者三辈，一出戎州，一出黔州，一出安南，各赍生金、丹砂诣韦皋，金以示坚，丹砂以示赤心，三分皋所与书为信，皆达成都。异牟寻上表请弃吐蕃归唐，并遗皋帛书，自称唐故云南王孙、吐蕃赞普义弟日东王。皋遣其使者诣长安，并上表贺。上赐异牟寻诏书，令皋遣使慰抚之。

贾耽、陆贽、赵憬、卢迈为相，百官白事，更让不言。秋，七月，奏请依至德故事，宰相迭秉笔以处政事，旬日一易；诏从之。其后日一易之。

【译文】丙午日（二十九日），门下侍郎、同平章事董晋被免职调任为礼部尚书。

云南王异牟寻派遣三批使臣前来，一批从戎州走，一批从黔州走，一批从安南走，各带生金、丹砂送给韦皋，以生金表示坚贞不二，以丹砂表示心意坦诚，把韦皋写给他的信一分为三，当作符信，分别送达成都。异牟寻上书说明脱离吐蕃，请求依附唐室，并致帛书一封给韦皋，自称"唐云南王孙、吐蕃赞普义弟日东王"。韦皋把来使送到长安，并上书恭祝德宗。德宗李适赐异牟寻诏书，命韦皋派使前去安抚。

贾耽、陆贽、赵憬、卢迈四人为相，百官有事奏报，相互退让而不发表意见。秋季，七月，奏表沿至德年间的旧制，宰相轮流持笔处理政务政事，每十日改变一次；德宗下诏批准。之后又改为每日更换一次。

【康熙御批】帝王于要荒之外，非不欲声教遐暨，弟未免烦后虑耳。观唐德宗之招云南等部以弱吐蕃，而卒亦为患。可知怀远有道，不必强致之也。

【译文】帝王对于蛮荒之外，并不是不想让教化影响到那里，只是未免让人担心忧虑罢了。唐德宗招抚云南等部以削弱吐蕃，可是最终也带来祸患。由此可知对待远人有道，不必强求。

【乾隆御批】政府秉均，当以国事为重。即是非岐出，亦何难彼此相咨，虽争执微有异同，而折衷得当，仍无乖协恭之义。若各怀私意，更让不言，亦何赖此宰辅为？乃至迭相秉笔，旬易日易，益复不成政体，陆贽尚尔，他更何责耶！

【译文】宰相们在政事堂处理政务，应当以国家大事为重。即使有是非分歧，彼此相互咨询有什么困难呢？虽然发生争执，意见稍有不同，而调和处理得当，仍然不会背离友好合作的意义。如果各自怀有私念，交互推让不肯发言，还依仗宰相干什么呢？乃至于轮流在政事堂执笔，每十天一换人，每一天一换人，更加不合乎施政体统，陆贽尚且如此，还责备其他人干什么？

剑南、西山诸羌女王汤立志、哥邻王董卧庭、白狗王罗陀忽、弱水王董辟和、南水王薛莫庭、悉董王汤悉赞、清远王苏唐磨、咄霸王董邈蓬及逋租王，先皆役属吐蕃，至是各帅众内附。韦皋处之于维、保、霸州，给以耕牛种粮。立志、陀忽、辟和入朝，皆拜官，厚赐而遣之。

癸卯，户部侍郎裴延龄奏："自判度支以来，检责诸州欠负钱八百馀万缗，收诸州抽贯钱三百万缗，呈样物三十馀万缗，请别置欠负耗剩季库以掌之，染练物则别置月库以掌之。"诏从之。欠负皆贫人无可偿，徒存其数者，抽贯钱给用随尽，呈样、染练皆左藏正物。延龄徒置别库，虚张名数以惑上。上信之，以为能富国而宠之，于实无所增也，虚费吏人簿书而已。

资治通鉴

【译文】剑南、西山的羌人，女王汤立志、哥邻王董卧庭、白狗王罗陀忽、弱水王董辟和、南水王薛莫庭、悉董王汤悉赞、清远王苏唐磨、咄霸王董邈蓬及逋租王，之前都隶属于吐蕃，如今率领部众归附朝廷。韦皋把他们分别安排在维、保、霸州一带，提供他们很多耕牛和秧苗。汤立志、罗陀忽和董辟和进京入朝，都被授予官位，赏赐优渥，之后朝廷将他们送回去。

癸卯日（二十七日），户部侍郎裴延龄上表："自从任职度支事务以来，查验应追收各州所欠缺的银钱八百余万缗，又应该征收各州所征的除陌钱三百万缗，进献的各种贡品折钱三十多万缗，请另设立季库，三月结算一次，掌管欠负、亏损、盈余事务，染练的绢帛则另设置月库，每月按数收入储藏。"诏令批准。拖欠赋税的，都是些无力缴税的贫户，只是数字的记录而已，除陌钱收来就全部随时用取，进贡的贡品、染练的绢帛，本都是左藏库应收的财资，裴延龄上奏设置别库，不过是虚张名称数额来欺瞒德宗。德宗竟相信了他，以为他能富国，而对他非常宠信，实际上一点收入也没增加，反而浪费人力，虚设官员去记录空账罢了。

京城西污湿地生芦苇数亩，延龄奏称长安、咸阳有陂泽数百顷，可牧厩马。上使有司阅视，无之，亦不罪也。

左补阙权德舆上奏，以为："延龄取常赋支用未尽者充羡馀以为己功。县官先所市物，再给其直，用充别贮。边军自今春以来并不支粮。陛下必以延龄孤贞独立，时人丑正流言，何不遣信臣覆视，究其本末，明行赏罚。今群情众口喧于朝市，岂京城士庶皆为朋党邪！陛下亦宜稍回圣虑而察之。"上不从。

八月，庚戌，太尉、中书令、西平忠武王李晟薨。

冬，十月，甲子，韦皋遣其节度巡官崔佐时赍诏书诣云南，并自为皋书答之。

【译文】京城西边泥泞低湿的地区，滋生几亩地的芦苇，裴延龄竟奏称长安、咸阳附近沼泽地区有数百顷地，可蓄养马匹。德宗派遣官吏去观察，根本就没有这种地方，但也并没治罪裴延龄。

左补阙权德舆上表，以为："裴延龄以平常税收留待支用的部分充作盈余，当作是他自己管理钱财，增添了收入的功绩。朝廷向来先以日常市价购买货物，之后再重新估价出售，而把余利另外储藏。边境士兵从今年春季以来，并不再提供粮食。陛下一定认为裴延龄孤特贞洁，清廉高超，然而当今不论是奸邪小人，或忠诚耿直大臣，都对他有不满的言论。何不派使臣审核监察，追究事情的始末真相，据以严格奖惩。而今群情愤怒，喧嚷斥责于市朝，难道京城中的官民上下都是与他朋比为奸的吗？陛下也应该稍稍改变一下对他的恩宠而明辨忠奸。"德宗对他的奏报，根本不予理会。

八月，庚戌日（初四日），太尉、中书令、西平忠武王李晟去世。

冬季，十月，甲子日（十八日），韦皋派遣节度巡官崔佐时持诏书前去云南，自己也亲笔写了一封帛书回复云南王。

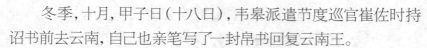

十一月，乙酉，上祀圆丘，赦天下。

刘士宁既为宣武节度使，诸将多不服。士宁淫乱残忍，出畋辄数日不返，军中苦之。都知兵马使李万荣得众心，士宁疑之，夺其兵权，令摄汴州事。十二月，乙卯，士宁帅众二万畋于外野。万荣晨入使府，召所留亲兵千馀人，诈之曰：“敕征大夫入朝，以吾掌留务，汝辈人赐钱三十缗。”众皆拜。又谕外营兵，皆听命。乃分兵闭城门，使驰白士宁曰：“敕征大夫，宜速就路，少或迁延，当传首以献。”士宁知众不为用，以五百骑逃归京师，比至东都，所馀仆妾而已。至京师，敕归第行丧，禁其出入。

淮西节度使吴少诚闻变，发兵屯郾城，遣使问故，且请战。万荣以言戏之，少诚惭而退。

【译文】十一月，乙酉日（初十日），德宗在圆丘祭天，大赦天下。

刘士宁任职宣武节度使，诸将多有不服。刘士宁荒淫残忍，出去狩猎，经常一连几天都不回来，士兵们深以为苦。都知道兵马使李万荣向来颇得众心，刘士宁就对他有了猜忌，剥夺他的兵权，让他去管理汴州政务。十二月，乙卯日（初十日），刘士宁带领二万人在城外郊野狩猎；李万荣第二天早晨进入节度使府中，集合刘士宁留守的一千多个亲信，假称道：“皇上命令大夫入朝，派遣我来管理留后的职位，每人分发三十缗钱。”士兵们都叩谢领赏。又告诉外营士兵，众人也都服从命令。于是就分派士兵关闭城门，派人跑着告诉刘士宁说："朝廷命令征召大夫，立刻上路启程，稍微延迟，命令提头来见。"刘士宁心知众人不接受指挥，就带五百骑兵逃跑到京师，将到达东都时，只剩下几个仆妾。刘士宁到达京师，朝廷命令他回家服丧守孝，禁止他随意出入。

淮西节度使吴少诚听说这次兵变，便派兵驻守郾城，遣使询问兵变缘由，并有意邀战。李万荣对来使说了些戏弄吴少诚的话，吴少诚感到羞愧，知难而退。

上闻万荣逐士宁，使问陆贽，贽上奏，以为今军州已定，宜且遣朝臣宣劳，徐察事情，冀免差失，其略曰："今士宁见逐，虽是众情，万荣典军，且非朝旨。此安危强弱之机也，愿陛下审之慎之。"上复使谓贽："若更淹迟，恐于事非便。今议除一亲王充节度使，且令万荣知留后，其制即从内出。"贽复上奏，其略曰："臣虽服戎角力谅匪克堪，而经武伐谋或有所见。夫制置之安危由势，付授之济否由才。势如器焉，惟在所置，置之夷地则平。才如负焉，唯在所授，授逾其力则踬。万荣今所陈奏，颇涉张皇，但露徼求之情，殊无退让之礼，据兹鄙躁，殊异循良。又闻本是滑人，偏厚当州将士，与之相得，才止三千，诸营之兵已甚怀怨。据此颇僻，亦非将材，若得志骄盈，不悖则败，悖则犯上，败则偾军。"又曰："苟邀则不顺，苟允则不诚，君臣之间，势必嫌阻。与其图之于滋蔓，不若绝之于萌芽。"又曰："为国之道，以义训人，将教事君，先令顺长。"又曰："方镇之臣，事多专制，欲加之罪，谁则无辞！若使倾夺之徒便得代居其任，利之所在，人各有心，此源潜滋，祸必难救。非独长乱之道，亦关谋逆之端。"又曰：

"昨逐士宁，起于仓卒，诸郡守将固非连谋，一城师人亦未协志。各计度于成败之势，回遑于逆顺之名，安肯捐躯与之同恶！"又曰："陛下但选文武群臣一人命为节度，仍降优诏，慰劳本军。奖万荣以抚定之功，别加宠任，褒将士以辑睦之义，厚赐资装，揆其大情，理必宁息。万荣纵欲跋扈，势何能为！"又曰："倘后事有愆素，臣请受败桡之罪。"上不从。壬戌，以通王谌为宣武节度大使，以万荣为留后。

丁卯，纳故驸马都尉郭暧女为广陵王淳妃。淳，太子之长子。妃母，即升平公主也。

【译文】德宗知晓李万荣赶走刘士宁，便派遣人去问陆贽将怎样处理，陆贽上表，以为如今军中州中既已平安无事，应当派朝中大臣宣旨安抚，再慢慢查清事实，避免发生任何过错，奏折大致说："如今刘士宁被驱逐，虽说出自大众的意愿，然而李万荣掌管军务，却并不是朝廷降旨任命的。这事是安危强弱的关键，愿陛下谨慎查清。"德宗又派人对陆贽说："假如再稍稍拖延，恐怕不利于事。最好现在商量一下，委派一位亲王担任节度使，暂令李万荣管理留后，那制令便可出自宫中。"陆贽上表，大概是说："制服戎狄，比赛勇气，臣虽然自量不能制胜，然而经营武事，制定征讨的计谋，或许还有一点见解。说起国家危险，全是因为对形势的应用；任官授权的成败，全凭人选能力的高下。形势就像个器物似的，只看放在什么地方，放在平坦的地方就安安稳稳；能力的高下，就像是担负重担一样，只看增加多少重量，增加的重量超过所能担负的力气，就会摔倒扑地。据李万荣上呈的奏章来看，他太过自夸自大，只流露出请求委任的心意，毫无谦让忍退的臣属礼仪，他用这种卑鄙的方法，急于求取任命，确实不合正道。又听闻他本是滑州人氏，偏爱滑州将

资治通鉴

士，和他心志相合的将士，不过三千人，而各军营中的士兵对他都心怀埋怨。依他这样偏爱的行为来看，也不是个将才，这种人一旦得意，定会骄傲自大，纵使不生反叛的心思，打起仗来也必将失利。有心反叛就会犯上作乱，出战定会失败，岂不是白白损丧王师。"又说："苟且求取官位就不合正理，苟且允准授官就是不诚心，君臣之间，势必相互猜疑而产生隔阂。与其等到事情严重再图计策，不如在事情萌芽之初就加以拒绝。"又说："治国之道，要用正义来教化众人，想要他们能忠心事奉皇上，必先让他们服从长上。"又说："方镇大将，做事多不免专横，只要想加以罪责，谁会没有借口呢？假如颠覆主帅，夺取权势的人，就任命他代替统帅的职位，既是有利可图，人人都有贪求的意愿，这个祸源在暗中渐渐滋长，将来定有难以弥补的大祸。不但是助长作乱的做法，也是促进阴谋叛乱的关键。"又说："前些时日刘士宁被驱逐，事出突然，各郡守将本来不是李万荣的同谋，城中的将士也不一定和他同心。各自暗地揣测成败的局势，犹豫恐惧逆顺的声名，有谁会肯舍命和他共谋为恶？"又说："陛下先从文武群臣之中，派遣一人委任他为节度使，之后再降恩旨，犒劳该军。奖励李万荣平定乱局的功绩，另加宠赐授予官位，嘉奖将士们团结协作的义举，厚赏钱财服装，依大致的形势看来，应当可以平息。即使李万荣想要纵欲嚣张，在这种形势下又能有什么样的动作呢？"又说："假如事后有未曾料到的过错，臣愿受败挠军队的惩罚。"德宗竟没有听从他的意见。壬戌日（十七日），还是任命通王李谌为宣武节度大使，任命李万荣为留后。

丁卯日（二十二日），纳故驸马都尉郭暖的女儿为广陵王李淳的妃子。李淳，是太子李诵的长子。妃子的母亲，就是升平公主。

【乾隆御批】唐时,藩镇倾夺,恶习相沿。若复假以朝命,是益导之使乱。士宁虽失士心,实朝廷所置。万荣以麾下偏裨,敢于闭城抗拒,是直弁髦宪典矣。德宗欲使代居其位,固为失宜,陆贽请奖之,而别加宠任,仍不免调停之见,纪纲何由得振乎?

【译文】唐朝藩镇倾轧夺权的恶习相互沿袭。他们假托朝廷命令,更加导致叛乱。刘士宁虽然失去人心,但也是由朝廷导致。李万荣作为刘士宁部下的将佐,敢于关闭城门抵抗防御,是把法律当作弃置无用之物了。德宗打算让李万荣代替刘士宁的职务,固然法令失当,而陆贽请求奖励李万荣,并对他另外加以恩宠委任,用这种调和的意见,纲纪法度如何能够振兴呢?

贞元十年(甲戌,公元七九四年)春,正月,剑南、西山羌、蛮二万馀户来降。诏加韦皋押近界羌、蛮及西山八国使。

崔佐时至云南所都羊苴咩城,吐蕃使者数百人先在其国,云南王异牟寻尚不欲吐蕃知之,令佐时衣牂柯服而入。佐时不可,曰:"我大唐使者,岂得衣小夷之服!"异牟寻不得已,夜迎之。佐时大宣诏书,异牟寻恐惧,顾左右失色。业已归唐,乃歔欷流涕,俯伏受诏。郑回密见佐时教之,故佐时尽得其情,因劝异牟寻悉斩吐蕃使者,去吐蕃所立之号,献其金印,复南诏旧名。异牟寻皆从之。仍刻金契以献。异牟寻帅其子寻梦凑等与佐时盟于点苍山神祠。

【译文】贞元十年(甲戌,公元794年)春季,正月,剑南、西山羌、蛮二万多户前来归降;下诏晋加韦皋负责管押近界的羌、蛮及西山八国使。

崔佐时到达云南都城羊苴咩城，吐蕃派遣的数百使臣已先在云南，云南王异牟寻那时还不想让吐蕃知晓已依附唐室的事，便让崔佐时换上牂柯服装再入境。崔佐时不愿意，说："我是大唐的使臣，怎么能穿蛮夷小国的衣服？"异牟寻没办法，就在深夜迎接。崔佐时大声宣读诏书，异牟寻惊恐不已，环视左右，惊恐失色；但已经依附唐室，于是嘘唏流涕，俯首躬身受诏。郑回私下拜见崔佐时，告知他如何对付，因此崔佐时知晓云南全部的内情，从而劝说异牟寻把吐蕃的使臣全都斩杀，除掉吐蕃封赏的王号，献出吐蕃赐给的金印，恢复旧有的名称南诏，异牟寻都服从。于是刻金契上献。异牟寻带领着儿子寻梦凑等和崔佐时在点苍山神祠定盟。

先是，吐蕃与回鹘争北庭，大战，死伤颇众，征兵万人于云南。异牟寻辞以国小，请发三千人，吐蕃少之。益至五千，乃许之。异牟寻遣五千人前行，自将数万人蹑其后，昼夜兼行，袭击吐蕃，战于神川，大破之，取桥等十六城，虏其五王，降其众十馀万。戊戌，遣使来献捷。

瀛州刺史刘澭为兄济所逼，请西扞陇坻，遂将部兵千五百人、男女万馀口诣京师，号令严整，在道无一人敢取人鸡犬者。上嘉之，二月，丙午，以为秦州刺史、陇右经略军使，理普润。军中不击柝，不设音乐。士卒病者，澭亲视之，死者哭之。

乙丑，义成节度使李融薨。丁卯，以华州刺史李复为义成节度使。复，齐物之子也。复辟河南尉洛阳卢坦为判官。监军薛盈珍数侵军政，坦每据理以拒之。盈珍常曰："卢侍御所言公，我固不违也。"

【译文】在此之前，吐蕃和回鹘争夺北庭，曾经有过一次大战，死伤很多人，所以吐蕃要在云南招募士兵一万人。异牟寻以国小拒绝，只允许发兵三千，吐蕃认为太少；之后增加到五千，吐蕃才允许。异牟寻于是派遣五千人先行前去，自己带领数万人跟随在后面，日夜赶路，偷袭吐蕃，在神川大战，大败吐蕃，占领铁桥等十六城，虏获吐蕃五位藩王，招降十余万士兵。戊戌日（二十四日），云南遣使入朝报捷。

瀛州刺史刘澭被他哥哥刘济逼迫，请求调往西方保卫陇坻，因此带兵一千五百人，男女万余口到达京师，纪律严明，队伍整齐，沿途没一个人敢随意抢夺民间一鸡一犬。德宗对他非常赞许。二月，丙午日（初三日），委任他为秦州刺史、陇右经略军使，治所设在普润。军中不必击柝巡夜，也不以歌舞为乐。士兵有人生病，刘澭必会亲自探望，假如有人逝世，刘澭必会前去吊唁。

乙丑日（二十二日），义成节度使李融去世。丁卯日（二十三日），派遣华州刺史李复为义成节度使。李复，是李齐物的儿子。李复招收河南尉洛阳人卢坦为判官。监军薛盈珍一再想越权干涉军政，卢坦每次都据理力争。薛盈珍常说："卢侍御说得公平有理，我当然不能违背。"

横海节度使程怀直入朝，厚赐遣归。

夏，四月，庚午，宣武军乱，留后李万荣讨平之。先是，宣武亲兵三百人素骄横，万荣恶之，遣诣京西防秋，亲兵怨之。大将韩惟清、张彦琳诱亲兵作乱，攻万荣，万荣击破之。亲兵掠而溃，多奔宋州，宋州刺史刘逸准厚抚之。惟清奔郑州，彦琳奔东都。万荣悉诛乱者妻子数千人。有军士数人呼于市曰："今夕兵大至，城当破！"万荣收斩之，奏称刘士宁所为。五月，庚子，徙士宁于郴州。

钦州蛮酋黄少卿反，围州城，邕管经略使孙公器奏请发岭南兵救之。上不许，遣中使谕解之。

【译文】横海节度使程怀直入朝，德宗李适对他优厚赏赐后命他回防。

夏季，四月，庚午日（二十八日），宣武军反叛，留后李万荣予以征讨。在此之前，宣武军亲信的三百士兵，骄横残暴，李万荣讨厌他们，派往京西防秋，他们满心怨恨。大将韩惟清、张彦琳引诱这群亲兵叛乱，去攻打李万荣，结果被李万荣击败。这些亲兵大肆掠夺抢劫后离散逃跑，大都往宋州奔去，宋州刺史刘逸准对他们优渥地加以安抚。韩惟清逃向郑州，张彦琳逃向东都。李万荣将乱徒的妻儿数千人斩杀。有几个士兵在街上大声叫嚣说："今晚将有大批军队赶到，城池必会被攻破。"李万荣将这几个兵士拘禁斩首，上报说都是刘士宁指使他们这么做。五月，庚子日（二十八日），德宗李适诏令将刘士宁调到郴州。

钦州蛮酋黄少卿谋反，攻打州城，邕管经略使孙公器上奏发派岭南军队前去救助；德宗没允许，派遣宦官向他解说告谕。

陆贽上言："郊礼赦下已近半年，而窜谪者尚未沾恩。"乃为三状拟进。上使谓之曰："故事，左降官准赦量移，不过三五百里，今所拟稍似超越，又多近兵马及当路州县，事恐非便。"贽复上言，以为："王者待人以诚，有责怒而无猜嫌，有惩沮而无怨忌。斥远以儆其不恪，甄恕以勉其自新；不儆则浸及威刑，不勉而复加黜削，虽屡进退，俱非爱憎。行法乃暂使左迁，念材而渐加进叙,又知复用,谁不增修!何忧乎乱常,何患乎蓄憾!如或以其贬黜,便谓奸凶,恒处防闲之中,长从摈弃之例,则是悔过者无由自补,蕴才者终不见伸。凡人之情,穷则思变,含凄贪乱,或起于兹。今若所移不过三五百里,则有疆域不离于本道,风土反恶于旧州,徒有徙家之劳,是增移配之扰。又,当今郡府,多有军兵,所在封疆,少无馆驿,示人疑虑,体又非弘。乞更赐裁审。"

【译文】陆贽上奏:"自从郊礼祭天大典时颁布大赦令后,到今日快要有半年,然而一些逃窜贬谪在边远地区的人,还没蒙受恩惠。"因此草拟三项特赦的方法进呈。德宗派人对他说:"旧制规定:被流放的犯人,遇到大赦酌情内徙,最多不过迁移三五百,如今拟定的方案,好像是有点超过这项规定,况且所拟内迁犯人的地区,又大半靠近兵马驻扎的营地,要不就是入京必经的州县,遇事恐怕多有不便。"陆贽又上奏,以为:"君主应该以诚待人,能怒骂人而不存有猜忌厌恶,能惩罚人而不存有怨恨顾虑,喝退流放以警告不敬,察免宽恕以激励自新;不加惩罚就会慢慢危害到权威刑法,不予激励反而加以罢免贬削,纵使朝廷多次擢升罢免的措施,都不足够显示爱才重用、厌恶奸佞的用意。依法行事,所以对犯罪的人必须加以贬谪,但为珍惜人才,就应慢慢晋升起用,这样,即便受到驱逐的刑罚,知晓会有被起用的机会,谁会不勤于修身养性呢?那人君又怎会担忧毁坏官常,而犯有心存埋怨的过错呢?假如因为某人被贬谪,就认为他奸佞邪恶,就不断防备着他,一直放弃他而不再起用,纵使他改过自新,也没有用,纵使具有才能,也永无展示的机会。大凡人之常情,在穷途末路之时就会叛乱,在心怀怨恨的心情下就会作乱,恐怕在这种情形下,会促成这样的结局。假如犯罪被贬谪,幸遇大赦,也只不过迁移三五百里地,那

资治通鉴

就地域来说还没有脱离本道，就气候来说，地多瘴疬，反而比原先的地方更糟，岂不是白白多受一次全家迁移的辛劳，事实上反而增加很多迁移流配的烦恼。再说，如今郡府之中，大半都有军队驻扎，而封疆地域，也大多没有传舍、驿站，如对人猜忌防备到这种地步，胸怀也太不够宽广。还请陛下再行裁决评审。"

上性猜忌，不委任臣下，官无大小，必自选而用之，宰相进拟，少所称可；及群臣一有谴责，往往终身不复收用；好以辩给取人，不得敦实之士；艰于进用，群材滞淹。贽上奏谏，其略曰："夫登进以懋庸，黜退以惩过，二者迭用，理如循环。进而有过则示惩，惩而改修则复进，既不废法，亦无弃人，虽纤介必惩而用材不匮。故能使黜退者克励以求复，登进者警饬以恪居，上无滞疑，下无蓄怨。"又曰："明主不以辞尽人，不以意选士，如或好善而不择所用，悦言而不验所行，进退随爱憎之情，离合系异同之趣，是由舍绳墨而意裁曲直，弃权衡而手揣重轻，虽甚精微，不能无谬。"又曰："中人以上，迭有所长，苟区别得宜，付授当器，各适其性，各宜其能，及乎合以成功，亦与全才无异。但在明鉴大度，御之有道而已。"又曰："以一言称惬为能而不核虚实，以一事违忤为咎而不考忠邪，其称惬则付任逾涯，不思其所不及，其违忤则罪责过当，不恕其所不能，是以职司之内无成功，君臣之际无定分。"上不听。

【译文】德宗性格多疑，任官授职的事，都不愿委托臣下，不论大小官员，都一定亲自选择，而对宰相保荐推选的人选，很少有认可的。众臣之中，一旦受到谴责，终生都不可能再被起用；好以能言善辩为条件选择人才，不能得到忠厚老实的人选。因此有很多人才被压制埋没。陆贽上书进谏，大概是说："说起来加官进爵，是为了激励人努力立功，罢免黜退，是为了惩罚人作奸犯科，这两种方法交替运用，就像是天体循环的道理。进官加级之后，犯有过错，也要严惩，受到惩罚，而能悔过修德，也应当再予起用，这样既不会让法令废弛，也不致摈弃人才，因此即便犯有一点小过错，也一定加以惩戒，需要的人才却不致因此短缺；因此被罢免的人能砥节砺行以求被起用，而已进用的人也能引以为戒地居官理政，那君上既不致有辅佐人才不足的妨碍，臣下也不至于心怀牢骚埋怨。"又说："圣明的君主不全凭口才应对选人，也不以自己的喜好用人，假如只为了喜欢他，而不管他是否具有办事的才能就重用他，只因听他所说的话顺耳，而不观察他的作为是否言行一致，擢用斥退全凭自已的喜好，离心契合全看他是否能逢迎旨意，那就像是舍绳墨不用而臆想曲直，放弃权衡而用手去衡量轻重，即便再精准，也不能没有偏颇。"又说："中等才质以上的人都各有所长，假如能善加区别，授给和他才能相当的职位，给予适当的任用，就能发挥他们的特长，集合各方面的人才，等到把事情办成之后，每个人也就无异于全才了，这只看是否有知人之明，是否能因才适用而已。"又说："只因一句话听来感到称心如意，而不考察真假，只因一件事的违背就降罪惩戒，而不明辨忠奸；对听到他说话感到称心如意的人，就给予超过他能力的职位，而不顾他的才能确实有所不及，因一事的违背就降罪惩戒，而往往处置过当，因此无法完成他职务上的任务，君臣之间也就因此没有一定的情分了。"德宗不听从他的进谏。

赞又请均节财赋,凡六条:

其一,论两税之弊,其略曰:"旧制赋役之法,曰租、调、庸。丁男一人受田百亩、岁输粟二石,谓之租。每户各随土宜出绢若绫若絁共二丈,绵三两,不蚕之土输布二丈五尺,麻三斤,谓之调。每丁岁役,则收其庸,日准绢三尺,谓之庸。天下为家,法制均一,虽欲转徙,莫容其奸,故人无摇心而事有定制。及羯胡乱华,兆庶云扰,版图堕于避地,赋法坏于奉军。建中之初,再造百度,执事者知弊之宜革而所作兼失其原,知简之可从而所操不得其要。凡欲拯其弊,须穷致弊之由,时弊则但理其时,法弊则全革其法,所为必当,其悔乃亡。兵兴以来,供亿无度,此乃时弊,非法弊也。而遽更租、庸、调法,分遣使者,搜摘郡邑,校验簿书,每州取大历中一年科率最多者以为两税定额。夫财之所生,必因人力,故先王之制赋入,必以丁夫为本。不以务穑增其税,不以辍稼减其租,则播种多;不以殖产厚其征,不以流寓免其调,则地著固;不以饬励重其役,不以窳怠蠲其庸,则功力勤。如是,故人安其居,尽其力矣。两税之立,惟以资产为宗,不以丁身为本。曾不寤资产之中,有藏于襟怀囊箧,物虽贵而人莫能窥;其积于场圃囷仓,直虽轻而众以为富。流通蓄息之货,数虽寡而计日收赢;有庐舍器用之资,价虽高而终岁无利。如此之比,其流实繁,一概计估算缗,宜其失平长伪。由是务轻资而乐转徙者,恒脱于徭税;敦本业而树居产者,每困于征求。此乃诱之为奸,驱之避役,力用不得不弛,赋入不得不阙。复以创制之首,不务齐平,供应有烦简之殊,牧守有能否之异,所在徭赋,轻重相悬,所遣使臣,意见各异,计奏一定,有加无除。又大历中供军、进奉之类,既收入两税,今于两税之外,复又并存,望稍行均减,以救凋残。"

【译文】陆贽又请均匀调节财赋，一共提出了六条建议：

其一，陈述两税法的弊端。大概是说："旧制赋税的法令规定，有租、有调、有庸。每名壮丁给予百亩田地，每年上缴二石米粮，这叫作租。每户依据当地的土壤所宜，出绢、出绫、出絁一共二丈，绵三两，不适合蚕桑的地区，就出二丈五尺布，三斤麻，这叫作调。每个壮丁每年需服从劳役，可用金钱折代，每日以三尺细绢的价钱折算，这叫作庸。整个天下就像是一个家庭，法令一定要公正均匀，即便想要迁移他处以图逃税，也无处可逃，天下法令统一，因此不会有人心生恶念。等到羯胡在华夏作乱，天下百姓遭受干扰，国土被侵占而使玄宗避难蜀地，为了提供军需费用而破坏原有的赋税。等到德宗李适建中初年，重新制定各种制度，主事大臣即便知晓弊端应加改革，但制定的制度不仅不合时宜，反而连原先的优点也一起丢失，虽说政令宜简，但草拟的新法却不得要领。假如想要挽救弊端，必须追究造成弊端的缘由，时务弊病只需整治一时，而制度的弊病就需彻底改革，那样才能让一切得宜，免除日后的悔恨。自从兴兵以来，军需无限度供应，这是时弊，而不是法弊，但竟然变更租、庸、调等税法，分派使臣，压榨郡县，检查簿册上户籍的记录，每州取大历年代税收最高的一年作为征收两税的定额。提到农作物生产，必须借于人力，因此先王规定税收法制，必须以壮丁为本。不因耕稼就增加租税，也不因弃耕而减少租税，因此从事农耕的人数很多；不因生产绢帛就增加调税，也不因流亡迁移就避免调税，因此百姓才会固定地久住一地；不因勤劳勉力就增加徭役庸税，也不因顽劣懒惰就废除徭役庸税，因此百姓才会辛勤劳作。就是因为这样，自然就能让人人安乐一地从事生产，努力农桑。两税法的制定，只是根据资产为准，而不以壮丁

资治通鉴

为本；竟然没想到有些钱财是可以藏匿在身，或储存在布袋箱柜中的，这些宝物价值虽然贵重，而外人却无从发觉；而积累在场圃仓库中的粮食，价值虽然低贱，却是大多数百姓的财富。有可以流通生息的财物，数目虽少，但可计日生利；而富裕的房室，华贵的服装器具，价值虽高，但终年无法生息。像这样的货物、庐舍、器用，类别实在很多，一律估价折现，当然不免会有失公正而助长虚伪。因此专重易于携带的宝贝，而乐于转徙迁播的人，常可逃避徭役赋税；辛勤力耕而购买不了产业的人，却受困于徭役赋税的征求索要。以至于引诱百姓欺诈，诱使他们逃脱徭役，这种情况下，力役不可能不因此废除，而税收也不可能不因此减少。再加上因立法之初，就没注意到公正均匀的原则，导致各地的供应有繁简的区别，而实际上州牧郡守的才干也有高下的区别。各地的赋役，既有轻重的差别，而派遣征税的使臣，意见也不可能一样，于是各人以他们的估算上报，而朝廷又只有追加而从没有免除。再说，大历年间供应军需、进贡的财物，既已并入两税中征收，如今在两税之外，又要另外征收，真希望能渐渐趋于公正均匀，降低税率，借以赈济贫困的百姓。”

其二，请二税以布帛为额，不计钱数。其略曰：“凡国之赋税，必量人之力，任土之宜，故所入者惟布、麻、缯、纩与百谷而已。先王惧物之贵贱失平，而人之交易难准，又定泉布之法以节轻重之宜，敛散弛张，必由于是。盖御财之大柄，为国之利权，守之在官，不以任下。然则谷帛者，人之所为也；钱货者，官之所为也。是以国朝著令，租出谷，庸出绢，调出缯、纩、布，曷尝有禁人铸钱而以钱为赋者也！今之两税，独异旧章，但估资产为差，便以钱谷定税，临时折征杂物，每岁色目颇殊，唯计求得之利宜，靡论供办之难易。所征非所业，所业非所征，遂或增价以买其所无，减价以卖其所有，一增一减，耗损已多。望勘会诸州初纳两税年绢布，定估比类当今时价，加贱减贵，酌取其中，总计合税之钱，折为布帛之数。"又曰："夫地力之生物有大限，取之有度，用之有节，则常足。取之无度，用之无节，则常不足。生物之丰败由天，用物之多少由人，是以圣王立程，量入为出，虽遇灾难，下无困穷。理化既衰，则乃反是，量出为入，不恤所无。桀用天下而不足，汤用七十里而有馀，是乃用之盈虚在节与不节耳。"

【译文】其二，请令以布帛上缴两税，而不折合钱币上缴。大概是说："国家收取赋税，应衡量百姓的财力，以各地的土质为准，因此缴纳的本当是些布、麻、缯、纩和百谷罢了。先王恐怕各地物价贵贱有失平衡，而使人们的相互交易难有依据，因此制定发行泉布钱币，以便控制物价高低。国家收支的松紧，必定赖此调节。确实说来，财经大权，是国家的权利，应该由朝廷官吏掌握，而不能由民间控制。既然这样，帛谷等物虽是由百姓生产，而钱币却是由朝廷铸造发行。因此在本朝明定颁发的法令中，规定租税上缴粮谷，庸税上缴丝绢，调税上缴缯、纩、布匹等，又何曾有禁止私铸钱币而以钱币上缴的规定？只有制定的两税法，与旧制不一样，只是估算资产的多少，据此分别等差，再以钱谷决定应上缴赋税的多少；至于其他杂物，则临时折算成钱谷收集税捐，而每年所征收的杂物税捐，类别颇多不同，却只顾征收税捐的利益与便利，而不管缴纳的难易。所征收的不是他们生产的物品，而生产的又不是官府征收的物品，于是只能高价买进他们不生产的物品，而降价售卖他们所生产的物品，一增一减之间，已经白白地受到很多亏损。因此希望能命令各州据实观察，依最初实施两税法那年征得的绢布数目，及当年所估算的价值，与现在的价格相比较，酌情折中，定出价格，总计各税款数，全部让百姓们折合成布帛上缴。"又说："实际上地力所能生产的产量，是有其最大限度，有限度地取用，有节制地消耗，钱财才能常常宽裕。无限度地使用，无节制地消耗，就会感到不足。谷物的丰收或歉收全靠上天，而用物的多少却在于人有无节制，因此圣上订立规定，衡量收入做适合的支出，即便遇到灾难，百姓也不致贫困到无法生活。政教既衰，就和此恰恰相反，而是权衡支出征收赋税，根本不顾及百姓的艰困。夏桀统领整个天下，但钱财却不够，而汤王仅有七十里地的领土，钱财却绰绰有余，因此国家钱财的充足与否，全在于是否节制用度罢了。"

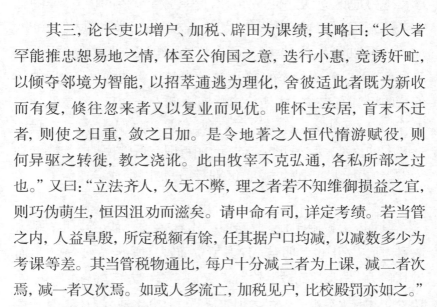

其三，论长吏以增户、加税、辟田为课绩，其略曰："长人者罕能推忠恕易地之情，体至公徇国之意，迭行小惠，竞诱奸甿，以倾夺邻境为智能，以招萃逋逃为理化，舍彼适此者既为新收而有复，倏往忽来者又以复业而见优。唯怀土安居，首末不迁者，则使之日重，敛之日加。是令地著之人恒代惰游赋役，则何异驱之转徙，教之浇讹。此由牧宰不克弘通，各私所部之过也。"又曰："立法齐人，久无不弊，理之者若不知维御损益之宜，则巧伪萌生，恒因沮劝而滋矣。请申命有司，详定考绩。若当管之内，人益阜殷，所定税额有徐，任其据户口均减，以减数多少为考课等差。其当管税物通比，每户十分减三者为上课，减二者次焉，减一者又次焉。如或人多流亡，加税见户，比校殿罚亦如之。"

【译文】其三，陈述考察刺史县令及各级官员的功绩，应以是否增加百姓、增收赋税、广辟土地为根据。大概是说："治民的官员能广播忠恕之道，设身处地为百姓着想的很少，能明白

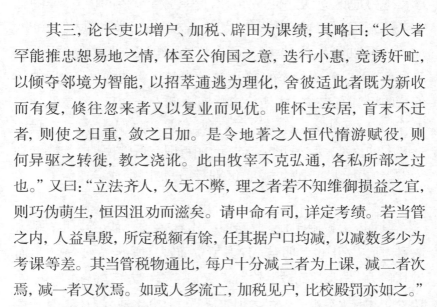

应该秉公尽职，忘身为国的也很少；而屡行小惠，争相引诱百姓奸诈欺骗，颠覆掠夺邻境为智能，招聚逃跑犯人为善于理政施教的却很多。因此对一些从外地迁入的百姓，既然是新近迁来的，因此免除他们的赋役，而对一些来往不定的人，又因为他们是才刚复业，因此给予各种优待。却对那些眷恋故乡，始终不曾迁移过的百姓，所增加的徭役日渐繁杂，赋税渐渐苛重。这相当于是让长久居住的百姓，替那懒惰浮游的人担负赋役，这和促使他们轻易迁移，教导他们欺瞒讹诈有什么区别呢？而这一切都是州牧县令不能通达事理，各自偏私地方导致的啊。"又说："制定法令来整顿百姓，日久不可能不出现弊病，治民的官员，假如不能临时制宜地处理，那狡诈奸伪就会因此滋生，这在于斥责或鼓励的方法如何而定。请责令主管审核的官员，详细制定考绩章程。假如辖区之内，人口日益增加，百姓的财产日渐增加，依所定的税率征收赋税而有余盈，便听取地方官公平地减少税率，而以降低税率的多少，作为考核优劣的根据。辖区内任何税收都囊括在内，能使每户税捐降低十分之三，考绩就列为上等，其次是能降低十分之二，再其次是能降低十分之一。假如辖区内的百姓，太多迁移流徙，而加重现有百姓税捐，考绩就列为劣等，也比照上列的方法，区别等级，加以惩戒。"

其四，论税限迫促，其略曰："建官立国，所以养人也；赋人取财，所以资国也。明君不厚其所资而害其所养，故必先人事而借其暇力，先家给而敛其馀财。"又曰："蚕事方兴，已输缣税，农功未艾，遽敛谷租。上司之绳责既严，下吏之威暴愈促，有者急卖而耗其半直，无者求假而费其倍酬。望更详定征税期限。"

其五，请以税茶钱置义仓以备水旱，其略曰："古称九年、六年之蓄者，率土臣庶通为之计耳，固非独丰公庾，不及编甿也。近者有司奏请税茶，岁约得五十万贯，元敕令贮户部，用救百姓凶饥。今以蓄粮，适副前旨。"

【译文】其四，陈述征税期限催促的不当。大概是说："置官建国，是为教养百姓；要百姓纳税，是为供应国用。因此圣君明主，绝不只顾增加税收，充实国库，残害百姓，任何措施，应以百姓为先，只利用百姓闲暇的时间和剩余的劳力罢了，一定先让百姓能养家糊口，之后才征收剩余部分的赋税。"又说："刚开始养蚕，就要他们上缴缣税，农事还没做完，就要征集田租。上级官员的限令既严，因此下级官员施于百姓的压力就更加急迫，有缣、谷的百姓，急于售卖缴纳，没办法就半价卖出，无缣、谷的百姓，只有到处借贷，必须付出加倍的利息还债。因此希望体恤民情，明定缴税的期限。"

其五，请将茶税收入，设立义仓贮藏，以备遇到水旱天灾，当作赈灾之用。大概是说："古时所谓国家需有九年、六年的储存，是囊括全国臣民的生计而说，自然不只是为了充实国家的钱财，而不顾天下百姓。最近有主管财政的官吏上奏请求征收茶税，每年大概可征收五十万贯，本来就命令将这笔税收储存在户部，用作赈济凶灾饥荒。如今臣请以茶税收入，购粮储存，与原来的诏令旨意恰相符合。"

其六，论兼并之家，私敛重于公税，其略曰："今京畿之内，每田一亩，官税五升，而私家收租殆有亩至一石者，是二十倍于官税也。降及中等，租犹半之。夫土地王者之所有，耕稼农夫之所为，而兼并之徒，居然受利。"又曰："望凡所占田，约为条限，裁减租价，务利贫人。法贵必行，慎在深刻，裕其制以便俗，严其令以惩违，微损有馀，稍优不足，失不损富，优可赈穷，此乃古者安富恤穷之善经，不可舍也。"

【译文】其六，陈述兼并农田的富豪人家，私人的赋役重于官府的租税。大概是说："如今京畿之内，每亩土地，官府征收五升稻米，而私家收租，竟然高达每亩征收一石，远超过官税的二十倍之多。即便就一般中等的私敛来说，每亩都在半石上下。说起来土地是国家的，耕田种地，是农民们在辛苦劳作，但兼并田地的富豪，竟居中收取厚利。"又说："盼望分配给百姓全部的田地，都要厘定条约限制亩数。另一方面还要降低租价，一定要使贫困的农民能享受利益。法令贵在实施，绝不可苛待下民，因此一切制度的制定，应该以宽容便民为主，而以严肃的法令来惩罚乖违的奸人，借以略微降低富豪乡绅的利益，稍稍提高贫困农户的收入。减少一点余利，并不至于有损富绅，而增加一点收入，却可赈济贫苦农民。《周礼》上所说的安富救贫的善道，是不可丢弃不用的啊。"

资治通鉴卷第二百三十五　唐纪五十一

起阏逢阉茂六月，尽上章执徐，凡六年有奇。

【译文】起甲戌（公元794年）六月，止庚辰（公元800年），共六年七个月。

【题解】本卷记录了公元794年六月，至800年的历史，共六年零七个月。为唐德宗贞元十年六月到贞元十六年。此时是德宗的晚年政治，陆贽被逐，朝中再无贤相。德宗宠信宦官，加重护军中尉的军权，宦官充任藩镇监军，干涉将领，导致各地兵变不断。宦官权势倾动朝野，为唐代后期家奴欺主埋下祸根；德宗聚敛财货，大盈库向户部索求巨资，又向藩镇索求贡奉，开宫市抢夺民财。藩镇盘剥百姓贡奉德宗，德宗回报藩镇，胡乱封官，裴延龄、李齐运等奸佞受到任用。淮西吴少诚反叛，德宗任用被士兵驱逐的夏绥银宥四州节度使韩全义为统帅，导致官军惨败。谏官阳城，平时慎言慎行，危难时挺身而出。阳城为陆贽辩护，揭发奸人裴延龄，被贬地方，兢兢业业，造福一方。韩弘镇守宣武，诛尽倡乱者，使宣武安定。

德宗神武圣文皇帝十

贞元十年（甲戌，公元七九四年）六月，壬寅朔，昭义节度使李抱真薨。其子殿中侍御史缄与抱真从甥元仲经谋，秘不发丧，诈为抱真表，求以职事授缄。又诈为其父书，遣裨将陈荣诣王武俊假货财。武俊怒曰：“吾与乃公厚善，欲同奖王室耳，岂与汝同恶邪！闻乃公已亡，乃敢不俟朝命而自立，又敢告我，况有求也！”使荣归，寄声质责缄。

昭义步军都虞候王延贵，汝州梁人也，素以义勇闻。上知抱真已薨，遣中使第五守进往观变，且以军事委王延贵。守进至上党，缄称抱真有疾不能见。三日，缄乃严兵诣守进，守进谓之曰：“朝廷已知相公捐馆，令王延贵权知军事。侍御宜发丧行服。”缄愕然，出，谓诸将曰：“朝廷不许缄掌事，诸君意如何？”莫对。缄惧，乃归发丧，以使印及管钥授监军。守进召延贵，宣口诏令视事，趣缄赴东都。元仲经出走，延贵悉归罪于仲经，捕斩之。诏以延贵权知昭义军事。

【译文】贞元十年（甲戌，公元794年）六月，壬寅朔日（初一日），昭义节度使李抱真去世。他的儿子殿中侍御史李缄与李抱真的外甥元仲经商议，决定隐瞒丧事，不告知亲戚，伪造李抱真的奏表，要求朝廷把节度使的职位任命给李缄；又伪造李抱真的信，派遣裨将陈荣去见王武俊，向他借钱粮。王武俊气恼地说：“我与你父亲友谊深厚，想一起报效朝廷，我怎么会与你一块为非作歹呢？听闻你父亲已经逝世，你竟然不等朝廷的诏令而自立为节度使，又敢向我借钱粮，向我求助？”王武俊让陈荣回去，把这番义正词严斥责的话带给李缄。

昭义步军都虞候王延贵，是汝州梁县人，以义气勇敢闻名。德宗李适知晓李抱真逝世，派中使第五守进观察事情的进展，把军事方面的责任交给王延贵。第五守进到达上党，李缄说李抱真有病不能见客。三天后，李缄带着卫队，守卫森严地去拜见第五守进，第五守进对他说：“朝廷已经知晓相公逝世，令王延贵暂且管理军事。你应该宣布丧事，穿戴孝服。”李缄大吃一惊,出来对诸将说:"朝廷不允许我管事,不知诸君意思怎样?"诸将都默不回答。李缄慌了,这才返回宣布丧事,把节度使的大印及库房钥匙交给监军。第五守进召见王延贵,亲口宣读德宗的诏令,让他立刻任职办事,同时督促李缄返回东都私宅。元仲经见事情泄露,赶紧逃跑,王延贵把一切罪责都归到元仲经头上,把他捉拿斩杀。德宗下诏委任王延贵暂且掌管昭义军事。

云南王异牟寻遣其弟凑罗栋献地图、土贡及吐蕃所给金印,请复号南诏。癸丑,以祠部郎中袁滋为册南诏使,赐银窠金印,文曰:"贞元册南诏印"。滋至其国,异牟寻北面跪受册印,稽首再拜,因与使者宴,出玄宗所赐银平脱马头盘二以示滋。又指老笛工、歌女曰:"皇帝所赐《龟兹乐》,唯二人在耳。"滋曰:"南诏当深思祖考,子子孙孙尽忠于唐。"异牟寻拜曰:"敢不谨承使者之命!"

赐义武节度使张升云名茂昭。

御史中丞穆赞按度支吏赃罪,裴延龄欲出之,赞不从。延龄谮之,贬饶州别驾,朝士畏延龄侧目。赞,宁之子也。

韦皋奏破吐蕃于峨和城。

【译文】云南王异牟寻派他的弟弟凑罗栋来进献地图、土产贡品,以及吐蕃所给的金印,请求恢复南诏的名号。癸丑日(十二日),派遣祠部郎中袁滋为册封南诏的特使,同时赐给南诏银窠金印,刻的是:"贞元册南诏印"。袁滋到达云南,异牟寻站于臣位,北面跪拜接纳册书与金印,叩头再拜。之后与使者宴饮,拿出玄宗李隆基赏赐的银平脱、马头盘给袁滋看。又指着老笛工、歌女说:"皇帝赏赐的《龟兹乐》乐工,只剩下他们两人了。"袁滋说:"南诏应该深思祖先与唐室的亲密关系,子子孙孙都要对唐忠心。"异牟寻跪拜说："怎敢不遵循使者的命令？"

德宗赐给义武节度使张升云改名张茂昭。

御史中丞穆赞奏报度支吏贪污的罪名，裴延龄庇护度支吏，想为他脱罪，穆赞不愿听从；裴延龄就在德宗面前诽谤他，把他贬为饶州别驾，使得朝廷官吏们都害怕裴延龄，不敢正眼看他。穆赞，是穆宁的儿子。

韦皋上奏报告在峨和城击败吐蕃。

秋，七月，壬申朔，以王延贵为昭义留后，赐名虔休。

昭义行军司马、摄洺州刺史元谊闻虔休为留后，意不平，表请在以磁、邢、洺别为一镇。昭义精兵多在山东，谊厚赉以悦之。上屡遣中使谕之，不从。

临洺守将夏侯仲宣以城归虔休，虔休遣磁州刺史马正卿督裨将石定蕃等将兵五千击洺州。定蕃帅其众二千叛归谊，正卿退还。诏以谊为饶州刺史，谊不行。虔休自将兵攻之，引洺水以灌城。

黄少卿陷钦、横、浔、贵等州，攻孙公器于邕州。

【译文】秋季，七月，壬申朔日（初一日），委任王延贵为昭义留后，赐名虔休。

昭义行军司马兼洺州刺史元谊听闻王虔休做了留后，心里很不舒服，上奏请求将磁、邢、洺三州另外规划为一镇。昭义的精兵大都在山东（即磁、邢、洺三州），元谊赏赐给士兵优厚的财物来取悦他们。德宗多次派遣中使劝解，他也不听从。

临洺守将夏侯仲宣献城依附王虔休（临洺县属洺州），王虔休派磁州刺史马正卿带领副将石定蕃等率领五千人去攻击洺州；石定蕃带领部下二千人叛变依附元谊。马正卿只能退还。德宗下诏任命元谊为饶州刺史，元谊不愿上任；王虔休亲自带兵去攻击他，导引洺水灌城。

黄少卿攻占钦、横、浔、贵等州，又在邕州攻击孙公器。

九月，王虔休破元谊兵，进拔鸡泽。

裴延龄奏管官吏太多，自今缺员请且勿补，收其俸以实府库。上欲修神龙寺，须五十尺松，不可得。延龄曰："臣近见同州一谷，木数千株，皆可八十尺。"上曰："开元、天宝间求美材于近畿犹不可得，今安得有之？"对曰："天生珍材，固待圣君乃出，开元、天宝，何从得之！"

延龄奏："左藏库司多有失落，近因检阅使置簿书，乃于粪土之中得银十三万两，其匹段杂货百万有馀。此皆已弃之物，即是羡馀，悉应移入杂库以供别敕支用。"太府少卿韦少华不伏，抗表称："此皆每月申奏见在之物，请加推验。"执政请令三司详覆。上不许，亦不罪少华。延龄每奏对，恣为诡谲，皆众所不敢言亦未尝闻者，延龄处之不疑。上亦颇知其诞妄，但以其好诋毁人，冀闻外事，故亲厚之。

【译文】九月，王虔休击败元谊的军队，占据鸡泽城。

裴延龄上表说官员太多，从现在开始，缺员暂且不要补充，收回那些俸禄充实府库。德宗李适想修建神龙寺，需要五十尺长的松树，找不到，裴延龄说："臣最近看到同州一个山谷里，有好几千株大松树，大概都有八十尺高。"德宗说："开元、天宝年间，在附近找好木料还找不到，如今怎么会有？"裴延龄回答说："天生珍稀的木材，本就要等到圣明君主出现才会让人发觉，开元、天宝的时候，从哪里去找？"

裴延龄上表："左藏库的官员丢失很多财物，近来去检查，才让他们写账簿，竟然在灰堆里找到银子十三万两，那些布帛百货，价值百万有余。这些都是已废弃的东西，如今找到，就算是盈余，应当全部转移到杂库中去，以供额外的敕令使用。"太府少卿韦少华不服，上奏说："这些都是每月申报上奏现存的东西，请再加查证。"执政请求三司仔细地加以审核，德宗不允许，也不开罪韦少华。裴延龄每次上表，肆意说些诡诈的话，都是众人不敢说也从来没听说过的，裴延龄就这么说了，德宗一点也不迟疑。德宗也知晓他的虚伪，只因他好诽谤人，德宗想听到一些外间的事，因此对他非常宠信。

　　群臣畏延龄有宠，莫敢言，惟盐铁转运使张滂、京兆尹李充、司农卿李锬以职事相关，时证其妄，而陆贽独以身当之，日陈其不可用。十一月，壬申，贽上书极陈延龄奸诈，数其罪恶，其略曰："延龄以聚敛为长策，以诡妄为嘉谋，以掊克敛怨为匪躬，以靖谮服谗为尽节，总典籍之所恶以为智术，冒圣哲之所戒以为行能，可谓尧代之共工，鲁邦之少卯也。迹其奸蠹，日长月滋，阴秘者固未尽彰，败露者尤难悉数。"又曰："陛下若意其负谤，则诚宜亟为辨明。陛下若知其无良，又安可曲加容掩！"又曰："陛下姑欲保持，曾无诘问，延龄谓能蔽惑，不复惧思。移东就西，便为课绩，取此适彼，遂号羡馀，愚弄朝廷，有同儿戏。"又曰："矫诡之能，诬罔之辞，遇事辄行，应口便发，靡日不有，靡时不为，又难以备陈也。"又曰："昔赵高指鹿为马，臣谓鹿之与马，物类犹同，岂若延龄掩有为无，指无为有。"又曰："延龄凶妄，流布寰区，上自公卿近臣，下逮舆台贱品，喧喧谈议，亿万为徒，能以上言，其人有几！臣以卑鄙，任当台衡，情激于衷，虽欲罢而不能自默也。"书奏，上不悦，待延龄益厚。

【译文】群臣害怕裴延龄得德宗宠信，没有人敢说他过错，唯有盐铁转运使张滂、京兆尹李充、司农卿李铦因担负的责任与他有关，经常指责裴延龄虚伪，而陆贽更单独承担弹劾裴延龄的重任，每天陈述不可用他的理由。十一月，壬申日（初三日），陆贽上表毫不保留地陈述裴延龄奸佞的事实，一条条地写出他的罪状，大致说："裴延龄以聚集财富为最高计策，以狡诈虚伪为最好谋略，以聚集结怨为尽忠而不顾及己身，以阿谀奉承善进谗言为尽人臣的操守，汇集典籍中最丑陋的事认为是智术，冒犯圣哲警诫的事还认为自己有品行才能，可以说是尧时的共工，鲁国的少正卯。追究他为非作歹的痕迹，一天天一月月地滋生，一些隐秘的事本来还没有完全显露，已经泄露的事尤其难以数清。"又说："假如陛下以为他蒙受毁谤，那诚然应该赶紧为他辨别明白。陛下假如知晓他不是善良之辈，又怎么能够为他忍受掩饰呢？"又说："陛下想暂时保全他，对他的罪名竟然连问都不问，裴延龄就以为能欺瞒迷惑圣听，再也不恐惧；把东边的东西移到西边，便成为他的功绩，把这里的东西拿到那里，就叫作盈余，这样愚弄朝廷，简直就像儿戏。"又说："他那些诡诈才能，诬赖不实的说辞，遇事便能行，随口就能说，没有一天不说，没有哪个时候不做，又难以一一说明。"又说："往昔赵高指鹿为马，臣认为鹿与马，还一样是动物；哪像裴延龄遮掩有的东西说是没有，没有的东西说是有。"又说："裴延龄的邪恶虚伪，已经传遍天下，上自公卿近臣，下至舆台贱品，上万的人聚集在一起，大家议论纷纷，而能对天子说的，有几个人？臣以卑贱之身浅陋之才，担任宰相的重任，情感在我心中荡漾，虽不想说却不能不说啊。"奏表送上去，德宗看了很不高兴，对裴延龄更加宠信。

十二月，王虔休乘冰合度壕，急攻洺州。元谊出兵击之，虔休不胜而返，日暮冰解，士卒死者太半。

中书侍郎、同平章事陆贽以上知待之厚，事有不可，常力争之。所亲或规其太锐，贽曰："吾上不负天子，下不负所学，他无所恤。"裴延龄日短贽于上。赵憬之入相也，贽实引之，既而有憾于贽，密以贽所讥弹延龄事告延龄，故延龄益得以为计，上由是信延龄而不直贽。贽与憬约至上前极论延龄奸邪，上怒形于色，憬默而无言。壬戌，贽罢为太子宾客。

初，勃海文王钦茂卒，子宏临早死，族弟元义立。元义猜虐，国人杀之，立宏临之子华屿，是为成王，改元中兴。华屿卒，复立钦茂少子嵩邻，是为康王，改元正历。

【译文】十二月，王虔休乘河水结冰渡过城壕，攻打洺州。元谊出兵迎战，王虔休没有取胜而返回；傍晚冰融化，王虔休的士兵淹死一大半。

中书侍郎、同平章事陆贽因德宗李适对他有知遇之恩，凡有不能做的事，常尽量进谏。亲信中有人劝说他说话太尖锐，陆贽说："我上不辜负天子，下不辜负所学，其他的事没有值得担忧的。"裴延龄每天在德宗面前说陆贽的坏处。赵憬之所以能做宰相，事实上是陆贽推举的，不久赵憬愤恨陆贽，悄悄把陆贽弹劾裴延龄的事实告诉裴延龄，因此裴延龄将计就计，德宗此后宠信裴延龄而不信任陆贽。陆贽和赵憬相约到德宗面前毫不保留地商议裴延龄的奸佞，德宗怒形于色，赵憬沉默不语。壬戌日（二十三日），陆贽被罢相，委任为太子宾客。

起初，渤海文王钦茂逝世，儿子宏临早死，族弟元义继位。

元义猜疑残暴，国人把他斩杀，立宏临的儿子华屿，是为成王，改年号为中兴。华屿逝世，又立钦茂的小儿子嵩邻，是为康王，改年号为正历。

【乾隆御批】延龄面肆欺妄，对德宗直诋开元、天宝，岂尚有人臣之礼？粪土多金已为荒诞，而匹段杂货更安能久瘗不腐，可供支用？此不可以愚三尺之童者，而德宗尚欲资以闻外事，暗蔽甚矣！

【译文】裴延龄当众欺骗，并当着唐德宗诋毁开元、天宝，难道还有人臣之礼吗？粪土多金已经够荒诞的了，何况布匹杂货又怎能久存不烂，还可供支用呢？这连三尺之童都骗不了，而唐德宗还想依靠他去了解民情，这也太昏庸无道了！

【乾隆御批】租庸调变为两税，在唐时沿习岁久。其势亦难骤更，赞欲改赋钱而复征谷绢，是徒泥故册陈言，而不知时势所便。且有不得不易钱而为银者，夫民生利病，时在司牧者调剂而善驭之可耳。若银钱谷绢不过异名同实耳。理之不得其人，皆足病民乱政，赞前后奏议多达国体，此则不免迂腐，为并存而别白之实，不害其贤也。

【译文】租庸调制被两税法所取代在唐朝沿袭已久，这个形势是很难在短期内就突然改变的。陆贽想要重新征收谷物绢类来代替钱税，这是拘泥于旧制陈言，而不知形势变化。而且他没有看到当时不得不变纳钱为纳银的趋势，民生利弊，全靠他们的父母官来调整政策、正确使用手中的权力，至于征收银钱还是谷绢，这只不过是名称不同，而实质是没有差别的。如果官员治理不当，那么无论征收的是什么，都会给百姓带来灾难，致使政治败化。陆贽先后上书议事，大多合乎治国之道，这篇奏章却未免过于迂腐，对于可以同时存在的，非要分辨明白，不过这对陆贽的贤德也没有什么大的妨碍。

【申涵煜评】宣公文学相业冠绝一时，与帝患难相依，如左右手。事平后，久之乃相。旋入裴延龄之谮而疏斥之，德宗忌刻寡恩，是又一长颈鸟喙人也。邺侯至诚中微用机权，故独幸免。

【译文】陆贽的文学相业可以说是冠绝一时，和唐德宗患难相依，如同左右手。事情平定后，过了很长时间才做了宰相。旋即因为转入裴延龄的谗言而被疏远排斥。唐德宗为人嫉妒、刻薄寡恩，和勾践一样是个长脖子鸟嘴的人。邺侯李泌至诚中隐秘地使用权宜之计，所以得以独自幸免。

贞元十一年（乙亥，公元七九五年）春，二月，乙巳，册拜嵩邻为忽汗州都督、勃海王。

陆贽既罢相，裴延龄因谮京兆尹李充、卫尉卿张滂、前司农卿李铦党于贽。会旱，延龄奏言："贽等失势怨望，言于众曰，'天下旱，百姓且流亡，度支多欠诸军刍粮，军中人马无所食，其事奈何！'以动摇众心，其意非止欲中伤臣而已。"后数日，上猎苑中，适有神策军士诉云："度支不给马刍。"上意延龄言为信，遽还宫。夏，四月，壬戌，贬贽为忠州别驾，充为涪州长史，滂为汀州长史，铦为邵州长史。

【译文】贞元十一年（乙亥，公元795年）春季，二月，乙巳日（初七日），册封嵩邻为忽汗州都督、渤海王。

陆贽已罢相，裴延龄因而诽谤京兆尹李充、卫尉卿张滂、前司农卿李铦与陆贽同党。恰好遇到天旱，裴延龄上表说："陆贽那批人因失势而怨恨，对大家说：'天下闹旱灾，百姓将要流离失所，度支欠军队很多粮草，军中人马都没有粮食，这事该怎么办？'以此来动摇民心，他们的用意不只是想中伤臣下啊。"几天后，德宗在苑中狩猎，恰好有神策军士上诉说："度支不给

62

马匹的草料。"德宗认为裴延龄的话是真的，立即回宫。夏季，四月，壬戌日（二十五日），贬谪陆贽为忠州别驾，李充为涪州长史，张滂为汀州长史，李铦为邵州长史。

初，阳城自处士征为谏议大夫，拜官不辞。未至京师，人皆想望风采，曰："城必谏净，死职下。"及至，诸谏官纷纷言事细碎，天子益厌苦之。而城方与二弟及客日夜痛饮，人莫能窥其际，皆以为虚得名耳。前进士河南韩愈作《争臣论》以讥之，城亦不以屑意。有欲造城而问者，城揣知其意，辄强与酒。客或时先醉仆席上，城或时先醉卧客怀中，不能听客语。及陆贽等坐贬，上怒未解，中外惴恐，以为罪且不测，无敢救者。城闻而起曰："不可令天子信用奸臣，杀无罪人。"即帅拾遗王仲舒、归登、右补阙熊执易、崔邠等守延英门，上疏论延龄奸佞，贽等无罪。上大怒，欲加城等罪。太子为之营救，上意乃解，令宰相谕遣之。于是，金吾将军张万福闻谏官伏阁谏，趋往至延英门，大言贺曰："朝廷有直臣，天下必太平矣！"遂遍拜城与仲舒等，已而连呼"太平万岁！太平万岁！"万福，武人，年八十馀，自此名重天下。登，崇敬之子也。时朝夕相延龄，阳城曰："脱以延龄为相，城当取白麻坏之，恸哭于庭。"有李繁者，泌之子也，城尽疏延龄过恶，欲密论之，以繁故人子，使之缮写，繁径以告延龄。延龄先诣上，一一自解。疏入，上以为妄，不之省。

【译文】起初，阳城从处士被征召为谏议大夫，他接纳了这个职位。还没有到达京师，人们都想象他的风采神韵，说："阳城一定会进谏皇上的过错，死在职位上。"等他到达京师，恰逢那些谏官纷纷进谏琐碎的事，德宗更加讨厌烦闷。而阳城正与他的两个弟弟及宾客不分日夜地痛快饮酒，别人看不出他的心意，都认为他是浪得虚名。前进士河南人韩愈写了一篇《争臣论》来讥讽他，阳城一点也不放在心上。有人去拜见阳城想问问他为何每天喝酒不进谏，阳城猜测出他的来意，就强劝他喝酒，有时客人先醉倒在席上，有时阳城先醉倒在客人怀里，不能听客人讲话。等到陆贽等人被加罪贬官，德宗的余怒还没有消散，朝廷内外的人士都惊恐不安，认为罪不可测，没有人敢去搭救。阳城知晓这件事，站起来说："我不能让天子宠信奸佞，斩杀无罪的人。"立即带领左拾遗王仲舒、归登，右补阙熊执易、崔邠等守在延英殿门前，伏阁上奏，讨论裴延龄的奸邪，及陆贽等人无罪。德宗非常恼怒，想开罪阳城等人。太子出来救援，德宗的余怒才消，让宰相劝导他们一番，让他们返回。这时金吾将军张万福听闻谏官伏阁进谏，赶紧跑到延英殿门前，大声祝贺说："朝廷有耿直的臣子，天下必会太平！"就向阳城及仲舒等人一一叩拜，拜完连呼："太平万岁！太平万岁！"张万福，是一个武夫，八十多岁，此后得到天下的大名。归登，是归崇敬的儿子。起初德宗早晚都想委任裴延龄为宰相，阳城说："如果委任裴延龄做宰相，我阳城立即把白麻纸写的委任状撕毁，在庭中痛哭。"有一位名叫李繁的人，是李泌的儿子，阳城把裴延龄的过失罪状一条条地全部写下，想秘密上书讨论，因李繁是老朋友的儿子，让他缮写，李繁直接把这些告知裴延龄。裴延龄先去见德宗，把阳城指责他的罪状先一一加以解说。等阳城的上书送上来，德宗认为都是些虚伪不实的话，连看都不看。

丙寅，幽州奏破奚王啜利等六万馀众。

回鹘奉诚可汗卒，无子，国人立其相骨咄禄为可汗。骨咄禄本姓跌跌氏，辩慧有勇略，自天亲时典兵马用事，大臣诸酋长皆畏服之。既为可汗，冒姓药葛罗氏，遣使来告丧。自天亲可汗以上子孙幼稚者，皆内之阙庭。

五月，丁丑，以宣武留后李万荣、昭义左司马领留后王虔休皆为节度使。

甲申，河东节度使李自良薨。戊子，监军王定远奏请以行军司马李说为留后。说，神通之五世孙也。

庚寅，遣秘书监张荐册拜回鹘可汗骨咄禄为腾里逻羽录没密施合胡禄毗伽怀信可汗。

癸巳，以李说为河东留后，知府事。说深德王定远，请铸监军印，从之。监军有印自定远始。

【译文】丙寅日（二十九日），幽州上奏击败奚王啜利等六万余人。

回鹘奉诚可汗逝世，他没有儿子，国人册立宰相骨咄禄为可汗。骨咄禄本姓跌跌氏，能言善辩，聪明、勇敢、有智谋，天亲可汗之时，他就执掌兵马执政，大臣和诸部落的酋长对他都非常尊敬。这时做了可汗，冒用姓为药葛罗氏，派使者来报丧。从天亲可汗以前可汗们的年幼子孙，都纳入唐之宫廷。

五月，丁丑日（十一日），委任宣武留后李万荣、昭义左司马兼留后王虔休做节度使。

甲申日（十八日），河东节度使李自良去世。戊子日（二十二日），监军王定远上奏委任行军司马李说为留后。李说是李神通的五世孙。

庚寅日（二十四日），派秘书监张荐册封回鹘可汗骨咄禄为腾里逻羽录没密施合胡禄毗伽怀信可汗。

癸巳日（二十七日），委任李说为河东留后，执掌节度府事务。李说深深感激王定远的恩惠，请求铸监军印。监军有印从王定远开始。

秋，七月，丙寅朔，阳城改国子司业，坐言裴延龄故也。

王定远自恃有功于李说，专河东军政，易置诸将。说不能尽从，由是有隙。定远以私怒拉杀大将彭令芮，埋马矢中，将士皆愤怒。说奏其状，定远闻之，直诣说，拔刀刺之。说走免。定远召诸将，以箱贮敕及告身二十馀通，示之曰："有敕，令说诣京师，以行军司马李景略为留后，诸君皆迁官。"众皆拜。大将马良辅窃视箱中，皆定远告身及所受敕也，乃麾众曰："敕告皆伪，不可受也。"定远走登乾阳楼，呼其麾下，莫应，逾城而坠，为枯木卉所伤而死。

【译文】秋季，七月，丙寅朔日（初一日），阳城改官为国子司业，这是讨论裴延龄而获罪的缘故。

王定远自己仗着对李说有功，专揽河东军政，更换诸将；李说不能全部听从，两人之间有了嫌隙。王定远因私人怨恨斩杀大将彭令芮，把彭令芮埋在马粪中，将士都非常恼怒。李说把这些事情向朝廷上奏，王定远知晓后，直接去见李说，拔刀要斩杀他；李说逃脱，才幸免于这场杀身之祸。王定远集合诸将，用箱子装载皇帝的诏书及委任状二十多件，指给他们看，说："皇上有诏书，命李说到京师去，委任行军司马李景略为留后，诸君全部调官转任。"众人都对他下拜。大将马良辅偷看箱子里的文件，都是王定远的委任状及所接纳的诏书，才指着告知众人说："诏书委任状都是假的，不能接纳。"王定远见阴谋泄露，跑到乾阳楼上，大喊他的部下，没有人响应，翻过城墙掉下来被枯树桩戳伤而死。

【乾隆御批】监军以留后迁除为市恩之端，留后即以监军铸印为报德之具，朝廷惟其所欲，恬不为怪。监军有印，从此遂为例事，贞元政治若此，无怪乎强藩凶阉之交结横行矣。

【译文】监军以升迁或罢免留后作为收买人心的资本，留后于是也以为监军铸印作为报答恩德的方式，朝廷任其为所欲为，丝毫不加指责，致使监军拥有印信从此开了先河。贞元政治如此腐败，难怪强藩与凶残的宦官相互勾结而肆意横行了。

八月，辛亥，司徒兼侍中北平庄武王马燧薨。

闰月，戊辰，元谊以洺州诈降。王虔休遣裨将将二千人入城，谊皆杀之。

九月，丁巳，加韦皋云南安抚使。

横海节度使程怀直，不恤士卒，猎于野，数日不归。怀直从父兄怀信为兵马使，因众心之怨，闭门拒之，怀直奔归京师。冬，十月，丁丑，以怀信为横海留后。

南诏攻吐蕃昆明城，取之。又虏施、顺二蛮王。

【译文】八月，辛亥日（十七日），司徒兼侍中北平庄武王马燧逝世。

闰月，戊辰日（初四日），元谊以洺州假意归降；王虔休派遣偏将带领两千人进城，元谊把他们全部斩杀。

九月，丁巳日（二十三日），加给韦皋云南安抚使的职位。

横海节度使程怀直，不体贴下属，出外狩猎，一去几天都不返回。程怀直的堂兄程怀信为兵马使，士兵们因为对程怀直心怀怨恨，把城门关上不让他进城；程怀直返回京师。冬季，十月，丁丑日（十四日），任用程怀信为横海留后。

南诏攻击吐蕃昆明城，占据城池；虏获施、顺两个部落的蛮王。

　　贞元十二年（丙子，公元七九六年）春，正月，庚子，元谊、石定蕃等帅洺州兵五千人及其家人万馀口奔魏州。上释不问，命田绪安抚之。

　　乙丑，以浑瑊、王武俊并兼中书令。己巳，加严震、田绪、刘济、韦皋并同平章事。天下节度、观察使，悉加检校官以悦其意。

　　三月，甲午，韦皋奏降西南蛮高万唐等二万馀口。

　　乙巳，以闲厩、宫苑使李齐运为礼部尚书，户部侍郎裴延龄为户部尚书，使职如故。齐运无才能学术，专以柔佞得幸于上，每宰相对罢，则齐运次进决其议。或病卧家，上欲有所除授，往往遣中使就问之。

　　【译文】贞元十二年（丙子，公元796年）春季，正月，庚子日（初七日），元谊、石定蕃等带领洺州五千士兵与他们的家属万余口跑到魏州；德宗不治他们的罪，诏令田绪去安慰他们。

　　乙丑日（正月无此日），德宗任用浑瑊、王武俊二人兼中书令。己巳日（正月无此日），加给严震、田绪、刘济、韦皋四人同平章事；天下的节度、观察使，全部加给检校官取悦他们。

　　三月，甲午日（初二日），韦皋上报西南蛮高万唐等两万多人向他归降。

　　乙巳日（十三日），德宗任用闲厩、宫苑使李齐运为礼部尚书，户部侍郎裴延龄为户部尚书，承担的职务照旧。李齐运没有学识才华，专门用顺从谄媚获得德宗的宠信，每次宰相应对完了，就轮到李齐运进谏对宰相的意见做决定；有时他卧病在家，德宗想要给谁职位，经常派中使到他家去询问他的意见。

丙辰，诏王暹薨。

魏博节度使田绪尚嘉诚公主，有庶子三人，季安最幼，公主子之，以为副大使。夏，四月，庚午，绪暴薨。左右匿之，使季安领军事，年十五。乙亥，发丧，推季安为留后。

庚辰，上生日，故事，命沙门、道士讲论于麟德殿，至是，始命以儒士参之。四门博士韦渠牟嘲谈辩给，上悦之，旬月，迁右补阙，始有宠。

五月，丙申，邠宁节度使张献甫暴薨，监军杨明议请都虞候杨朝晟权知留后。甲辰，以朝晟为邠宁节度使。

【译文】丙辰日（三月无此日），诏王李暹逝世。

魏博节度使田绪娶嘉诚公主；有庶子三人，田季安年龄最小，公主把他当成自己的儿子来抚养，让他做副大使。夏季，四月，庚午日（初九日），田绪突然逝世；左右侍从隐匿丧事，让田季安管理军事，那时他只有十五岁。乙亥日（十四日），公布田绪丧事，公推田季安为留后。

庚辰日（十九日），是德宗李适的生辰，依照旧典，要教和尚、道士在麟德殿讲经论道，到这时，才开始命读书人参加。四门博士韦渠牟幽默善言，德宗非常赞赏，过了一个多月，就调任韦渠牟为右补阙，韦渠牟开始得宠。

五月，丙申日（初六日），邠宁节度使张献甫猛然逝世，监军杨明义请都虞候杨朝晟暂且执掌留后。丙辰日（二十六日），委任杨朝晟为邠宁节度使。

六月，乙丑，以监句当左神策窦文场、监句当右神策霍仙鸣皆为护军中尉，监左神威军使张尚进、监右神威军使焦希望皆为中护军。初，上置六统军，视六尚书，以处节度使罢镇者，相承用麻纸写制。至是，文场讽宰相比统军降麻。翰林学士郑絪奏言："故事惟封王、命相用白麻，今以命中尉，不识陛下特以宠文场邪，遂为著令也？"上乃谓文场曰："武德、贞观时，中人不过员外将军同正耳，衣绯者无几。自辅国以来，堕坏制度。朕今用尔，不谓无私。若复以麻制宣告天下，必谓尔胁我为之矣。"文场叩头谢。遂焚其麻，命并统军自今皆中书降敕。明日，上谓絪曰："宰相不能违拒中人，朕得卿言悟耳。"是时窦、霍势倾中外，藩镇将帅多出神策军、台省清要亦有出其门者矣。

宣武节度使李万荣病风，昏不知事，霍仙鸣荐宣武押牙刘沐可委军政。辛巳，以沐为行军司马。

【译文】六月，乙丑日（初六日），委任监句当左神策窦文场、监句当右神策霍仙鸣二人为护军中尉，监左神威军使张尚进、监右神威军使焦希望二人为中护军。起初，德宗设立六统军，就像朝廷的六部尚书，用来安排下任的节度使，依照旧例用白麻纸写任命制书。到这时，窦文场劝说宰相，护军中尉的委任状要比照统军下白麻纸所写的制书。翰林学士郑絪上表说："依照旧典，唯有封王、委任宰相用白麻纸，如今竟然用来委任中尉，不知是陛下显示特别宠信窦文场呢，还是就此定为律法？"德宗这才对窦文场说："在唐高祖李渊武德年间、唐太宗李世民贞观年间，宦官不过做员外、将军、同正员的官位，能穿绯衣的没有几个。从李辅国以来，毁坏国家的制度。我如今用你，不能说没有私心。假如再用白麻纸写委任书来昭告天下，别人一定说是你威胁我这样做的。"窦文场听了，磕头谢罪。这才烧毁写好的白麻纸制书，命护军与统军从现在开始都由中书省降下敕书。第二日，德宗对郑絪说："宰相不能推辞宦官的要

资治通鉴

求，我听到你的话才觉悟啊！”这时窦文场、霍仙鸣的权力凌驾朝廷内外，藩镇将帅大半出身神策军，任职台省清要官职的也有出自他们门下。

宣武节度使李万荣得了晕眩的病，昏迷人事不知，霍仙鸣推举宣武押牙刘沐委任军政。辛巳日（二十二日），德宗委任刘沐为行军司马。

宣歙观察使刘赞卒。

初，上以奉天窘乏，故还宫以来，尤专意聚敛。藩镇多以进奉市恩，皆云“税外方圆”，亦云“用度羡余”，其实或割留常赋，或增敛百姓，或减刻吏禄，或贩鬻蔬果，往往私自入，所进才什一二。李兼在江西有月进，韦皋在西川有日进。其后常州刺史济源裴肃以进奉迁浙东观察使，刺史进奉自肃始。及刘赞卒，判官严绶掌留务，竭府库以进奉，征为刑部员外郎，幕僚进奉自绶始。绶，蜀人也。

【译文】宣歙观察使刘赞去世。

起初，德宗因在奉天经历过贫困，因此回宫以来，尤其专注聚集钱财。藩镇大半靠进奉钱财换取德宗的恩德，都说是“税外方圆”（在常税之外，另想方法周转，以获取财货），也叫作“用度羡余”，其实有的是扣留常赋，有的是加重百姓的税负，有的是扣除官吏的薪俸，有的是出售公田的蔬果，这些收入常常进了节度使自己的腰包，所进贡的才十分之一二。李兼在江西每月进贡一次，韦皋在西川每日进贡一次。之后常州刺史济源人裴肃因进贡而升官做浙东观察使，刺史进奉从裴肃开始。等到刘赞逝世，判官严绶执掌留后，用尽府库的财物进贡，被征召为刑部员外郎，幕僚进贡从严绶开始。严绶，是蜀人。

李万荣疾病，其子迺为兵马使。甲申，迺集诸将责李湛、伊娄说、张丕以不忧军事，斥之外县。上遣中使第五守进至汴州，宣慰始毕，军士十馀人呼曰："兵马使勤劳无赏，刘沐何人，为行军司马！"沐惧，阳中风，舁出。军士又呼曰："仓官刘叔何给纳有奸。"杀而食之。又欲斫守进，迺止之。迺又杀伊娄说、张丕。都虞候匡城邓惟恭与万荣乡里相善，万荣常委以腹心，迺亦倚之。至是，惟恭与监军俱文珍，执迺，送京师。秋，七月，乙未，以东都留守董晋同平章事，兼宣武节度使，以万荣为太子少保，贬迺虔州司马。丙申，万荣薨。

【译文】李万荣病重，他的儿子李迺是兵马使。甲申日（二十五日），李迺征召诸将斥责李湛、伊娄说、张丕，说他们不担忧军事，把他们驱逐到外县去。德宗派中使第五守进到汴州，安慰才刚完成，有十多个士兵大声叫喊说："兵马使勤勉反而没有奖赏；刘沐是什么人，还做行军司马！"刘沐心里恐慌，假意中风，让人抬出去。军士又大声叫嚷说："仓官刘叔何在物品收支上舞弊贪污。"大家一起哄，把刘叔何斩杀，吃了他的肉。又想砍第五守进，李迺遏止了他们。李迺又斩杀伊娄说、张丕。都虞候匡城人邓惟恭和李万荣在同乡里中交情很好，李万荣经常把心腹之事交给他办，李迺也很仰仗他。到这时，邓惟恭和监军俱文珍商议，把李迺捉拿关起来送去京师。秋季，七月，乙未日（初六日），德宗委任东都留守董晋升为同平章事，兼宣武节度使，委任李万荣为太子少保，贬谪李迺为虔州司马。丙申日（初七日），李万荣逝世。

邓惟恭既执李迺，遂权军事，自谓当代万荣，不遣人迎董晋。晋既受诏，即也僩从十馀人赴镇，不用兵卫。至郑州，迎者不至，郑州人为晋惧，或劝晋且留观变。有自汴州出者，言于晋曰："不可入。"晋不对，遂行。惟恭以晋来之速，不及谋。晋去城十馀里，惟恭乃帅诸将出迎。晋命惟恭勿下马，气色甚和，惟恭差自安。既入，仍委惟恭以军政。

初，刘玄佐增汴州兵至十万，遇之厚，李万荣、邓惟恭每加厚焉。士卒骄，不能御，乃置腹心之士，幕于公庭庑下，挟弓执剑以备之，时劳赐酒肉。晋至之明日，悉罢之。

【译文】邓惟恭拘禁李遒，暂且管理军事，自以为应替代李万荣为节度使，不派人去迎接董晋。董晋已接受任命，就带着十多个侍从去任职，不用卫兵护卫。到郑州，迎接的人没有来，郑州人都替董晋担忧，有人劝说董晋暂时留在这儿观察事情的发展。有从汴州出来的人对董晋说："不能进入汴州去。"董晋不回答，就到汴州去了。邓惟恭因董晋来得太快，来不及筹划；董晋走到距城十多里的地方，邓惟恭才带领诸将出城迎接，董晋让邓惟恭不要下马，神色声音都很温和，邓惟恭才稍稍安心。董晋进了城，仍旧把军政委任邓惟恭掌管。

起初，刘玄佐将汴州的士兵增添到十万人，对待他们非常优渥，李万荣、邓惟恭掌权后对他们更加优渥。因此士兵骄纵，没办法管理，只好摆些心腹士兵在公庭的廊下搭帐篷居住，带着弓剑防御，时时安抚赐给酒肉。董晋上任的第二天，完全取消这些方法。

戊戌，韩王迥薨。

壬子，诏以宣武将士邓惟恭等有执送李遒功，各迁官赐钱。其为遒所胁，邀逼制使者，皆勿问。

八月，乙未朔，日有食之。

己巳，以田季安为魏博节度使。

丙子，以汝州刺史陆长源为宣武行军司马。朝议以董晋柔仁多可，恐不能集事，故以长源佐之。长源性刚刻，多更张旧事。晋初皆许之，案成则命且罢，由是军中得安。

丙戌，门下侍郎、同平章事赵憬薨。

【译文】戊戌日（初九日），韩王李迥逝世。

壬子日（二十三日），德宗李适下诏，因宣武将士邓惟恭等有拘禁李迺送去京师的功绩，每人都升官赏钱；那些受李迺挟持，而胁迫中使的人，都放过不治罪。

八月，乙未朔日（初一日），发生日食。

己巳日（十一日），德宗委任田季安为魏博节度使。

丙子日（十八日），德宗委任汝州刺史陆长源为宣武行军司马。朝廷讨论认为董晋有怜悯心，人有请求总是全部顺从，害怕不能成事，因此派陆长源去协助他。陆长源性格刚强严肃，革新很多旧规定；董晋开始都允许他，等文书写好就命他罢手，这样一来军心才安稳。

丙戌日（二十八日），门下侍郎、同平章事赵憬逝世。

【乾隆御批】董晋从容定乱，裁抑更张，颇见经济，乃转以为柔仁，而别用行军司马，挠其事权，于用人机宜失之远矣。厥后宣武军之变，非朝议实激成之乎？

【译文】董晋从容平定叛乱，裁撤冗员果断改革，颇见实效，朝廷却反而认为他柔弱仁慈，而另用行军司马陆长源对其加以阻挠制约，这种用人的机制差得太远了。其后宣武军的叛乱，不是朝廷建议任用陆长源所促成的吗？

初，上不欲生代节度使，常自择行军司马以为储帅。李景略为河东行军司马，李说忌之。回鹘梅录入贡，过太原，说与之宴，梅录争坐次，说不能遏。景略叱之，梅录识其声，趋前拜之曰："非丰州李端公邪！"又拜，遂就下坐。座中皆属目于景略。说益不平，乃厚赂中尉窦文场，使去之。会有传回鹘将入寇者，上忧之，以丰州当虏冲，择可守者。文场因荐景略。九月，甲午，以景略为丰州都防御使。穷边气寒，土瘠民贫，景略以勤俭帅众，二岁之后，储备完实，雄于北边。

卢迈得风疾，庚子，贾耽私忌，宰相绝班，上遣中使召主书承旨。

丙午，户部书尚、判度支裴延龄卒，中外相贺，上独悼惜之。

壬子，吐蕃寇庆州。

【译文】起初，德宗不愿在节度使还活着的时候更换，常选取行军司马以备节度使逝世，让行军司马继位。李景略做河东行军司马，李说非常妒忌他。回鹘梅录（唐代北虏武官名）来进献，经过太原，李说和他宴饮，梅录争座位的次第，李说没办法阻挠。李景略大声呵斥他，梅录听出李景略的声音，赶忙跑到他面前叩拜说："这不是丰州李端公吗？"又进行叩拜，这才在下位落座。满座的人都看着李景略，对他非常尊敬。李说心中更加不满，于是送给中尉窦文场丰厚的钱财，请他把李景略赶走。恰逢有人说回鹘将要来入侵，德宗非常担忧，因丰州恰好是通向胡虏的要道，要选择一个能驻守丰州的人；窦文场随即推举李景略。九月，甲午日（初六日），委任李景略为丰州都防御使。荒芜的边境上气候寒冷，土壤贫瘠，百姓贫困，李景略以勤俭领导众人，两年以后，丰州储蓄完整充实，在北边称雄。

卢迈得了中风。庚子日（十二日），是贾耽家中的忌日，宰相没有一个上朝，德宗派中使召主书来接受旨意。

丙午日（十八日），户部尚书、判度支裴延龄逝世；朝廷内外的人见了面都相互祝贺，唯有德宗一人伤心悲痛。

壬子日（二十四日），吐蕃攻击庆州。

冬，十月，甲戌，以谏议大夫崔损、给事中赵宗儒并同平章事。损，玄暐之弟孙也，尝为裴延龄所荐，故用之。

十一月，乙未，以右补阙韦渠牟为左谏议大夫。上自陆贽贬官，尤不任宰相，自御史、刺史、县令以上皆自选用，中书行文书而已。然深居禁中，所取信者裴延龄、李齐运、户部郎中王绍、司农卿李实、翰林学士韦执谊及渠牟，皆权倾宰相，趋附盈门。绍谨密无损益，实狡险掊克；执谊以文章与上唱和，年二十馀，自右拾遗召入翰林；渠牟形神姚躁，尤为上所亲狎，上每对执政，漏不过三刻，渠牟奏事率至六刻，语笑款狎往往闻外，所荐引咸不次迁擢，率皆庸鄙之士。

宣武都虞候邓惟恭内不自安，潜结将士二百馀人谋作乱。事觉，董晋悉捕斩其党，械惟恭送京师。己未，诏免死，汀州安置。

【译文】冬季，十月，甲戌日（十七日），委任谏议大夫崔损、给事中赵宗儒共为同平章事。崔损，是崔玄暐弟弟的孙子，裴延龄曾推举过他，因此德宗任用他。

十一月，乙未日（初八日），委任右补阙韦渠牟为左谏议大夫。德宗自从陆贽被贬官后，尤其不相信宰相，御史、刺史、县令以上的官吏，都亲自选择，由中书宣行文书。德宗深居宫禁，相信的有裴延龄、李齐运、户部郎中王绍、司农卿李实、翰林学士韦执谊及韦渠牟，这些人的权力在宰相之上，趋炎附势的人塞满他们的府门。王绍小心谨慎，一切依照旧例来做，不加更改；李实阴险狡诈，擅长敛财；韦执谊以文章和德宗附和，只二十多岁，就从右拾遗召为翰林学士；韦渠牟神色轻佻急躁，被德宗亲近，德宗每次听宰相奏表，时间不过三刻，而渠牟奏事总是到六刻，亲切谈笑的声音常常让外边都听到，他推举的人都不按照用人次序提升拔擢，而那些人都是些平凡浅陋之士。

宣武都虞候邓惟恭心里感觉不安，私下集合二百余人准备反叛；事情被察觉，董晋把他的同党全部抓获斩杀，把邓惟恭套上刑具送往京师。己未日（十一月无此日），德宗下诏令免除邓惟恭的死罪，把他安排在汀州。

贞元十三年（丁丑，公元七九七年）春，正月，壬寅，吐蕃遣使请和亲，上以吐蕃数负约，不许。

上以方渠、合道、木波皆吐蕃要路，欲城之，使问邠宁节度使杨朝晟："须几何兵？"对曰："邠宁兵足以城之，不烦他道。"上复使问之曰："向城盐州，用兵七万，仅能集事。今三城尤逼虏境，兵当倍之，事更相反，何也？"对曰："城盐州之众，虏皆知之。今发本镇兵，不旬日至塞下，出其不意而城之。虏谓吾众亦不减七万，其众未集，不敢轻来犯我。不过三旬，吾城已毕，留兵戍之，虏虽至，无能为也。城旁草尽，不能久留，虏退则运刍粮以实之，此万全之策也。若大集诸道兵，逾月始至，虏亦集众而来，与我争战。胜负未可知，何暇筑城哉！"上从之。二月，朝晟分军为三，各筑一城。军吏曰："方渠无井，不可屯军。"判官孟子周曰："方渠承平之时，居人成市，无井何以聚人乎！"命浚智井，果得甘泉。三月，三城成。夏，四月，庚申，杨朝晟军还至马岭，吐蕃始出兵追之，相拒数月而去。朝晟遂城马岭而还，开地三百里，皆如其素。

【译文】贞元十三年（丁丑，公元797年）春季，正月，壬寅日（十五日），吐蕃派使臣请求讲和并结亲；德宗李适因吐蕃多次违背盟约，不允许。

德宗因方渠、合道、木波都是通向吐蕃的要道，想在这些地方建城，派使者问邠宁节度使杨朝晟："建城需多少部队？"杨朝晟回答说："邠宁的部队足以建城，不用劳请他道的士兵。"德宗又派使者问他说："之前在盐州建城，用兵七万，刚够能成事。如今三座城池更迫近胡人边境，按理说士兵应该加倍，而实际上却相反，这是什么道理？"杨朝晟回答说："建筑盐州城的人，胡人都知晓。如今调派本镇的士兵，不到十天就能到塞下，出其不意来建城，胡人会认为我们的人数不少于七万，他们的部队没有集合好，不敢轻易来攻击我们。不过三十天，我们的城已建好，留兵驻守，这时胡人即使来攻也没有用。城边的草已经没了，马没有草料就不能滞留，等胡人退去再运粮食来充实边防，这是万全之策啊。假如大规模地召集各道部队，超过一个月才能到齐，那时胡人也集合好部队开到，与我们打仗，是胜是败还不知晓，怎么有工夫建城呢？"德宗接纳了他的建议。二月，杨朝晟把军队分为三部分，各筑一座城。军吏说："方渠没有井，不能屯驻军队。"判官孟子周说："方渠在太平年代，百姓成市，没有井怎能集合那么多人？"教人淘洗废井，果真得到甘泉。三月，三座城建好。夏季，四月，庚申日（初五日），杨朝晟的部队返回马岭，吐蕃才出兵追赶，相持几天就回去了。杨朝晟就在马岭建筑一座城才回来，开拓三百里领域，都和他平素预料的日期符合。

　　庚午，义成节度使李复薨。庚辰，以陕虢观察使姚南仲为义成节度使。监军薛盈珍方大会，闻之，言曰："姚大夫书生，岂将才也！"判官卢坦私谓人曰："姚大夫外虽柔，中甚刚，监之侵之，必不受。军府之祸，自此始矣，吾恐为所留。"遂自他道潜去。南仲果以牒请之，不遇，得免。既而盈珍与南仲有隙，幕府多以罪贬，有死者。

　　吐蕃赞普乞立赞卒，子足之煎立。

　　【译文】庚午日（十五日），义成节度使李复逝世。庚辰日（二十五日），德宗委任陕虢观察使姚南仲为义成节度使。监军薛盈珍正大会诸将，听说这个消息，说："姚南仲姚大夫是一个书生，怎能是将才？"判官卢坦暗地里对人说："姚大夫表面虽然软弱，内心却很坚强，监军进犯他的权益，他一定不会接纳。军府的灾难，从此开始，我恐怕会被留任。"卢坦就从别的路悄悄逃跑。姚南仲果真用文书请他继任判官，没遇到他，才免除任命。后来薛盈珍和姚南仲之间有嫌隙，很多幕僚因罪被贬谪，甚至有的因罪被斩首。

　　吐蕃赞普乞立赞逝世，儿子足之煎继位。

　　六月，壬午，韦皋奏吐蕃入寇，巂州刺史曹高仕破之于台登城下。

　　光禄少卿同正张茂宗，茂昭之弟也，许尚义章公主；未成婚，茂宗母卒，遗表请终嘉礼，上许之。秋，八月，癸酉，起复茂宗左卫将军同正。左拾遗义兴蒋乂上疏谏，以为："兵革之急，古有墨衰从事者，未闻附马起复尚主也。"上遣中使谕之，不止，乃特召对于延英，谓曰："人间多借吉成婚者，卿何执此之坚？"

对曰："婚姻，丧纪，人之大伦，吉凶不可渎也。委巷之家，不知礼教，其女孤贫无恃，或有借吉从人，未闻男子借吉娶妇者也。"太常博士韦彤、裴堪复上疏谏。上不悦，命趣下嫁之期，辛巳，成婚。

资治通鉴

【译文】六月，壬午日（二十八日），韦皋上奏吐蕃进犯，巂州刺史曹高仕在台登城下击败他们。

光禄少卿同正张茂宗，是张茂昭的弟弟，娶义章公主为妻；还没有结婚，张茂宗的母亲逝世，留下遗表请求完成婚礼，德宗应允。秋季，八月，癸酉日（二十日），德宗任用张茂宗为左卫将军同正。左拾遗义兴人蒋乂上书进谏，认为："为了战争急务，古有穿黑丧服上战场的，还没听过驸马守丧还没期满，就任用与公主结婚的。"德宗派中使去劝说他，他仍旧不愿停止，于是德宗特别在延英殿召见他，对他说："民间有很多假借吉日结婚的，你为何这样执拗？"蒋乂回答说："婚姻、丧葬，都是伦理中最要紧的事，吉礼与凶礼是不可亵渎的。那些陋巷人家，不懂礼数，孤女贫穷没有依赖，或者有借由吉日出嫁的，没听闻过有男子借由吉日娶亲的。"太常博士韦彤、裴堪又上书进谏。德宗很不高兴，让缩短下嫁的日期。辛巳日（二十八日），张茂宗和义章公主完婚。

九月，己丑，中书侍郎、同平章事卢迈以疾罢为太子宾客。

冬，十月，淮西节度使吴少诚擅开刀沟入汝，上遣中使谕止之，不从。命兵部郎中卢群往诘之，少诚曰："开此水，大利于人。"群曰："君令臣行，虽利，人臣敢专乎！公承天子之令而不从，何以使下吏从公之令乎！"少诚遽为之罢役。

【译文】九月，己丑日（初七日），中书侍郎、同平章事卢迈因病免职，委任为太子宾客。

冬季，十月，淮西节度使吴少诚私自开凿刀沟，通入汝水，德宗派中使去劝阻他，吴少诚没有听从。德宗又命兵部郎中卢群去质问，吴少诚说："开凿这条河流，对百姓有利。"卢群说："皇上的命令，臣子应当遵守，即使对百姓有利，做臣子的怎么敢专断独行？你接纳天子的命令而不服从，怎能让属下的吏士服从你的命令呢？"吴少诚立即停止凿河工事。

十二月，徐州节度使张建封入朝。先是，宫中市外间物，令官吏主之，随给其直。比岁以宦者为使，谓之宫市，抑买人物，稍不如本估。其后不复行文书，置白望数百人于两市及要闹坊曲，阅人所卖物，但称宫市，则敛手付与，真伪不复可辩，无敢问所从来及论价之高下者，率用直百钱物买人直数千物，多以红紫染故衣、败缯，尺寸裂而给之，仍索进奉门户及脚价钱。人将物诣市，至有空手而归者，名为宫市，其实夺之。商贾有良货，皆深匿之。每敕使出，虽沽浆、卖饼者皆撤业闭门。尝有农夫以驴负柴，宦者称宫市取之，与绢数尺，又就索门户，仍邀驴送柴至内。农夫啼泣，以所得绢与之，不肯受，曰："须得尔驴。"农夫曰："我有父母妻子，待此然后食。今以柴与汝，不取直而归，汝尚不肯，我有死而已。"遂殴宦者。街吏擒以闻，诏黜宦者，赐农夫绢十匹。然宫市亦不为之改，谏官御史数奏疏谏，不听。建封入朝，具奏之，上颇嘉纳，以问户部侍郎判度支苏弁，弁希宦者意，对曰："京师游手万家，无土著生业，仰宫市取给。"上信之，故凡言宫市者皆不听。

【译文】十二月，徐州节度使张建封入朝。此前，宫中购买外面的物品，下令官员主持，随时支付价钱。近年委任宦官为使臣，叫作宫市，强行购买百姓物品，支付的钱还不够成本。之后不再执有公文，派遣好几百个白望人（派人在市中左右望，白取其物，不给本价）在东西两市及重要热闹的坊市，到处去看百姓所卖的物品，只需说声宫市，百姓就必须拱手送给他，究竟是不是宫市，真假也无从分别，没有人敢问他是从哪儿来及谈论价格的高低，大概用价值百钱的物品来购买人家价值数千钱的物品，大都把旧衣服、破绢帛染成红紫的颜色，撕成一尺或一寸长来支付，还向卖者索要导行费及脚夫费。百姓把物品拿到集市来卖，甚至有空手返回的，名为宫市，实际是谋取百姓财物。商人有好的物品，都藏匿起来；每当使者出来，即使是卖酒卖饼的，都关门不做生意。曾经有农夫用驴子负柴去卖，宦官说是宫市，拿了他的柴，给了几尺绢，又向他要导行费，又命他用驴送柴到宫里。农夫伤心大哭，把所获的绢给他们；宦者不肯接纳，说："我们要你的驴子。"农夫说："我有父母妻子，必须靠这头驴做工才有饭吃。如今把柴给你们，不要柴钱，你还不愿意，我只有死路一条。"农夫就打骂宦者，街吏捉拿农夫上表德宗，德宗下诏令罢免宦者的职位，赏赐农夫十匹绢。但是宫市并没有因此改变，谏官御史多次进谏，德宗都不听。这时张建封入朝，把宫市的弊处细细说明，德宗赞扬他并接受他的建议；就此事询问户部侍郎判度支苏弁，苏弁仰承宦官鼻息，回答说："京师里没有工作的人有万家之多，没有土地可种，也没有赖以维持的工作，都依赖宫市来生活。"德宗相信了，之后对进谏宫市的话都不听从。

【乾隆御批】德宗处置农夫殴宦者一事尚为近理，乃既知宫市

资治通鉴

病民，不急禁止，转惑于小人邪说，谓"游民仰以取给"，何愦愦乃尔。

【译文】唐德宗处置农夫殴打宦官一事还算近于情理，然而既然知道在皇宫内开设市肆于百姓不利，不马上禁止，反而为奸佞小人的歪理邪说所迷惑，说什么"游民仰仗宫市赚钱糊口"，简直糊涂至极。

贞元十四年（戊寅，公元七九八年）春，二月，乙亥，名申、光、蔡军曰彰义。

夏，闰五月，庚申，以神策行营节度使韩全义为夏、绥、银、宥节度使。全义时屯长武城，诏帅其众赴镇。士卒以夏州碛卤，又盛夏，不乐徙居。辛酉，军乱，杀大将王栖岩等，全义逾城走。都虞候高崇文诛首乱者，众然后定。崇文，幽州人也。丙子，以崇文为长武城都知兵马使，不降敕，令中使口宣授之。

【译文】贞元十四年（戊寅，公元798年）春季，二月，乙亥日（二十四日），为申、光、蔡三州的军队起名为彰义军。

夏季，闰五月，庚申日（十一日），委任神策行营节度使韩全义为夏、绥、银、宥四州节度使。那时韩全义屯驻在长武城，德宗下诏命他带领部下到镇任职。士卒因夏州遍地沙碛碱卤，五谷不生，又遇盛夏酷热，不想迁移；辛酉日（十二日），军中作乱，斩杀大将王栖岩等人，韩全义跳下城墙逃跑。都虞候高崇文斩杀为首作乱的士兵，众人才安稳下来。高崇文，是幽州人。丙子日（二十七日），德宗委任高崇文为长武城都知兵马使，不降诏书，让中使口宣德宗旨意授予他官位。

秋，七月，壬申，给事中、同平章事赵宗儒罢为右庶子，以工部侍郎郑馀庆为中书侍郎、同平章事。

八月，初置左、右神策统军。时禁军戍边者，禀赐优厚，诸将多请遥隶神策军，称行营，皆统于中尉，其军遂至十五万人。

京兆尹吴凑屡言宫市之弊，宦者言凑屡奏宫市，皆右金吾都知赵洽、田秀嵒之谋也。丙午，洽、秀嵒坐流天德军。

九月，丙申，以陕虢观察使于頔为山南东道节度使。

丁卯，杞王倕薨。

彰义节度使吴少诚遣兵掠寿州霍山，杀镇遏使谢详，侵地二十馀里，置兵镇守。

【译文】秋季，七月，壬申日（二十五日），给事中、同平章事赵宗儒被免职，委任为右庶子，委任工部侍郎郑馀庆为中书侍郎、同平章事。

八月，开始设立左、右神策统军。那时禁军驻守边地，奖赏优渥，诸将即使地处遥远也请求隶属于神策军，称为神策行营，受中尉的管制，这样一来，神策军就增添到十五万人。

京兆尹吴凑多次进言宫市弊病。宦官对德宗说吴凑多次奏表提及宫市，都是右金吾都知赵洽、田秀岩的计划。丙午日（二十九日），赵洽、田秀岩获罪被流放到天德军。

九月，丙申日（九月无此日），德宗委任陕虢观察使于頔为山南东道节度使。

丁卯日（二十一日），杞王李倕去世。

彰武节度使吴少诚派兵掠夺寿州霍山，斩杀镇遏使谢详，占领五十多里的土地，派兵驻守。

太学生薛约师事司业阳城，坐言事，徙连州，城送之郊外。上以城党罪人，己巳，左迁城道州刺史。城治民如治家，州之赋税不登，观察使数加消让，城自署其考曰："抚字心劳，征科政拙，考下下。"观察使遣判官督其赋，至州，城先自囚于狱。判官大惊，驰入，谒城于狱曰："使君何罪！某奉命来候安否耳。"留一二日未去，城不复归。馆门外有故门扇横地，城昼夜坐卧其上，判官不自安，辞去。其后又遣它判官往按之，它判官载妻子行中道逸去。

冬，十月，丁酉，通王谌薨。

庚子，夏州节度使韩全义奏破吐蕃于盐州西北。

明州镇将栗锽杀刺史卢云，诱山越作乱，攻陷浙东州县。

【译文】太学生薛约拜司业阳城为师，薛约因进谏诤言获罪，被贬到连州；临行前，阳城送他到城外。德宗因阳城和罪人为伍，己巳日（二十三日），把阳城贬谪为道州刺史。阳城管理百姓像管理自己的家一样，道州的税收征收不够，观察使多次斥责，阳城自己签书考核的评论说："抚慰养育百姓的心意，颇为辛苦，征纳科敛的政事，则很钝拙，考绩等第为下下。"观察使派遣判官监督他征收税收，才到达道州，阳城先把自己关进牢里。判官大惊，跑去狱中去见阳城说："你有什么罪过？我是奉命来问候平安的。"判官留一两天还没有离去，阳城不再返回馆舍；馆舍门外有一扇旧门横卧地上，阳城日夜坐卧在上面，判官自己坐卧不宁，辞别而去。之后又派遣其他的判官去问罪，那位判官带着妻子半路逃走。

冬季，十月，丁酉日（二十一日），通王李谌逝世。

庚子日（二十四日），夏州节度使韩全义上奏在盐州西北击败吐蕃。

明州镇将栗锽斩杀刺史卢云，引诱山越叛乱，攻占浙东州县。

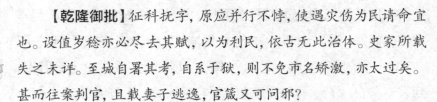

【乾隆御批】征科抚字，原应并行不悖，使遇灾伤为民请命宜也。设值岁稔亦必尽去其赋，以为利民，依古无此治体。史家所载失之未详。至城自署其考，自系于狱，则不免市名矫激，亦太过矣。甚而往案判官，且载妻子逃逸，官箴又可问邪？

【译文】征收赋税和抚恤百姓，本应并行不悖，假使遇到天灾人祸能为民请命，就可以了。如果遇到丰年也要免除所有赋税，以为这是利于百姓，依循古史，还没有过这样的治理方法。史家所记载的未免有失翔实。至于阳城自署考绩，还将自己囚于狱中，则不免有沽名钓誉之嫌，过于矫饰偏激，也太过格了。甚至前往处理案件的判官带上妻子儿女逃走，这还有一点当官人所应遵守的礼法吗？

贞元十五年（己卯，公元七九九年）春，正月，甲寅，雅王逸薨。

二月，丁丑，宣武节度使董晋薨。乙酉，以其行军司马陆长源为节度使。长源性刻急。恃才傲物。判官孟叔度，轻佻淫纵，好慢侮将士，军中皆恶之。董晋薨，长源知留后，扬言曰："将士弛慢日久，当以法齐之耳！"众皆惧。或劝之发财以劳军，长源曰："我岂效河北贼，以钱买健儿求节钺邪！"故事，主帅薨，给军士布以制服，长源命给其直。叔度高盐直，下布直，人不过得盐三二斤。军中怨怒，长源亦不为之备。是日，军士作乱，杀长源、叔度，脔食之，立尽。监军俱文珍以宋州刺史刘逸准久为宣武大将，得众心，密书召之。逸准引兵径入汴州，乱众乃定。

【译文】贞元十五年（己卯，公元799年）春季，正月，甲寅日（初九日），雅王李逸逝世。

二月，丁丑日（初三日），宣武节度使董晋逝世。乙酉日

（十一日），委任他的行军司马陆长源为节度使。陆长源性格严肃暴躁，仗着才华，态度傲慢。判官孟叔度，轻佻淫乱荒纵，喜欢怠慢侮辱将士，军中都厌恶他。董晋逝世，陆长源管理留后，扬言说："将士松懈懒怠已经很久，应该用军法来整顿一番。"众人都很恐惧。有人劝他发放财物劳军，陆长源说："我难道是河北的强盗，用钱买健儿来求节度使？"依照旧例，主帅逝世，要给军士布匹做丧服，陆长源下令收布钱；孟叔度高抬盐价而压低布价，以布折盐，每人不过得三二斤盐。军中人人埋怨恼怒，陆长源也不做戒备。这一天，士兵作乱，斩杀陆长源、孟叔度，把他们的肉切成一块块来吃，一下子就吃完。监军俱文珍因宋州刺史刘逸准做了很久的宣武大将，很得军心，暗地里写信召他来。刘逸准率领军队直入汴州，造乱的人才安稳下来。

以常州刺史李锜为浙西观察使、诸道盐铁转运使。锜，国贞之子也。闲厩、宫苑使李齐运受其赂数十万，荐之于上，故用之。锜刻剥以事进奉，上由是悦之。

庚辰，浙东观察使裴肃擒栗锽于台州，送京师，斩之。

己丑，以刘逸准为宣武节度使，赐名全谅。

三月，甲寅，吴少诚遣兵袭唐州，杀监军邵国朝、镇遏使张嘉瑜，掠百姓千馀人而去。

戊午，昭义节度使王虔休薨。戊辰，以河阳、怀州节度使李元淳为昭义节度使。

【译文】德宗委任常州刺史李锜为浙西观察使、诸道盐铁转运使。李锜，是李国贞的儿子。闲厩、宫苑使李齐运接受他几十万的行贿，把李锜推举给德宗，德宗李适因此委任他。李锜压榨百姓来从事进奉，德宗因此很喜欢他。

庚辰日（初六日），浙东观察使裴肃在台州捉拿栗锽，送到京师，把他斩杀。

己丑日（十五日），德宗委任刘逸准为宣武节度使，赐名全谅。

三月，甲寅日（初十日），吴少诚派军队突袭唐州，斩杀监军邵国朝、镇遏使张嘉瑜，掠夺一千多名百姓离开。

戊午日（十四日），昭义节度使王虔休逝世。戊辰日（二十四日），委任河阳、怀州节度使李元淳为昭义节度使。

夏，四月，癸未，以安州刺史伊慎为安、黄等州节度使。

癸巳，山南西道节度使严震薨。

南诏异牟寻遣使与韦皋约共击吐蕃，皋以兵粮未集，请俟它年。

山南西道都虞候严砺诣事严震，震病，使知留后，遗表荐之。秋，七月，乙巳，以严砺为山南西道节度使。

【译文】夏季，四月，癸未日（初九日），德宗委任安州刺史伊慎为安、黄等州节度使。

癸巳日（十九日），山南西道节度使严震逝世。

南诏异牟寻派遣使者邀请韦皋一块攻击吐蕃，韦皋以兵粮没有集合为理由拒绝，请异牟寻等待他年。

山南西道都虞候严砺奉承事奉严震，严震生病，让严砺管理留后，并留下遗表向德宗推举他。秋季，七月，乙巳日（初三日），德宗委任严砺为山南西道节度使。

八月，丙申，陈许节度使曲环薨。乙未，吴少诚遣兵掠临颍，陈州刺史上官涗知陈洲留后，遣大将王令忠将兵三千救之，皆为少诚所虏。九月，丙午，以浣为陈许节度使，少诚遂围许州。浣欲弃城走，营田副使刘昌裔止之曰："城中兵足以办贼，但闭城勿与战，不过数日，贼气自衰，吾以全制其弊，蔑不克矣。"少诚昼夜急攻，昌裔募勇士千人凿城出击少诚，大破之，城由是全。昌裔，兖州人也。少诚又寇西华，陈许大将孟元阳拒却之。陈许都知兵马使安国宁与上官浣不叶，谋翻城应少诚，刘昌裔以计斩之。召其旄下，人给二缣。伏兵要巷，见持缣者悉斩之，无得脱者。

庚戌，宣武节度使刘全谅薨。军中思刘玄佐之恩，推其甥都知兵马使匡城韩弘为留后。弘将兵，识其材鄙勇怯，指顾必堪其事。

【译文】八月，陈许节度使曲环逝世。乙未日（二十四日），吴少诚派兵夺取临颍，陈州刺史上官浣管理陈许留后，派遣大将王令忠带领三千军队救援临颍，都被吴少诚虏获。九月，丙午日（初五日），德宗委任上官浣为陈许节度使，吴少诚就把许州包围。上官浣想弃城逃跑，营田副使刘昌裔阻挠他说："城中的军队足够击败敌人，只要关闭城门不跟他们打，过不了几天，敌人的气势自然衰弱，我们以完好的气势来控制敌人的困敝，没有不成功的。"吴少诚不分昼夜紧急攻城，刘昌裔招纳勇士一千人，从城下挖地道出去攻击吴少诚，吴少诚溃败，许州城因此得以保全。刘昌裔，是兖州人。吴少诚又去攻击西华，陈许大将孟元阳抵御他。陈许都知兵马使安国宁和上官浣不睦，准备以城反叛来接应吴少诚；刘昌裔用计把安国宁斩杀。集合安国宁的部下，每人给两匹缣；在主要的通道埋下伏兵，看到拿缣的通通斩杀，这些士兵没有一个能够逃脱的。

庚戌日（九月初九日），宣武节度使刘全谅逝世。军队里感念刘玄佐的恩惠，推举他的外甥都知兵马使匡城人韩弘为留后。韩弘带领军队，了解部下每个人的才能大小，是勇敢还是胆怯，指挥派遣时，士兵一定能够完成任务。

丙辰，诏削夺吴少诚官爵，令诸道进兵讨之。

辛酉，以韩弘为宣武节度使。先是，少诚遣使与刘全谅约共攻陈许，以陈州归宣武。使者数辈犹在馆，弘悉驱出斩之。选卒三千，会诸军击少诚于许下。少诚由是失势。

冬，十月，己丑，邕王謜薨。太子之子也，上爱而子之，及薨，谥曰文敬太子。

山南东道节度使于頔、安黄节度使伊慎、知寿州事王宗与上官涚、韩弘进击吴少诚，屡破之。十一月，壬子，于頔奏拔吴房、朗山。

【译文】丙辰日（九月十五日），德宗下诏书削去吴少诚的官位，下令各道派军队征讨他。

辛酉日（九月二十日），德宗委任韩弘为宣武节度使。此前，吴少诚和刘全谅约好一起去攻击陈许，允诺攻克陈许后，把陈州归宣武。好几批使者还在馆舍内，韩弘把他们全部赶出去斩杀；选取三千精兵，与各道兵一起到许州攻击吴少诚。吴少诚此后失势。

冬季，十月，乙丑日（十月无此日），邕王李謜逝世。他是太子的儿子，德宗很疼爱他，把他当自己的儿子一样，等到他逝世，被谥为文敬太子。

山南东道节度使于頔、安黄节度使伊慎、掌管寿州军事的王宗和上官涚、韩弘一起去攻击吴少诚，多次击败他。十一月，壬子日（十二日），于頔上报占领了吴房、朗山。

十二月，辛未，中书令、咸宁王浑瑊薨于河中。瑊性谦谨，虽位穷将相，无自矜大之色，每贡物必躬自阅视，受赐如在上前，由是为上所亲爱。上还自兴元，虽一州一镇有兵者，皆务姑息。瑊每奏事，不过，辄私喜曰："上不疑我。"故能以功名终。

六州党项自永泰以来居于石州，永安镇将阿史那思暕侵渔不已，党项部落悉逃奔河西。

诸军讨吴少诚者既无统帅，每出兵，人自规利，进退不壹。乙未，诸军自溃于小溵水，委弃器械、资粮，皆为少诚所有。于是，始议置招讨使。

吐蕃众五万分击南诏及巂州，异牟寻与韦皋各发兵御之，吐蕃无功而还。

【译文】十二月，辛未日（初二日），中书令、咸宁王浑瑊在河中去世。浑瑊性格谦让小心，即使位居将相，也没有骄傲自大的样子，每次进献物品，一定亲自查看，虽在远地，接受德宗的赏赐，就像在德宗面前那样尊敬，因为这些，获得德宗的宠信。德宗李适从兴元回朝后，即使是一州一镇带兵的人所奏的事都宽容恩准。浑瑊每回奏事，德宗总是留下奏书，他常暗地里高兴地说："皇上不猜疑我。"因此能保持功名直到去世。

六州党项部落，从永泰年间就居住在石州，永安镇将阿史那思暕不断地侵略抢夺，党项部落全部逃跑到河西。

征讨吴少诚的诸军没有统帅，每回出兵，每人各自谋利，进退不一致。乙未日（二十六日），诸军在小溵水分散，丢弃的兵器、粮草，都被吴少诚捡到。这才开始商讨设立招讨使。

吐蕃派遣五万军队分别攻击南诏及巂州，异牟寻和韦皋各派兵抵抗；吐蕃无功而返。

贞元十六年（庚辰，公元八零零年）春，正月，乙巳，恒冀、易定、陈许、河阳四军与吴少诚战，皆不利而退。夏绥节度使韩全义本出神策军，中尉窦文场爱厚之，荐于上，使统诸军讨吴少诚。二月乙酉，以全义为蔡州四面行营招讨使，十七道兵皆受全义节度。

宣武军自刘玄佐薨，凡五作乱，士卒益骄纵，轻其主师。韩弘视事数月，皆知其主名，有郎将刘锷，常为唱首。三月，弘陈兵牙门，召锷及其党三百人，数之以："数预于乱，自以为功"，悉斩之，血流丹道。自是至弘入朝二十一年，士卒无一人敢欢呼于城郭者。

【译文】贞元十六年（庚辰，公元800年）春季，正月，恒冀、易定、陈许、河阳四支军队和吴少诚打仗，都失利而退。夏绥节度使韩全义本来出身神策军，中尉窦文场非常喜爱他，把他推举给德宗，让他带领诸军征讨吴少诚。二月，乙酉日（十七日），委任韩全义为蔡州四面行营招讨使，十七道的军队都由韩全义指挥。

宣武军自从刘玄佐逝世后，共反乱五次，士卒更加骄傲，轻蔑主帅。韩弘任职几个月，完全弄清主要反乱者的姓名；有一个郎将名叫刘锷，经常领头作乱，三月，韩弘把军队排列在衙门，集合刘锷与他的同党三百人来，斥责他们"多次参加作乱，还自以为有功劳"，把他们全部处斩，鲜血染红道路。从这时起到韩弘入朝的二十一年间，士卒没有一人敢在城里大声呼叫。

义成监军薛盈珍为上所宠信，欲夺节度使姚南仲军政，南仲不从，由是有隙。盈珍谮其幕僚摁，贬泉州别驾。福建观察使柳冕谋害总以媚盈珍，遣幕僚宝鼎薛戎摄泉州事，使按致总罪，戎为辩证其无辜。冕怒，召戎，囚之，使守卒恣为侵辱。如此累月，徐诱之使诬总，戎终不从，总由是获免。冕，芳之子也。

【译文】义成监军薛盈珍被德宗恩宠信任，他想谋取节度使姚南仲的军权，姚南仲不愿服从，两人之间有了嫌隙。薛盈珍诽谤姚南仲的幕僚马揔，将他贬为泉州别驾。福建观察使柳冕准备陷害马揔以取得薛盈珍的欢心，派遣幕僚宝鼎人薛戎兼理泉州政事，让他调查揭发马揔，薛戎反而辩证马揔无罪；柳冕愤怒，把薛戎召来，关进监狱，让狱吏随意地打骂欺侮。过了一个月，再慢慢诱惑薛戎让他陷害马揔，薛戎始终不愿听从；因而得以免罪。柳冕，是柳芳的儿子。

盈珍屡毁南仲于上，上疑之。盈珍又遣小吏程务盈乘驿诬奏南仲罪。牙将曹文洽亦奏事长安，知之，晨夜兼行，追及务盈于长乐驿，与之同宿，中夜，杀之，沉盈珍表于厕中。自作表雪南仲之冤，且首专杀之罪，亦作状白南仲，遂自杀。明旦，门不启，驿吏排之入，得表、状于文洽尸旁。上闻而异之，征盈珍入朝。南仲恐盈珍谗之益深，亦请入朝。夏，四月，丙子，南仲至京师，待罪于金吾。诏释之，召见。上问："盈珍扰卿邪？"对曰："盈珍不扰臣，但乱陛下法耳。且天下如盈珍辈，何可胜数！虽使羊、杜复生，亦不能行恺悌之政，成攻取之功也。"上默然，竟不罪盈珍，仍使掌机密。

盈珍又言于上曰："南仲恶政，皆幕僚马少微赞之也。"诏贬少微江南官，遣中使送之，推坠江中而死。

黔中观察使韦士宗，政令苛刻。丁亥，牙将傅近等逐之，出奔施州。

【译文】薛盈珍多次在德宗面前诽谤姚南仲，德宗听了有些猜疑。于是薛盈珍派遣小吏程务盈乘驿车上京诬陷姚南仲。牙将曹文洽也在长安奏事，知晓了这件事，日夜赶路，在长乐驿追到程务盈，与他同睡，到半夜，把他斩杀，把程盈珍诬陷姚南仲的奏表沉到厕所；自己写了奏表洗清姚南仲的冤屈，自首私自斩杀程务盈的罪，还写了状子把事情经过报告姚南仲，然后自杀。第二天早上，房门不开，驿吏推门进去，在曹文洽尸体旁边发现奏表与状子。德宗听说这个消息，感到很惊讶，召薛盈珍入朝；姚南仲恐怕薛盈珍加倍说他坏话，也请求入朝。夏季，四月，丙子日（初八日），姚南仲到达京师，在金吾等待德宗治罪；德宗下诏书释放并召见他。德宗问："薛盈珍打扰了你吗？"姚南仲回答说："薛盈珍没有打扰我，只是打乱陛下的律法而已。再说天下像薛盈珍这样的人，怎么能数得清？即便羊祜、杜预重生，也不能实行安乐和平的政治，成就攻城略地的功劳。"德宗默不作声，竟不开罪薛盈珍，仍派遣他掌管中枢重要机密的工作。

薛盈珍又对德宗说："姚南仲政绩恶劣，都是幕僚马少微帮助他美化的。"德宗下诏令把马少微贬谪到江南，派中使送他，把他推到长江中淹死。

黔中观察使韦士宗，政令苛刻残暴。丁亥日（十九日），牙将傅近等把他驱走，韦士宗逃跑施州。

新罗王敬则卒，庚寅，册命其嫡孙俊邕为新罗王。

韩全义素无勇略，专以巧佞货赂结宦官得为大帅，每议军事，宦官为监军者数十人坐帐中争论，纷然莫能决而罢。天渐暑，士卒久屯沮洳之地，多病疫，全义不存抚，人有离心。五月，庚戌，与吴少诚将吴秀、吴少阳等战于溵南广利原，锋镝未交，诸军大溃。秀等乘之，全义退保五楼。少阳，沧州清池人也。

山南东道节度使于溵因讨吴少诚，大募战士，缮甲厉兵，聚敛货财，恣行诛杀，有据汉南之志，专以慢上陵下为事。上方姑息藩镇，知其所为，无如之何。頔诬邓州刺史元洪赃罪，朝廷不得已流洪端州，遣中使护送至枣阳。頔遣兵劫取归襄州，中使奔归。頔表洪责太重，上复以洪为吉州长史，乃遣之。又怒判官薛正伦，奏贬峡州长史。比敕下，頔怒已解，复奏留为判官。上一一从之。

【译文】新罗王敬则逝世，庚寅日（二十二日），德宗册封他的嫡孙俊邕为新罗王。

韩全义向来没有智勇与谋略，专门用阿谀奉承行贿巴结宦官才能做大帅，每次讨论军事，做监军的几十个宦官坐在帐中议论，众说纷纭而不能决定怎么做就散了。天逐渐炎热，士兵长久屯驻在低湿的地方，大多感染疫病，人人都有反叛之心。五月，庚戌日（十三日），韩全义与吴少诚的属下吴秀、吴少阳等在溵水南岸的广利原交战，才刚交战，诸道军队溃败；吴秀等人乘胜追赶，韩全义退守五楼。吴少阳，是沧州清池人。

山南东道节度使于頔因为征讨吴少诚，大规模招收战士，赶制铠甲，打造兵器，敛集钱财，随意实行诛杀，有占领汉水以南的意图，以对上级骄傲无礼和欺侮属下为能事。德宗正姑息藩镇，知晓他的所作所为，也拿他没办法。于頔构陷邓州刺史元洪贪污，朝廷没办法只好把元洪流放到端州，派中使护送他到枣阳。于頔派兵抢夺元洪返回襄州，中使逃回去。于頔上奏德宗，认为对元洪的惩罚太重，德宗又委任元洪为吉州长史；于頔这才让元洪离开。于頔又对判官薛正伦非常怨恨，上表要求贬他为峡州长史；等到诏书颁下，于頔的怨气已消，又上表要求留他做判官。德宗一一顺从他。

徐、泗、濠节度使张建封镇彭城十馀年，军府称治，病笃，累表请除代人。辛亥，以苏州刺史韦夏卿为徐、泗、濠行军司马。敕下，建封已薨。夏卿，执谊之从祖兄也。徐州判官郑通诚知留后，恐军士为变，会浙西兵过彭城，通诚欲引入城为援。军士怒，壬子，数千人斧库门，出甲兵擐执之，围牙城，劫建封子前虢州参军愔令知军府事，杀通诚及大将段伯熊等数人，械系监军。上闻之，以吏部员外郎李廊为徐州宣慰使。廊直抵其军，召将士宣朝旨，谕以祸福，脱监军械，使复其位，凶党不敢犯。愔上表称兵马留后，廊以非朝命，不受，使削去，然后受之以归。

灵州破吐蕃于乌兰桥。

丙寅，韦士宗复入黔中。

【译文】徐、泗、濠节度使张建封驻守彭城十多年，军事与政治都治理得很好，张建封病重，请朝廷委任代替的人。辛亥日（十四日），德宗委任苏州刺史韦夏卿为徐、泗、濠行军司马。诏书下达时，张建封已逝世。韦夏卿，是韦执谊的堂兄。徐州判官郑通诚管理留后，害怕士兵反叛，恰逢浙西军队经过彭城，郑通诚想引入彭城作为援助。士兵愤怒，壬子日（十五日），数千人砍破仓库门，拿出甲胄穿上，手执兵器，围攻牙城，挟持张建封的儿子前任虢州参军张愔，让他管理军队和政务，斩杀郑通诚及大将段伯熊等人，把监军套上刑具囚禁起来。德宗听到这个消息，委任吏部员外郎李廊为徐州宣慰使。李廊直接到军中，集合将士宣布朝廷的旨意，告诉他们求福避祸的道理，解下监军的刑具，让他官复原职，叛乱的士兵不敢进犯李廊。张愔上书自称兵马留后，李廊以认为张愔不是朝廷委任的，不肯接纳，让他去掉"兵马留后"四字，然后把他的奏表带回朝廷。

灵州军在乌兰桥击败吐蕃。

丙寅日（二十九日），韦士宗又进入黔中。

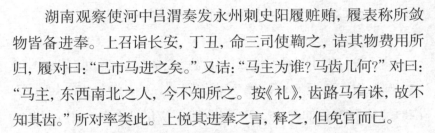

湖南观察使河中吕渭奏发永州刺史阳履赃贿，履表称所敛物皆备进奉。上召诣长安，丁丑，命三司使鞫之，诘其物费用所归，履对曰："已市马进之矣。"又诘："马主为谁？马齿几何？"对曰："马主，东西南北之人，今不知所之。按《礼》，齿路马有诛，故不知其齿。"所对率类此。上悦其进奉之言，释之，但免官而已。

丙戌，加淄青节度使李师古同平章事。

徐州乱兵为张愔表求旄节，朝廷不许。加淮南节度使杜佑同平章事，兼徐、濠、泗节度使，使讨之。佑大具舟舰，遣牙将孟准为前锋。济淮而败，佑不敢进。泗州刺史张伾出兵攻埇桥，大败而还。朝廷不得已除愔徐州团练使，以伾为泗州留后，濠州刺史杜兼为濠州留后，仍加佑兼濠泗观察使。

【译文】湖南观察使河中人吕渭上表起出永州刺史阳履的赃物，阳履上书称所收集的物品都是用来进贡的。德宗把阳履召到长安，丁丑日（五月无此日），下令三司使加以查明，审问他敛集之物用在哪里，阳履说："已买马进贡。"又问："马主是谁？马的年纪多大？"阳履回答说："马主是东西南北之人，如今不知道去了哪里；按《曲礼》上说：'要想知晓君王的马的岁数，是对君不敬，会被惩罚。'因此不知道几岁。"所回答的大概都像这类。德宗喜欢他所说进贡的话，放了他，只是罢免他的官位。

丙戌日（五月无此日），加封淄青节度使李师古同平章事。

徐州乱兵上书为张愔求旄节，朝廷不应允。加给淮南节度使杜佑同平章事，兼徐、濠、泗节度使，派他去征讨张愔。杜佑大举准备船舰，派牙将孟准为前锋；才渡过淮水就败阵，杜佑不敢前进。泗州刺史张伾出兵袭击蛹桥，大败而归。朝廷没有办法，任用张愔为徐州团练使，张伾为泗州留后，濠州刺史杜兼为濠州留后，仍加给杜佑兼任濠泗观察使的职位。

　　兼，正伦五世孙也，性狡险强忍。建封之疾呕也，兼阴图代之，自濠州疾驱至府。幕僚李藩与同列，入问建封疾，出见之，泣曰："仆射疾危如此，公宜在州防遏，今弃州此来，欲何为也！宜速去，不然，当奏之。"兼错愕出不意，遂径归。建封薨，藩归扬州，兼诬奏藩于建封之薨摇动军情，上大怒，密诏杜佑使杀之。佑素重藩，怀诏旬日不忍发，因引藩论佛经曰，"佛言果报，有诸？"藩曰："有之"。佑曰："审如此，君宜遇事无恐。"因出诏示藩。藩神色不变，曰："此真报也。"佑曰："君慎勿出口，吾已密论，用百口保君矣。"上犹疑之，召藩诣长安，望见藩仪度安雅，乃曰：'此岂为恶者邪！"即除秘书郎。

　　新罗王俊邕卒，国人立其子重熙。

　　【译文】杜兼，是杜正伦的五世孙，阴险狡诈，霸道残暴。张建封病重时，杜兼打算私下取代他的职位，从濠州匆忙赶回军府。幕僚李藩与他官阶一样，入内问候张建封的病，出来看到他，哭着说："仆射已病危成这样，你应该在濠州防守镇压，现在擅离职守到这里来，想干什么？应当赶紧回去，不然，我要奏报上去。"这番出乎意料的话，让杜兼惊慌失措，直接回去了。张建封逝世后，李藩返回扬州，杜兼上奏诬赖李藩在张建封逝世时动摇军心，德宗大怒，秘密下诏给杜佑，让他除掉李藩。杜佑向来敬重李藩,怀中藏着诏书超过十天也不忍心动手,因此引导李藩讨论佛经说:"佛说因果报应,有没有?"李藩说:"有的。"杜佑说:"真这样,你遇着什么事不要恐惧。"之后拿出诏书给李藩看。李藩面色不变,说:"这果真是报应呀!"杜佑说:"你千万不要声张,我已上表秘密为你辩论,用全家百口的性命来保你。"德宗还有些疑虑,把李藩召到长安觐见,看到李藩仪表气度非常安静雅致,这才说:"这怎么是作恶的人?"马上任用他做秘书郎。

新罗王俊邕逝世,国人将他的儿子重熙立为王。

秋,七月,吴少诚进击韩全义于五楼,诸军复大败,全义夜遁,保溵水县城。

卢龙节度使刘济弟源为涿州刺史,不受济命;济引兵击擒之。

九月,癸卯,义成节度使卢群薨。甲戌,以尚书左丞李元素代之。贾耽曰:"凡就军中除节度使,必有爱憎向背,喜惧者相半,故众心多不安。自今愿陛下只自朝廷除人,庶无它变。"上以为然。

中书侍郎、同平章事郑馀庆与户部侍郎、判度支于𬱟素善,𬱟所奏事,馀庆多劝上从之。上以为朋比,庚戌,贬馀庆郴州司马,𬱟泉州司户。𬱟,顿之兄也。

【译文】秋季,七月,吴少诚到五楼征讨韩全义,韩全义的诸路军队溃败,韩全义乘着夜色逃走,退守溵水县城。

卢龙节度使刘济的弟弟刘源是涿州刺史,不听从刘济的命令;刘济率兵去征讨他并将他捉拿。

九月,癸卯日(初八日),义成节度使卢群逝世;甲戌日(九月无此日），德宗任用尚书左丞李元素取代卢群的官位。贾耽说：“凡在本军任用节度使，其人一定有好恶向背，军中高兴与害怕的人各占一半，因此会使军心惶惶。从现在开始，希望陛下从朝廷里派人，才能希冀不发生突变。”德宗以为很对。

中书侍郎、同平章事郑馀庆和户部侍郎、判度支于頔向来感情很好，于頔上奏的事，馀郑庆都劝德宗听从。德宗认为两人结党营私，庚戌日（十五日），贬郑馀庆为郴州司马，于頔为泉州司户。于頔，是于頔的哥哥。

癸丑，吴少诚进逼溵水数里置营，韩全义复帅诸军退保陈州。宣武、河阳兵私归本道，独陈许将孟元阳、神策将苏光荣所部留军溵水。全义以诈诱昭义将夏侯仲宣、义成将时昂、河阳将权文变、河中将郭湘等，斩之，欲以威众。全义至陈州，刺史刘昌裔登城谓之曰：“天子命公讨蔡州，今乃来此，昌裔不敢纳，请舍于城外。”既而昌裔赍牛酒入全义营犒师，全义惊喜，心服之。己未，孟元阳等与少诚战，杀二千馀人。

庚申，以太常卿齐抗为中书舍人、同平章事。

癸亥，以张愔为徐州留后。

【译文】癸丑日（十八日），吴少诚领兵前进，在迫近溵水几里的地方驻扎，韩全义带领各路军队后退驻守陈州。宣武、河阳的军队私下返回本道，唯有陈许的将领孟元阳、神策将苏光荣带领部下驻守溵水。韩全义用欺瞒的手段诱惑昭义的将领夏侯仲宣、义成的将领时昂、河阳的将领权文变、河中的将领郭湘等，斩杀他们，用来恐吓众人。韩全义到陈州，刺史刘昌裔登上城楼对他说：“天子命你去征讨蔡州，如今竟然来这里，我刘昌裔不敢让你们进来，请在城外驻扎。”随后刘昌裔送牛和酒到韩全义的营中劳军，韩全义又惊又喜，对他非常佩服。己未日（二十四日），孟元阳等人与吴少诚交战，杀了两千多敌人。

庚申日（二十五日），德宗任用太常卿齐抗为中书舍人、同平章事。

癸亥日（二十八日），德宗任用张愔为徐州留后。

冬，十月，吴少诚引兵还蔡州。先是，韦皋闻诸军讨少诚无功，上言"请以浑瑊、贾耽为元帅，统诸军。若重烦元老，则臣请以精锐万人下巴峡，出荆楚以翦凶逆。不然，因其请罪而赦之，罢两河诸军以休息私公，亦策之次也。若少诚一旦罪盈恶稔，为麾下所杀，则又当以其爵位授之，是除一少诚，生一少诚，为患无穷矣。"贾耽言于上曰："贼意盖亦望恩贷，恐须开其生路。"上然之。会少诚致书币于监官军者求昭洗，监军奏之。戊子，诏赦少诚及彰义将士，复其官爵。

己丑，河东节度使李说薨。甲午，以其行军司马郑儋为节度使。上择可以代儋者，以刑部员外郎严绶尝以幕僚进奉，记其名，即用为河东行军司马。

吐蕃数为韦皋所败，同岁，其曩贡、腊城等九节度婴、笼官马定德帅其部落来降。定德有智略，吐蕃诸将行兵，皆禀其谋策，常乘驿计事，至是以兵数不利，恐获罪，遂来奔。

【译文】冬季，十月，吴少诚领兵回到蔡州。在此之前，韦皋听闻各路军队征讨吴少诚无功，上表说："请任用浑瑊、贾耽为元帅，带领各路军队。假如不便劳请元老，那臣请求带领一万精兵离开巴峡，到荆楚平灭顽固的叛贼。不然，就乘吴少诚请罪之机赦免他，停止两河诸路军队的公务，以便公私都能够休养生息，算是次善的策略。假如吴少诚坏事做尽，被部下斩杀，那又应该把吴少诚的爵位授予杀他的部下，是去除一个吴少诚，又出现一个吴少诚，后患无穷啊！”贾耽对德宗说：“叛贼的意思估计也是希望得到恩宠宽容，只怕要给他一条生路。”德宗采纳他的建议。恰逢吴少诚送信和币帛给监军，请求昭明洗刷冤屈，监军上呈奏报。戊子日（二十三日），德宗下诏赦免吴少诚及彰义将士的罪责，恢复他们的官职。

己丑日（二十四日），河东节度使李说逝世；甲午日（二十九日），任用他的行军司马郑儋为节度使。德宗选能取代郑儋的人，由于刑部员外郎严绶曾以幕僚的身份进贡财物给德宗，德宗就记住严绶的名字，任命他为行军司马。

吐蕃多次被韦皋击败，这一年，吐蕃的曩贡、腊城等九节度婴和笼官马定德带领他们的部落来归降。马定德是个有才能有智谋的人，吐蕃诸将用兵打仗，都是采用他的策略，他经常乘着驿车到处谋划事情，到这时，马定德因军队多次打仗失利，害怕获罪，就前来归降。

【乾隆御批】溵南之败，全义罪无可解。少诚假监军诡奏复受朝命，并不由于招徕一任，阉竖从中播弄，掩败为功。德宗信之不疑，且曲为表白。淮西祸逆，实由此酿之。

【译文】溵南之败，韩全义有不可推卸的责任。吴少诚依靠监军诡称要归顺朝廷，这并不是他想借此谋得一官半职，只不过是宦官从中操纵，以此来为韩全义掩饰败迹并为他表功。唐德宗对此深信不疑，并且委婉地为他表白。淮西祸乱，实在是由此酿成的。

资治通鉴卷第二百三十六 唐纪五十二

起重光大荒落，尽旃蒙作噩，凡五年。

【译文】起辛巳（公元801年），止乙酉（公元805年），共五年。

【题解】 本卷记录了公元801年至805年的历史，共五年。从唐德宗贞元十七年到唐顺宗永贞元年，为德宗、顺宗、宪宗交接之际。浙东判官齐总盘剥百姓进奉德宗，被升为衢州刺史，给事中许孟容封还诏命，受到德宗嘉奖。德宗驾崩，顺宗即位，在位不足八个月。顺宗中风不能说话，王叔文、王伾等大臣受器重施行改革，大赦天下，蠲免积欠，罢进奉、罢宫市，取缔五坊小儿，减盐债，平反和量移前朝被贬大臣，召回陆贽和阳城。任命老将范希朝为左右神策、京西诸城行营节度使，欲夺宦官军权。宦官和反对派大臣反扑，拥立宪宗即位，顺宗退位为太上皇。永贞革新之臣被贬、被杀。皇帝任用自己的私党，把先帝的私党看作异己，通通贬黜，宪宗开了恶例。军镇换帅，弱肉强食，剑南金之死与来希皓之让，相互映衬。

德宗神武圣文皇帝十一

贞元十七年(辛巳，公元八零一年)春，正月，甲寅，韩全义至长安，窦文场为掩其败迹，上礼遇甚厚。全义称足疾，不任朝谒，遣司马崔放入对。放为全义引咎，谢无功，上曰："全义为招

103

讨使，能招来少诚，其功大矣，何必杀人然后为功邪！"闰月，甲戌，归夏州。

韦士宗既入黔州，妄杀将吏，人心大扰。士宗惧，三月，脱身亡走。夏，四月，辛亥，以右谏议大夫裴佶为黔州观察使。

五月，壬戌朔，日有食之。

朔方邠、宁、庆节度使杨朝晟防秋于宁州，乙酉，薨。

【译文】贞元十七年（辛巳，公元801年）春季，正月，甲寅日（二十一日），韩全义到达长安，窦文场帮他掩盖军队溃败的事情，因此德宗以非常隆重的礼仪对待他。韩全义推托说得了脚病，不能上朝拜见，派遣司马崔放入朝回答德宗的问话。崔放替韩全义引罪自责，为招抚无功而向德宗谢罪，德宗说："韩全义担任招讨使，能招来吴少诚，他的功劳已经很大，为什么一定要将人们杀死，然后才算是功劳呢？"闰正月，甲戌日（十一日），韩全义回到夏州。

韦士宗到黔州后，任意胡为，杀死高级长官，使得人心大乱。韦士宗很害怕，三月，他脱出身来，逃离黔州。夏季，四月，辛亥日（二十日），德宗又任命右谏议大夫裴佶为黔州观察使。

五月，壬戌朔日（初一日），天空出现日食。

朔方邠、宁、庆节度使杨朝晟，在宁州防御吐蕃（防备胡人在秋收时前来攻击掠夺）；乙酉日（二十四日），杨朝晟去世。

初，浑瑊遣兵马使李朝寀将兵戍定平。瑊薨，朝寀请以其众隶神策军；诏许之。

杨朝晟疾亟，召僚佐谓曰："朝晟必不起，朔方命帅多自本军，虽徇众情，殊非国体。宁州刺史刘南金，练习军旅，宜使摄行军，且知军事，比朝迁择帅，必无虞矣。"又以手书授监军刘英倩，英倩以闻。军士私议曰："朝廷命帅，吾纳之，即命刘君，吾事之；若命帅于它军，彼必以其麾下来，吾属被斥矣，必拒之。"

己丑，上遣中使往察军情，军中多与南金。辛卯，上复遣高品薛盈珍赍诏诣宁州。六月，甲午，盈珍至军，宣诏曰："朝寀所将本朔方军，今将并之，以壮军势，威戎狄，以李朝寀为使，南金副之，军中以为何如？"诸将皆奉诏。

【译文】起初，浑瑊派遣兵马使李朝寀率领军队戍守定平。浑瑊去世后，李朝寀请示将自己的军队隶属于神策军；德宗下诏准许他的请求。

杨朝晟病重时，召集幕僚并对他们说："我的病不会好转，朔方军主帅的任命，人选往往出自本军，虽然这样能顺应众将士之心，但实在不符合国家的礼制。宁州刺史刘南金很熟悉行军作战之事，应该让他来代理行军司马，暂且掌管军事，等到朝廷选择元帅到这里，一定没有什么忧虑。"接着，杨朝晟又把亲笔写的书信交给监军刘英倩，刘英倩又把这些情况奏报朝廷。将士们私下议论说："朝廷任命元帅，我们会接纳他，即使任命刘南金，我们也会事奉他；可是，如果皇上从别的军中派元帅来这里，这个被任命的元帅一定会把自己的部下带来，那么我们这些人就会受到排斥，所以我们一定要制止这种事情发生。"

己丑日（二十八日），德宗派遣中使前去朔方探察军中情况，军中将士大多亲附刘南金。辛卯日（三十日），德宗又派遣高品薛盈珍携带诏书前去宁州。六月，甲午日（初三日），薛盈珍到达军中，他宣布诏书说："李朝寀率领的本来就是朔方的军队，现在准备将此军与你们合并，来壮大军队的声势，使夷狄受到震慑。现任命李朝寀为节度使，刘南金为副节度使，军中将士认为怎么样呢？"各位将领都接受诏命。

丙申，都虞候史经言于众曰："李公命收弓刀而送甲胄二千。"军士皆曰："李公欲内麾下二千为腹心，吾辈妻子其可保乎！"夜，造刘南金，欲奉以为帅，南金曰："节度使固我所欲，然非天子之命则不可，军中岂无它将乎！众曰："弓刀皆为官所收，惟军事府尚有甲兵，欲因以集事。南金曰："诸君不愿朝寀为帅，宜以情告敕使。若操甲兵，乃拒诏也。"命闭门不内。军士去，诣兵马使高固，固逃匿，搜得之。固曰："诸君能用吾命则可。"众曰："惟命。"固曰："毋杀人，毋掠金帛。"众曰："诺。"乃共诣监军，请奏之。众曰："刘君既得朝旨为副帅，必挠吾事。"诈称监军命，召计事，至而杀之。

【译文】丙申日（初五日），都虞候史经对众将士说："李公李朝寀命令没收弓箭刀剑而又要送去两千套甲胄。"众将士都说："李公想要收纳自己的两千部下，作为心腹，我们这些人的妻子儿女怎么能够保全？"到了晚上，大家前去谒见刘南金，想拥戴他为元帅，刘南金说："节度使本是我想做的官，然而没有天子下达的命令我就不可以这样做。军队里难道就没有其他可以拥戴的将领吗？"众人说："弓箭刀剑都被李朝寀没收，只有军事府中还有储备的铠甲兵器，我们想凭着军事府中的铠甲兵器聚众起事。"刘南金说："各位将士不希望李朝寀做元帅，应该将其中的缘由告诉皇上的使者。如果拿着武器起事，那就是拒绝接受诏命啊。"于是刘南金命人关起门来，不让将士进门。众将士离开后，又去谒见兵马使高固，高固已经逃走躲藏起来；众将士最终搜出高固。高固说："如果各位能够按照我说的去做，我就答应你们的要求。"众将士说："唯命是听。"高固说："不允许杀人，不允许掳掠金帛财物。"众将士说："好。"于是高固与众将士一同前去谒见监军，请求监军把众将士的意思奏明德宗。众将士说："刘南金已经接受朝廷的旨意，担任副元帅，他必定会阻挠我们的事情。"众将士假意声称监军有命，召刘南金计议事情，刘南金一到，众将士就把他杀了。

　　戊戌，制以李朝寀为邠宁节度使。是日，宁州告变者至，上追还制书，复遣薛盈珍往诇军情。壬寅，至军，军中以高固为请，盈珍即以上旨命固知军事。

　　或传戊戌制书至邠州，邠军惑，不知所从。奸人乘之，且为变。留后孟子周悉内精甲于府廷，日犒士卒，内以悦众心，外以威奸党。邠军无变，子周之谋也。

　　【译文】戊戌日（初七日），德宗颁发制书任命李朝寀为宁州节度使。就在这一天，报告宁州发生变乱的人到了朝中，德宗派人追回制书，再次派薛盈珍前去探察军中情形。壬寅日（十一日），薛盈珍来到军中，军中众将士请求任命高固为元帅，薛盈珍当即以德宗的旨意命令高固掌管军中事务。

　　有人将戊戌日颁布的制书传到邠州，邠州的将士很是迷惑，不知道应当听从哪一个诏命。奸邪之人趁着这个机会，准备发动叛乱。留后孟子周将精锐士兵全都安置到官署的庭院中，每天以酒肉犒赏士卒，这样做对内可以让士兵高兴，对外可以威慑乱法犯禁的奸邪之人。军中没有发生叛乱，正是由于孟子周谋划有方啊。

　　李锜既执天下利权，以贡献固主恩，以馈遗结权贵，恃此骄纵，无所忌惮，盗取县官财，所部官属无罪受戮者相继。浙西布衣崔善贞诣阙上封事，言宫市、进奉及盐铁之弊，因言锜不法事。

上览之，不悦，命械送锜。锜闻其将至，先凿坑于道旁。己亥，善贞至，并锁械内坑中，生瘗之。远近闻之，不寒而栗。锜复欲为自全计，增广兵众，选有材力善射者谓之挽强，胡、奚杂类谓之蕃落，给赐十倍它卒。转运判官卢坦屡谏不悛，与幕僚李约等皆去之。约，勉之子也。

己酉，以高固为邠宁节度使。固，宿将，以宽厚得众，节度使忌之，置于散地，同列多轻侮之；及起为帅，一无所报复，由是军中遂安。

丁巳，成德节度使王武俊薨。

资治通鉴

【译文】李锜掌握全国的财政大权后，通过进献贡物来巩固主上的恩遇，通过赠送财物来结交地位高、有权势的人。李锜依靠着这种关系骄横放纵，没有什么顾忌畏惧的人和事，他非法强占官府的财物，他统领的属吏中无罪而遭到杀害的人一个接着一个。浙西平民崔善贞到朝廷呈上秘密奏章，奏疏中谈及宫市、进献贡物以及经营盐铁的弊端，因而说到李锜所做的违法之事。德宗阅览奏疏后，心里很不高兴，命令将崔善贞用枷锁拘禁着送到李锜那里。李锜听说崔善贞要到了，就命人先在路边挖了一个坑；己亥日（初八日），崔善贞被押送到李锜那里，李锜命人将崔善贞连同锁他的刑具一齐推到坑中，把他活埋。远近百姓听到这件事，都不寒而栗。李锜又做了些保全自身的打算，增加士兵的人数，又选拔有才能、有勇力、会射箭的人，把他们这些人称作"挽强"，对收容的胡、奚等各少数民族人，称他们为"番落"，对他们的供给和赏赐，是其他士兵的十倍。转运判官卢坦屡次劝谏李锜，但他一点也不知改悔，于是卢坦与幕僚李约等都辞职离开李锜。李约，是李勉的儿子。

己酉日（十八日），德宗下令让高固担任邠宁节度使。高固是一员老将，因为待人宽和仁厚而得到众人的拥护，过去的节度使嫉妒他，把高固安置在一个闲散的职位上，同事们大多数都轻视侮辱他；等到高固被德宗起用担任邠宁节度使，高固没有对任何人实行报复，这样一来，军中将士就都安定下来。

丁巳日（二十六日），成德节度使王武俊去世。

秋，七月，戊寅，吐蕃寇盐州。

辛巳，以成德节度副使王士真为节度使。

己丑，吐蕃陷麟州，杀刺史郭锋，夷其城郭，掠居人及党项部落而去。锋，曜之子也。

僧延素为虏所得。虏将有徐舍人者，谓延素曰："我英公之五代孙也。武后时，吾高祖建义不成，子孙流播异域，虽代居禄位典兵，然思本之心不忘，顾宗族大，无由自拔耳。今听汝归。"遂纵之。

上遣使敕韦皋出兵深入吐蕃以分其势，纾北边患。皋遣将将兵二万分出九道，攻吐蕃维、保、松州及栖鸡、老翁城。

河东节度使郑儋暴薨，不及命后事，军中喧哗，将有它变。中夜，十余骑执兵召掌书记令狐楚至军门，诸将环之，使草遗表。楚在白刃之中，操笔立成。楚，德棻之族也。八月，戊午，以河东行军司马严绶为节度使。

【译文】秋季，七月，戊寅日（十八日），吐蕃侵犯盐州。

辛巳日（二十一日），德宗任命成德节度副使王士真为节度使。

己丑日（二十九日），吐蕃大举攻陷麟州，杀死麟州刺史郭锋，把麟州城夷为平地，并对当地居民以及党项部落抢掠一番，之后便离开。郭锋是郭曜的儿子。

僧人延素被吐蕃抓住。有一名叫徐舍人的吐蕃将领对延素说："我是英国公李勣的第五世玄孙。在武后统治时期，我的高祖徐敬业树立义旗起义，没有成功，因此后世子孙流离迁居到异国他乡，虽然我家世世代代都居享有高官厚禄，掌管军政大权，然而怀念故国之心仍然没有忘却，只是顾及我的宗族人口众多，没有机会独自脱身出来罢了。现在我准许你回去。"于是徐舍人就放了僧人延素。

德宗派遣使者命令韦皋发兵深入吐蕃境内，以分散吐蕃的势力，缓解北方边境的战祸。韦皋于是派遣将领率领士兵两万从九条路线进发，攻打吐蕃的维州、保州和松州以及栖鸡和老翁城。

河东节度使郑儋突然去世，还没来得及安排后事，军中将士嘈杂喊叫，将有异常变故。夜半时分，十多个人骑着战马，手握兵器，召掌书记令狐楚到军营门口，诸位将士环绕着他，命令他起草郑儋的临终表章。令狐楚在白晃晃的兵刃环绕之中，拿起笔来一会儿就写好了。令狐楚是令狐德棻的同宗后人。八月，戊午日（二十八日），德宗任命河东行军司马严绶为节度使。

九月，韦皋奏大破吐蕃于雅州。

左神策中尉窦文场致仕，以副使杨志廉代之。

韦皋屡破吐蕃，转战千里，凡拨城七，军镇五，焚堡百五十，斩首万馀级，捕虏六千，降户三千，遂围维州及昆明城。冬，十月，庚子，加皋检校司徒兼中书令，赐爵南康王。南诏王异牟寻虏获尤多，上遣中使慰抚之。

戊午，盐州刺史杜彦先弃城奔庆州。

【译文】九月，韦皋上奏朝廷称在雅州大胜吐蕃。

左神策中尉窦文场请求辞官回归故里，德宗任命左神策中尉副使杨志廉接替他的职位。

韦皋屡次打败吐蕃，转徙作战达千里之远，共计攻克七座城池，军镇五个，焚烧堡垒一百五十个，斩首一万多人，活捉吐蕃俘虏六千，向他投降的人口有三千户。韦皋接着将维州和昆明城团团围住。冬季，十月，庚子日（十一日），德宗加封韦皋检校司徒兼中书令，并赐给他南康郡王的爵位。南诏王异牟寻俘虏的人和缴获的物品特别多，德宗派遣中使慰问安抚他。

戊午日（二十九日），盐州刺史杜彦先放弃城池，逃奔庆州。

贞元十八年（壬午，公元八零二年）春，正月，骠王摩罗思那遣其子悉利移入贡。骠国在南诏西南六千八百里，闻南诏内附而慕之。因南诏入见，仍献其乐。

吐蕃遣其大相兼东鄙五道节度使论莽热将兵十万解维州之围，西川兵据险设伏以待之。吐蕃至，出千人挑战，虏悉众追之，伏发，虏众大败，擒论莽热，士卒死者太半。维州、昆明竟不下，引兵还。乙亥，皋遣使献论莽热，上赦之。

浙东观察使裴肃既以进奉得进，判官齐总代掌后务，刻剥以求媚又过之。三月，癸酉，诏擢总为衢州刺史。给事中长安许孟容封还诏书，曰："衢州无它虞，齐总无殊绩，忽此超奖，深骇群情。若总必有可录，愿明书劳课，然后超资改官，以解众疑。"诏遂留中。己亥，上召孟容，慰奖之。

【译文】贞元十八年（壬午，公元802年）春季，正月，骠王摩罗思那派遣他的儿子悉利移入朝进贡。骠国在南诏西南方六千八百里的地方，听说南诏归附朝廷，也对朝廷产生向往之情,于是通过南诏的介绍入京朝见德宗,还进献上他们本国的音乐。

吐蕃派遣国中大相兼东部边邑五道节度使论莽热率领十万军队前来解救被围困的维州,西川兵马依据险要地势设下埋伏等待论莽热前来。吐蕃军队一到,韦皋便派出一千人前去挑战,敌人出动全部军队追赶他们,这时埋伏的西川士兵乘机发动攻击,吐蕃军队大败,论莽热被擒获,吐蕃士兵死了大半。但西川军最终没有攻下维州、昆明城,韦皋只得率领军队返回。乙亥日(十八日),韦皋派遣使者向德宗进献论莽热,德宗赦免论莽热。

浙东观察使裴肃依靠进奉财物升官后,判官齐总接替他掌管留后事务,他通过剥削财物来讨好德宗的行为,又超过裴肃。三月,癸酉日(十七日),德宗下诏晋升齐总为衢州刺史。给事中长安人许孟容把诏书封合好后奉还,他说:"衢州没有什么忧虑的事情发生,齐总也没有什么特殊的功绩,忽然让他得到这种超越常理的晋升,实在令群臣深感惊骇。如果齐总确实有值得记录的功绩,希望明确地写出他的劳绩与考课,然后再超越资历破格任命官职,以消除各位大臣心中的疑惑。"诏书于是就这样被留在宫中,没有被批下来。己亥日(疑误),德宗召见许孟容,慰劳并奖励他。

秋,七月,辛未,嘉王府咨议高弘本正牙奏事,自理逋债。乙亥,诏"公卿庶僚自今勿令正牙奏事,如有陈奏,宜延英门请对。"议者以为:"正牙奏事,自武德以来未之或改,所以达群情,讲政事。弘本无知,黜之可也,不当因人而废事。"

淮南节度使杜佑累表求代,冬,十月,丁亥,以刑部尚书王锷为淮南副节度使兼行军司马。

己酉, 鄜坊节度使王栖曜薨。中军将何朝宗谋作乱, 夜, 纵火。都虞候裴玢潜匿不救火, 且, 擒朝宗, 斩之。以同州刺史刘公济为鄜坊节度使, 以玢为行军司马。

【译文】秋季, 七月, 辛未日（十七日）, 嘉王府的咨议参军高弘本正殿奏报事情时, 私自在殿上处理债务。乙亥日（二十一日）, 德宗下达诏书:"从今天起, 公卿与百官不要到正殿奏陈事情, 如果有要事需要当面陈奏, 应当到延英门请求召问对答。"议论这件事的大臣认为:"到正殿去奏陈要事, 这是自从武德年间以来, 没有改变的规矩, 为的是传达百官之情, 讲论如何施政处事。高弘本不懂规矩, 陛下完全可以贬黜他, 而不应当因高弘本一人犯错就废除正常的制度。"

淮南节度使杜佑多次向德宗上表请求派人替代他的职务。冬季, 十月, 丁亥日（初四日）, 德宗下诏让刑部尚书王锷担任淮南节度副使兼行军司马。

己酉日（二十六日）, 鄜坊节度使王栖曜去世。中军将何朝宗谋划发动叛乱, 夜里, 何朝宗派人放火。都虞候裴玢暗中藏起来, 没有前去救火, 在天亮之时, 出其不意, 一举擒住何朝宗, 并斩杀他。德宗于是让同州刺史刘公济担任鄜坊节度使, 让裴玢担任行军司马。

【乾隆御批】正牙听政之所, 假奏事以讼私, 遗庸鄙无知, 宜加谴责, 然于令甲固无损也, 乃由此遽改旧章, 奚啻因噎废食?

【译文】正殿本是皇帝大臣处理政事的地方, 借奏事的机会处理私人债务, 实在是鄙俗无知, 应加以谴责, 虽说对国家法令制度没什么影响, 唐德宗却为此立刻更改旧制, 这与因噎废食又有什么两样?

贞元十九年（癸未，公元八零三年）春，二月，丁亥，名安黄军曰奉义。

己亥，安南牙将王季元逐其观察使裴泰，泰奔朱鸢。明日，左兵马使赵匀斩季元及其党，迎泰而复之。

甲辰，杜佑入朝。三月，壬子朔，以佑检校司空、同平章事；以王锷为淮南节度使。

鸿胪卿王权请迁献、懿二祖于德明、兴圣庙，每禘祫，正太祖东向之位；从之。

乙亥，以司农卿李实兼京兆尹。实为政暴戾，上爱信之。实恃恩骄傲，许人荐引，不次拜官，及诬谮斥逐，皆如期而效，士大夫畏之侧目。

【译文】贞元十九年（癸未，公元803年）春季，二月，丁亥日（初六日），朝廷把安黄军命名为奉义军。

己亥日（十八日），安南牙将王季元驱赶本地观察使裴泰，裴泰逃奔到朱鸢。第二天，左兵马使赵匀斩杀王季元和他的同伙，又把裴泰迎接回来并恢复职位。

甲辰日（二十三日），杜佑入朝谒见天子。三月，壬子朔日（初一日），德宗任命杜佑为检校司空、同平章事；任命王锷为淮南节度使。

鸿胪卿王权请求把献祖宣皇帝、懿祖光皇帝的神位迁移到供奉德明皇帝、兴圣皇帝神位的庙堂中，每当对诸祖神位举行盛大的合祭时，将太祖李虎的神位安置在正东方位。德宗听从了他的建议。

乙亥日（二十四日），德宗任命司农卿李实兼任京兆尹。李实为政残暴乖戾，德宗却喜欢信任他。李实依仗德宗的恩宠更加骄横傲慢，本来答应为他人推荐援引，却不按等次授给官职，等到后来李实诬陷毁谤官员让德宗贬谪流放大臣，全都在他预言的日期应验，因此士大夫非常害怕他，都不敢用正眼看他。

夏，四月，泾原节度使刘昌奏请徙原州治平凉，从之。

乙亥，吐蕃遣其臣论颊热入贡。

六月，辛卯，以右神策中尉副使孙荣义为中尉，与杨志廉皆骄纵招权，依附者众，宦官之势益盛。

壬辰，遣右龙武大将军薛伾使于吐蕃。

陈许节度使上官涗薨，其婿田俙欲胁其子使袭军政。牙将王沛，亦涗之婿也，知其谋，以告监军范日用，讨擒之。乙未，以陈许行军司马刘昌裔为节度使。沛，许州人也。

自正月不雨至于秋七月。

己未，中书侍郎、同平章事齐抗以疾罢为太子宾客。

初，翰林待诏王伾善书，山阴王叔文善棋，俱出入东宫，娱侍太子。伾，杭州人也。

【译文】夏季，四月，泾原节度使刘昌向德宗呈上奏疏，请求把原州的治所迁移到平凉。德宗答应他的请求。

乙亥日（疑误），吐蕃派遣臣子论颊热来朝进贡。

六月，辛卯日（十二日），德宗任命右神策中尉副使孙荣义为中尉。孙荣义和杨志廉都骄横狂纵，私下招揽大权，依附他们的人非常多，因此宦官的势力愈加盛大。

壬辰日（十三日），德宗派右龙武大将军薛伾出使吐蕃。

陈许节度使上官涗去世后，他的女婿田俙想胁迫上官涗的儿子承袭军中大政。牙将王沛，也是上官涗的女婿，了解田俙的谋划后，就把这件事禀告监军范日用，范日用率军讨伐并捉住田偄。乙未日（十六日），德宗任命陈许行军司马刘昌裔为节度使。王沛是许州人。

从正月起，一直到秋季七月一直没有下雨。

己未日（疑误），中书侍郎、同平章事齐抗因病被免去官职，任用为太子宾客。

起初，翰林待诏王伾擅长书法，山阴人王叔文擅长下棋，他们两人一起在东宫出出进进，事奉太子李诵并陪太子玩乐。王伾是杭州人。

叔文谲诡多计，自言读书知治道，乘间常为太子言民间疾苦。太子尝与诸侍读及叔文等论及宫市事，太子曰："寡人方欲极言之。"众皆称赞，独叔文无言。既退，太子自留叔文，谓曰："向者君独无言，岂有意邪？"叔文曰："叔文蒙幸太子，有所见，敢不以闻？太子职当视膳问安，不宜言外事。陛下在位久，如疑太子收人心，何以自解！"太子大惊，因泣曰："非先生，寡人无以知此。"逐大爱幸，与王伾相依附。

叔文因为太子言："某可为相，某可为将，幸异日用之。"密结翰林学士韦执谊及当时朝士有名而求速进者陆淳、吕温、李景俭、韩晔、韩泰、陈谏、柳宗元、刘禹锡等，定为死友。而凌准、程异等又因其党以进，日与游处，踪迹诡秘，莫有知其端者。藩镇或阴进资币，与之相结。淳，吴人，尝为左司郎中；温，渭之子，时为左拾遗；景俭，满之孙，进士及第；晔，滉之族子；谏，尝为待御史；宗元、禹锡，时为监察御史。

【译文】王叔文诡诈多计谋，自称书读得多懂得治理国家的道理，经常趁机对太子李诵说些民间疾苦。太子曾经与各位侍读以及王叔文等人谈论宫市的事情，太子说："我正想尽力向皇帝进言此事。"众人都称赞太子，只有王叔文没有说什么。众人退下之后，太子亲自把王叔文留下来，对他说："刚才只有你没有说什么，难道有什么别的想法吗？"王叔文回答说："叔文蒙受太子的宠爱，如有想法，怎敢不让太子您听闻呢？太子的职分应当是探问皇上饮食如何，身体是否适，不应该跟皇帝谈论外面的事。陛下在位的时间已经很久，一旦怀疑太子您收买人心，您拿什么为自己解释呢？"太子非常震惊，接着便流下眼泪，说："要不是先生您提醒，我就没有办法知道这个道理。"于是太子对他非常喜欢宠爱。王叔文和王伾两人相互依附。

王叔文趁机向太子进言说："某人可以担任宰相，某人可以担任大将，希望将来太子能任用他们。"王叔文暗中结交翰林学士韦执谊以及当时已有名声而又希望快速晋升的朝廷官员陆淳、吕温、李景俭、韩晔、韩泰、陈谏、柳宗元、刘禹锡等人，约定为至死不变的最亲密的朋友。而凌准、程异等又通过王叔文一党得到晋升，每天和王叔文一党交游往来，行踪诡异隐秘，没有人知道他们在做什么。有的藩镇暗中向他们进献资财礼物与他们互相勾结。陆淳，是吴中人，曾担任过左司郎中；吕温是吕渭的儿子，当时担任左拾遗；李景俭是李涚的孙子，进士及第；韩晔是韩滉的族侄；陈谏曾担任过侍御史；柳宗元、刘禹锡，当时担任监察御史。

【乾隆御批】叔文谓太子不宜言外事，语似忠爱，然其结党，撼政，几致召乱，乃知小人伎俩，其始必貌袭公正，以自结，及其得志，营私植党，遂无所不为。观伾、文等，踪迹诡秘，阴为求速进者标榜，而文人之无行者复为羽翼，构煽牢不可破。宪宗锄而去之，其断制有足称者。

【译文】王叔文说太子不应谈论宫外的事情，这话听起来似乎是忠诚仁爱，然而再看他后来结党营私，动摇政权，几乎导致动乱，就知道这是小人所用伎俩，一开始必定是貌似公正，以此作为攀附、结交的幌子，等到大权在握，便会大肆结党营私，无所不为。纵观王伾、王叔文等人，行迹诡秘，成了那些想迅速飞黄腾达的人暗中学习的榜样，而那些无良的文人又成了他们的党羽，他们相互挑拨煽动，形成牢不可破之势。宪宗铲除他们，其决断值得称赞。

左补阙张正一上书，得召见。正一与吏部员外郎王仲舒、主客员外郎刘伯刍等相亲善，叔文之党疑正一言己阴事，令韦执谊反谮正一等于上，云其朋党，游宴无度。九月，甲寅，正一等皆坐远贬，人莫知其由。伯刍，迺之子也。

盐夏节度判官崔文先权知盐州，为政苛刻。冬，闰十月，庚戌，部将李庭俊作乱，杀而脔食之。左神策兵马使李兴幹戍盐州，杀庭俊以闻。

丁巳，门下侍郎、同平章事崔损薨。

【译文】左补阙张正一上书进言，得到德宗召见。张正一与吏部员外郎王仲舒和主客员外郎刘伯刍等人相互亲近交好。王叔文一党怀疑张正一向德宗讲过他们暗中进行的事情，于是反过来叫韦执谊在德宗面前诬陷张正一等人，说他们勾结为一党，游玩宴乐，没有一点儿节制。九月，甲寅日（初六日），张正一等人都获罪，被贬到偏远的地方，人们都不知道其中的缘故。刘伯刍是刘迺的儿子。

盐夏节度判官崔文先暂时掌管盐州事务，他处理政务烦琐刻薄。冬季，闰十月，庚戌日（初三日），他部下的一名将领李庭俊发动叛乱，杀死崔文先，还割碎他的尸体，吃他的肉。左神策兵马使李兴幹此时戍守盐州，他带领士兵杀掉李庭俊，并把这事上报朝廷闻知。

丁巳日（初十日），门下侍郎、同平章事崔损去世。

十一月，戊寅朔，以李兴幹为盐州刺史，得专奏事，自是盐州不隶夏州。

十二月，庚申，以太常卿高郢为中书侍郎，吏部侍郎郑珣瑜为门下侍郎，并同平章事。珣瑜，馀庆之从父兄弟也。

建中初，敕京城诸使及府县系囚，每季终委御史巡案，有冤滥者以闻。近岁，北军移牒而已。监察御史崔薳遇下严察，下吏欲陷之，引以入右神策军。军使以下骇惧，具奏其状。上怒，杖薳四十，流崖州。

京兆尹嗣道王实务征求以给进奉，言于上曰："今岁虽旱而禾苗甚美。"由是租税皆不免，人穷至坏屋卖瓦木、麦苗以输官。优人成辅端为谣嘲之。实奏辅端诽谤朝政，杖杀之。

监察御史韩愈上疏，以"京畿百姓穷困，应今年税钱及草粟等征未得者，请俟来年蚕麦。"愈坐贬阳山令。

【译文】十一月，戊寅朔日（初一日），德宗任命李兴幹为盐州刺史，允许他直接向朝廷奏事；从此盐州不再隶属夏州。

十二月，庚申日（十三日），德宗任命太常卿高郢为中书侍郎，吏部侍郎郑珣瑜为门下侍郎，两人都担任同平章事。郑珣瑜，是郑馀庆的堂兄弟。

建中初年，德宗命令京城各使以及府县，对于被囚禁的犯人，在每季度终结时，委托御史到各地予以按察，有冤屈、滥用刑罚的案件，要上报朝廷闻知；近年来，北军只是呈送公文到北司去查问了事。监察御史崔薳对待下属严厉苛察，下属官吏想要陷害他，就设计带领着他进入右神策军。右神策军使以下的人都惊骇惧怕，于是就把这事详细奏明德宗。德宗非常生气，就命人将崔薳杖责四十，然后把他流放到崖州。

京兆尹的嗣道王李实专门从事征收钱粮的事务以便供给进献的贡物，他向德宗进言说："今年虽然大旱，可是田里的禾苗长得很好。"因此百姓的租税都没有被免除，以致人们穷困到拆除房屋，出卖屋瓦椽木与麦苗来缴税。优伶成辅端为此作了一首歌谣来嘲讽李实。道王李实向德宗启奏成辅端诽谤朝廷大政，于是德宗命人用杖刑打死成辅端。

监察御史韩愈呈递奏疏，认为："京城周围地区的百姓生活非常贫穷困顿，对于今年未能征收上来的税钱及草料、谷物等，请求皇上等待明年蚕成麦熟之时再加以征收。"因为这件事，韩愈获罪，被贬为阳山县令。

贞元二十年（甲申，公元八零四年）春，正月，丙戌，天德军都防御团练使、丰州刺史李景略卒。初，景略尝宴僚佐，行酒者误以醯进。判官京兆任迪简以景略性严，恐行酒者获罪，强饮之，归而呕血。军士闻之泣下。及李景略卒，军士皆曰判官仁者，欲奉以为帅。监军抱置别室，军士发扃取之。监军以闻，诏以代景略。

吐蕃赞普死，其弟嗣立。

夏，四月，丙寅，名陈许军曰忠武。

左金吾大将军李升云将禁军镇咸阳，疾病，其子政諲与虞候上官望等谋效山东藩镇，使将士奏摄父事。六月，壬子，升云卒。甲寅，诏追削升云官爵，籍没其家。

【译文】贞元二十年（甲申，公元804年）春季，正月，丙戌日

（初十日），天德军都防御团练使、丰州刺史李景略去世。起初，李景略曾经设宴款待辅佐自己的官吏们，巡行劝酒的人误把醋端上来。因为李景略生性严厉，判官京兆人任迪简恐怕巡行劝酒的人获罪，勉强把醋当酒喝了，他回去以后便因此吐血。军士听说这件事，都感动得流下眼泪。等到李景略去世后，军士都说判官任迪简是一个仁厚的人，想要拥戴他为元帅。监军于是把任迪简偷偷安置在别的屋子里，将士们找到他并打开门闩把他接出来。监军于是把这些事上奏朝廷，德宗下诏任命任迪简代替李景略的职位。

吐蕃赞普去世，他的弟弟继位。

夏季，四月，丙寅日（二十二日），朝廷将陈许军命名为忠武军。

左金吾大将军李升云统率禁兵镇守咸阳，当他病重时，他的儿子李政谭与虞候上官望等人谋划效法山东藩镇的做法，叫将士联名呈上奏疏请求让他代理父亲的职位。六月，壬子日（初九日），李升云去世。甲寅日（十一日），德宗下诏追夺李升云的官职爵位，并没收他家的财产。

【乾隆御批】为人隐过固长者之事，若以醋行酒强饮以冀逭人之罪，且饮醋亦未必至呕血，迪简特藉此要结众心，矫情饰伪。诸军士遂堕其术中，观他日之推奉代帅，肺肝如揭矣。

【译文】为人隐瞒过错本来就是作为一个长者应做的事情，如果以醋当酒还非要强饮下去以期替人掩盖罪过，何况喝点醋也未必会导致吐血，这只不过是任迪简用来笼络人心，虚情矫饰的手段而已。诸军将士于是堕入他的圈套之中，再看日后兵将们推举他为大帅时的情景，他的用心就昭然若揭了。

昭义节度使李长荣薨，上遣中使以手诏授本军大将，但军士所附者即授之。时大将来希皓为众所服，中使将以后诏付之。希皓言于众曰："此军取人，合是希皓，但作节度使不得。若朝廷以一束草来，希皓亦必敬事。"中使言："面奉进止，只令此军取大将校与节钺，朝廷不别除人。"希皓固辞。兵马使卢从史其位居四，潜与监军相结，起出伍曰："若来大夫不肯受诏，从史请且句当此军。"监军曰："卢中丞若如此，此亦固合圣旨。"中使因探怀取诏以授之。从史捧诏，再拜舞蹈。希皓亟回挥同列，北面称贺。军士毕集，更无一言。秋，八月，己未，诏以从史为节度使。

九月，太子始得风疾，不能言。

【译文】昭义节度使李长荣去世，德宗让中使带着亲笔所写的诏书授给昭义军大将，只要是将士都归心的人，就授给他节度使。起初大将来希皓受众人敬服，中使准备把德宗的亲笔诏书授予他。来希皓对众人说："在本军中选大将担任节度使，应当会选我来希皓，但我不能担当节度使的职位。如果朝廷拿一束草来担任节度使，我来希皓也必定尊敬他，事奉他。"中使说："我当面接受圣上的旨意，只让我在此军中选择大将担任节度使，授予他旌节斧钺，朝廷不再另外授予别人节度使的职位。"来希皓依然坚决地拒绝此事。兵马使卢从史的官阶居第四位，他暗地里和监军相互勾结，这时卢从史从队伍中站起来说："如果来大夫不肯接受诏令，请让我暂且管理昭义军的事宜。"监军说："如果卢中丞能这样做，也是符合圣上的意旨。"中使于是从怀中取出诏书来授给卢从史。卢从史双手捧着诏书，拜了两次，又向德宗遥遥行舞蹈礼。来希皓急忙转身指挥同列的人，面向北方祝贺。军吏士卒全部集合，大家都没有对此提出异议。

资治通鉴

秋季，八月，己未日（十七日），德宗颁下诏书任命卢从史为节度使。

九月，太子李诵开始身患中风，不能说话。

永贞元年（乙酉，公元八零五年）春，正月，辛未朔，诸王、亲戚入贺德宗，太子独以疾不能来，德宗涕泣悲叹，由是得疾，日益甚。凡二十馀日，中外不通，莫知两宫安否。

癸巳，德宗崩。苍猝召翰林学士郑絪、卫次公等至金銮殿草遗诏。宦官或曰："禁中议所立尚未定。"众莫敢对。次公遽言曰："太子虽有疾，地居冢嫡，中外属心。必不得已，犹应立广陵王。不然，必大乱。"絪等从而和之，议始定。次公，河东人也。太子知人情忧疑，紫衣麻鞋，力疾出九仙门，召见诸军使，京师粗安。

甲午，宣遗诏于宣政殿，太子缞服见百官。丙申，即皇帝位于太极殿。卫士尚疑之，企足引领而望之，曰："真太子也！"乃喜而泣。

【译文】永贞元年（乙酉，公元805年）春季，正月，辛未朔日（初一日），诸王、亲戚来到宫里向德宗李适祝贺新年，只有太子李诵因患病不能前来，德宗流着眼泪，悲伤叹息，从此生病，一天比一天重。总共有二十多天，宫里宫外断绝消息，都不知道德宗与太子平安与否。

癸巳日（二十三日），德宗驾崩。仓促之间，翰林学士郑絪、卫次公等人被召到金銮殿，起草德宗的遗诏。有个宦官说："内廷计议立谁都还没有确定呢。"大家都不敢回答。卫次公立刻说："太子虽然身患疾病，但是身居嫡长的地位，朝廷内外人心所向，如果没有其他办法，还应该立广陵王（太子长子）为帝，不然，一定要出大乱子。"郑絪等人也随声附和卫次公的意见，这样拥立新帝的事才确定下来。卫次公是河东人。太子李诵知道人们的情绪还处在担忧疑虑中，于是身着紫衣，足穿麻鞋，勉强支撑病体，走出九仙门，召见各位军使，人心才稍微安定一些。

甲午日（二十四日），先帝德宗的遗诏在宣政殿宣布，太子李诵穿着丧服，接见百官；丙申日（二十六日），太子李诵在太极殿登上皇帝之位。卫士还有些怀疑登基的是不是太子，他们都提起脚跟，伸长脖子向大殿上张望，望了一会儿才说："真的是太子啊。"于是卫士们都高兴地哭起来。

时顺宗失音，不能决事，常居宫中施帘帷，独宦官李忠言、昭容牛氏侍左右。百官奏事，自帷中可其奏。自德宗大渐，王伾先入，称诏召王叔文，坐翰林中使决事。伾以叔文意入言于忠言，称诏行下，外初无知者。以杜佑摄冢宰。

二月，癸卯，上始朝百官于紫宸门。

己酉，加义武节度使张茂昭同平章事。

辛亥，以吏部郎中韦执谊为尚书左丞、同平章事。王叔文欲专国政，首引执谊为相，己用事于中，与相唱和。

【译文】当时顺宗嗓子哑了不能讲话，不能处理朝中事务，他经常住在宫中，宫内垂放帘帷，只有宦官李忠言、昭容牛氏在身边事奉；朝中官员奏请事务，顺宗就在帘幕中准许他们奏请的事。自从德宗病危，王伾先进入内廷，声称有诏召见王叔文，让他在翰林院中处理朝中事务。然后王伾把王叔文对朝中事务的意见带进宫中告诉李忠言，李忠言再声称是顺宗颁布的旨意，外界起初没有人知道这件事。顺宗任命杜佑兼为宰相。

二月，癸卯日（初三日），顺宗才在紫宸门接受朝中百官朝拜。

己酉日（初九日），顺宗加封义武节度使张茂昭为同平章事。

辛亥日（十一日），顺宗任命吏部郎中韦执谊为尚书左丞、同平章事。王叔文想要掌管国家大权，便首先延引韦执谊出任宰相，自己在宫中掌握大权，王叔文和韦执谊两人一唱一和。

【申涵煜评】子舆氏有言，社稷为重，君次之。顺宗既病，失音，竟立皇孙为正，廷臣拘书生之见，遂使哑帝临朝，几败国事。此际益令人思霍光赵汝愚辈。

【译文】孟子曾经说，社稷为重，君主次一等。顺宗已病，失去声音，竟然立皇孙为正，朝廷大臣拘泥于书生之现，于是使哑皇帝上朝，几乎坏了国家大事。这个时候更加让人想起霍光、赵汝愚等辈。

壬子，李师古发兵屯西境以胁滑州。时告哀使未至诸道，义成牙将有自长安还得遗诏者，节度使李元素以师古邻道，欲示无外，遣使密以遗诏示之。师古欲乘国丧侵噬邻境，乃集将士谓曰：“圣上万福，而元素忽传遗诏，是反也，宜击之。”遂杖元素使者，发兵屯曹州，且告假道于汴。宣武节度使韩弘使谓曰：“汝能越吾界而为盗邪！有以相待，毋为空言！”元素告急，弘使谓曰：“吾在此，公安无恐。”或告曰：“翦棘夷道，兵且至矣，请备之。”弘曰：“兵来，不除道也。”不为之应。师古诈穷变索，且闻上即位，乃罢兵。元素表请自贬。朝廷两慰解之。元素，泌之族弟也。

吴少诚以牛皮鞋材遗师古，师古以盐资少诚，潜过宣武界，事觉，弘皆留，输之库，曰："此于法不得以私相馈。"师古等皆惮之。

辛酉，诏数京兆尹道王实残暴掊敛之罪，贬通州长史。市里欢呼，皆袖瓦砾遮道伺之，实由间道获免。

【译文】壬子日（十二日），李师古派遣军队驻扎在本道的西部边境，以此威胁滑州。当时，报丧的使者还没来到各道，因为义成牙将要从长安回来，得到德宗李适的遗诏，节度使李元素因为李师古所在的道是与自己相邻的州道，想显示不把李师古当作外人看，于是派使者秘密地把遗诏给李师古看了。而李师古想趁着国丧期间侵夺邻境的土地，于是他集合将士并对他们说："圣上福缘无疆，而李元素却把皇帝的遗诏拿给我看，这是想要造反啊，我们应该去攻打他。"于是李师古就拿棍子打李元素派来的使者，并派遣军队驻扎曹州，而且派人告知汴州，并向汴州借路攻打李元素。宣武节度使韩弘派人对他说："你能越过我的疆界去做盗贼吗？我专门等着你来，你绝不要说空话！"李元素向韩弘告急，韩弘派人对他说："有我在这里驻守，你可以安心，不要害怕。"有人告诉韩弘说："李师古在铲除草棘，平整道路，他的军队很快要打过来了。请您对他多加防备。"韩弘说："如果真有军队打过来，那我就不用清除道路了。"韩弘并不对这些事做出反应。李师古的机谋诈变用尽，而且听说新皇帝登基称帝，这才停止出兵攻打的事。李元素上表请求顺帝李诵自贬，朝廷两次派人前来对两方加以安慰、劝解。李元素是李泌的同族弟弟。

吴少诚把制作牛皮鞋的材料赠送给李师古，李师古就用食盐资助吴少诚，偷偷地运过宣武地界。可是事情还是被发觉，韩弘将他们运送的物品全部扣留并运送到府库，说："根据国家法律，这些物品不能私下馈赠。"李师古等人都很惧怕他。

辛酉日（二十一日），顺宗发诏列数京兆尹道王李实残忍暴虐地聚敛民财的罪行，把他贬为通州长史。街市上的百姓高兴地呼喊，都在衣袖里装些瓦片、石子，拦路等候，李实从小路逃走，才得以避免一场痛打。

壬戌，以殿中丞王伾为左散骑常侍，依前翰林待诏，苏州司功王叔文为起居舍人、翰林学士。

伾寝陋，吴语，上所褺狎；而叔文颇任事自许，微知文义，好言事，上以故稍敬之，不得如伾出入无阻。叔文入至翰林，而伾入至柿林院，见李忠言、牛昭容计事。大抵叔文依伾，伾依忠言，忠言依牛昭容，转相交结。每事先下翰林，使叔文可否，然后宣于中书，韦执谊承而行之。外党则韩泰、柳宗元、刘禹锡等主采听外事。谋议唱和，日夜汲汲如狂，互相推奖，曰伊、曰周、曰管、曰葛，俦然自得，谓天下无人。荣辱进退，生于造次，惟其所欲，不拘程式。士大夫畏之，道路以目。素与往还者，相次拨擢，至一日除数人。其党或言曰，"某可为某官，"不过一二日，辄已得之。于是，叔文及其党十馀家之门，昼夜车马如市。客候见叔文、伾者，至宿其坊中饼肆、酒垆下，一人得千钱，乃容之。伾尤阘茸，专以纳贿为事，作大匮贮金帛，夫妇寝其上。

【译文】壬戌日（二十二日），顺宗任命殿中丞王伾为左散骑常侍，依然如前做翰林待诏，任命苏州司功王叔文为起居舍人、翰林学士。

王伾相貌丑陋，说话操吴地方言，是顺宗亲近宠幸的人；而王叔文以能办大事而自我称道，稍微懂得一些文章义理，喜欢谈论朝中事务，顺宗因为这个略微敬重他，所以王叔文不像王伾那样能任意出入宫廷。王叔文进入翰林院，而王伾进入柿林院，得以与李忠言和牛昭容会面议事。大抵说来，王叔文依附王伾，王伾依附李忠言，李忠言又依附牛昭容，他们几人辗转勾结在一起。每遇一事，他们首先交付翰林院，让王叔文决定可否，然后到中书省宣达决定，韦执谊接到命令，按照实行。他们在宫外的同党有韩泰、柳宗元、刘禹锡等人，这些人主管搜集、打听外面的事情。他们策划计议，相互应和，夜以继日，急切如狂，他们之间又互相推崇、赞赏，说谁是伊尹、谁是周公、谁是管仲、谁是诸葛亮，扬扬自得，认为天下再没有其他人才；他们使荣宠与屈辱，晋升与贬斥，发生在仓促之间，只要他们想要做什么，便不拘泥于既定的规章法度而大胆为之。士大夫都惧怕他们，走在路上只能用眼睛互相示意，敢怒不敢言。平素和他们有交往的人，一个一个相继都得到提拔，甚至出现一天之内就授予好几个人官职的情况。只要他们的党羽中有人说："某人可以做某官。"不超过一两天，这个人就可以得到那个职位。这样一来，王叔文和他的同党十几家的门前，日日夜夜车马喧闹得像街市一般。等候拜见王叔文、王伾的宾客，甚至要在他们所住街坊的饼店、酒坊过夜，饼店及酒坊索要每人一千钱，方肯收留他们为房客。王伾的品格尤其猥琐卑劣，专门以收受贿赂为能事，他还找人做了一个收藏金钱丝帛的大柜子，晚上，夫妇两人就睡在上面。

【申涵煜评】伾、文，吴越市井巷书薄伎，乘间盗柄，举动癫愚，是古今佞幸中最下之品。而柳宗元、刘禹锡辈文人，躁进污辱，终身不知平日读书何用。士大夫进身，不可不慎。

【译文】王伾、王叔文，不过是吴越市井的陪读之人，乘机盗用权柄，举动癫狂愚蠢，这是古今佞幸中最下品之人。而柳宗元、刘禹锡等文人因为急于进身而受到污辱，一生都不知道读书有什么用。 读书人谋求进身，不可以不谨慎。

甲子，上御丹凤门，赦天下，诸色逋负，一切蠲免，常贡之外，悉罢进奉。贞元之末政事为人患者，如宫市，五坊小儿之类，悉罢之。

先是五坊小儿张捕鸟雀于闾里者，皆为暴横以取人钱物，至有张罗网于门，不许人出入者，或张井上使不得汲者。近之，辄曰："汝惊供奉鸟雀！"即痛殴之，出钱物求谢，乃去。或相聚饮食于酒食之肆，醉饱而去，卖者或不知，就索其直，多被殴詈。或时留蛇一囊为质，曰："此蛇所以致鸟雀而捕之者。今留付汝，幸善饲之，勿令饥渴。"卖者愧谢求哀，乃携挈而去。上在东宫，皆知其弊，故即位首禁之。

乙丑，罢盐铁使月进钱。先是，盐铁月进羡馀而经入益少，至是，罢之。

【译文】甲子日（二十四日），顺宗乘车至丹凤门，大赦天下；对各种名目的拖欠租税，一律免除，除固定的贡品外，其他所有的贡物，完全停止进奉。贞元末年一些对百姓利益有损害的施政措施，如宫市和五坊给役，全部免除。

之前，在乡里张网捕捉鸟雀的五坊给役，都做些蛮横暴虐的事，掠夺百姓的财物，甚至有人把罗网张在人家门前，不许人们进出，或者把罗网张在水井上不让人们打水，谁要是靠近，他就说："你惊吓了准备进献给朝廷的鸟雀！"就狠狠地打人家一顿，直至来人拿出自己的钱财物品求情谢罪，才能离开。有些五坊给役互相聚集在酒店饭铺吃饭喝酒，吃饱喝足就离开，有的店家不知道他们的身份，走上前去跟他们索要酒饭钱，多半遭受殴打谩骂；有时候或许给店家留下一袋蛇作为抵押品，说："这些蛇是用来诱捕鸟雀的，现在留下来交给你，希望你好好地饲养它们，不要让它们挨饿受渴。"店家害怕地谢罪，苦苦请求，五坊给役这才带着这袋蛇离开。顺宗在东宫做太子时，就完全知道这些弊病，即位后首先禁止五坊给役为非作歹的事。

乙丑日（二十五日），顺宗免除盐铁使每月进奉的月钱。之前，盐铁使每月进奉正税以外的杂税钱，而正常的经费收入却越来越少；到这时，顺宗便下令停止盐铁使每月进奉的月钱。

三月，辛未，以王伾为翰林学士。

德宗之末，十年无赦，群臣以微过谴逐者皆不复叙用，至是始得量移。壬申，追忠州别驾陆贽、郴州别驾郑馀庆、杭州刺史韩皋、道州刺史阳城赴京师。

贽之秉政也，贬驾部员外郎李吉甫为明州长史，既而徙忠州刺史。贽昆弟门人咸以为忧，至而吉甫忻然以宰相礼事之。贽初犹惭惧，后遂为深交。吉甫，栖筠之子。韦皋在成都，屡上表请以贽自代。贽与阳城皆未闻追诏而卒。

丙戌，加杜佑度支及诸道盐铁转运使。以浙西观察使李锜为镇海节度使，解其盐转运使。锜虽失利权而得节旄，故反谋亦未发。

【译文】三月，辛未日（初二日），顺宗任命王伾为翰林学士。

德宗末年，有十年没有实行大赦，因为微小过失被谪降贬逐的众多官员全都不能再按官阶等级依次得以晋级任用；顺宗李诵登基后，因罪远谪的官员才能酌情调迁近处任职。壬申日

（初三日），顺宗追召忠州别驾陆贽、郴州别驾郑馀庆、杭州刺史韩皋、道州刺史阳城前来京师。

陆贽掌管朝政的时候，把驾部员外郎李吉甫贬为明州长史，不久之后，又将他改任为忠州刺史。陆贽的兄弟和弟子们对此事都很担忧。后来陆贽到了忠州，李吉甫很高兴地用对待宰相的礼节来事奉他。陆贽开始时还感到惭愧害怕，后来就与李吉甫成为交情深厚的好朋友。李吉甫是李栖筠的儿子。韦皋在成都，也屡次上表顺宗请求让陆贽代替他的职务。但陆贽和阳城都没有听到追召他们回京的诏书就去世了。

丙戌日（十七日），顺宗加封杜佑为度支使和诸道盐铁转运使。任命浙西观察使李锜为镇海节度使，解除他盐铁转运使的职务。李锜虽然失去掌管财政的大权，但是得到节度使的旌节，所以他反叛朝廷的计谋没有表露出来。

戊子，名徐州军曰武宁，以张愔为节度使。

加彰义节度使吴少诚同平章事。

以王叔文为度支、盐铁转运副使。先是叔文与其党谋，得国赋在手，则可以结诸用事人，取军士心，以固其权，又惧骤使重权，人心不服，藉杜佑雅有会计之名，位重而务自全，易可制，故先令佑主其名，而自除为副以专之。叔文虽判两使，不以簿书为意，日夜与其党屏人窃语，人莫测其所为。

以御史中丞武元衡为左庶子。德宗之末，叔文之党多为御史，元衡薄其为人，待之莽卤。元衡为山陵仪仗使，刘禹锡求为判官，不许。叔文以元衡在风宪，欲使附己，使其党诱以权利，元衡不认，由是左迁。元衡，平一之孙也。

【译文】戊子日（十九日），顺宗为徐州军取名为武宁军，任命张愔为武宁节度使。

顺宗加封彰义节度使吴少诚为同平章事。

顺宗任命王叔文为度支、盐铁转运副使。此前，王叔文和他的党羽谋划，掌握国家的税收大权，就能够用此来交结各方面当权人物，争取得到将士的拥护，来巩固他们手中的权力，又担心一下子掌握大权，人们不能心悦诚服，便借着杜佑有善于管理财物的名声，杜佑的官职尊显而又一心想保全自己，易于控制，所以先让杜佑在名义上掌管财政大权，而任命自己为副职，以便专擅财政。王叔文虽然兼任度支与盐铁转运使两个职位，但他一点也不把文书账簿放在心上，而是屏退左右，日夜和他的同党私底下密谈，没有谁能猜到他们在做什么。

顺宗任命御史中丞武元衡为左庶子。德宗末年，王叔文一党大多担任御史之职，武元衡瞧不起他们的为人，对待他们很粗鲁。武元衡担任山陵仪仗使的时候，刘禹锡向他请求担任判官一职，武元衡没有答应他的请求。因为武元衡在御史台任职，王叔文想拉拢他亲附自己，于是王叔文派他的党羽用权势和财物来引诱他依附自己，武元衡却不肯依从他，因为这个武元衡就被贬谪。武元衡是武平一的孙子。

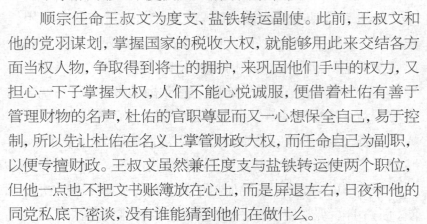

侍御史窦群奏屯田员外郎刘禹锡挟邪乱政，不宜在朝。又尝谒叔文，揖之曰："事固有不可知者。"叔文曰："何谓也？"群曰："去岁李实怙恩挟贵，气盖一时，公当此时，逡巡路旁，乃江南一吏耳。今公一旦复据其地，安知路旁无如公者乎！"其党欲逐之，韦执谊以群素有强直名，止之。

上疾久不愈，时扶御殿，群臣瞻望而已，莫有亲奏对者。中外危惧，思早立太子，而王叔文之党欲专大权，恶闻之。宦官俱文珍、刘光琦、薛盈珍等皆先朝任使旧人，疾叔文、忠言等朋党专恣，乃启上召翰林学士郑絪、卫次公、李程、王涯入金銮殿，草立太子制。时牛昭容辈以广陵王淳英睿，恶之；絪不复请，书纸为"立嫡以长"字呈上，上颔之。癸巳，立淳为太子，更名纯。程，神符五世孙也。

【译文】侍御史窦群向顺宗奏陈屯田员外郎刘禹锡居心险恶，扰乱朝政，不适合在朝廷为官。窦群又拜见王叔文，对他拱手说道："天下的事情本来就有不可预料的。"王叔文说："你指的是什么事？"窦群说："去年李实仰仗皇上恩宠，依靠官位的尊贵，气焰在一时间将其他人压倒，你在那个时候，还在道路旁徘徊犹豫，只不过是江南的一个小吏罢了。如今你又占据了李实的地位，你怎么知道路旁就没有像你当年那样的人物呢？"王叔文的党羽想要把他赶出朝廷，韦执谊因为窦群一向有刚强正直的名望，就没有让这些人赶走他。

顺宗的病很久都没有痊愈，时常让人扶着他登上大殿，会见群臣时，群臣也只能远远地瞻望顺宗，没有谁亲自上前回答过顺宗的提问。朝廷内外的官员们都感到恐惧不安，希望顺宗及早册立太子；而王叔文一党想要独揽大权，讨厌听到官员们的这种议论。宦官俱文珍、刘光琦、薛盈珍都是前朝任用的旧臣，他们痛恨王叔文、李忠言等人朋比为党，专横恣肆，于是他们启奏顺宗召见翰林学士郑絪、卫次公、李程、王涯等人进入金銮殿，草拟拥立太子的制书。当时牛昭容这伙人因为广陵王李淳英明睿智，非常憎恶他；郑絪不再向顺宗询问，在纸上写了"册立嫡长子"几个字上呈献给顺宗看；顺宗点头答应。癸巳日（二十四日），顺宗立李淳为太子，改名为李纯。李程是李神符的第五代孙。

贾耽以王叔文党用事，心恶之，称疾不出，屡乞骸骨。丁酉，诸宰相会食中书。故事，宰相方食，百寮无敢谒见者。叔文至中书，欲与执谊计事，令直省通之，直省以旧事告，叔文怒，叱直省。直省惧，入白执谊。执谊逡巡惭赧，竟起迎叔文，就其阁语良久。杜佑、高郢、郑珣瑜皆停箸以待，有报者云："叔文索饭，韦相公已与之同食阁中矣。"佑、郢心知不可，畏叔文、执谊，莫敢出言。珣瑜独叹曰："吾岂可复居此位！"顾左右，取马径归，遂不起。二相皆天下重望，相次归卧，叔文、执谊等益无所顾忌，远近大惧。

夏，四月，壬寅，立皇弟谭为钦王，诚为珍王；子经为郯王，纬为均王，纵为溆王，纾为莒王，绸为密王，总为郇王，约为邵王，结为宋王，缃为集王，绿为冀王，绮为和王，绚为衡王，纁为会王，绾为福王，纮为抚王，绲为岳王，绅为袁王，纶为桂王，缳为翼王。

【译文】贾耽因为王叔文一党把持朝政，对他们心怀憎恨，便托称自己患病，不再出门，屡次向顺宗辞官，告老退休。丁酉日（二十八日），各位宰相在中书省共同进餐。按照旧制，宰相正在进食的时候，百官没有谁敢去拜见。王叔文来到中书省，想要跟韦执谊商量事情，便让中书省值班官吏前去通报。值班官吏把旧例告诉王叔文，王叔文大发脾气，并大声呵斥中书省值班官吏。值班官吏害怕，就进去禀告此事。韦执谊迟疑徘徊，面色羞惭，最终他还是起身出去迎接王叔文，到他办公的阁中和王叔文交谈了好长时间。杜佑、高郢、郑珣瑜都放下筷子等待韦执谊回来，有传信的人前来报告说："王叔文想要吃饭，韦相公已经和他在办公的阁中一同进餐了。"杜佑、高郢心里知道这件事是不对的，但是他们害怕王叔文、韦执谊，都不敢开口说什么。只有郑珣瑜叹息说：“我怎么能再在这个位子上待下去？”回头看了看身边的人，然后牵出马来，径直回家，就这样不再出来管理政事。贾耽、郑珣瑜两位宰相都是天下负有崇高声望的人物，相继辞官归乡，王叔文、韦执谊更加没有顾虑与忌惮，弄得朝廷内外的官员都非常恐惧。

夏季，四月，壬寅日（初三日），顺宗册立自己的弟弟李谔为钦王，李诚为珍王；儿子李经为郯王，李纬为均王，李纵为溆王，李纾为莒王，李绸为密王，李总为郇王，李约为邵王，李结为宋王，李缃为集王，李綖为冀王，李绮为和王，李绚为衡王，李纁为会王，李绾为福王，李纮为抚王，李绲为岳王，李绅为袁王，李纶为桂王，李纆为翼王。

【乾隆御批】佑、郢心知不可，而莫敢言。伴食中书，固无足责。耽与珣瑜既素负重望，目击奸党率政而不能制，虽相次归卧，于国事何裨。范祖禹以知耻许之，不可谓笃论。

【译文】杜佑、高郢明知王叔文所为不合规矩，却都不敢指出。王叔文在中书省陪宰相进餐本来没什么可指责之处。而贾耽和郑珣瑜既已久负厚望，眼见奸党乱政却不能出来加以制止，虽然相继归隐，但对国政有什么好处吗？范祖禹认为二人的做法具有廉耻之心，而对他们予以嘉许，不能算确当的评论。

乙巳，上御宣政殿，册太子。百官睹太子仪表，退，皆相贺，至有感泣者，中外大喜。而王叔文独有忧色，口不敢言，但吟杜甫题《诸葛亮祠堂》诗曰：“出师未捷身先死，长使英雄泪满襟！”闻者哂之。

先是，太常卿杜黄裳为裴延龄所恶，留滞台阁，十年不迁，及其婿韦执谊为相，始迁太常卿。黄裳劝执谊帅群臣请太子监国，执谊惊曰："丈人甫得一官，奈何启口议禁中事！"黄裳勃然曰："黄裳受恩三朝，岂得以一官相买乎！"拂衣起出。

戊申，以给事中陆淳为太子侍读，仍更名质。韦执谊自以专权，恐太子不悦，故以质为侍读，使潜伺太子意，且解之。及质发言，太子怒曰："陛下令先生为寡人讲经义耳，何为预他事！"质惶惧而出。

资治通鉴

【译文】乙巳日（初六日），顺宗驾临宣政殿，册立太子。百官亲眼看到太子李纯仪表堂堂，退朝后，群臣都互相庆贺，甚至有的大臣感动得哭了，朝廷内外的人都非常高兴。只有王叔文面带忧虑的神色，又不敢说什么，只是吟诵杜甫所写的《诸葛亮祠堂》中的诗句："出师未捷身先死，长使英雄泪满襟。"听到他读诗的官员都讥笑他。

起先，太常卿杜黄裳被裴延龄嫌弃厌恶，因而一直停留在侍御史的职位上，十年都没有晋升官职，等到他的女婿韦执谊做了宰相，才被提升为太常卿。杜黄裳劝说韦执谊率领群臣请求太子李纯代理掌管国事，韦执谊大惊，说："丈人刚刚才得以晋升官职，怎么就开口议论宫廷中的事呢？"杜黄裳气得脸色都变了，说："我杜黄裳蒙受肃宗、代宗、德宗三朝皇帝的恩典，怎么能够因为官职升迁就把我收买，而不让我说话呢？"杜黄裳把袖子一甩，站起来就走出去。

戊申日（初九日），顺宗任命给事中陆淳为太子侍读，因避讳而改名为陆质。（太子名纯，音同字不同可以不避，但仍避讳更名。）韦执谊认为自己独揽大权，恐怕太子不高兴，所以任命陆质为太子侍读，让他暗中观察太子的意向，并替自己辩解。等到陆质谈这方面的事情时，太子生气地说："陛下命令先生为我讲解经书义理，为什么干预其他的事？"陆质只好惶恐地走出去。

【乾隆御批】执谊附权幸进身至为相，而诸事不能自主正，坐一官相买耳，黄裳数言，自是诛心之论。

【译文】韦执谊靠依附权贵宠臣而身至相位，但凡事不能公正处理，只想以官位去收买人心，杜黄裳的几句话，真是深刻的言论。

五月，辛未，以右金吾大将军范希朝为左、右神策京西诸城镇行营节度使。甲戌，以度支郎中韩泰为其行军司马。王叔文自知为内外所憎疾，欲夺取宦官兵权以自固，籍希朝老将，使主其名，而实以泰专其事。人情不测其所为，益疑惧。

辛卯，以王叔文为户部侍郎，依前充度支、盐铁转运副使。俱文珍等恶其专权，削去翰林之职。叔文见制书，大惊，谓人曰："叔文日时至此商量公事，若不得此院职事，则无因而至矣。"王伾即为疏请，不从。再疏，乃许三五日一入翰林，去学士名。叔文始惧。

【译文】五月，辛未日（初三日），顺宗任命右金吾大将军范希朝为左右神策、京西各城镇行营节度使。甲戌日（初六日），顺宗又任命度支郎中韩泰为范希朝的行军司马。王叔文知道自己被朝廷内外的官员憎恶嫉恨，想要夺取宦官手中的兵权来巩固自己的地位，借着范希朝作为朝中老将的声名，让他在名义上主持军务，而实际上让韩泰来掌握军权。人们心里猜不出王叔文要做什么事情，更加疑惑恐惧。

辛卯日（二十三日），顺宗任命王叔文为户部侍郎，依然如前充任度支副使和盐铁转运副使。俱文珍等人憎恶他专擅大权，想办法让顺宗免除王叔文翰林学士的职务。王叔文看到制书，万分惊恐，对人说："我每天按时到这里来商量公事，如果不能到翰林院处理政务，就没有理由到这里了。"王伾立刻帮他向顺宗上疏请求保留学士职务，但顺宗不肯听从他的请求。王伾再次上疏请求，顺宗才准许王叔文每隔三五天到翰林院去一次，但仍旧免除他翰林学士的职务。王叔文这时开始害怕。

六月，己亥，贬宣歙巡官羊士谔为汀州宁化尉。士谔以公事至长安，遇叔文用事，公言其非。叔文闻之，怒，欲下诏斩之，执谊不可；则令杖杀之，执谊又以为不可，遂贬焉。由是叔文始大恶执谊，往来二人门下者皆惧。

先时，刘辟以剑南支度副使将韦皋之意于叔文，求都领剑南三川，谓叔文曰："太尉使辟致微诚于公，若与某三川，当以死相助；若不与，亦当有以相酬。"叔文怒，亦将斩之，执谊固执不可。辟尚游长安未去，闻贬士谔，遂逃归。执谊初为叔文所引用，深附之，既得位，欲掩其迹，且迫于公议，故时时为异同，辄使人谢叔文曰："非敢负约，乃欲曲成兄事耳！"叔文诟怒，不之信，遂成仇怨。

【译文】六月，己亥日（初二日），顺宗把宣歙巡官羊士谔贬为汀州宁化县的县尉。之前，羊士谔因为公事到长安，适逢王叔文专擅大权，羊士谔就公开地批评王叔文处理政务的不当之处。王叔文听说后，非常生气，想让顺宗下诏斩杀他，韦执谊却不同意；王叔文又打算命人用杖刑将羊士谔打死，韦执谊又认为这样做也不可以；于是就将羊士谔贬谪。因为这件事，王叔文开始特别嫌恶韦执谊，在两人门下来往的官员都恐惧起来。

之前，刘辟凭借剑南支度副使的身份向王叔文转达韦皋的意思, 请求统领剑南三川, 刘辟对王叔文说: "韦太尉让我向您表达诚意, 他说: '如果您把三川交给韦某管辖, 韦某自会不惜以死来辅佐您; 如果您不把三川交我管理, 韦某也自会有办法回报您。'"王叔文听后非常生气, 想要将韦皋斩首, 韦执谊坚决不答应。刘辟这时还在长安游玩, 没有离开, 听见羊士谔被贬谪的消息, 就逃回剑南。韦执谊最初是被王叔文延引重用, 所以非常亲附于他, 取得宰相之位后, 就想掩盖之前和王叔文交往的痕迹, 而且迫于公众舆论的压力, 时时表现与王叔文不同的意见。事情过后, 韦执谊又往往派人向王叔文道歉说: "我并不敢违背约定, 就是想多方设法成就您的事情罢了!"王叔文气愤地大骂, 不相信他说的话, 于是两人就结下仇怨。

癸丑, 韦皋上表, 以为: "陛下哀毁成疾, 重劳万机, 故久而未安, 请权令皇太子亲监庶政, 俟皇躬痊愈, 复归春宫。臣位兼将相, 今之所陈, 乃其职分。"又上太子笺, 以为: "圣上远法高宗, 亮阴不言, 委政臣下, 而所付非人。王叔文、王伾、李忠言之徒, 辄当重任, 赏罚纵情, 堕纪紊纲。散府库之积以赂权门。树置心腹, 遍于贵位; 潜结左右, 忧在萧墙。窃恐倾太宗盛业, 危殿下家邦, 愿殿下即日奏闻, 斥逐群小, 使政出人主, 则四方获安。"皋自恃重臣, 远处西蜀, 度王叔文不能动摇, 遂极言其奸。俄而荆南节度使裴均、河东节度使严绶笺表继至, 意与皋同, 中外皆倚以为援, 而邪党震惧。均, 光庭之曾孙也。

【译文】癸丑日(十六日), 韦皋向顺宗上表, 认为: "陛下因哀痛亲人辞世而身患疾病, 又加上日夜处理纷纭繁重的政务, 所以身体很久都没能痊愈, 请求陛下暂且让皇太子亲自监理朝中各项政务, 等陛下身体完全康复, 再让太子回到东宫。微臣身兼大将和宰相的高位，今天启奏的事情，就是我在职分上该做的事。"接着，韦皋又向太子李纯进献笺书，认为："陛下远远地效法高宗，居丧而不处理政事，把政事交托给臣下处理，而所托付的臣子又不是适当的人。王叔文、王伾、李忠言这一类人，独自担任着重要的职位，实行奖赏与惩罚，全凭私情，败坏法纪，扰乱朝纲。他们把国库积聚的钱财散尽贿赂执政的权臣。他们培植安插心腹之人，遍布在所有显贵的位置；他们暗地里和陛下身边的侍从人员勾结，他们将要引发的忧患就在宫廷门屏之间了。我私下忧虑他们会倾覆太宗皇帝创下的盛大基业，危害殿下的家邦，希望殿下立即奏明陛下，让陛下把那群小人驱逐出朝廷，使一切政事都出自陛下的意思，那么天下四方就会获得安宁。"韦皋自己依仗是身居要职的大臣，又远在西蜀地区任职，料想王叔文不能动摇他，于是尽量详细地说出王叔文的奸诈行为。不久，荆南节度使裴均、河东节度使严绶给顺宗的表章和给太子的笺书相继送到，表中所陈意思和韦皋所奏内容相同，朝廷内外的官员都倚靠他们作为外援，这样一来王叔文邪党才震惊恐惧。裴均是裴光庭的曾孙。

王叔文既以范希朝、韩泰主京西神策军，诸宦者尚未寤。会边上诸将各以状辞中尉，且言方属希朝。宦者始寤兵柄为叔文等所夺，乃大怒曰："从其谋，吾属必死其手。"密令其使归告诸将曰："无以兵属人。"希朝至奉天，诸将无至者。韩泰驰归白之，叔文计无所出，唯曰："奈何！奈何！"无几，其母病甚。丙辰，叔文盛具酒馔，与诸学士及李忠言、俱文珍、刘光琦等饮于翰林。叔文言曰："叔文母病，以身任国事之故，不得亲医药，今将求假归侍。叔文比竭心力，不避危难，皆为朝廷之恩。一旦去归，百谤交至，谁肯见察以一言相助乎?"文珍随其语辄折之，叔文不能对，但引满相劝，酒数行而罢。丁巳，叔文以母丧去位。

资治通鉴卷第二百三十六　唐纪五十二

【译文】王叔文派范希朝、韩泰掌管京西神策军后，那些宦官还没有明白其中的道理。适逢边境上各位将领各用书信向左右神策护军中尉陈辞，而且说他们刚刚隶属范希朝，宦官们才醒悟兵权已被王叔文等人夺去，于是他们大为恼怒地说："如果依照他们的计谋，我们这些人肯定要死在他们手里。"于是他们秘密命令各位边防来使回去禀告各位将领说："不要让军队隶属于别人。"范希朝到奉天后，各位将领没有去见他的。韩泰骑马回京禀告这一情况，王叔文想不出任何办法，只是连声说："怎么办? 怎么办? "没过多久，他的母亲病重。丙辰日（十九日），王叔文准备丰盛的酒菜，与翰林学士们及李忠言、俱文珍、刘光琦等人在翰林院饮酒。王叔文说："我的母亲生病，因为我担当国家重任，无法亲自侍候汤药，现在我准备告假回家侍候母亲。叔文近来竭尽心力，不躲避任何危难，都是为了报答朝廷的恩惠。我一旦离开朝廷，返回家乡，各种毁谤会纷然而来，谁能体察我的隐衷，帮助我说一句话呢? "俱文珍总是跟着他的话专门反驳他，王叔文没法对答，只好斟满酒劝大家畅饮，酒过数巡，宴席就散了。丁巳日（二十日），王叔文因母亲去世而免去官职。

秋，七月，丙子，加李师古检校侍中。

王叔文既有母丧，韦执谊益不用其语。叔文怒，与其党日夜谋起复，必先斩执谊而尽诛不附己者，闻者恟惧。自叔文归第，王伾失据，日诣宦官及杜佑请起叔文为相，且总北军；既不获，则请以为威远军使、平章事，又不得。其党皆忧悸不自保。是日，伾坐翰林中，疏三上，不报，知事不济，行且卧，至夜，忽叫曰："伾中风矣!"明日，遂舆归不出。己丑，以仓部郎中、判度支案陈谏为河中少尹。伾、叔文之党至是始去。

【译文】秋季，七月，丙子日（初九日），顺宗加封李师古检校侍中的官职。

王叔文为母亲守丧后，韦执谊更加不采纳他的话。王叔文非常生气，和他的党羽日夜都在谋划再次被起用，并商议一定要先斩杀韦执谊，把不亲附自己的官员全部杀掉，听闻这一消息的官员都害怕得不得了。王叔文回家后，王伾失去依靠，便每天去拜见宦官和杜佑请求起用王叔文担任宰相，统领北军；没有应允，王伾又请求任命王叔文为威远军使、平章事，又没有得到应允；王叔文的党羽都忧愁害怕不能保全自己。这一天，王伾坐在翰林院中，接连三次向顺宗上奏疏，全不见回复，知道事情不会成功，开始坐卧不宁。到了夜里，王伾忽然大叫说："我中风啦。"第二天，王伾就被抬回家，不能再走出家门。己丑日（二十二日），顺宗任命仓部郎中、判度支案陈谏为河中少尹；王伾、王叔文一党到这时才被斥逐出朝廷。

癸巳，横海军节度使程怀信薨，以其子副使执恭为留后。

乙未，制以"积疹未复，其军国政事，权令皇太子纯句当。"时内外共疾王叔文党与专恣，上亦恶之。俱文珍等屡启上请令太子监国，上固厌倦万机，遂许之。又以太常卿杜黄裳为门下侍郎，左金吾大将军袁滋为中书侍郎，并同平章事。俱文珍等以其旧臣，故引用之。又以郑珣瑜为吏部尚书，高郢为刑部尚书，并罢政事。太子见百官于东朝堂，百官拜贺。太子涕泣，不答拜。

【译文】癸巳日（二十六日），横海军节度使程怀信去世，顺宗任命程怀信的儿子副使程执恭为留后。

　　乙未日（二十八日），顺宗颁下制书，称："因为朕旧病在身，还没有完全康复，军务与朝廷中的一切施政要务，暂且让皇太子李纯代为管理。"当时朝廷内外官员都痛恨王叔文一党和他们的专横放肆，顺宗也憎恶他们；俱文珍屡次向顺宗启奏请求让太子李纯代理国事，顺宗本来对处理日常的纷繁政务感到厌倦，于是就同意了俱文珍的请求。又任命太常卿杜黄裳为门下侍郎，左金吾大将军袁滋为中书侍郎，二人同为同平章事。俱文珍等人因为他们是朝中老臣，所以就延引起用他们。顺宗还任命郑珣瑜为吏部尚书，高郢为刑部尚书，但免除了他们的宰相职务。太子李纯在东朝堂接见百官，百官向他下拜行礼祝贺。太子哭得泪流满面，没有向百官答礼。

　　八月，庚子，制"令太子即皇帝位，朕称太上皇，制敕称诰。"

　　辛丑，太上皇徙居兴庆宫，诰改元永贞，立良娣王氏为太上皇后。后，宪宗之母也。

　　壬寅，贬王伾开州司马、王叔文渝州司户。伾寻病死贬所。明年，赐叔文死。

　　乙巳，宪宗即位于宣政殿。

　　丙午，升平公主献女口五十。上曰："上皇不受献，朕何敢违！"遂却之。庚戌，荆南献毛龟二，上曰："朕所宝惟贤。嘉禾、神芝，皆虚美耳，所以《春秋》不书祥瑞。自今凡有嘉瑞，但准令申有司，勿复以闻。及珍禽奇兽，皆毋得献。"

　　【译文】八月，庚子日（初四日），顺宗颁下制书"命令太子即皇帝位，朕称太上皇，所颁布的制书、敕书称作诰"。

　　辛丑日（初五日），太上皇李诵迁移到兴庆宫居住，下诰命改年号为永贞，立良娣王氏为太上皇后。太上皇后是宪宗的母亲。

壬寅日（初六日），将王伾贬谪为开州司马，将王叔文贬为渝州司户。不久，王伾在贬谪之地病逝。第二年，宪宗赐王叔文自裁。

乙巳日（初九日），宪宗在宣政殿即皇帝位。

丙午日（初十日），升平公主进献给宪宗五十名女子。宪宗说："太上皇都不接受进献女子，我怎么敢违背呢？"于是，将进献的女子推却。庚戌日（十四日），荆南进献两个长毛的乌龟，宪宗说："我拿来当作珍宝的只有贤德的人。像嘉禾、灵芝这一类东西，都是空有美名罢了，所以《春秋》才不肯记载祥征瑞兆。从现在起，凡是发现吉庆祥瑞之物，只允许他们依照法令向有关部门申报，不需要再启奏朕闻知。至于那些珍禽奇兽，都不许再进献。"

癸丑，西川节度使南康忠武王韦皋薨。皋在蜀二十一年，重加赋敛，丰贡献以结主恩，厚给赐以抚士卒。士卒婚嫁死丧，皆供其资费，以是得久安其位而士卒乐为之用，服南诏，摧吐蕃。幕僚岁久官崇者则为刺史，已复还幕府，终不使还朝，恐泄其所为故也。府库既实，时宽其民，三年一复租赋，蜀人服其智谋而畏其威，至今画像以为土神，家家祀之。

支度副使刘辟自为留后。

郎州武陵、龙阳江涨，流万馀家。

壬午，奉义节度使伊慎入朝。

【译文】癸丑日（十七日），西川节度使南康忠武王韦皋去世。韦皋在蜀地任职二十一年，加倍向百姓征收繁重的赋税，通过送给皇帝丰厚的财物来维系皇帝对他的恩宠，靠着给部下将士发放优厚的军饷来安抚他们。遇到将士结婚、嫁女、家中有丧事，一概供给他们所需的费用，因为这些原因，韦皋能够长久地任职西川节度使，政治上也安然无恙，而将士们也乐意为他所用，最终得以使南诏慑服，使吐蕃遭受挫败。对于在幕府供事多年，官位已高的僚属，韦皋就让他们出任刺史，当他们任职期满，又让他们回到幕府供职，最终不让他们回到朝廷任职，这是因为韦皋担心这些人会将自己的所作所为泄露出来啊！在军府的库存充实后，韦皋还时时缓解百姓的负担，每隔三年，便实行一次赋税豁免，蜀地的百姓佩服他的才智与谋略，同时又畏惧他的威势，直到今日，人们还在供奉韦皋的画像，都把他当作土地神，家家户户都要祭祀他。

支度副使刘辟没有经过朝廷的任命，自命为西川留后。

朗州的武陵县、龙阳县境内江水暴涨，淹没一万多户人家。

壬午日（疑误），奉义节度使伊慎入京谒见天子。

辛卯，夏绥节度使韩全义入朝。全义败于溳水而还，不朝觐而去，上在藩邸，闻其事而恶之。全义惧，乃请入朝。

刘辟使诸将表求节钺，朝廷不许。己未，以袁滋为剑南东、西川、山南西道安抚大使。

度支秦裴延龄所置别库，皆减正库之物别贮之。请并归正库，从之。

辛酉，遣度支、盐铁转运副使潘孟阳宣慰江、淮，行视租赋、榷税利害，因察官史否臧，百姓疾苦。

癸亥，以尚书左丞郑馀庆同平章事。

【译文】辛卯日（疑误），夏绥节度使韩全义入京谒见天子。起初韩全义在溉水打了败仗回朝，没有朝见天子便离开，宪宗那时在藩邸里生活，听闻这件事后非常憎恶韩全义。韩全义知道此事后很恐惧，这才请求入京谒见天子。

刘辟命各位将领上表给宪宗，请求任命自己为节度使，朝廷没有答应他的请求。己未日（二十三日），宪宗任命袁滋为剑南东、西川、山南西道安抚大使。

度支向宪宗奏称，裴延龄设置的别库，都是减少正库的物品，然后把这些物品转移到别库里贮藏起来。请求将别库的物品一并归还正库，宪宗听从了度支的建议。

辛酉日（二十五日），宪宗派遣度支、盐铁转运副使潘孟阳为江、淮宣慰使，巡行视察租赋、各项物品专卖和税收的利弊，趁机考察官吏的为政得失和百姓疾恶痛苦的事。

癸亥日（二十七日），宪宗任命尚书左丞郑馀庆为同平章事。

九月，戊辰，礼仪使奏："曾太皇太皇沈氏岁月滋深，迎访理绝。案晋庾蔚之议，寻求三年之外，俟中寿而服之。伏请以大行皇帝启攒宫日，皇帝帅百官举哀，即以其日为忌。"从之。

壬申，监修国史韦执谊奏，始令史官撰《日历》。

己卯，贬神策行军司马韩泰为抚州刺史，司封郎中韩晔为池州刺史，礼部员外郎柳宗元为邵州刺史，屯田员外郎刘禹锡为连州刺史。

冬，十月，丁酉，右仆射、同平章事贾耽薨。

戊戌，以中书侍郎、同平章事袁滋同平章事，充西川节度使；征刘辟为给事中。

【译文】九月，戊辰日（初二日），礼仪使向宪宗启奏："曾太皇太后沈氏失踪时间越来越久，在情理上来说，已经没有继续访求迎接的必要。按照晋朝庾蔚之的说法，如果找寻亲人三年之后还未找到，便可以等到失踪的人八十岁诞辰时为他穿孝服服丧，臣请求在为大行皇帝开启攒宫下葬的日子，陛下率领百官致哀（哭祭之礼），就定那一天为曾太皇太后沈氏的忌日。"宪宗听从这一建议。

壬申日（初六日），监修国史韦执谊向宪宗启奏，开始命令史官撰写《日历》。

己卯日（十三日），宪宗贬谪神策行军司马韩泰为抚州刺史，贬谪司封郎中韩晔为池州刺史，贬谪礼部员外郎柳宗元为邵州刺史，贬谪屯田员外郎刘禹锡为连州刺史。

冬季，十月，丁酉日（初二日），右仆射、同平章事贾耽去世。

戊戌日（初三日），宪宗任命中书侍郎、同平章事袁滋为同平章事，充任西川节度使；征召刘辟为给事中。

舒王谊薨。

太常议曾太皇太后谥曰睿真皇后。

山人罗令则自长安如普润，矫称太上皇诰，征兵于秦州刺史刘澭，且说澭以废立。澭执送长安，并其党杖杀之。

己酉，葬神武孝文皇帝于崇陵，庙号德宗。

十一月，己巳，祔睿真皇后、德宗皇帝主于太庙。礼仪使杜黄裳等议，以为："国家法周制，太祖犹后稷，高祖犹文王，太宗犹武王，皆不迁。高宗在三昭三穆之外，请迁主于西夹室。"从之。

壬申，贬中书侍郎、同平章事韦执谊为崖州司马。执谊以尝与王叔文异同，且杜黄裳婿，故独后贬。然叔文败，执谊亦自失形势，知祸且至，虽尚为相，常不自得，奄奄无气，闻人行声，辄惶悸失色，以至于贬。

【译文】舒王李谊去世。

太常寺商议将曾太皇太后沈氏的谥号称作睿真皇后。

山人罗令则从长安前往普润，假称太上皇颁布的诏令，向秦州刺史刘澭征调军队，并且劝说刘澭起兵废掉宪宗，另外拥立一位新皇帝。刘澭命人捉住他并把他送到长安，朝廷将罗令则连同他的同党一并杖刑处死。

己酉日（十四日），宪宗将神武孝文皇帝埋葬在崇陵，庙号德宗。

十一月，己巳日（初四日），宪宗将睿真皇后、德宗的神主奉入太庙，举行祭祀。礼仪使杜黄裳等人商议，认为："国家效法周朝的制度，太祖就好比是后稷，高祖就好比是文王，太宗就好比是武王，他们的神主都永远在太庙里享受祭祀。高宗在左三昭右三穆之外，所以请将高宗的神主迁移到西夹室中去。"宪宗听从这一建议。

壬申日（初七日），宪宗将中书侍郎、同平章事韦执谊贬为崖州司马。因为韦执谊曾与王叔文有政见分歧，而且他又是杜黄裳的女婿，所以只有他才在最后遭贬谪。然而王叔文政治失败后，韦执谊也自然失去原来的权力与地位，他知道大祸就要到来。他虽然还在担任宰相之职，常常内心很不自在，好像生命的气息都快没了，即使听见有人在远处走动的脚步声，他都会惊惶失色，这种状况，一直持续到被贬谪的时候。

戊寅，以韩全义为太子少保，致仕。

刘辟不受征，阻兵自守。袁滋畏其强，不敢进。上怒，贬滋为吉州刺史。

复以右庶子武元衡为御史中丞。

朝议谓王叔文之党或自员外郎出为刺史，贬之太轻。己卯，再贬韩泰为虔州司马、韩晔为饶州司马、柳宗元为永州司马、刘禹锡为朗州司马，又贬河中少尹陈谏为台州司马，和州刺史凌准为连州司马，岳州刺史程异为郴州司马。

回鹘怀信可汗卒，遣鸿胪少卿孙杲临吊，册其嗣为腾里野合俱录毗伽可汗。

【译文】戊寅日（十三日），宪宗任命韩全义为太子少保，让他辞官退休。

刘辟不肯接受朝廷的征召，依仗军队自我防守。袁滋害怕刘辟强悍难以控制，不敢前往西川攻打他。宪宗非常生气，将袁滋贬为吉州刺史。

宪宗又任命右庶子武元衡为御史中丞。

朝廷众多大臣议论认为，王叔文的党羽有人由员外郎被贬为刺史，贬谪得太轻。己卯日（十四日），宪宗又将韩泰贬为虔州司马，将韩晔贬为饶州司马，将柳宗元贬为永州司马，将刘禹锡贬为朗州司马；又将河中少尹陈谏贬为台州司马，将和州刺史凌准贬为连州司马，将岳州刺史程异贬为郴州司马。

回鹘的怀信可汗病逝，宪宗派遣鸿胪少卿孙杲前去吊丧，并册立怀信可汗的后嗣为腾里野合俱录毗伽可汗。

十二月，甲辰，加山南东道节度使于頔同平章事。

以奉义节度使伊慎为右仆射。

己酉，以给事中刘辟为西川节度副使、知节度事。上以初嗣位，力未能计故也。右谏议大夫韦丹上疏，以为："今释辟不诛，则朝廷可以指臂而使者，惟两京耳。此外谁不为叛！"上善其言。壬子，以丹为东川节度使。丹，津之五世孙也。

辛酉，百官请上上皇尊号曰应乾圣寿太上皇，上尊号曰文武大圣孝德皇帝。上许上上皇尊号而自辞不受。

壬戌，以翰林学士郑絪为中书侍郎、同平章事。

以刑部郎中杜兼为苏州刺史。兼辞行，上书称李锜且反，必奏族臣。上然之，留为吏部郎中。

【译文】十二月，甲辰日（初九日），宪宗加封山南东道节度使于頔为同平章事。

宪宗任命奉义节度使伊慎为右仆射。

己酉日（十四日），宪宗任命给事中刘辟为西川节度副使，管理节度使的职事。因为宪宗刚刚继承皇位，还没有能力去讨伐他。右谏议大夫韦丹向宪宗呈上奏疏，认为："现在开释刘辟的死罪不责罚他，朝廷可以挥臂指使的地区，便只有东西两京罢了。这样下去，在两京以外，还有谁不敢背叛朝廷呢？"宪宗认为他说得很有道理。壬子日（十七日），宪宗任命韦丹为东川节度使。韦丹是韦津的五世孙。

辛酉日（二十六日），百官请求宪宗给太上皇进献尊号，称作应乾圣寿太上皇；给宪宗加上"文武大圣孝德皇帝"的尊号。宪宗准许给太上皇加上尊号，但对自己的尊号推辞不受。

壬戌日（二十七日），宪宗任命翰林学士郑絪为中书侍郎、同平章事。

任命刑部郎中杜兼为苏州刺史。杜兼拒绝赴任，并向宪宗上书说："李锜将要谋反，他必定要向陛下奏请将我的家族诛灭。"宪宗认为他说得很有道理，将他留任为吏部郎中。

资治通鉴卷第二百三十七　唐纪五十三

起柔兆阉茂，尽屠维赤奋若六月，凡三年有奇。

【译文】起丙戌（公元806年），止己丑（公元809年）六月，共三年六个月。

【题解】本卷记录了公元806年至809年六月的历史，共三年零六个月。为唐宪宗元和元年到元和四年六月。宪宗为皇太孙时，就十分痛恨藩镇跋扈。即位伊始就把精力放在削弱藩镇势力上。剑南西川节度使韦皋病死，副使刘辟自称留后，要求兼领三川，宪宗拒绝，刘辟反叛朝廷，攻打东川。宪宗采用宰相杜黄裳、翰林学士李吉甫的建议，派兵征讨，活捉刘辟。元和二年平定镇海节度使李锜叛乱。元和三年又解决山南东道节度使于頔的割据倾向，使其入朝朝见，留居京师。宪宗能纳谏用贤，翰林学士白居易、李吉甫等人直言进谏；牛僧孺、李宗闵等人也多有诤言。宪宗因天旱，降系囚，蠲租税，绝进奉，出宫人，禁掠卖，推倒宦官吐突承璀立的圣德碑。宪宗禁止边将邀功，结好吐蕃，设置阴山都督府安置降唐的沙陀人。李师道抗拒朝廷命令，宪宗采取策略性姑息，任命李师道为节度使。

宪宗昭文章武大圣至神孝皇帝上之上

元和元年（丙戌，公元八零六年）春，正月，丙寅朔，上帅群臣诣兴庆宫上上皇尊号。

丁卯，赦天下，改元。

辛未，以鄂岳观察使韩皋为奉义节度使。癸酉，以奉义留后伊宥为安州刺史兼安州留后。宥，慎之子也。壬午，加成德节度使王士真同平章事。

【译文】元和元年（丙戌，公元806年）春季，正月，丙寅朔日（初一日），宪宗率领群臣来到兴庆宫，向太上皇进献尊号。

丁卯日（初二日），宪宗大赦天下，把年号改为元和。

辛未日（初六日），宪宗任命鄂岳观察使韩皋为奉义节度使。癸酉日（初八日），宪宗又任命奉义留后伊宥为安州刺史兼安州留后。伊宥是伊慎的儿子。壬午日（十七日），宪宗加封成德节度使王士真为同平章事。

甲申，上皇崩于兴庆宫。

刘辟既得旌节，志益骄，求兼领三川，上不许。辟遂发兵围东川节度使李康于梓州，欲以同幕卢文若为东川节度使。推官莆田林蕴力谏辟举兵，辟怒，械系于狱，引出，将斩之，阴戒行刑者使不杀，但数砺刃于其颈，欲使屈服而赦之。蕴叱之曰："竖子，当斩即斩。我颈岂汝砥石邪！"辟顾左右曰："真忠烈之士也！"乃黜为唐昌尉。

上欲讨辟而重于用兵，公卿议者亦以为蜀险固难取，杜黄裳独曰："辟狂戆书生，取之如拾芥耳！臣知神策军使高崇文勇略可用，愿陛下专以军事委之，勿置监军，辟必可擒。"上从之。翰林学士李吉甫亦劝上讨蜀，上由是器之。戊子，命左神策行营节度使高崇文将步骑五千为前军，神策京西行营兵马使李元奕将步骑二千为次军，与山南西道节度使严砺同讨辟。时宿将名位素重者甚众，皆自谓当征蜀之选，及诏用崇文，皆大惊。

【译文】甲申日（十九日），太上皇在兴庆宫驾崩。

刘辟得到节度使的旌旄节钺后，心志越发骄纵，向宪宗请求兼管三川，宪宗没有答应他的请求。于是，刘辟就派遣军队把东川节度使李康围困在梓州，想要以此让宪宗任用同幕府的卢文若为东川节度使。推官莆田人林蕴极力劝阻刘辟起兵，刘辟非常气愤，给他套上刑具并把他关进监狱。后来又叫人把林蕴从狱中拉出来，做出将要杀他的样子，暗地里却又告诉行刑的人不要杀他，只是在他脖子上假意磨磨刀刃，想用这个办法让林蕴屈服，然后再赦免他。林蕴怒斥行刑的人说：“小子，要杀就杀，我的脖子难道是你的磨刀石吗？”刘辟环顾身边的人说：“林蕴真是一位忠烈之士啊！”于是刘辟就把他贬为唐昌县尉。

宪宗想派人讨伐刘辟，却又不愿意轻易开启战端；议论此事的公卿也认为蜀地山川险阻，关塞坚固，难以攻取，只有杜黄裳说：“刘辟是一个心气狂傲但憨直无谋的读书人，攻取他就像从地上捡拾草芥一样容易！我知道神策军使高崇文有勇有谋，是可以派遣的将才，希望陛下把军国事务完全交托给他，不要设置监军，那么刘辟必定可以捉住。”宪宗听从了他的建议。翰林学士李吉甫也劝谏宪宗讨伐蜀中，宪宗由此便开始器重任用李吉甫。戊子日（二十三日），宪宗命令左神策行营节度使高崇文率领步兵骑兵五千人担当前军，命令神策京西行营兵马使李元奕率领步兵骑兵二千人担当次军，和山南西道节度使严砺一同讨伐刘辟大军。名声与地位平素便为人们推重的老将有很多，都自认为应当是征讨蜀中的人选；等到宪宗下诏任用高崇文，大臣们都大感意外。

上与杜黄裳论及藩镇，黄裳曰："德宗自经忧患，务为姑息，不生除节帅。有物故者，先遣中使察军情所与则授之。中使或私受大将赂，归而誉之，即降旌钺，未尝有出朝廷之意者。陛下必欲振举纲纪，宜稍以法度裁制藩镇，则天下可得而理也。"上深以为然，于是始用兵讨蜀，以至威行两河，皆黄裳启之也。

高崇文屯长武城，练卒五千，常如寇至，卯时受诏，辰时即行，器械糗粮，一无所阙。甲午，崇文出斜谷，李元奕出骆谷，同趣梓州。崇文军至兴元，军士有食于逆旅，折人匕箸者，崇文斩之以徇。

刘辟陷梓州，执李康。二月，严砺拔剑州，斩其刺史文德昭。

资治通鉴

【译文】宪宗与杜黄裳谈论藩镇，杜黄裳说："德宗自从经历忧患，总是无原则地宽容藩镇，不在节度使活着的时候免除他们的职务来替换他们；如果有节度使去世，德宗就先派中使去探察军情，军中有人心归向的人物，德宗才将节度使授给此人。有时中使私下收受大将的贿赂，中使回朝后就在德宗面前称赞其人，德宗就授给他旌旄节钺，对节度使的任命不曾有过出自朝廷本意的例子。如果陛下想重振朝廷法纪，应当逐渐按照法令制度削弱和约束藩镇，这样天下便能够得到治理。"宪宗认为杜黄裳所言很对，于是开始派遣军队伐蜀，终于使朝廷的威严遍及河南、河北一带，这都是由杜黄裳的建议发端的。

高崇文驻扎在长武城，训练了五千精兵，经常保持戒备状态，就像敌人快要来临一般。他在卯时接受宪宗的命令，到辰时便已启程，器械装备与干粮，没有一样是缺少的。甲午日（二十九日），高崇文从斜谷出发，李元奕从骆谷出发，一同奔赴梓州。高崇文的军队到兴元，将士们途中在客舍进餐，有一个

154

士兵把人家的筷子折断，高崇文便杀了他整饬军纪。

刘辟攻陷梓州，捉住李康。二月，严砺占领剑州，斩杀剑州刺史文德昭。

奚王诲落可入朝。丁酉，以诲落可为饶乐郡王，遣归。

癸丑，加魏博节度使田季安同平章事。

戊午，上与宰相论："自古帝王，或勤劳庶政，或端拱无为，互有得失，何为而可？"杜黄裳对曰："王者上承天地宗庙，下抚百姓四夷，夙夜忧勤，固不可自暇自逸。然上下有分，纪纲有叙，苟慎选天下贤才而委任之，有功则赏，有罪则刑，选用以公，赏刑以信，则谁不尽力，何求不获哉！明主劳于求人而逸于任人，此虞舜所以能无为而治者也。至于簿书狱市烦细之事，各有司存，非人主所宜亲也。昔秦始皇以衡石程书，魏明帝自按行尚书事，隋文帝卫士传餐，皆无补于当时，取讥于后来，其耳目形神非不勤且劳也，所务非其道也。夫人主患不推诚，人臣患不竭忠。苟上疑其下，下欺其上，将以求理，不亦难乎！"上深然其言。

【译文】奚王诲落可入朝谒见宪宗。丁酉日（初三日），宪宗任命诲落可为饶乐郡王，遣送他返回。

癸丑日（十九日），宪宗加封魏博节度使田季安为同平章事。

戊午日（二十四日），宪宗与宰相杜黄裳讨论："自古以来，有些帝王为各项政务勤勉操劳，有些帝王却端身拱手，清静无为，他们各有各的得失，要怎么做才能恰到好处呢？"杜黄裳回答说："帝王对上要承受着天地与国家赋予的使命，对下要安抚百姓与周边的民族和邦国，早晚忧心勤劳于政事，本来就不可能自求闲暇与安逸。然而君主与臣下各有职分，国家的法度是有一定的程序的；如果能谨慎地选拔天下贤才，然后交付他们以重任，有功劳就进行奖赏，犯了罪便处以刑罚，选拔任用公平合理，奖赏与惩罚不失信用，那么谁会不竭尽心力做事，朝廷还会有什么寻求的目标不能实现呢？圣明的君主在求贤人方面多用功夫，而在任用人才后却变得安逸，这就是虞舜清静无为而使政治清明的原因啊。至于狱政刑法市场交易这类烦琐细碎的事，各有官吏负责，不应该是国君亲自掌管的事情。从前，秦始皇用秤和斗来衡量文书的多少，并规定数量；魏明帝曹叡亲自到尚书台按验发行文书；隋文帝杨坚勤于政事，临朝常过正午，卫士只能站着传餐而食，像这些帝王处理政事的方式，对当时的政治并没有什么益处，反而让后人取笑，他们的耳目、形体、精神并非不勤劳，只是他们致力的事情，并不合乎事理啊！作为国君，只怕不能推心置腹，作为人臣，只怕不能竭尽忠诚，如果君主怀疑自己的臣子，臣子欺骗效忠的君主，那么想要以这种局面来寻求政治清明，不也是很困难吗？"宪宗认为他所说的话很有道理。

三月，丙寅，以神策京西行营节度使范希朝为右金吾大将军。

高崇文引兵自阆州趣梓州，刘辟将邢泚引兵遁去，崇文入屯梓州。辟归李康于崇文以求自雪，崇文以康败军失守，斩之。丙子，严砺奏克梓州。丁丑，制削夺刘辟官爵。

初，韩全义入朝，以其甥杨惠琳知夏绥留后。杜黄裳以全义出征无功，骄蹇不逊，直令致仕，以右骁卫将军李演为夏绥节度使。惠琳勒兵拒之，表称"将士逼臣为节度使"。河东节度使严绶表请讨之。诏河东、天德军合击惠琳，绶遣牙将阿跌光进及弟光颜将兵赴之，光进本出河曲步落稽，兄弟在河东军皆以勇敢闻。辛巳，夏州兵马使张承金斩惠琳，传首京师。

【译文】三月，丙寅日（初二日），宪宗任命神策行营京西节度使范希朝为右金吾大将军。

高崇文率领军队从阆州奔赴梓州，听闻这一消息，刘辟的将领邢泚带领自己的军队逃走，高崇文进入梓州城并把军队驻扎在此。刘辟把李康送还给高崇文以求洗刷自己的罪责。高崇文因为李康打了败仗，丢了梓州，便命人斩杀他。丙子日（十二日），严砺给宪宗呈上奏疏报告已经攻克梓州。丁丑日（十三日），宪宗颁下制书罢免刘辟的官爵。

起初，韩全义入朝谒见德宗，德宗任用他的外甥杨惠琳代理夏绥留后事务。杜黄裳认为韩全义出兵征讨吴少诚没有功劳，骄傲不谦虚，有失恭顺，便直接叫他告老还乡，任命右骁卫将军李演为夏绥节度使。杨惠琳率领兵马阻止李演上任，并向宪宗上表说"将士逼迫我担任节度使"。河东节度使严绶向宪宗上表请求率兵去讨伐杨惠琳，宪宗下诏命令河东、天德军联合攻打杨惠琳，严绶派遣牙将阿跌光进和他的弟弟阿跌光颜率领军队一同前去攻打杨惠琳。阿跌光进本是河曲步落稽人，他们兄弟二人在河东军中，凭借勇敢闻名。辛巳日（十七日），夏州兵马使张承金杀死杨惠琳，并将他的头颅传送京城。

东川节度使韦丹至汉中，表言"高崇文客军远斗，无所资。若与梓州，缀其士心，必能有功。"夏，四月，丁酉，以崇文为东川节度副使、知节度事。

潘孟阳所至，专事游宴，从仆三百人，多纳贿赂。上闻之，甲辰，以孟阳为大理卿，罢其度支、盐铁转运副使。

丙午，策试制举之士，于是校书郎元稹、监察御史独孤郁、校书郎下邽白居易、前进士萧俛、沈传师出焉。郁，及之子；俛，华之孙；传师，既济之子也。

【译文】东川节度使韦丹到达汉中后，向宪宗上表说："高崇文率领外来的军队长途征战，没有托身之地，如果陛下把梓州送给他，来让他维系部下军士的心，肯定能够使他获得成功。"夏季，四月，丁酉日（初四日），宪宗任命高崇文为东川节度副使，管理节度使的事务。

潘孟阳每次到达一个地方，专门从事游玩晏乐的事，随从仆人多达三百人，还大量地收受别人赠送的财物。宪宗听说这些事后，在甲辰日（十一日），任命潘孟阳为大理卿，免除他度支副使和盐铁转运副使的职务。

丙午日（十三日），宪宗亲自在大殿对应诏赴试的士子举行制举考试。在这次考试中，校书郎元稹、监察御史独孤郁、校书郎下邽人白居易、前进士萧俛、沈传师都展露出才华考中。独孤郁是独孤及的儿子；萧俛是萧华的孙子；沈传师是沈既济的儿子。

杜佑请解财赋之职，仍举兵部侍郎、度支使、盐铁转运副使李巽自代。丁未，加佑司徒，罢其盐铁转运使，以巽为度支、盐铁转运使。自刘晏之后，居财赋之职者，莫能继之。巽掌使一年，征课所入，类晏之多，明年过之，又一年加一百八十万缗。

戊申，加陇右经略使、秦州刺史刘澭保义军节度使。

辛酉，以元稹为左拾遗，白居易为盩厔尉、集贤校理，萧俛为右拾遗，沈传师为校书郎。

【译文】杜佑请求解除他在管理资财赋税方面的职务，还举荐兵部侍郎、度支使、盐铁转运副使李巽来代替他的职位。丁未日（十四日），宪宗给杜佑加封司徒一职，免去他盐铁转运使的职务，并任命李巽为度支、盐铁转运使。自从刘晏之后，担任财物赋税管理职务的人没有谁能赶得上他。李巽掌管使职一年，征收赋税所得的收入，就和刘晏差不多，第二年又超过刘晏，再过一年，又比刘晏增加了一百八十万缗。

戊申日（十五日），宪宗又加封陇右经略使、秦州刺史刘澭为保义军节度使。

辛酉日（二十八日），宪宗任命元稹为左拾遗，白居易为盩厔尉、集贤校理，萧俛为右拾遗，沈传师为校书郎。

稹上疏论谏职，以为："昔太宗以王珪、魏征为谏官，宴游寝食未尝不在左右，又命三品以上入议大政，必遣谏官一人随之，以参得失，故天下大理。今之谏官，大不得豫召见，次不得参时政，排行就列，朝谒而已。近年以来，正牙不奏事，庶官罢巡对，谏官能举职者，独诰命有不便则上封事耳。君臣之际，讽谕于未形，筹画于至密，尚不能回至尊之盛意，况于既行之诰令，已命之除授，而欲以咫尺之书收丝纶之诏，诚亦难矣。愿陛下时于延英召对，使尽所怀，岂可置于其位而屏弃疏贱之哉！"

【译文】元稹向宪宗上奏疏探讨谏官的职责，他认为："从前，太宗任命王珪、魏征为谏官，无论宴饮游观，还是寝息就餐，没有一时不让他们跟随在身边，又命令三品以上的官员入宫议论重要的行政事务时，一定要派一位谏官跟随，以检验所议论事情的优劣，所以天下政治清明。现在的谏官，首先不能被陛下召见，其次不能参与时政探讨，只是排在朝班的行列之中，按时上朝拜见陛下罢了。近些年来，陛下已停止百官在正殿奏事，也停止百官轮流奏事，谏官能够奉行的职责，只是在皇上下诏或命令不尽合宜时，献上一本皂封缄的奏章。君臣之间，即使在事情发生以前便委婉规劝，进行非常周密的计划，尚且难以回转圣上的盛意，更何况对那些已经颁行诰令，已经任命的官职升迁，而要想凭着谏官呈递一纸奏疏就能收回圣上的诏书，这实在是太困难了！希望陛下常常在延英殿召见谏官，询问政事，让他们尽情说出心中的意见，怎么能将他们安置在谏官的职位上，却又摒弃疏远轻视他们呢？”

顷之，复上疏，以为：“理乱之始，必有萌象。开直言，广视听，理之萌也；甘谄谀，蔽近习，乱之象也。自古人主即位之初，必有敢言之士，人主苟受而赏之，则君子乐行其道，竞为忠谠；小人亦贪其利，不为回邪矣。如是，则上下之志通，幽远之情达，欲无理得乎！苟拒而罪之，则君子卷怀括囊以保其身，小人阿意迎合以窃其位矣。如是，则十步之事，皆可欺也，欲无乱得乎！昔太宗初即政，孙伏伽以小事谏，太宗喜，厚赏之。故当是时，言事者惟患不深切，未尝以触忌讳为忧也。太宗岂好逆意而恶从欲哉？诚以顺适之快小，而危亡之祸大故也。陛下践阼，今已周岁，未闻有受伏伽之赏者。臣等备位谏列，旷日弥年，不得召见，每就列位，屏气鞠躬，不敢仰视，又安暇议得失，献可否哉！供奉官尚尔，况疏远之臣乎！此盖群下因循之罪也。”因条奏请次对百官、复正牙奏事、禁非时贡献等十事。

【译文】过了不久，元稹又向宪宗呈上奏疏，认为：“在政治清明与祸乱灭亡的早期，肯定有萌芽和迹象显露。打开直言进谏之门，拓宽接受意见的范围，这是政治清明的萌芽。喜欢阿谀逢迎，受亲幸的人蒙蔽，这是天下祸乱的征兆。自古以来，国君刚即位的时候，必定有敢直言进谏的大臣，国君如果接受他的话并且奖励他，那么君子都遵循直言进谏这一原则行事，小人也贪图其中的利益，不做奸邪的事情。如果能够做到这些，那么上下心意相通，幽隐遥远的情意也能够向上表达，想要天下不太平都不可能！如果拒绝劝谏而加罪谏官，那么君子便会藏身隐退，缄口不言，明哲保身，小人就会曲意迎合陛下的心意来窃取官位。这样一来，要办的事情就是近在十步以内，也完全有可能做出欺上瞒下的勾当，想要天下没有祸乱办得到吗？从前，太宗刚刚执掌政权，孙伏伽拿一些小事劝谏太宗，太宗非常高兴，对他重重加以赏赐。所以在那个时候，劝谏政事的臣子只担心进谏之事讲得不够深入切实，却从来不曾担心触犯忌讳。太宗难道喜欢让人违背自己的意愿而讨厌人们顺从自己的心愿吗？实在是顺适心意的快乐太渺小，而国家危亡的灾祸太大的缘故啊。陛下登基以来，到现在已经一年，我没听说过有人受到孙伏伽那样的赏赐。臣等在谏官的行列中充数，浪费了一年的时间，不能得到陛下的召见，每次站在谏官的行列里朝见陛下，总是气都不敢出地弯着腰，不敢仰起头来看一眼，又怎么会顾得上议论得失，直言进谏呢？在陛下周围供职的官员尚且如此，何况疏远的臣子呢？这大概都是群臣因袭故习的缘故吧！”于是，元稹一条条地陈奏，请求实行依次召见百官问话、恢复正殿奏事、禁止不按时进献贡物等十件事情。

积又以贞元中王伾、王叔文技术得幸东宫，永贞之际几乱天下，上书劝上早择修正之士使辅导诸子，以为：“太宗自为藩王，与文学清修之士十八人居。后代太子、诸王，虽有僚属，日益疏贱，至于师傅之官，非眊聩废疾不任事者，则休戎罢帅不知书者为之。其友谕赞议之徒，尤为冗散之甚，搢绅皆耻由之。就使时得僻老儒生，越月逾时，仅获一见，又何暇傅之德义，纳之法度哉！夫以匹士爱其子，犹知求明哲之师而教之，况万乘之嗣，系四海之命乎！"上颇嘉纳其言，时召见之。

壬戌，邵王约薨。

【译文】元稹又拿贞元年间王伾、王叔文靠着擅长方术得到太子李诵宠爱，到永贞年间几乎使天下大乱的事情，向宪宗规劝，趁早选择修身端正的读书人，辅佐教导各位皇子。他认为："从太宗做藩王开始，就和十八个擅长文学有清高操守的人相处。后世的太子、诸王虽然有幕僚属员，但是他们越来越遭受疏远与轻贱，至于太师、少师、太傅、少傅这一类官职，不是让眼昏耳聋、身体残废、不能办事的人担任，就是让军队里退休罢免将帅职务而又不懂诗书的人来担任。尤其是王府那些司议郎、谕德、赞善大夫等官员，闲散得不得了，做官的人都认为做那些官职是很可耻的。即使有时能够找到一些孤陋寡闻、年纪老迈的儒生，也是经过数月，才获得一次与太子、诸王见面的机会，又哪里有闲暇为他们辅导仁德道义，使他们深明法令制度呢？就连地位低贱的人疼爱自己的儿子，还知道寻找明达事理的老师来教导自己的孩子，更何况太子、诸王这都是帝王的后代，他们的举动关系着天下百姓的性命呢？"宪宗赞许他并且采纳他的话，还时常召见他。

壬戌日（二十九日），邵王李约去世。

五月，丙子，以横海留后程执恭为节度使。

庚辰，尚书左丞、同平章事郑馀庆罢为太子宾客。

辛卯，尊太上皇后为皇太后。

刘辟城鹿头关，连八栅，屯兵万馀人以拒高崇文。六月，丁酉，崇文击败之。辟置栅于关东万胜堆。戊戌，崇文遣骁将范阳高霞寓攻夺之，下瞰关城，凡八战皆捷。

加卢龙节度使刘济兼侍中。己亥，加平卢节度使李师古兼侍中。

庚子，高崇文破刘辟于德阳。癸卯，又破之于汉州。严砺遣其将严秦破辟众万馀人于绵州石碑谷。

【译文】五月，丙子日（十三日），宪宗任命横海留后程执恭为节度使。

庚辰日（十七日），宪宗免去郑馀庆尚书左丞、同平章事的官职，任用为太子宾客。

辛卯日（二十八日），宪宗尊太上皇后为皇太后。

刘辟在鹿头关修筑城墙，将八个营栅连在一起，屯聚一万多人马来抵抗高崇文。六月，丁酉日（初五日），刘辟打败高崇文。刘辟又在鹿头关东面的万胜堆设置栅垒。戊戌日（初六日），高崇文派遣猛将范阳人高霞寓前去攻取万胜堆，从这里可以俯视鹿头关全城；一共打了八次仗，高霞寓都打胜。

宪宗加封卢龙节度使刘济兼任侍中。己亥日（初七日），宪宗又加封平卢节度使李师古兼任侍中。

庚子日（初八日），高崇文在德阳打败刘辟；癸卯日（十一日），高崇文又在汉州再次打败刘辟；严砺派遣他的部将严秦在绵州石碑谷打败刘辟一万多兵马。

初，李师古有异母弟曰师道，常疏斥在外，不免贫窭。师古私谓所亲曰："吾非不友于师道也，吾年十五拥节旄，自恨不知稼穑之艰难。况师道复减吾数岁，吾欲使之知衣食之所自来，且以州县之务付之，计诸公必不察也。"及师古疾笃，师道时知密州事，好画及觱篥。师古谓判官高沐、李公度曰："迨吾之未乱也，欲有问于子。我死，子欲奉谁为帅乎！"二人相顾未对。师古曰："岂非师道乎？人情谁肯薄骨肉而厚他人，顾置帅不善，则非徒败军政也，且覆吾族。师道为公侯子孙，不务训兵理人，专习小人贱事以为己能，果堪为帅乎？幸诸公审图之！"闰月，壬戌朔，师古薨。沐、公度秘不发丧，潜逆师道于密州，奉以为节度副使。

【译文】起初，李师古有个异母弟弟叫李师道，经常遭受冷落，被斥逐在他乡，不免贫困。李师古私下对亲近的人说："我并不是不肯与弟弟李师道友爱，我十五岁时担任节度使，恨自己不懂耕种与收获的艰难。况且李师道又比我小几岁，我想让他知道衣食是从哪里来的，所以暂且把州县的事情交付给他，我料想各位一定还没看出来吧。"等到李师古病重，李师道当时正在代理密州事务，喜欢画画和吹觱篥（一种胡人的乐器）。李师古对判官高沐、李公度说："趁我还没有病得糊涂的时候，我想征求你们的意见。我死后，你们想尊谁为统帅呢？"两人互相看一眼，都没有回答。李师古说："难道不是李师道吗？按照人之常情，谁肯薄待自己的骨肉而厚待别人？只是统帅安置得不好，不只是败坏军中政务，而且将会倾覆我的家族。李师道是公侯家族的后人，不会从事训练军队治理人民的工作，专门学些小人贱事以为是自己的长处，他果真能做统帅吗？希望诸位审慎商议一下吧。"闰月，壬戌朔日（初一日），李师古去世。高沐、李公度隐瞒这件事，暂不公布李师古的死讯，暗地里派人到密州去迎接李师道，拥戴他担任节度副使。

秋，七月，癸丑，高崇文破刘辟之众万人于玄武。甲午，诏：

"凡西川继援之兵，悉取崇文处分。"

壬寅，葬至德大圣大安孝皇帝于丰陵，庙号顺宗。

八月，壬戌，以妃郭氏为贵妃。

丁卯，立皇子宁为邓王，宽为澧王，宥为遂王，察为深王，寰为洋王，寮为绛王，审为建王。

李师道总军务，久之，朝命未至。师道谋于将佐，或请出兵掠四境。高沐固止之，请输两税，申官吏，行盐法，遣使相继奉表诣京师。杜黄裳请乘其未定而分之。上以刘辟未平，己巳，以师道为平卢留后、知郓州事。

【译文】秋季，七月，癸丑日（疑误），高崇文在玄武打败刘辟的军队一万多人。甲午日（初三日），宪宗颁下诏书："凡是在西川增援的军队，一概听高崇文的指挥调度。"

壬寅日（十一日），宪宗将至德大圣大安孝皇帝安葬在丰陵，庙号顺宗。

八月，壬戌日（初二日），宪宗册封皇妃郭氏为贵妃。

丁卯日（初七），宪宗册立皇子李宁为邓王，李宽为澧王，李宥为遂王，李察为深王，李寰为洋王，李寮为绛王，李审为建王。

李师道总揽军中事务，过了很久，朝廷的册命还没有到。于是李师道和将佐商量对策，有人请求往四邻的边境派兵掳掠；高沐坚决阻止这一请求，并请求李师道向朝廷缴纳两税，申请委派官吏，实行食盐法，派遣使者相继前往京城进献表章。杜黄裳向宪宗请求趁李师道还没有稳定的时机，分散减少他的权力；宪宗因为刘辟还没有被平定，己巳日（初九日），任命李师道为平卢留后，掌管郓州的事务。

堂后主书滑涣久在中书，与知枢密刘光琦相结，宰相议事有

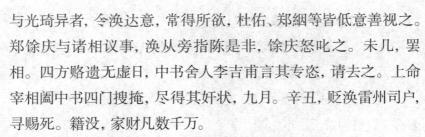

与光琦异者，令涣达意，常得所欲，杜佑、郑絪等皆低意善视之。郑馀庆与诸相议事，涣从旁指陈是非，馀庆怒叱之。未几，罢相。四方赂遗无虚日，中书舍人李吉甫言其专恣，请去之。上命宰相阖中书四门搜掩，尽得其奸状，九月。辛丑，贬涣雷州司户，寻赐死。籍没，家财凡数千万。

壬寅，高崇文又败刘辟之众于鹿头关，严秦败刘辟之众于神泉。河东将阿跌光颜将兵会高崇文于行营，愆期一日，惧诛，欲深入自赎，军于鹿头之西，断其粮道，城中忧惧。于是，辟、绵江栅将李文悦、鹿头守将仇良辅皆以城降于崇文。获辟婿苏强，士卒降者万计。崇文遂长驱直指成都，所向崩溃，军不留行。辛亥，克成都。刘辟、卢文若帅数十骑西奔吐蕃，崇文使高霞寓等追之，及于羊灌田。辟赴江不死，擒之。文若先杀妻子，乃系石自沉。崇文入成都，屯于通衢，休息士卒，市肆不惊，珍宝山积，秋毫不犯，槛刘辟送京师。斩辟大将邢泚、馆驿巡官沈衍，馀无所问。军府事无巨细，命一遵韦南康故事，从容指撝，一境皆平。

【译文】堂后主书滑涣在中书省任职很久，和掌管枢密的刘光琦互相勾结，凡是宰相计议的事情与刘光琦发生分歧时，就叫滑涣转达自己的意思给刘光琦，经常能够得到满足，杜佑、郑絪等都对滑涣低声下气，用友好的态度对待他。郑馀庆和诸位宰相议论政事，滑涣在旁边指点评说诸相意见的曲直短长，郑馀庆愤怒地呵斥他；过了不久，郑馀庆就被罢免相位。各地向滑涣贿赂财物，没有一天停，中书舍人李吉甫说滑涣专断放肆，请革除他的职立。宪宗命令宰相将中书省四面的门户关闭起来，进行突然搜查，搜到滑涣肆行邪恶之事的全部罪状。九月，辛丑日（十一日），宪宗贬滑涣为雷州司户，不久，宪宗又将他赐死；没收他的家财，总共有好几千万缗。

壬寅日（十二日），高崇文又在鹿头关打败刘辟的部众；严秦也在神泉打败刘辟的部众。河东将领阿跌光颜率领兵马与高崇文在行营会合，拖延一天的时间，因为阿跌光颜害怕被高崇文杀了，便想深入敌营，赎回自己的过失，于是把军队驻扎在鹿头关的西边，切断刘辟运粮的道路，使鹿头关内将士忧愁恐惧。于是刘辟绵江栅的守将李文悦、鹿头关的守将仇良辅都带着城向高崇文投降；还抓到刘辟的女婿苏强，投降的士兵以万计数。于是高崇文长驱直向成都出发，所到之处，敌军无不崩溃，高崇文的军队在行进中从未受到阻碍；辛亥日（二十一日），高崇文攻克成都。刘辟、卢文若率领几十人骑马向西逃奔吐蕃，高崇文派遣高霞寓等前去追赶，并在羊灌田追上他们。刘辟跳到江里没有淹死，终被擒获。卢文若先把妻子和儿女杀死，然后才在身上系了石头沉江自杀。高崇文进入成都后，在四通八达的大道上驻扎下来，让士兵休息，街市的店铺没有受到惊扰，珍奇的财物堆积得像山一样高，也没有遭受丝毫侵犯。高崇文命人将刘辟装入槛车送到京师，命人斩杀刘辟手下的大将邢泚、馆驿巡官沈衍，对其余的人一概不加追究。军府的事无论大小，高崇文命令全部遵从南康郡王韦皋先前奉行的惯例。他从容不迫地指挥，西川全境到此完全平定。

初，韦皋以西山运粮使崔从知邛州事，刘辟反，从以书谏辟；辟发兵攻之，从婴城固守；辟败，乃得免。从，融之曾孙也。

韦皋参佐房式、韦乾度、独孤密、符载、郗士美、段文昌等素服麻屦，衔土请罪。崇文皆释而礼之，草表荐式等，厚赆而遣之。目段文昌曰："君必为将相，未敢奉荐。"载，庐山人；式，琯之从子；文昌，志玄之玄孙也。

辟有二妾，皆殊色，监军请献之，崇文曰："天子命我讨平凶竖，当以抚百姓为先，遽献妇人以求媚，岂天子之意邪！崇文义不为此。"乃以配将吏之无妻者。

【译文】起初，韦皋任用西山运粮使崔从掌管邛州的事务，刘辟造反后，崔从写书信劝阻刘辟；刘辟就派军队攻打他掌管的邛州，崔从据城坚决防守；刘辟打了败仗，崔从才得以解除围困。崔从是崔融的曾孙。

韦皋的僚属房式、韦乾度、独孤密、符载、郗士美、段文昌等身着白色丧服，脚穿麻鞋，按照死罪制度口衔土块，请求高崇文治罪。高崇文把他们全都释放并且对他们以礼相待，还向宪宗写奏表推荐房式等人，赠给他们丰厚的财物，送他们前去任职。高崇文注视着段文昌说："你必定会做将相，我不敢推荐你。"符载是庐山人；房式是房琯的侄子；段文昌是段志玄的玄孙。

刘辟有两个妾，都非常漂亮，监军请求把她们献给宪宗，高崇文说："天子命令我来征伐平定刘辟这一凶顽竖子，我应当把安抚百姓的事放在首位，立即进献妇人来求得天子的宠幸，这哪里会是天子的本意呢？我奉行正义，不干这种事情。"于是他将刘辟的两个妾许配给没有妻室的将吏。

杜黄裳建议征蜀及指受高崇文方略，皆悬合事宜。崇文素惮刘澭，黄裳使谓之曰："若无功，当以刘澭相代。"故能得其死力。及蜀平，宰相入贺，上目黄裳曰："卿之功也！"

辛巳，诏征少室山人李渤为左拾遗。渤辞疾不至，然朝政有得失，渤辄附奏陈论。

【译文】杜黄裳建议征讨蜀中并授意高崇文应采取的谋

略，这些谋略都和以后的事实遥遥相合。高崇文平素畏惧刘辟，杜黄裳便派人对他说："如果你不能取得成功，便会让刘辟替代你的职位。"所以杜黄裳能够让高崇文尽到最大的力量去征讨敌军。等到蜀中被平定，宰相入朝道贺，宪宗看着杜黄裳说："这都是你的功劳啊！"

辛巳日（九月无此日），宪宗下诏书征召少室山人李渤为左拾遗；李渤因病拒绝应征不肯到长安，然而一旦朝廷大政出现问题，李渤总是献上奏章，陈述论说自己的见解。

【乾隆御批】用兵虽难预度，而黄裳策刘辟必败，委任崇文，诸所部署，机宜悉协，是以李唐积玩之后，惟宪宗削平诸镇，粗有可观，兹役实为嚆矢。

【译文】用兵之事虽然难以预料，但杜黄裳料定刘辟必败，并委任高崇文为大将征蜀，以及他的诸多部署，都与后来的事实相符，因此，李唐王朝才能在积久玩忽之后，只有唐宪宗能平叛诸乱，稍有建树，征蜀之战实在是一个好的开端啊！

【乾隆御批】既不就征，又复附陈得失，韩愈诗"少室山人索价高"，足为好名出位之戒。

【译文】既然不接受征诏，却还上表陈说政事得失。韩愈有诗说"少室山人索价高"，足以让喜好名利地位的人引以为戒了。

冬，十月，甲子，易定节度使张茂昭入朝。

制割资、简、陵、荣、昌、泸六州隶东川。房式等未至京师，皆除省寺官。丙寅，以高崇文为西川节度使。戊辰，以严砺为东川节度使。

庚午，以将作监柳晟为山南西道节度使。晟至汉中，府兵

169

讨刘辟还，未至城，诏复遣戍梓州，军士怨怒，胁监军，谋作乱。晟闻之，疾驱入城，慰劳之，既而问曰："汝曹何以得成功？"对曰："诛反者刘辟耳。"晟曰："辟以不受诏命，故汝曹得以立功，岂可复使它人诛汝以为功邪？"众皆拜谢，请诣戍所如诏书。军府由是获安。

【译文】冬季，十月，甲子日（初五日），易定节度使张茂昭进入京城朝见宪宗。

宪宗下制书命令分出资、简、陵、荣、昌、泸六州，让其隶属东川。房式等人还没有来到京城，宪宗已经全部任命他们为各省、各寺的官员。丙寅日（初七日），宪宗任命高崇文为西川节度使。戊辰日（初九日），宪宗又任命严砺为东川节度使。

庚午日（十一日），宪宗任命将作监柳晟为山南西道节度使。柳晟来到汉中，汉中的军队刚讨伐刘辟回来，还没有到城里，朝廷便有诏书派遣他们再去戍守梓州；军吏士卒又怨恨又愤怒，威胁监军，打算作乱。柳晟听到这个消息，连忙策马进城，安抚士兵，过了一会儿，柳晟问他们说："你们是怎么获得功劳的呀？"士兵回答说："是前去讨伐造反的刘辟。"柳晟说："刘辟因为不接受天子的命令，所以使你们获得立功的机会，怎么可以让别人再来讨伐你们来立功呢？"大家都向柳晟行礼，表示感谢，请求依照诏书的命令到戍守的地方去。军府因此平安无事。

壬午，以平卢留后李师道为节度使。

戊子，刘辟至长安，并族党诛之。

武宁节度使张愔有疾，上表请代。十一月，戊申，征愔为工部尚书，以东都留守王绍代之，复以濠、泗二州隶武宁军。徐人喜得二州，故不为乱。

丙辰，以内常侍吐突承璀为左神策中尉。承璀事上于东宫，以干敏得幸。

是岁，回鹘入贡，始以摩尼偕来，于中国置寺处之。其法日晏乃食，食荤而不食湩酪。回鹘信奉之，可汗或与议国事。

【译文】壬申日（十三日），宪宗任命平卢留后李师道为节度使。

戊子日（二十九日），刘辟被押送到长安。朝廷命令将他连同他的同族亲属一起诛杀。

武宁节度使张愔身患重病，他向宪宗上表请求派人替代他的职位。十一月，戊申日（十九日），宪宗征召张愔回朝担任工部尚书，并派东都留守王绍代替张愔的职务，宪宗又把濠、泗两州归属武宁军。徐州地区的将士们为因为得到两个州很高兴，没有作乱。

丙辰日（二十七日），宪宗任命内常侍吐突承璀为左神策中尉。吐突承璀在宪宗当太子时事奉过他，因为干练敏达而得到宪宗李纯的宠爱。

这一年，回鹘入京，前来进贡，最初带着摩尼教僧人一同前来，朝廷在国内设置寺庙，供摩尼教僧人居住。根据他们的戒律，日暮时分才开始进食，可以吃荤腥的菜但不能吃乳酪。回鹘信奉摩尼教，回鹘可汗有时和摩尼僧人计议国家大事。

元和二年（丁亥，公元八零七年）春，正月，辛卯，上祀圆丘，赦天下。

上以杜佑高年重德，礼重之，常呼司徒而不名。佑以老疾，请致仕。诏令佑每月入朝不过再三，因至中书议大政。它日听归樊川。

门下侍郎、同平章事杜黄裳，有经济大略而不修小节，故不得久在相位。乙巳，以黄裳同平章事，充河中、晋、绛、慈、隰节度使。己酉，以户部侍郎武元衡为门下侍郎，翰林学士李吉甫为中书侍郎，并同平章事。吉甫闻之感泣，谓中书舍人裴垍曰："吉甫流落江、淮，逾十五年，一旦蒙恩至此。思所以报德，惟在进贤，而朝廷后进，罕所接识，君有精鉴，愿悉为我言之。"垍取笔疏三十馀人，数月之间，选用略尽。当时翕然称吉甫为得人。

【译文】元和二年（丁亥，公元807年）春季，正月，辛卯日（初三日），宪宗在圜丘祭天。大赦天下。

宪宗因为杜佑年纪大，品德高尚，对他礼遇器重，常叫他司徒而不直接叫他的名字。杜佑因为年老多病，请求退休。宪宗下诏命令杜佑每月上朝不超过三次，并趁此机会前往中书省商议国家大事；其他日子允许他回到樊川府第。

门下侍郎、同平章事杜黄裳，懂得经世济民的要略，但对生活小事不加检点，所以没有能长期居于相位。乙巳日（十七日），宪宗任命杜黄裳为同平章事，充任河中、晋、绛、慈、隰节度使。己酉日（二十一日），宪宗任命户部侍郎武元衡为门下侍郎，任命翰林学士李吉甫为中书侍郎，二人同为同平章事。李吉甫听到这个消息感动得流下眼泪，对中书舍人裴垍说："我漂泊江、淮，穷困失意，超过十五年，现在一下子蒙受朝廷的恩遇达到如此程度。我考虑报答皇上恩德的办法，只有推荐贤明的人，而我很少接触并结交朝中后来入仕的人，你鉴别人才有独到的眼光，希望您毫不保留地告诉我您所有的意见。"于是，裴垍拿起笔来开列三十多人；几个月内，李吉甫几乎将这些人都选拔起用。当时朝中官员纷纷称道李吉甫善于用人。

资治通鉴

【乾隆御批】荐贤为国，亦当有迪知、忱恂之实，舍人笔疏三十余人，岂必悉真干材？吉甫于数月开选用略尽，得人之道固如是乎？山公启事每为后来虚声假记。观此益信。

【译文】为国举荐贤才，也应当蹈行圣明之道，具备诚信恂实之品，中书舍人裴垍随手写下三十多个人，难道真的都是具备真才实干之人吗？李吉甫仅用数月就把这些人全都提拔任用了，用人之道原来就是这样吗？山公启事多为后来的虚声假托，看到这里我更加相信了。

二月，癸酉，邕州奏破黄贼，获其酋长黄承庆。

夏，四月，甲子，以右金吾大将军范希朝为朔方、灵、盐节度使，以右神策、盐州、定远兵隶焉，以革旧弊，任边将也。

秋、八月，刘济、王士真、张茂昭争私隙，迭相表请加罪。戊寅，以给事中房式为幽州、成德、义武宣慰使，和解之。

【译文】二月，癸酉日（十五日），邕州奏报打败黄氏乱民，抓获他们的酋长黄承庆。

夏季，四月，甲子日（初七日），宪宗任命右金吾大将军范希朝为朔方、灵州、盐州节度使，把右神策、盐州、定远的军队分属于他，为的是以此革除之前的弊病，由朝廷直接任命驻守边塞的将领。

秋季，八月，刘济、王士真、张茂昭因为私人恩怨发生争执，他们交替上表请求朝廷加罪给对方。戊寅日（二十一日），宪宗任命给事中房式为幽州、成德、义武宣慰使，来调解他们之间的怨恨。

九月，乙酉，密王绸薨。

夏、蜀既平，藩镇惕息，多求入朝。镇海节度使李锜亦不自安，求入朝，上许之。遣中使至京口慰抚，且劳其将士。锜虽署判官王澹为留后，实无行意，屡迁行期，澹与敕使数劝谕之。锜不悦，上表称疾，请至岁暮入朝。上以问宰相，武元衡曰："陛下初即政，锜求朝得朝，求止得止，可否在锜，将何以令四海！"上以为然，下诏征之。锜诈穷，遂谋反。

王澹既掌留务，于军府颇有制置，锜益不平，密谕亲兵使杀之。会颁冬服，锜严兵坐幄中，澹与敕使入谒，有军士数百噪于庭曰："王澹何人，擅主军务！"曳下，脔食之；大将赵琦出慰止，又脔食之；注刃于敕使之颈，诟詈，将杀之。锜阳惊，起救之。

【译文】九月，乙酉日（初一日），密王李绸去世。

这年夏州杨惠琳、蜀中刘辟被平定，藩镇特别恐惧，他们大多数请求入京朝见天子。镇海节度使李锜也感到不安，请求入朝朝见天子；宪宗答应他的请求，派遣中使到京口去安抚他，慰劳他手下的将士。李锜虽然任命判官王澹暂时代理留后职务，但没有要走的打算，好几次拖延启程的日期。王澹和宪宗派来的敕使屡次劝告他，李锜很不高兴，向宪宗上表说身染疾病，请求延缓到年底再入朝。宪宗就这件事询问宰相的意见，武元衡说："陛下刚刚执掌朝政大权，李锜要求入朝就准他入朝，要求停止入朝就准许他停止入朝，这都由李锜决定的话，将来怎么能够对全国发号施令呢？"宪宗认为武元衡说得很对，于是，便颁发诏书征召李锜前来。李锜再也想不出花样，于是就打算谋反。

王澹掌管留后的事务后，对军府的建制有很大改革，李锜更加愤愤不平，于是，他秘密吩咐亲兵去暗杀王澹。适逢此时分发冬季服装，李锜坐在帷幕中，四周戒备森严，当王澹与宪宗敕使进帐谒见时，数百军吏士卒在庭中大声喊叫说："王澹是什么人，敢擅自主管军务？"接着，将士们把王澹拖下去，切成一块一块吃了；大将赵琦出来劝慰阻止他们，军士又把他割碎吃掉；然后将士们把刀架到敕使的脖颈上，怒骂他，准备杀掉他；此时，李锜假装大吃一惊，出来救下敕使。

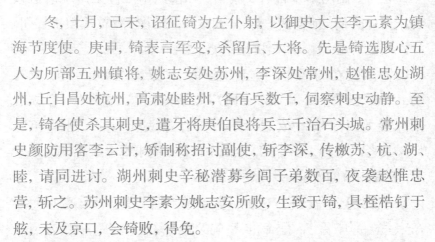

冬，十月，己未，诏征锜为左仆射，以御史大夫李元素为镇海节度使。庚申，锜表言军变，杀留后、大将。先是锜选腹心五人为所部五州镇将，姚志安处苏州，李深处常州，赵惟忠处湖州，丘自昌处杭州，高肃处睦州，各有兵数千，伺察刺史动静。至是，锜各使杀其刺史，遣牙将庚伯良将兵三千治石头城。常州刺史颜防用客李云计，矫制称招讨副使，斩李深，传檄苏、杭、湖、睦，请同进讨。湖州刺史辛秘潜募乡闾子弟数百，夜袭赵惟忠营，斩之。苏州刺史李素为姚志安所败，生致于锜，具桎梏钉于舷，未及京口，会锜败，得免。

【译文】冬季，十月，己未日（初五日），宪宗颁下诏书征召李锜为左仆射，任命御史大夫李元素为镇海节度使。庚申日（初六日），李锜向宪宗上表说军队发生变乱，杀死留后与大将。在此之前，李锜选拔五个心腹之人做所统治的五个州的镇将，姚志安驻扎在苏州，李深驻扎在常州，赵惟忠驻扎在湖州，丘自昌驻扎在杭州，高肃驻扎在睦州，各自率领几千兵马，侦察刺史的举动。到这时，李锜让他们分别杀掉本州刺史，又派遣牙将庚伯良率领三千军队修治石头城。常州刺史颜防采用幕客李云的计策，假托德宗诏书自称招讨副使，斩杀李深，并把檄文传送到苏、杭、湖、睦各州，请各州共同进军，前去讨伐李锜。湖州刺史辛秘暗地里招募几百乡里子弟，在晚上前去偷袭赵惟忠的军营，并把他杀死。苏州刺史李素被姚志安打败，姚志安将他活捉并交送到李锜面前，李锜命人给李素戴上脚镣手铐，再将脚镣手铐钉在船舷，船还没有到达京口，恰逢李锜打了败仗，李素才得以幸免。

乙丑，制削李锜官爵及属籍。以淮南节度使王锷统诸道兵为招讨处置使，征宣武、义宁、武昌兵并淮南、宣歙兵俱出宣州，江西兵出信州，浙东兵出杭州，以讨之。

高崇文在蜀期年，一旦谓监军曰："崇文，河朔一卒，幸有功，致位至此。西川乃宰相回翔之地，崇文叨居日久，岂敢自安！"屡上表称"蜀中安逸，无所陈力，愿效死边陲。"上择可以代崇文者而难其人。丁卯，以门下侍郎、同平章事武元衡同平章事，充西川节度使。

【译文】乙丑日（十一日），宪宗颁下诏书削去李锜的官爵并在宗室名册中除名。任命淮南节度使王锷统领各道军队为招讨处置使；征调宣武、义宁、武昌的军队，连同淮南、宣歙兵马一起由宣州进军，江西兵马由信州进军，浙东兵马由杭州进军，一起讨伐李锜。

高崇文在蜀中任职满一年，有一天对监军说："我高崇文，本是河朔地带的一名小卒，幸运的是作战有功，才达到今天这个职位。西川是宰相回翔出入的地方，我含愧居于此地已经很长时间了，怎敢心安理得地再待下去呢？"之后，高崇文屡次向宪宗上表说："蜀中非常安适闲逸，没有可以施展能力的地方，希望皇上能让我到边境上，拼死效命。"于是，宪宗开始选择可以代替高崇文的人，但难以找到合适的人选。丁卯日（十三日），宪宗任命门下侍郎、同平章事武元衡为同平章事，充任西川节度使。

李锜以宣州富饶，欲先取之，遣兵马使张子良、李奉仙、田少卿将兵三千袭之。三人知锜必败，与牙将裴行立同谋讨之。行立，锜之甥也，故悉知锜之密谋。三将营于城外，将发，召士卒谕之曰："仆射反逆，官军四集，常、湖二将继死，其势已蹙。今乃欲使吾辈远取宣城，吾辈何为随之族灭！岂若去逆效顺，转祸为福乎！"众悦，许诺，即夜，还趋城。行立举火鼓噪，应之于内，引兵趋牙门。锜闻子良等举兵，怒，闻行立应之，抚膺曰："吾何望矣！"跣走，匿楼下。亲将李钧引挽强三百趋山亭，欲战，行立伏兵邀斩之。锜举家皆哭，左右执锜，裹之以幕，缒于城下，械送京师。挽强、蕃落争自杀，尸相枕藉。癸酉，本军以闻。乙亥，群臣贺于紫宸殿。上愀然曰："朕之不德，致宇内数有干纪者，朕之愧也，何贺之为！"

【译文】李锜认为宣州富饶，想要首先夺取此地，派遣兵马使张子良、李奉仙、田少卿率领三千军队前去偷袭宣州。三人知道李锜必定会失败，便和牙将裴行立一起计划着讨伐他。裴行立是李锜的外甥，完全了解李锜的机密策谋。三个将领在镇海军城外扎营，即将出发时，召集手下士兵告诉他们说："李仆射谋反叛逆，官军已从四边围过来，常州、湖州的李深与赵惟忠二位将领相继死去，李仆射的处境窘迫。现在他竟然想派遣我们这些人前去攻占遥远的宣城，我们为什么要跟着他而使自己整个家族遭受诛灭呢？哪里赶得上离开叛逆效命朝廷，将祸殃转变为福缘好呢？"众将士都很高兴，答应效命朝廷；就在那天晚上，三位将领回军直奔镇海军城。裴行立点起火把，擂鼓呐喊，在城里响应，领兵真奔军府牙门。李锜听闻张子良等人举兵背叛，非常愤怒，听说裴行立做内应，捶着自己胸口说："我还有什么希望呢？"然后，他光脚逃跑，躲藏在一座楼下。李锜的亲信将领李钧率领三百名挽强（能挽强弓的士兵）跑到山亭，想要打仗；裴行立埋伏的兵马截击并斩杀他。李锜全家都哭了，李锜的随从们捉住李锜，用帷幕裹着，用绳索将他绲到城下，给他套上刑具，送往京城。李锜的挽强亲兵和由胡人、奚人等组成的番兵纷纷自杀，尸体交错横陈。癸酉日（十九日），浙西军将这事奏明宪宗。乙亥日（二十一日），群臣在紫宸殿向宪宗道贺。宪宗愁容满面地说："由于朕不施恩德，使得国内屡次有触犯法纪的人，我感到很惭愧，有什么值得祝贺的呢？"

宰相议诛锜大功以上亲，兵部郎中蒋乂曰：锜大功亲，皆淮安靖王之后也。淮安有佐命之功，陪陵、享庙，岂可以末孙为恶而累之乎！"又欲诛其兄弟，乂曰："锜兄弟，故都统国贞之子也，国贞死王事，岂可使之不祀乎！"宰相以为然。辛巳，锜从父弟宋州刺史铦等皆贬官流放。

十一月，甲申朔，锜至长安，上御兴安门，面诘之。对曰："臣初不反，张子良等教臣耳。"上曰："卿为元帅，子良等谋反，何不斩之，然后入朝！"锜无以对。乃并其子师回腰斩之。

【译文】宰相商议要杀掉李锜叔伯兄弟姐妹这些服大功的亲属，兵部郎中蒋乂说："李锜叔伯兄弟姐妹这些服大功的亲属，都是淮安靖王的后代。淮安靖王有辅佐高祖、太宗创建国家的功勋，陪葬献陵、配享高祖庙廷，难道能够因为末代子孙作恶，便受到连累吗？"宰相们又打算杀李锜的兄弟，蒋乂说："李锜的兄弟，都是已故都统李国贞的儿子，李国贞为王事而死，难道能够让他失去后代的祭祀吗？"宰相们认为他说得很对。辛巳日（二十七日），李锜的同祖堂弟宋州刺史李铦等人都被贬官流放。

十一月，甲申朔日（初一日），李锜被押送到长安，宪宗亲临兴安门当面责问他。李锜回答："臣最初没有想要谋反，是张子良等人教我谋反的。"宪宗说："你是元帅，既然张子良等人策划造反，你为什么不杀了他们，然后再入京朝见天子？"李锜没有话回答。于是宪宗将他连同他的儿子李师回一并腰斩处死。

有司请毁锜祖考冢庙，中丞卢坦上言："李锜父子受诛，罪已塞矣。昔汉诛霍禹，不罪霍光；先朝诛房遗爱不及房玄龄。《康诰》曰：'父子兄弟，罪不相及。'以锜为不善而罪及五代祖乎？"乃不毁。

有司籍锜家财输京师。翰林学士裴垍、李绛上言，以为："李锜僭侈，割剥六州之人以富其家，或枉杀其身而取其财。陛下闵百姓无告，故讨而诛之，今辇金帛以输上京，恐远近失望。愿以逆人资财赐浙西百姓，代今年租赋。"上嘉叹久之，即从其言。

昭义节度使卢从史，内与王士真、刘济潜通，而外献策请图山东，擅引兵东出。上召令还上党，从史托言就食邢洺，不时奉诏。久之，乃还。

【译文】有关部门请求拆毁李锜祖先的坟墓和祠庙，中丞卢坦劝谏说："李锜父子被杀，已经抵罪。过去汉宣帝刘询诛杀霍禹，并没有加罪给霍光；本朝前代诛杀房遗爱，并没有牵连到他的父亲房玄龄。《康诰》说：'在父子兄弟之间，无论谁触犯刑罚，都不能互相牵连。'何况因为李锜犯上作恶而把罪责加到他的五代的祖先头上呢？"于是这个请求被作罢。

有关部门没收李锜的家财，打算运到京师。翰林学士裴埧、李绛劝谏宪宗，认为："李锜奢侈过度，残酷掠夺润、睦、常、苏、湖、杭六州百姓来使自己富足，或者滥杀无罪之人夺取他们的财物。陛下怜悯百姓的痛苦无处申诉，所以才派遣军队前去讨伐并诛杀李锜，现在要将没收的金银丝帛装载成车，运到长安，恐怕会使各地的人们深感失望。希望皇上把叛逆者的物资钱财颁赐给浙西百姓，用来代替今年的赋税。"宪宗嘉许赞叹了好一会儿，随即依从他们的建议。

昭义节度使卢从史，在内和王士真、刘济暗地勾结，而在外却向朝廷进献计策，请求谋取太行山以东的魏博、恒冀，擅自引兵向东出发。宪宗命令他返回昭义，卢从史借口要借邢、洺的粮食供给士兵食物，不肯按时奉行诏书的指令；过了很久，才返回昭义。

他日，上召李绛对于浴堂，语之曰："事有极异者，朕比不欲言之。朕与郑絪议敕从史归上党，续征入朝。絪乃泄之于从史，使称上党乏粮，就食山东。为人臣负朕乃尔，将何以处之？"对曰："审如此，灭族有馀矣！然絪、从史必不自言，陛下谁从得之？"上曰："吉甫密奏。"绛曰："臣窃闻搢绅之论，称絪为佳士，恐必不然。或者同列欲专朝政，疾宠忌前，愿陛下更熟察之，勿使人谓陛下信谗也！"上良久曰："诚然，絪必不至此。非卿言，朕几误处分。"

【译文】有一天，宪宗在浴堂殿召见李绛问话，宪宗对李绛说："有件极为异常的事情，朕完全不想讲它。我和郑絪商议命令卢从史返回上党，接着便征召他入京朝见。郑絪竟然把这件事泄露给卢从史，让他声称上党缺乏粮食，要到粮食多的山东去取得粮食给养。为人臣子的竟然这样对不起朕，朕该怎么处治他呢？"李绛回答说："假如确实是这样，杀了他的家族还不足抵罪！然而郑絪、卢从史必定不会自己说出这件事，那么陛下是从哪里听到的？"宪宗说："这都是李吉甫秘密奏报的。"李绛说："我私下里听到士大夫的评论，都称赞郑絪是品行端正的人，事情恐怕不是这样！或许和他同列的人想专擅朝政，嫉妒郑絪得到宠信，位居自己前面吧。希望陛下仔细查清楚，不要让人说陛下听信谗言啊。"宪宗听了这些话，过了好久才说："的确是这样，郑絪一定不会做这种事。要不是你这一番话，朕几乎要做出错误的决定。"

上又尝从容问绛曰："谏官多谤讪朝政，皆无事实，朕欲谪其尤者一二人以儆其馀，何如？"对曰："此殆非陛下之意，必有邪臣欲壅蔽陛下之聪明者。人臣死生，系人主喜怒，敢发口谏者有几！就有谏者皆昼度夜思，朝删暮减，比得上达，什无二三。故人主孜孜求谏，犹惧不至，况罪之乎！如此，杜天下之口，非社稷之福也。"上善其言而止。

群臣请上尊号曰睿圣文武皇帝，丙申，许之。

盩厔尉、集贤校理白居易作乐府及诗百馀篇，规讽时事，流闻禁中。上见而悦之，召入翰林为学士。

【译文】宪宗又曾经很从容地问李绛说："谏官大多数毁谤朝廷政务，完全没有事实根据，朕想要降一两个毁谤得过分的人的官职来警诫其余的谏官，你觉得怎么样？"李绛回答说："这大概不是陛下您的本意，必定有奸邪的臣子要堵塞遮蔽陛下的英明。臣下的死与生，都是与主上的喜与怒相关联，敢开口劝谏的有几个人呢？即使有敢谏的，也都经过日日夜夜思考，朝朝暮暮删减，等送到陛下面前，剩下还不到十分之二三。所以人主努力不息地要求谏官劝谏，还害怕没有人劝谏，何况要加罪他们呢？这样一来，就会让天下的人闭口不言，这可不是国家之福啊！"宪宗认为他说得很对，就没有再加罪谏官。

群臣请求给宪宗加上"睿圣文武皇帝"的尊号；丙申日（十三日），宪宗准许这一建议。

县尉、集贤校理白居易写作乐府与诗歌一百多篇，对时事加以规谏，这些诗歌流传到宫中。宪宗看后，很高兴，便传召白居易进入翰林院，做翰林学士。

十二月，丙辰，上谓宰相曰："太宗以神圣之资，群臣进谏者犹往复数四，况朕寡昧，自今事有违，卿当十论，无但一二而已。

丙寅，以高崇文同平章事，充邠宁节度、京西诸军都统。

山南东道节度使于頔惮上英威，为子季友求尚主。上以皇女普宁公主妻之。翰林学士李绛谏曰："頔，虏族，季友，庶孽，不足以辱帝女，宜更择高门美才。"上曰："此非卿所知。"己卯，公主适季友，恩礼甚盛。頔出望外，大喜。顷之，上使人讽之入朝谢恩，頔遂奉诏。

是岁，李吉甫撰《元和国计簿》上之，总计天下方镇四十八，州府二百九十五，县千四百五十三。其凤翔、鄜坊、邠宁、振武、泾原、银夏、灵盐、河东、易定、魏博、镇冀、范阳、沧景、淮西、淄青等十五道七十一州不申户口外，每岁赋税倚办止于浙江东、西、宣歙、淮南、江西、鄂岳、福建、湖南八道四十九州，一百四十四万户，比天宝税户四分减三。天下兵仰给县官者八十三万馀人，比天宝三分增一，大率二户资一兵。其水旱所伤，非时调发，不在此数。

【译文】十二月，丙辰日（初三日），宪宗对宰相说："太宗凭借着那样圣明的资质，进谏的群臣还反复再四劝谏，何况朕这愚昧寡闻的人呢？从现在起，朕有做得不对的事情，你应当十次劝谏，而不是仅仅论说一两次就算了。"

丙寅日（十三日），宪宗任命高崇文为同平章事，代理邠宁节度、京西诸军都统。

山南东道节度使于頔畏惧宪宗的英明威严，为儿子于季友请求娶公主为妻；宪宗于是把女儿普宁公主嫁给他。翰林学士李绛劝谏说："于頔是胡人；于季友是他的庶子，配不上帝室的女儿，应当另外选择出于名门、才华秀美的人来配给公主。"宪宗说："这事不是你所了解的。"己卯日（二十六日），普宁公主下嫁给于季友，宪宗对于家的恩遇礼仪很隆重，这在于頔的意料之外，于頔非常高兴。不久，宪宗让人婉言规劝他入朝谢恩，于頔就接受诏命入朝。

这一年，李吉甫写好《元和国计簿》，进献给朝廷。据该书记载，天下总计有四十八个方镇，二百九十五个州府，一千四百五十三个县。其中凤翔、鄜坊、邠宁、振武、泾原、银夏、灵盐、河东、易定、魏博、镇冀、范阳、沧景、淮西、淄青十五道七十一州不向朝廷申报户口，每年的赋税征收只在浙江东西、宣歙、淮南、江西、鄂岳、福建、湖南八道四十九州，在编人口共一百四十四万户，比天宝年间纳税人户减少四分之三。全国依赖国库供给的军队有八十三万多，比天宝时期增加三分之一，大抵两户人家供养一个士兵。若有旱涝灾害损坏收成，或者有临时的征发调用，还不能包括在这个数目以内。

元和三年（戊子，公元八零八年）春，正月，癸巳，群臣上尊号曰睿圣文武皇帝；赦天下。"自今长吏诣阙，无得进奉。"知枢密刘光琦奏分遣中使赍赦诣诸道，意欲分其馈遗，翰林学士裴垍、李绛奏"敕使所至烦扰，不若但附急递。"上从之。光琦称旧例，上曰："例是则从之，苟为非是，奈何不改！"

临泾镇将郝泚以临泾地险要，水草美，吐蕃将入寇，必屯其地，言于泾原节度使段祐，奏而城之，自是泾原获安。

二月，戊寅，咸安大长公主薨于回鹘。三月，回鹘腾里可汗卒。

癸巳，郇王总薨。

辛亥，御史中丞卢坦奏弹前山南西道节度使柳晟，前浙东观察使阎济美违敕进奉。上召坦褒慰之，曰："朕已释其罪，不可失信。"坦曰："赦令宣布海内，陛下之大信也。晟等不畏陛下法，奈何存小信弃大信乎！"上乃命归所进于有司。

【译文】元和三年（戊子，公元808年）春季，正月，癸巳日（十一日），群臣给宪宗加上"睿圣文武皇帝"的尊号；宪宗大赦天下，并宣布："从今以后，各地长官前往朝廷，不得进献贡物。"掌管枢密的刘光琦向宪宗上奏，请求分别派遣使者携带赦书到各道，他的意思是想要占有各地赠送的财物。翰林学士裴垍、李绛向宪宗上奏说："皇帝派遣的使者到哪里，就给哪里带来烦扰，不如只将赦书交付驿站火速传递。"宪宗听从他们的建议。刘光琦举出之前惯例反对这个决定，宪宗说："如果惯例是正确的，自然要依从惯例，如果惯例本来就不对，为什么不改变呢？"

临泾的守将郝泚认为临泾地势险要，水草肥美，如果吐蕃打算前来侵犯，一定会驻扎在这里，于是向泾原节度使段祐进言，请求他上奏朝廷准许在这里筑城，经奏请后修筑临泾城。

从此泾原才获得平安。

二月，戊寅日（二十六日），咸安大长公主在回鹘去世；三月，回鹘腾里可汗去世。

癸巳日（十一日），郇王李总去世。

辛亥日（二十九日），御史中丞卢坦上奏弹劾前任山南西道节度使柳晟、前任浙东观察使阎济美违背赦令进献贡物。宪宗召见卢坦并且褒奖慰勉他说："朕已经赦免他们的罪，朕不能失信于人啊。"卢坦说："赦令是向海内宣布的，这是陛下的大信用。柳晟等人不怕冒犯陛下的法令，陛下怎么能够只顾小信用，反而丢弃大信用呢？"宪宗于是命令把所进奉的贡物交给有关部门处理。

夏，四月，上策试贤良方正直言极谏举人，伊阙尉牛僧孺、陆浑尉皇甫湜、前进士李宗闵皆指陈时政之失，无所避；户部侍郎杨於陵、吏部员外郎韦贯之为考策官，贯之署为上第。上亦嘉之。乙丑，诏中书优与处分。李吉甫恶其言直，泣诉于上，且言"翰林学士裴垍、王涯覆策。湜，涯之甥也，涯不先言；垍无所异同。"上不得已，罢垍、涯学士，垍为户部侍郎，涯为都官员外郎，贯之为果州刺史。后数日，费之再贬巴州刺史，涯贬虢州司马。乙亥，以杨於陵为岭南节度使，亦坐考策无异同也。僧孺等久之不调，各从辟于藩府。僧孺，弘之七世孙；宗闵，元懿之玄孙；贯之，福嗣之六世孙；湜，睦州新安人也。

【译文】夏季，四月，宪宗对有关部门推举的贤良方正、直言极谏科的考生进行策试，伊阙尉牛僧孺、陆浑尉皇甫湜、前进士（已考中进士者）李宗闵都指明并陈述当时政务的过失，没有一点避讳；吏部侍郎杨於陵、吏部员外郎韦贯之担任主考策对的官员，韦贯之将牛僧孺等人纳入成绩优秀的上第中。宪宗也对牛僧孺等人进行嘉许，下诏给中书省命令对他们从优安排。李吉甫厌恶牛僧孺等人说话太直切，向宪宗哭诉，并且说："策对考试是由翰林学士裴垍和王涯复核审定的，皇甫湜是王涯的外甥，王涯不事先说明，裴垍对此也没有提出不同的意见。"宪宗迫不得已，罢免裴垍、王涯翰林学士的官职，贬裴垍为户部侍郎，贬王涯为都官员外郎，贬韦贯之为果州刺史。几天后，韦贯之又被贬为巴州刺史，王涯被贬为虢州司马。乙亥日（二十三日），宪宗任命杨於陵为岭南节度使，他也是由于主考策对时没有提出异议而受到处罚。牛僧孺等人很久都没有迁调，分别被藩镇征用为幕府的僚属。牛僧孺是牛弘的七世孙；李宗闵是李元懿的玄孙；韦贯之是韦福嗣的六世孙；皇甫湜是睦州新安人。

丁丑，罢五月朔宣政殿朝贺。

以荆南节度使裴均为右仆射。均素附宦官得贵显，为仆射，自矜大。尝入朝，逾位而立；中丞卢坦揖而退之，均不从。坦曰："昔姚南仲为仆射，位在此。"均曰："南仲何人？"坦曰："是守正不交权幸者。"坦寻改右庶子。

【译文】丁五日（二十五日），宪宗撤销五月朔日（初一日）在宣政殿举行的朝贺。

宪宗任命荆南节度使裴均为右仆射。裴均平素依附宦官才能富贵显达，他做仆射后，越来越骄矜自大。有一次上朝，裴均在超越自己职位的地方站下来；中丞卢坦向他拱手行礼，请他退下去，裴均不肯答应。卢坦说："从前，姚南仲担任仆射时，站的位置就在这里。"裴均说："姚南仲是什么人？"卢坦说："他是信守正道，不肯交结权贵宠臣的人。"不久之后，卢坦就被改任为右庶子。

五月，翰林学士、左拾遗白居易上疏，以为："牛僧孺等直言时事，恩奖登科，而更遭斥逐，并出为关外官。杨於陵等以考策敢收直言，裴垍等以覆策不退直言，皆坐遣谪。卢坦以数举职事黜庶子。此数人皆今之人望，天下视其进退以卜时之否藏者也。一旦无罪悉疏弃之，上下杜口，众心悄悄，陛下亦知之乎？且陛下既下诏征之直言，索之极谏，僧孺等所对如此，纵未能推而行之，又何忍罪而斥之乎！昔德宗初即位，亦征直言极谏之士，策问天旱，穆质对云：'两汉故事，三公当免，卜式著议，弘羊可烹。'德宗深嘉之，自畿尉擢为左补阙。今僧孺等所言未过于穆质，而遽斥之，臣恐非嗣祖宗之道也！"质，宁之子也。

【译文】五月，翰林学士、左拾遗白居易向宪宗呈上奏疏，认为："牛僧孺等人毫无隐讳地批评时政，蒙受恩奖而登上科第，可是又遭受驱逐，一并被贬谪为幕府的僚属。杨於陵等人因主持考试敢于收录直率而言的人，裴垍等人因复试不屏退直言的人，都获罪贬官。卢坦因屡次纠劾任职官员，被降为右庶子。这几个人都是当今众望所归的人物，天下的人们就是根据他们的升降情况来衡量时势的好坏。朝廷忽然在他们无罪的情况下，疏远他们，抛弃他们，就会堵塞上下的嘴，弄得人心恐惧不安。陛下也明白这种情形吗？而且陛下既然下诏书征求他们直言极谏，牛僧孺等人才会做出这样的策对，即使陛下不能够将他们的策对推广实施，又怎么忍心处以罪罚，将他们驱逐出去呢？从前德宗即位初期，也征求直言极谏的人，当时策对考试问到干旱问题，穆质回答说：'按照两汉的旧制，三公应当被罢免；根据卜式的著名议论，应当将桑弘羊这一类人烹煮而死。'德宗深深地赞许他的这一建议，把穆质由京郊的县尉提升为左补阙。现在牛僧孺等所说的话不及穆质所说的言辞激烈放肆，而陛下您立刻驱逐他们，我担心这不是继承祖宗大业的做法啊！"穆质是穆宁的儿子。

丙午，册回鹘新可汗为爱登里啰汨密施合毗伽保义可汗。

西原蛮酋长黄少卿请降。六月，癸亥，以为归顺州刺史。

沙陀劲勇冠诸胡，吐蕃置之甘州，每战，以为前锋。回鹘攻吐蕃，取凉州。吐蕃疑沙陀贰于回鹘，欲迁之河外。沙陀惧，酋长朱邪尽忠与其子执宜谋复自归于唐，遂帅部落三万，循乌德犍山而东。行三日，吐蕃追兵大至，自洮水转战至石门，凡数百合。尽忠死，士众死者大半。执宜帅其馀众犹近万人，骑三千，诣灵州降。灵盐节度使范希朝闻之，自帅众迎于塞上，置之盐州，为市牛羊，广其畜牧，善抚之。诏置阴山府，以执宜为兵马使。未几，尽忠弟葛勒阿波又帅众七百诣希朝降，诏以为阴山府都督。自是，灵盐每有征讨，用之所向皆捷，灵盐军益强。

【译文】丙午日（二十五日），宪宗册封回鹘新可汗为爱登里啰汨密施合毗伽保义可汗。

西原蛮酋长黄少卿请求投降。六月，癸亥日（十二日），宪宗任命黄少卿为归顺州刺史。

沙陀在胡人中最为精壮骁勇，吐蕃将沙陀安置在甘州，作战时，便让沙陀人担当前锋。回鹘攻打吐蕃，占据凉州，吐蕃怀疑沙陀有二心，同时听从回鹘的指使，想把他们迁到黄河以外。沙陀人害怕了，酋长朱邪尽忠与他的儿子朱邪执宜商量再次主动归附唐朝，于是他们率领部落三万人，沿着乌德山向东走。沙陀部落行走了三天，吐蕃的大批追兵赶到，于是沙陀与吐蕃由洮水辗转打到石门，总共交战几百次。朱邪尽忠战死，部下也死伤大半。朱邪执宜率领剩下的将近一万人以及骑兵三千人，到灵州投降唐朝。灵盐节度使范希朝听见这个消息后，亲自率领部众在边塞迎接沙陀部众，把他们安置在盐州，为他们购买许多牛羊，扩大他们的畜牧范围，好好地安抚他们。这时，宪宗颁下诏书命令设置阴山府，任命朱邪执宜为兵马使。过了不久，朱邪尽忠的弟弟朱邪葛勒阿波又率领部众七百人前往范希朝处归降；宪宗下诏任命他做阴山府的都督。从此，每当灵盐有战事，朝廷都派沙陀兵马参战，灵盐的军队越发强盛。

秋，七月，辛巳朔，日有食之。

以右庶子卢坦为宣歙观察使。苏强之诛也，兄弘在晋州幕府，自免归，人莫敢辟。坦奏："弘有才行，不可以其弟故废之，请辟为判官。"上曰："向使苏强不死，果有才行，犹可用也，况其兄乎！"坦到官，值旱饥，谷价日增，或请抑其价。坦曰："宣、歙土狭谷少，所仰四方之来者。若价贱，则商船不复来，益困矣。"既而米斗二百，商旅辐凑，民赖以生。

【译文】秋季，七月，辛巳朔日（初一日），天空出现日食。

宪宗任命右庶子卢坦为宣歙观察使。当苏强被杀的时候，他的哥哥苏弘正在晋州幕府任职，他请求免职回家，人们都不敢征召任用他。卢坦向宪宗上奏说："苏弘有才学，品行好，不能够因为他弟弟而遭受罢免，请征召他，让他担任判官。"宪宗说："假使苏强不死，他果真有才学品德，尚且还会任用他，何况对于苏强的哥哥呢？"卢坦上任时，正好遇到旱灾闹饥荒，谷价一天天上涨，有人请求压低谷物价格。卢坦说："宣、歙两州耕地面积狭小，谷物产量少，所仰仗的是四方运来的粮食；如果压低谷物价格，那么商船无利可图就不会再运粮来，宣、歙地区的百姓生活就越发困难。"不久，当地一斗米价值二百钱，商旅纷纷从四面八方运粮，百姓得以为生。

九月，庚寅，以于頔为司空，同平章事如故；加右仆射裴均同平章事，为山南东道节度使。

淮南节度使王锷入朝。锷家巨富，厚进奉及赂宦官，求平章事。翰林学士白居易上言以为："宰相人臣极位，非清望大功不应授。昨除裴均，外议已纷然，今又除锷，则如锷之辈皆生冀望。若尽与之，则典章大怀，又不感恩；不与，则厚薄有殊，或生怨望。幸门一启，无可如何。且锷在镇五年，百计诛求，货财既足，自入进奉。若除宰相，四方藩镇皆谓锷以进奉得之，竞为割剥，则百姓何以堪之！"事遂寝。

壬辰，加宣武节度使韩弘同平章事。

丙申，以户部侍郎裴垍为中书侍郎、同平章事。上虽以李吉甫故罢垍学士，然宠信弥厚，故未几复擢为相。

【译文】九月，庚寅日（十一日），宪宗任命于頔为司空，仍然如前为同平章事；又加封右仆射裴均为同平章事，担任山南东道节度使。

淮南节度使王锷入京朝见天子。王锷家里非常富有，他以大量资财进献贡物和贿赂宦官，谋求平章事的官职。翰林学士白居易认为："宰相是臣子中最高的官位，如果不是清高有声望有大功的大臣不应该授予此官。过去任命裴均为宰相，外界已经议论纷纷，如果今天陛下又任命王锷的话，那么像王锷这一类的人都会生出要当宰相的希望。如果完全满足他们的愿望，那么朝廷的典章制度就会遭到严重破坏，而他们又不会感谢皇上的恩典；如果不满足他们的愿望，便是陛下有厚薄之分，有人就会生产怨恨。侥幸的门一开，就拿他们没办法了。再说王锷在淮南五年，用尽各种方法搜刮民财，物资钱财充足后，便亲自入朝进献贡物给陛下，以便谋求官位。如果任命他做宰相，各地藩镇都会说王锷是由于进献贡物而得到宰相职务的，便争相剥削百姓，百姓怎么受得了？"于是这件事就被搁置。

壬辰日（十三日），宪宗加封宣武节度使韩弘为同平章事。

丙申日（十七日），宪宗任命户部侍郎裴垍为中书侍郎、同平章事。宪宗虽然因为李吉甫罢免裴垍翰林学士的职位，然而对他的宠爱信任却更为深厚，所以过了不久又提拔他为宰相。

初，德宗不任宰相，天下细务皆自决之，由是裴延龄辈得用事。上在藩邸，心固非之，及即位，选擢宰相，推心委之，尝谓垍等曰："以太宗、玄宗之明，犹藉辅佐以成其理，况如朕不及先圣万倍者乎！"垍亦竭诚辅佐。上尝问垍："为理之要何先？"对曰："先正其心。"旧制，民输税有三：一曰上供，二曰送使，三曰留州。建中初定两税，货重钱轻。是后货轻钱重，民所出已倍其初。其留州、送使者，所在又降省估就实估，以重敛于民。及垍为相，奏："天下留州、送使物，请一切用省估。其观察使，先税所理之州以自给，不足，然后许税于所属之州。"由是江、淮之民稍苏息。先是，执政多恶谏官言时政得失，垍独赏之。垍器局峻整，人不敢干以私。尝有故人自远诣之，垍资给优厚，从容款狎。其人乘间求京兆判司，垍曰："公才不称此官，不敢以故人之私伤朝廷至公。它日有盲宰相怜公者，不妨得之，垍则必不可。"

【译文】起初，德宗不信任宰相，天下的细小事务全部亲自裁决，因此裴延龄这类人才能当权。宪宗还在藩王府邸时，心中本来就认为这样做不对；等到宪宗即位，对选择提拔的宰相，总是推心置腹地信任他们。宪宗曾对裴垍等人说："凭着太宗、玄宗的英明，还须依靠宰相的辅佐，来完成对国家的治理，何况像朕这样赶不上先圣万分之一的人呢？"裴垍也竭尽诚心地辅佐。宪宗曾经询问裴垍："治理天下的要事中哪一样应该先做？"裴垍回答说："首先应当端正人心。"依照惯例，百姓缴纳赋税分作三种：一是进献朝廷的赋税；二是缴纳给节度观察使的赋税；三是留在本州使用的赋税。德宗建中初年规定两税法，致使商品价格提高而钱币价格跌落；后来商品价格跌落而钱币价格提高，人民缴纳的钱已比起初多出一倍，那些留在本州的与送交给节度观察使的赋税，各地又降低都省规定的物价而按照实际的物价征收，从而加重对百姓的征敛。等到裴垍被任命为宰相，他向宪宗上奏说："天下留在本州的与送交给节度观察使的赋税，请完全采用都省所定的价格；各地的观察使，先收所治理的州县赋税以供给用度，如果达不到应该征收的税额，再允许他们在所隶属的州中征税。"从此江、淮的人民才能休养生息。先前，执政的官员都讨厌谏官议论时政的成功与失败，只有裴垍欣赏谏官的做法。裴垍的才具气度严正而庄重，人们不敢拿自己的私事来请求他。曾有一位老朋友从远方求拜见他，裴垍送给这位朋友许多财物，纵情而无拘束地接待他。那人乘机请求裴垍让自己担任京兆判司的官职，裴垍说："你不适合做这个官职，我不敢因为朋友的私情而损害朝廷至上的公法。以后倘若有哪个瞎宰相怜悯你，你不妨向他求取这个官职，我裴垍绝对不能给你这个官职。"

【乾隆御批】裴垍不徇故人之请，是以能识拔李绛、崔群、韦贯之、裴度、李夷简诸人，洵不愧知人之鉴。惟所称："他日有盲宰相怜公，不妨得之"，此则复成何语！一言以为不智谅哉。

【译文】裴垍不徇私情，没有答应老朋友的请求，所以才能赏识提拔李绛、崔群、韦贯之、裴度、李夷简等人，真不愧有一双可以看出人品行和才能的慧眼。只是他说"他日如果有一位盲宰相怜悯你，你不妨向他求取这一职位"，这又是什么话呢？就从这句话来看，他还不够宽宏大度。

戊戌，以中书侍郎、同平章事李吉甫同平章事，充淮南节度使。

河中、晋绛节度使邠宣公杜黄裳薨。

冬，十二月，庚戌，置行原州于临泾，以镇将郝玭为刺史。

南诏王异牟寻卒，子寻阁劝立。

【译文】戊戌日（十九日），宪宗任命中书侍郎、同平章事李吉甫为同平章事，代理淮南节度使。

河中、晋绛节度使邠宣公杜黄裳去世。

冬季，十二月，庚戌日（初三日），朝廷在临泾设置行原州，任命镇将郝玭为刺史。

南诏王异牟寻去世，他的儿子寻阁劝即位。

元和四年（己丑，公元八零九年）春，正月，戊子，简王遘薨。

渤海康王嵩璘卒，子元瑜立，改元永德。

南方旱饥。庚寅，命左司郎中郑敬等为江、淮、二浙、荆、湖、襄、鄂等道宣慰使，赈恤之，将行，上戒之曰："朕宫中用帛一匹，皆籍其数，惟贝周救百姓，则不计费，卿辈宜识此意，勿效潘孟阳饮酒游山而已。"

给事中李藩在门下，制敕有不可者，即于黄纸后批之。吏请更连素纸，藩曰："如此，乃状也，何名批敕！"裴垍荐藩有宰相器。上以门下侍郎、同平章事郑絪循默取容，二月，丁卯，罢絪为太子宾客，擢藩为门下侍郎、同平章事。藩知无不言，上甚重之。

【译文】元和四年（己丑，公元809年）春季，正月，戊子日（十一日），简王李遘去世。

渤海康王嵩璘去世，他的儿子元瑜即位，改年号为永德。

南方天旱闹饥荒。庚寅日（十三日），宪宗任命左司郎中郑敬等人为江、淮、二浙、荆、湖、襄、鄂等道的宣慰使，前去救济灾民。他们正要出发，宪宗告诫他们说："朕宫中用一匹帛，都要登记使用数额，只有救济百姓，朕才不计算费用，你们这些人应当知道我的心意，不要效仿潘孟阳只知道喝酒游山。"

给事中李藩在门下省供职，宪宗颁下的制书内容有不合适的地方，他就在制书的黄纸后面加上修改意见，官吏请求再贴一张白纸把批语遮上，李藩说："要是这样的话，就是在写文状了，还叫什么批写敕书呢？"裴垍向宪宗推荐李藩，说他有宰相的器度。宪宗因门下侍郎、同平章事郑絪随俗浮沉，默然不语，取悦于人，二月，丁卯日（二十一日），罢免郑絪的官职，将他任命为太子宾客，提拔李藩为门下侍郎、同平章事。李藩知道什么事不对，没有不说的，宪宗很器重他。

河东节度使严绶，在镇九年，军政补署一出监军李辅光，绶拱手而已。裴垍具奏其状，请以李鄘代之。三月，乙酉，以绶为左仆射，以凤翔节度使李鄘为河东节度使。

成德节度使王士真薨，其子副大使承宗自为留后。河北三

194

镇，相承各置副大使，以嫡长为之，父没则代领军务。

上以久旱，欲降德音。翰林学士李绛、白居易上言，以为"欲令实惠及人，无如减其租税。"又言"宫人驱使之馀，其数犹广，事宜省费，物贵徇情。"又请"禁诸道横敛，以充进奉。"又言"岭南、黔中、福建风俗，多掠良人卖为奴婢，乞严禁止。"闰月，己酉，制降天下系囚，蠲租税，出宫人，绝进奉，禁掠卖，皆如二臣之请。己未，雨。绛表贺曰："乃知忧先于事，故能无忧；事至而忧，无救于事。"

【译文】河东节度使严绶，在河东九年，军中政务和吏员委任一概由监军李辅光处理，严绶只是抱合双手表示恭敬。裴垍把这种情形全部奏明宪宗，请求派遣李鄘来代替严绶。三月，乙酉日（初九日），宪宗任命严绶为左仆射，凤翔节度使李鄘为河东节度使。

成德节度使王士真去世，他的儿子副大使王承宗没有德宗的命令就自己擅自做了留后。河北三镇相继设置副大使，让嫡长子担任，如果父亲去世，便代替父亲管理军中事务。

宪宗因为长久闹旱灾，想要颁布德音（有关赐予恩德的一种诏令），翰林学士李绛、白居易向宪宗上奏，认为："想把实际的恩惠加给百姓，没有比减免赋税更好的了。"又说："宫中人员除供内廷驱遣外，剩下来的人还有很多，任何事都应该节省费用，对人贵在顺乎常情。"又请求"禁止各道横征暴敛用来作为进献的财货"。又说："岭南、黔中、福建的风俗，往往掳掠良民，将他们卖作奴婢，请严加禁止。"闰月，己酉日（初三日），宪宗颁下制书，减轻对全国在押囚犯的处罚，免除本年租赋，外放宫中妇女，禁止进献财物，禁止抢掠买卖人口，都照李绛、白居易所请求的办理。己未日（十三日），天上下雨。李绛上表道贺说："由此可知，忧虑在事情发生前，才能够消除忧虑；忧虑在事情发生后，便无可挽回。"

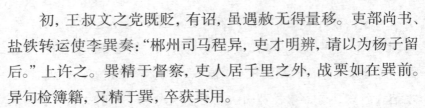

初，王叔文之党既贬，有诏，虽遇赦无得量移。吏部尚书、盐铁转运使李巽奏："郴州司马程异，吏才明辨，请以为杨子留后。"上许之。巽精于督察，吏人居千里之外，战栗如在巽前。异句检簿籍，又精于巽，卒获其用。

魏征玄孙稠贫甚，以故第质钱于人，平卢节度使李师道请以私财赎出之。上命白居易草诏，居易奏言："事关激劝，宜出朝廷。师道何人，敢掠斯美！望敕有司以官钱赎还后嗣。"上从之，出内库钱二千缗赎赐魏稠，仍禁质卖。

王承宗叔父士则以承宗擅自立，恐祸及宗，与幕客刘栖楚俱自归京师。诏以士则为神策大将军。

【译文】起初，王叔文的党羽已被贬官，宪宗颁下诏书，他们即使遇到大赦，也不准酌情迁到近处做官。吏部尚书、盐铁转运使李巽向宪宗上奏："郴州司马程异，有担当官吏的才能，明察善辩，请任用他做杨子县留后。"宪宗准许。李巽监督考察属下非常精明，即使属下官吏远在千里以外，仍然像在李巽面前那样战战兢兢地办事。程异检查文书账簿，比李巽还精明，最终得到任用。

魏征的玄孙魏稠生活特别贫困，把老房子典押给别人，换取钱币。平卢节度使李师道向宪宗请求用他私人的钱将住宅赎买出来。宪宗命令白居易草拟同意李师道请求的诏书，白居易上奏说："这件事情关系到对臣下的激励劝勉，应该由朝廷来做，李师道是什么人，敢来抢夺这种美名？希望陛下命令有关部门用官府的钱财赎出，还给魏征的后嗣。"宪宗依从这一建议，由内廷专库中支出钱两千缗来把房子赎出赐给魏稠，禁止他再典押出卖。

王承宗的叔父王士则因王承宗擅自立为留后，恐怕祸延宗族，便与幕府宾客刘栖楚一起主动返回京城；宪宗下诏任命王士则为神策大将军。

【申涵煜评】稠为郑公子孙，贫至于典赐宅，正见清白之遗。如其才，宜擢于朝，不才则资以世禄，止子官钱代赎，禁其再典，非酬勋之美政。

【译文】魏稠是魏徵的后代，贫穷到典当赐宅，正可见其清白家风。如果他有才能，应该选拔到朝廷为官，没有才能，就依靠世代的俸禄，禁止他们拿官钱代赎，禁止他们再典，实在不是对有功勋的人给以爵位奖赏的美政。

翰林学士李绛等奏曰："陛下嗣膺大宝，四年于兹，而储闱未立，典册不行，是开窥觎之端，乖重慎之义，非所以承宗庙、重社稷也。伏望抑撝谦之小节，行至公之大典。"丁卯，制立长子邓王宁为皇太子。宁，纪美人之子也。

辛未，灵盐节度使范希朝奏以太原防秋兵六百人衣粮给沙陀，许之。

夏，四月，山南东道节度使裴均恃有中人之助，于德音后首进银器千五百馀两。翰林学士李绛、白居易等上言："均欲以此尝陛下，愿却之。"上遽命出银器付度支。既而有旨谕进奏院："自今诸道进奉，无得申御史台；有访问者，辄以名闻。"白居易复以为言，上不听。

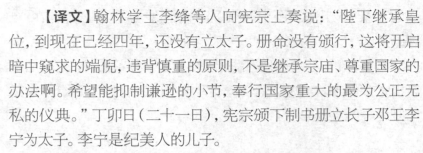

【译文】翰林学士李绛等人向宪宗上奏说："陛下继承皇位，到现在已经四年，还没有立太子。册命没有颁行，这将开启暗中窥求的端倪，违背慎重的原则，不是继承宗庙、尊重国家的办法啊。希望能抑制谦逊的小节，奉行国家重大的最为公正无私的仪典。"丁卯日（二十一日），宪宗颁下制书册立长子邓王李宁为太子。李宁是纪美人的儿子。

辛未日（二十五日），灵盐节度使范希朝上奏，请求拨出太原军队六百士兵的衣服粮食给沙陀；宪宗准许这一请求。

夏季，四月，山南东道节度使裴均依仗有宦官帮助，在宪宗下德音后进献银器一千五百多两。翰林学士李绛、白居易等上奏说："裴均打算用此事试探陛下，希望陛下将银器退还。"宪宗赶忙命令把银器拿出去交给度支吏。不久，宪宗颁下圣旨，告诉进奏院："从现在起，凡是各道前来进献贡物，不许申报御史台；倘若有人询问此类事情，你们就把询问者的名字报告给朕。"白居易又就这事来劝谏，宪宗没有听从他的劝谏。

上欲革河北诸镇世袭之弊，乘王士真死，欲自朝廷除人，不从则兴师讨之。裴垍曰："李纳跋扈不恭，王武俊有功于国，陛下前许师道，今夺承宗，沮劝违理，彼必不服。"由是议久不决。上以问诸学士，李绛等对曰："河北不遵声教，谁不愤叹，然今日取之，或恐未能。成德军自武俊以来，父子相承四十馀年，人情贯习，不以为非。况承宗已总军务，一旦易之，恐未即奉诏。又范阳、魏博、易定、淄青以地相传，与成德同体，彼闻成德除人，必内不自安，阴相党助，虽茂昭有请，亦恐非诚。所以然者，今国家除人代承宗，彼邻道劝成，进退有利。若所除之人得人，彼则自以为功；若诏令有所不行，彼因潜相交结，在于国体，岂可遽休！

须兴师四面攻讨，彼将帅则加官爵，士卒则给衣粮，按兵玩寇，坐观胜负，而劳费之病尽归国家矣。今江、淮水，公私困竭，军旅之事，殆未可轻议也。"

【译文】宪宗想革除河北各藩镇世代承袭节度使的弊端，趁着王士真去世，想从朝廷派官员去担任节度使；如果王承宗不肯服从，就起兵讨伐他。裴垍说："李纳对朝廷骄横不敬，而王武俊对国家有功，陛下之前准许李师道承袭节度使的职务，现在却要削夺王承宗的承袭，既有碍对藩镇的勉励，又违反事情的情理，他一定不会服气。"这样一来，对王承宗的事情计议了很长时间，还没有能够决定下来。宪宗拿这件事询问各位学士，李绛等人回答说："河北藩镇不遵奉陛下的声威教化，谁不愤恨叹息，然而，要想现在就攻取他们，也许朝廷还没有这个能力。成德自王武俊以来，父子相继承袭节度使的职位，已经有四十多年，人情已经习惯，不认为不对。何况王承宗已经总揽军中事务，忽然派人取代他，恐怕他未必肯接受诏命。再说范阳、魏博、易定、淄青都是父子以地相传，与成德是同样的制度，他们得知成德由朝廷任命节度使，肯定内心感到不安，暗中相互勾结，虽然张茂昭曾经请求替代王承宗，恐怕也不诚心。现在朝廷派人去代替王承宗，他的相邻军镇劝说朝廷办成这件事，这对张茂昭以后采取或进或退的行动是有利的。如果朝廷所派官员得以进入成德，相邻军镇就自以为有功劳；如果陛下的诏令没有实行，张茂昭便可能与王承宗暗中勾结；朝廷为了国家的体制，怎么能够就此善罢甘休了呢? 朝廷必然兴兵从四面去讨伐，对委任的将领与主帅就得加封官职与爵位，对士兵要供给衣服粮食，还会发生屯兵不前，姑息敌寇，旁观战事胜利与失败的事情，而劳苦百姓、耗费物资的弊病却完全归到国家的头上。现在长江、淮河正在闹水灾，国家和百姓都极为困顿，对于打仗的事，恐怕不可轻率地计议啊！"

左军中尉吐突承璀欲希上意，夺裴垍权，自请将兵讨之。上疑未决，宗正少卿李拭奏称："承宗不可不讨。承璀亲近信臣，宜委以禁兵，使统诸军，谁敢不服！"上以拭状示诸学士曰："此奸臣也，知朕欲将承璀，故上此奏。卿曹记之，自今勿令得进用。"

昭义节度使卢从史遭父丧，朝廷久未起复，从史惧，因承璀说上，请发本军讨承宗。壬辰，起复从史左金吾大将军，馀如故。

初，平凉之盟，副无帅判官路泌、会盟判官郑叔矩皆没于吐蕃。其后吐蕃请和，泌子随三诣阙号泣上表，乞从其请。德宗以吐蕃多诈，不许。至是，吐蕃复请和，随又五上表，诣执政泣请，裴垍、李藩亦言于上，请许其和。上从之。五月，命祠部郎中徐复使吐蕃。

【译文】左军中尉吐突承璀想要逢迎宪宗的心意，夺去裴垍的权柄，自动请求率领军队讨伐王承宗。宗正少卿李拭上奏说："王承宗不能不去讨伐。吐突承璀是陛下亲近并信任的内臣，应该将禁卫亲军交托给他，让他统领各军，谁敢不服从命令？"宪宗把李拭的奏状给各位学士看，还说："这人是奸臣，知道我想任命吐突承璀做大将，所以便进献这一奏状。你们记住，从现在起不要让他有提拔任用的机会。"

昭义节度使卢从史遭遇父亲去世而退官守丧，过了很久，朝廷仍然没有起用他；卢从史心里害怕，委托吐突承璀劝说宪宗，请求调派昭义的军队前去攻讨王承宗。壬辰日（十七日），宪宗起用卢从史为左金吾大将军，其他的职务一如既往。

起初，朝廷和吐蕃举行平凉会盟的时候，副元帅判官路泌、会盟判官郑叔矩都被吐蕃扣留。后来，吐蕃又向朝廷请求和谈，路泌的儿子路随三次到宫门哭泣着进献表章，请求德宗依从吐蕃的请求；德宗认为吐蕃狡诈多变，不肯听从路随的请求。到这时，吐蕃再次请求和好，路随又五次上表，到主持政务的官员那里哭着请求，裴垍、李藩也对宪宗说，请求允许吐蕃求和；宪宗答应了。五月，宪宗命祠部郎中徐复出使吐蕃。

六月，以灵盐节度使范希朝为河东节度使。朝议以沙陀在灵武，迫近吐蕃，虑其反复，又部落众多，恐长谷价，乃命悉从希朝诣河东。希朝选其骁骑千二百，号沙陀军，置使以领之，而处其馀众于定襄川。于是，朱邪执宜始保神武川之黄花堆。

左军中尉吐突承璀领功德使，盛修安国寺，奏立圣德碑，高大一准《华岳碑》，先构碑楼，请敕学士撰文，且言“臣已具钱万缗，欲酬之。”上命李绛为之，绛上言：“尧、舜、禹、汤，未尝立碑自言圣德，惟秦始皇于巡游所过，刻石高自称述，未审陛下欲何所法！且叙修寺之美，不过壮丽观游，岂所以光益圣德！”上览奏，承璀适在旁，上命曳倒碑楼。承璀言：“碑楼甚大，不可曳，请徐毁撤。”冀得延引，乘间再论。上厉声曰：“多用牛曳之！”承璀乃不敢言。凡用百牛曳之，乃倒。

【译文】六月，宪宗任命灵盐节度使范希朝为河东节度使。朝廷计议国政的人们认为沙陀在灵武，靠近吐蕃，担心他们反复无常，加上沙陀部落人数众多，担心会因此使谷物价格上涨，于是命令他们全部跟随范希朝到河东。范希朝挑选骁勇的骑兵一千二百人，称作沙陀军，设置兵马使统领他们，而将其余的沙陀人众在定襄川安顿下来。从此，朱邪执宜才驻守神武川的黄花堆。

　　左军中尉吐突承璀兼任功德使，大力修治安国寺，上奏要立圣德碑，长宽一概以华岳碑为标准，先建造藏碑的楼宇，请求命令学士撰写碑文，并且说："我已准备好一万缗钱，打算酬谢撰文的学士。"宪宗于是命令李绛写碑文，李绛上奏说："唐尧、虞舜、夏禹、商汤不曾立碑称道自己超凡的德行，只有秦始皇在巡游所经过的地方，刻石称述自己的高功，不知道陛下打算效法谁呢？再说叙述修建的寺庙如何美，只不过说它如何壮丽，值得观游而已，又怎能增加圣德的光辉呢？"宪宗览阅奏章的时候，吐突承璀刚好在旁边，宪宗便命令他拖倒碑楼。吐突承璀说："碑楼很大，无法拖拉，请让我慢慢将它毁除吧。"他希望得以招揽适当的人物，找机会再说这件事。宪宗厉声说："多用牛来拖拉碑楼。"吐突承璀这才不敢讲话。共用了一百头牛拖碑楼，碑楼才被拖倒。

资治通鉴卷第二百三十八　唐纪五十四

起屠维赤奋若七月，尽玄黓执徐九月，凡三年有奇。

【译文】起己丑（公元809年）七月，止壬辰（公元812年）九月，凡三年三个月。

【题解】 本卷记录了公元809年七月至812年九月的历史，共三年零两个月。为唐宪宗元和四年七月到元和七年九月。元和四年，成德节度使王士真死，长子王承宗自为留后。宪宗想废除藩镇世袭的弊端，借平定西川和镇海叛乱的时机，乘胜用兵河北，遭到朝臣反对。当时淮西吴少阳自为留后，朝臣主张讨伐，唐宪宗忌惮朝臣立功，一意孤行，任命吐突承璀为主将征讨河北藩镇，动员十倍于成德叛军的二十万官军，结果徒劳而返。宪宗接受教训，又任用朝官。吐突承璀军败，恰逢受赂案发，遭到李绛弹劾，宪宗不得已外出吐突承璀，任用李绛为相，王承宗、田兴，不加征讨而归服。宪宗又接纳李吉甫的建议，淘汰冗官。宪宗在盛暑与宰臣讨论政令宽严，不知热倦。

宪宗昭文章武大圣至神孝皇帝上之下

元和四年（己丑，公元八零九年）秋，七月，壬戌，御史中丞李夷简弹京兆尹杨凭，前为江西观察使，贪污僭侈。丁卯，贬凭临贺尉。夷简，元懿之玄孙也。上命尽籍凭资产，李绛谏曰："旧制，非反逆不籍其家。"上乃止。

凭之亲友无敢送者,栎阳尉徐晦独至蓝田与别。太常卿权德舆素与晦善,谓之曰:"君送杨临贺,诚为厚矣,无乃为累乎!"对曰:"晦自布衣蒙杨公知奖,今日远谪,岂得不与之别!借如明公它日为谗人所逐,晦敢自同路人乎!"德舆嗟叹,称之于朝。后数日,李夷简奏为监察御史。晦谢曰:"晦平生未尝得望公颜色,公何从而取之!"夷简曰:"君不负杨临贺,肯负国乎!"

资治通鉴

【译文】元和四年(己丑,公元809年)秋季,七月,壬戌日(十八日),御史中丞李夷简弹劾京兆尹杨凭,上奏说杨凭从前做江西观察使的时候贪赃枉法,过分奢侈;丁卯日(二十三日),宪宗贬杨凭为临贺尉。李夷简是李元懿的玄孙。宪宗下令没收杨凭的所有财产,李绛劝谏说:"根据惯例,如果不属于谋反叛逆的罪行,就不能没收罪犯的家产。"宪宗这才收回命令。

杨凭的亲友没有人敢去送行,只有栎阳尉徐晦到蓝田,为他送行。太常卿权德舆和徐晦平素交情很好,对他说:"你为杨临贺送行,实在是交情深厚啊!只怕这样做会连累你!"徐晦回答说:"我身为平民时便蒙受杨公的知遇与提拔,如今他被贬逐到远方,我难道能不和他道别吗?假如某天您被进谗的人斥逐,我敢自视为与您没有关系的人吗?"权德舆连声赞叹,在朝廷里称赞他。过了几天,李夷简奏请宪宗李纯任用徐晦为监察御史。徐晦道谢说:"我平时不曾与您谋面,您为什么会举荐我呢?"李夷简说:"你不肯辜负与杨临贺的友情,又怎么会辜负朝廷的重托呢?"

【乾隆御批】东汉以来,风教不古,独重举主之谊以致门生,故吏图报私恩,视国事如弁髦,甚乖公尔忘私之义。杨凭以贪伪为中丞弹劾,岂复足堪县尉之选!举指已属乖方。徐晦受其知奖,平日不闻规诫之效，临时徒籍一送自博名高，犹然大言不惭、无所忌惮。他日党牛怨李，致覆餗而不恤，非此等不知政体者皆之厉欤？

【译文】东汉以来，世风不古，教化日下，人们只看重对推荐自己的举主的情谊以至心甘情愿成为他们的门生，因此官吏们只想报答私人的恩情，而置国事于不顾，这与公而忘私的大义是完全背离的。杨凭因为贪赃枉法而被中丞弹劾，难道这样的人还能再担当具尉之职吗？他的行为举止本已违背法度不合情理。而徐晦因受过杨凭的知遇和鼓励，平时没听说他对杨凭有过规劝和告诫的行为，到这种时候只凭着这一送行的举动竟博得如此高的盛名，并且还那样大言不惭、肆无忌惮。他日的牛李党锢之争，导致唐朝政治与日俱下乃至最终覆灭，难道不是这些不识政体之人的责任吗？

上密问诸学士曰："今欲用王承宗为成德留后，割其德、棣二州更为一镇以离其势，并使承宗输二税，请官吏，一如师道，何如？'李绛等对曰："德、棣之隶成德，为日已久，今一旦割之，恐承宗及其将士忧疑怨望，得以为辞。况其邻道情状一同，各虑它日分割，或潜相构扇。万一旅拒，倍难处置，愿更三思。所是二税、官吏，愿因吊祭使至彼，自以其意谕承宗，令上表陈乞如师道例，勿令知出陛下意。如此，则幸而听命，于理固顺，若其不听，体亦无损。"

【译文】宪宗秘密地问各位学士："现在朕想用王承宗为成德留后，分割德、棣两州另外成为一镇，分散王承宗的势力，并让王承宗缴纳两税，向朝廷请求任命官吏，完全像对李师道的措施一样，你们认为怎么样呢？"李绛等人回答说："德、棣两州隶属成德已经很久，一旦分割开来，恐怕王承宗及其将士忧虑怀疑、恨恨不满，以此作为借口。况且，相邻各道的情形和他是一样的，如果这样做，相邻各道各自担心以后也会遭到分割，或许就要暗中勾结，彼此煽动；万一他们一起拒绝陛下的命令，处理起来会加倍困难，希望陛下再多加考虑。有关上缴两税、任命官吏两点是正确的，希望趁着吊祭使去吊祭的时候，让吊祭使以个人意见开导王承宗，叫他上表请求像李师道的成例去做，不要叫他知道这是陛下的意思。这样一来，如果王承宗听从命令，固然是顺乎情理，如果他不听从命令，也不损朝廷的体面。"

上又问："今刘济、田季安皆有疾，若其物故，岂可尽如成德付授其子，天下何时当平！议者皆言'宜乘此际代之，不受则发兵讨之，时不要失。'如何？"对曰："群臣见陛下西取蜀，东取吴，易于反掌，故诡谀躁竞之人争献策画，劝开河北，不为国家深谋远虑，陛下亦以前日成功之易而信其言。臣等夙夜思之，河北之势与二方异。何则？西川、浙西皆非反侧之地，其四邻皆国家臂指之臣。刘辟、李锜独生狂谋，其下皆莫之与，辟、锜徒以货财啖之，大军一临，则涣然离耳。故臣等当时亦劝陛下诛之，以其万全故也。成德则不然，内则胶固岁深，外则蔓连势广，其将士百姓怀其累代煦妪之恩，不知君臣逆顺之理，谕之不从，威之不服，将为朝廷羞。又，邻道平居或相猜恨，及闻代易，必合为一心，盖各为子孙之谋，亦虑他日及此故也。万一馀道或相表里，兵连祸结，财尽力竭，西戎、北狄乘间窥窬，其为忧患可胜道哉！济、季安与承宗事体不殊，若物故之际，有间可乘，当临事图之。于今用兵，则恐未可。太平之业，非朝夕可致，愿陛下审处之。"

【译文】宪宗又问："现在刘济、田季安都在患病，如果他们去世，难道能够完全像对待成德那样，将节度使的职务交给他们的儿子担任吗？如此下去，天下什么时候才会太平呀？议论的人都说：'应该趁着这一时机让官吏取代他们，如果他们不肯接受朝廷的命令，就派军队前去讨伐他们，这个时机不可错过。'你们看该怎么办？" 李绛等人回答说："臣子们看见陛下向西攻下蜀，向东攻下吴，非常容易，所以喜欢阿谀逢迎，争权夺势的人们争着进献筹谋，劝说陛下开通河北地区，而不为国家深谋远虑，陛下也因前些时候成功得很容易而相信他们的话。我们日夜都在思考，河北的形势和蜀、吴不同。为什么这样说呢？西川和浙西都不是反复无常的地区，他们周边相邻的州道都是国家可以指挥自如的属地。唯独刘辟、李锜独自产生狂妄的阴谋，他们的下属都不赞成他们的做法。刘辟、李锜只是用财物来引诱他们，讨伐的大军一到，他们的势力便分崩瓦解。所以我们当时也劝陛下讨伐他们，因为这是万无一失的啊！成德就不是这样了，他的内部像胶一样结得非常坚固，时间又长久，外面就像蔓草一样地各处蔓延，势力非常广大，他们的将士与百姓感念他们累世赡养的恩惠，不晓得君主与臣下、正顺与逆反的道理，用好话来劝，他们不听，用武力来威胁，他们不服，这会使朝廷蒙受羞耻。再说，他的邻道平日或许会相互猜疑与怨恨，等到他们听到朝廷派官员去代换节度使，必定团结一心，这大概是各自替子孙后代打算，也顾虑到以后自己会遭到这种处置的缘故啊。万一其他的道也里外相助，战祸就会连绵不断，国家资财用尽，力量耗竭，西部与北部的戎狄再趁间隙而动，那么他们造成的忧患哪里说得完呢？刘济、田季安和王承宗在事情的体统上没什么不同，如果在他们去世的时候，有隙可乘，当在事情发生时再谋取，现在就诉诸武力，恐怕就不够妥当了。太平大业，不是短时间可以达到的，希望陛下慎重处理此事。"

时吴少诚病甚，降等复上言："少诚病必不起。淮西事体与河北不同，四旁皆国家州县，不与贼邻，无党援相助。朝廷命帅，今正其时，万一不从，可议征讨。臣愿舍恒冀难致之策，就申蔡易成之谋。脱或恒冀连兵，事未如意，蔡州有衅，势可兴师，南北之役俱兴，财力之用不足。傥事不得已，须赦承宗，则恩德虚施，威令顿废。不如早赐处分，以收镇冀之心，坐待机宜，必获申蔡之利。"既而承宗久未得朝命，颇惧，累表自诉。八月，壬午，上乃遣京兆少尹裴武诣真定宣慰，承宗受诏甚恭，曰："三军见迫，不暇俟朝旨，请献德、棣二州以明恳款。

丙申，安南都护张舟奏破环王三万众。

【译文】这时吴少诚病重，李绛等又向宪宗上奏说："吴少诚的病一定不会再好起来。淮西的事体与河北不同，它的四边都是听命于国家的州县，不与贼寇的疆境毗邻，没有同党应援帮助，朝廷任命淮西主帅，现在正是时候，如果淮西不听命，可以计议着去征讨它。臣希望陛下放弃难以成功的用兵恒、冀的策略，采用容易成功的对付申、蔡的计划。假如对恒、冀需要连续用兵，战事并不一定令人满意，蔡州有祸患，依照情形看可以兴兵征讨，南方北方都打仗，国家财物人力的用度就难以充足。倘若出于迫不得已，而必须赦免王承宗，那就会使陛下的恩典与仁德空自施行，朝廷的威严与号令立刻就废弃了。这就不如早点对王承宗加以处置，以收拢恒、冀的向心力，坐等适当的时机，必能获得申、蔡的利益。"不久之后，王承宗因为很久没有得到朝廷的任命，心里害怕，屡次上表自行陈诉。八月，壬午日（初九日），宪宗才派遣京兆少尹裴武到真定去表示慰劳之意，王承宗非常恭敬地接受诏命，说："因为我受到部下各军逼迫，来不及等候朝廷颁旨任命，请求陛下让我献上德、棣两州来表明我的诚意。"

丙申日（二十三日），安南都护张舟向宪宗奏报打败环王三万人。

九月，甲辰朔，裴武复命。庚戌，以承宗为成德军节度、恒、冀、深、赵州观察使，德州刺史薛昌朝为保信军节度、德、棣二州观察使。昌朝，嵩之子，王氏之婿也，故就用之。田季安得飞报，先知之，使谓承宗曰："昌朝阴与朝廷通，故受节钺。"承宗遽遣数百骑驰入德州，执昌朝，至真定，囚之。中使送昌朝节过魏州，季安阳为宴劳，留使者累日，比至德州，已不及矣。

【译文】九月，甲辰朔日（初一日），裴武回到朝廷回复使命。庚戌日（初七日），宪宗任命王承宗为成德节度使、恒冀深赵州观察使，任命德州刺史薛昌朝为保信军节度使、德棣二州观察使。薛昌朝是薛嵩的儿子，是王承宗的女婿，朝廷就势起用了他。田季安得到快马传递的消息，事先已经知道了朝廷的任命，便派人对王承宗说："薛昌朝暗地与朝廷交往，所以他才得到节度使的职位。"王承宗立刻派几百骑兵飞奔到德州，捉住薛昌朝，将他捉拿到真定囚禁。中使颁送任命薛昌朝为节度使的旌节经过魏州，田季安假装设宴慰劳中使，把使者扣留数天，等到中使来到德州，薛昌朝已经被捉拿带走。

上以裴武为欺罔，又有潜之者曰："武使还，先宿裴垍家，明旦乃入见。"上怒甚，以语李绛，欲贬武于岭南。绛曰："武昔陷李怀光军中，守节不屈，岂容今日遽为奸回！盖贼多变诈，人未易尽其情。承宗始惧朝廷诛讨，故请献二州。既蒙恩贷，而邻道皆不欲成德开分割之端，计必有阴行间说诱而胁之，使不得守其初心者，非武之罪也。今陛下选武使入逆乱之地，使还，一语不相应，遽窜之暇荒，臣恐自今奉使贼廷者以武为戒，苟求便身，率为依阿两可之言，莫肯尽诚具陈利害，如此，非国家之利也。且垍、武久处朝廷，谙练事体，岂有使还未见天子而先宿宰相家乎！臣敢为陛下必保其不然，此殆有谗人欲伤武及垍者，愿陛下察之。"上良久曰："理或有此。"遂不问。

【译文】宪宗认为裴武欺骗他，又有诬陷裴武的人对宪宗说："裴武出使回来，先住在裴垍家里，第二天早上才入朝晋见陛下。"宪宗听后非常生气，把这件事告诉李绛，打算将裴武贬逐到岭南，李绛说："裴武从前困在李怀光的军中，能坚守节操不屈服，现在怎么会突然去做邪恶的事情？我想来是贼人狡诈多端，让人不容易识破其中的真实情况。王承宗开始时害怕朝廷派军讨伐他，所以请求向朝廷进献两州；接着蒙受陛下的恩惠宽容他，而与王承宗相邻各道不愿意让成德成为分割地盘、献给朝廷的开端，我猜测肯定发生暗中劝说、引诱、胁迫王承宗的事，使他改变初衷，这不是裴武的过错啊！如今陛下挑选裴武前往反叛动乱的地区，出使回来，一句话不合，立刻把他放逐到边远荒凉的地方，我恐怕从今以后受命出使贼庭的臣子会以裴武为警诫，苟且寻求自己的便利，说些随声附和、模棱两可的言语，不肯尽心详细说明事情的利害得失，这样，对国家不利呀！再说裴垍、裴武在朝廷很久，熟悉朝廷的礼制，难道会在出使归来、未见天子以前便先在宰相家中过夜吗？我敢向陛下担保裴武不会这样去做，大概有好进谗言的人打算危害裴武和裴垍，希望陛下察验这件事。"宪宗听后，过了很久才说："在道理上或许有此种说法吧。"就不再追究此事。

丙辰，振武奏吐蕃五万馀骑至拂梯泉。辛未，丰州奏吐蕃万馀骑至大石谷，掠回鹘入贡还国者。

左神策军吏李昱贷长安富人钱八千缗，满三岁不偿，京兆尹许孟容收捕械系，立期使偿，曰："期满不足，当死。"一军大惊。中尉诉于上，上遣中使宣旨，送本军，孟容不之遣。中使再至，孟容曰："臣不奉诏，当死。然臣为陛下尹京畿，非抑制豪强，何以肃清辇下! 钱未毕偿，昱不可得。"上嘉其刚直而许之，京城震栗。

上遣中使谕王承宗，使遣薛昌朝还镇。承宗不奉诏。冬，十月，癸未，制削夺承宗官爵，以左神策中尉吐突承璀为左、右神策、河中、河阳、浙西、宣歙等道行营兵马使、招讨处置等使。

【译文】丙辰日（十三日），振武军向宪宗奏报，吐蕃有五万多骑兵到达佛梯泉。辛未日（二十八日），丰州向宪宗奏报，吐蕃有一万多骑兵到达大石谷，掳掠入京进贡后归返的回鹘人。

左神策军吏李昱向长安的富人借了八千缗，满三年还没有偿还，京兆尹许孟容把他收捕，给他戴上枷锁，定出期限，叫他还清欠债，并说："如果期限满了，你还没有完全还清，就会将你处以死罪。"左神策军全军大惊。左神策军中尉向宪宗申诉这件事，宪宗派中使去宣告旨意，叫许孟容把李昱交给左神策军，许孟容不肯放他走。中使再次来的时候，许孟容说："我不接受诏命，该当死罪。然而，我为陛下担任京城周围地区的长官，如果不去约束地方豪强势力的所作所为，怎么能够使京城地区清平整肃呢? 李昱的欠债没有还完，谁也不能把他带走。"宪宗赞许他的刚强正直，便让他按照自己的意思去做，京城的人都对他震恐惊惧。

宪宗派遣中使前去开导王承宗，叫他把薛昌朝发送回德州；王承宗不肯接受诏命。冬季，十月，癸未日（十一日），宪宗下制书削去王承宗的官爵,任命左神策中尉吐突承璀为左右神策、河中、河阳、浙西、宣歙等道行营兵马使、招讨处置等使。

翰林学士白居易上奏,以为:"国家征伐,当责成将帅,近岁始以中使为监军。自古及今,未有征天下之兵,专令中使统领者也。今神策军既不置行营节度使,即承璀乃制将也。又充诸军招讨处置使,即承璀乃都统也。臣恐四方闻之,必轻朝廷;四夷闻之,必笑中国。陛下忍令后代相传云以中官为制将、都统自陛下始乎!臣又恐刘济、茂昭及希朝、从史乃至诸道将校皆耻受承璀指麾,心既不齐,功何由立!此是资承宗之计而挫诸将之势也。陛下念承璀勤劳,贵之可也;怜其忠赤,富之可也。至于军国权柄,动关理乱,朝廷制度,出自祖宗,陛下宁忍徇下之情而自隳法制,从人之欲而自损圣明,何不思于一时之间而取笑于万代之后乎!"时谏官、御史论承璀职名太重者相属,上皆不听。戊子,上御延英殿,度支使李元素、盐铁使李鄘、京兆尹许孟容、御史中丞李夷简、谏议大夫孟简、给事中吕元膺、穆质、右补阙独孤郁等极言其不可。上不得已,明日,削承璀四道兵马使,改处置为宣慰而已。

【译文】翰林学士白居易向宪宗呈上奏疏,认为:"国家征伐,应当督责将帅去完成任务。近些年来,却开始任命中使为监军。从古至今,还没有过征调全国军队,而让中使统领的先例。现在神策军既不设置行营节度使,那么吐突承璀就是制将(军队的行动,受吐突承璀的命令);吐突承璀又充任诸军招讨处置使,他便是统领各军的都统了。我恐怕天下四方听到这个消息,要窥伺朝廷的间隙,周边各族了解这一消息,必然笑话中国无人。陛下能够忍受后世传说,任命宦官为一军主将、各军都统是由陛下您肇始的吗？我又担心刘济、张茂昭及范希朝、卢从史乃至于各道的将校都以受吐突承璀指挥为耻辱，大家既不同心，又怎能建立功业呢？这么做是帮助王承宗实现他的计谋而挫伤各位将领的威势，陛下顾念吐突承璀辛勤劳苦，使他尊贵起来就可以了；怜惜他忠心赤诚，使他富厚起来就可以了。至于军国权柄，常关系到政治修明或祸乱丛生，朝廷的制度，是祖宗制定的，难道陛下能够忍受顺从下属的情好而毁坏自家的法令制度，放纵别人的欲求而损害自己的无上英明吗？为什么现在不做短暂的考虑而要让万代之后的人讥笑您呢？"当时谏官、御史议论承璀官职名衔太重的人接连不断，但宪宗都不听从他们的建议。戊子日（十六日），宪宗驾临延英殿，度支使李元素、盐铁使李鄘、京兆尹许孟容、御史中丞李夷简、谏议大夫孟简、给事中吕元膺、穆质、右补阙独孤郁等都向宪宗极力进言说对吐突承璀的任命不妥当；宪宗无可奈何，第二天，颁诏削去吐突承璀四道兵马使的官职，把"处置使"改为"宣慰使"。

李绛尝极言宦官骄横，侵害政事，谗毁忠贞。上曰："此属安敢为谗！就使为之，朕亦不听。"绛曰："此属大抵不知仁义，不分枉直，唯利是嗜，得赂则誉跖、蹻为廉良，怫意则毁龚、黄为贪暴，能用倾巧之智，构成疑似之端，朝夕左右浸润以入之，陛下必有时而信之矣。自古宦官败国者，备载方册，陛下岂得不防其渐乎！"

己亥，吐突承璀将神策兵发长安，命恒州四面藩镇各进兵招讨。

【译文】李绛曾尽力说明宦官骄傲横暴，侵扰损害朝中政务，谗言诋毁忠诚坚贞之士的事实，宪宗说："这些人怎么敢进谗言？即使他们向朕进谗言，朕也不会听信。"李绛说："这些人大多都不懂得仁义，不能分辨直曲，只是喜好钱财，得了贿赂就称赞盗跖、庄蹻是清廉善良的人；如果违背了他们的意志，便可将龚遂、黄霸毁谤为贪婪暴虐的人，他们能用奸巧的智慧，捏造成是非难辨的事端，时时刻刻围绕在陛下身边，将谗言逐渐渗透进去。自古以来宦官败坏国家的事实，完全记载在书籍上，陛下怎么能够不防备他们的浸染呢？"

己亥日（二十七日），吐突承璀率领神策军从长安出发，命令恒州四面的藩镇各自发兵招降讨伐王承宗。

【乾隆御批】以郭、李为将，而九节度之师溃于中使监阵，则中使掣肘之明验。乃覆辙不戒，复以承璀蹈之。观杜黄裳请撤监军，而崇文得成其功，裴度奏罢中使监阵，而愬与光颜得奋其勇，可为千古炯鉴！

【译文】以郭子仪、李光弼为将，统率九个节度使的军队，最终却兵败相州。那正是中使从旁牵制的明显证验。然而唐宪宗不吸取失败的教训，又在吐突承璀的事情上重蹈覆辙。回顾杜黄裳请求撤削监军，而高崇文最终使他得以成功，裴度奏请取消中使监军，而李愬与李光颜奋勇争先，真可说是千古明鉴啊！

初，吴少诚宠其大将吴少阳，名以从弟，署为军职，出入少诚家如至亲，累迁申州刺史。少诚病，不知人，家僮鲜于熊儿诈以少诚命召少阳摄副使、知军州事。少诚有子元庆，少阳杀之。十一月，己巳，少诚薨，少阳自为留后。

是岁，云南王寻阁劝卒，子劝龙晟立。

田季安闻吐突承璀将兵讨王承宗，聚其徒曰："师不跨河二十五年矣，今一旦越魏伐赵，赵虏，魏亦虏矣，计为之奈何？”其将有超伍而言者，曰：“愿借骑五千以除君忧！”季安大呼曰：“壮哉！兵决出，格沮者斩！”

【译文】起初，吴少诚特别宠爱他手下的大将吴少阳，便以堂弟的名义，委派他担当军中职务。吴少阳好像亲近的亲属一样地常在吴少诚家走动，历经多次升迁，担任申州刺史。吴少诚生病，连人都不能分辨出来。于是家中的仆人鲜于熊儿诈称吴少诚的命令，传召吴少阳代理彰义节度副使，掌管军中和地方事务。吴少诚有个儿子名叫吴元庆，吴少阳把吴元庆杀了。十一月，己巳日（二十七日），吴少诚病逝，吴少阳自命为彰义留后。

这一年，云南王寻阁劝去世，他的儿子劝龙晟即位。

田季安听说吐突承璀率领军队讨伐王承宗，便将他手下的众人聚集起来，对他们说：“朝廷的军队不能够跨过黄河，已经长达二十五年，现在突然越过魏博去讨伐成德；如果成德被俘虏，魏博也就被俘虏，我们应当对此做何打算呢？”有一个将领从队伍中站出来说：“希望您赐给我五千骑兵，我就能为您除去忧患。”田季安大喊着说：“你真是豪壮啊！我决定出兵，阻止者斩首。”

幽州牙将绛人谭忠为刘济使魏，知其谋，入谓季安曰：“如某之谋，是引天下之兵也。何者？今王师越魏伐赵，不使者臣宿将而专付中臣，不输天下之甲而多出秦甲，君知谁为之谋？此乃天子自为之谋，欲将夸服于臣下也。若师未叩赵而先碎于魏，是上之谋反不如下，且能不耻于天下乎！既耻且怒，必任智士画长策，仗猛将练精兵，毕力再举涉河，鉴前之败，必不越魏而伐赵，校罪轻重，必不先赵而后魏，是上不上，下不下，当魏而来也。”季安曰："然则若之何?"忠曰："王师入魏,君厚犒之。于是,悉甲压境,号曰伐赵,而可阴遗赵人书曰:'魏若伐赵,则河北义士谓魏卖友;魏若与赵,则河南忠臣谓魏反君。卖友反君之名,魏不忍受。执事若能阴解陴障,遗魏一城,魏得持之奏捷天子以为符信,此乃使魏北得以奉赵,西得以为臣,于赵有角尖之耗,于魏获不世之利,执事岂能无意于魏乎!'赵人脱不拒君,是魏霸基安矣。"季安曰："善!先生之来,是天眷魏也。"遂用忠之谋,与赵阴计,得其堂阳。

【译文】幽州牙将绛州人谭忠为刘济出使魏博,知道田季安出兵的计划,便前去对田季安说:"如果照某人的计划,会把天下的军队都引来。为什么这样说呢?现在朝廷的军队越过魏博攻打成德,不使用老臣宿将,反而把兵权专门交付给宦官,不征调全国的军队,反而派出大批关中的兵马,你知道是谁想出来的办法吗?这是天子自己想的办法,目的是想要以此向臣子们夸耀,并使他们敬服啊。如果官军在没有攻打成德前,首先便被魏博打败,这样一来显得皇上的办法反而不如臣子的,皇帝在天下人面前能不感到羞耻吗?如果皇上既羞耻又生气,就一定要任用能谋善算的人来筹划长远的计策,依仗勇猛善战的将领来训练精锐的兵马,尽力再渡过黄河,以前次的失败作为借鉴,必定不会再越过魏博前去攻打成德,比较罪的轻重,必定不会先攻打成德后攻打魏博,这就是所谓的不上不下,正是冲着魏博来的。"田季安说:"既然这样,怎么办才好呢?"谭忠说:"当官军进入魏博境内,你要好好犒赏他们。当此之际,你要将全部兵马压向边境,号称前去攻打成德;但您可以暗中派人给成德送上一封书信说:'如果魏博攻打成德,那么河北的义士会说魏博出卖朋友;倘若魏博援助成德,那么河南地区的忠义之臣便会说魏博反叛君主。出卖朋友，背叛君王的名声，魏博不能忍受。如果您能够暗中从关塞撤退，留给魏博一个城，魏博得以拿此城作为向天子报捷的凭据，这是使魏博在北面得以事奉成德，在西面得以做成人臣，对于成德说来，损失很小，而对魏博说来，却获得罕有的巨大利益，难道您对魏博的办法没有一点意思吗？'如果成德不拒绝您的办法，那么魏博的霸业基础就安稳了。"田季安说："太好了！先生来到这里，是上天眷顾魏博啊！"于是，田季安就采纳谭忠的计划，与成德暗中商议，得到成德的堂阳县。

　　忠归幽州，谋欲激刘济讨王承宗。会济合诸将言曰："天子知我怨赵，今命我伐之，赵亦必大备我。伐与不伐孰利？"忠疾对曰："天子终不使我伐赵，赵亦不备燕。"济怒曰："尔何不直言济与承宗反乎！"命系忠狱。使人视成德之境，果不为备。后一日，诏果来，令济"专护北疆，勿使朕复挂胡忧，而得专心于承宗。"济乃解狱召忠曰："信如子断矣，何以知之？"忠曰："卢从史外亲燕，内实忌之；外绝赵，内实与之。此为赵画曰：'燕以赵为障，虽怨赵，必不残赵，不必为备，'一且示赵不敢抗燕，二且使燕获疑天子。赵人既不备燕，潞人则走告于天子曰：'燕厚怨赵，赵见伐而不备燕，是燕反与赵也。'此所以知天子终不使君伐赵，赵亦不备燕也。"济曰："今则奈何？"忠曰："燕、赵为怨，天下无不知。今天子伐赵，君坐全燕之甲，一人未济易水，此正使潞人以燕卖恩于赵，败忠于上，两皆售也。是燕贮忠义之心，卒染私赵之口，不见德于赵人，恶声徒嘈嘈于天下耳。惟君熟思之！"济曰："吾知之矣。"乃下令军中曰："五日毕出，后者醢以徇！"

　　【译文】谭忠回到幽州，打算用计谋鼓动刘济前去攻讨王承宗；刚好遇到刘济集合诸将并对他们说："天子知道我怨恨

217

成德，现在命令我讨伐成德，成德也必然极力防备我。讨伐与不讨伐，采用哪种做法有利呢？"谭忠连忙回答说："天子最终是不会让我们去攻打成德的，成德也不会防备卢龙。"刘济发怒说："你为什么不直说我和王承宗造反呢？"接着，刘济命令把谭忠关进监狱。刘济派人去察看成德边境，果然没有设置防备；过了一天，诏书果然颁布下来，命令刘济"专心保护北方边境，不要让朕再为胡人担忧，得以一心一意对付王承宗"。于是，刘济打开牢狱，召见谭忠说："事态发展真和你的判断一样，你怎么知道的？"谭忠说："卢从史表面上亲近卢龙，而心里实在是忌恨卢龙；表面上不与成德往来，内里实际是在援助成德。他为成德这样筹划说：'卢龙把成德作为屏障，虽然卢龙怨恨成德，但肯定不会伤害成德，所以没有必要对卢龙设置防备。'一则表示成德不敢抵抗卢龙，二则使卢龙受到天子的怀疑。既然成德人不防备卢龙，潞州的卢从史就会跑去告诉天子说：'卢龙对成德的怨恨很深，成德在遭受攻打时，并不防备卢龙，这说明卢龙反而是与成德亲善。'这就是我知道天子最终不会让您攻打成德，而成德也不会防备卢龙的原因所在啊。"刘济说："现在该怎么办？"谭忠说："卢龙、成德结怨，天下没有人不知道。现在天子攻打成德，你却使整个卢龙的军队坐以待敌，连一个人也没有渡过易水，这就恰好让潞州人认为卢龙以小恩小惠收买成德，因而向皇上败坏卢龙忠于朝廷的名声，在这两方面他们都能达到目的。这样一来，卢龙虽怀藏忠义之心，而终于落下对成德偏私的口实，得不到成德人的感激，还徒然使辱骂自己的呼声在天下喧闹不止。希望你仔细考虑这个问题！"刘济说："我知道其中的道理了。"于是命令军中将士说："五天之内全部出发，落后的把他剁成肉酱示众。"

元和五年(庚寅,公元八一零年)春,正月,刘济自将兵七万人击王承宗,时诸军皆未进,济独前奋击,拔饶阳、束鹿。

河东、河中、振武、义武四军为恒州北道招讨,会于定州。会望夜,军吏以有外军,请罢张灯。张茂昭曰:"三镇,官军也,何谓外军!"命张灯,不禁行人,不闭里门,三夜如平日,亦无敢喧哗者。

丁卯,河东将王荣拔王承宗洄湟镇。吐突承璀至行营,威令不振,与承宗战,屡败。左神策大将军郦定进战死。定进,骁将也,军中夺气。

【译文】元和五年(庚寅,公元810年)春季,正月,刘济亲自率领七万兵马前去攻打王承宗,当时各路军队都还没有进发,只有刘济向前奋力进击王承宗的军队,攻取饶阳、束鹿。

河东、河中、振武、义武四军担当恒州北面的招抚与讨伐,在定州集合。适逢十五晚上,义武军吏认为定州驻有外来军队,请求禁止张灯。张茂昭说:"河东、河中、振武三镇的军队,都是官军,说什么外地的军队呢?"他命令张灯,不禁止行人来往,不关闭里门,一连三个晚上,都像平时一样,也没有人敢大声乱喊乱叫。

丁卯日(二十六日),河东将领王荣攻克王承宗的洄湟镇。吐突承璀抵达行营,他的军威政令不振,和王承宗作战,屡次打败仗;左神策大将军郦定进战死。郦定进是一员猛将,军中将士因为他战死而士气低落。

河南尹房式有不法事,东台监察御史元稹奏摄之,擅令停务。朝廷以为不可,罚一季俸,召还西京。至敷水驿,有内侍后至,破驿门呼骂而入,以马鞭击稹伤面。上复引稹前过,贬江陵

士曹。翰林学士李绛、崔群言稹无罪。白居易上言:"中使陵辱
朝士,中使不问而稹先贬,恐自今中使出外益暴横,人无敢言者。
又,稹为御史,多所举奏,不避权势,切齿者众,恐自今无人肯为
陛下当官执法,疾恶绳愆,有大奸猾,陛下无从得知。"上不听。

　　上以河朔方用兵,不能讨吴少阳。三月,己未,以少阳为淮
西留后。

　　【译文】河南尹房式做了不守法纪的事情,东台监察御史元
稹奏明宪宗把他收监,并擅自下令停止尹房式的职务。朝廷认为
不能够这样处理,罚元稹一个季度的薪俸,将他召回西京。元稹
来到敷水驿,有一个内侍宦官从后面赶到,撞开驿站的大门,叫
喊喝骂着走进去,并用马鞭打伤元稹的脸。宪宗又联系元稹前次
的过错,贬他为江陵士曹。翰林学士李绛、崔群说元稹没有罪。
白居易也向宪宗上疏说:"中使欺凌侮辱朝廷官员,陛下不治中
使的罪而先贬元稹的官职,恐怕从今以后中使外出会愈加暴虐
骄横,没有谁再敢说话。再说,元稹担任御史,检举揭发许多事,
不畏惧权贵势要人士,痛恨他的人很多,现在将元稹贬逐,恐怕
从今以后没有人肯为陛下担任官职,执行法令,憎恨邪恶,纠正
过失了。朝廷里就是出现特大的奸险狡猾的人物,陛下也无法得
知。"宪宗不听他的谏言。

　　宪宗因为河朔地区正在作战,不能派兵再讨伐吴少阳。三
月,己未日(十九日),宪宗任命吴少阳为淮西留后。

　　【乾隆御批】宦寺强横不加罪愆,朝官受辱转见贬黜,可谓倒
行逆施! 胡寅惟以"宪宗不能长育人才,致微之,一经折挫,不克固
守"为惜,亦不揣本而齐末矣。

　　【译文】宦官强横却不加责罚,朝官受辱反而遭贬黜,真可谓倒行

逆施！胡寅只以"唐宪宗不能从长远处培育人才，导致国政衰微，一经挫折便不能守住江山"为惜，其实这也是解决问题不深究本质，只停留在表面现象啊，虽然能解燃眉之急，恐怕以后还会遇到麻烦。

诸军讨王承宗者久无功，白居易上言，以为："河北本不当用兵，今既出师，承璀未尝苦战，已失大将，与从史两军入贼境，迁延进退，不惟意在逗留，亦是力难支敌。希朝、茂昭至新市镇，竟不能过。刘济引全军攻围乐寿，久不能下。师道、季安元不可保，察其情状，似相计会，各收一县，遂不进军。陛下观此事势，成功有何所望！以臣愚见，须速罢兵，若又迟疑，其害有四：可为痛惜者二，可为深忧者二。何则？

若保有成，即不论用度多少；既的知不可，即不合虚费赀粮。悟而后行，事亦非晚。今迟校一日有一日之费，更延旬月，所费滋多，终须罢兵，何如早罢！以府库钱帛、百姓脂膏资助河北诸侯，转令强大。此臣为陛下痛惜者一也。

【译文】讨伐王承宗的军队过了很久都没有成功，白居易向宪宗上奏疏，认为："河北地区本来就不应该使用武力，现在已经出兵，吐突承璀没有经过苦战，却已经丧失一员大将，他与卢从史两支军队已经进入成德疆境，一味拖延行动，不只是有意停顿不前，也是他们的力量难以抵抗敌人。范希朝、张茂昭到新市镇，竟然不能通过；刘济率领所有的军队围攻乐寿，很久都攻不下。李师道与田季安原来就不能担保，观察他们的情形，好像经过盘算，各自攻克一县，就不再进军。陛下看看这种事态趋势，还有希望成功吗？按照我愚昧的见解，必须赶快停止用兵，如果还要犹豫，便会有四点害处：其中应当为陛下痛切惋惜的害处有两点，应当为陛下深切忧虑的害处也有两点。为什么这样说呢？

如果保证能够获得成功，便可以不计较费用多少；既然确知不能获得成功，就不应该白白耗费资财与粮食。懂得了这个道理以后再去行动，也并不嫌晚。现在迟一天改正就多一天的费用，再迁延十天一个月的话，所需要的费用就更多。既然终究要停止作战，为什么不及早停下来呢？用国家库存的钱财布帛和民脂民膏供给河北地区的节帅，反而使他们更强大。这是我为陛下感到痛惜的第一点。

资治通鉴

臣又恐河北诸将见吴少阳已受制命，必引事例轻重，同词请雪承宗。若章表继来，即义无不许。请而后舍，体势可知，转令承宗胶固同类。如此，则与夺皆由邻道，恩信不出朝廷，实恐威权尽归河北。此为陛下痛惜者二也。

今天时已热，兵气相蒸，至于饥渴疲劳，疾疫暴露，驱以就战，人何以堪！纵不惜身，亦难忍苦。况神策乌杂城市之人，例皆不惯如此，忽思生路，或有奔逃，一人若逃，百人相扇，一军若散，诸军必摇，事忽至此，悔将何及！此为陛下深忧者一也。

臣闻回鹘、吐蕃皆有细作，中国之事，小大尽知。今聚天下之兵，唯讨承宗一贼，自冬及夏，都未立功，则兵力之强弱，资费之多少，岂宜使西戎、北虏一一知之！忽见利生心，乘虚入寇，以今日之势力，可能救其首尾哉！兵连祸生，何事不有！万一及此，实关安危。此其为陛下深忧者二也。"

【译文】我又担心河北诸将看见吴少阳已接受天子任命成为淮西留后，必定会援引处理这一件事的宽严标准，用同样的言辞来请求为王承宗昭雪。如果奏章疏表相继而来，按道理说就不能不答应。经过他们请求再放弃对王承宗的讨伐，这种格局与情势可想而知，反而教王承宗和他的同党结交得更为坚固。这样一来，给予与剥夺完全按照与王承宗相邻各道的意见来决定，恩德与信义都不能出自朝廷，这实在让人担心朝廷的声威与权力都归向河北诸侯手里。这是为陛下痛惜的第二点。

现在天气已热，士兵身上的热气互相蒸熏，以至于饥饿干渴，疲乏劳累，又有瘟疫流行，他们露天而处，赶他们去作战，他们怎么忍受得了？即使他们不爱惜自己的身体，也难以忍受这种痛苦。况且，神策军都是城市的乌合之众，都不习惯像这样的军旅生活，忽然想到应该寻找一条求生之路，如果有一人逃亡，就会有一百人受到煽动；如果有一支军队溃散，那么其他各路军队必定摇动，事情忽然达到这个地步，后悔也来不及了！这是臣为陛下担忧的第一点。

"我听说回鹘、吐蕃都派出密探，中原的事情，不论大小，他们全都知道。现在朝廷聚集天下的军队，只是讨伐王承宗这一个叛贼，从冬季到夏季，都没有建树功勋，那么兵力的强弱，物资费用的多少，难道能让西戎、北虏一样一样地全知道？假如他们忽然看到有利可图，生出二心，趁着国内空虚的时机前来侵犯我国，就凭朝廷现在的形势与力量，难道对两方面都能够给以援救吗？战争连续不断，灾祸从中产生，什么事不会发生呢？万一到了这一步，实在关涉着国家的安危。这是臣为陛下担忧的第二点。"

卢从史首建伐王承宗之谋，及朝廷兴师，从史逗留不进，阴与承宗通谋，令军士潜怀承宗号；又高刍粟之价以败度支，讽朝廷求平章事，诬奏诸道与贼通，不可进兵，上甚患之。

会从史遣牙将王翊元入奏事，裴垍引与语，为言为臣之义，微动其心，翊元遂输诚，言从史阴谋及可取之状。垍令翊元还本军经营，复来京师，遂得其都知兵马使乌重胤等款要。坰言于上曰："从史狡猾骄很，必将为乱。今闻其与承璀对营，视承璀如婴儿，往来殊不设备。失今不取，后虽兴大兵，未可以岁月平也。"上初愕然，熟思良久，乃许之。

【译文】卢从史首先提出讨伐王承宗的策略，等到朝廷派兵讨伐，卢从史却逗留不肯前进，暗地和王承宗互通计谋，命令军士暗藏王承宗的行军标记；又抬高粮食草料的价钱卖给度支，破坏度支的军需供应，暗示朝廷任命他为平章事，还诬奏其他道和王承宗相勾结，劝谏朝廷不可派兵讨伐。宪宗对此感到非常忧虑。

适逢此时，卢从史派遣牙将王翊元入朝奏事，裴坰带王翊元到别处和他聊天，对他讲述作为人臣应该有的义理，暗暗打动王翊元的内心，于是王翊元也表达自己的诚意，将卢从史暗中的策划与潞州可以攻取等情况讲出来。裴坰叫王翊元回到本军，经过筹措规划，再来京师，于是得到潞州都知兵马使乌重胤等人的诚心相助。裴坰对宪宗说："卢从史狡猾放纵，必定会造反。现在听说他在吐突承璀的对面扎营，把吐突承璀看作婴儿一般，往来两营之间，全然不设置防备；如果失去现在的机会，不捉拿他，以后即使派遣大批军队前去讨伐，也是不能在短时间内将卢从史平定。"宪宗起初有些惊愕，经过长时间的周密考虑后，才答应了。

从史性贪，承璀盛陈奇玩，视其所欲，稍以遗之。从史喜，益相昵狎。甲申，承璀与行营兵马使李听谋，召从史入营博，伏壮士于幕下，突出，擒诣帐后缚之，内车中，驰诣京师。左右惊乱，承璀斩十馀人，谕以诏旨。从史营中士卒闻之，皆甲以出，操兵趋哗。乌重胤当军门叱之曰："天子有诏,从者赏,敢违者斩!"士卒皆敛兵还部伍。会夜,车疾驱,未明,已出境。重胤,承洽之子;听,晟之子也。

丁亥,范希朝、张茂昭大破承宗之众于木刀沟。

【译文】卢从史生性贪得无厌,吐突承璀陈列很多珍奇玩好,看他想要什么,就一样样地给他送过去。卢从史非常高兴,对吐突承璀越发亲近。甲申日(三月无此日),吐突承璀与行营兵马使李听设计,叫卢从史前来营中博戏,在帐幕下埋伏壮士,卢从史到后,伏兵突然冲出来,把卢从史捉到帐后捆起来,关到囚车中,快速地送到京师。卢从史身边的人们又震惊,又慌乱。吐突承璀斩杀十几个人,把宪宗李纯的旨意宣告给其他人。卢从史军营中的士兵听见这个消息,都穿好铠甲,走了出来,手中握着兵器,一面疾步而行,一面大声叫喊。乌重胤站在军营门口大声呵斥说:"天子有命令,顺从的有赏,敢不听命的斩!"于是,士兵都收起武器,回到部队。适值夜晚降临,载着卢从史的车辆急速奔驰,在天亮以前,已经走出泽潞边境。乌重胤是乌承洽的儿子;李听是李晟的儿子。

丁亥日(三月无此日),范希朝、张茂昭在木刀沟打败王承宗的军队。

上嘉乌重胤之功,欲即授以昭义节度使。李绛以为不可,请授重胤河阳,以河阳节度使孟元阳镇昭义。会吐突承璀奏,已牒重胤句当昭义留后,绛上言:"昭义五州据山东要害,魏博、恒、幽诸镇蟠结,朝廷恃此以制之。邢、滋、洺入其腹内,诚国之宝地,安危所系也。向为从史所据,使朝廷盱食,今幸而得之,承璀复以与重胤,臣闻之惊叹,实所痛心!昨国家诱执从史,虽为长策，已失大体。今承璀又以文牒差人为重镇留后，为之求旌节，无君之心，孰甚于此！陛下昨日得昭义，人神同庆，威令再立；今日忽以授本军牙将，物情顿沮，纪纲大紊。校计利害，更不若从史为之。何则？从史虽蓄奸谋，已是朝廷牧伯。重胤出于列校，以承璀一牒代之，窃恐河南、北诸侯闻之，无不愤怒，耻与为伍。且谓承璀诱重胤使逐从史而代其位，彼人人麾下各有将校，能无自危乎！傥刘济、茂昭、季安、执恭、韩弘、师道继有章表陈其情状，并指承璀专命之罪，不知陛下何以处之？若皆不报，则众怒益甚；若为之改除，则朝廷之威重去矣。"上复使枢密使梁守谦密谋于绛曰："今重胤已总军务，事不得已，须应与节。"对曰："从史为帅不由朝廷，故启其邪心，终成逆节。今以重胤典兵，即授之节，威福之柄不在朝廷，何以异于从史乎！重胤之得河阳，已为望外之福，岂敢更为旅拒！况重胤所以能执从史，本以杖顺成功，一旦自逆诏命，安知同列不袭其迹而动乎！重胤军中等夷甚多，必不愿重胤独为主帅。移之他镇，乃惬众心，何忧其致乱乎！"上悦，皆如其请。壬辰，以重胤为河阳节度使，元阳为昭义节度使。

戊戌，贬卢从史骧州司马。

【译文】宪宗嘉奖乌重胤的功劳，打算立即授给他昭义节度使的职务。李绛认为不可以，请求授给乌重胤河阳节度使的职务，派河阳节度使孟元阳镇守昭义。适逢吐突承璀奏称，他已经发出文书，让乌重胤处理昭义留后的事务。李绛上奏说："昭义所属的泽、潞、邢、洺、磁五州，在崤山以东占据着关系全局的重要地位，魏博、恒、幽三镇盘结，朝廷就只有依靠昭义来控制他们。邢州、磁州、洺州延展到魏博等军镇的中心地区，确实是国家的宝地，关系着国家的安全与危亡。从前昭义被卢从史占据，已使朝廷为此忙得顾不上按时吃饭，现在有幸得到，吐突承璀又要将昭义给乌重胤，我听见这个消息惊叹不已，实在痛心极了！不久前，朝廷诱捕卢从史，即使这算是长远的筹策，却也已经失去原则。现在吐突承璀又用文书指派乌重胤担当这一重要军镇的留后，并请求任命他为节度使，心中没有君王，还有谁比他更过分？陛下日前得到昭义，人神一同庆贺，声威政令又能建立；现在忽然将昭义授给本军牙将，使得人心一下子沮丧，国家的纲纪法度也紊乱。比较利害，反而不如由卢从史担任节度使。为什么呢？卢从史虽然蓄积阴谋，但他已是朝廷任命的州道长官。乌重胤只是普通将校，因吐突承璀的一纸文书便代替卢从史，我恐怕河南、河北的诸侯听到，没有不愤怒的，以和他同列感到羞耻。而且他们将会说吐突承璀诱使乌重胤驱逐卢从史，从而代替卢从史的职位，他们部下都各有将校，岂能不感到自危呢？ 倘若刘济、张茂昭、田季安、程执恭、韩弘、李师道接着一个个地呈上奏表说明他们的情形，并指责吐突承璀专擅命令的罪过，不知道陛下将要怎么来处置吐突承璀？如果陛下都不答复，那么大家的怒气就会更为加重；如果在威胁之下陛下改为任命他人，那朝廷的威严一点也没有了。"宪宗又派枢密使梁守谦和李绛暗中商量说："现在乌重胤已经管理军务，事不得已，应该授给他节度使的旌节。"李绛回答说："卢从史做元帅便不是由朝廷任命，所以才动了邪恶的想法，最终做出违反节操的事。现在因为乌重胤掌管军队，如果朝廷就授给他旌节，赏罚的权柄不在朝廷手中，这种情况和卢从史担任节度使又有什么区别呢？乌重胤能得到河阳，已是意料之外的幸运，难道他还有胆量聚众抗拒吗？何况乌重胤之所以能捉住卢从史，是因为他坚持顺承朝廷；一旦违背天子的命令，怎知他的同列不会照他的做法来作乱呢？乌重胤军中和他同辈的将领数量众多，他们肯定不希望乌重胤独自出任主帅。把乌重胤调到别镇，才能使大家感到满意，哪里需要为招致变乱而担忧呢？"宪宗听了很高兴，完全照李绛的请求办理。壬辰日（三月无此日），宪宗李纯任命乌重胤为河阳节度使，任命孟元阳为昭义节度使。

戊戌日（疑误），宪宗贬卢从史为骧州司马。

五月，乙巳，昭义军三千馀人夜溃，奔魏州。刘济奏拔安平。

庚申，吐蕃遣其臣论思邪热入见，且归路泌、郑叔矩之枢。

甲子，奚寇灵州。

六月，甲申，白居易复上奏，以为："臣比请罢兵，今之事势，又不如前，不知陛下复何所待！"是时，上每有军国大事，必与诸学士谋之。尝逾月不见学士，李绛等上言："臣等饱食不言，其自为计则得矣，如陛下何！陛下询访理道，开纳直言，实天下之幸，岂臣等之幸！"上遽令"明日三殿对来。"

白居易尝因论事，言"陛下错"，上色庄而罢，密召承旨李绛，谓："白居易小臣不逊，须令出院。"绛曰："陛下容纳直言，故群臣敢竭诚无隐。居易言虽少思，志在纳忠。陛下今日罪之，臣恐天下各思箝口，非所以广聪明，昭圣德也。"上悦，待居易如初。

上尝欲近猎苑中，至蓬莱池西，谓左右曰："李绛必谏，不如且止。"

【译文】五月，乙巳日（初六日），昭义军中有三千多人乘夜溃散，逃奔魏州。刘济向朝廷奏报攻取安平。

庚申日（二十一日），吐蕃派臣子论思邪热进京朝见天子，而且归还路泌和郑叔矩的灵柩。

甲子日（二十五日），奚族人侵犯灵州。

六月，甲申日（十五日），白居易又向宪宗上奏，认为："臣最近请求停止用兵，现在国家的情势，不如从前，臣不知道陛下还在等待什么！"当时，每当遇到军队和国家重大的事情，宪宗李纯必定要与各位翰林学士商量。宪宗曾经有超过一个月不见翰林学士的纪录，于是李绛等臣子上奏说："臣等吃饱了不用进言，若是为自己着想，这是够好的了，但这样做对陛下就不好了！陛下征询访求治国的方策，开辟言路，接受谏言，这实在是天下万民的幸运，岂止是臣等的幸运？"宪宗立刻命令："明天你们前来麟德殿奏对吧。"

白居易有一次因议论事情，说"陛下错了"的话，宪宗表情庄重严肃地停止谈话，暗中召见承旨李绛，对他说："白居易这小臣出言不逊，必须叫他退出翰林院。"李绛说："陛下能够容纳臣子的直言，所以群臣才敢毫无隐瞒地竭尽忠诚。白居易的话虽然欠思考，但他的本意是要进献忠心。如果陛下将他责罚，臣担心天下人都想要缄默不语，这可不是广开视听，彰显陛下至高无上德行的方法啊。"宪宗听了这些话很高兴，对待白居易还和从前一样。

宪宗李纯曾想就近在禁苑中打猎，走到蓬莱池的西边，对身边服侍的人说："李绛一定会来劝谏，不如姑且停止吧！"

秋，七月，庚子，王承宗遣使自陈为卢从史所离间，乞输贡赋，请官吏，许其自新。李师道等数上表请雪承宗，朝廷亦以师久无功，丁未，制洗雪承宗，以为成德军节度使，复以德、棣二州与之。悉罢诸道行营将士，共赐布帛二十八万端匹，加刘济中书令。

刘济之讨王承宗也，以长子绲为副大使，掌幽州留务。济军瀛州，次子总为瀛州刺史，济署行营都知兵马使，使屯饶阳。济有疾，总与判官张玘、孔目官成国宝谋，诈使人从长安来，曰："朝廷以相公逗留无功，已除副大使为节度使矣。"明日，又使人来告曰："副大使旌节已至太原。"又使人走而呼曰："旌节已过代州。"举军惊骇。济愤怒，不知所为，杀大将素与绲厚者数十人，追绲诣行营，以张玘兄皋代知留务。济自朝至日昃不食，渴索饮，总因置毒而进之。乙卯，济薨。绲行至涿州，总矫以父命杖杀之，遂领军务。

【译文】秋季，七月，庚子日（初二日），王承宗派使者陈述自己是被卢从史挑拨，请求缴纳赋税，请朝廷任命官吏，准许他改过自新。李师道等人屡次上表请求为王承宗平反，朝廷也认为军队攻打很久，无所建树。丁未日（初九日），宪宗下制书为王承宗平反，任命王承宗为成德军节度使，又把德、棣两州赐给他；将各道行营的将士们全部遣还，一共向他们颁赐布帛二十八万端匹（唐制：布帛六丈为端，四丈为匹）；又加封刘济为中书令。

刘济讨伐王承宗时，任命长子刘绲为节度副大使，掌管幽州留后的职务。刘济的军队驻扎在瀛州，而次子刘总担任瀛州刺史，于是刘济便让刘总暂任行营都知兵马使，让他驻扎饶阳。刘济患病，刘总和判官张玘、孔目官成国宝设下计谋，派人诈称从长安前来，对刘济说："朝廷因为您逗留在这儿，没有立功，已经任命副大使刘绲为节度使。"第二天，又派人来告诉刘济说："前来颁送旌节，任命副大使为节度使的使者已经来到太原。"又派人一面奔跑一面呼叫说："颁送节度使旌节的使者已过代州。"全军都非常惊骇。刘济非常愤怒，不知道该怎么办，斩杀了平常与刘绲交好的大将几十个人，派人召刘绲立即到行营，派张玘的哥哥张皋代管留后职务。从早晨到日过正午，刘济都未进餐，口渴要喝水，刘总趁机在水中下毒，送给刘济喝了。乙卯日（十七日），刘济去世。刘绲走到涿州时，刘总假借父亲的命令叫人用棍子把刘绲打死，于是刘总便统领军中事务。

岭南监军许遂振以飞语毁节度使杨於陵于上，上命召於陵还，除冗官。裴垍曰："於陵性廉直，陛下以遂振故黜藩臣，不可。"丁巳，以於陵为吏部侍郎。遂振寻自抵罪。

八月，乙亥，上与宰相语及神仙，问："果有之乎？"李藩对曰："秦始皇、汉武帝学仙之效，具载前史，太宗服天竺僧长年药致疾，此古今之明戒也。陛下春秋鼎盛，方励志太平，宜拒绝方士之说。苟道盛德充，人安国理，何忧无尧、舜之寿乎！"

【译文】岭南监军许遂振用毫无根据的话在宪宗李纯面前毁谤节度使杨於陵，宪宗召杨於陵回朝，任用他做闲散的官职。裴垍说："杨於陵性情廉洁正直，陛下因许遂振贬黜节帅，这样做是不妥当的。"丁巳日（十九日），宪宗任命杨於陵为吏部侍郎。不久，许遂振承担了应负的罪责。

八月，乙亥日（初七），宪宗和宰相谈到神仙，问："这世上果真有神仙吗？"李藩回答说："秦始皇、汉武帝学习仙术的结果，全都记载在以往的史书中，太宗李世民吃了天竺和尚的长生不老药招致疾病，这便是由古代到现在的明诫啊。陛下年富力强，正该勉励心志，努力治国平天下，应该拒绝方士的游说。如果能使道德充盛，人安国治，还用担忧不能享有尧、舜的寿数吗？"

九月，己亥，吐突承璀自行营还。辛亥，复为左卫上将军，充左军中尉。裴垍曰："承璀首唱用兵，疲弊天下，卒无成功，陛下纵以旧恩不加显戮，岂得全不贬黜以谢天下乎！"给事中段平仲、吕元膺言承璀可斩。李绛奏称："陛下不责承璀，他日复有败军之将，何以处之？若或诛之，则同罪异罚，彼必不服；若或释之，则谁不保身而玩寇乎！愿陛下割不忍之恩，行不易之典，使将帅有所惩劝。"间二日，上罢承璀中尉，降为军器使。中外相贺。

裴垍得风疾，上甚惜之，中使候问旁午于道。

丙寅，以太常卿权德舆为礼部尚书、同平章事。

【译文】九月，己亥日（初二日），吐突承璀从行营回到朝廷；辛亥日（十四日），吐突承璀重新做左卫上将军，代理左军中尉。裴垍说："吐突承璀首先倡导用兵，使天下百姓穷乏困苦，到头来还是不能获得成功，纵然陛下因旧日的恩情不肯将他处决示众，为了向天下百姓道歉，难道能够使他保全不加贬逐吗？"给事中段平仲、吕元膺说吐突承璀的罪应该杀头。李绛向宪宗李纯上奏说："陛下不责罚吐突承璀，以后再有战败的将领，该怎么处治他呢？如果杀掉他，同样的罪行而惩罚不同，他一定不服气；如果赦免他的罪行，那么为了保全自己的生命，谁不姑息敌军呢？希望陛下割舍对吐突承璀不能狠下心来的私恩，行使不可更改的刑典，使将帅们得到一些警诫与勉励。"隔了两天，宪宗罢免吐突承璀中尉的官职，降为军器使，朝廷内外的人都互相道贺。

裴垍中风，宪宗李纯对此十分惋惜，派去问候的中使在道路上往来纷繁。

丙寅日（二十九日），宪宗任命太常卿权德舆为礼部尚书、同平章事。

义武节度使张茂昭请除代人，欲举族入朝。河北诸镇互遣人说止之，茂昭不从，凡四上表。上乃许之。以左庶子任迪简为义武行军司马。茂昭悉以易、定二州簿书管钥授迪简，遣其妻子先行，曰：“吾不欲子孙染于污俗。”

茂昭既去，冬，十月，戊寅，虞候杨伯玉作乱，囚迪简，辛巳，义武将士共杀伯玉。兵马使张佐元又作乱，囚迪简，迪简乞归朝。既而将士复杀佐元，奉迪简主军务。时易定府库罄竭，闾阎亦空，迪简无以犒士，乃设粝饭与士卒共食之，身居戟门下经月。将士感之，共请迪简还寝，然后得安其位。上命以绫绢十万匹赐易定将士。壬辰，以迪简为义武节度使。甲午，以张茂昭为河中、慈、隰、晋、绛节度使，从行将校皆拜官。

【译文】义武节度使张茂昭请求派人代替自己的职位，想带整个家族入京朝见。河北各镇都派人去劝他不要这样，张茂昭不肯听从他们的建议。张茂昭总共向宪宗李纯上了四次表，宪宗才准许他的请求。宪宗任命左庶子任迪简为义武行军司马。张茂昭将易州、定州的账簿文书和锁头钥匙悉数交给了任迪简，送他的妻子儿女先走，说：“我不愿子孙后代沾染上污浊的习俗。”

张茂昭离开后，冬季，十月，戊寅日（十一日），虞候杨伯玉作乱，囚禁任迪简。辛巳日（十四日），义武将士一同杀死杨伯玉。兵马使张佐元又作乱，将任迪简囚禁起来，任迪简请求回到朝廷。不久，将士们又将张佐元杀掉，拥戴任迪简掌管军中事务。这时易、定两州的府库消耗已尽，居民散失一空，任迪简没有东西慰劳士兵，于是准备糙米饭和士卒共同进餐，他亲身在军府的戟门（藩镇府门列戟，因谓之戟门）下面住了一个月。将士非常感动，共请任迪简回到寝室去住，从此，任迪简的位子才得以安稳下来。宪宗命令赐下绫绢十万匹，颁赐给易州、定州的将士们。壬辰日（二十五日），宪宗李纯任命迪简为义武节度使。甲午日（二十七日），宪宗任命张茂昭为河中、慈、隰、晋、绛节度使，跟随他同行的将官一概授给官职。

右金吾大将军伊慎以钱三万缗赂右军中尉第五从直，求河中节度使。从直恐事泄，奏之。十一月，庚子，贬慎为右卫将军，坐死者三人。

初，慎自安州入朝，留其子宥主留事，朝廷因以为安州刺史，未能去也。会宥母卒于长安，宥利于兵权，不时发丧。鄂岳观察使郗士美遣僚属以事过其境，宥出迎，因告以凶问，先备篮舆，即日遣之。

甲辰，会王缤薨。

【译文】右金吾大将军伊慎用三万贯钱贿赂右军中尉第五从直，要求得到河中节度使的职务；第五从直害怕事情泄露，把行贿的事奏明宪宗。十一月，庚子日（初三日），宪宗贬伊慎为右卫将军，有三个人因为这件事连坐而死。

起初，伊慎从安州入京朝见天子，将他的儿子伊宥留下来主持留后事务，朝廷因而任命伊宥为安州刺史，所以伊宥便没有能够离开安州。适逢伊宥的母亲在长安去世，伊宥贪得兵权的利益，不肯按时将死讯公布于众。鄂岳观察使郗士美因事派遣僚属经过他的境内，伊宥出来迎接，告诉僚属他母亲去世的噩耗，伊宥先派人准备好轿子，当天就让僚属离开。

甲辰日（初七日），会王李缤去世。

庚戌，以前河中节度使王锷为河东节度使。上左右受锷厚赂，多称誉之，上命锷兼平章事，李藩固执以为不可。权德舆曰："宰相非序进之官。唐兴以来，方镇非大忠大勋，则跋扈者，朝廷或不得已而加之。今锷既无忠勋，朝廷又非不得已，何为遽以此名假之！"上乃止。

锷有吏才，工于完聚。范希朝以河东全军出屯河北，耗散甚众。锷到镇之初，兵不满三万人，马不过六百匹，岁馀，兵至五万人，马有五千匹，器械精利，仓库充实，又进家财三十万缗，上复欲加锷平章事。李绛谏曰："锷在太原，虽颇著绩效，今因献家财而命之，若后世何！"上乃止。

中书侍郎、同平章事裴土自数以疾辞位。庚申，罢为兵部尚书。

【译文】庚戌日（十三日），宪宗李纯任命前任河中节度使王锷为河东节度使。宪宗身边的侍臣接受王锷丰厚的贿赂，多数称赞他，宪宗命令王锷兼任平章事，李藩非常坚决地认为这是不适当的。权德舆说："宰相不是按照年资，依照次序而做的官。唐朝建立以来，只有对特别忠心或立有大功的藩镇，或是对骄横强暴的节帅，朝廷有时迫于无奈，才将宰相的官职授予他们。现在王锷既没有显示忠心，建立勋劳，朝廷又不是不得已，为什么要忙着将这个名义给予他呢？"宪宗这才作罢。

王锷有治理地方的才干，擅长修城储粮这一类事务。范希朝率领河东全军驻扎河北，耗费很大。王锷刚到军镇时，士兵不满三万人，战马不超过六百匹，经过一年多的时间，兵员达到五万，战马达到五千匹，军事器具精良锋利，仓库中的物资装得满满的。王锷还进献自家财物三十万贯。宪宗又想加给王锷平章事的官职，李绛劝谏说："王锷在太原，虽然有很显著的成绩，但现在因献家财而任命他做宰相，后世将怎样看待此事呢？"宪宗这才打消任命王锷为相的念头。

中书侍郎、同平章事裴垍屡次因为生病向宪宗请求辞去相位。庚申日（二十三日），宪宗免去裴垍的官职，任用为兵部尚书。

十二月，戊寅，张茂昭入朝，请迁祖考之骨于京兆。

壬午，以御史中丞吕元膺为鄂岳观察使。元膺尝欲夜登城，门已锁，守者不为开。左右曰："中丞也。"对曰："夜中难辩真伪，虽中丞亦不可。"元膺乃还。明日，擢为重职。

翰林学士、司勋郎中李张面陈吐突承璀专横，语极恳切。上作色曰："卿言太过！"绛泣曰："陛下置臣于腹心耳目之地，若臣畏避左右，爱身不言，是臣负陛下；言之而陛下恶闻，乃陛下负臣也。"上怒解，曰："卿所言皆人所不能言，使朕闻所不闻，真忠臣也！他日尽言，皆应如是。"己丑，以绛为中书舍人，学士如故。

绛尝从容谏上聚财，上曰："今两河数十州，皆国家政令所不及，河、湟数千里，沦于左衽，朕日夜思雪祖宗之耻，而财力不赡，故不得不蓄聚耳。不然，朕宫中用度极俭薄，多藏何用邪！"

【译文】十二月，戊寅日（十二日），张茂昭入京朝见天子，请求将祖父和父亲的骸骨迁移到京兆府安葬

壬午日（十六日），宪宗任命御史中丞吕元膺为鄂岳观察使。吕元膺曾经晚上想登上城墙，城门已经上锁，守门的人不肯给他打开城门。吕元膺左右的人说："他是吕中丞啊！"守门的人回答说："晚上真假难辨，即使是吕中丞，也不能够给他打开城门。"于是，吕元膺就回去了。第二天，吕元膺就把守门的人提

拔到重要的职位上去。

　　翰林学士、司勋郎中李绛向宪宗当面陈述吐突承璀专横霸道,言语非常恳切。宪宗李纯听后,脸色一变说:"你说得太过分了吧。"李绛哭泣着说:"陛下将我安置在亲近信任的地位上,如果我在陛下面前畏怯退缩,爱惜自身,不敢进言,这是臣辜负了陛下的信任;我把话讲出来,陛下讨厌去听,这就是陛下辜负我的忠心。"宪宗的怒气这才消除,对李绛说:"你所说的都是别人不能说的,你让朕听到了无法得知的事情,真是一位忠臣啊。你以后尽情直言,都应该像今天这样子。"己丑日(二十三日),宪宗任命李绛为中书舍人,依旧做翰林学士。

　　李绛曾经从容地劝谏宪宗不要聚敛钱财,宪宗说:"现在河南、河北的好几十个州,都没有实行国家的政教法令,河、湟地区的好几千里地,还沦陷在异族手中,朕日夜都想洗雪祖宗的耻辱,可是国家财力不足,所以不得不积蓄聚敛钱财啊! 不然,朕在宫中的用度非常俭省,多储藏财物又有什么用呢?"

　　元和六年(辛卯,公元八一一年)春,正月,甲辰,以彰义留后吴少阳为节度使。

　　庚申,以前淮南节度使李志甫为中书侍郎,同平章事。二月壬申,李藩罢为太子詹事。

　　己丑,忻王造薨。

　　宦官恶李绛在翰林,以为户部侍郎,判本司。上问绛:"故事,户部侍郎皆进羡馀,卿独无进,何也?"对曰:"守土之官,厚敛于人以市私恩,天下犹共非之。况户部所掌,皆陛下府库之物,给纳有籍,安得羡馀! 若自左藏输之内藏以为进奉,是犹东库移之西库,臣不敢蹈此弊也。"上嘉其直,益重之。

【译文】元和六年（辛卯，公元811年）春季，正月，甲辰日（初九日），宪宗任命彰义留后吴少阳为节度使。

庚申日（二十五日），宪宗任命前任淮南节度使李吉甫为中书侍郎、同平章事。二月，壬申日（初七日），宪宗免去李藩的职务，将他任用为太子詹事。

己丑日（二十五日），忻王李造去世。

宦官不愿意让李绛在翰林院任职，派他做户部侍郎，兼任户部的其他职务。宪宗李纯询问李绛："依照惯例，户部侍郎都要进献盈余的赋税给朕，唯独你不肯进献，这是为什么呢？"李绛回答说："守卫疆土的地方官员，多征收沉重的赋税来获取私人的恩惠，天下的人们还共同非难他们；何况户部管理的，都是陛下府库里的财物，支出与交纳都有账簿记载，哪里来的盈余？如果把左藏库的财物送到内藏库，以此作为进献的供物，这就如同将财物从东边的库房搬运到西边的库房，我可不敢因袭这一弊端啊。"宪宗嘉奖李绛的正直，更加器重他。

乙巳，上问宰相："为政宽猛何先？"权德舆对曰："秦以惨刻而亡，汉以宽大而兴。太宗观《明堂图》，禁杖人背，是故安、史以来，屡有悖逆之臣，皆旋踵自亡，由祖宗仁政结于人心，人不能忘故也。然则宽猛之先后可见矣。"上善其言。

夏，四月，戊辰，以兵部尚书裴垍为太子宾客，李吉甫恶之也。

庚午，以刑部侍郎、盐铁转运使卢坦为户部侍郎、判度支。或告泗州刺史薛謇为代北水运使，有异马不以献。事下度支，使巡官往验，未返，上迟之，使品官刘泰昕按其事。户坦曰："陛下既使有司验之，又使品官继往，岂大臣不足信于品官乎！臣请先就黜免。"上召泰昕还。

【译文】乙巳日（二月无此日），宪宗询问宰相："为政的方法有宽大和严酷两种，哪种居于首位？"权德舆回答说："秦朝因残酷苛刻而亡国，汉朝因为宽和大度而兴国。太宗李世民看了《明堂图》后，禁止鞭打人的背；所以安禄山、史思明叛乱以来，屡次有叛逆的臣子，但在转足之间都自取灭亡，这是祖宗的仁政深入人心，人们不能够忘怀的缘故啊！既然如此，那么宽大和严酷哪一种居于首位就可以知道了。"宪宗认为权德舆的进言很对。

夏季，四月，戊辰日（初四日），宪宗任命兵部尚书裴垍为太子宾客，这是李吉甫很憎恨他的缘故。

庚午日（初六日），宪宗任命刑部侍郎、盐铁转运使卢坦为户部侍郎、判度支。有人告发泗州刺史薛謇做代北水运使的时候，有难得的良马，却没有进献上来。宪宗李纯于是把这事交给度支办理，叫他派遣巡官去调查此事。巡官还没有回来复命，宪宗嫌事情办得太慢，便让品官刘泰昕按察此事。卢坦说："既然陛下让主管部门验察此事，却接着又派品官前往验查此事，难道大臣还没有品官值得信任吗？请先罢免我的官职吧！"宪宗只得把刘泰昕传召回来。

五月，前行营粮料使于皋谟、董溪坐赃数千缗，敕贷其死，皋谟流春州，溪流封州。行至潭州，并追遣中使赐死。权德舆上言，以为："皋谟等罪当死，陛下肆诸市朝，谁不惧法！不当已赦而杀之。"溪，晋之子也。

庚子，以金吾大将军李惟简为凤翔节度使。陇州地与吐蕃接，旧常朝夕相伺，更入攻抄，人不得息。惟简以为边将当谨守备，蓄财谷以待寇，不当睹小利，起事盗恩，禁不得妄入其地。益市耕牛，铸农器，以给农之不能自具者，增垦田数十万亩。属岁屡稔，公私有馀，贩者流及它方。

赐振武节度使阿跌光进姓李氏。

【译文】五月，前次讨伐恒州行营的粮料使于皋谟、董溪因为贪污数千缗钱财获罪，宪宗颁布圣旨免除他们的死罪；把于皋谟流放春州，把董溪流放封州。当他们走到潭州，宪宗又追派中使赐他们自裁。权德舆向宪宗上奏，认为："于皋谟等人犯的罪应当处死，陛下在市朝把他们正法示众，还有谁敢不畏惧国家法纪？但陛下不应该已经赦免他们的死罪，却又将他们杀掉。"董溪是董晋的儿子。

庚子日（初七日），宪宗任命金吾大将军李惟简为凤翔节度使。陇州的边界和吐蕃接壤，过去朝夕侦察，交替着进入敌方境内攻打抢掠，人们生活不得安宁。李惟简认为守边之将应当周密设防，储蓄钱财粮食等待敌军的到来，不应当着眼细小的利益，惹起事端，窃取官家的赏赐。应当禁止他们随便进入吐蕃地界；同时逐渐购买耕牛，铸造耕田器具，以供给不能自己备办耕牛与农具的农人使用，这样才能开垦农田数十万亩。如果连年丰收，公家与私人有了余粮，商人还能把粮食贩运到外地出售。

宪宗李纯赐给振武节度使阿跌光进的姓氏为李氏。

六月，丁卯，李吉甫奏："自汉至隋十有三代，设官之多，无如国家者。天宝以后，中原宿兵，见在可计者八十馀万，其馀为商贾、僧、道不服田亩者什有五六，是常以三分劳筋苦骨之人奉七分待衣坐食之辈也。今内外官以税钱给俸者不下万员，天下千三百餘县，或以一县之地而为州，一乡之民而为县者甚众，请敕有司详定废置，吏员可省者省之，州县可并者并之，入仕之涂可减者减之。又，国家旧章，依品制俸，官一品月俸钱三十缗；职田禄米不过千斛。艰难以来，增置使额，厚给俸钱，大历中，权臣月俸至九千缗，州无大小，刺史皆千缗。常衮为相。始立限约，李泌又量其闲剧，随事增加，时谓通济，理难减削。然犹有名存职废，或额去俸存，闲剧之间，厚薄顿异。请敕有司详考俸料、杂给，量定以闻。"于是，命给事中段平仲、中书舍人韦贯之、兵部侍郎许孟容、户部侍郎李绛同详定。

【译文】六月，丁卯日（初四日），李吉甫向宪宗上奏："由秦朝到隋朝的十三个朝代，设置官员的数量，没有一朝赶得上本朝。天宝以后，中原地区驻屯军队，现在能够计算出来的就有八十多万人，其余作为商人、僧人、道士等不从事农业的人口有十分之五六，这样算来十分之三的人劳苦筋骨来供给十分之七不织而衣、不劳而食的人穿衣吃饭。现在朝廷内外需要以税收的钱财来供给薪俸的官员不下万人，天下有一千三百多个县，以一个县的地方设置成一个州，以一个乡的人口编制成一个县的情况很多。请陛下敕令有关部门仔细规定州县的废弃与设立，对可以免除的吏员要免除，对可以合并的州县要合并，对可以减少的入仕途径要减少。再者，国家的旧法令，依照官吏的品级制定俸禄，一品官每月俸钱三十贯；职田上所产的禄米不超过一千斛（唐初给一品职田六十顷，禄七百石）。国家遭受艰难困苦以来，增加设置诸使的名额，给予优厚的俸钱，在大历年间，有权势的臣子每月俸钱达到九千贯，不管大州小州，刺史每月薪俸钱都是一千贯。到常衮做宰相，开始设立限制约束，李泌又衡量工作的清闲与繁重的不同情况，顺从事情的机宜增加薪俸，当时的人认为这种办法还很通情济事,照道理来看很难减除。然而,仍然有名义存在而职事废弃,或者名额免除而薪俸存在的情况。任职的清闲和繁重之间,薪俸的优厚与菲薄一下子就显出差别。请陛下敕令有关部门详细考核薪俸食料,杂项供给,定出一个合理的数目,奏明陛下闻知。"于是宪宗李纯命令给事中段平仲、中书舍人韦贯之、兵部侍郎许孟容、户部侍郎李绛共同详细研究参定。

秋,九月,富平人梁悦报父仇,杀秦杲,自诣县请罪。敕:"复仇,据《礼经》则义不同天,征法令则杀人者死。礼、法二事,皆王教之大端,有此异同,固资论辩,宜令都省集议闻奏。"职方员外郎韩愈议,以为:"律无其条,非阙文也。盖以不许复仇,则伤孝子之心而乖先王之训;许复仇,则人将倚法专杀,无以禁止其端矣。故圣人丁宁其义于经,而深没其文于律,其意将使法吏一断于法,而经术之士得引经而议也。宜定其制曰:'凡复父仇者,事发,具申尚书省集议奏闻,酌其宜而处之。'则经律无失其指矣。"戊戌,敕:"梁悦杖一百,流循州。"

【译文】秋季,九月,富平人梁悦为父报仇,杀死秦杲,主动前往县衙门请罪。宪宗李纯颁下敕书:"有关报仇的规定,根据《礼记》的说法,在道理上说和仇人应该是不共戴天,但如果援引法令条文的规定,杀人者就应当处以死刑。礼、法这两件事,都是君王教化天下的重要依据,既然其间存在着这样的区别,本来就应当通过论说辨析商量明白,应命令尚书都省召集大家商议出一个处置办法奏上来。"职方员外郎韩愈的议论认为:"刑法中没有关于与杀父仇人不共戴天的条文规定,并不是出现阙疑不书的文字。大概是因为不许为父报仇,伤害孝子之心,而且违背先王的教训;如果准许为父报仇,人们便会凭借着法令擅自杀人，就没有办法来禁止此事发生。所以圣人在经书里再三说明强调这个道理，而在刑律中又将此类条文深深隐没。他们的用意是要使法官一概本着法令裁决，而让尊奉经学的人士得以援引经典来议论。应当将规定的法令表达为：'凡是为父报仇的，事情被举发后，把事情始末一概申报尚书省，让他们共同商议奏明天子，斟酌合理情由，做出应有的处治。'那么就能兼顾经义和法律的旨意。"宪宗颁下敕书："梁悦罚打一百杖，流放循州。"

【乾隆御批】复仇之义，在列国分争时，法纪不立，仇衅相寻，不得不激为此论。若承平之世，以里闬细民，悍然自抗王章，岂可为训！韩愈所议判律，令经议为两端，其流弊适足为奸民藉口耳！向尝明著其说，读史者不可不知。

【译文】复仇的说法，在战国时期由于法纪不统一，人们互相寻衅生事，所以不得不有这种偏激的言论。如果是承平盛世，百姓却仍然凶暴蛮横地为了报仇而违反朝廷法律，那还成什么章法！韩愈的议论将法律和礼义分成两端，其危害就在于恰好给了那些不良之徒以借口！过去也曾有过明智的评说，读史的人不可不知。

甲寅，吏部奏准敕并省内外官计八百八员，诸司流外一千七百六十九人。

黔州大水坏城郭，观察使窦群发溪洞蛮以治之。督役太急，于是辰、溆二州蛮反，群讨之，不能定。戊午，贬群开州刺史。

冬，十一月，弓箭库使刘希光受羽林大将军孙璹钱二万缗，为求方镇，事觉，赐死。事连左卫上将军、知内侍省事吐突承璀，丙申，以承璀为淮南监军。上问李绛："朕出承璀何如？"对曰："外人不意陛下遽能如是。"上曰："此家奴耳，向以其驱使之久，故假以恩私；若有违犯，朕去之轻如一毛耳！"

【译文】甲寅日（二十二日），吏部向宪宗奏报依照敕命合并减少朝廷内外官员共计八百零八名，各部门九品以下的官吏一千七百六十九人。

黔州发生严重水灾，内城与外城都被毁坏，观察使窦群征调溪洞蛮来修理内城与外城；溪洞蛮督促工人做工太急，于是辰州和溆州两地的蛮人反叛，窦群率兵前去讨伐，但不能平定叛乱。戊午日（二十六日），宪宗贬窦群为开州刺史。

冬季，十一月，弓箭库使刘希光接受羽林大将军孙璹两万贯钱，为他谋求节度使的职务，事情被发觉后，宪宗赐刘希光自裁。这件事情又牵连到左卫上将军、知内侍省事吐突承璀，丙申日（初五日），宪宗李纯任命吐突承璀为淮南监军。宪宗问李绛："朕把吐突承璀任为外官，这事做得怎么样？"李绛回答说："外人没料想到陛下会忽然这么做。"宪宗说："吐突承璀只是家奴罢了，之前因为他侍候朕的时间很久，所以因私情恩宠而特别宽容他；如果他有违纪犯法的行为，朕抛弃他就像扔掉一根毫毛一样容易！"

十六宅诸王既不出阁，其女嫁不以时，选尚者皆由宦官，率以厚赂自达。李吉甫上言："自古尚主必择其人，独近世不然。"十二月，壬申，诏封恩王等六女为县主，委中书、门下、宗正、吏部选门地人才称可者嫁之。

己丑，以户部侍郎李绛为中书侍郎、同平章事。李吉甫为相，多修旧怨，上颇知之，故擢绛为相。吉甫善逢迎上意，而绛鲠直，数争论于上前；上多直绛而从其言，由是二人有隙。

闰月，辛卯朔，黔州奏：辰、溆贼帅张伯靖寇播州、费州。

【译文】十六宅诸王既然都没有做封地上的藩王，那么他们的女儿便不能按时出嫁，选择匹配公主的男子都是由宦官负责，因此，很多人大都要以丰厚的贿赂为自己通融。李吉甫向宪宗上奏说："自古以来，公主下嫁，必定要选择适当的人和公主婚配，唯独近世以来不是这个样子。"十二月，壬申日（十一日），宪宗下诏书封恩王等人的六个女儿为县主，委派中书省、门下省、宗正寺和吏部选择门第、地位、人品、才华相配的优秀人士，把县主许配给他们。

己丑日（二十八日），宪宗李纯任命户部侍郎李绛为中书侍郎、同平章事。李吉甫担任宰相后，常常报复旧日与自己结怨的人，宪宗也略微了解一些情况，所以才提升李绛担任宰相。李吉甫善于迎合宪宗的心意，而李绛非常耿直，二人屡次在宪宗面前争论；宪宗认为李绛很正直，多半听从他的主张，因此，两人之间有了嫌隙。

闰月，辛卯朔日（初一日），黔州向宪宗上奏：辰州与溆州两地溪洞蛮人头领张伯靖侵犯播州与费州。

试太子通事舍人李涉知上于吐突承璀恩顾未衰，乃投匦上疏，称"承璀有功，希光无罪。承璀久委心腹，不宜遽弃。"知匦使、谏议大夫孔戣见其副章，诘责不受。涉乃行赂，诣光顺门通之。戣闻之，上疏极言"涉奸险欺天，请加显戮。"戊申，贬涉峡州司仓。涉，渤之兄；戣，巢父之子也。

辛亥，惠昭太子宁薨。

是岁，天下大稔，米斗有直二钱者。

【译文】试用的太子通事舍人李涉知道宪宗李纯对吐突承璀的恩宠眷顾并没有完全断绝，于是便在收受臣民意见的铜匦中投递奏疏，内称："吐突承璀立有战功，刘希光没有罪。吐突承璀长期被陛下托付亲信重任，陛下不应该突然将他抛弃。"知匦使、谏议大夫孔戣看见奏疏的副本，对上疏的内容加以责问，不肯接受他的奏疏；于是李涉行贿，到光顺门请宦官把奏疏呈递上去。孔戣知道这个消息后，向宪宗上奏疏毫不隐瞒地说："李涉奸诈险恶，欺骗天子，请陛下把他在市朝上杀戮示众。"戊申日（十八日），宪宗贬李涉为峡州司仓。李涉是李渤的哥哥；孔戣是孔巢父的儿子。

辛亥日（二十一日），惠昭太子李宁去世。

这一年，全国获得大丰收，有些地方一斗米才值两个钱。

元和七年（壬辰，公元八一二年）春，正月，辛未，以京兆尹元义方为鄜坊观察使。初，义方媚事吐突承璀，李吉甫欲自托于承璀，擢义方为京兆尹。李绛恶义方为人，故出之。义方入谢，因言"李绛私其同年许季同，除京兆少尹，出臣鄜坊，专作威福，欺罔聪明。"上曰："朕谓李绛不知是。明日，将问之。"义方惶愧而出。明日，上以诘绛曰："人于同年固有情乎？"对曰："同年，乃四海九州之人偶同科第，或登科然后相识，情于何有！且陛下不以臣愚，备位宰相，宰相职在量才授任，若其人果才，虽在兄弟子侄之中犹将用之，况同年乎！避嫌而弃才，是乃便身，非徇公也。"上曰："善，朕知卿必不尔。"遂趣义方之官。

振武河溢，毁东受降城。

【译文】元和七年（壬辰，公元812年）春季，正月，辛未日（十一日），宪宗任命京兆尹元义方为鄜坊观察使。起初，元义方用谄媚的手段事奉吐突承璀，李吉甫想依附吐突承璀，将元义方提拔为京兆尹。李绛讨厌元义方的为人，所以将他斥逐出朝廷。元义方入宫向宪宗李纯谢恩，趁机进言说："李绛对他的同年（同榜进士）许季同有私心，任用他担任京兆少尹，而把我派到鄜坊，他这是利用专权作威作福，欺侮蒙骗陛下的视听。"宪宗说："朕知道李绛不像你说的这个样子。等到明天，朕准备问一问他。"元义方惶恐惭愧，只好走出来。第二天，宪宗以此事责问李绛："人对同年本来就有私情吗？"李绛回答说："同年是九州四海的人偶然同时科考登第，或者登科以后才相识，哪里有私情？再说陛下不因为臣愚昧，让我担任宰相之职，宰相的职责在于酌量人们的才能，授给他们职任，如果那人果真有才干，即使是兄弟子侄还要任用他，何况与自己是同年呢？为避嫌而抛弃有才干的人，这是便利自身的做法，不是为公家的利益着想。"宪宗说："好，朕知道你一定不会私情用事。"于是催促元义方前去上任。

振武的黄河泛滥，冲毁了东受降城。

三月，丙戌，上御延英殿，李吉甫言："天下已太平，陛下宜为乐。"李绛曰："汉文帝时兵木无刃，家给人足，贾谊犹以为厝火积薪之下，不可谓安。今法令所不能制者，河南、北五十徐州。犬戎腥膻，近接泾、陇，烽火屡惊。加之水旱时作，仓廪空虚，此正陛下宵衣旰食之时，岂得谓之太平，遽为乐哉！"上欣然曰："卿言正合朕意。"退，谓左右曰："吉甫专为悦媚，如李绛，真宰相也！"

上尝问宰相："贞元中政事下理，何乃至此？"李吉甫对曰："德宗自任圣智，不信宰相而信他人，是使奸臣得乘间弄威福。政事不理，职此故也。"上曰："然此亦未必皆德宗之过。朕幼在德宗左右，见事有得失，当时宰相亦未有再三执奏者，皆怀禄偷安，今日岂得专归咎于德宗邪！卿辈宜用此为戒，事有非是，当力陈不已，勿畏朕谴怒而遽止也。"

【译文】三月，丙戌日（二十八日），宪宗驾临延英殿，李吉甫进言说："天下已太平，陛下应该享乐。"李绛说："汉文帝刘恒时兵器用木头做，没有锋刃，家家富裕，人人丰足，贾谊还认为这是在堆积的木柴下放置火种，不可以说太平。现在，朝廷的法纪号令不能够控制的地区，有河南、河北五十多州；而异族秽恶的气息，近处已经与泾州、陇州相接，边防上的烽火屡次报警；再加上常有水旱之灾，仓库空虚，这正是陛下早晚忧心勤劳政事的时候，怎能将现在称为太平，忙着作乐呢？"宪宗很高兴地说："你的话和我的心意正相合。"退朝后，宪宗对左右侍从说："李吉甫专门说些讨好谄媚的话，像李绛那样的人才是真正的宰相啊！"

宪宗曾经询问宰相："德宗李适贞元年间政事治理得不好，为什么会达到那样的地步呢？"李吉甫回答说："德宗听凭自己超人的智力行事，不肯信任宰相而信任别人，这样一来，使得奸臣能够趁机恃势玩弄权柄。政事治理不好，主要就是这个缘故啊。"宪宗说："这也未必全是德宗的过错。朕幼年在德宗身边，看到事情有成败优劣的时候，当时的宰相都没有再三坚持上奏说明，都是贪恋禄位，苟且偷安，现在，怎么能够专门将过错归给德宗呢？你们应当以此作为借鉴，如果有不对的事情，应当尽力陈述不要停止，不要害怕朕会生气而闭口不言啊。"

李吉甫尝言："人臣不当强谏，使君悦臣安，不亦美乎！"李绛曰："人臣当犯颜苦口，指陈得失，若陷君于恶，岂得为忠！"上曰："绛言是也。"吉甫至中书，卧不视事，长吁而已。李绛或久不谏，上辄诘之曰：“岂朕不能容受邪，将无事可谏也？”

李吉甫又尝言于上曰：“赏罚，人主之二柄，不可偏废。陛下践祚以来，惠泽深矣，而威刑未振，中外懈惰，愿加严以振之。”上顾李绛曰：“何如？”对曰：“王者之政，尚德不尚刑，岂可舍成、康、文、景而效秦始皇父子乎！”上曰：“然。”后旬馀，于頔入对，亦劝上峻刑。又数日，上谓宰相曰：“于頔大是奸臣，劝朕峻刑，卿知其意乎？”皆对曰：“不知也。”上曰：“此欲使朕失人心耳。”吉甫失色，退而抑首不言笑竟日。

【译文】李吉甫曾经说：“人臣不应当固执地一味劝谏，使君王喜悦、臣子平安，这样做不是很好吗？”李绛说：“人臣应该敢于冒犯圣上的威严，说出逆耳却又恳切的谏言，指明并陈述事情的成功与失败之处，如果让君王陷入恶名之中，又怎能算是忠臣呢？”宪宗说：“李绛的话对啊。”李吉甫到中书省，躺在那里不办事，只是长叹罢了。有时候，李绛很久没有进谏，宪宗往往问他说：“难道是朕不能够容纳你的意见吗，还是你无事可以劝谏呢？”

李吉甫又曾对宪宗说：“奖赏与惩罚，是人君的两大权柄，一样也不能废除。自从陛下登基以来，施行的恩泽足够深厚。只是刑罚未能振举，朝廷内外官员松懈懒惰，希望能更加威严地举用刑罚。”宪宗看着李绛说：“这种说法好不好？”李绛回答说：“帝王的政务，崇尚以德化民不崇尚滥用刑罚，怎能舍去周成王与周康王、汉文帝与汉景帝那样的榜样而效法秦始皇父子呢？”宪宗说：“对！”这之后十多天，于頔入宫回答宪宗的问话，他也劝宪宗使用严刑峻法。又过了几天，宪宗对宰相说：“于頔简直是奸臣，他劝说朕实行严刑峻法，你们知道其中的用意吗？”他们都回答说：“不知道。”宪宗说：“他这是想让朕失去民心啊。"李吉甫惊慌得脸色都变了，退朝后，一整天都低着头，不言不笑。

【乾隆御批】宪宗以监军为罪人，示贬之职所为罚不蔽辜，且犹自矜为能断，则其平昔中于阉竖蛊惑深矣。李绛尚称能直言匡正者，所对亦若得之望外，其视孔戣显劾奸邪转逊一筹矣。

【译文】唐宪宗把监军吐突承璀作为罪人加以公开贬职，认为对他的处置罚不抵罪，而唐宪宗还自以为果敢决断，可见他平日被宦官蒙蔽蛊惑太深了。李绛尚可以称得上是能直言匡正者，可他对皇上的奏答好像也意料之外，比起孔戣的公开弹劾奸邪就显得要稍逊一筹了。

夏，四月，丙辰，以库部郎中、翰林学士崔群为中书舍人，学士如故。上嘉群谠直，命学士"自今奏事，必取崔群连署，然后进之。"群曰："翰林举动皆为故事。必如是，后来万一有阿媚之人为之长，则下位直言无从而进矣。"固不奉诏。章三上，上乃从之。

五月，庚申，上谓宰相曰："卿辈屡言淮、浙去岁水旱，近有御史自彼还，言不至为灾，事竟如何？"李绛对曰："臣按淮南、浙西、浙东奏状，皆云水旱，人多流亡，求设法招抚，其意似恐朝廷罪之者，岂肯无灾而妄言有灾邪！此盖御史欲为奸谀以悦上意耳，愿得其主名，按致其法。"上曰："卿言是也。国以人为本，闻有灾当亟救之，岂可尚复疑之邪！朕适者不思，失言耳。"命速蠲其租赋。上尝与宰相论治道于延英殿，日旰，暑甚，汗透御服，宰相恐上体倦，求退。上留之曰："朕入禁中，所与处者独宫人、宦官耳，故乐与卿等且共谈为理之要，殊不知倦也。"

【译文】夏季，四月，丙辰日（二十九日），宪宗任命库部郎中、翰林学士崔群为中书舍人，担任翰林学士的职务一如既往。宪宗嘉勉崔群能够直言进谏，命令学士"从现在起奏事，一定要在取得崔群的签名连署，然后才能将奏疏呈上"。崔群说："翰林院的一举一动都会成为惯例。如果一定这么办，万一后来有阿谀谄媚的人担任翰林学士的长官，那么处于下级的直切进言就无法送到陛下跟前。"他坚决不肯接受诏命。三次向宪宗上奏章，宪宗才听从他的建议。

五月，庚申日（初三日），宪宗对宰相说："你们这些人屡次提到淮南、浙江去年发生水旱灾害，最近有御史从那里回来，谈到那里的情况还不至于造成灾害，事情的真相究竟如何？"李绛回答说："臣考察淮南、浙西、浙东呈递上的奏状，都说有水旱灾，人民多数流离失散，请求朝廷定出办法来招抚流亡的百姓，他们的意思似乎是担心朝廷加罪他们，哪里是没有灾而胡乱去说本地遭受了灾害呢？这大概是御史想说些奸邪阿谀的话来讨陛下的欢心，我希望得知发言人的姓名，加以按察，依法制裁他。"宪宗说："你的话很对啊！国家以人民为本，听说有灾情应当赶快去救他们，怎么能够怀疑灾情发生与否呢？朕刚才所说有欠深思，失言了。"接着，宪宗命令赶快免除淮南和两浙的赋税。宪宗曾在延英殿和宰相谈论治国平天下的道理，天色已晚，暑气甚重，汗水湿透宪宗的衣服，宰相恐怕宪宗疲倦，便请求退下。宪宗挽留他们说："朕回到宫中，接触到的只有宫女和宦官，所以朕很喜欢和你们一起谈论治国的原则，一点也不觉得疲倦。"

六月，癸巳，司徒、同平章事杜佑以太保致仕。

秋，七月，乙亥，立遂王宥为太子，更名恒。恒，郭贵妃之子也。诸姬子澧王宽，长于恒。上将立恒，命崔群为宽草让表。群曰："凡推己之有以与人谓之让。遂王，嫡子也，宽何让焉！"上乃止。

八月，戊戌，魏博节度使田季安薨。

初，季安娶洺州刺史元谊女，生子怀谏，为节度副使。牙内兵马使田兴，庭玠之子也，有勇力，颇读书，性恭逊。季安淫虐，兴数规谏，军中赖之。季安以为收众心，出为临清镇将，欲杀之。兴阳为风痹，灸灼满身，乃得免。季安病风，杀戮无度，军政废乱。夫人元氏召诸将立怀谏为副大使，知军务，时年十一。迁季安于别寝，月馀而薨。召田兴为步射都知兵马使。

【译文】六月，癸巳日（初七日），司徒、同平章事杜佑，以太保的官职告老还乡。

秋季，七月，乙亥日（十九日），宪宗册立遂王李宥为太子，给他更改名字为李恒。李恒是郭贵妃的儿子。诸姬的儿子澧王李宽比李恒年纪大；宪宗打算将李恒立为太子，于是命令崔群为李宽起草推让太子的表章。崔群对宪宗说："凡是把自己的东西推辞给别人的行为才叫让。遂王李恒是陛下的正妻所生的儿子，澧王李宽还辞让什么呢？"宪宗就取消这个打算。

八月，戊戌日（十二日），魏博节度使田季安去世。

起初，田季安娶洺州刺史元谊的女儿为妻，她生了一个儿子名为田怀谏，田怀谏担任魏博节度副使。牙内的兵马使田兴是田庭玠的儿子，勇敢有力气，读了很多书，性情恭谨谦逊。田季安荒淫暴虐，田兴屡次委婉规劝他，因此军中的人都很依赖田兴。田季安认为田兴收买人心，把他斥逐到临清担任镇守将领，还打算将他杀掉。田兴假装得了风痹病，用艾草炙灼全身，才得以避免杀身之祸。田季安得了疯病，杀人没有限度，军政废弛混乱，夫人元氏召集各位将领将田怀谏册立为节度副大使，掌管军中的事务，当时田怀谏只有十一岁；元氏命人把田季安转移到别的屋子去住，过了一个多月，田季安病死。田怀谏召回田兴，让他担任步射都知兵马使。

辛亥，以左龙武大将军薛平为郑滑节度使，欲为控制魏博。

上与宰相议魏博事，李吉甫请兴兵讨之，李绛以为魏博不必用兵，当自归朝廷。吉甫盛陈不可不用兵之状，上曰："朕意亦以为然。"绛曰："臣窃观两河藩镇之跋扈者，皆分兵以隶诸将，不使专在一人，恐其权任太重，乘间而谋己故也。诸将势均力敌，莫能相制，欲广相连结，则众心不同，其谋必泄；欲独起为变，则兵少力微，势必不成。加以购赏既重，刑诛又峻，是以诸将互相顾忌，莫敢先发，跋扈者恃此以为长策。然臣窃思之，若常得严明主帅能制诸将之死命者以临之，则粗能自固矣。今怀谏乳臭子，不能自听断，军府大权必有所归，诸将厚薄不均，怨怒必起，不相服从，则向日分兵之策，适足为今日祸乱之阶也。田氏不为屠肆，则悉为俘囚矣，何烦天兵哉！彼自列将起代主帅，邻道所恶，莫甚于此。彼不倚朝廷之援以自存，则立为邻道所齑粉矣。故臣以为不必用兵，可坐待魏博之自归也。但愿陛下按兵养威，严敕诸道选练士马以须后敕。使贼中知之，不过数月，必有自效于军中者矣。至时，惟在朝廷应之敏速，中其机会，不爱爵禄以赏其人，使两河藩镇闻之，恐其麾下效之以取朝廷之赏，必皆恐惧，争为恭顺矣。此所谓不战而屈人兵者也。"上曰："善！"

【译文】辛亥日（二十五日），宪宗李纯任命左龙武大将军薛平为郑滑节度使，准备让他控制魏博。

宪宗和宰相商议魏博的问题，李吉甫请求率领军队前去讨伐魏博，李绛认为对魏博不需要采取军事行动，田怀谏就会自动归顺朝廷。李吉甫尽力说明不能不派兵讨伐的道理，宪宗说："朕也认为如此。"李绛说："我私下观察发现，河南、河北骄横残暴的藩镇，都把军队分散给许多将领，不使兵权集中在一人手里，这是担心掌握兵权的将领权力与职任太重，趁机图谋自己权位的缘故。诸将势均力敌，不能相互节制，如果他们打算广泛地联合，那么大家的心思并不相同，谋划必定会泄露；如果他们想独自起兵作乱，那么兵马太少，力量微薄，一定不能取得成功。再加上朝廷既悬赏优厚，又刑罚严厉，所以各将领互相顾虑，彼此畏惮，没有谁敢先发动叛乱，骄横残暴的藩镇就是靠这种关系作为保全自己的办法。然而我私下考虑，如果能够起用节制各将竭尽死力效命的严明主帅来驾驭他们，大体上就能自行安定。现在田怀谏只是个乳臭未干的小子，自己不能裁断任何事情，军府的大权必定会操在某人手里，对待各将领有厚有薄，不能均衡，必定要产生怨恨，不肯服从主帅的命令，这就使以往分散兵力的计划，恰好成为如今祸乱的原因。即使田氏不会全家被杀，也会全家人成为俘虏和囚犯，哪里还要麻烦陛下的军队前去征讨他呢？田怀谏由众多的将领起来代替主帅，相邻各道所憎恶的，没有比这事更厉害的。田怀谏如果不倚靠朝廷的援助来保全自己，他立刻就会被邻道诸将弄得粉身碎骨。所以我认为不必用兵，就能等到魏博自动归顺。我只希望陛下屯兵不动，蓄养声威，严格命令诸道选马练兵以待日后的敕令。假如魏博将领知道朝廷的动向，不出几个月时间，肯定会有

资治通鉴

在军中主动请求效命朝廷的人了。到时候，只要朝廷敏捷迅速地接应他们，抓住机会，不吝惜官爵俸禄来赏赐他们，使河南、河北的藩镇知道这件事，恐怕部下效法魏博来换取朝廷的赏赐，因而肯定都会害怕起来，必定都惶恐地争着恭顺朝廷。这就叫不战而屈人之兵啊。"宪宗说："说得好！"

他日，吉甫复于延英盛陈用兵之利，且言刍粮金帛皆已有备。上顾问绛，绛对曰："兵不可轻动。前年讨恒州，四面发兵二十万，又发两神策兵自京师赴之，天下骚动，所费七百馀万缗，讫无成功，为天下笑。今疮痍未复，人皆惮战，若又以敕命驱之，臣恐非直无功，或生他变。况魏博不必用兵，事势明白，愿陛下勿疑。"上奋身抚案曰："朕不用兵决矣。"绛曰："陛下虽有是言，恐退朝之后，复有荧惑圣听者。"上正色厉声曰："朕志已决，谁能惑也！"绛乃拜贺曰："此社稷之福也。"

既而田怀谏幼弱，军政皆决于家僮蒋士则，数以爱憎移易诸将，众皆愤怒。朝命久未至，军中不安。田兴晨入府，士卒数千人大噪，环兴而拜，请为留后。兴惊仆于地，众不散。久之，兴度不免，乃谓众曰："汝肯听吾言乎！"皆曰："惟命。"兴曰："勿犯副大使，守朝廷法令，申版籍，请官吏，然后可。"皆曰："诺。"兴乃杀蒋士则等十馀人，迁怀谏于外。

【译文】又一天，李吉甫又在延英殿向宪宗尽力陈述采取军事行动的好处，而且说粮草钱帛都已准备好。宪宗转回头询问李绛，李绛回答说："军事行动不能轻易采取。前年讨伐恒州，全国各地派出军队二十万，又派出左、右神策军的兵马由京城开往恒州，使得天下骚动不安，花费七百多万缗，最终也没能取得成功，反而让天下人耻笑。现在，战争的创伤还没有平复，人人都害怕战争；如果又用敕令驱使百姓作战，我担心不但不能成功，或许还要发生其他的变故。况且，朝廷不一定要对魏博采取军事行动，现在事情的发展趋势很明显，希望陛下不要再迟疑。"宪宗猛然起身，手拍桌子说："我决定不采取军事行动。"李绛说："陛下虽然说了这番话，我恐怕退朝后，有人向陛下进言迷惑陛下的视听。"宪宗面色庄重，声音严厉地说："朕的心意已决，谁能来迷惑朕？"李绛这时才向宪宗拜贺说："这是国家之福啊！"

不久，田怀谏因年幼力弱，军中政事完全由家中的仆从蒋士则决断，蒋士则屡次因为个人的爱憎调换各位将领，大家都非常愤怒。朝廷的任命很长时间没有送到，军中将士都感到不安。有一次，田兴在早晨前往军府时，数千士兵大声喊叫，环绕着田兴下拜，请他担任留后。田兴惊惶得扑倒在地，众人还是不肯散去。过了很久，田兴估计难以脱身，就对众人说："你们肯听我的话吗？"众人都说："都听从您的命令！"田兴说："不要侵犯副大使，遵守朝廷的法纪命令，向朝廷申报版图户籍，请朝廷任命官吏，做到这些我才能答应你们的请求。"众人都说："好！"田兴于是率众人杀死蒋士则等十几个人，把田怀谏迁到外地去。

资治通鉴卷第二百三十九　唐纪五十五

起玄黓执徐十月，尽柔兆涒滩，凡四年有奇。

【译文】起壬辰（公元812年）十月，止丙申（公元816年），凡四年三个月。

【题解】本卷记录了公元812年十月至816年的历史，共四年零三个月。为唐宪宗元和七年十月到元和十一年。元和七年，魏博节度使田季安死，年仅十一岁的儿子田怀谏被军士立为留后，宰相李吉甫主张用兵，宪宗用李绛的谋划，朝廷不派中使慰问，不授田怀谏节钺，魏博果真归降，重赏将士，处置事宜，和李绛谋策的一样。李吉甫善逢迎，在朝堂排挤李绛。元和九年，唐宪宗召吐突承璀返京，官复原职，李绛罢相。淮西节度使吴少阳死，其子吴元济自领军务，朝廷发十六道的军队征讨。淄青节度使李师道出兵讨贼，却暗助淮西，还派刺客到京师刺杀宰相武元衡、裴度，裴度受伤，李师道又想血洗东都，被东都留守吕元膺挫败。韩愈上奏平淮西之策。柳宗元著政论《梓人传》《种树郭橐驼传》，讽喻时政。成德王承宗再次反叛援助淮西，唐宪宗不听谏言与成德开战。

宪宗昭文章武犬至至神孝皇帝中之上

元和七年（壬辰，公元八一二年）冬，十月，乙未，魏博监军以状闻，上亟召宰相，谓李绛曰："卿揣魏博若符契。"李吉甫请遣中使宣慰以观其变，李绛曰："不可。今田兴奉其土地兵众，坐待诏命，不乘此际推心抚纳，结以大恩，必待敕使至彼，持将士表来为请节钺，然后与之，则是恩出于下，非出于上，将士为重，朝廷为轻，其感戴之心亦非今日之比也。机会一失，悔之无及！"吉甫素与枢密使梁守谦相结，守谦亦为之言于上曰："故事，皆遣中使宣劳，今此镇独无，恐更不谕。"上竟遣中使张忠顺如魏博宣慰，欲俟其还而议之。癸卯，李绛复上言："朝廷恩威得失，在此一举，时机可惜，奈何弃之！利害甚明，愿圣心勿疑。计忠顺之行，甫应过陕，乞明旦即降白麻除兴节度使，犹可及也。"上欲且除留后，绛曰："兴恭顺如此，自非恩出不次，则无以使之感激殊常。"上从之。甲辰，以兴为魏博节度使。忠顺未还，制命已至魏州。兴感恩流涕，士众无不鼓舞。

【译文】元和七年（壬辰，公元812年）冬季，十月，乙未日（初十日），魏博监军把魏博将士废黜田怀谏、拥立田兴的文状呈递给宪宗李纯，宪宗急忙召集宰相商议，对李绛说："你揣测的魏博事态就像符节的两部分相互吻合一样啊！"李吉甫请求派中使去宣达慰劳之意，以观察事情的变化，李绛说："这样做不稳妥。现在，田兴献出魏博的土地与军队，正在等候诏书发布命令，如果不趁这个时候诚心安抚，以隆厚的恩典结纳他，而一定要等陛下派出的使者到魏博，拿将士的上表来为他请求节度使的职位，然后才给他这一职务，那就是恩惠出于下属，不是出自天子，将士作用大，天子作用小，田兴对朝廷感激与爱戴的心意也是不能够与现在相比。机会一旦失去，后悔也来不及了。"李吉甫平常和枢密使梁守谦勾结，梁守谦也帮他对宪宗说："按照惯例，对于这种情形，朝廷都要派中使去宣达慰劳之意，现在唯独不向魏博派遣中使，恐怕他们更不明白陛下的意思。"宪宗最终派中使张忠顺前往魏博宣达慰劳之意,准备等张忠顺回朝后再商议这件事。癸卯日(十八日),李绛又向宪宗上奏说:"朝廷的恩威得失,在此一举,出现这一时机,值得珍惜,怎么能够将它放弃呢?利害关系已经很明白,希望陛下心中不要疑虑。算一算张忠顺的行程,现在应刚刚过陕州,请明天一早就下白麻诏书任命田兴为节度使,这件事还来得及。"宪宗还打算暂且任命田兴为留后,李绛说:"田兴对朝廷恭顺,如果不肯不拘等次地加以恩典,自然无法让他感激朝廷的超常待遇。"于是宪宗听从他的建议。甲辰日(十九日),宪宗任命田兴为魏博节度使。张忠顺还没有回朝,宪宗的诏令已经到达魏州。田兴感激宪宗的恩典,激动得流下眼泪,将士们无不欢欣鼓舞。

庚戌,更名皇子宽曰恽,察曰悰,寰曰忻,寮曰悟,审曰恪。

李绛又言:"魏博五十馀年不沾皇化,一旦举六州之地来归,刳河朔之腹心,倾叛乱之巢穴,不有重赏过其所望,则无以慰士卒之心,使四邻劝慕。请发内库钱百五十万缗以赐之。"左右宦官以为"所与太多,后有此比,将何以给之?"上以语绛,绛曰:"田兴不贪专地之利,不顾四邻之患,归命圣朝,陛下奈何爱小费而遗大计,不以收一道人心!钱用尽更来,机事一失不可复追。借使国家发十五万兵以取六州,期年而克之,其费岂止百五十万缗而已乎!"上悦,曰:"朕所以恶衣菲食,蓄聚货财,正为欲平定四方;不然,徒贮之府库何为!"十一月,辛酉,遣知制诰裴度至魏博宣慰,以钱百五十万缗赏军士,六州百姓给复一年。军士受赐,欢声如雷。成德、兖郓使者数辈见之,相顾失色,叹曰:"倔强者果何益乎!"

【译文】庚戌日（二十五日），宪宗为皇子更改名字，将李宽改为李恽，李察改为李惊，李寰改为李忻，李寮改为李悟，李审改为李恪。

李绛又说："魏博已经有五十多年没有接受天子的教化，现在一下子带着魏、博、贝、卫、澶、相六州土地前来归顺，挖空河朔地区的中心，倾覆叛乱的巢穴，如果没有超过他们希望的重赏，就不能安慰将士们的心，并使四周相邻各道受到劝勉，感到羡慕。请陛下把内库的钱拨出一百五十万贯赏赐魏博。"宪宗身边的宦官认为："给予的赏赐太多，若以后再有此例，拿什么赏给他们呢？"宪宗把这些话告诉李绛。李绛说："田兴不肯贪图专擅一地的好处，不顾四周相邻各道的祸患，归顺朝廷，陛下为什么爱惜小费而放弃大计，不肯用这点钱财去收取一道的人心呢？钱财用完了还会来，机会一失再也追不回来。假使朝廷派十五万士兵攻取魏博六州，经过整整一年才战胜敌军，这需要的费用难道是一百五十万贯钱就可以止住的吗？"宪宗很高兴，说："朕所以穿粗衣服吃简单的饮食，积蓄物资钱财的意图，正是为了平定各地，不然，将物资钱财白白储存在仓库中是为了什么呢？"十一月，辛酉日（初六日），宪宗派遣知制诰裴度到魏博去宣达慰问之意，并把一百五十万贯钱赏赐给魏博将士，对六州百姓免除一年的赋税徭役。将士们得到赏赐，发出雷鸣般的欢呼声。成德、兖郓派来的好几个使者看到这一场景，相视失色，叹口气说："对朝廷刚强不屈的藩镇果真有什么好处吗？"

度为兴陈君臣上下之义，兴听之，终夕不倦，待度礼极厚，请度遍至所部州县，宣布朝命。奏乞除节度副使于朝廷，诏以户部郎中河东胡证为之。兴又奏所部缺官九十员，请有司注拟，行朝廷法令，输赋税。田承嗣以来室屋僭侈者，皆避不居。

郓、蔡、恒遣游客间说百方，兴终不听。李师道使人谓宣武节度使韩弘曰："我世与田氏约相保援，今兴非其族，又首变两河事，亦公之所恶也！我将与成德合军讨之！"弘曰："我不知利害，知奉诏行事耳。若兵北渡河，我则以兵东取曹州！"师道惧，不敢动。

田兴既葬田季安，送田怀谏于京师。辛巳，以怀谏为右监门卫将军。

李绛奏振武、天德左右良田可万顷，请择能吏开置营田，可以省费足食，上从之。绛命度支使卢坦经度用度，四年之间，开田四千八百顷，收谷四千馀万斛，岁省度支钱二十馀万缗，边防赖之。

【译文】裴度对田兴陈述君臣上下的大道理，田兴认真倾听，整夜不知疲倦，他对待裴度的礼数非常周到，还邀请裴度走遍自己管辖的各个州县去宣布朝廷命令。田兴还向宪宗上奏请求任命节度副使，宪宗下诏书任命户部郎中河东人胡证前往担任节度副使。田兴又向朝廷奏报部下缺少九十名官员，请求有关部门记录姓名，拟定官职，在魏博实施朝廷的法纪命令，向朝廷缴纳赋税。从田承嗣以来修建得过分奢华的房子，田兴都一概避开不住。

郓州李师道、蔡州吴少阳、恒州王承宗派遣游说之士，用尽各种方法劝说离间田兴，田兴始终不肯听从。李师道派人对宣武节度使韩弘说："我世世代代和田氏相约相互保全，彼此援助，现在田兴不是田氏的宗族，又首先改变河南、河北的先例，这也是你痛恨的，我要和成德联合军队去讨伐田兴。"韩弘说："我不知道你说的这些利弊得失，只知道奉皇帝的诏令做事。如果你的军队向北渡过黄河，我就派兵向东攻占你的曹州。"李师道害怕，不敢发动军队。

田兴埋葬了田季安后，就把田怀谏送到京师。辛巳日（二十六日），宪宗任命田怀谏为右监门卫将军。

李绛向宪宗奏报振武、天德附近有良田上万顷，请求选择干练的官吏开设屯田，这样做可以节省开支，使粮食储备充足，宪宗听从他的建议。李绛命令度支使卢坦经营规划所需费用，四年之间，开垦田地四千八百顷，收获谷物四千多万斛，每一年节省度支拨钱二十多万贯，边防的费用都依靠屯田的收入。

上尝于延英谓宰相曰："卿辈当为朕惜官，勿用之私亲故。"李吉甫、权德舆皆谢不敢。李绛曰："崔祐甫尝言，'非亲非故，不谙其才。'谙者尚不与官，不谙者何敢复与！但问其才器与官相称否耳。若避亲故之嫌，使圣朝亏多士之美，此乃偷安之臣，非至公之道也。苟所用非其人，则朝廷自有典刑，谁敢逃之！"上曰："诚如卿言。"

是岁，吐蕃寇泾州，及西门之外，驱掠人畜而去。上患之，李绛上言："京西、京北皆有神策镇兵，始，置之欲以备御叶蕃，使与节度使掎角相应也。今则鲜衣美食，坐耗县官，每有寇至，节度使邀与俱进，则云申取中尉处分；比得其报，虏去远矣。纵有果锐之将，闻命奔赴，节度使无刑戮以相制之，相视平交，左右前却，莫肯用命，何所益乎！请据所在之地士马及衣粮、器械皆割隶当道节度使，使号令齐壹，如臂之使指，则军威大振，虏不敢入寇矣。"上曰："朕不知旧事如此，当亟行之。"既而神策军骄恣日久，不乐隶节度使，竟为宦者所沮而止。

【译文】宪宗李纯曾在延英殿对宰相说："你们这些人应当替朕珍惜官位，不要用官位袒护亲戚故交。"李吉甫、权德舆都推托说没有那样大的胆子。李绛说："崔祐甫说过：'不是亲属也不是故交，就无法了解他的才干。'对自己了解的有才干的人尚且不授予他官职，对不了解的人又怎么敢授予官职呢？只问他的才能和器识与所授官职是否相称而已。如果为了避亲戚故旧的嫌疑，而使圣朝出现缺乏人才的局面，这是苟且偷安的臣子的做法，并不符合大公无私的原则啊。如果任用的不是合适的人，朝廷自有刑罚相加，谁能逃避得了？"宪宗说："确实像你说的这样啊。"

这一年，吐蕃侵略泾州，一直打到西门以外，掳去百姓，赶走牲畜。宪宗对此非常忧虑。李绛上奏说："京城西面和京城北面都有神策军镇守的兵马，起初，朝廷将神策军安置到各军镇是为了防御吐蕃，让神策军与节度使的兵马形成相互呼应夹击敌人的形势。现在他们穿鲜明的衣服吃美好的食物，无所事事地耗费国家的钱财，每当有敌人打来，节度使邀神策军一同前去迎敌，神策军却说需要申报，听取中尉的处理，等到中尉批准他们前去讨敌，敌寇早已走远。纵使神策军中也有果决勇猛的将军，听到消息就勇敢赴敌，但是节度使无法使用刑杀的权力来控制他们，这些将领把节度使看作平等交往的朋友，节度使指挥他们前进或撤退，他们不肯服从命令，这有什么好处呢？请陛下根据神策军的驻扎地点，把兵马及衣粮、器械全部分割给本道节度使，使号令统一，像手臂支使手指一样，军队的声威才能振作，敌人就不敢前来侵犯。"宪宗说："朕不知道以往的制度竟是这个样子，应当赶紧实行你的建议。"不久，因为神策军骄横放纵太久，不乐意隶属节度使，这事最终因受到宦官的阻挠而没有实行下去。

元和八年(癸巳,公元八一三年)春,正月,癸亥,以博州刺史田融为相州刺史。融,兴之兄也。融、兴幼孤,融长,养而教之。兴尝于军中角射,一军莫及。融退而挟之曰:"尔不自晦,祸将及矣!"故兴能自全于猜暴之时。

勃海定王元瑜卒,弟言义权知国务。庚午,以言义为勃海王。

李吉甫、李绛数争论于上前,礼部尚书、同平章事权德舆居中无所可否,上鄙之。辛未,德舆罢守本官。

辛卯,赐魏博节度使田兴名弘正。

【译文】元和八年(癸巳,公元813年)春季,正月,癸亥日(初九日),宪宗任命博州刺史田融为相州刺史。田融是田兴的哥哥。田融、田兴从小失去父亲,田融年纪较大,负责抚养教育弟弟。田兴与军中将士比赛射箭,全军将士都赶不上他。田兴回家来,田融用鞭子抽打他,说:"你不收敛自己的才华,会有大祸临头。"所以在田季安猜疑暴虐的时代,田兴能够将自己保全下来。

渤海定王大元瑜去世,他的弟弟大言义暂时代理掌管国内事务。庚午日(十六日),宪宗李纯任命大言义为渤海王。

李吉甫、李绛屡次在宪宗面前争论,礼部尚书、同平章事权德舆置身其间,没有表示过赞同或反对;宪宗很轻视他。辛未日(十七日),宪宗免去权德舆礼部尚书、同平章事的官职,仍然担任太常卿。

辛卯日(正月无此日),宪宗向魏博节度使田兴颁赐名字,叫他田弘正。

司空、同平章事于頔久留长安,郁郁不得志。有梁正言者,自言与枢密使梁守谦同宗，能为人属请，頔使其子太常丞敏重赂正言，求出镇。久之，正言诈渐露，敏索其赂不得，诱其奴，支解之，弃溷中。事觉，頔帅其子殿中少监季友等素服诣建福门请罪，门者不内。退，负南墙而立，遣人上表，阁门以无印引不受。日暮方归，明日，复至。丁酉，頔左授恩王傅，仍绝朝谒。敏流雷州，季友等皆贬官，僮奴死者数人。敏至秦岭而死。

事连僧鉴虚。鉴虚自贞元以来，以财交权幸，受方镇赂遗，厚自奉养，吏不敢诘。至是，权幸争为之言，上欲释之，中丞薛存诚不可。上遣中使诣台宣旨曰："朕欲面诘此僧，非释之也。"存诚对曰："陛下必欲面释此僧，请先杀臣，然后取之，不然，臣期不奉诏。"上嘉而从之。三月，丙辰，杖杀鉴虚，没其所有之财。

甲子，征前西川节度使、同平章事武元衡入知政事。

【译文】司空、同平章事于頔居留长安很久，心中郁闷，难以实现平生志愿。有一个叫梁正言的人，说自己和枢密使梁守谦是同宗，能够替别人托办各种事情，于頔便教他的儿子太常丞于敏重重贿赂梁正言，请求外调镇守一方为节度使。过了很久，梁正言的骗术渐渐败露，于敏不能够将贿赂索取回来，便诱使梁正言的奴仆，把梁正言肢解，丢弃在厕所。事情最终被发觉，于頔率领他的儿子殿中少监于季友等穿着白色的丧服到建福门请罪，守门的人不让他们进去；他们退下后，背倚南墙站立着，派人进献表章，阁门的值班人因表上没有印符，又没有内部人援引，因而不肯受理；直到天黑，于頔等人才回去，第二天，于頔等人又来了。丁酉日（疑误），宪宗贬于頔为恩王太傅，并禁止他入朝谒见；于敏被流放到雷州，于季友等都被贬官，奴仆有数人被处死；于敏刚走到秦岭就死了。

事情牵连到僧人鉴虚。从德宗李适贞元年间以来，鉴虚就用钱财结交有权有势又得君王宠爱的人，收受节度使的财物，使自己日常获得优厚的供养，吏人们谁也不敢追问。到这时，有权势得宠的人争着替鉴虚说情，宪宗李纯想要释放他，御史中丞薛存诚认为这样做不合适。宪宗派中使到御史台宣布旨意说："朕想当面责问这个和尚，不是释放他。"薛存诚回答说："如果陛下一定要当面释放这个僧人，请先杀了我，然后再带他走，不然，我绝对不接受诏命。"宪宗嘉奖薛存诚，听从他的请求。三月，丙辰日（初三日），宪宗下诏将鉴虚用棍棒笞打而死，没收他所有的财产。

甲子日（十一日），宪宗征召前任西川节度使、同平章事武元衡入朝掌管政事。

夏，六月，大水。上以为阴盈之象，辛丑，出宫人二百车。

秋，七月，辛酉，振武节度使李光进请修受降城，兼理河防。时受降城为河所毁，李吉甫请徙其徒于天德故城，李绛及户部侍郎卢坦以为："受降城，张仁愿所筑，当碛口，据虏要冲，美水草，守边之利也。今避河患，退二三里可矣，奈何舍万代永安之策，徇一时省费之便乎！况天德故城僻处确瘠，去河绝远，烽候警急不相应接，虏忽唐突，势无由知，是无故而蹙国二百里也。"及城使周怀义奏利害，与绛、坦同。上卒用吉甫策，以受降城骑士隶天德军。

【译文】夏季，六月，发生严重的水灾。宪宗认为是阴气太盛的象征，辛丑日（二十日），宪宗命人将二百车宫中妇女打发出宫。

秋季，七月，振武节度使李光进请求修理受降城，同时治理黄河的防水工程。当时，受降城被黄河毁坏，李吉甫请求把那里的军民迁到天德旧城去，李绛及户部侍郎卢坦认为："受降城是张仁愿修筑起来的，处于大漠的出口，占据着控制异族交通的紧要处，水草丰美，是守边最有利的地方。现在为了避开黄河水患，后退两三里地就行了，怎么能舍去万世永远安定的大计而屈从暂时节省开支的便利呢？况且天德故城在土地贫瘠的偏僻之地，距离黄河很远，烽火台示警告急时，不能够相互接应，敌人忽然侵犯，也无法知道，这是毫无缘故地使国家缩减二百里的土地啊！"等到受降城的使者周怀义奏明利弊得失，所讲的内容和李绛、卢坦说法相同。然而，宪宗最终还是采用李吉甫的策略，让受降城的骑兵隶属天德军。

李绛言于上曰："边兵徒有其数而无其实，虚费衣粮，将帅但缘私役使，聚其货财以结权幸而已，未尝训练以备不虞，此不可不于无事之时豫留圣意也。"时受降城兵籍旧四百人，及天德军交兵，止有五十人，器械止有一弓，自馀称是。故绛言及之。上惊曰："边兵乃如是其虚邪！卿曹当加按阅。"会绛罢相而止。

乙巳，废天威军，以其众隶神策军。

丁未，辰、溆州贼帅张伯靖请降。九月，辛亥，以伯靖为归州司马，委荆南军前驱使。

初，吐蕃欲作乌兰桥，先贮材于河侧，朔方潜遣人投之于河，终不能成。虏知朔方、灵盐节度使王佖贪，先厚赂之，然后并力成桥，仍筑月城守之。自是朔方御寇不暇。

【译文】李绛对宪宗说："边境上的军队空有数额，实际没有那么多士兵，空自浪费衣服粮食，将帅只知道假公济私，聚集钱财用来结交权贵，不曾训练士兵，防备意外的事情发生，这件事不能不在没有战事的时候请陛下预先留意啊！"当时受降城的士兵名册上原有四百人，等到在天德军交出兵卒的时候，只有五十人，军用器具只有一张弓，其余的东西与此相称，所以李绛才提到此事。宪宗大吃一惊，说："边境上的军队竟然这样空虚吗？你们要加以按察。"适逢李绛被罢免宰相一职，这事也就作罢。

乙巳日（疑误），朝廷废除天威军，让天威军的部众隶属神策军。

丁未日（疑误），辰州与涂州两地蛮人的首领张伯靖请求投降。辛亥日（疑误），宪宗任命张伯靖为归州司马，将他交付荆南节度使驱遣。

起初，吐蕃打算修建乌兰桥，先在河边储存木材，朔方军常暗中派人把木材丢到河中，乌兰桥始终没有造成。吐蕃知道朔方、灵盐节度使王佖贪得无厌，便先去重重贿赂他，然后全力将乌兰桥造成，还修筑新月形的城墙守卫着它。从此以后，朔方军经常抵御敌人的侵扰，再没有空闲的时候。

【乾隆御批】兵籍军装有名无实，宪宗平时漫不知检，闻绛言而始惊，会绛罢而即止。边防按阅视相臣去留，何以为政？然元和方有事，诘戎不宜简率若此。疑记载者不无舛辞。

【译文】兵士的名籍和军队的装备有名无实，唐宪宗平时漠然不知检视，等到听了李绛的话才感到震惊，正赶上李绛被罢免相职而检阅军队的事就放下了。边防的巡视却要看宰相的去留，这还怎么治理国家呢？而元和年间边境不宁，整治军队不该简单轻率到这种地步。怀疑记载此事的人可能有违实情。

冬，十月，回鹘发兵度碛南，自柳谷西击吐蕃。壬寅，振武、天德军奏回鹘数千骑至鸊鹈泉，边军戒严。

振武节度使李进贤，不恤士卒。判官严澈，绶之子也，以刻核得幸于进贤。进贤使牙将杨遵宪将五百骑趣东受降城以备回鹘，所给资装多虚估。至鸣沙，遵宪屋处而士卒暴露。众发怒，夜，聚薪环其屋而焚之，卷甲而还。庚寅夜，焚门，攻进贤，进贤逾城走，军士屠其家，并杀严澈。进贤奔静边军。

群臣累表请立德妃郭氏为皇后。上以妃门宗强盛，恐正位之后，后宫莫得进，托以岁时禁忌，竟不许。

【译文】冬季，十月，回鹘派兵渡过沙漠南边，由柳谷向西进军，攻击吐蕃。壬寅日（二十三日），振武、天德军向朝廷奏报数千回鹘骑兵到达鹏鹈泉，边境上的军队都在警戒防备。

振武节度使李进贤不体恤士卒。判官严澈是严绶的儿子，因刻薄严厉不近人情得到李进贤的宠爱。李进贤派牙将杨遵宪率领五百骑兵赶到东受降城防备回鹘，供给他的物资装备大多不是原物，而是经过虚估价钱后另以他物配给。走到鸣沙，杨遵宪住在屋子里，而士卒暴露在野外；大家非常愤怒，晚上，将士们堆聚柴草，围绕房屋放火焚烧杨遵宪，收拾甲胄，返回振武。庚寅日（十一日）夜里，返回的将士焚烧大门，进攻李进贤，李进贤越过城墙逃走，军士杀了他全家，并且杀死严澈。李进贤逃跑到静边军去。

群臣屡次上表请求立德妃郭氏为皇后。宪宗认为郭德妃宗族门户强盛，担心郭德妃做了皇后之后，后宫中其他的妃嫔不能够接近自己，便借口岁时忌讳，最终没有答应这件事。

丁酉，振武监军骆朝宽奏乱兵已定，请给将士衣。上怒，以夏绥节度使张煦为振武节度使，将夏州兵二千赴镇，仍命河东节度使王锷以兵二千纳之，听以便宜从事。骆朝宽归罪于其将苏若方而杀之。

发郑滑、魏博卒凿黎阳古河十四里，以纾滑州水患。

上问宰相："人言外间朋党大盛，何也？"李绛对曰："自古人君所甚恶者，莫若人臣为朋党，故小人谮君子者必曰朋党。何则？朋党言之则可恶，寻之则无迹故也。东汉之末，凡天下贤人君子，宦官皆谓之党人而禁锢之，遂以亡国。此皆群小欲害善人之言，愿陛下深察之！夫君子固与君子合，岂可必使之与小人合，然后谓之非党邪！"

【译文】丁酉日（十八日），振武监军骆朝宽向宪宗奏报叛乱的军队已被平定，请求朝廷给将士们供应服装。宪宗非常生气，任命夏绥节度使张煦为振武节度使，率领夏州的两千军队奔赴振武，又命令河东节度使王锷率领两千兵马接纳他，听任张煦相机行事。骆朝宽将罪责都加给将领苏若方并把他杀死。

朝廷征发郑滑、魏博士兵疏通黎阳黄河旧道十四里，缓解滑州的水灾。

宪宗询问宰相："有人说外面朋党集团大肆兴起，这是为什么呢？"李绛回答说："自古以来人君特别讨厌的，是人臣结成朋党集团，所以小人说君子的坏话必定说他属于朋党集团。为什么这样呢？因为朋党集团谈论起来虽然可恶，寻找起来却没有痕迹。东汉末年，凡天下贤人和君子，宦官都叫他们为党人，因而勒令永远不任用他们，东汉便因为这个灭亡。这都是众小人想害好人的说法，希望陛下仔细地考察此事！君子本来就和君子合得来，难道能叫他们一定要和小人合得来，然后才能够说君子不属于朋党集团吗？"

元和九年（甲午，公元八一四年）春，正月，甲戌，王锷遣兵五千余张煦于善羊栅。乙亥，煦入单于都扩府，诛乱者苏国珍等二百五十三人。二月，丁丑，贬李进贤为通州刺史。甲午，骆朝宽坐纵乱者，杖之八十，夺色，配役定陵。

李绛屡以足疾辞位。癸卯，罢为礼部尚书。

初，上欲相绛，先出叶突承璀为淮南监军，至是，上召还承璀，先罢绛相。甲辰，承璀至京师，复以为弓箭库使、左神策中尉。

李吉甫奏："国家旧置六胡州于灵、盐之境，开元中废之，更置宥州以领降户，天宝中，宥州寄理于经略军，宝应以来，因循遂废。今请复之，以备回鹘，抚党项。"上从之，夏，五月，庚申，复置宥州，理经略军，取郦城神策屯兵九千以实之。

【译文】元和九年（甲午，公元814年）春季，正月，甲戌日（二十六日），王锷派遣五千士兵在善羊栅与张煦会合。乙亥日（二十七日），张煦率军进入单于都护府，杀死叛乱的苏国珍等二百五十三人。二月，丁丑日（二月无此日），宪宗贬李进贤为通州刺史。甲午日（十六日），骆朝宽因为犯纵容作乱者的罪行，被杖责八十，削去官服，夺去官资，发配到定陵服役。

李绛屡次因为足病向宪宗请求辞官。癸卯日（二十五日），宪宗免去李绛的官职，任命他为礼部尚书。

起初，宪宗想任命李绛担任宰相，事先派遣吐突承璀出京城担任淮南监军，到这时，宪宗召吐突承璀回朝，事先罢免李绛的宰相。甲辰日（二十六日），吐突承璀到达京师，宪宗又任命他为弓箭库使、左神策中尉。

李吉甫向宪宗上奏："以前，国家在灵州和盐州境内设置六胡州；开元年间，朝廷将六胡州废除，又设置宥州来统领归降的人户；天宝年间，宥州由经略军遥控治理；宝应以来，朝廷因循旧制就废除宥州。现在我请求恢复以往的设置，以便防备回鹘，安抚党项。"宪宗依从他的建议。夏季，五月，庚申日（十四日），朝廷又重新设置宥州，治所设在经略军，又调派鄜城神策屯兵九千人，充实宥州。

先是，回鹘屡请婚，朝廷以公主出降，其费甚广，故未之许。礼部尚书李绛上言，以为："回鹘凶强，不可无备；淮西穷蹙，事要经营。今江、淮大县，岁所入赋有二十万缗者，足以备降主之费，陛下何爱一县之赋，不以羁縻劲虏！回鹘若得许婚，必喜而无猜，然后可以修城堑，蓄甲兵，边备既完，得专意淮西，功必万全。今既未降公主而虚弱西城；碛路无备，更修天德以疑虏心。万一北边有警，则淮西遗丑复延岁月之命矣！倘虏骑南牧，国家非步兵三万，骑五千，则不足以抗御！借使一岁而胜之，其费岂特降主之比哉！"上不听。

乙丑，桂王纶薨。

【译文】之前，回鹘屡次向朝廷请求通婚，朝廷因为公主出国下嫁，开支很大，所以没有答应回鹘的请求。礼部尚书李绛向宪宗上奏，认为："回鹘凶狠强悍，对他们不能没有防备；淮西贫穷困迫，其中的事情需要图谋规划。现在江、淮的大县，每年上缴的赋税有达到二十万贯的，足够备办公主下嫁的费用，陛下为什么爱惜一县的税收，不肯拿来维系强劲的回鹘呢？回鹘如果得到准许通婚的喜讯，必定高兴而没有猜疑之心，此后，我们就可以修治城池沟堑，积蓄铠甲兵器，在边境的防备工作巩固后，才可以专心对付淮西，肯定会获得成功，万无一失。现在公主既没有下嫁，而西受降城又非常空虚没有武力；对大漠的通路毫无防备，还要修筑天德城，使异族心中感到疑虑。万一北边有警报，那么淮西的遗丑（指吴少阳）便又能苟延残喘！倘若回鹘的骑兵南下牧马，朝廷没有步兵三万人、骑兵五千人，就不够抵御他们！假使一年能战胜回鹘，那笔开销岂是仅仅下嫁公主的开销就能相比的？"宪宗没有听从这个建议。

乙丑日（十九日），桂王李纶去世。

六月，壬寅，以河中节度使张弘靖为刑部尚书，同平章事。弘靖，延赏之子也。

翰林学士独孤郁，权德舆之婿也。上叹郁之才美曰："德舆得婿郁，我反不及邪！"先是尚主皆取贵戚及勋臣之家，上始命宰相选公卿、大夫子弟文雅可居清贯者，诸家多不愿，惟杜佑孙司议郎悰不辞。秋，七月，戊辰，以悰为殿中少监、驸马都尉，尚岐阳公主。公主，上长女，郭妃所生也。八月，癸巳，成婚。公主有贤行，杜氏大族，尊行不翅数十人，公主卑委怡顺，一同家人礼度，二十馀年，人未尝以丝发间指为贵骄。始至，则与悰谋曰："上所赐奴婢，卒不肯穷屈，奏请纳之，悉自市寒贱可制指者。"自是闺门落然不闻人声。

【译文】六月，壬寅日（二十七日），宪宗任命河中节度使张弘靖为刑部尚书、同平章事。张弘靖是张延赏的儿子。

翰林学士独孤郁是权德舆的女婿。宪宗李纯赞叹独孤郁的美才，说："权德舆能够得到独孤郁做女婿，我反而赶不上他！"先前，公主下嫁，都是选取皇家内外亲族以及功臣家的子弟，这时，宪宗才命令宰相从公卿、大夫的子弟中，选择温文尔雅、可以置身清流的子弟；然而，各家都不愿意，只有杜佑的孙子司议郎杜悰没有推辞。秋季，七月，戊辰日（二十三日），宪宗任命杜悰为殿中少监、驸马都尉，让他娶岐阳公主为妻。岐阳公主是宪宗的长女，是郭德妃所生。八月，癸巳日（十九日），杜悰与岐阳公主成婚。岐阳公主举止贤淑，杜氏是一个大家族，行辈高于她的尊长不下几十人，岐阳公主对待他们，谦恭随和，一概如同家里人的礼数。在二十年间，人们不曾因为丝毫嫌隙指责她恃贵骄慢。岐阳公主刚嫁过去，就和杜悰商量说："陛下赐给我们的奴婢，终究不肯屈从，可以奏请陛下把她们收回去，我们自己再购买那些出身卑微、可以役使的奴婢吧。"从此，闺门中寂静，连人们说话的声音都听不到。

闰月，丙辰，彰义节度使吴少阳薨。少阳在蔡州，阴聚亡命，牧养马骡，时抄掠寿州茶山以实其军，其子摄蔡州刺史元济，匿丧，以病闻，自领军务。

上自平蜀，即欲取淮西。淮南节度使李吉甫上言："少阳军中上下携离，请徙理寿州以经营之。"会朝廷方讨王承宗，未暇也。及吉甫入相，田弘正以魏博归附。吉甫以为汝州扞蔽东都，河阳宿兵，本以制魏博，今弘正归附。则河阳为内镇，不应屯重兵以示猜阻。辛酉，以河阳节度使乌重胤为汝州刺史，充河阳、怀、汝节度使，徙理汝州。己巳，弘正检校右仆射，赐其军钱二十万缗，弘正曰："吾未若移河阳军之为喜也。"

【译文】闰月，丙辰日（十二日），彰义节度使吴少阳去世。吴少阳在蔡州任职，暗地里聚集逃亡的罪犯，放养骡子、马匹，时常抢劫寿州茶山的财物来充实军需。他的儿子摄蔡州刺史吴元济，隐瞒吴少阳的死讯，假称吴少阳生病，以此上报朝廷，由自己统领军中事务。

宪宗平定蜀地后，就打算攻取淮西。淮南节度使李吉甫向宪宗进言说："吴少阳军中上下离心，请将淮南的治所迁移到寿州，以便更好地经略规划淮西。”恰逢此时，朝廷正在讨伐王承宗，没有余暇考虑他的意见。等到李吉甫做宰相，田弘正率领魏博兵众归顺朝廷。李吉甫认为汝州可以保卫东都，在河阳驻兵防守，本意是控制魏博，现在田弘正归顺朝廷，河阳便成了内地的军镇，不应该屯驻重兵显示朝廷对魏博的猜疑。辛酉日（十七日），宪宗任命河阳节度使乌重胤为汝州刺史，充任河阳、怀、汝节度使，将州治迁到汝州。己巳日（二十五日），宪宗加封田弘正为检校右仆射，赐给他的军队二十万贯钱，田弘正说：“没有比迁移河阳军更使我高兴的事了。”

九月，庚辰，以洺州刺史李光颜为陈州刺史，充忠武都知兵马使。以泗州刺史令狐通为寿州防御使。通，彰之子也。丙戌，以山南东道节度使袁滋为荆南节度使，以荆南节度使严绶为山南东道节度使。

吴少阳判官苏兆、杨元卿、大将侯惟清皆劝少阳入朝。元济恶之，杀兆，囚惟清。元卿先奏事在长安，具以淮西虚实及取元济之策告李吉甫，请讨之。时元济犹匿丧，元卿劝吉甫，凡蔡使入奏者，所在止之。少阳死近四十日，不为辍朝，但易环蔡诸镇将帅，益兵为备。元济杀元卿妻及四男以圬射堋。淮西宿将董重质，吴少诚少婿也，元济以为谋主。

戊戌，加河东节度使王锷同平章事。

【译文】九月，庚辰日（初七日），宪宗李纯任命洺州刺史李光颜为陈州刺史，充任忠武都知兵马使；同时任命泗州刺史令狐通为寿州防御使。令狐通是令狐彰的儿子。丙戌日（十三日），宪宗任命山南东道节度使袁滋为荆南节度使，任命荆南节度使严绶为山南东道节度使。

吴少阳的判官苏兆、杨元卿、大将侯惟清都曾劝说吴少阳入京朝见天子；吴元济很憎恶他们，于是派人杀死苏兆，囚禁侯惟清。杨元卿先前在长安奏事，将淮西的情况和攻取吴元济的计策全都告诉李吉甫，并请求朝廷前去讨伐吴元济。当时吴元济还把吴少阳的丧事隐瞒，杨元卿劝告李吉甫，凡是蔡州派去上奏的使者，各处均要阻止他们入朝朝见。吴少阳去世已近四十天，但天子没有为他停止上朝以示哀悼，只是改换围绕蔡州的诸镇将帅，增调兵马，做好防范。吴元济杀死杨元卿的妻子及四个儿子，用泥堁为射垛，埋在坑里。淮西旧将董重质是吴少诚的女婿，吴元济把他当作为自己谋划计策的人。

戊戌日（二十五日），宪宗加封河东节度使王锷为同平章事。

资
治
通
鉴

李吉甫言于上曰："淮西非如河北，四无党援，国家常宿数十万兵以备之，劳费不可支也。失今不取，后难图矣。"上将讨之，张弘靖请先为少阳辍朝、赠官，遣使吊赠，待其有不顺之迹，然后加兵，上从之，遣工部员外郎李君何吊祭。元济不迎敕使，发兵四出，屠舞阳，焚叶，掠鲁山、襄城，关东震骇，君何不得入而还。

冬，十月，丙午，中书侍郎、同平章事赵公李吉甫薨。

壬戌，以忠武节度副使李光颜为节度使。甲子，以严绶为申、光、蔡招抚使，督诸道兵招讨吴元济，乙丑，命内常侍知省事崔潭峻监其军。戊辰，以尚书左丞吕元膺为东都留守。

党项寇振武。

十二月，戊辰，以尚书右丞韦贯之 。

【译文】李吉甫对宪宗说："淮西与河北不同，四周没有同

276

党援助，朝廷常在那里派驻几十万兵来防备，将士的劳苦与国家的开支都难以支撑下去。如果现在失去攻打吴少阳的机会，以后再想攻取淮西就困难了。"宪宗李纯正打算派人前去讨伐淮西，张弘靖向宪宗请求先为吴少阳停止上朝几天表示哀悼，追赠给他官爵，派使者前去吊丧，赠送助丧的财物，等淮西出现对朝廷不恭顺的行迹，再派兵征讨。宪宗听从他的建议，派工部员外郎李君何前去吊唁祭奠。吴元济不迎接天子派去的使者，出兵向四面攻击，屠杀舞阳县，放火烧掉叶城，抢夺鲁山、襄城，使得关东震恐惊骇。李君何无法进入淮西境内，只得回朝。

冬季，十月，丙午日（初三日），中书侍郎、同平章事赵公李吉甫去世。

壬戌日（初十日），宪宗任命忠武节度副使李光颜为节度使。甲子日（十二日），宪宗任命严绶为申、光、蔡招抚使，督导各道兵讨伐吴元济。乙丑日（十三日），宪宗李纯命内常侍知省事崔潭峻监督军队。戊辰日（十六日），宪宗任命尚书左丞吕元膺为东都留守。

党项侵犯振武。

十二月，戊辰日（二十五日），宪宗任命尚书右丞韦贯之为同平章事。

元和十年（乙未，公元八一五年）春，正月，乙酉，加韩弘守司徒。弘镇宣武，十馀年不入朝，颇以兵力自负，朝廷亦不以忠纯待之。王锷加同平章事，弘耻班在其下，与武元衡书，颇露不平之意。朝廷方倚其形势以制吴元济，故迁官，使居锷上以宠慰之。

吴元济纵兵侵掠，及于东畿。己亥，制削元济官爵，命宣武等十六道进军讨之。严绶击淮西兵，小胜，不设备，淮西兵夜还袭之。二月，甲辰，绥败于磁丘，却五十馀里，驰入唐州而守之。寿州团练使令狐通为淮西兵所败，走保州城，境上诸栅尽为淮西所屠。癸丑，以左金吾大将军李文通代之，贬通昭州司户。

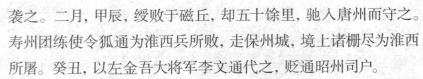

【译文】元和十年（乙未，公元815年）春季，正月，乙酉日（十三日），宪宗加封韩弘兼任司徒。韩弘镇守宣武，十多年不入朝见天子，仗恃着军队的力量，以为自己很了不起，朝廷也不把他当作忠诚笃厚的臣下看待。宪宗加封王锷为同平章事后，韩弘以名列王锷之下而深感羞愧，他在给武元衡的信中，流露出愤慨不满的意思。朝廷正要借助韩弘据有的地理形势去扼制吴元济的军队，所以把韩弘的官职升得比王锷还高，以表示荣宠安慰之意。

吴元济放任军队到各处侵扰抢夺，到了东都洛阳周围的地区。己亥日（二十七日），宪宗下制书削去吴元济的官爵，命令宣武等十六道进兵讨伐他。严绥攻击淮西军队，略微取得一些胜利，便不再设置防备，淮西兵马在夜间返回来袭击严绥。二月，甲辰日（初二日），严绥在磁丘打了败仗，军队撤退五十多里，急速奔入唐州城防守。寿州的团练使令狐通被淮西兵打败，逃奔到寿州城防守自保，州境上各处栅垒的士兵全部遭到淮西军的屠杀。癸丑日（十一日），宪宗任命左金吾大将军李文通代替令狐通的职位，贬令狐通为昭州司户。

诏鄂岳观察使柳公绰以兵五千授安州刺史李听，使讨吴元济。公绰曰：“朝廷以吾书生不知兵邪！”即奏请自行，许之。公绰至安州，李听属櫜鞬迎之。公绰以鄂岳都知兵马使、先锋行营兵马都虞候二牒授之，选卒六千以属听，戒其部校曰：“行营之事，一决都将。”听感恩畏威，如出麾下。公绰号令整肃，区处军事，诸将无不服。士卒在行营者，其家疾病死丧，厚给之，妻淫泆者，沉之于江，士卒皆喜曰："中丞为我治家，我何得不前死！"故每战皆捷。公绰所乘马，蹑杀圉人，公绰命杀马以祭之，或曰："圉人自不备耳，此良马，可惜！"公绰曰："材良性驽，何足惜也！"竟杀之。

河东将刘辅杀丰州刺史燕重旰，王锷诛之，及其党。

【译文】宪宗下诏书给鄂岳观察使柳公绰，命令他将五千兵马拨给安州刺史李听，让李听前去讨伐吴元济。柳公绰说："朝廷认为我是书生，不懂得用兵之道吗？" 柳公绰随即向宪宗上奏请求自己带兵前往讨伐，宪宗答应他的请求。柳公绰到达安州，李听让全副武装的将领前去迎接他。柳公绰把鄂岳都知兵马使、先锋行营兵马都虞候的二封文牒交给他，把六千精兵交给李听指挥，告诫部下说："行营的事情，完全由都将（统帅）决定。"李听感激他的恩德，畏惧他的威严，就像他的部下一般。柳公绰号令严明，他处置军旅事务，各位将领没有不悦服的。身在行营的士兵，凡是家中人有患病或死亡，都发给他们丰厚的物品，妻子不守妇道，把她沉到江里淹死，将士们都很高兴，说："柳中丞替我们整治家务，我们怎么能够不誓死向前冲呢？"所以柳公绰每次作战都打胜仗。一次，柳公绰骑的马踢死马夫，柳公绰便命人杀死那匹马来祭吊马夫，有人说："那是由于养马人不加防备造成的，这是匹良马，杀了可惜！"柳公绰说："这匹马能奔善跑，但生性顽劣，有什么值得爱惜的？"他最终还是命人把那匹马杀了。

河东的将军刘辅杀死丰州刺史燕重旰，接着，王锷又把刘辅和他的党羽杀死。

王叔文之党坐谪官者，凡十年不量移，执政有怜其才欲渐进之者，悉召至京师。谏官争言其不可，上与武元衡亦恶之。三月，乙酉，皆以为远州刺史，官虽进而地益远。永州司马柳宗元为柳州刺史，朗州司马刘禹锡为播州刺史。宗元曰："播州非人所居，而梦得亲在堂，万无母子俱往理。"欲请于朝，愿以柳易播。会中丞裴度亦为禹锡言曰："禹锡诚有罪，然母老，与其子为死别，良可伤！"上曰："为人子尤当自谨，勿贻亲忧，此则禹锡重可责也。"度曰："陛下方侍太后，恐禹锡在所宜矜。"上良久，乃曰："朕所言，以责为人子者耳，然不欲伤其亲心。"退，谓左右曰："裴度爱我终切。"明日，改禹锡连州刺史。

宗元善为文，尝作《梓人传》，以为："梓人不执斧斤刀锯之技，专以寻引、规矩、绳墨度群木之材，视栋宇之制，相高深、圆方、短长之宜，指麾众工，各趋其事，不胜任者退之。大厦既成，则独名其功，受禄三倍。亦犹相天下者，立纲纪、整法度，择天下之士使称其职，居天下之人使安其业，能者进之，不能者退之，万国既理，而谈者独称伊、傅、周、召，其百执事之勤劳不得纪焉。或者不知体要，衒能矜名，亲小劳，侵众官，听听于府庭，而遗其大者远者，是不知相道者也。"

【译文】王叔文一党中获罪贬官的官员，已经十年没有酌情得到迁官。有些怜惜他们的才华而准备逐渐提升他们的主持政务的官员，主张把他们全部传召到京城。谏官们争着向宪宗李纯陈说这种做法不适当，宪宗和武元衡也很痛恨王叔文同党。三月，乙酉日（十四日），宪宗任命王叔文一党中获罪贬官的官员都去做远方州郡的刺史，官位虽然得到升迁但所到的地方更远。永州司马柳宗元担任柳州刺史，朗州司马刘禹锡担任播州刺史。柳宗元说："播州不是人居住的地方，而刘禹锡的母亲尚在高堂，万万没有让母子二人一同前往贬谪之地的道理。"
他想向朝廷请求，自己愿意由柳州刺史改任播州刺史。恰好此
时，中丞裴度也为刘禹锡进言，他说："刘禹锡的确有罪，但是
他的母亲年岁已高，和他的儿子这一分别，就是死别，实在让
人伤心！" 宪宗说："作为人子，尤其应该使自己言行谨慎，不
要犯错，给亲人留下忧患，这么看来，刘禹锡也是应该加重罪
责的。"裴度说："陛下正奉养太后，恐怕在刘禹锡那里也应给
予怜悯。"过了很久，宪宗才说："朕说的话，是用来责备为人子
的；但是并不打算让他的母亲伤心。"退朝后，宪宗对周围的人
说："裴度对朕爱得深切呀。"第二天，宪宗改任刘禹锡为连州
刺史。

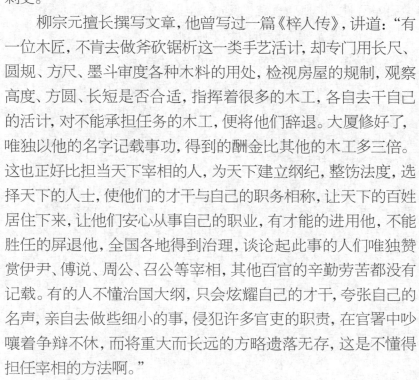

　　柳宗元擅长撰写文章，他曾写过一篇《梓人传》，讲道："有
一位木匠，不肯去做斧砍锯析这一类手艺活计，却专门用长尺、
圆规、方尺、墨斗审度各种木料的用处，检视房屋的规制，观察
高度、方圆、长短是否合适，指挥着很多的木工，各自去干自己
的活计，对不能承担任务的木工，便将他们辞退。大厦修好了，
唯独以他的名字记载事功，得到的酬金比其他的木工多三倍。
这也正好比担当天下宰相的人，为天下建立纲纪，整饬法度，选
择天下的人士，使他们的才干与自己的职务相称，让天下的百姓
居住下来，让他们安心从事自己的职业，有才能的进用他，不能
胜任的屏退他，全国各地得到治理，谈论起此事的人们唯独赞
赏伊尹、傅说、周公、召公等宰相，其他百官的辛勤劳苦都没有
记载。有的人不懂治国大纲，只会炫耀自己的才干，夸张自己的
名声，亲自去做些细小的事，侵犯许多官吏的职责，在官署中吵
嚷着争辩不休，而将重大而长远的方略遗落无存，这是不懂得
担任宰相的方法啊。"

又作《种树郭橐驼传》曰："橐驼之所种，无不生且茂者。或问之，对曰：'橐驼非能使木寿且孳也。凡木之性，其根欲舒，其土欲故，既植之，勿动勿虑，去不复顾。其莳也若子，其置也若弃，则其天全而性得矣。它植者则不然，根拳而土易，爱之太恩，忧之太勤，旦视而暮抚，已去而复顾，甚者爪其肤以验其生枯，摇其本以观其疏密，而木之性日以离矣。虽曰爱之，其实害之；虽曰忧之，其实仇之。故不我若也！为政亦然。吾居乡见长人者，好烦其令，若甚怜焉而卒以祸之。旦暮吏来，聚民而令之，促其耕获，督其蚕织，吾小人辍飧饔以劳吏之不暇，又何以蕃吾生而安吾性邪！凡病且怠，职此故也。'"此其文之有理者也。

庚子，李光颜奏破淮西兵于临颍。

田弘正遣其子布将兵三千助严绶讨吴元济。

【译文】柳宗元又撰写过《种树郭橐驼传》说："郭橐驼所种植的树木，没有不成活而且茂盛的。有人问他其中的道理。郭橐驼回答说：'橐驼并不能使树木延长寿命并且生长繁盛。大凡树木的本性，根要舒展，土要原来的泥土，已经种好了，就不要再动它、担心它，离开它后，便不用再去看管它。在种植的时候就像爱护自己的子女一样地爱护它，种植好了就像把它抛弃了一样，那么这就使树木的先天本性得以保全，使树木的个性得以发展。其他种树的人却不是这样做，他们使树木的根部蜷曲在一起，而且更换新土，对树木的爱护过于深切，担忧过于细密，早晨看，晚上摸，已经走开，又回头看看，还有更过分的是用指甲抓破树皮查看它是成活还是枯萎，摇动树干看看泥土是疏是密，这样一来，树木与自己的本性就日见脱离。虽然说是爱护树木，其实是损害树木；虽然说是担心树木，实际却是将树木当成仇人，所以他们种树都不如我种植的好！其实，办理政务也和种树一样。我住在乡下的时候，看见做官的人喜欢频频发号施令，好像很爱护人民，而最后却使人民受到祸害。从早到晚，都有差吏前来，将百姓聚集起来，向他们发布命令，敦促他们耕地收割，监督他们养蚕织布，我们这些小民把早餐晚饭都停下来，忙着慰劳差吏还来不及，又怎么能够让我们的生计得以蕃息，并且使我们的天性安然无扰呢？所以生活困苦，精神懈怠，主要都是因为这些啊！'"这是柳宗元文章中深含哲理的作品。

庚子日（二十九日），李光颜向朝廷奏报在临颍打败淮西军队。

田弘正派遣他的儿子田布率领三千兵马帮助严绶讨伐吴元济。

【乾隆御批】宗元党附叔文，自取戮辱。韩愈作志以为不自爱，惜语涉周旋。若禹锡既以失身获谴，而还朝尚罔知惩艾肆言讪怨，其罪当不止与柳同科，乃集贤、金紫滥赏。屡叨守正如裴度汲汲荐剡，又何为者？韩志惜宗元不得有力推挽，应即指是而发。盖均为文人气类陋习所中，非正首也。

【译文】柳宗元结党攀附王叔文，这是自取其辱。韩愈为他写墓志铭时说他不知道自爱，可惜用语未免过于婉转。至于刘禹锡，既然是因犯错而遭惩罚，返回京城后却仍然不知道约束、自律，肆意公开对朝廷进行言语嘲讽并发泄不满，其罪过不应仅与柳宗元相等同，而集贤学士、金鱼袋、紫衣之赏就更是泛滥无度了。而像裴度这样的人居然也反复多次说刘禹锡正直而且迫切地要举荐他，这又是为什么呢？韩愈惋惜柳宗元没有受到有力的引进、荐举，大概就是基于刘禹锡的事情有感而发。这大概都是文人之间惺惺相惜的陋习所致，而不是什么正道啊。

甲辰，李光颜又奏破淮西兵于南顿。

吴元济遣使求救于恒、郓。王承宗、李师道数上表请赦元济，上不从。是时发诸道兵讨元济而不及淄青，师道使大将将二千人趣寿春，声言助官军讨元济，实欲为元济之援也。

师道素养刺客奸人数十人，厚资给之，其徒说师道曰："用兵所急，莫先粮储。今河阴院积江、淮租赋，请潜往焚之。募东都恶少年数百，劫都市，焚宫阙，则朝廷未暇讨蔡，先自救腹心。此亦救蔡一奇也。"师道从之。自是所在盗贼窃发。辛亥暮，盗数十人攻河阴转运院，杀伤十馀人，烧钱帛三十馀万缗匹、谷二万馀斛，于是人情惶惧。群臣多请罢兵，上不许。

诸军讨淮西久未有功，五月，上遣中丞裴度诣行营宣慰，察用兵形势。度还，言淮西必可取之状，且曰："观诸将，惟李光颜勇而知义，必能立功。"上悦。

【译文】甲辰日（三月无此日），李光颜又向朝廷奏报说在南顿大破淮西军。

吴元济派使者到恒、郓请求援助；王承宗、李师道屡次上表请求赦免吴元济的罪，宪宗不肯答应他们的请求。这时，朝廷征调各道兵马讨伐吴元济，还没有涉及淄青，李师道派大将率领二千人赶往寿春，声称帮助官兵讨伐吴元济，实际上却是打算做吴元济的援兵。

李师道平时豢养着刺客和奸人几十人，用丰厚的资财供给他们，其中有人劝李师道说："打仗最急需的，没有比粮食储备更重要的了。现在江、淮的赋税都积存在河阴的转运院，请允许我暗中前去焚烧河阴转运院。再招募几百名东都的顽劣少年，抢劫都市中百姓的财物，焚烧宫阙，这样一来，朝廷就没有讨伐蔡州的余暇，却要首先援救自己的核心地区。这也算是救助蔡州的一个奇计。"李师道听从这个建议。从此以后，各地都有盗贼暗中活动。辛亥日（三月无此日）的夜晚，几十名盗贼攻进河阴转运院，杀伤十多人，烧掉钱财三十多万贯，布帛三十多万匹，谷子三万多斛，于是人们感到恐慌不安。多数臣子请求停止用兵，宪宗不肯应允此事。

各军长时间讨伐淮西，很久都没有立下战功，五月，宪宗李纯派遣中丞裴度前往行营宣达慰问之意，并察看用兵作战的情况。裴度回到京城，陈述淮西肯定能够攻取的情况，而且说："我观察各位将军，只有李光颜勇敢懂得义理，必定能建立功勋。"宪宗听了这些情况，非常高兴。

考功郎中、知制诰韩愈上言，以为："淮西三小州，残弊困剧之馀，而当天下之全力，其破败可立而待。然所未可知者，在陛下断与不断耳。"因条陈用兵利害，以为："今诸道发兵各二三千人，势力单弱，羁旅异乡，与贼不相谙委，望风慑惧。将帅以其客兵，待之既薄，使之又苦。或分割队伍，兵将相失，心孤意怯，难以有功。又其本军各须资遣，道路辽远，劳费倍多。闻陈、许、安、唐、汝、寿等州与贼连接处，村落百姓悉有兵器，习于战斗，识贼深浅，比来未有处分，犹愿自备衣粮，保护乡里。若令召募，立可成军。贼平之后，易使归农。乞悉罢诸道军，募土人以代之。"又言："蔡州士卒皆国家百姓，若势力穷不能为恶者，不须过有杀戮。"

【译文】考功郎中、知制诰韩愈向宪宗上奏，认为："淮西只有申、光、蔡三个小州，在残灭破败、困顿艰难之后，而且面临着天下全部的兵力，他们的毁灭指日可待。然而我们所不知道的，是陛下有没有决心。"于是韩愈一条条列出用兵的各种利害，认为："现在诸道各出兵两三千人，势单力薄，寄居在异地他乡，不熟悉敌军的实际情况，以致一看到敌军的势头就害怕。将帅因为他们是外来军队，对待他们很刻薄，又极力使唤他们；有时有些士兵的队伍被拆散重编，士兵与将领被分隔开，士兵们心中感到孤单畏怯，打起仗来很难立功。再者，将士们所在本军需要分别发运给养，道路遥远，人力与财力的消耗加倍繁多。听说陈、许、安、唐、汝、寿等州与贼人相连的地方，村落中的百姓都有武器，熟习作战的方法，了解贼人的情形，虽然近来朝廷对这些百姓没有做出安排，但他们仍然愿意备办衣服与口粮，保卫自己的家乡。假如派人招募这些百姓，立即就能够组成军队。贼人平定后，也很容易让他们回到农村从事农业生产。请求陛下停止向各道派遣军队，招募当地的人来代替各道军队。"韩愈还说："蔡州士卒都是国家的百姓，如果等到吴元济势力竭尽，不能作恶，也不应该过分杀戮蔡州士卒。"

丙申，李光颜奏败淮西兵于时曲。淮西兵晨压其垒而陈，光颜不得出，乃自毁其栅之左右，出骑以击之。光颜自将数骑冲其陈，出入数四，贼皆识之，矢集其身如猬毛。其子揽辔止之，光颜举刃叱去。于是，人争致死，淮西兵大溃，杀数千人。上以裴度为知人。

上自李吉甫薨，悉以用兵事委武元衡。李师道所养客说李师道曰："天子所以锐意诛蔡者，元衡赞之也，请密往刺之。元衡死，则他相不敢主其谋，争劝天子罢兵矣。"师道以为然，即资给遣之。

王承宗遣牙将尹少卿奏事，为吴元济游说。少卿至中书，辞指不逊，元衡叱出之。承宗又上书诋毁元衡。

【译文】丙申日（二十六日），李光颜向宪宗奏报在时曲打败淮西兵。淮西兵在早晨紧紧逼迫李光颜的营垒，结成阵列，李光颜出不去，无法出兵，于是把自己本军周围的营栅毁掉，派骑兵向淮西军进攻。李光颜亲自率领几个骑兵冲到敌人的阵营里去，在阵里进出数次，敌人都认识他，箭像刺猬毛般密集地向他身上射去。他的儿子拉着他的马缰绳想制止他，李光颜举起兵器，呵斥他走开。于是战士们争着拼命，淮西兵马大规模溃散，被杀死几千人。宪宗由此认为裴度善于识别人才。

自从李吉甫去世，宪宗李纯把采取军事行动的事情全部交托给武元衡。李师道豢养的宾客规劝他，说："天子之所以一心一意攻打蔡州，都是因为武元衡在旁边辅佐，请让我秘密前去刺杀武元衡。一旦武元衡死去，其他宰相就不敢再主持攻蔡计划，会争着劝说天子停止用兵。"李师道认为他说得很有道理，当即发给他盘资，派他前去刺杀武元衡。

王承宗派牙将尹少卿入朝奏报事情，替吴元济游说说情。吴少卿到中书省，言辞意旨很不谦恭，武元衡便将他呵斥出去；王承宗又上书恶意诬蔑武元衡。

六月，癸卯，天未明，元衡入朝，出所居靖安坊东门。有贼自暗中突出射之，从者皆散去，贼执元衡马行十馀步而杀之，取其颅骨而去。又入通化坊击裴度，伤其首，附沟中，度毡帽厚，得不死。傔人王义自后抱贼大呼，贼断义臂而去。京城大骇，于是诏宰相出入，加金吾骑士张弦露刃以卫之，所过坊门呵索甚严。朝士未晓不敢出门。上或御殿久之，班犹未齐。

贼遗纸于金吾及府、县，曰："毋急捕我，我先杀汝。"故捕贼者不敢甚急。兵部侍郎许孟容见上言："自古未有宰相横尸路隅而盗不获者，此朝廷之辱也！"因涕泣。又诣中书挥涕言："请奏起裴中丞为相，大索贼党，穷其奸源。"戊申，诏中外所在搜捕，获贼者赏钱万缗，官五品；敢庇匿者，举族诛之。于是，京城大索，公卿家有复壁、重橑者皆索之。

【译文】六月，癸卯日（初三日），天还没亮，武元衡前往朝廷，从他居住的靖安坊东门出来。突然，有贼人从暗中跑出来用箭射他，随从都跑散，贼人牵着武元衡的马匹走出十多步后，把他杀死，砍下头颅带走。贼人又进入通化坊刺杀裴度，使他头部受伤，跌落在水沟中。由于裴度戴的毡帽很厚实，因而得以不死；侍从王义从后面抱住贼人大声呼叫，贼人砍断王义的手臂，得以逃脱。事情发生后，京城的人们都非常惊骇，于是宪宗李纯下令，宰相进出，派金吾骑士张弓露刃加以保护，在需要经过的坊市门前喝呼搜索，很是严密。朝廷的士大夫们天没亮不敢出门。有时候宪宗到大殿等了许久，朝班中的官员仍然没有到齐。

贼人在金吾卫与兆府万年、长安两县留下字条说："不要忙着捉拿我，否则，我先把你杀死。"所以负责捉拿贼人的人不敢太急。兵部侍郎许孟容进见宪宗，说："自古以来，从来没有宰相横尸路旁而抓不到刺客的，这是朝廷的耻辱啊！"说完，他便哭泣起来。许孟容又到中书省去流着眼泪说："请求中书省申奏起用裴中丞为宰相，大规模搜索贼党，查清他们作恶的根源。"戊申日（初八日），宪宗下诏书命令京城内外各地搜捕，将贼人拿获的人，奖赏一万贯钱，赐给五品官位；胆敢包庇隐藏贼人的人，诛杀他的整个宗族。于是京城大事搜索，公卿家里有夹墙、复屋的，都被搜索到了。

成德军进奏院有恒州卒张晏等数人，行止无状，众多疑之。庚戌，神策将军王士则等告王承宗遣晏等杀元衡。吏捕得晏等八人，命京兆尹裴武、监察御史陈中师鞫之。癸亥，诏以王承宗前后三表出示百僚，议其罪。

裴度病疮，卧二旬，诏以卫兵宿其第，中使问讯不绝。或请罢度官以安恒、郓之心，上怒曰："若罢度官，是奸谋得成，朝廷无复纲纪。吾用度一人，足破二贼。"甲子，上召度入对。乙丑，以度为中书侍郎、同平章事。度上言："淮西，腹心之疾，不得不除。且朝廷业已讨之，两河藩镇跋扈者，将视此为高下，不可中止。"上以为然，悉以用兵事委度，讨贼愈急。初，德宗多猜忌，朝士有相过从者，金吾皆伺察以闻，宰相不敢私第见客。度奏："今寇盗未平，宰相宜招延四方贤才与参谋议"，始请于私第见客，许之。

【译文】成德军在进奏院中有恒州兵张晏等几个人，举动行为不良，众人多怀疑他们就是贼人。庚戌日（初十日），神策将军王士则等告发王承宗派遣张晏等人杀死武元衡。吏人捉拿到张晏等八人，宪宗命令京兆尹裴武、监察御史陈中师审讯他们。癸亥日（二十三日），宪宗下诏把王承宗前后三次呈递的上表拿出来给百官看，议定他应受的罪罚。

裴度创口不愈，卧病二十天，宪宗颁诏命令卫兵住在他的家中，前去问候的中使接连不断。有人请求罢免裴度的官职以使恒州王承宗、郓州李师道放下心来，宪宗发怒说："假如免除裴度的官职，那就等于是使奸人的计划成功，朝廷不再有法度可言。我任用一个裴度，足够打败王承宗和李师道两个敌人。"

甲子日（二十四日），宪宗下旨召裴度入朝奏对。乙丑日（二十五日），宪宗任命裴度担任中书侍郎、同平章事。裴度向宪宗上奏说："淮西是朝廷的腹心之疾，不能不予根除。而且，朝廷已经讨伐淮西，河南、河北骄横强暴的藩镇，都打算按照此战，来决定对朝廷的态度，因此，陛下讨伐吴元济之事不能半途而废。"宪宗认为裴度说得很对，把采取军事行动的事务完全托付给他，对吴元济的讨伐十分急切。起初，德宗喜欢猜忌臣子，朝廷的士大夫们有互相来往的，都派金吾卫监视并把情形禀告给他，弄得宰相不敢在私人宅第会见客人。裴度向宪宗上奏："现在盗寇没有平定，宰相应当招揽延引各地德才兼备的人才参与谋划商议。"于是，裴度初次请求在自己家里会见宾客，宪宗准许他的请求。

陈中师按张晏等，具服杀武元衡。张弘靖疑其不实，屡言于上，上不听。戊辰，斩晏等五人，杀其党十四人，李师道客竟潜匿亡去。

秋，七月，庚午朔，灵武节度使李光进薨。光进与弟光颜友善，光颜先娶，其母委以家事。母卒，先进后娶，光颜使其妻奉管籥，籍财物，归于其女以。光进反之曰："新妇逮事先姑，先姑命主家事，不可易也。"因相持而泣。

甲戌，诏数王承宗罪恶，绝其朝贡，曰："冀其翻然改过，束身自归。攻讨之期，更俟后命。"

【译文】陈中师拷问审讯张晏等人，他们都承认杀死武元衡一事；张弘靖怀疑他们的话不属实，于是屡次向宪宗进言，宪宗不听从他的建议。戊辰日（二十八日），宪宗颁召斩杀张晏等五人以及张晏的同党十四人；李师道派来的刺客却躲在暗中，悄悄逃走。

　　秋季，七月，庚午朔日（初一日），灵武节度使李光进去世。李光进和弟弟李光颜感情很好，李光颜先娶妻，他们的母亲将家中事务都交给李光颜的妻子。母亲去世后，李光进才娶了妻子，李光颜让自己的妻子捧着锁钥，登录好家中的财物，交给她的嫂子。李光进把锁钥、账簿又退还给弟弟并对他说："弟妇赶上事奉已故的婆婆，婆婆命令她主持家事，这是不能随便改变的。"接着，兄弟俩握着手痛哭起来。

　　甲戌日（初五日），宪宗李纯下诏数说王承宗的罪恶，不许他入朝进贡，说："希望他幡然改过，自己主动投案。进攻讨伐他的日期，再等以后的命令。"

　　八月，己亥朔，日有食之。

　　李师道置留后院于东都，本道人杂沓往来，吏不敢诘。时淮西兵犯东畿，防御兵悉屯伊阙。师道潜内兵于院中，至数十百人，谋焚宫阙，纵兵杀掠，已烹牛飨士。明日，将发，其小卒诣留守吕元膺告变，元膺亟追伊阙兵围之。贼众突出，防御兵踵其后，不敢迫，贼出长夏门，望山而遁。是时都城震骇，留守兵寡弱。元膺坐皇城门，指使部分，意气自若，都人赖以安。

　　【译文】八月，己亥朔日（初一日），天空出现日食。

　　李师道在东都设置留后院，他那一道的人杂乱地在院里来来往往，官吏不敢查问。当时淮西侵犯东都周围的地区，防御他们的军队全都在伊阙驻扎；李师道暗地里将军队隐藏在留后院中，人数达到几十上百，打算放火烧宫阙，放纵兵马连杀带抢，已经事先烹煮牛肉，对将士们进行犒赏。第二天，当他准备发动兵马，有一个小卒前往留守吕元膺处告发这一事变，吕元膺赶忙追回驻扎在伊阙的防御士兵围困李师道的留后院；那些贼人突围而出，吕元膺的防御使的兵马跟在后面，不敢接近，贼人出了长夏门，逃到山里去。这时都城里的人震惊恐惧，留守的兵马又少又弱；吕元膺坐镇皇城门，指挥调度，神态从容，都城中的人们仰赖着他才放下心来。

东都西南接邓、虢，皆高山深林，民不耕种，专以射猎为生，人皆趫勇，谓之山棚。元膺设重购以捕贼。数日，有山棚鬻鹿，贼遇而夺之，山棚走召其侪类，且引官军共围之谷中，尽获之。按验，得其魁，乃中岳寺僧圆净，故尝为史思明将，勇悍过人，为师道谋，多买田于伊阙、陆浑之间，以舍山棚而衣食之。有訾嘉珍、门察者，潜部分以属圆净，圆净以师道钱千万，阳为治佛光寺，结党定谋，约令嘉珍等窃发城中，圆净举火于山中，集二县山棚入城助之。圆净时年八十馀，捕者既得之，奋锤击其胫，不能折。圆净骂曰："鼠子，折人胫且不能，敢称健儿！"乃自置其胫，教使折之。临刑，叹曰："误我事，不得使洛城流血！"党与死者凡数千人。留守、防御将二人及驿卒八人皆受其职名，为之耳目。

【译文】东都洛阳西南面与邓州和虢州接壤，那里都是高山深林，百姓不从事农业生产，专以狩猎为生，人人都很勇敢，身手矫捷，被称为"山棚"。吕元膺悬重赏捕贼。过了几天，有一个山棚在卖鹿，贼人遇到了他就将他的鹿夺走。于是山棚跑去召集同伴，而且带领官兵一同把他们围在山谷中，将他们全部捉获。经过审讯核实，查问出贼首，原来是中岳寺的和尚圆净；圆净过去担任史思明的大将，勇猛强悍，超过常人，他替李师道谋划，多在伊阙、陆浑之间多多购买田地，让山棚居住，供给他们衣服与食品。有名叫訾嘉珍、门察的人，暗地里带领山棚归属圆净，圆净用李师道拨发的一千万钱，假装修治佛光寺，暗地里却集结同党，制定计谋，邀结并命令訾嘉珍等暗地在城中发动事变，圆净在山中举火为信号，集合伊阙、陆浑两县的山棚前往洛阳城中援助他们。圆净当时八十多岁，捕者捉到了他，用锤猛打他的小腿，并不能将他的小腿打断。圆净骂道："鼠辈，连人的小腿都打不断，还敢自称健儿吗？"于是他自己将小腿安放好，教那个官兵打断。临刑时，圆净叹息说："你们误了我的大事，不能血洗洛阳城了。"被处死的圆净党羽总共有好几千人。二个留守及防御兵的将领及八个驿卒都接受了李师道的官职，为圆净刺探消息。

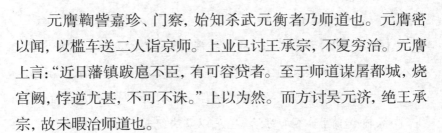

元膺鞫訾嘉珍、门察，始知杀武元衡者乃师道也。元膺密以闻，以槛车送二人诣京师。上业已讨王承宗，不复穷治。元膺上言："近日藩镇跋扈不臣，有可容贷者。至于师道谋屠都城，烧宫阙，悖逆尤甚，不可不诛。"上以为然。而方讨吴元济，绝王承宗，故未暇治师道也。

乙丑，李光颜败于时曲。

初，上以严绶在河东，所遣裨将多立功，故使镇襄阳，且督诸军讨吴元济。绶无他材能，到军之日，倾府库，赍士卒，累年之积，一朝而尽。又厚赂宦官以结声援，拥八州之众万馀人屯境上，闭壁经年，无尺寸功，裴度屡言其军无政。

【译文】吕元膺审讯訾嘉珍和门察后，才知道杀死武元衡的主谋是李师道。吕元膺秘密将此事上奏天子，并用囚车将二人送往京师。宪宗已经宣布讨伐王承宗，不再彻底处治此事。吕元膺向宪宗上奏："近来藩镇骄横强暴，没有尽到作为臣子的礼数，还有能够宽容的地方。至于李师道，计划血洗都城，焚烧宫殿，悖乱忤逆，特别严重，不能够不诛杀。"宪宗认为他说得很有道理。可是当时朝廷正在讨伐吴元济，又与王承宗关系破裂，所以没有余暇处治李师道等人。

乙丑日（二十七日），李光颜在时曲打了败仗。

起初，宪宗李纯因为严绶在河东时所派副将有许多人立了战功，所以派严绶镇守襄阳，督导各军讨伐吴元济。严绶没有别的才能，到达军中之日，用尽府库里的钱财，来赏赐士兵，多年的积蓄，一天就花光；他又大力贿赂宦官，与他们互相援助，他掌握着襄、邓、唐、随、均、房、郢、复八州兵众一万多人，驻扎在边境，将营垒关闭，整年没有出兵作战，没有立下一点战功。裴度屡次说他治军无善政。

【乾隆御批】盗杀宰相，事出非常，搜捕岂容刻缓。乃所司惑于贼人诡计，竟尔观望迟疑。使非许孟容恳切进言，几欲置之不问，及下诏大索，又以士则妄告李代桃僵。虽元膺购募"山棚"罪人斯得，尚欲掩饰前非，不加穷治。岂足以肃法纪而申国宪！由是观之，宪宗之平淮西，盖幸耳，非真能恢弘太宗之业者也。

【译文】贼人刺杀宰相，此事非同寻常，对刺客的搜捕岂能拖拉迟缓。这是有关部门被贼人的诡计所迷惑，居然采取了迟疑观望的态度。若不是许孟容恳切进言，唐宪宗几乎要对此置之不问了，等到后来尽管下诏令展开大肆搜索，却又因王士则等人做伪证而使李代桃僵，真正的元凶却逃之夭夭。虽然元膺招募"山棚"得以抓获罪犯，可这时唐宪宗还想为李师道掩盖之前的罪行，并不打算彻底追究他的罪责。这怎么能严肃法纪、申明国法！从这件事可以看出唐宪宗平定淮、蔡两地之乱，大概就只能算是幸运吧，而并不是真能使唐太宗的基业发扬光大啊！

九月，癸酉，以韩弘为淮西诸军都统。弘乐于自擅，欲倚贼以自重，不愿淮西速平。李光颜在诸将中战最力，弘欲结其欢心，举大梁城索得一美妇人，教之歌舞丝竹，饰以珠玉金翠，直数百万钱，遣使遗之，使者先致书。光颜乃大飨将士，使者进妓，容色绝世，一座尽惊。光颜谓使者曰："相公愍光颜羁旅，赐以美妓，荷德诚深。然战士数万，皆弃家远来，冒犯白刃，光颜何忍独以声色自娱悦乎！"因流涕，座者皆泣。即于席上厚以缯帛赠使者，并妓返之，曰："为光颜多谢相公，光颜以身许国，誓不与逆贼同戴日月，死无贰矣！"

【译文】九月，癸酉日（二十九日），宪宗任命韩弘为淮西各军的都统。韩弘喜欢专断独行，打算借助敌军来加重自己的地位，不愿意迅速将淮西平定。李光颜在诸将中作战最努力，韩弘想博得他的欢心，于是命人在大梁城里找到一个美女，教给她唱歌跳舞，弹奏乐器，用珠宝玉石、金银翡翠将她打扮起来，这些东西总价值达到数百万钱，然后派遣使者把她赠送给李光颜。使者先送一封书信给李光颜。李光颜正在大举犒劳将士，使者将歌伎进献上来，歌伎的容貌姿色冠绝当代，使座上的人都大吃一惊。李光颜对使者说："韩相公怜悯我客居他乡，赏赐给我漂亮的歌伎，我蒙受韩相公的恩德确实深厚。然而我手下的几万名战士，都是抛弃家室从远方而来，在白晃晃的兵器中间冲撞，难道我能够忍心单独用娇声美色娱乐自己吗？"随即李光颜流下眼泪，座上的人也都跟着哭泣。李光颜便在席上赠送给使者许多缯帛，并连同这个歌伎一并退还给他，对使者说："请替我多谢韩相公，光颜以身许国，立誓不肯与忤逆的贼人共存于世间，除了效死，别无二心。"

冬，十月，庚子，始分山南东道为两节度，以户部侍郎李逊为襄、复、郢、均、房节度使，以右羽林大将军高霞寓为唐、随、邓节度使。朝议以唐与蔡接，故使霞寓专事攻战，而逊调五州之赋以饷之。

辛丑，刑部侍郎权德舆奏："自开元二十五年修《格式律令事类》后，至今《长行敕》，近删定为三十卷，请施行。"从之。

上虽绝王承宗朝贡，未有诏讨之。魏博节度使田弘正屯兵于其境，承宗屡败之，弘正忿，表请击之，上不许。表十上，乃听至贝州。丙午，弘正军于贝州。

庚戌，东都奏盗焚柏崖仓。

【译文】冬季，十月，庚子日（初三日），朝廷开始将山南东道分成两个节度军府，任命户部侍郎李逊为襄、复、郢、均、房节度使；右羽林大将军高霞寓为唐、随、邓节度使。朝士们商议认为唐州和蔡州接壤，所以让高霞寓专门从事攻伐接战，而李逊负责征调五州赋税以供应军粮。

辛丑日（初四日），刑部侍郎权德舆向宪宗上奏："自开元二十五年修撰《格式律令事类》后，到现在的《长行敕》，最近删定为三十卷的新书，请陛下颁行。"宪宗依从他的建议。

宪宗虽然不准王承宗向朝廷进贡，但并没有颁下诏书讨伐他。魏博节度使田弘正在王承宗的边境上驻扎兵马，而王承宗屡次打败田弘正的军队；田弘正很生气，向朝廷上表请求攻打王承宗，宪宗不肯答应他的请求。田弘正接连十次上表，宪宗才准许他前往贝州。丙午日（初九日），田弘正的军队进驻贝州。

庚戌日（十三日），东都洛阳向宪宗奏称强盗焚烧柏崖仓。

十一月，寿州刺史李文通奏败淮西兵。

壬申，韩弘请命众军合攻淮西，从之。

李光颜、乌重胤败淮西兵于小溵水，拔其城。

乙亥，以严绶为太子少保。

盗焚襄州佛寺军储。尽徙京城积草于四郊以备火。

丁丑，李文通败淮西兵于固始。

戊寅，盗焚献陵寝宫、永巷。

诏发振武兵二千，会义武军以讨王承宗。

己丑，吐蕃款陇州塞，请互市，许之。

初，吴少阳闻信州人吴武陵名，邀以为宾友，武陵不答。及元济反，武陵以书谕之曰："足下勿谓部曲不我欺，人情与足下一也。足下反天子，人亦欲反足下。易地而论，则其情可知矣。"

【译文】十一月，寿州刺史李文通上奏朝廷称打败淮西军队。

壬申日（初五日），韩弘向宪宗李纯请求命令各军联合攻打淮西，宪宗依从他的建议。

李光颜、乌重胤在小溵水打败淮西军队，攻取小溵水的城池。

乙亥日（初八日），宪宗任命严绶为太子少保。

盗贼焚毁襄州佛寺内的军事储备。于是朝廷把京城中堆积的干草全部迁移到四周的郊区，以防备火灾

丁丑日（初十日），李文通在固始打败淮西军队。

戊寅日（十一日），盗贼焚毁唐高祖李渊献陵的后殿和长巷。

宪宗下诏征调振武二千军队，会合义武军，前去讨伐王承宗的兵马。

己丑日（二十二日），吐蕃与陇州通好，吐蕃向朝廷请求互相进行贸易往来，宪宗李纯准许他们的请求。

起初，吴少阳听说信州人吴武陵很有名声，便邀请他做自己的宾客和朋友，吴武陵没有答应他的邀请。等到吴元济造反，吴武陵给吴元济写了一封书信开导他说："您可不要以为您的部下不会欺骗您，人们的心理与您是一样的。您既然反叛天子，那么别人也会反叛您。如果您能够换到他们的位置上去看待这个问题，那么人们的心理你就非常清楚了。"

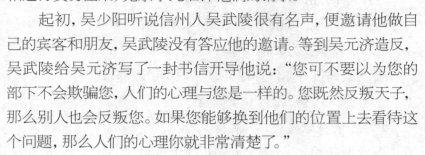

丁酉，武宁节度使李愿奏败李师道之众。时师道数遣兵攻徐州，败萧、沛数县，愿悉以步骑委都押牙温人王智兴，击破之。十二月，甲辰，智兴又破师道之众，斩首二千馀级，逐北至平阴而还。愿，晟之子也。

东都防御使吕元膺请募山棚以卫宫城，从之。

乙丑，河东节度使王锷薨。

王承宗纵兵四掠，幽、沧、定三镇皆苦之，争上表请讨承宗。上欲许之。中书侍郎、同平章事张弘靖以为"两役并兴，恐国力所不支，请并力平淮西，乃征恒冀。"上不为之止，弘靖乃求罢。

【译文】丁酉日（三十日），武宁节度使李愿向朝廷启奏说打败李师道的军队。当时李师道屡次派遣军队攻打徐州，打败了萧、沛等好几个县，李愿将自己的步兵、骑兵全部交给都押牙温人王智兴，王智兴率领军队打败李师道的军队。十二月，甲辰日（初七日），王智兴又率军打败李师道的军队，斩首两千多级，追赶败走的敌军，一直追到平阴才回来。李愿是李晟的儿子。

东都防御使吕元膺请求招募山棚来保卫宫城，宪宗听从这一建议。

乙丑日（二十八日），河东节度使王锷去世。

王承宗放纵士兵四处掳掠，幽州、沧州、定州三个军镇都被搅扰得困苦不堪，他们争相向宪宗上表请求讨伐王承宗。宪宗想答应他们的请求，中书侍郎、同平章事张弘靖认为："如果朝廷同时讨伐吴元济与王承宗，恐怕国家的力量难以支撑，请合力平定淮西，然后再去征讨恒冀。"宪宗不肯因此停止征讨王承宗，于是张弘靖向宪宗请求辞官。

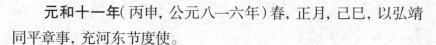

元和十一年（丙申，公元八一六年）春，正月，己巳，以弘靖同平章事，充河东节度使。

幽州节度使刘总奏败成德兵，拔武强，斩首千馀级。

庚辰，翰林学士、中书舍人钱徽，驾部郎中、知制诰萧俛，各解职，守本官。时群臣请罢兵者众，上患之，故黜徽、俛以警其馀。徽，吴人也。

癸未，制削王承宗官爵，命河东、幽州、义武、横海、魏博、昭义六道进讨。韦贯之屡请先取吴元济、后讨承宗，曰："陛下不见建中之事乎？始于讨魏及齐，而蔡、燕、赵皆应之，卒致朱泚之乱，由德宗不能忍数年之愤邑，欲太平之功速成效也。"上不听。

甲申，盗断建陵门戟四十七枝。

【译文】元和十一年（丙申，公元816年）春季，正月，己巳日（初三日），宪宗任命张弘靖为同平章事，充任河东节度使。

幽州节度使刘总向宪宗上奏打败成德的军队，攻占武强，斩首一千余级。

庚辰日（十四日），翰林学士、中书舍人钱徽，驾部郎中、知制诰萧俛，分别解除现任职务，守任原来的官职。当时群臣请求

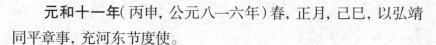

停止用兵的人很多，宪宗很厌恶他们，所以将钱徽与萧俛贬官，以警告其余的人。钱徽是吴地人。

癸未日（十七日），宪宗下制书免去王承宗的官爵，命令河东、幽州、义武、横海、魏博、昭义六道率领兵马前去征讨王承宗。韦贯之屡次上表向宪宗请求先攻取吴元济，然后再讨伐王承宗，说："陛下没有看到德宗李适建中年间的事情吗？德宗开始时要讨伐魏博田悦和淄青李纳，但是，申蔡李希烈、卢龙朱滔、恒冀王武俊都响应田悦与李纳，最终导致叛乱，这都是德宗不能忍受几年的愤怒悒郁，想要快速建立太平之功的缘故啊！"宪宗没有听从他的建议。

甲申日（十八日），强盗砍断肃宗李亨建陵的四十七支门戟。

二月，西川奏吐蕃赞普卒，新赞普可黎可足立。

乙巳，以中书舍人李逢吉为门下侍郎、同平章事。逢吉，玄道之曾孙也。

乙卯，昭义节度使郗士美奏破成德兵，斩首千馀级。

南诏劝龙晟淫虐不道，上下怨疾，弄栋节度王嵯巅弑之，立其弟劝利。劝利德嵯巅，赐姓蒙氏，谓之"大容"。容，蛮言兄也。

己未，刘总破成德兵，斩首千馀级。

荆南节度使袁滋父祖墓在朗山，请入朝，欲劝上罢兵。行至邓州，闻萧俛、钱徽贬官。及见上，更以必克劝之，仅得还镇。

辛酉，魏博奏败成德兵，拔其固城。乙丑，又奏拔其鸦城。

【译文】二月，西川向朝廷奏报吐蕃的赞普去世，新赞普可黎可足即位。

乙巳日（初九日），宪宗任命中书舍人李逢吉为门下侍郎、同平章事。李逢吉是李玄道的曾孙。

乙卯日（十九日），昭义节度使郗士美向宪宗奏报打败成德军队，砍下敌军一千多个首级。

南诏劝龙晟荒淫暴虐无道，不施德政，官员乃至百姓都对他怨恨不满，弄栋节度王嵯巅就把他杀掉，改立劝龙晟的弟弟劝利。劝利感激王嵯巅对自己的恩德，给他赐姓蒙氏，称他"大容"。容，蛮语就是哥哥的意思。

己未日（二十三日），刘总打败成德军队，砍下敌军一千多个首级。

荆南节度使袁滋由于父亲与祖父的坟墓立在蔡州朗山县，请求进入京城朝见天子，想劝说宪宗停止用兵。袁滋走到邓州，听说萧俛、钱徽已被宪宗贬官；等到面见宪宗后，他反而劝说宪宗一定要采用武力制服淮西，然后便返回荆南。

辛酉日（二十五日），魏博向宪宗奏报打败成德军队，攻克成德的固城；乙丑日（二十九日），魏博又向宪宗奏报攻占鸦城。

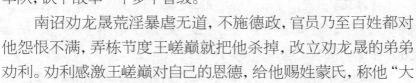

三月，庚午，太后崩。辛未，敕以国哀，诸司公事权取中书门下处分，不置摄冢宰。

寿州团练使李文通奏败淮西兵于固始，拔镇山。己卯，唐邓节度使高霞寓奏败淮西兵于郎山，斩首千馀级，焚二栅。

幽州节度使刘总围乐寿。

夏，四月，庚子，李光颜、乌重胤奏败淮西兵于陵云栅，斩首三千级。

辛亥，司农卿皇甫镈以兼中丞权判度支。镈始以聚敛得幸。

乙卯，刘总奏破成德兵于深州，斩首二千五百级。乙丑，义武节度使浑镐奏破成德兵于九门，杀千馀人。镐，珹之子也。

宥州军乱，逐刺史骆怡。夏州节度使田进讨平之。

【译文】三月，庚午日（初四日），太后王氏驾崩。辛未日（初五日），宪宗李纯颁布敕书说，因为遭逢国丧，各司的公事姑且听候中书、门下处理，不设置代理冢宰。

寿州团练使李文通向朝廷奏报在固始打败淮西军队，攻占𫑡山。己卯日（十三日），唐邓节度使高霞寓向朝廷奏报在朗山打败淮西军队，并砍下敌军一千多个首级，焚毁敌人两处栅垒。

幽州节度使刘总围困乐寿。

夏季，四月，庚子日（初五日），李光颜、乌重胤向宪宗李纯奏报在陵云栅打败淮西军队，斩杀敌人首级三千个。

辛亥日（十六日），司农卿皇甫镈因兼任中丞而暂时代理判度支。皇甫镈从此凭借搜刮聚敛财货而得到宪宗的宠幸。

乙卯日（二十日），刘总向朝廷奏报在深州打败成德军队，砍下敌军二千五百个首级。乙丑日（三十日），义武节度使浑镐向朝廷奏报在九门打败成德军队，杀死一千多敌军。浑镐是浑珹的儿子。

宥州的军队发生变乱，他们赶走刺史骆怡。夏州节度使田进前去讨伐叛军，将变乱平定。

五月，壬申，李光颜、乌重胤奏败淮西兵于陵去栅，斩首二千馀级。

六月，甲辰，高霞寓大败于铁城，仅以身免。时诸将讨淮西者，胜则虚张杀获，败则匿之。至是，大败不可掩，始上闻，中外骇愕。宰相入见，将劝上罢兵，上曰："胜负兵家之常，今但当论用兵方略，察将帅之不胜任者易之，兵食不足者助之耳。岂得以一将失利，遽议罢兵邪！"于是，独用裴度之言，它人言罢兵者亦稍息矣。己酉，霞寓退保唐州。

上责高霞寓之败，霞寓称李逊应接不至。秋，七月，丁丑，贬霞寓为归州刺史，逊亦左迁恩王傅。以河南尹郑权为山南东道节度使。以荆南节度使袁滋为彰义节度、申、光、蔡、唐、随、邓观察使，以唐州为理所。

壬午，宣武军奏破郾城之众二万，杀二千馀人，捕虏千馀人。

【译文】五月，壬申日（初七日），李光颜、乌重胤向朝廷奏报在陵云栅打败淮西军队，砍下敌军二千多个首级。

六月，甲辰日（初十日），高霞寓在铁城打了大败仗，仅仅自己逃脱免于一死。当时讨伐淮西的诸位将领，打了胜仗便凭空夸大杀伤俘获的数额，打了败仗便将实情隐瞒下来；到这时，大败的消息不能隐瞒，这才把情况上奏给宪宗李纯，朝廷内外都非常震惊。宰相入朝进见宪宗，要劝宪宗停止用兵，宪宗说："胜败是兵家常事，现在只应该讨论使用兵力的策略，查清不能够胜任职位的将帅，把他们撤换下来，发现哪里军粮不充足，便去帮助哪里，难道能因为一个将领打仗失利，朝廷就急忙商议停止用兵吗？"于是宪宗只采用裴度的进言，其他主张停止用兵的官员也渐渐停止不说。己酉日（十五日），高霞寓退兵防守唐州。

宪宗责备高霞寓打了败仗，高霞寓说是因为李逊的粮饷没有按时供应。秋季，七月，宪宗贬高霞寓为归州刺史；李逊也被宪宗贬官为恩王傅。同时宪宗任命河南尹郑权为山南东道节度使，任命荆南节度使袁滋为彰义节度使和申、光、蔡、唐、随、邓观察使，以唐州为州府所在地。

壬午日（十八日），宣武军向朝廷奏报打败郾城二万军队，杀死敌兵二千多人，俘虏一千多人。

田弘正奏破成德兵于南宫，杀二千馀人。

中书侍郎、同平章事韦贯之，性高简，好甄别流品，又数请罢用兵。左补阙张宿毁之于上，云其朋党。八月，壬寅，贯之罢为吏部侍郎。

诸军讨王承宗者互相观望，独昭义节度使郗士美引精兵压其境。己未，士美奏大破承宗之众于柏乡，杀千馀人，降者亦如之，为三垒以环柏乡。

庚申，葬庄宪皇后于丰陵。

【译文】田弘正向朝廷奏报在南宫打败成德军队，杀死二千多敌军。

中书侍郎、同平章事韦贯之，生性清高孤傲，喜欢鉴别官员们的类别，他又屡次向宪宗李纯请求停止用兵；左补阙张宿在宪宗面前毁谤他，说韦贯之和人结成朋党。八月，壬寅日（初九日），韦贯之被宪宗贬为吏部侍郎。

讨伐王承宗的各路军队互相观望，不肯前进，只有昭义节度使郗士美率领精锐兵马迫近成德的边境。己未日（二十六日），郗士美向朝廷奏报在柏乡大败承宗的兵马，杀死一千多敌军，投降的敌军也有这个数目；已经建起三处营垒，将柏乡围绕起来。

庚申日（二十七日），宪宗将庄宪皇后安葬在丰陵。

九月，乙亥，右拾遗独孤朗坐请罢兵，贬兴元府仓曹。朗，及之子也。

饶州大水，漂失四千七百户。

丙子，以韦贯之为湖南观察使，犹坐前事也。辛巳，以吏部侍郎韦顗、考功员外郎韦处厚等皆为远州刺史，张宿谗之，以为贯之之党也。顗，见素之孙；处厚，夐之九世孙也。

乙酉，李光颜、乌重胤奏拔吴元济陵云栅。丁亥，光颜又奏拔石、越二栅，寿州奏败殷城之众，拔六栅。

【译文】九月，乙亥日（十三日），右拾遗独孤朗因为请求停止用兵，被宪宗贬为兴元府仓曹。独孤朗是独孤及的儿子。

饶州发生严重水灾，淹没并冲散四千七百户人家。

丙子日（十四日），宪宗任命韦贯之担任湖南观察使，这仍然是对他之前请求停止用兵的惩罚。辛巳日（十九日），宪宗任用吏部侍郎韦顗、考功员外郎韦处厚等人都做远方各州的刺史，这是由于张宿在宪宗面前诋毁他们，说他们是韦贯之的党羽。韦顗是韦见素的孙子；韦处厚是韦夐的九世孙。

乙酉日（二十三日），李光颜、乌重胤向朝廷奏报攻占吴元济的陵云栅，丁亥日（二十五日），李光颜再一次向朝廷奏称攻占石、越二栅垒，寿州向朝廷奏称打败殷城的兵马，攻克敌军六处栅垒。

冬，十一月，壬戌朔，容管奏黄洞蛮为寇。乙丑，邕管奏击黄洞蛮，却之，复宾、蛮等州。

丙寅，加幽州节度使刘总同平章事。

李师道闻拔陵云栅而惧，诈请输款。上以力未能讨，加师道检校司空。

王锷家二奴告锷子稷改父遗表，匿所献家财。上命鞫于内仗，遣中使诣东都检括锷家财。裴度谏曰："王锷既没，其所献之财已为不少。今又因奴告检括其家，臣恐诸将帅闻之，各以身后为忧。"上遽止使者。己巳，以二奴付京兆，杖杀之。

资治通鉴

【译文】冬季，十一月，壬戌朔日（初一日），容管向朝廷奏报黄洞蛮人侵扰地方。乙丑日（初四日），邕管向朝廷奏报攻击黄洞蛮人，并且打退他们，收复宾州和蛮州等州。

丙寅日（初五日），宪宗加封幽州节度使刘总为同平章事。

李师道听闻官军攻克陵云栅，非常恐惧，于是假装向朝廷请求归附。宪宗李纯因为征讨他的力量尚不具备，就接受李师道的诚意，加封他为检校司空。

王锷家有两个奴仆，告发王锷的儿子王稷篡改父亲死前留下的表章，将准备献给宪宗的家财藏起来。宪宗命令在内仗审讯王稷，派遣中使前往洛阳核查王锷家中的资财。裴度向宪宗劝谏说："王锷已经去世，他进献的财物已经不少了。现在又因奴仆告状而搜检他的家财，我恐怕诸位将帅听见这个消息，都要为自己去世后的事情担心。"宪宗连忙阻止使者前往搜检。己巳日（初八），宪宗把告状的两个奴仆交给京兆衙门，将他们杖打而死。

庚午，以给事中柳公绰为京兆尹。公绰初赴府，有神策小将跃马横冲前导，公绰驻马，杖杀之。明日，入对延英。上色甚怒，诘其专杀之状。对曰："陛下不以臣无似，使待罪京兆。京兆为辇毂师表，今视事之初，而小将敢尔唐突，此乃轻陛下诏命，非独慢臣也。臣知杖无礼之人，不知其为神策军将也。"上曰："何不奏？"对曰："臣职当杖之，不当奏。"上曰："谁当奏者？"对曰：

"本军当奏；若死于街衢，金吾街使当奏；在坊内，左右巡使当奏。"上无以罪之，退，谓左右曰："汝曹须作意此人，朕亦畏之。"

讨淮西诸军近九万，上怒诸将久无功，辛巳，命知枢密梁守廉宣慰，因留监其军，授以空名告身五百通及金帛，以劝死士。庚寅，先加李光颜等检校官，而诏书切责，示以无功必罚。

辛卯，李文通奏败淮西兵于固始，斩首千馀级。

【译文】庚午日（十一月无此日），宪宗任命给事中柳公绰为京兆尹。柳公绰上任去公府途中，有一个神策军的下级将官跃马横冲开路的仪仗，柳公绰停下坐骑，命人将他杖打而死。第二天，柳公绰到延英殿回答宪宗的问话，宪宗满面怒色，责问柳公绰擅自杀人的情形，柳公绰回答说："陛下不认为臣不贤，让我担任京兆尹一职。京兆是京师的表率，一个下级军官竟敢如此横冲直撞，这是轻视陛下的诏命，并不只是轻慢了我。我只知道用杖打死了一个不知礼数的人，不知道他是神策军的将领。"宪宗说："为什么不将此事上奏？"柳公绰回答说："臣的职责应当是用杖打死他，不是奏报这事。"宪宗说："谁应当上奏这件事呢？"公绰回答说："遭受杖打的人所属的部队应当上奏。如果此人死在街道上，金吾街使应当上奏；如果死在坊内，左右巡使应当上奏。"宪宗没有办法治他的罪，退朝后，对周围的人们说："你们须当心此人，连朕也畏惧他呢。"

讨伐淮西的各路军队将近九万人，宪宗恼怒各将领长时间不能取得成功，辛巳日（二十日），命令知枢密梁守谦去宣达慰问之意，让他留下来监督各军，还交给他五百份空着姓名的委任官职的文凭及金帛，用以勉励将士为国效死。庚寅日（二十九日），宪宗先加封李光颜等人为检校官，然后宪宗又在诏书中严厉责备他们，向他们表示，如果不能取得成功，一定要遭受惩处。

辛卯日（三十日），李文通向朝廷奏报在固始打败淮西军队，斩首一千余级。

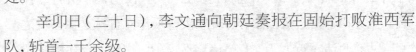

【乾隆御批】跃马冲导，罪之细者，即平民有犯，予杖已足蔽。韦京兆虽以肃清辇毂为任，亦岂可因冲己导而遽毙军将？公绰此举非惟草菅人命，几于弁髦王章。及上怒诘犹饰辩不已，是但知唐突者之无礼，而不知专擅者之更非礼也，或犹以公绰为风厉，真不知政衡者！

【译文】纵马冲犯仪仗队伍，这本是轻罪，即使平民百姓触犯了这一条，处以杖刑也足以抵罪了。京兆尹虽说以为皇帝肃清车道为己任，难道就能因冲犯了自己的道路而当场打死一名将官？柳公绰此举不只是草菅人命，简直就是置国家法令于不顾。等到皇上怒责时仍然巧言为自己伪饰强辩，这真是只知道唐突者无礼而没有意识到专横擅权、独断专行的人更为无礼啊！竟然还以柳公绰为楷模，真是不懂国家政治的平等！

十二月，壬寅，程执恭奏败成德兵于长河，斩首千馀级。

义武节度使浑镐与王承宗战屡胜，遂引全师压其境，距恒州三十里而军。承宗惧，潜遣兵入镐境，焚掠城邑，人心始内顾而摇。会中使督其战，镐引兵进薄恒州，与承宗战，大败，奔还定州。丙午，诏以易州刺史陈楚为义武节度使，军中闻之，掠镐及家人衣，至于袒露。陈楚驰入定州，镇遏乱者，敛军中衣以归镐，以兵卫送还朝。楚，定州人，张茂昭之甥也。

【译文】十二月，壬寅日（十一日），程执恭向朝廷奏报在长河打败成德军队，斩首一千余级。

义武节度使浑镐与王承宗交战，屡次取得胜利，于是浑镐率领全军进驻成德边境，在距离恒州三十里处驻扎。王承宗害怕，暗地派军队到浑镐的境内，去烧、抢城邑，浑镐的军队因人心顾念家乡而意志发生动摇。刚好有中使监督作战，浑镐率领军队逼近恒州，和王承宗作战，被打得大败，便逃回定州。丙午日（十五日），宪宗下诏书任命易州刺史陈楚为义武节度使，军中将士得知这一消息，抢劫浑镐及其家人的衣服，以至他们赤身露体。陈楚很快骑马到达定州，镇压了作乱的人，收回军中将士抢去的衣服，交还给浑镐，派遣护卫送浑镐回朝。陈楚是定州人，他是张茂昭的外甥。

丁未，以翰林学士王涯为郎中书侍郎、同平章事。

袁滋至唐州，去斥候，止其兵不使犯吴元济境。元济围其新兴栅，滋卑辞以请之，元济由是不复以滋为意。朝廷知之，甲寅，以太子詹事李愬为唐、随、邓节度使。愬，听之兄也。

初置淮、颍水运使。杨子院米自淮阴溯淮入颍、至项城入溵，输于郾城，以馈讨淮西诸军，省汴运之费七万馀缗。

己未，容管奏黄洞蛮屠岩州。

【译文】丁未日（十六日），宪宗任命翰林学士王涯为中书侍郎、同平章事。

袁滋到唐州，撤除岗哨，不让他的士兵侵犯吴元济的疆境。吴元济围困袁滋的新兴栅，袁滋用谦虚的言辞请求他撤退，吴元济从此不再把袁滋放在心上。朝廷知道这一消息，甲寅日（二十三日），宪宗任命太子詹事李愬为唐、随、邓节度使。李愬是李听的哥哥。

朝廷初次设置淮、颍水运使。杨子院的粮米从淮阴上溯淮水进入颍水，到项城入溵河，运到郾城，供应讨伐淮西各军的粮食，节省汴水漕运费用七万多缗。

己未日（二十八日），容管向朝廷上奏黄洞蛮人血洗岩州。

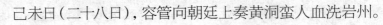

资治通鉴卷第二百四十　唐纪五十六

起强圉作噩，尽屠维大渊献正月，凡二年有奇。

【译文】起丁酉（公元817年），止己亥（公元819年）正月，共二年一个月。

【题解】本卷记录了公元817年至819年正月的历史，共两年零一个月。为唐宪宗元和十二年到元和十四年一月。此时唐宪宗仍在讨伐不听朝命的藩镇。高霞寓和袁滋率领的两路官军被淮西军队击败，朝堂兴起停战之声。唐宪宗不为所动，任用智勇双全的李愬代替袁滋。李愬抚慰士卒，连战皆捷，振奋官军士气。李愬不杀俘虏，用大义和恩信诱降淮西将领丁士良、吴秀琳。唐宪宗增兵李愬，调拨讨伐河北的士兵增援淮西，裴度亲自督师，罢除中使监军，诸将能自行决断军事，连战皆捷。淮西惊恐，李愬雪夜进军，智破蔡州，擒获吴元济，平定淮西。李师道、王承宗震惧，上表请罪。唐宪宗恢复王承宗的官爵，集中全力讨伐淄青，李师道覆灭只在朝夕。此时宪宗开始猜忌功臣，以朋党为名打压朝官，任用奸邪皇甫镈为相，信任宦官，使五坊使作威作福。宪宗还服食金丹，求神拜佛，大做佛教公德，迎佛骨入京。韩愈上表谏迎佛骨，被贬潮州。

宪宗昭文章武大圣至神孝皇帝中之下

元和十二年（丁酉，公元八一七年）春，正月，甲申，贬袁滋为抚州刺史。

李愬至唐州，军中承丧败之馀，士卒皆惮战，愬知之。有出迓者，愬谓之曰："天子知愬柔懦，能忍耻，故使来拊循尔曹。至于战攻进取，非吾事也。"众信而安之。

愬亲行视，士卒伤病者存恤之，不事威严。或以军政不肃为言，愬曰："吾非不知也。袁尚书专以恩惠怀贼，贼易之，闻吾至，必增备，故吾示之以不肃。彼必以吾为懦而懈惰，然后可图也。"淮西人自以尝败高、袁二帅，轻愬名位素微，遂不为备。

遣盐铁转运副使程异督财赋于江、淮。

【译文】元和十二年（丁酉，公元817年）春季，正月，甲申日（二十四日），宪宗贬袁滋为抚州刺史。

李愬到唐州后，唐州军队在经受死丧败亡后，将士们都害怕作战，李愬也了解这种情况，有些人出来迎接他，李愬对他们说："陛下知道我柔软懦弱，能忍受耻辱，所以派我来安抚你们。至于采取军事行动，那不是我的事情。"众人相信他所说的，都安了心。

李愬亲自去看望将士们，慰问抚恤受伤和生病的人，不摆威严的架子。有人向他进言说军中政事不够整肃。李愬说："我不是不知道这种情况。袁滋袁尚书专门用恩惠安抚敌人，敌人轻视他，现在听说我来了，必定增加防备的兵力，所以我故意让敌人看到我军不够整肃，他们肯定以为我是懦弱而又懒惰的人从而松懈防备，这样才能设法对付他们。"淮西人自以为曾经打败高霞寓和袁滋的两个主帅，又因为李愬的名望与官位向来卑微而轻视他，于是不再对李愬加以防备。

朝廷派遣盐铁副使程异到江、淮督理资财与赋税。

回鹘屡请尚公主，有司计其费近五百万缗，时中原方用兵，故上未之许。二月，辛卯朔，遣回鹘摩尼僧等归国，命宗正少卿李诚使回鹘谕意，以缓其期。

李愬谋袭蔡州，表请益兵。诏以昭义、河中、鄜坊步骑二千给之。丁酉，愬遣十将马少良将十馀骑巡逻，遇吴元济捉生虞候丁士良，与战，擒之。士良，元济骁将，常为东边患，众请剖其心，愬许之。既而召诘之，士良无惧色。愬曰："真丈夫也！"命释其缚。士良乃自言："本非淮西士，贞元中隶安州，与吴氏战，为其所擒，自分死矣。吴氏释我而用之，我因吴氏而再生，故为吴氏父子竭力。昨日力屈，复为公所擒，亦分死矣。今公又生之，请尽死以报德！"愬乃给其衣服器械，署为捉生将。

【译文】回鹘屡次请求娶公主为妻，有关部门计算公主外嫁要花费将近五百万贯钱，而当时中原地区正在用兵打仗，所以宪宗李纯没有答应回鹘的请求。二月，辛卯朔日（初一日），宪宗打发回鹘的摩尼教僧人回国，命令宗正少卿李诚出使回鹘，晓示朝廷的用意，以便延缓通婚的日期。

李愬计划偷袭蔡州，向朝廷上表请求增加军队数目。宪宗下诏把昭义、河中、鄜坊的步兵和骑兵两千人拨给他。丁酉日（初七日），李愬派十将（十将，军中小校）马少良率领十多个骑兵巡逻侦察，马少良遇见吴元济的捉生虞候丁士良，就跟他交战，活捉了丁士良。丁士良是吴元济手下骁勇善战的将领，经常危害东部的唐州、邓州等地；众将士请求挖他的心，李愬答应了。不久，李愬命人把丁士良叫来，当面责问他，丁士良没有一点恐惧的神色。李愬说："真是一个大丈夫啊！"于是李愬命令解开捆缚丁士良的绳子。丁士良说："我原来不是淮西的官兵，贞元年间我隶属安州，与吴氏作战，被吴氏擒获，自忖就要被处死，吴氏却释放了我并且任用我，我因吴氏的恩惠而得以重生，所以我为吴氏父子尽力效命。昨天力量不够，又被您捉住，我也料想这次要被处死，现在您又让我存活下来，请让我竭尽死力来报答您的恩德。"于是李愬给他衣服、武器，任命他为捉生将。

己亥，淮西行营奏克蔡州古葛伯城。

丁士良言于李愬曰："吴秀琳拥三千之众，据文城栅，为贼左臂，官军不敢近者，有陈光洽为之谋主也。光洽勇而轻，好自出战，请为公先擒光洽，则秀琳自降矣。"戊申，士良擒光洽以归。

鄂岳观察使李道古引兵出穆陵关。甲寅，攻申州，克其外郭，进攻子城。城中守将夜出兵击之，道古之众惊乱，死者甚众。道古，皋之子也。

淮西被兵数年，竭仓廪以奉战士，民多无食，采菱芡鱼鳖鸟兽食之，亦尽，相帅归官军者前后五千馀户。贼亦患其耗粮食，不复禁。庚申，敕置行县以处之，为择县令，使之抚养，并置兵以卫之。

【译文】己亥日（初九日），淮西行营向朝廷上奏攻克蔡州的古葛伯城。

丁士良向李愬进言说："吴秀琳带领三千人，占据有文城栅，犹如敌人的左臂，官军不敢靠近他的原因，是有陈光洽做他的谋士。陈光洽勇敢善战，但是不够稳重，他喜欢亲自出来接战，请让我替您捉住陈光洽，那吴秀琳自然就跟着投降。"戊申日（十八日），丁士良把陈光洽活捉回来。

鄂岳观察使李道古率领军队由穆陵关进发；甲寅日（二十四日），进攻申州，攻克外郭，又进攻内城。城中守卫的将领夜间派兵攻打李道古,李道古的军队惊惶散乱,死的人很多。李道古是李皋的儿子。

淮西遭受战争好几年,只得竭尽粮仓的储备来奉养参战的士兵,许多百姓没有饭吃,便去寻找菱角、芡实、鱼鳖、鸟兽来吃,但也都采完捕完,百姓聚在一起归附官军的先后有五千多户。吴元济也担心百姓消耗粮食,不再禁止他们逃跑。庚申日(三十日),宪宗下敕书设置行县来安顿淮西降附的百姓,为他们选择县令,体恤并赡养他们,并派军队保护他们。

三月,乙丑,李愬自唐州徙屯宜阳栅。

郗士美败于柏乡,拔营而归,士卒死者千馀人。

戊辰,赐程执恭名权。

戊寅,王承宗遣兵二万入东光,断白桥路。程权不能御,以众归沧州。

吴秀琳以文城栅降于李愬。戊子,愬引兵至文城西五里,遣唐州刺史李进诚将甲士八千至城下,召秀琳,城中矢石如雨,众不得前。进诚还报:"贼伪降,未可信也。"愬曰:"此待我至耳。"即前至城下,秀琳束兵投身马足下,愬抚其背慰劳之,降其众三千人。秀琳将李宪有材勇,愬更其名曰忠义而用之,悉迁妇女于唐州,入据其城。于是,唐、邓军气复振,人有欲战之志。贼中降者相继于道,随其所便而置之。闻有父母者,给粟帛遣之,曰:"汝曹皆王人,勿弃亲戚。"众皆感泣。

【译文】三月,乙丑日(初五日),李愬从唐州移兵到宜阳栅驻扎。

郗士美在柏乡战败,撤除营垒而回,士兵死了一千多人。

戊辰日(初八日),宪宗给程执恭赐名,叫他程权。

戊寅日（十八日），王承宗派遣二万军队进入东光县，切断白桥的通路；程权不能抵御，率领人马返回沧州。

吴秀琳率领文城栅的兵马向李愬投降。戊子日（二十八日），李愬率领军队到文城栅西边五里的地方，派唐州刺史李进诚率领八千武装军队到城下，召唤吴秀琳，城中的箭石像雨点一样密集地落下来，大家无法往前冲。李进诚回来报告李愬说："敌人假装投降，我们不能够相信。"李愬说："这是在等待我前去呢。"李愬当即来到城下，吴秀琳收起兵器，一头伏卧在李愬的马前；李愬抚摸着他的脊背，好言安慰他，收降了吴秀琳的三千人马。吴秀琳的部将李宪有才干又勇敢，李愬替他改名为李忠义，并且任用他。李愬还把文城栅的妇女全部迁到唐州，占据唐州。于是唐州与邓州的士气又振作起来，人人都有打仗的心意。从敌方来投降的人在道路上一个接着一个，李愬便根据他们的具体情况，一一做出安置。得知归降者家中有父母需要照料的，就送给他们一些粮食和布帛，然后打发他们回家，李愬对他们说："你们都是天子的百姓，不要抛弃亲戚。"众人都感动得流下眼泪。

官军与淮西兵夹溵水而军，诸军相顾望，无敢渡溵水者。陈许兵马使王沛先引兵五千渡凉水，据要地为城，于是河阳、宣武、河东、魏博等军相继皆度，进逼郾城。丁亥，李光颜败淮西兵三万于郾城，走其将张伯良，杀士卒什二三。

己丑，李愬遣山河十将董少玢等分兵攻诸栅。其日，少玢下马鞍山，拔路口栅。夏，四月，辛卯，山河十将马少良下嵯峨山，擒淮西将柳子野。

【译文】官军与淮西军隔着溵水驻扎下来，官军的各支军队相互踌躇观望，没有哪支军队有胆量渡过溵水。陈许兵马使王沛先率领五千军队渡过溵水，占据重要的地方为城，于是河阳、宣武、河东、魏博等军接着都渡过河，往前逼近郾城。丁亥日（二十七日），李光颜在郾城打败三万淮西士兵，淮西将军张伯良败走，杀掉淮西将士十分之二三。

己丑日（二十九日），李愬派遣山河十将董少玢等人分别出兵攻打各处栅垒。当天，董少玢攻下马鞍山，占据路口栅。夏季，四月，辛卯日（初二日），山河十将马少良攻下嵖岈山，捉住淮西将军柳子野。

吴元济以蔡人董昌龄为郾城令，质其母杨氏。杨氏谓昌龄曰："顺死贤于逆生，汝去逆而吾死，乃孝子也；从逆而吾生，是戮吾也。"会官军围青陵，绝郾城归路，郾城守将邓怀金谋于昌龄，昌龄劝之归国，怀金乃请降于李光颜曰："城人之父母妻子皆在蔡州，请公来攻城，吾举烽求救，救兵至，公逆击之，蔡兵必败，然后吾降，则父母妻子庶免矣。"光颜从之。乙未，昌龄、怀金举城降，光颜引兵入据之。吴元济闻郾城不守，甚惧。时董重质将骡军守洄曲，元济悉发亲近及守城卒诣重质以拒之。

李愬山河十将妫雅、田智荣下冶炉城。丙申，十将阎士荣下白狗、汶港二栅。癸卯，妫雅、田智荣破西平。丙午，游弈兵马使王义破楚城。

【译文】吴元济任命蔡州人董昌龄为郾城县令，把他的母亲杨氏作为人质。杨氏对董昌龄说："顺承朝廷而死胜于叛逆朝廷而生。你摆脱叛逆而我死了，你也是我孝顺的儿子；你跟随叛逆，就算我活着，也等同于你杀了我。"适逢官军围困青陵，断绝郾城的归路，郾城守将邓怀金和董昌龄商量，董昌龄规劝他归顺朝廷。于是，邓怀金向李光颜请求投降说："郾城将士的父母、妻子、儿女都在蔡州，请您来攻郾城，我举烽火向蔡州求救，等援救的兵马来到郾城，您便迎击他们，蔡州的兵马必定失败，然后我再投降，这样郾城将士的父母、妻子、儿女大约能够免于死亡。"李光颜按照他的话做了。乙未日（初六日），董昌龄、邓怀金率领将士投降，李光颜带兵进城驻守郾城。吴元济听说郾城失守，非常害怕。这时，董重质率领骡军在洄曲防守，吴元济将亲信将士以及守城士兵全部派往董重质处，联合力量抗拒官军。

李愬的山河十将妙雅、田智荣攻克冶炉城。丙申日（初七日），十将阎士荣攻取白狗、汶港二栅。癸卯日（十四日），妙雅、田智荣攻破西平。丙午日（十七日），游弈兵马使王义攻破楚城。

五月，辛酉，李愬遣柳子野、李忠义袭郎山，擒其守将梁希果。

六镇讨王承宗者兵十馀万，回环数千里，既无统帅，又相去远，期约难壹，由是历二年无功，千里馈运，牛驴死者什四五。刘总既得武强，引兵出境才五里，留屯不进，月给度支钱十五万缗。李逢吉及朝士多言"宜并力先取淮西。俟淮西平，乘其胜势，回取恒冀，如拾芥耳！"上犹豫，久乃从之。丙子，罢河北行营，各使还镇。

【译文】五月，辛酉日（初二日），李愬派遣柳子野、李忠义偷袭朗山，擒获守将梁希果。

讨伐王承宗的河东、幽州、义武、横海、魏博、昭义六藩镇，拥有兵马十多万人，蜿蜒数千里，既没有统帅，彼此距离又遥远，约定的日期难以统一，因此经过两年都没有什么建树，运输物资的路程长达千里，死去的牛和驴有十分之四五。刘总已得到武强，带兵走出本道疆境才五里，就留驻在那里不肯前进，每月朝廷要拨给他十五万贯钱的开支。李逢吉以及朝中百官多次进言说："应当合力平定淮西，等候淮西平定，乘得胜的声势，再回头平定恒冀，就像拾取芥子一样容易。"宪宗李纯犹豫不决，过了好久才决定听从大家的建议。丙子日（十七日），朝廷撤销河北行营，使六镇兵马各自返回本镇。

丁丑，李愬遣方城镇遏使李荣宗击青喜城，拔之。

　　愬每得降卒，必亲引问委曲，由是贼中险易远近虚实尽知之。愬厚待吴秀琳，与之谋取蔡。秀琳曰："公欲取蔡，非得李祐不可，秀琳无能为也。"祐者，淮西骑将，有勇略，守兴桥栅，常陵暴官军。庚辰，祐帅士卒刈麦于张柴村，愬召厢虞候史用诚，戒之曰："尔以三百骑伏彼林中，又使人摇帜于前，若将焚其麦积者。祐素易官军，必轻骑来逐之，尔乃发骑掩之，必擒之。"用诚如言而往，生擒祐以归。将士以祐向日多杀官军，争请杀之。愬不许，释缚，待以客礼。

　　【译文】丁丑日（十八日），李愬派遣方城镇遏使李荣宗攻打青喜城，一举攻克。

　　李愬每次得到投降的士兵，必定亲自询问淮西的详细情形，这样一来敌人哪里危险，哪里容易攻，地方的远近，兵力的虚实就完全知道。李愬对待吴秀琳非常好，和他商量攻蔡州的事情。吴秀琳说："您想攻取蔡州，非得到李祐不可，我是无能为力的。"李祐是淮西的骑兵将军，勇敢有谋略，防守兴桥栅，常常欺凌官军。庚辰日（二十一日），李祐率领士兵在张柴村收割麦子, 李愬叫来厢虞候史用诚, 告诫他说: "你带领骑兵三百人在那片树林中埋伏下来, 再让人在前面摇动旗帜, 做出将要焚烧他们的麦堆的样子。李祐向来轻视官军, 必定派轻骑追赶你们。这时你就出动伏兵袭击他们, 必定可以捉住他。" 史用诚按照李愬的吩咐前往, 活捉李祐, 回到军营。由于李祐昔日杀害了许多官军, 将士们争着请求把他杀掉; 李愬没有答应他们的要求, 反而解开李祐的捆缚, 用对待宾客的礼节招待他。

时愬欲袭蔡, 而更密其谋, 独召祐及李忠义屏人语, 或至夜分, 他人莫得预闻。诸将恐祐为变, 多谏愬。愬待祐益厚。士卒亦不悦, 诸军日有牒称祐为贼内应, 且言得贼谋者具言其事。愬恐谤先达于上, 己不及救, 乃持祐泣曰: "岂天不欲平此贼邪! 何吾二人相知之深而不能胜众口也。" 因谓众曰: "诸君既以祐为疑, 请令归死于天子。" 乃械祐送京师, 先密表其状, 且曰: "若杀祐, 则无以成功。" 诏释之, 以还愬。愬见之喜, 执其手曰: "尔之得全, 社稷之灵也!" 乃署散兵马使, 令佩刀巡警, 出入帐中。或与之同宿, 密语不寐达曙, 有窃听于帐外者, 但闻祐感泣声。时唐、随牙队三千人, 号六院兵马, 皆山南东道之精锐也。愬又以祐为六院兵马使。

【译文】当时李愬准备偷袭蔡州, 他的谋划更为隐秘。他单独叫来李祐和李忠义, 屏退其他人之后才进行交谈, 有时他们的谈话一直持续到半夜, 别人都不能够参与商议。诸将担心李祐叛变, 都劝谏李愬, 而李愬对待李祐更加亲密。士兵也不高兴, 诸军每天有文书送来声称李祐是敌人的内应, 而且说捉到敌人的间谍都说了李祐做内应的事。李愬担心诽谤之事先传到朝廷, 自己来不及搭救李祐, 便握着李祐的手哭泣着说: "难道是上天不想平定敌人吗？为什么我们两人相知这样深而不能够制服众人的议论呢？"因而李愬对大家说："诸君既然怀疑李祐，请让他到天子那里接受死刑吧。"于是李愬给李祐加上刑具，命人送到京师，先秘密上表说明与李祐谋划袭击蔡州的情形，而且说："如果杀了李祐，就无法取得成功。"宪宗李纯颁诏释放李祐，将他送还给李愬。李愬看见李祐很高兴，握住他的手说："你得以保全性命，这是社稷的威灵有知啊！"于是任命他暂时代理散兵马使的职务，让他佩刀巡视警戒，在自己的帐中往来。有时，李愬与他一同就寝，秘密交谈，直到透出曙色也不入睡，有人在帐外暗中偷听，只能听到李祐感动的哭泣声。当时唐州、随州节度使的牙队有三千人，叫作六院兵马，都是山南东道精悍勇锐的军队。李愬又任用李祐为六院兵马使。

旧军令，舍贼谍者屠其家。愬除其令，使厚待之。谍反以情告愬，愬益知贼中虚实。乙酉，愬遣兵攻朗山，淮西兵救之，官军不利。众皆怅恨，愬独欢然曰："此吾计也！"乃募敢死士三千人，号曰突将，朝夕自教习之，使常为行备，欲以袭蔡。会久雨，所在积水，未果。

闰月，己亥，程异还自江、淮，得供军钱百八十五万缗。

谏议大夫韦绶兼太子侍读，每以珍膳饷太子，又悦太子以谐谑。上闻之，丁未，罢绶侍读，寻出为虔州刺史。绶，京兆人也。

吴元济见其下数叛，兵势日蹙，六月，壬戌，上表谢罪，愿束身自归。上遣中使赐诏，许以不死，而为左右及大将董重质所制，不得出。

【译文】原先的军令规定，对留宿敌方间谍的人，要屠杀他的全家。李愬废除这条军令，让人们优待敌人的奸细，奸细反而将实情报告李愬，李愬越发了解敌人的情况。乙酉日（二十六日），李愬派军队攻打朗山，淮西军前来救援，官军居于不利地位；众人又惆怅，又恼恨，只有李愬高兴地说："这是我的计划呀！"于是李愬募集敢死之士三千人，号称"突将"，天天亲自教练他们，让他们经常做好出发的准备。适逢久雨，到处都是积水，这一计划没有成功。

闰月，己亥日（初十日），程异从江淮地区回朝，得到供应军队开支的一百八十五万贯钱。

谏议大夫韦绶兼任太子侍读，常常拿珍贵的饮食请太子吃，又用诙谐的谈话取悦太子。宪宗李纯得知这一消息，丁未日（十八日），罢免韦绶侍读的官职，不久，又把他派出去担任虔州刺史。韦绶是京兆人。

吴元济看到部下屡次背叛自己，军事形势一天天越来越紧迫，六月，壬戌日（初四日），他上表谢罪，表示愿意亲自回朝投案。宪宗派中使赐给他诏书，答应不杀他；而吴元济被自己的亲信和大将董重质等人控制，无法离开蔡州。

秋，七月，大水，或平地二丈。

初，国子祭酒孔戣为华州刺史，明州岁贡蚶、蛤、淡菜，水陆递夫劳费，戣奏疏罢之。甲辰，岭南节度使崔咏薨，宰相奏拟代咏者数人，上皆不用，曰："顷有谏进蚶、蛤、淡菜者为谁，可求其人与之。"庚戌，以戣为岭南节度使。

【译文】秋季，七月，发生严重的水灾，有的地方平地而起的洪水有二丈深。

起初，国子祭酒孔戣担任华州刺史，明州每年上贡蚶、蛤、淡菜等，水陆长途转运的人夫既劳苦，又多有耗费，孔戣向宪宗奏请免除这项进贡。甲辰日（十七日），岭南节度使崔咏去世，宰相向朝廷上奏拟定的几个代替崔咏的人选，宪宗都不任用，说："不久前有一个劝阻进献蚶、蛤、淡菜的是谁？可找到那人，把这个职位给他。"庚戌日（二十三日），朝廷任命孔戣为岭南节度使。

诸军讨淮西，四年不克，馈运疲弊，民至有以驴耕者。上亦病之，以问宰相。李逢吉等竞言师老财竭，意欲罢兵。裴度独无言，上问之，对曰："臣请自往督战。"乙卯，上复谓度曰："卿真能为朕行乎？"对曰："臣誓不与此贼俱生！臣比观吴元济表，势实窘蹙，但诸将心不壹，不并力迫之，故未降耳。若臣自诣行营，诸将恐臣夺其功，必争进破贼矣。"上悦，丙戌，以度为门下侍郎、同平章事、兼彰义节度使，仍充淮西宣慰招讨处置使。又以户部侍郎崔群为中书侍朗、同平章事。制下，度以韩弘已为都统，不欲更为招讨，请但称宣慰处置使，仍奏刑部侍郎马总为宣慰副使，右庶子韩愈为彰义行军司马，判官、书记皆朝廷之选，上皆从之。度将行，言于上曰："臣若贼灭，则朝天有期；贼在，则归阙无日。"上为之流涕。

【译文】诸军讨伐淮西、蔡州，历时四年，都没有攻克，运送粮食的人马都疲惫不堪，以至于有些百姓不得不用驴来耕种田地。宪宗李纯对此也很苦恼，拿这件事情来询问宰相。李逢吉等争着说军中士气低落，财物消耗已尽，想停止作战；只有裴度没有说话，宪宗询问他，裴度回答说："臣请求亲自前去督战。"乙卯日（二十八日），宪宗又对裴度说："你果真能够为朕走一遭吗？"裴度回答说："臣发誓不和敌人一同活着。臣最近看吴元济的上表，他面临的形势确实已经窘困紧迫到极点，但是各将领心不齐，没有合力逼迫他，所以他还没有投降。如果臣亲自到行营，各位将领唯恐我夺去他们的功劳，必定争着前去攻打敌人。"宪宗听了这些话很高兴，丙戌日（七月无此日），任命裴度为门下侍郎、同平章事兼彰义节度使，依旧代理淮西宣慰招讨处置使。宪宗又任命户部侍郎崔群为中书侍郎、同平章事。制书颁下，裴度认为韩弘已做都统，不愿再做招讨使，请求只称宣慰处置使；他还奏请由刑部侍郎马总担任宣慰副使，右庶子韩愈担任彰义行军司马，判官、书记等职都由朝廷选派，宪宗全部依从他的请求。裴度将要启程的时候，对宪宗说："臣如果能消灭敌人，我不久就会前来朝见陛下；如果敌人还在，我永远不回朝廷。"宪宗听到这些话，感动得流下眼泪。

八月，庚申，度赴淮西，上御通化门送之。右神武将军张茂和，茂昭弟也，尝以胆略自衔于度。度表为都押牙，茂和辞以疾，度奏请斩之。上曰："此忠顺之门，为卿远贬。"辛酉，贬茂和永州司马。以嘉王傅高承简为都押牙。承简，崇文之子也。

李逢吉不欲讨蔡，翰林学士令狐楚与逢吉善，度恐其合中外之势以沮军事，乃请改制书数字，且言其草制失辞。壬戌，罢楚为中书舍人。

李光颜、乌重胤与淮西战，癸亥，败于贾店。

裴度过襄城南白草原，淮西人以骁骑七百邀之。镇将楚丘曹华知而为备，击却之。度虽辞招讨名，实行无帅事，以郾城为治所。甲申，至郾城。先是，诸道皆有中使监陈，进退不由主将，胜则先使献捷，不利则陵挫百端。度悉奏去之，诸将始得专军事，战多有功。

【译文】八月，庚申日（初三日），裴度启程到淮西，宪宗驾临通化门为他送行。右神武将军张茂和是张茂昭的弟弟，他曾经向裴度炫耀自己有胆识才略，裴度向朝廷上表推荐他做都押牙；张茂和以身染疾病作为理由拒绝，裴度上奏请求杀他。宪宗说："此人出于忠心顺命的人家，朕为你把他贬到远方去就行了。"辛酉日（初四日），宪宗贬张茂和为永州司马，任命嘉王傅高承简为都押牙。高承简是高崇文的儿子。

李逢吉不想讨伐蔡州，翰林学士令狐楚和李逢吉交好，裴度害怕他们联合朝廷内外的势力来阻止军事行动，于是便请求在制书上改动几个字，并且说令狐楚起草制书言辞失当；壬戌日（初五日），罢免令狐楚翰林学士的官职，任命为中书舍人。

李光颜、乌重胤与淮西军队作战；癸亥日（初六日），二人在贾店战败。

裴度经过襄城南方的白草原，淮西军派出骁勇的骑兵七百人前来截击他。镇将楚丘人曹华事先得到这一消息，做好准备，打退他们。裴度虽然辞去招讨使的官职，但是实际上是行使元帅的职事，他把郾城作为自己的官署。甲申日（二十七日），裴度到达郾城。起先，各道都有中使监督军阵，军队行动不由主将做主。如果打了胜仗，中使率先让人向朝廷报捷；如果作战失利，中使便对将帅百般凌辱。裴度向朝廷上奏将各处监督战阵的中使全部罢除，诸将才得以专力办理军中事务，在作战中经常取胜。

九月，庚子，淮西兵寇溵水镇，杀三将，焚刍藁而去。

初，上为广陵王，布衣张宿以辩口得幸。及即位，累官至比部员外郎。宿招权受赂于外，门下侍郎、同平章事李逢吉恶之。上欲以宿为谏议大夫，逢吉曰："谏议重任，必能可否朝政，始宜为之。宿小人，岂得窃贤者之位！必欲用宿，请先去臣乃可。”上由是不悦。逢吉又与裴度异议，上方倚度以平蔡。丁未，罢逢吉为东川节度使。

甲寅，李愬将攻吴房，诸将曰：“今日往亡。”愬曰：“吾兵少，不足战，宜出其不意。彼以往亡不吾虞，正可击也。”遂往，克其外城，斩首千馀级。馀众保子城，不敢出。愬引兵还以诱之，淮西将孙献忠果以骁骑五百追击其背。众惊，将走，愬下马据胡床，令曰：“敢退者斩！”返旆力战，献忠死，淮西兵乃退。或劝愬乘胜攻其子城，可拔也。愬曰：“非吾计也。”引兵还营。

【译文】九月，庚子日（十四日），淮西军队攻打溵水镇，杀死三个大将，烧毁草料而去。

起初，宪宗李纯做广陵王的时候，平民张宿因能言善辩得到他的宠爱；等到宪宗即位后，张宿历经升迁，做到比部员外郎。张宿还在外面招揽权力，收受贿赂，门下侍郎、同平章事李逢吉很讨厌他。宪宗想任用张宿为谏议大夫，李逢吉进言说：“谏议大夫是很重要的官职，必须是能够裁断朝廷政务的人，才适合担当这一职务。张宿是一个势利小人，怎能盗窃贤能之士的官位？如果陛下一定要任用张宿，请先罢去我的职务。”宪宗因而很不高兴。李逢吉又和裴度持有不同的意见，宪宗此时正倚靠裴度平定蔡州。丁未日（二十一日），宪宗罢免李逢吉的官职，派他去做东川节度使。

甲寅日（二十八日），李愬准备攻打吴房县。诸将领都对他说：“今天是往亡日（阴阳家之说，八月以白露后十八日为往亡，九月以寒露后第二十七日为往亡）。”李愬说：“我们的兵马少，正面作战，兵力不够用，我们适于采取出其不意的行动。敌人认为今天是往亡日而不防备我们，这时我们正好前去攻打他们。”

于是李愬率军前往攻打，攻克吴房县的外城，砍下一千多个首级。剩下的士兵防守内城，不敢出来迎战。李愬带兵退回引诱敌人来追，淮西大将孙献忠果然带了五百名骁勇的骑兵在背后追击；大家惊慌失措，正要逃跑，李愬下马靠在胡床上，下令说："胆敢后退的，一概斩杀！"大家又回头拼死作战，孙献忠战死，淮西兵才撤退。有人劝说李愬乘胜攻打吴房县的内城，认为那里能够攻克。李愬说："这不在我的计划之中。"于是李愬带兵返回营地。

李祐言于李愬曰："蔡之精兵皆在洄曲，及四境拒守，守州城者皆羸老之卒，可以乘虚直抵其城。比贼将闻之，元济已成擒矣。"愬然之。冬十月，甲子，遣掌书记郑澥至郾城，密白裴度。度曰："兵非出奇不胜，常侍良图也。"

上竟用张宿为谏议大夫，崔群、王涯固谏，不听；乃请以为权知谏议大夫，许之。宿由是怨执政及当时端方之士，与皇甫镈相表里，谮去之。

裴度帅僚佐观筑城于沱口，董重质帅骑出五沟，邀之，大呼而进，注弩挺刃，势将及度。李光颜与田布力战，拒之，度仅得入城。贼退，布扼其沟中归路。贼下马逾沟，坠压死者千馀人。

【译文】李祐对李愬说："蔡州的精锐兵马全都被派往洄曲及四周的边境上，在那里防御守备。防守蔡州城的士兵都是老弱残兵，可以乘蔡州空虚之时，直接抵达蔡州城，等贼将知道这一消息，吴元济已经被我们捉住。"李愬认为有道理。冬季，十月，甲子日（初八日），李愬派掌书记郑澥到达郾城，秘密报告裴度这一计划。裴度说："作战非出奇兵不能致胜，李常侍提出一个很好的计划啊。"

宪宗李纯最终任用张宿做谏议大夫，崔群、王涯坚决劝谏此事，宪宗都不听从；于是他们便请求任命张宿为权知谏议大夫，宪宗答应他们这一请求。张宿因而怨恨执掌政务的官员和品行正直的士大夫，和皇甫镈互相勾结，诬陷这些人，把他们赶出朝廷。

裴度率领属下官员在沱口观看修筑城墙，董重质率领骑兵从五沟出发，拦截他们，大叫着往前冲，搭着弓弩，拔出兵器，兵锋将要危及裴度。李光颜和田布拼力作战，抵御董重质，裴度才得以进入沱口城。敌人撤退，田布扼守敌军在沟中的退路，敌人下马翻越沟堑，坠入沟中摔死压死的有一千多人。

辛未，李愬命马步都虞候、随州刺史史旻等留镇文城，命李祐、李忠义帅突将三千为前驱，自与监军将三千人为中军，命李进诚将三千人殿其后。军出，不知所之。愬曰："但东行。"行六十里，夜，至张柴村，尽杀其戍卒及烽子。据其栅，命士卒少休，食干糒，整羁靮，留义成军五百人镇之，以断朗山救兵。命丁士良将五百人断洄曲及诸道桥梁，复夜引兵出门。诸将请所之，愬曰："入蔡州取吴元济！"诸将皆失色。监军哭曰："果落李祐奸计！"时大风雪，旌旗裂，人马冻死者相望。天阴黑，自张柴村以东道路，皆官军所未尝行，人人自以为必死，然畏愬，莫敢违。夜半，雪愈甚，行七十里，至州城。近城有鹅鸭池，愬令惊之以混军声。

【译文】辛未日（十五日），李愬命令马步都虞候、随州刺史史旻留在文城镇守，命令李祐与李忠义率领由敢死之士组成的突将三千人作为前导，自己与监军率领三千人作为中军，命令李进诚率领三千人殿后。军队出发，还不知道是往哪里开进。李愬说："只要向东走就行。"走了六十里，晚上到了张柴村，将屯戍村中的淮西士兵和守候烽火的人员全部杀死，占领敌军的栅垒。李愬命令士兵稍事休息，食用干粮，整理好战马的装备，留下五百义成军镇守张柴村，切断洄曲和各条通路的桥梁。李愬又连夜率领兵马走出张柴村的栅门。诸将请问进军目标，李愬说："到蔡州捉吴元济。"诸将脸色都变了。监军哭着说："果然陷进李祐的奸计中了。"当时风雪大作，旗帜破裂，冻死的战士与马匹到处可见。加之天色阴暗，自张柴村以东的道路，都是官兵没有走过的，人人都以为这一去一定会死，然而畏惧李愬，不敢违抗命令。到半夜，雪下得更大，官军走了七十里，到达蔡州城；有一处喂养鹅鸭的池塘，李愬命人哄打鹅鸭，使它们乱叫，以便遮掩军队行走的声音。

　　自吴少诚拒命，官军不至蔡州城下三十馀年，故蔡人不为备。壬申，四鼓，愬至城下，无一人知者。李祐、李忠义钁其城，为坎以先登，壮士从之。守门卒方熟寐，尽杀之，而留击柝者，使击柝如故，遂开门纳众。及里城，亦然，城中皆不之觉。鸡鸣，雪止，愬入居元济外宅。或告元济曰："官军至矣！"元济尚寝，笑曰："俘囚为盗耳！晓当尽戮之。"又有告者曰："城陷矣！"元济曰："此必洄曲子弟就吾求寒衣也。"起，听于廷，闻愬军号令曰："常侍传语！"应者近万人。元济始惧，曰："何等常侍，能至于此！"乃帅左右登牙城拒战。

　　时董重质拥精兵万馀人据洄曲。愬曰："元济所望者，重质之救耳。"乃访重质家，厚抚之，遣其子传道持书谕重质。重质遂单骑诣愬降。

　　【译文】自从吴少诚抗拒天子命令，官军已有三十多年不曾到蔡州城下，所以蔡州人不设防备。壬申日（十六日），四更的时候，李愬到达城下，敌军没有一人知道这一情况。李祐、李忠义用锄头在城墙上掘出坑坎，率先登城，强壮的士兵便跟在他们身后；看守蔡州城门的士兵正在熟睡，李祐等人把他们全部杀了，留下打更的，教他依然如故敲打木梆。于是李祐等人打开城门，让大军进来。到里城，也是采用这种办法，城中的人们都没有发觉官军。鸡叫时雪也停了，李愬已经进入吴元济的外宅。有人向吴元济报告说："官军到了。"吴元济还在睡觉，笑着说："那不过是被俘的囚徒在做盗窃行径罢了！天亮后我会把他们通通杀了。"又有人来报告他说："州城已经沦陷。"吴元济说："这必定是洄曲的子弟要求发放冬季服装。"吴元济站起身来，走到院子中向外聆听，在庭院中听见李愬发布号令时说："常侍传话。"响应号令的有将近上万人。吴元济这时才开始害怕，说："这是个什么样的常侍，竟然能够到此地来呢？"于是率领亲信，登上牙城与官军抵抗。

　　当时董重质拥有一万多精兵，占据着洄曲。李愬说："吴元济期盼的事情，只是董重质前来援救罢了。"于是李愬寻找并拜访董重质的家属，用丰厚的财物安抚他们，派遣董重质的儿子董传道拿着书信前去规劝董重质；于是董重质就独自骑马向李愬投降。

　　愬遣李进诚攻牙城，毁其外门，得甲库，取其器械。癸酉，复攻之，烧其南门，民争负薪刍助之，城上矢如猬毛。晡时，门坏，元济于城上请罪，进诚梯而下之。甲戌，愬以槛车送元济诣京师，且告于裴度。是日，申、光二州及诸镇兵二万馀人相继来降。

　　自元济就擒，愬不戮一人，凡元济官吏、帐下、厨厩之卒，皆复其职，使之不疑，然后屯于鞠场以待裴度。

以淮南节度使李鄘为门下侍郎、同平章事。

【译文】李愬派李进诚攻牙城，打毁外门，找到兵库，取出兵器。癸酉日（十七日），李进诚再次攻打牙城，火烧牙城的南门，百姓都争着背来柴草帮助官军，射向城上的箭像刺猬毛一样密集。等到申时，城门就被毁坏，吴元济在城上请罪，李进诚用梯子扶他下来。甲戌日（十八日），李愬用囚车送吴元济到京师，并且将这一情况报告给裴度。当天，申、光两州及诸镇兵二万余人相继投降。

自从吴元济投降后，李愬没有杀过一个人，凡是吴元济的官吏、帐下甚至厨房、马房里的兵丁，李愬都恢复他们原来的职位，使他们没有疑虑。然后李愬便在鞠球场上驻扎兵马，等候裴度前来。

宪宗李纯任命淮南节度使李鄘为门下侍郎、同平章事。

己卯，淮西行营奏获吴元济，光禄少卿杨元卿言于上曰："淮西大有珍宝，臣能知之，往取必得。"上曰："朕讨淮西，为人除害，珍宝非所求也。

董重质之去洄曲军也，李光颜驰入其壁，悉降其众。庚辰，裴度遣马总先入蔡州慰抚。辛巳，度建彰义军节，将降卒万馀人入城，李愬具橐鞬出迎，拜于路左。度将避之，愬曰："蔡人顽悖，不识上下之分，数十年矣。愿公因而示之，使知朝廷之尊。"度乃受之。

【译文】己卯日（二十三日），淮西行营向朝廷上奏俘虏吴元济，光禄少卿杨元卿向宪宗李存进言说："淮西有许多珍宝，臣知道在哪里，让我前去寻取，必定能拿到这些珍宝。"宪宗说：

"朕讨伐淮西，是为人民除害，不是寻求那里的珍宝啊。"

当董重质离开洄曲军队时，李光颜奔进他的营垒，将他的兵马全部招降。庚辰日（二十四日），裴度派马总先到蔡州慰抚将士。辛巳日（二十五日），裴度竖起彰义军的旗子和符节，率领投降的士兵一万多人进入蔡州。李愬全副武装，出来迎接他，在道路左侧向裴度行礼。裴度准备避开李愬的跪拜礼，李愬说："蔡州人冥顽叛逆，不懂得长官与下属的名分，已经几十年了，希望您做给他们看，让他们知道朝廷的尊严。"裴度这才接受李愬的跪拜之礼。

李愬还军文城，诸将请曰："始公败于郎山而不忧，胜于吴房而不取，冒大风甚雪而不止，孤军深入而不惧，然卒以成功，皆众人所不谕也，敢问其故？"愬曰："朗山不利，则贼轻我而不为备矣。取吴房，则其众奔蔡，并力固守，故存之以分其兵。风雪阴晦，则烽火不接，不知吾至。孤军深入，则人皆致死，战自倍矣。夫视元者不顾近，虑大者不计细，若矜小胜，恤小败，先自挠矣，何暇立功乎！"众皆服。愬俭于奉己而丰于待士，知贤不疑，见可能断，此其所以成功也。

【译文】李愬的军队回到文城，诸将请教说："起初您在朗山战败，却并不因此发愁；在吴房战胜，却并不攻取吴房；冒着大风暴雪，却不肯停止行军；带着孤立无援的军队深入敌境，却没有丝毫畏惧。然而，您最终因这些策略获得成功，这都是我们不明白的事情，请问其中的缘由是什么呢？"李愬说："在朗山战败，敌人就会轻视我而不加防备。要是我们攻占吴房，那里的军队就会逃到蔡州，合力固守，所以留下吴房分散他们的兵力。起风下雪，天气阴暗，能见度低，便不能够用烽火取得联系，敌人就不会知道我们已经到来。孤军深入，人人都会拼命，打起仗来自然就会加倍出力。眼光看得远的人不顾近处，考虑大事的人不能详细计较小处，如果夸耀小小的胜利，顾惜小小的失败，首先就把自己搅乱，哪里还有空余时间建立功劳呢？"众人都很佩服他。李愬生活很节俭，但是对待士兵的供养却很优厚，知道某人是贤人就信任他绝不怀疑，看见事情应该如此，就能当机立断，这就是他能成功的原因。

裴度以蔡卒为牙兵，或谏曰："蔡人反仄者尚多，不可不备。"度笑曰："吾为彰义节度使，元恶既擒，蔡人则吾人也，又何疑焉！"蔡人闻之感泣。先是吴氏父子阻兵，禁人偶语于涂，夜不然烛，有以酒食相过从者罪死。度既视事，下令惟禁盗贼斗杀，馀皆不问，往来者不限昼夜，蔡人始知有生民之乐。

甲申，诏韩弘、裴度条列平蔡将士功状及蔡之将士降者，皆差第以闻。淮西州县百姓，给复二年；近贼四州，免来年夏税。官军战亡者，皆为收葬，给其家衣粮五年；其因战伤残废者，勿停衣粮。

【译文】裴度用蔡州兵做帐下的衙兵，有人劝谏说："蔡州反复不定的人为数还很多，不能不加以防备。"裴度笑着说："我做彰义节度使，元凶已经捉到，蔡州人就是我的人民，我还怀疑什么呢？"蔡州百姓听见这些话，感激得流下眼泪。起先，吴少阳、吴元济父子拥兵淮西，禁止人们在道路上互相私语，不准许在夜间点燃灯烛，如果有人以酒饭相互往来，便要对其处以死罪。裴度上任后，下令只禁止盗贼，其余都不过问，人们来往，不限定昼夜，蔡州人才感受到做百姓的乐趣。

甲申日（二十八日），宪宗下诏命令韩弘与裴度逐条罗列平定蔡州将士的立功情况，以及归降了的蔡州将士情况，一概区别等级，上报朝廷。淮西州县的百姓，免税两年，邻近淮西的陈、许、颍、唐四州，免去下一年的夏税。战死的官兵，全部予以收验安葬，供给他们的家属五年的衣服和粮食；那些因作战受伤残废的官兵，不可停止衣服口粮的供应。

【申涵煜评】淮、蔡之役，在能断而知人上，知度度，知愬愬，知李祐，遂收三十年不臣之土。寒诸藩镇无君之心，大为积弱吐气。

【译文】淮、蔡之役，在于宪宗能够决断和知人，知道任用裴度、李愬、李祐，于是收回了三十年不臣朝廷的土地，让各藩镇没有君主之心寒了，大为积弱的朝廷吐了一口气。

十一月，丙戌朔，上御兴安门受俘，遂以吴元济献庙社，斩于独柳之下。

初，淮西之人劫于李希烈、吴少诚之威虐，不能自拔，久而老者衰，幼者壮，安于悖逆，不复知有朝廷矣。自少诚以来，遣诸将出兵，皆不束以法制，听各以便宜自战，故人人得尽其才。韩全义之败于溵水也，于其帐中得朝贵所与问讯书，少诚束而示众曰："此皆公卿属全义书，云破蔡州日，乞一将士妻女为婢妾。"由是众皆愤怒，以死为贼用。虽居中土，其风俗犷戾，过于夷貊。故以三州之众，举天下之兵环而攻之，四年然后克之。

【译文】十一月，宪宗亲自驾临兴安门接受献俘，将吴元济献祭宗庙社稷，将他在独柳下斩杀。

起初，淮西的人民受到李希烈、吴少诚虐政的威压虐待，不能自己解脱出来，时间一久，老年人衰弱，幼年人长大，他们在悖乱忤逆的环境中心安理得，不知道还有朝廷在上。自吴少诚以来，派诸将出兵，一概不用法令制度约束他们，将领们见机行事，各自为战，所以都能施展才华。韩全义在溵水打败仗的时候，吴少诚在他的帐幕里得到朝廷权贵写给他的相互问候的书信，吴少诚将书信捆成一束给众人看，说："这些都是公卿给韩全义的信，说攻下蔡州的时候，要得到一位将士的妻子或女儿作为婢女姬妾。"这样一来，众人都非常愤怒，誓死为叛军效力；虽然住在中原的土地上，但民间的风尚猛悍暴戾超过异族。所以凭着蔡、光、申三州的人众作乱，朝廷就动用天下的军队，围着攻打，经过四年，才将他们制服。

官军之攻元济也，李师道募人通使于蔡，察其形势，牙前虞候刘晏平应募，出汴、宋间，潜行至蔡。元济大喜，厚礼而遣之。晏平还至郓，师道屏人而问之，晏平曰："元济暴兵数万于外，阽危如此，而日与仆妾游戏博奕于内，晏然曾无忧色。以愚观之，殆必亡，不久矣！"师道素倚淮西为援，闻之惊怒，寻诬以他过，杖杀之。

戊子，以李愬为山南东道节度使，赐爵凉国公；加韩弘兼侍中；李光颜、乌重胤等各迁官有差。

旧制，御史二人知驿。壬辰，诏以宦者为馆驿使。左补阙裴潾谏曰："内臣外事，职分各殊，切在塞侵官之源，绝出位之渐。事有不便，必戒于初；令或有妨，不必在大。"上不听。

【译文】当官军准备攻克吴元济的时候，李师道招募人员出使蔡州，察看蔡州发展的趋势，牙前虞候刘晏平应募，取道汴州与宋州，潜行到蔡州。吴元济非常高兴，以厚礼送他回返郓州。刘晏平回到郓州，李师道屏退左右的人问他蔡州的情形。刘晏平说："吴元济把好几万军队暴露在外，面临如此危难的局面，却还整天与仆从姬妾在城内游戏下棋，没有一点忧愁的神色。我看他不久一定会败亡。"李师道一向依靠淮西作为救援力量，听见刘晏平的话，又惊慌又气愤。不久，李师道诬称刘晏平犯了其他过失，命人用杖把他打死。

戊子日（初三日），宪宗李纯任命李愬为山南东道节度使，赐给他凉国公的爵位；加封韩弘兼任侍中；李光颜、乌重胤各人也分别晋升官职各有等次。

按照旧制，应当用两名监察御史掌管驿站；壬辰日（初七日），宪宗李纯颁下诏以宦官为馆驿使。左补阙裴潾劝谏说："宫内的臣子和外间的事情，职务和名分各不相同，最重要的是阻止侵犯官职的根源，断绝逾越官位的开端。遇到一些办理失宜的事情，一定要在最初便引起警惕；如果颁布的命令有所妨碍，不必非要事关重大才予以纠正。"宪宗没有听从他的建议。

【乾隆御批】唐自德、顺不纲，方镇跋扈，甚至刺客奸人鸱张京雄，尚何足以为国！幸宪宗力排浮议，独决策于裴度、武元衡，而元衡又为盗杀。孤危之中，不定破除积习，是以大憝就缚，诸藩敛手，国势不至陵夷。然事定而气已盈，措置渐乖初政，况穆、敬以降哉。语云："可与乐成，难与虑始。"诗云："如彼筑室于道谋，是用不溃于成。"故韩愈"惟断乃成"一言，洵为扼要之论！

【译文】唐朝自德宗、顺宗以来，朝纲沦丧，各藩镇将领横行跋扈，甚至于刺客奸人在京都嚣张猖獗。这还怎么称得上是国家！所幸有唐宪宗力排众议，只听从裴度和武元衡的决策，而武元衡又被贼人所杀。在孤立危急之机，唐宪宗仍然没有忘记破除旧制积习，从而使大恶之人束手就擒，而其余藩镇也都有所顾忌而不敢恣意妄为，这样国家才不至于遭到凌辱。然而大功刚刚告成、局势渐趋稳定之时，唐宪宗开始滋生骄慢之心，处理事情已背离初心，更何况之后的穆宗、敬宗呢？俗话说："可以同享成功的快乐，却难同当忧患的岁月。"《诗经》中说："建造房屋却与路人商量，因为意见太多不知听哪一个，导致屋子总是造不成。"所以韩愈的"惟断乃成"这句话，真是简明扼要之论啊！

甲午，恩王连薨。

辛丑，以唐、随兵马使李祐为神武将军，知军事。

裴度以马总为彰义留兵。癸丑，发蔡州。上封二剑以授梁守谦，使诛吴元济旧将。度至郾城，遇之，复与俱入蔡州，量罪施刑，不尽如诏旨，仍上疏言之。

十二月，壬戌，赐裴度爵晋国公，复入知政事。以马总为淮西节度使。

初，吐突承璀方贵宠用事，为淮南监军。李鄘为节度使，性刚严，与承璀互相敬惮，故未尝相失。承璀归，引鄘为相。鄘耻由宦官进，及将佐出祖，乐作，鄘泣下曰："吾老安外镇，宰相非吾任也！"戊寅，鄘至京师，辞疾，不入见，不视事，百官到门，皆辞不见。

庚辰，贬淮西降将董重质为春州司户。重质为吴元济谋主，屡破官军。上欲杀之，李愬奏先许重质以不死。

【译文】甲午日（初九日），恩王李连去世。

辛丑日（十六日），宪宗任命唐、随兵马使李祐为神武将军，掌管军事。

裴度任用马总为彰义留后；癸丑日（二十八日），裴度从蔡州出发上任。宪宗下令赐给梁守谦两把剑，让他用来杀吴元济的旧将；裴度到郾城，遇见梁守谦，和他一同进入蔡州，衡量罪过的轻重来施刑，并没有完全执行诏书的旨意，还进献奏疏陈述自己的处理意见。

十二月，壬戌日（初七日），宪宗李纯赐给裴度晋国公的爵位，又让他入朝掌管政事。任命马总为淮西节度使。

起初，吐突承璀显贵得宠掌权的时候，担任淮南监军；李鄘做淮南节度使，性情刚正严厉，和吐突承璀互相敬畏，所以从来没有发生摩擦。吐突承璀回朝后，便引荐李鄘做宰相。李鄘认为由宦官推荐升官是很丢脸的事情，等到属下将佐为他饯行的时候，音乐演奏起来，李鄘流下眼泪说："我老了，已经安心在外面的军镇上任职，宰相可不是我所能胜任的啊。"戊寅日（二十三日），李鄘到达京师，以生病辞相位，不肯入朝见天子，也不任职办事，百官到家中看望他，都拒绝不见。

庚辰日（二十五日），宪宗把淮西的投诚将领董重质贬为春州司户。董重质是吴元济的主要谋士，屡次打败官军；宪宗想杀掉他，李愬奏称他事先已经应许董重质不会将他处死。

元和十三年（戊戌，公元八一八年）春，正月，乙酉朔，赦天下。

初，李师道谋逆命，判官高沐与同僚郭昈、李公度屡谏之。判官李文会、孔目官林英素为师道所亲信，涕泣言于师道曰："文会等尽诚为尚书忧家事，反为高沐等所疾，尚书奈何不忧十二州之土地，以成沐等之功名乎！"师道由是疏沐等，出沐知莱州。会林英入奏事，令进奏吏密申师道云："沐潜输款于朝廷。"文会从而构之，师道杀沐，并囚郭昈，凡军中劝师道效顺者，文会皆指为高沐之党而囚之。

及淮西平，师道忧惧，不知所为。李公度及牙将李英昙因其惧而说之，使纳质献地以自赎。师道从之，遣使奉表，请使长子入侍，并献沂、密、海三州。上许之。乙巳，遣左常侍李逊诣郓州宣慰。

【译文】元和十三年（戊戌，公元818年）春季，正月，乙酉朔日（初一日），宪宗李纯大赦天下。

起初，李师道策划叛逆，判官高沐与同僚郭昈、李公度屡次劝谏他。判官李文会、孔目官林英一向被李师道亲近信任。他们哭泣着向李师道进言说："我等竭尽心力为您操持家中事务，反而遭到高沐等人的嫉恨，您怎么能够不爱惜淄青十二州的土地，反而要成就高沐等人的功劳与名声呢？"李师道从此疏远高沐等人，派出高沐管理莱州。适逢林英到朝廷陈奏事情，便让呈递奏疏的吏人暗中报告李师道说："高沐暗地里向朝廷表示情意。"李文会借此设计陷害高沐，于是李师道杀了高沐，囚禁郭昈，军中凡是劝说李师道效命朝廷的，李文会都指为高沐的同党而加以囚禁。

等到朝廷平定淮西，李师道又担忧又害怕，不知道该怎么办。李公度及牙将李英昙乘着李师道内心恐惧来劝说他，教他向朝廷纳人质献土地来赎罪。李师道听从他们的建议，派使者捧着奏表到长安，请求让他的长子入朝侍卫，并且献出沂、密、海三州，宪宗应允他的请求。乙巳日（二十一日），宪宗派遣左常侍李逊到郓州宣达慰问之意。

上命六军修麟德殿。右龙武统军张奉国、大将军李文悦以外寇初平，营缮太多，白宰相，冀有论谏。裴度因奏事言之。上怒，二月，丁卯，以奉国为鸿胪卿，壬申，以文悦为右武卫大将军，充威远营使。于是，浚龙首池，起承晖殿，土木浸兴矣。

李愬奏请判官、大将以下官凡百五十员，上不悦，谓裴度曰："李愬诚有奇功，然奏请过多。使如李晟、浑瑊，又何如哉！"遂留中不下。

李鄘固辞相位，戊戌，以鄘为户部尚书。以御史大夫李夷简为门下侍郎、同平章事。

初，渤海僖王言义卒，弟简王明忠立，改元太始；一岁卒，从父仁秀立，改元建兴。乙巳，遣使来告丧。

【译文】宪宗命令六军整饰麟德殿。右龙武统军张奉国、大将军李文悦认为刚刚平定淮西贼寇，营造缮修太多，便禀告宰相，希望宰相能够陈论劝阻。裴度在奏事的时候就劝说了这件事。宪宗非常生气。二月，丁卯日（十三日），宪宗任命张奉国为鸿胪卿，壬申日（十八日），宪宗任命李文悦为右武卫大将军，代理威远营使。于是清理龙首池，兴建承晖殿，土木工程逐渐兴起。

李愬上奏请朝廷任命征讨淮西有功的人员为判官，大将以下的官，总共一百五十人；宪宗很不高兴，便对裴度说："李愬诚然立下奇功，可是上奏请求任命的官员太多。如果他立下李晟、浑瑊那样的功劳，又该怎么办呢？"于是宪宗李纯将奏表留在宫中，不下达中书省。

李鄘坚决辞去相位，戊戌日（二月无此日），宪宗任命李愬为户部尚书。同时任命御史大夫李夷简为门下侍郎、同平章事。

起初，渤海僖王大言义去世，他弟弟简王大明忠即位，改年号为太始；一年后简王大明忠去世，叔父大仁秀即位，改年号为建兴。乙巳日（二月无此日），大仁秀派遣使者前来通报丧事。

横海节度使程权自以世袭沧景，与河朔三镇无殊，内不自安。己酉，遣使上表，请举族入朝，许之。横海将士乐自擅，不听权去，掌书记林蕴谕以祸福，权乃得出。诏以蕴为礼部员外郎。

裴度之在淮西也，布衣柏耆以策干韩愈曰："吴元济既就擒，王承宗破胆矣，愿得奉丞相书往说之，可不烦兵而服。"愈白度，为书遣之。承宗惧，求哀于田弘正，请以二子为质，及献德、棣二州，输租税，请官史。弘正为之奏请，上初不许；弘正上表相继，上重违弘正意，乃许之。夏，四月，甲寅朔，魏博遣使送承宗子知感、知信及德、棣二州图印至京师。

【译文】横海节度使程权自己认为世代承袭沧景节度使的职务，和河朔三镇没有分别，心里感到不安。己酉日（二月无此日），派使者上表，请求全族入京朝见，宪宗李纯答应他的请求。横海将士喜欢专断自为，不让程权到长安去，掌书记林蕴向大家讲明祸福道理，程权才得以离开。宪宗下诏书任命林蕴为礼部员外郎。

裴度在淮西的时候，平民柏耆向韩愈献计说："吴元济已被擒，王承宗吓破了胆，我希望能带着丞相的信去游说王承宗，可以不用烦劳兵马便让他归服朝廷。"韩愈将情况禀告裴度，裴度于是写了一封书信，派柏耆前往游说。王承宗心里很害怕，向田弘正哀求，请求派自己的两个儿子做人质，并向朝廷进献德、棣两州，向朝廷缴税，请求任命官吏。田弘正代他上奏疏请求，宪宗李纯起初不肯答应；田弘正便一次接一次地上表，宪宗不愿意违背田弘正的心意，便答应了他。夏季，四月，甲寅朔日（初一日），魏博派遣使者把王承宗的儿子王知感和王知信以及德、棣两州的版图与印符送到京城。

幽州大将谭忠说刘总曰："自元和以来，刘辟、李锜、田季安、卢从史、吴元济，阻兵凭险，自以为深根固蒂，天下莫能危也。然顾盼之间，身死家覆，皆不自知，此非人力所能及，殆天诛也。况今天子神圣威武，苦身焦思，缩衣节食，以养战士，此志岂须臾忘天下哉! 今国兵骎骎北来，赵人已献城十二，忠深为公忧之。"总泣且拜曰："闻先生言，吾心定矣。"遂专意归朝廷。

戊辰，内出废印二纽，赐左、右三军辟仗使。旧制，以宦官为六军辟仗使，如方镇之监军，无印。及张奉国等得罪，至是始赐印，得纠绳军政，事任专达矣。

【译文】幽州大将谭忠劝刘总说："自从宪宗元和年间，刘辟、李锜、田季安、卢从史、吴元济，依靠兵力及地势，自以为根深蒂固，天下不能危害。然而，正在他们得意地左顾右盼时，却身败家亡，还全然不知道事情是怎样发生的。这不是个人的力量所能够做到的，恐怕是上天要诛戮他们吧。何况当今的天子神圣威武，苦心思虑，节衣缩食，以供养战士，天子有这种志向，怎么会有片刻忘记天下呢? 现在官军很快就开到北方，王承宗已经向朝廷献上十二座城邑，我是深切为公担忧啊!"刘总哭泣着下拜说："听了先生这番话，我的主意定了。"于是一心一意归顺朝廷。

戊辰日（十五日），内廷拿出废置印符两方，赐给了左、右三军辟仗使。按照旧制，任用宦官为六军辟仗使，作用犹如节度使的监军使，没有印信。等到张奉国获罪，才颁赐印信，辟仗使可以举发并惩处军政过失，事务可以直接向皇上奏报。

庚辰，诏洗雪王承宗及成德将士，复其官爵。

李师道暗弱，军府大事，独与妻魏氏、奴胡惟堪、杨自温、婢蒲氏、袁氏及孔目官王再升谋之，大将及幕僚莫得预焉。魏氏不欲其子入质，与蒲氏、袁氏言于师道曰："自先司徒以来，有此十二州，奈何无故割而献之！今计境内之兵不下数十万，不献三州，不过以兵相加。若力战不胜，献之未晚。"师道乃大悔，欲杀李公度，幕僚贾直言谓其用事奴曰："今大祸将至，岂非高沐冤气所为！若又杀公度，军府其危哉！"乃囚之。迁李英昙于莱州，未至，缢杀之。

【译文】庚戌日（四月无此日），宪宗李纯下诏洗雪王承宗及成德将士的罪名，恢复他们的官爵。

李师道愚昧懦弱，军府中的大事，只和妻子魏氏、奴仆胡惟堪、杨自温，婢子蒲氏、袁氏及孔目官王再升商量，大将以及幕府的僚属都不能参与议事。魏氏不愿意她的儿子到朝廷做人质，和蒲氏、袁氏对李师道说："从我们已故的司徒李纳以来，李氏便占据这十二个州，怎么能够毫无缘由地进献给朝廷呢？现在算来淄青境内的兵力不少于数十万，不进献沂、密、海三州，朝廷只不过会派军队前来讨伐。如果我们尽力迎战还不能够取胜的话，那时再进献上三州也不算太迟。"李师道于是非常后悔，想要杀李公度，幕僚贾直言对掌权的奴仆说："现在大祸快要临头，难道不是高沐的冤魂造成的吗？如果又杀死李公度，军府恐怕就危险了！"于是李师道便将李公度囚禁起来，将李英昙贬至莱州。李英昙还没有到任，就被勒死。

李逊至郓州，师逆大阵兵迎之，逊盛气正色，为陈祸福，责其决语，欲白天子。师道退，与其党谋之，皆曰："弟许之，他日正烦一表解纷耳。"师道乃谢曰："向以父子之私，且迫于将士之情，故迁延未遣。今重烦朝使，岂敢复有二三！"逊察师道非实诚，归，言于上曰："师道顽愚反覆，恐必须用兵。"既而师道表言军情，不听纳质割地，上怒，决意讨之。

贾直言冒刃谏师道者二；舆椟谏者一，又画缚载槛车妻子系累者以献；师道怒，囚之。

【译文】李逊抵达郓州，李师道陈列盛大军容迎接他。李逊神色严肃，向他陈说祸福之事，责令他明确表白，准备禀报宪宗。李师道回去后，与他的一党商议此事，同党们都说："尽管答应他，以后只要麻烦一纸书表来排解纷乱。"于是李师道向李逊表达歉意说："先前我因父子私情，而且迫于将士情谊，所以耽搁下来没有送质子到长安。现在又劳烦使者前来，我怎敢再做反复无常的事情呢？"李逊观察李师道不是真心诚意，回到朝廷后，他对宪宗说："李师道冥顽愚昧，心意反复不定，恐怕必须出兵对付他。"不久，李师道向朝廷上表陈述军中情形，说将士们不肯让他交送人质，割让土地。宪宗非常生气，决心讨伐李师道。

贾直言冒着被杀害的危险劝谏师道两次，抬着棺材向李师道劝谏了一次，还画一幅李师道被绑在囚车里、妻子儿女都被缚结着的图画献上去警告他；李师道非常生气，把贾直言囚禁起来。

五月，丙申，以忠武节度使李光颜为义成节度使，谋讨师道也。以淮西节度使马总为忠武节度使，陈、许、溵、蔡州观察使。以申州隶鄂岳，光州隶淮南。

辛丑，以知勃海国务大仁秀为勃海王。

以河阳都知兵马使曹华为棣州刺史，诏以河阳兵二千送至滴河。会县为平卢兵所陷，华击却之，杀二千馀人，复其县以闻。

诏加横海节度副使。

六月，癸丑朔，日有食之。

丁丑，复以乌重胤领怀州刺史，镇河阳。

【译文】五月，丙申日（十三日），宪宗李纯任命忠武节度使李光颜为义成节度使，谋划讨伐李师道。宪宗任命淮西节度使马总为忠武节度使，陈、许、溵、蔡州观察使。以申州隶属于鄂岳，光州隶属于淮南。

辛丑日（十八日），宪宗李纯任命掌管渤海国务的大仁秀为渤海王。

宪宗任命河阳都知兵马使曹华为棣州刺史，降诏命令河阳兵马将他护送到棣州的滴河县。适逢该县被平卢兵攻陷，曹华将平卢兵马击退，杀死两千多人，收复该县，上报朝廷。宪宗颁诏加封曹华为横海节度副使。

六月，癸丑朔日（初一日），天空出现日食。

丁丑日（二十五日），宪宗又任命乌重胤兼管怀州刺史，镇守河阳。

秋，七月，癸未朔，徙李愬为武宁节度使。

乙酉，下制罪状李师道，令宣武、魏博、义成、武宁、横海兵共讨之，以宣歙观察使王遂为供军使。遂，方庆之孙也。

上方委裴度以用兵，门下侍郎、同平章事李夷简自谓才不及度，求出镇。辛丑，以夷简同平章事，充淮南节度使。

八月，壬子朔，中书侍郎、同平章事王涯罢为兵部侍郎。

吴元济既平，韩弘惧；九月，自将兵击李师道，围曹州。

淮西既平，上浸骄侈。户部侍郎判度支皇甫镈、卫尉卿、盐铁转运使程异晓其意，数进羡馀以供其费，由是有宠。镈又厚赂结吐突承璀。甲辰，镈以本官、异以工部侍郎并同平章事，判使如故。制下，朝野骇愕，至于市井负贩者亦嗤之。

【译文】秋季，七月，癸未朔日（初一日），宪宗将李愬改任为武宁节度使。

乙酉日（初三日），宪宗颁布制书罗列李师道的罪状，命令宣武、魏博、义成、武宁、横海的兵马共同讨伐他，任命宣歙观察使王遂为供军使。王遂是王方庆的孙子。

宪宗李纯把行军打仗之事委托给裴度，门下侍郎、同平章事李夷简认为自己的才能不如裴度，便要求出任节度使。辛丑日（十九日），宪宗任命李夷简为同平章事，兼任淮南节度使。

八月，壬子朔日（初一日），宪宗免去中书侍郎、同平章事王涯的官职，任用他为兵部侍郎。

吴元济被平定后，韩弘心怀恐惧。九月，韩弘亲自率领军队攻打李师道，包围曹州。

淮西被平定后，宪宗李纯逐渐骄傲奢侈起来。户部侍郎判度支皇甫镈和卫尉卿、盐铁转运使程异明白宪宗的心思，屡次进献额外税收，供给宪宗花销，因此两人都得到宪宗的宠爱。皇甫镈又用丰厚的贿赂结交吐突承璀。甲辰日（二十三日），皇甫镈以本官户部侍郎判度支、程异以工部侍郎做了同平章事，兼任的职位照旧。制书颁布后，朝廷与民间都感到惊异，连市肆中担货贩卖的人也在嗤笑他们。

裴度、崔群极陈其不可，上不听。度耻与小人同列，表求自退。不许。度复上疏，以为："镈、异皆钱谷吏，佞巧小人，陛下一旦置之相位，中外无不骇笑。况镈在度支，专以丰取刻与为务，凡中外仰给度支之人无不思食其肉。比者裁损淮西粮料，军士怨怒。会臣至行营晓谕慰勉，仅无溃乱。今旧将旧兵悉向淄青，闻镈入相，必尽惊忧，知无可诉之地矣。程异虽人品庸下，然心事和平，可处烦剧，不宜为相。至如镈，资性狡诈，天下共知，唯能上惑圣聪，足见奸邪之极。臣若不退，天下谓臣不知廉耻；臣若不言，天下谓臣有负恩宠。今退既不许，言又不听，臣如烈火烧心，众镝丛体。所可惜者，淮西荡定，河北底宁，承宗敛手削地，韩弘舆疾讨贼，岂朝廷之力能制其命哉？直以处置得宜，能服其心耳。陛下建升平之业，十已八九，何忍还自堕坏，使四方解体乎？"上以度为朋党，不之省。

【译文】裴度、崔群极力陈述任命二人极不恰当，宪宗不听从他们的建议。裴度很羞愧与小人同列，上表请求自行引退，宪宗却不答应。裴度又上疏，以为："皇甫镈、程异都是掌管钱财与谷物的官吏，是奸诈机巧的小人，陛下突然把他们安置在宰相的职位上，朝廷内外没有人不惊异、不嘲笑的。何况皇甫镈是度支，专门以多收少给为能事，朝廷内外凡是靠度支拨给粮饷的人没有不想吃他的肉的；最近减少淮西官员的禄粮，惹得将士们愤怨不满。正赶上我到淮西行营开导、劝慰和勉励他们，才没有发生将士溃散作乱的事情。现在这些旧将旧兵都开到淄青讨伐李师道，听说皇甫镈入朝做宰相，必定都又惊怪又忧虑，知道将来他再克扣粮饷，就没有可诉苦的地方。程异虽然人品平庸低下，但是考虑事情心平气和，可以让他处理繁杂的事务，但他不适合出任宰相之职。至于皇甫镈，此人天性狡猾诡诈，天下没有人不知道，唯独能够迷惑明察善断的陛下，这足以看出他奸佞邪恶到了极点。如果我此时不肯引退，天下之人便要议论我不知廉耻；如果我不发表看法，天下之人就会说我辜负陛下的恩宠。现在陛下您既然不许我引退，我的建议您又不肯听从，我心里真有如烈火在燃烧，我身上如万箭丛集。可惜的是，淮西平定，河北也安宁，王承宗拱手割地，韩弘扶病登车讨伐李师道，难道是朝廷的力量能够控制他们吗？只是因为处置恰当，能使他们心服罢了！陛下建立天下太平的基业，已经达到了十分之八九，怎么能够忍心再自行毁坏，使各地百姓心灰意冷呢？"宪宗认为裴度结了党派，不看他的奏疏。

镈自知不为众所与，益为巧谄以自固，奏减内外官俸以助国用。给事中崔植封还敕书，极论之，乃止。植，祐甫之弟子也。

时内出积年缯帛付度支令卖，镈悉以高价买之，以给边军。其缯帛朽败，随手破裂，边军聚而焚之。度因奏事言之，镈于上前引其足曰："此靴亦内库所出，臣以钱二千买之，坚完可久服。度言不可信。"上以为然。由是镈益无所惮。程异亦自知不合众心，能廉谨谦逊，为相月馀，不敢知印秉笔，故终免于祸。

【译文】皇甫镈知道众人不赞成他，更加巧言谄媚以巩固自己的地位，奏请削减朝廷内外官员的薪俸来资助国家的用度；给事中崔植将诏书封合退还，经过极力论说，才没有实行皇甫镈的建议。崔植是崔祐甫弟弟的儿子。

内廷拿出积存多年的丝帛交付度支出卖，皇甫镈全部用高价买来，供给边境上的军队使用。那些缯帛都朽坏了，手一碰就破裂，边军把它堆在一起放火烧了。裴度借奏报事情的机会谈到此事，皇甫镈在宪宗面前伸出他的脚说："这个靴子所用的缯帛也是内库拿出来的，臣用两千钱买下，非常坚固结实，可以穿很久。裴度说的话并不可信。"宪宗认为皇甫镈说得有道理。从此以后，皇甫镈更加无所忌惮。程异也知道自己不合众人的心意，但是他能够廉洁谨慎，谦逊自抑，做了一个多月的宰相，不敢掌管相印，执笔批公文，所以最终能免祸。

五坊使杨朝汶妄捕系人，迫以考捶，责其息钱，遂转相诬引，所系近千人。中丞萧俛劾奏其状，裴度、崔群亦以为言。上曰："姑与卿论用兵事，此小事朕自处之。"度曰："用兵事小，所忧不过山东耳。五坊使暴横，恐乱辇毂。"上不悦，退，召朝汶责之曰："以汝故，令吾羞见宰相！"冬，十月，赐朝汶死，尽释系者。

上晚节好神仙，诏天下求方士。宗正卿李道古先为鄂岳观察使，以贪暴闻，恐终获罪，思所以自媚于上，乃因皇甫镈荐山人柳泌，云能合长生药。甲戌，诏泌居兴唐观炼药。

十一月，辛巳朔，盐州奏吐蕃寇河曲、夏州。灵武奏破吐蕃长乐州，克其外城。

【译文】五坊使杨朝汶胡乱捉拿囚禁百姓，刑讯拷打，索取利钱，使他们相互诬告牵连，被拘禁的将近有一千人。中丞萧俛上奏弹劾他的罪状，裴度、崔群也就此事进言。宪宗李纯说："朕姑且和你们谈一谈用兵作战的大事吧，这种小事朕自会处理。"裴度说："用兵的事情才是小事，让人担忧的不过是崤山以东罢了。而五坊使如此强暴蛮横，恐怕会扰乱京城。"宪宗听了很不高兴。退朝后，宪宗召杨朝汶，责骂他说："因为你，我不好意思见宰相！"冬季，十月，宪宗下旨赐杨朝汶自裁，并下令将囚禁的人全部释放。

宪宗李纯晚年喜欢神仙长生不老术，下诏命令在全国各地寻求方士。宗正卿李道古起先做鄂岳观察使，以贪污暴虐无道出名，担心终究要被治罪，寻求向宪宗献媚的办法，于是通过皇甫镈推荐山人柳泌给宪宗，说是能制造长生不死药。甲戌日（二十四日），宪宗颁诏让柳泌住在兴唐观中炼制药物。

十一月，辛巳朔日（初一日），盐州向朝廷上奏吐蕃侵犯河曲、夏州。灵武向朝廷上奏在吐蕃长乐州打败敌军，攻取长乐州的外城。

资治通鉴

【申涵煜评】唐之山人，不知是何品。目李唐常侍禁中，李渤得以论列，至罗令则矫诏征兵，柳泌临官采药，风斯下矣。皆特标之曰山人。恐山灵，不肯容也。

【译文】唐朝时的山人，不知道是什么品级。看李唐常侍卫官中，李渤得以论列朝廷，至于罗令则假传诏令征召军队，柳泌临官采药，风气更下了。都特别标明他们是山人。只怕山灵，也不容纳他们的。

柳泌言于上曰："天台山神仙所聚，多灵草，臣虽知之，力不能致，诚得为彼长吏，庶几可求。"上信之。丁亥，以泌权知台州刺史，仍赐服金紫。谏官争论奏，以为："人主喜方士，未有使之临民赋政者。"上曰："烦一州之力而能为人主致长生，臣子亦何爱焉！"由是群臣莫敢言。

甲午，盐州奏吐蕃引去。

壬寅，以河阳节度使乌重胤为横海节度使。丁未，以华州刺史令狐楚为河阳节度使。重胤以河阳精兵三千赴镇，河阳兵不乐去乡里，中道溃归，又不敢入城，屯于城北，将大掠。令狐楚适至，单骑出，慰抚之，与俱归。

【译文】柳泌向宪宗李纯进言说："天台山是神仙聚居的地方，有很多灵草，虽然我能够识别，但是没有力量将它们弄到手，如能做那里的地方官，就有希望找到。"宪宗相信他说的话。丁亥日（初七日），宪宗任命柳泌代理台州刺史，还赐给他金鱼袋和紫色的朝服。谏官争着上奏认为："君主喜欢方士，但是还没有让方士治理百姓、处理政务的先例。"宪宗说："劳烦一州的力量而能为君主求得长生，做臣子的又有什么可吝惜的呢？"自此，群臣不敢再谈论此事。

甲午日（十四日），盐州向朝廷上奏吐蕃逃去。

壬寅日（二十二日），宪宗任命河阳节度使乌重胤为横海节度使。丁未日（二十七日），宪宗任命华州刺史令狐楚为河阳节度使。乌重胤率领河阳的三千精兵前往横海，河阳士兵不愿意远离家乡，于是在中途溃散，纷纷返回河阳，他们又不敢进城，便在城北驻扎，准备大肆抢劫。正在此时令狐楚赶到这里，便单枪匹马出城，前去慰问安抚他们，带他们一同回河阳城。

【乾隆御批】大乱甫戢，而亟亟求仙服药，盖由志满意盈，遂尔一蹶不振。而穆宗且甘蹈覆辙而不悟，非所谓贻谋不臧者乎！

【译文】大乱刚刚停止，唐宪宗便迫切地去求仙服药，大概是志得意满的缘故，于是导致一蹶不振。而后来的穆宗也甘心重蹈宪宗的覆辙而毫无省悟，这难道不是所谓的没给子孙留下良谋吗！

先是，田弘正请自黎阳渡河，会义成节度使李光颜讨李师道，裴度曰："魏博军既渡河，不可复退，立须进击，方有成功。既至滑州，即仰给度支，徒有供饷之劳，更生观望之势。又或与李光颜互相疑阻，益致迁延。与其渡河而不进，不若养威于河北。宜且使之秣马厉兵，俟霜降水落，自杨刘渡河，直指郓州，得至阳谷置营，则兵势自盛，贼众摇心矣。"上从之。是月，弘正将魏博全师自杨刘渡河，距郓州四十里筑垒。贼中大震。

功德使上言："凤翔法门寺塔有佛指骨，相传三十年一开，开则岁丰人安。来年应开，请迎之。"十二月，庚戌朔，上遣中使帅僧众迎之。

【译文】之前，田弘正请求从黎阳渡过黄河，会合义成节度使李光颜讨伐李师道。裴度说："魏博的军队渡过黄河后，就不能够再撤退，必须立刻进军出击，才能取得成功。魏博的军队到达滑州后，就要靠度支拨给他们各项费用，朝廷空有供给军饷的烦劳，魏博军却会重新产生观望的态势。田弘正或许还会与李光颜相互猜疑，就越发导致战机拖延。与其渡过黄河而不进击敌军，还不如在黄河以北蓄养声威。应该教他们喂饱马匹磨利兵器，做好战斗准备，等霜降水落的时候，从杨刘渡过黄河，直指郓州，到阳谷才能设营，这样一来，军队的声势自然就会变得盛大起来，敌军便会人心动摇。"宪宗李纯依从他的建议。当月，田弘正率领全师从杨刘渡黄河，在距离郓州四十里的地方安营扎寨。敌人非常震惊。

功德使上奏说："凤翔法门寺的塔里有释迦牟尼佛的一节指骨，相传寺塔三十年开放一次，开放时就会年成丰熟，百姓安宁。明年寺塔就应该开放了，请把佛骨迎出来供奉。"十二月，庚戌朔日（初一日），宪宗派遣中使率领僧众迎接佛骨。

戊辰，以春州司户董重质为试太子詹事，委武宁军驱使，李愬请之也。

戊寅，魏博、义成军送所获李师道都知兵马使夏侯澄等四十七人，上皆释弗诛，各付所获行营驱使，曰："若有父母欲归者，优给遣之。朕所诛者，师道而已。"于是，贼中闻之，降者相继。

初，李文会与兄元规皆在李师古幕下。师古薨，师道立，元规辞去，文会属师道亲党请留。元规将行，谓文会曰："我去，身退而安全；汝留，必骤贵而受祸。"及官军四临，平卢兵势日蹙，将士喧然，皆曰："高沐、郭昈、李存为司空忠谋，李文会奸佞，杀沐，囚昈、存，以致此祸。"师道不得已，出文会摄登州刺史，召昈、存还幕府。

【译文】戊辰日（十九日），宪宗任命春州司户董重质为试用太子詹事，将他交付武宁军驱遣，这是李愬请求的结果。

戊寅日（二十九日），魏博、义成军解送来俘虏的李师道都知兵马使夏侯澄等四十七人，宪宗把他们全部开释不杀，交给俘获的各个行营驱使，说："如果他们家里有父母想回家，就从优发给盘费，打发他们回家。朕要诛杀的，只有李师道一人。"于是敌方士兵听到这一消息，前来投诚的人连续不断。

起初，李文会和哥哥李元规都在李师古幕下；李师古去世，李师道继位，李元规辞官离去。李文会是李师道的亲党，请求李元规留下。李元规将要离开的时候，对李文会说："我离开，便因抽身引退而获得安全。你留下来，肯定会因地位骤然显贵而遭受祸殃。"等到后来官军四面包围，平卢的兵势一天天困窘，将士喧哗，都说："高沐、郭昈和李存为李师道李司空忠心谋划，而李文会诡诈谄媚，是他杀死高沐，囚禁郭昈和李存，因此招致这一祸患。"李师道被逼无奈，派李文会出去代理登州刺史，召郭昈、李存回到幕府。

上常语宰相："人臣当力为善，何乃好立朋党！朕甚恶之。"裴度对曰："方以类聚，物以群分。君子、小人志趣同者，势必相合。君子为徒，谓之同德；小人为徒，谓之朋党；外虽相似，内实悬殊，在圣主辩其所为邪正耳。"

武宁节度使李愬与平卢兵十一战，皆捷。己卯晦，进攻金乡，克之。李师道性懦怯，自官军致讨，闻小败及失城邑，辄忧悸成疾，由是左右皆蔽匿，不以实告。金乡，兖州之要地，既失之，其刺史遣驿骑告急，左右不为通，师道至死竟不知也。

【译文】宪宗经常告诉宰相们说："人臣应当努力向善，怎么能够喜欢树立朋党集团呢？朕非常憎恨朋党集团。"裴度回答说："持相同见解的人聚在一起，物也以种类不同分类，君子、小人志趣相同，必定情投意合。君子结成一群，叫作同德，小人结成一群，叫作朋党；表面上虽然相互近似，实质上却是相差很远。这就要依靠圣明的君主辨别他们做的事情是邪恶的还是正直的了。"

武宁节度使李愬与平卢兵马打了十一次仗，都取得胜利。乙卯晦日（乙卯当作己卯，三十日），李愬又进军攻打并攻克金乡。李师道生性怯懦，自从官军讨伐他，只要得知有些小的失败以及失去城镇邑县的消息，总是恐惧惊吓得生一场病，因此他的亲信都隐瞒战争情况，不把实际情况禀告给他。金乡是兖州重要的地方，已经失守，兖州刺史的驿骑前来报告紧急消息，左右不给通报，李师道一直到死竟然都不知道金乡失陷。

元和十四年（己亥，公元八一九年）春，正月，辛巳，韩弘拔考城，杀二千余人。

丙戌，师道所署沭阳令梁洞以县降于楚州刺史李听。

吐蕃遣使者论短立藏等来修好，未返，入寇河曲。上曰："其国失信，其使何罪！"庚寅，遣归国。

壬辰，武宁节度使李愬拔鱼台。

中使迎佛骨至京师，上留禁中三日，乃历送诸寺，王公士民瞻奉舍施，惟恐弗及，有竭产充施者，有然香臂顶供养者。

【译文】元和十四年（己亥，公元819年）春季，正月，辛巳日

（初二日），韩弘攻占考城，杀死二千余人。

丙戌日（初七日），李师道任用的沭阳令梁洞率领全县向楚州刺史李听投诚。

吐蕃派使者论短立藏等人来修好，还没有回去，吐蕃就派兵攻打河曲。宪宗说："他们的国家失去信用，派来的使者有什么罪过？"庚寅日（十一日），宪宗下诏让他们回国。

壬辰日（十三日），武宁节度使李愿攻取鱼台。

中使把佛骨迎到京师，宪宗让佛骨在宫禁中停留三天，才遍送各寺。上自王公，下至士子庶民，人人瞻仰供奉，施舍钱财，唯恐不能赶上，有的人用尽家产来施舍，有的人在手臂及头顶上燃香供佛。

刑部侍郎韩愈上表切谏，以为："佛者，夷狄之一法耳。自黄帝以至禹，汤、文、武，皆享寿考，百姓安乐，当是时，未有佛也。明帝时，始有佛法。其后乱亡相继，运祚不长。宋、齐、梁、陈、元魏已下，事佛渐谨，年代尤促。惟梁武帝在位四十八年，前后三舍身为寺家奴，竟为侯景所逼，饿死台城，国亦寻灭。事佛求福，乃更得祸。由此观之，佛不足信亦可知矣！百姓愚冥，易惑难晓，苟见陛下如此，皆云'天子大圣，犹一心敬信；百姓微贱，于佛岂可更惜身命。'佛本夷狄之人，口不言先王之法言，身不服先王之法服，不知君臣之义、父子之恩。假如其身尚在，奉国命来朝京师，陛下容而接之，不过宣政一见，礼宾一设，赐衣一袭，卫而出之于境，不令惑众也。况其身死已久，枯朽之骨，岂宜以入宫禁！古之诸侯得吊于国，尚令巫祝先以桃茢祓除不祥。今无故取朽秽之物亲视之，巫祝不先，桃茢不用，群臣不言其非，御史不举其罪，臣实耻之！乞以此骨会有司，投诸水火，永绝要本，断天下之疑，绝后代之惑，使天下之人知大圣人之所作为，出于寻常万万也，岂不盛哉！佛如有灵，能作祸福，凡有殃咎，宜加臣身。"

【译文】刑部侍郎韩愈上表急切地劝谏，认为："佛教，是夷狄的一种法术。从黄帝以来到夏禹、商汤、周文王、周武王，都年高寿长，百姓生活安宁愉快。在那时，世间是没有佛存在的。东汉明帝刘庄时期，才开始出现佛法。从此以后，中原叛乱危亡的事连续不断，朝廷的命运与福气都不是很长久。宋、齐、梁、陈、北魏以后，对佛的尊奉渐渐地恭敬起来，可是这些朝代存在的时间都特别短暂。只有梁武帝萧衍在位四十八年，他曾前后三次舍身去当寺院的家奴，最终却遭受侯景的逼迫，在台城饿死，不久以后他建立的国家也随之灭亡。事奉佛是为了祈求福缘，可是梁武帝却反而因此招致祸殃。从这里来看，佛不值得相信是可以知道的了！百姓愚昧，容易迷惑，很难明白事理，看见陛下如此敬佛，都说：'天子尚且一心一意地敬佛信佛，我们这些老百姓身份卑微低下，对待佛难道还能顾惜性命吗？'佛本是夷狄之人，口中不讲先代帝王遗留下来的合乎礼法的言论，身上不穿先代帝王规定下来的标准的中原服装，不懂得君臣之间的大义，不明白父子之间的恩情。假如佛还活着，奉国家的命令来京师朝见天子，陛下宽容而接见他，不过在宣政殿见一面，在礼宾院设宴招待他一次，赐给他一套衣服，派兵保护他送出境而已，不教他迷惑众人。何况他已死了很久，枯朽的骨头，不应该迎到宫禁里。古代的诸侯在国内举行吊唁时，还要先让巫师用桃树与笤帚去驱除不祥的鬼魂，现在陛下无缘无故拿腐朽污秽的东西亲自观看，事先也不安排巫师降神祈福，不用桃树与笤帚除凶去秽，朝堂群臣不议论这种做法的错误，御史也不纠举这种做法的过错，我确实为这件事感到羞耻！请将这根骨头交给官吏，将它丢到水里火里消灭掉，永远消除根本，断绝天下人的疑惑和后代的迷惑，使天下人知道伟大圣人的作为，是超出寻常人千万倍的，这不是很有意义的事吗？佛如果有灵，能作祸福，所有的灾殃罪过，都加在我的身上好了。"

上得表，大怒，出示宰相，将加愈极刑。裴度、崔群为言："愈虽狂，发于忠恳，宜宽容以开言路。"癸巳，贬愈为潮州刺史。

自战国之世，老、庄与儒者争衡，更相是非。至汉末，益之以佛，然好者尚寡。晋、宋以来，日益繁炽，自帝王至于士民，莫不尊信。下者畏慕罪福，高者论难空有。独愈恶其蠹财惑众，力排之，其言多矫激太过。惟《送文畅师序》最得其要，曰："夫鸟俯而啄，仰而四顾，兽深居而简出，惧物之为己害也，犹且不免焉。弱之肉，强之食。今吾与文畅安居而暇食，优游以生死，与禽兽异者，宁可不知其所自邪！"

【译文】宪宗李纯接到韩愈的上表，非常生气，把奏疏拿给宰相看，准备用最严厉的刑罚处治韩愈。裴度、崔群为韩愈辩护说："韩愈虽然狂放，但是他的意见也是出自对陛下的一番忠诚，应该宽容他开通进言之路。"癸巳日（十四日），宪宗贬韩愈为潮州刺史。

从战国时代开始，老子、庄子与儒家较量胜负，相互议论我是你非。到汉朝末年，又增加了佛家，但是喜好佛家的人还是很少。晋、宋以来，佛教一天天兴盛起来，由帝王以至士子庶民，没有不尊崇信奉佛教的。平庸的人们害怕获罪，羡慕福缘，清高的人们谈论空泛，诘难实有。只有韩愈痛恨佛教伤财惑众，尽力排斥，他的言论往往过于偏激。只有《送文畅师序》最能把握要点，文中说："鸟低下头啄食，抬起头来向四边看，野兽深居简出，这都是害怕有人会伤害它，这么小心尚且不能免祸。弱者的肉是强者的食物，现在我和文畅安然地居住，悠闲地饮食，自由自在地生或死，与飞禽走兽面临的境状不同，怎么能够不知道这是从哪里得来的呢？"

丙申，田弘正奏败淄青兵于东阿，杀万馀人。

沧州刺史李宗奭与横海节度使郑权不叶，不受其节制，权奏之。上遣中使追之，宗奭使其军中留己，表称惧乱未敢离州。诏以乌重胤代权，将吏惧，逐宗奭。宗奭奔京师，辛丑，斩于独柳之下。

丙午，田弘正奏败平卢兵于阳谷。

【译文】丙申日（十七日），田弘正向朝廷上奏在东阿打败淄青兵，杀死一万多人。

沧州刺史李宗奭和横海节度使郑权不和，不肯接受郑权的调度管束；郑权把这事奏报宪宗。宪宗李纯派遣中使调李宗奭回朝，李宗奭让军中将士挽留自己，又上表声称害怕造成叛乱，不敢离开沧州。宪宗下诏任命乌重胤代替郑权，将士官吏害怕，便驱逐李宗奭，李宗奭只好逃回京师，辛丑日（二十二日），李宗奭在独柳之下被处死。

丙午日（二十七日），田弘正向朝廷上奏在阳谷打败平卢兵。

资治通鉴卷第二百四十一　唐纪五十七

起屠维大渊献二月，尽重光赤奋若六月，凡二年在奇。

【译文】起己亥（公元819年）二月，止辛丑（公元821年）六月，共二年五个月。

【题解】本卷记录了公元819年二月至821年六月的历史，共两年零四个月。为唐宪宗元和十四年二月至唐穆宗长庆元年六月。唐宪宗元和十四年，宦官杀李师道，朝廷收复淄青，横海节度使陈权请求入朝，幽州节度使刘总上表归顺，成德节度使王承宗上表自新，藩镇割据基本被消灭，全国统一，唐宪宗进尊号，赦天下，唐朝出现中兴。但唐宪宗不采纳李翱上奏，不修德政，不信朝官信宦官，排斥裴度，致使权归宦官。宪宗服仙丹中毒，性情乖张，被宦官陈弘志等人毒杀。朝官不敢追问，梁守谦、王守澄等拥立穆宗，杀澧王李恽，朝臣也无人敢过问。穆宗玩乐嬉戏，宦官掌控朝权，唐朝衰落不可避免。

宪宗昭文章武大圣至神孝皇帝下

元和十四年（己亥，公元八一九年）二月，李听袭海州，克东海、朐山、怀仁等县。李愬败平卢兵于沂州，拔丞县。

李师道闻官军侵逼，发民治郓州城堑，修守备，役及妇人，民益惧且怨。

都知兵马使刘悟，正臣之孙也，师道使之将兵万馀人屯阳谷以拒官军。悟务为宽惠，使士卒人人自便，军中号曰刘父。及田弘正渡河，悟军无备，战又数败。或谓师道曰："刘悟不修军法，专收众心，恐有他志，宜早图之。"师道召悟计事，欲杀之。或谏曰："今官军四合，悟无逆状，用一人言杀之，诸将谁肯为用！是自脱其爪牙也。"师道留悟旬日，复遣之，厚赠金帛以安其意。悟知之，还营，阴为之备。师道以悟将兵在外，署悟子从谏门下别奏。从谏与师道诸奴日游戏，颇得其阴谋，密疏以白父。

资治通鉴

【译文】元和十四年（己亥，公元819年）二月，李听出兵袭击海州，攻克东海、朐山、怀仁等县。

李愬率领军队在沂州击败平卢兵，占据丞县。淄青节度使李师道听说官军日益逼近，于是征发民夫修治郓州城池，加强防守，他甚至征发妇女，百姓更加害怕怨恨。

都知兵马使刘悟是肃宗朝平卢节度使刘正臣的孙子，李师道派他率领一万多人驻扎在阳谷抗拒官军。刘悟治军宽容仁厚，士卒比较自由，并不加以约束，军中将士称誉他为"刘父"。等到田弘正渡过黄河进攻淄青，刘悟的军队对此没有防备，作战又屡次打败仗。有人对李师道说："刘悟不修整军法，专意收买人心，恐怕有其他的想法，您应该早点防备。"于是李师道托言召刘悟前来商量事情，召刘悟来郓州，想借机会杀掉他。有人劝谏说："现在官军四面包围淄青，刘悟还没有造反的事实，听信一人的言论就把他杀死，诸将中谁还肯为您效力？这是自己除去爪牙啊。"李师道认为这些话有道理，留刘悟在郓州待了十日，命令他仍回阳谷，并赠送给他大批金帛加以安抚。刘悟知道李师道想杀自己，回营后，暗地里做防备。李师道因为刘悟在外头带兵作战，就把刘悟的儿子刘从谏任用为门下别奏。刘从谏和李师道的奴仆每天在一起游玩，知道李师道很多阴谋，他都秘密地写信告诉自己的父亲。

又有谓师道者曰:"刘悟终为患,不如早除之。"丙辰,师道潜遣二使赍帖授行营兵马副使张暹,令斩悟首献之,勒暹权领行营。时悟方据高丘张幕置酒,去营二三里。二使至营,密以贴授暹。暹素与悟善,阳与使者谋曰:"悟自使府还,颇为备,不可匆匆,暹请先往白之,云:'司空遣使存问将士,兼有赐物,请都头速归,同受传语。'如此,则彼不疑,乃可图也。"使者然之。暹怀帖走诣悟,屏人示之。悟潜遣人先执二使,杀之。

时已向暮,悟按辔徐行还营,坐帐下,严兵自卫。召诸将,厉色谓之曰:"悟与公等不顾死亡以抗官军,诚无负于司空。今司空信谗言,来取悟首。悟死,诸公其次矣。且天子所欲诛者独司空一人。今军势日蹙,吾曹何为随之族灭!欲与诸公卷旗束甲,还入郓州,奉行天子之命,岂徒免危亡,富贵可图也。诸公以为何如?"兵马使赵垂棘立于众首,良久,对曰:"如此,事果济否?"悟应声骂曰:"汝与司空合谋邪!"立斩之。遍问其次,有迟疑未言者,悉斩之,并斩军中素为众所恶者,凡三十馀,尸于帐前。馀皆股粟,曰:"惟都头命,愿尽死!"

【译文】又有人向李师道进言说:"刘悟最终会给我们带来祸患,不如早早地除掉他。"丙辰日(初八日),李师道暗中派两个亲信带手令前往阳谷,命令行营兵马副使张暹杀掉刘悟,并割下他的头送往郓州查验,然后由张暹代领行营兵马的职务。当时刘悟正在距离行营二三里的高丘上张设帐幕,摆酒宴饮。两个使者到行营,秘密把文书交给张暹。张暹向来和刘悟交好,便假意和使者商议说:"刘悟从郓州节度使府回来后,已经有所防备，这件事不可匆忙。请先让我前去报告刘悟，假称：‘李师道派人来慰问将士，带来大批赏赐的物品，请都头迅速返回军营，一同接受李师道的指令。’这样，刘悟必然不会怀疑，然后我们就可乘机下手。”两个使者同意了。于是张暹把李师道的手令藏在怀中去见刘悟，到了刘悟饮宴处，命令随从都退下，把李师道手令交给刘悟观看。刘悟得知李师道的阴谋后，暗中派人捉住那两个使者，杀死他们。

这时已到傍晚，刘悟骑在马上慢慢回到行营，坐在帐下，派兵在四周戒严保卫自己。召诸将前来，严厉地对他们说：“我和你们大家不顾死活抗击官军，的确对得起李师道了。现在李师道听信小人谗言，派人来杀我。如果我死了，你们随后也将会被杀掉。如今当朝天子派遣军队围攻淄青，声明只杀李师道一人。我军形势日渐窘迫，我们这些人为什么还要跟随李师道一同被灭族呢？现在我和大家商议，我打算和诸公卷起旗子收好甲兵，袭击郓州，奉行天子的命令，杀李师道，岂止是可以免除危亡，还可以求富贵呢！诸公以为怎么样？”兵马使赵垂棘站在众人前面，过了好久，才回答说：“不知此事能否成功？”刘悟应声骂道：“难道你要与李师道同谋吗？”命人立刻杀他。刘悟一一询问其余的人，把稍微迟疑没有回答的，全部杀掉，并斩杀军中向来为众将憎恶的人，共杀死三十多人，尸体摆在帐前。其余的人都吓得两腿发抖，说：“我们都听都头的命令，愿尽死力跟随都头。”

乃令士卒曰：“入郓，人赏钱百缗，惟不得近军帑。其使宅及逆党家财，任自掠取，有仇者报之。”使士卒皆饱食执兵，夜半听鼓三声绝即行，人衔枚，马缚口，遇行人，执留之，人无知者。距城数里，天未明，悟驻军，使听城上柝声绝，使十人前行，宣言"刘都头奉帖追入城。"门者请俟写简白使，十人拔刃拟之，皆窜匿。悟引大军继至，城中噪哗动地。比至，子城已洞开，惟牙城拒守，寻纵火，斧其门而入。牙中兵不过数百，始犹有发弓矢者，俄知力不支，皆投于地。

悟勒兵升听事，使捕索师道。师道与二子伏厕床下，索得之，悟命置牙门外隙地，使人谓曰："悟奉密诏送司空归阙，然司空亦何颜复见天子！"师道犹有幸生之意，其子弘方仰曰："事已至此，速死为幸！"寻皆斩之。自卯至午，悟乃命两都虞候巡坊市，禁掠者，即时皆定。大集兵民于球场，亲乘马巡绕，慰安之。斩赞师道逆谋者二十馀家，文武将吏且惧且喜，皆入贺。悟见李公度，执手歔欷；出贾直言于狱，置之幕府。

【译文】于是刘悟下达出兵命令，对士卒们说："诸位攻入郓州，每人赏钱一百缗。除军库外，节度使所有的住宅及其他叛党的家财，允许你们随意掠夺拿取，有仇的许可你们去报仇。"接着，命士卒们饱食一顿，每人携带兵器，到了半夜，听三声鼓声后出发，将士们嘴里衔枚，将马嘴绑住，防止喧哗的声音；凡是路上遇到行人，都抓住留在军中，以防他们走漏了消息。军队行军所至，当地百姓都不知道。距离郓州还有几里的时候，天还没亮，刘悟命令将士原地待命；城头上巡逻的木梆声停止后，刘悟派遣十人首先抵达城下，向城上的守卫谎称"刘都头奉节度使手令入城"。守卫的士兵请大家稍稍等待，他们正打算写书简向李师道回报这件事时，这十人突然拔出刀想要杀死他们，守门的士兵都吓得纷纷逃散。随后刘悟率领军队也赶到这里。城中的人听说有军队偷袭，开始喧哗吵嚷，混乱不堪。等到刘悟率领军队进入城内，内城已经被前面的士兵攻破，只有李师道所住的牙城还在抵抗坚守。刘悟于是下令放火焚烧牙城，并且命人用斧头把城门劈开，士兵一起冲进牙城。城中的亲兵不足百人，开始时，他们中还有人射箭抗拒，到了后来，他们知道寡不敌众，就都把弓箭扔到地上投降了。

刘悟率将士入淄青节度使府，派人搜捕李师道。李师道和他的两个儿子伏藏在厕所，最终被搜到，刘悟命令把他们押到节度使府门外的空地上，派人对李师道说："刘悟刘都头奉天子密诏要送司空到京城面见皇上，然而司空还有什么脸再见皇上呢？"此时李师道还有侥幸偷生之意，他的儿子李弘方抬头对他说："事情已到这个地步，还是盼求快死为幸！"不久父子三人都被斩首。自卯时至午时，刘悟命令两都虞候巡行街市，禁止抢掠，到了下午，城内很快就安定。刘悟在球场大规模集合兵民，亲自骑马绕着巡行，安慰他们。下令斩杀与李师道一起叛乱的人，共二十余家，文武将吏目睹叛乱者被杀的场面，又害怕又窃喜。刘悟与李公度再次相见，紧握双手哭泣；刘悟又派人把贾直言从狱中放出来，安置在幕府中任用。

悟之自阳谷还兵趋郓也，潜使人以其谋告田弘正曰："事成，当举烽相白。万一城中有备不能入，愿公引兵为助。功成之日，皆归于公，悟何敢有之！"且使弘正进据己营。弘正见烽，知得城，遣使往贺。悟函师道父子三首遣使送弘正营，弘正大喜，露布以闻。淄、青等十二州皆平。

弘正初得师道首，疑其非真，召夏侯澄使识之。澄熟视其面，长号陨绝者久之，乃抱其首，舐其目中尘垢，复恸哭。弘正为之改容，义而不责。

壬戌，田弘正捷奏至。乙丑，命户部侍郎杨於陵为淄青宣抚使。己巳，李师道首函至。自广德以来，垂六十年，藩镇跋扈河南、北三十馀州，自除官吏，不供贡赋，至是尽遵朝廷约束。

【译文】刘悟从阳谷率领军队前往郓州的时候，曾经暗中派人把行动的计划告诉田弘正，约定："事情成功，我会举烽火告诉你；万一城中有防备攻不进去，希望您率领军队前往帮忙。如果能够成功，功劳都归你，刘悟不敢据有。"而且请求田弘正率军进据阳谷营地。田弘正看见烽火，知道郓州已被刘悟攻克，便派使者前往祝贺。刘悟用匣子装李师道父子的三颗人头，派使者送到田弘正的营中，田弘正非常高兴，立刻写告捷文书奏报天子。至此淄、青等十二州都被平定。

田弘正刚刚得到李师道的首级，怀疑不是真的，召夏侯澄来辨认。夏侯澄仔细看了看那张脸，大声痛哭倒在地上，晕过去好久，接着将李师道的人头捧起，用舌尖舐净眼睛中的泥土，然后又放声大哭。田弘正感动得动容，认为夏侯澄很讲义气，没有责备他。

壬戌日（十四日），田弘正的奏捷文告送到京城。乙丑日（十七日），宪宗李纯任命户部侍郎杨於陵为淄青宣抚使。己巳日（二十一日），装有李师道首级的匣子送到京师。自从唐代宗广德元年（763年）以来，将近六十年，藩镇在河南、河北三十余州割据跋扈，自命官吏，不向朝廷上供赋税，到这时才完全遵守朝廷的法令。

上命杨於陵分李师道地，于陵按图籍，视土地远迩，计士马众寡，校仓库虚实，分为三道，使之适均：以郓、曹、濮为一道，淄、清、齐、登、莱为一道，兖、海、沂、密为一道，上从之。

刘悟以初讨李师道诏云："部将有能杀师道以众降者，师道官爵悉以与之。"意谓尽得十二州之地，遂补署文武将佐，更易州县长吏；谓其下曰："军府之政，一切循旧。自今但与诸公抱子弄孙，夫复何忧！"

【译文】 宪宗李纯命令杨於陵把李师道的土地分开，杨於陵按照地图，看土地的远近，计算士兵马匹的多少，比较仓库的虚实，把淄青分成三道，使各方面情况比较均衡：以郓州、曹州、濮州为一道；淄州、青州、齐州、登州、莱州为一道；兖州、海州、沂州、密州为一道。宪宗依从他的建议。

刘悟根据起初发布的讨伐李师道诏书所说的："部将有能够杀死李师道、带领军队投降的，李师道的官爵全部给他。"以为自己应该为淄青节度使，尽得淄青十二州，于是擅自任命文武将吏，更换州县长官；他对下属说："军府的行政，一切照旧。从今以后，我和大家抱子弄孙，长享富贵，还有什么好担忧的？"

上欲移悟他镇，恐悟不受代，复须用兵，密诏田弘正察之。弘正日遣使者诣悟，托言修好，实观其所为。悟多力，好手搏，得郓州三日，则教军中壮士手搏，与魏博使者庭观之，自摇肩攘臂，离坐以助其势。弘正闻之，笑曰："是闻除改，登即行矣，何能为哉！"庚午，以悟为义成节度使。悟闻制下，手足失坠。明日，遂行。弘正已将数道兵，比至城西二里，与悟相见于客亭，即受旌节，驰诣滑州，辟李公度、李存、郭昈、贾直言以自随。

悟素与李文会善，既得郓州，使召之，未至。闻将移镇，昈、存谋曰："文会佞人，败乱淄青一道，灭李司空之族，万人所共仇也！不乘此际诛之，田相公至，务施宽大，将何以雪三齐之愤怨乎！"乃诈为悟帖，遣使即文会所至，取其首以来。使者遇文会于丰齐驿，斩之。比还，悟及昈、存已去，无所复命矣。文会二子，一亡去，一死于狱，家赀悉为人所掠，田宅没官。

【译文】宪宗李纯想把刘悟迁到别的镇去，担心刘悟不肯接受代换的命令，又必须用兵，于是秘密下诏书给田弘正，教他观察刘悟的情形，看他是否可能拒绝诏令。田弘正接到宪宗的密诏后，每天都命人前往郓州，表面上与刘悟友好往来，实际上是暗中窥伺他的言行。刘悟力气特别大，喜欢徒手搏斗，得到郓州三天，就教军中壮士徒手搏斗，与魏博的使者在庭中观看，刘悟一边观看，一边挽袖捋臂，有时还离座呐喊助威。田弘正听见这种情形，笑着说："像他这个样子，如果调动的诏书下达，肯定会立刻前去赴任，不可能有什么作为的！"庚午日（二十二日），宪宗李纯任命刘悟为义成节度使。刘悟听见制书下来，惊慌得手脚失措，第二天，就出发上任了。这天，田弘正率领众将送刘悟离开，抵达郓州城西二里时，在驿站与刘悟见面，刘悟立即接受了节度使旌旗符节，赶往滑州，并保举李公度、李存、郭旷、贾直言跟随自己为幕僚赶赴滑州上任。

刘悟平素和李文会交情很好，攻下郓州后，曾派人到登州请李文会。此时李文会尚未到郓州。听说刘悟要调往他地，郭旷、李存商量说："李文会是一个巧言令色的人，因为他败乱了淄青之地，使李司空族灭，他是万人所同恨的！如果我们不趁这个时候杀死他，等田弘正到达这里，一切宽大为怀，将怎样来报三齐的仇恨呢？"于是假造刘悟的文书，派使者到李文会所在的地方，取他的头来。使者在齐州东南方向的丰齐驿碰到李文会，把他杀死后，返回郓州。等使者回来回话，刘悟及郭旷、李存已经前往滑州，使者没有办法复命。李文会的两个儿子，一个逃走，一个死在狱里，家里的钱财全被人劫掠一空，田地和房屋被朝廷没收。

诏以淄青行营副使张暹为戎州刺史。

癸酉，加田弘正检校司徒、同平章事。

先是，李师道将败数月，闻风动鸟飞，皆疑有变，禁郓人亲识宴聚及道路偶语，犯者有刑。弘正既入郓，悉除苛禁，纵人游乐，寒食七昼夜不禁行人。或谏曰："郓人久为寇敌，今虽平，人心未安，不可不备。"弘正曰："今为暴者既除，宜施以宽惠，若复为严察，是以桀易桀也，庸何愈焉！"

先是，贼数遣人入关，截陵戟，焚仓场，流矢飞书，以震骇京师，沮挠官军。有司督察甚严，潼关吏至发人囊箧以索之，然终不能绝。及田弘正入郓，阅李师道簿书，有赏杀武元衡人王士元等及赏潼关、蒲津吏卒案，乃知向者皆吏卒赂于贼，容其奸也。

裴度纂述蔡、郓用兵以来上之忧勤机略，因侍宴献之，请内印出付史官。上曰："如此，似出朕志，非所欲也。"弗许。

【译文】宪宗李纯下诏任命淄青行营副使张暹为戎州刺史。

癸酉日（二十五日），宪宗李纯加封田弘正为检校司徒、同平章事。

此前，李师道在覆亡前的几个月，听到风吹鸟飞的声音，心里就怀疑有变故要发生，于是下令禁止郓州人在一起相聚饮宴，以及在路上窃窃私语，如有人胆敢违犯，就严惩不贷。田弘正进入郓州后，把这些苛暴的禁令完全废除，放任人民玩乐，寒食有七昼夜不禁止路人行走。有人劝谏说："郓州人跟随李师道多年，一直与朝廷作对，现在，虽然这里已被朝廷平定，人心还不是很安定，一定要多加防备啊。"田弘正说："现在暴虐无道的人已经除掉，应该加给人民宽大的恩惠，如果仍以严酷的刑罚为政，那就好比是用夏桀来代替夏桀，对百姓来说又有什么改善呢？"

　　先前，在元和十年，朝廷派遣几万官军攻打淮西吴元济，叛贼曾经多次派人潜入潼关，并把皇陵门戟砍断，将官仓储藏的粮食焚烧，甚至把恐吓信用箭射入京城，制造混乱局面，借此恐吓朝廷和百姓，从而阻挠官军的攻打。因此，有关官吏督察十分严格，守潼关的官吏甚至打开行人的行李袋、箱子来检查，然而还是不能禁绝这类不测事件的发生。等到田弘正到郓州，看了李师道的记录文簿，有对杀害宰相武元衡的刺客王士元等人进行赏赐的记录，以及赏赐潼关、蒲津官吏、士卒的案卷，才知道从前都是吏卒接受了贼人的钱财，容纳他们做坏事。

　　裴度把蔡州、郓州用兵以来，宪宗如何忧心勤劳的机宜方略写下来，趁侍候宪宗李纯宴饮时呈献上去，并奏请宪宗在上面加盖大印，然后将它交付给史官。宪宗对他说："如果这样做，就会让史官们有一种错觉，他们都会认为是朕命你编纂的这些内容，实际上这并不是朕的本意啊。"于是宪宗没有准许裴度的请求。

　　三月，戊子，以华州刺史马总为郓、曹、濮等州节度使。己丑，以义成节度使薛平为平卢节度、淄、青、齐、登、莱等州观察使。以淄青四面行营供军使王遂为沂、海、兖、密等州观察使。

　　横海节度使乌重胤奏："河朔藩镇所以能旅拒朝命六十馀年者，由诸州县各置镇将领事，收刺史、县令之权，自作威福。向使刺史各得行其职，则虽有奸雄如安、史，必不能以一州独反也。臣所领德、棣、景三州，已举牒各还刺史职事，应在州兵并令刺史领之。"夏，四月，丙寅，诏诸道节度、都团练、都防御、经略等使所统支郡兵马，并令刺史领之。自至德以来，节度使权重，所统诸州各置镇兵，以大将主之，暴横为患，故重胤论之。其后河北诸镇，惟横海最为顺命，由重胤外之得宜故也。

【译文】三月，戊子日（初十日），宪宗李纯任命华州刺史马总为郓、曹、濮等州节度使。己丑日（十一日），宪宗任命义成节度使薛平为平卢节度、淄青齐登莱等州观察使。同时，任命淄青四面行营供军使王遂为沂、海、兖、密等州观察使。

横海节度使乌重胤向宪宗上奏："河朔藩镇能够长期不接受朝廷的诏令，割据六十余年，是因为他们在各州设置镇将掌握军政大权，把刺史和县令的权力剥夺，自己作威作福。如果从前刺史能各自行使自己的职权，那么即使有像安禄山、史思明一样的奸雄，必定不能以一州之地有能力独自叛乱。臣所兼管的德、棣、景三州，已下令各州镇将把军权归还刺史，各州的州兵都由刺史统辖。"夏季，四月，丙寅日（十九日），宪宗李纯下诏命令各道节度、都团练、都防御、经略等使统率的属郡兵马，全部交给刺史管理。自从唐肃宗至德元年以来，节度使的权势一天天加重，他们在各自管辖的州郡设置镇兵，派大将掌管军务，专横跋扈，因此乌重胤向宪宗李纯上奏时谈到此事。以后河北各镇，只有横海最顺从朝廷的命令，这都是乌重胤处置适宜的缘故。

辛未，工部侍郎、同平章事程异薨。

裴度在相位，知无不言，皇甫镈之党阴挤之。丙子，诏度以门下侍郎、同平章事，充河东节度使。

皇甫镈专以掊克取媚，人无敢言者，独谏议大夫武儒衡上疏言之。镈自诉于上，上曰："卿以儒衡上疏，将报怨邪！"镈乃不敢言。儒衡，元衡之从父弟也。

史馆修撰李翱上言，以为："定祸乱者，武功也；兴太平者，文德也。今陛下既以武功定海内，若遂革弊事，复高祖、太宗旧制；用忠正而不疑，屏邪佞而不迩；改税法，不督钱而纳布帛；绝进献，宽百姓租赋；厚边兵，以制戎狄侵盗；数访问待制官，以通塞蔽；此六者，政之根本，太平所以兴也。陛下既已能行其难，若何不为其易乎！以陛下天资上圣，如不惑近习容悦之辞，任骨鲠正直之士，与之兴大化，可不劳而成也。若不有此为事，臣恐大功之后，逸欲易生。进言者必曰：'天下既平矣，陛下可以高枕自安逸。'如是，则太平未可期矣！"

【译文】辛未日（二十四日），工部侍郎、同平章事程异去世。

裴度在相位时知无不言，皇甫镈的党羽暗地里不断地排挤他。丙子日（二十九日），宪宗李纯颁下诏书任命裴度带门下侍郎、同平章事的荣誉官衔，充任河东节度使。

皇甫镈专门聚敛钱财取得宪宗的宠悦，朝中臣子没有人敢说话，只有谏议大夫武儒衡向宪宗上奏，指斥皇甫镈的罪行。皇甫镈于是向宪宗李纯上奏申诉，表示自己清白无辜。宪宗说："你是因为武儒衡向朕上奏，想要报复他吗？"皇甫镈这才不敢说话。武儒衡是武元衡的堂弟。

史馆修撰李翱向宪宗李纯上奏，认为："平定祸乱凭借的是武力，开创太平大业则凭借文治和贤德。如今陛下已经使用武力平定天下，不如接着就革除政治上的弊端，恢复高祖李渊、太宗李世民创立的规章制度，任用忠心耿耿的正直之臣，不要随意怀疑他们，贬斥奸邪小人，不要亲近他们；改革赋税制度，把从前收钱币的方法改成缴纳实物；杜绝地方官吏向朝廷进献财物，减免百姓租税；加强边防建设，抵御边境戎狄入侵；经常探访寻求待制官员，倾听他们的建议，以沟通君臣上下的意见。这六项，是为政的根本，建立太平盛世的方法。陛下既然能做到最难办的事情，为什么不接着去做些容易的事情呢？以陛下的天资和圣明，如能不受左右亲信悦耳言辞的迷惑，任用正直的人，和他一同兴建政治教化，那么天下达到大治，陛下完全可以不必躬身辛劳啊。如果不从事这方面的努力，臣恐怕在建立大功之后，贪图安逸享受的欲望就容易滋生，臣下左右开始阿谀谄媚；那么进言的人一定会说：'天下已经被平定，陛下可以高枕无忧自求安逸。'如果陛下真的照他们所说的那样贪图享乐，那么天下太平就不可预期了。"

资治通鉴

【乾隆御批】晋武平吴，赞成者独有杜预，而山涛则云："吴平之后，方劳圣虑。"其言可谓知要。宪宗倚任裴度，河南、北得以摧陷扩清，可谓有为之主。既而铸异并进度且不安其位，中兴之业，自亏一篑。于此可见处成功之难。

【译文】晋武帝出兵吴地时，赞成的人只有杜预，而山涛却说："吴地平定之后，圣上才真正要费心多虑了。"这话可说是切中要害。唐宪宗倚靠裴度得以肃清河南、河北的叛军，可算是有为之帝。但后来皇甫铸党羽加紧了对裴度的排挤并使他不能安坐相位，宪宗的中兴大业从此功亏一篑。由此可见守成之难。

秋，七月，丁丑朔，田弘正送杀武元衡贼王士元等十六人，诏使内京兆府、御史台遍鞫之，皆款服。京兆尹崔元略以元衡物色询之，则多异同。元略问其故，对曰："恒、郓同谋遣客刺元衡，而士元等后期，闻恒人事成，遂窃以为己功，还报受赏耳。今自度为罪均，终不免死，故承之。"上亦不欲复辨正，悉杀之。

戊寅，宣武节度使韩弘始入朝，上待之甚厚。弘献马三千，绢五千，杂缯三万，金银器千，而汴之库厩尚有钱百馀万缗，绢百馀万匹，马七千匹，粮三百万斛。

己丑，群臣上尊号曰元和圣文神武法天应道皇帝，赦天下。

沂、海、兖、密观察使王遂，本钱谷吏，性狷急，无远识。时军府草创，人情未安，遂专以严酷为治，所用杖绝大于常行者，每詈将卒，辄曰"反虏"；又盛夏役士卒营府舍，督责峻急。将卒愤怨。

【译文】秋季，七月，丁丑朔日（初一日），田弘正解送杀死武元衡的凶手王士元等十六人入京，宪宗下诏任命内京兆府、御史台对他们逐个详加审讯，王士元等人都招供认罪。但当京兆尹崔元略问他们，武元衡遇难时穿的是什么颜色的衣服时，王士元等人的说法就不一致了。崔元略追问他们其中的缘故，王士元等人回答说："成德王承宗和淄青李师道商议并策划派遣刺客暗杀武元衡，我们受李师道的派遣奔赴京城，不料想我们来晚一步，延误约定的日期，听说成德人已经把武元德杀死。于是我们就趁机把这一功劳据为己有，目的是回去邀功请赏。如今我们私下都认为所犯罪行和暗杀者的罪行相当，最终难逃一死，所以我们也就招供认罪了。"宪宗李纯也不想再对此事加以分辨，把他们全杀了。

戊寅日（初二日），宣武节度使韩弘才入京朝见宪宗，宪宗李纯以隆重的礼节接待韩弘。韩弘进献三千匹马，五千匹绢，杂缯三万匹，金银器皿上千件，除此之外他的宣武库房还有钱百余万缗，丝绢百万余匹，战马七千匹，粮食三百万斛。

己丑日（十三日），群臣给宪宗加上尊号称作元和圣文神武法天应道皇帝；宪宗下诏大赦天下。

充、海、沂、密观察使王遂，本来是管钱谷的官吏，性情急躁，没有远见。当时观察使府刚刚创建，人心还没有安定下来，王遂却专门用严刑酷法对待士兵，所用的杖比常用的粗得多；每次叱骂将兵，总是侮辱他们为"反虏"；又在盛夏役使士兵为自己建造观察使府的房舍，督责很严很急；将士又愤怒又怨恨。

辛卯，役卒王弁与其徒四人浴于沂水，密谋作乱，曰："今服役触罪亦死，奋命立事亦死，死于立事，不犹愈乎！明日，常侍与监军、副使有宴，军将皆在告，直兵多休息，吾属乘此际出其不意取之，可以万全。"四人皆以为然，约事成推弁为留后。

壬辰，遂方宴饮，日过中，弁等五人突入，于直房前取弓刀，径前射副使张敦实，杀之。遂与监军狼狈起走，弁执遂，数之以盛暑兴役，用刑刻暴，立斩之。传声勿惊监军，弁即自称留后，升厅号令，与监军抗礼，召集将吏参贺，众莫敢不从。监军具以状闻。

甲午，韩弘又献绢二十五万匹，绝三万匹，银器二百七十。左右军中尉各献钱万缗。自淮西用兵以来，度支、盐铁及四方争进奉，谓之"助军"；贼平又进奉，谓之"贺礼"；后又进奉，谓之"助赏"；上加尊号又进奉，亦，谓之"贺礼"。

【译文】辛卯日（十五日），做工的士兵王弁和同伴四人在沂水中洗澡，秘密筹划叛乱，说："现在做工犯罪是死，挺身建立一番功业也是死，如果死于建功立业，难道不比服役犯罪而死更胜一筹吗？明天常侍和监军、副使有宴会，军将都告假，值日的卫兵都休息，我们趁着这个机会出其不意地攻击他们，可以说是个万全之策。"四人都认为这是好计划，相约事成后推王弁为观察留后，代行王遂的职务。

壬辰日（十六日），王遂正在宴饮，过了正午，王弁等五人突然冲进来，直接冲向卫兵值班房夺取弓箭和刀枪，然后，他们向前把弓箭射向观察副使张敦实，张敦实被杀死。王遂和监军狼狈起身逃跑，王弁捉住王遂，列数王遂上任以来在盛夏征发劳役，以及对士兵和百姓残酷处罚的罪行，立刻杀死他。接着，王弁传话不要惊扰监军，随即自称留后，升堂发布号令，和监军分庭抗礼，召集将吏来参见他，向他道贺，众人不敢不从。监军把这些情形都用文书向宪宗李纯进行报告。

甲午日（十八日），韩弘又向朝廷进献绢二十五万匹，粗帛三万匹，银器二百七十件；左右军中尉各献钱一万贯。自从元和九年朝廷对淮西用兵作战以来，度支使、盐铁使以及各地藩镇争相向朝廷进献钱财和实物，这种行为被称为"助军"；平定淮西等地后又进献钱财和实物，被称为"贺礼"；他们再向朝廷进奉钱财和实物，被称为"助赏"；宪宗加尊号时他们又进献钱物，也称为"贺礼"。

丁酉，以河阳节度使令狐楚为中书侍郎，同平章事。楚与皇甫镈同年进士，故镈引以为相。

朝廷闻沂州军乱，甲辰，以棣州刺史曹华为沂、海、兖、密观察使。

韩弘累表请留京师。八月，己酉，以弘守司徒，兼中书令。癸丑，以吏部尚书张弘靖同平章事，充宣武节度使。弘靖，宰相子，少有令闻，立朝简默。河东、宣武阙帅，朝廷以其位望素重，使镇之。弘靖承王锷聚敛之馀，韩弘严猛之后，两镇喜其廉谨宽大，故上下安之。

己未，田弘正入朝，上待之尤厚。

【译文】丁酉日（二十一日），宪宗李纯任命河阳节度使令狐楚为中书侍郎、同平章事。令狐楚和皇甫镈是同一年考中进士的，所以皇甫镈引荐令狐楚担任宰相。

朝廷听到沂州军队叛乱造反的消息，甲辰日（二十八日），宪宗李纯任命棣州刺史曹华为沂、海、兖、密观察使。

韩弘屡次上表请求留在京师。八月，己酉日（初三日），宪宗李纯任命韩弘为司徒兼中书令。癸丑日（初七日），宪宗任命吏部尚书张弘靖为同平章事，兼任宣武节度使。张弘靖是唐德宗时宰相张延赏的儿子，他从小就有美好的声名，在朝为官清简练达、沉默多才。河东、宣武两镇恰好缺任一位节度使，朝廷认为张弘靖向来地位声望突出，便任命他前往镇守。河东前节度使王锷一味搜刮百姓聚敛资财，宣武前节度使韩弘又对军民实行严刑苛政，所以张弘靖赴任后，两镇的将士和百姓喜爱他为官清廉慎重、宽容无私，所以军民都非常安定。

己未日（十三日），田弘正入京朝见宪宗，宪宗以特别隆重的礼节接待他。

戊辰，陈许节度使郗士美薨，以库部员外郎李渤为吊祭使。渤上言：“臣过渭南，闻长源乡旧四百户，今才百馀户，阌乡县旧三千户，今才千户，其它州县大率相似。迹其所以然，皆由以逃户税摊于比邻，致驱迫俱逃，此皆聚敛之臣剥下媚上，惟思竭泽，不虑无鱼。乞降诏书，绝摊逃之弊。尽逃户之产偿税，不足者乞免之。计不数年，人皆复于农矣。”执政见而恶之，渤遂谢病，归东都。

癸酉，吐蕃寇庆州，营于方渠。

376

朝廷议兴兵讨王弁，恐青、郓相扇继变，乃除弁开州刺史，遣中使赐以告身。中使给之曰："开州计已有人迎候道路，留后宜速发。"弁即日发沂州，导从尚百馀人，入徐州境，所在减之，其众亦稍逃散，遂加以杻械，乘驴入关。九月，戊寅，腰斩东市。

【译文】戊辰日（二十二日），陈许节度使郗士美去世，宪宗李纯任命库部员外郎李渤为吊祭使。李渤向宪宗上奏说："臣经过渭南，听说长源乡从前有四百户人家，现在才有一百多户，阌乡县从前有三千户人家，现在只有一千户；其他州县户口耗减情况与这里大致相似。户口耗减如此严重，探究其中的缘故，都是州县官吏把逃户所欠的税款分派给他们的邻居，邻居又不能承受如此巨大的负担，最终导致这些人被迫和逃户一样逃亡异地。这都是那些贪官污吏侵夺百姓财物而向他们的上级官员邀宠谄媚，只想全部搜刮，却没有考虑以后还有没有鱼可捕捞的缘故。臣请求陛下颁下诏书，杜绝分摊逃税的弊政，同时建议把逃户的全部财产用来抵作赋税，如果他们的财产还不足够用来抵偿逃税，就请求陛下对他们的逃税予以免除。这样过不了几年，百姓就又会回来耕田。"宰相皇甫镈看到李渤的这篇奏章，憎恨他毁谤朝政，对他的奏疏置之不理。李渤就以生病为借口辞去官职，回到东都。

癸酉日（二十七日），吐蕃侵略庆州，在方渠扎营。

朝廷商议兴兵讨伐王弁，担心青、郓两州互相煽动跟着叛变，于是宪宗李纯任命王弁为开州刺史，派中使赐给他告身（任命状）。中使见到王弁，欺骗他说："开州已经事先派人在路旁迎接您，您接到任命书后，应该赶快赴任啊。"于是王弁当天就从沂州出发，他前面引路的士兵和随从人员还有一百多人，等到他们进入徐州境内，王弁的随从就渐渐减少，他的手下也有逃走的。于是中使命人给王弁上了枷锁，然后乘驴进关。九月，戊寅日（初三日），在东市将王弁腰斩。

先是，三分郓兵以隶三镇，及王遂死，朝廷以为师道馀党凶态未除，命曹华引棣州兵赴镇以讨之。沂州将士迎候者，华皆以好言抚之，使先入城，慰安其馀，众皆不疑。华视事三日，大飨将士，伏甲士千人于幕下，乃集众而谕之曰："天子以郓人有迁徙之劳，特加优给，宜令郓人处右，沂人处左。"既定，令沂人皆出，因阖门，谓郓人曰："王常侍以天子之命为帅于此，将士何得辄害之！"语未毕，伏者出，围而杀之，死者千二百人，无一得脱者。门屏间赤雾高丈馀，久之方散。

◆臣光曰：《春秋》书楚子虔诱蔡侯般杀之于申。彼列国也，孔子犹深贬之，恶其诱讨也，况为天子而诱匹夫乎！◆

【译文】先前，朝廷平定淄青，把淄青分为三个镇，李师道在郓州的士兵被分配到郓、青、沂三个藩镇。等到沂州观察使王遂被王弁杀害，朝廷认为李师道的余党仍然在造反，凶悍骄横的本性没有一点改变，于是宪宗李纯命令曹华带着棣州兵马到沂州讨伐他们，将李师道分配到沂州的士兵全部斩除。曹华率兵抵达沂州城后，对沂州欢迎他的将士，都用好言好语加以安抚，教他们先进城，去安慰其余的人，大家都没有怀疑有其他情况。曹华上任三天，大宴士卒，在幕下埋伏披甲持枪的士兵一千人，将士到齐后，曹华召集众人告诉他们说："天子认为郓州人迁徙沂州，旅途劳顿，十分辛苦。因此对你们特别加以赏赐，郓州将士坐在左边，沂州将士坐在右边。"等大家坐定，教沂州将士都出去，随即关上门，对郓州将士说："王常侍奉天子之命到这里担任观察使，你们都是他的部下，怎么敢造反，随意杀了他呢？"话音未落，外面埋伏的甲兵一齐冲出，把郓州的将士团团包围住，一阵乱刀斩杀后，郓州的一千二百位将士全部被杀死，无一人幸免，在大门和墙壁间萦绕飘浮的血雾，达一丈多高，这红色的雾气很久才逐渐消散。

◆臣司马光说："《春秋》里记载楚子虔在申诱杀蔡侯般的事，他们都是诸侯国，孔子还深深地贬责他，因为孔子痛恨楚子虔使用诱杀这种不仁德的手段杀死自己的政敌。诸侯国之间相互诱骗杀人尚且是不仁德的，更何况身为天子却诱骗杀死自己的将士呢？"◆

王遂以聚敛之才，殿新造之邦，用苛虐致乱。王弁庸夫，乘衅窃发，苟沂帅得人，戮之易于犬豕耳，何必以天子诏书为诱人之饵乎！且作乱者五人耳，乃使曹华设诈，屠千馀人，不亦滥乎！然则自今士卒孰不猜其将帅，将帅何以令其士卒！上下盻盻，如寇仇聚处，得间则更相鱼肉，惟先发者为雄耳，祸乱何时而弭哉！

惜夫！宪宗削平僭乱，几致治平，其美业所以不终，由苟徇近功不敦大信故也。

甲辰，以田弘正兼侍中，魏博节度使如故。弘正三表请留，上不许。弘正常恐一旦物故，魏人犹以故事继袭，故兄弟子侄皆仕诸朝，上皆擢居显列，朱紫盈庭，时人荣之。

【译文】◆王遂凭借擅长搜刮百姓财物的才能，被宪宗任命镇守刚刚被官军平定收复的沂州，因为用政苛刻暴虐而导致发生变乱。而王弁只不过是一个见识粗浅鄙陋的士兵，他趁着将士对王遂不满之际，才得以发动叛乱。如果沂州有合适的人作为主帅，要杀死王弁比杀只猪狗还容易，何必以天子的诏书作为诱饵呢？况且作乱者只有王弁等五人，可是宪宗却命令曹华设下圈套，结果屠杀一千多个跟此事毫无关系的士兵，不也太滥杀无辜了吗？既然如此，那么从今以后士卒有谁不猜疑自己的将帅，将帅又怎么指挥命令手下士兵呢？上下互相仇视，就好像敌人住在一起，找到机会就互相残杀，成与败，胜与负，就看谁先动手。这样下去，祸乱什么时候才能停止呢？

可惜啊！唐宪宗平定地方藩镇叛乱，几乎已经使天下达到太平，可是他孜孜追求的美好事业之所以没有达到善终，都是因为他只追求眼前小的利益，而不讲求大的诚信啊！" ◆

甲辰日（二十九日），宪宗任命田弘正兼任侍中，依旧做魏博节度使。田弘正三次向宪宗上表请求留在京师，宪宗李纯没有答应他的请求。田弘正常常担心自己一旦死亡，魏博的将吏仍然按照以往的惯例，拥戴自己的亲人，所以让他的兄弟子侄都在朝廷做官。宪宗都提拔他们在高位，满门都是穿朱、紫色官服的人，当时的人们都认为是荣耀。

乙巳，上问宰相："玄宗之政，先理而后乱，何也？"崔群对曰："玄宗用姚崇、宋璟、卢怀慎、苏颋、韩休、张九龄则理，用宇文融、李林甫、杨国忠则乱。故用人得失，所系非轻。人皆以天宝十四年安禄山反为乱之始，臣独以为开元二十四年罢张九龄相，专任李林甫，此理乱之所分也。愿陛下以开元初为法，以天宝末为戒，乃社稷无疆之福！"皇甫镈深恨之。

冬，十月，壬戌，容管奏安南贼杨清陷都护府，杀都护李象古及妻子、官属、部曲千馀人。象古，道古之兄也，以贪纵苛刻失众心。清世为蛮酋，象古召为牙将，清郁郁不得志。象古命清将兵三千讨黄洞蛮，清因人心怨怒，引兵夜还，袭府城，陷之。

【译文】乙巳日（三十日），宪宗李纯问宰相："玄宗李隆基的政事，起先治理得很好，以后就发生叛乱，这是什么缘故呢？"崔群回答说："玄宗用姚崇、宋璟、卢怀慎、苏颋、韩休、张九龄等人，天下就治理得很好，用宇文融、李林甫、杨国忠就发生叛乱。所以用人的得失，关系非常重大。一般人都认为天宝十四年安禄山造反是动乱的开始，只有我认为开元二十四年罢免张九龄的宰相之位，专用李林甫，是治乱的分界线。臣只希望陛下效法玄宗开元初年的政策，把天宝末年的祸事作为借鉴，如果陛下能这样做，那就是国家长治久安的福分啊！"皇甫镈知道自己是靠谄媚天子的手段才被提拔为宰相，所以他听到这番话，非常痛恨崔群。

冬季，十月，壬戌日（十七日），容管经略使向宪宗奏称，安南叛贼杨清发动军队，攻克都护府交州城，把都护李象古和他的妻子儿女都杀死，还杀死下属官吏、随从士兵一千多人。李象古就是前鄂岳观察使李道古的哥哥，因为贪财，为政苛刻残酷而失去民心。杨清世代做蛮人的酋长，李象古召见杨清，让他担任牙将，杨清因此郁闷不已，很不得志。后来李象古命令杨清率领三千军队讨伐黄洞蛮，杨清趁着人心怨恨李象古的机会，率领军队在半夜擅自返回交州，偷袭府城，把交州城攻陷。

初，蛮贼黄少卿，自贞元以来数反覆，桂管观察使裴行立、容管经略使阳旻欲徼幸立功，争请讨之，上从之。岭南节度使孔戣屡谏曰："此禽兽耳，但可自计利害，不足与论是非。"上不听，大发江、湖兵会容、桂二管入讨，士卒被瘴疠，死者不可胜计。安南乘之，遂杀都护。行立、旻竟无功，二管凋弊，惟戣所部晏然。

丙寅，以唐州刺史桂仲武为安南都护，赦杨清，以为琼州刺史。

【译文】起初，自德宗李适贞元年间以来，蛮贼黄少卿反复无常，有时归附，有时反叛，桂管观察使裴行立、容管经略使阳旻怀着侥幸立功的意图，争相向宪宗请求前去讨伐黄少卿；宪宗依从他们的请求。岭南节度使孔戣屡次劝谏说："那些蛮人都如禽兽一般，我们只应当考虑朝廷的利害得失，不必和他们争论是非曲直。"宪宗不听他的建议，大举征发江淮、荆湖的军队，命令他们联合容管、桂管的军队，一起征讨黄洞蛮，结果，士卒遇到瘴疠之气，死的人不计其数。安南牙将杨清趁此机会袭击都护府所在地交州城，杀死都护李象古。裴行立、阳旻最终也没立下半点功劳，桂管、容管因此民生凋敝，只有孔戣统辖的地方安然无事。

丙寅日（二十一日），宪宗李纯任命唐州刺史桂仲武为安南都护；赦免杨清，任命他为琼州刺史。

是月，吐蕃节度论三摩等将十五万众围盐州，党项亦发兵助之。刺史李文悦竭力拒守，凡二十七日，吐蕃不能克。灵武牙将史奉敬言于朔方节度使杜叔良，请兵三千，赍三十日粮，深入吐蕃以解盐州之围。叔良以二千五百人与之。奉敬行旬馀，无声问，朔方人以为俱没矣。无何，奉敬自它道出吐蕃背，吐蕃大惊，溃去。奉敬奋击，大破，不可胜计。奉敬与凤翔将野诗良浦、泾原将郝玼以勇著名于边，吐蕃惮之。

柳泌至台州，驱吏民采药，岁馀，无所得而惧，举家逃入山中。浙东观察使捕送京师。皇甫镈、李道古保护之，上复使待诏翰林；服其药，日加躁渴。

【译文】这一年，吐蕃节度使论三摩等人率领十五万人包围盐州，党项也派遣军队帮助他，辅助攻城。盐州刺史李文悦竭尽全力拼死守城共计二十七天，吐蕃没有能够攻克盐州。灵武牙将史奉敬请求朔方节度使杜叔良拨给自己三千兵马，然后带着三十天的干粮，深入吐蕃境内，进击敌人后方，逼迫吐蕃大军解除对盐州的围攻。杜叔良准允史奉敬的请求，把二千五百兵马拨给他。史奉敬率军前去，十多天没有任何消息，朔方人都认为他已经全军覆没。不久，史奉敬从另外一条路深入吐蕃背后，吐蕃得知腹背受敌，大惊失色，纷纷溃散而去。史奉敬奋力追击敌军，打得吐蕃大败，杀死的敌虏不计其数。史奉敬与凤翔将领野诗良浦、泾原将领郝玭都凭借勇敢在边境上闻名，吐蕃非常惧怕他们。

柳泌到台州后，驱赶当地的官吏带着百姓上天台山，为宪宗李纯采摘药草，过了一年多，什么也没有采摘到，柳泌害怕招致欺君之罪，就带着全家老小逃到深山。浙东观察使派人逮捕柳泌，把他押送到京师。皇甫镈、李道古保护他，为他开脱罪名，于是宪宗又听信二人的话，依旧任命柳泌待诏翰林院；宪宗吃了柳泌的丹药，一天比一天暴躁、焦渴。

起居舍人裴潾上言，以为："除天下之害者受天下之利，同天下之乐者飨天下之福，自黄帝至于文、武，享国寿考，皆用此道也。自去岁以来，所在多荐方士，转相汲引，其数浸繁。借令天下真有神仙，彼必深潜岩壑，惟畏人知。凡候伺权贵之门，以大言自衒奇技惊众者，皆不轨徇利之人，岂可信其说而饵其药邪！夫药以愈疾，非朝夕常饵之物。况金石酷烈有毒，又益以火气，殆非人五藏之所能胜也。古者君饮药，臣先尝之，乞令献药者先自饵一年，则真伪自可辨矣。"上怒，十一月，己亥，贬潾江陵令。

【译文】起居舍人裴潾向宪宗上书，认为："能为天下除去祸害的人，才能享受天下的利益，能与天下同乐的人，才能享有天下的福祉。从黄帝一直到周文王、周武王，他们都能享受国家的利益，他们的寿命和称王时间之所以很长，都是因为遵循这种道理。从去年以来，各地都推荐方士，陛下对他们辗转提拔，次数逐渐增多。假如天下真的有神仙存在，他们一定躲藏在深山密林之中，恐怕被人发现。所以说，凡是想和当朝权贵交往勾结，说些夸大之词来炫耀自己的奇技，让世人惊异的人，肯定都是些急功好利的不法之徒，怎么可以相信他们的话而吃那些药呢？药是用来治疗疾病的，不是可以早晚常吃的食物；何况金石之类的药物药性酷烈有毒，增加火热之气，恐怕不是人的五脏能忍受的啊！古代的时候，所有君主要饮用的药物，都由臣子首先试尝，确信真的没有问题，然后才呈给君主食用。因此臣请求陛下颁下诏令，让献药的那些方士自己先吃上一年，然后自然就可以辨识他们进献的丹药是真是假了。"宪宗李纯听到这些话非常生气，十一月，己亥日（二十五日），贬裴潾为江陵令。

【康熙御批】金石性烈，烹炼益毒，从古饵之被害者众矣，后人犹蹈覆辙，何也？夫金石固不可饵，即养生家服气之说亦属矫揉。朕尝体中小不平，寻味诸道书，殊无所得。静览《性理》全编，遂觉神志清明，举体强固。足见方士家言皆不可信。

【译文】金属性烈，煮炼更毒，自古以来被这些祸害的人很多，后人还是重蹈覆辙，为什么呢？那些金石当然不能吃，即养生家服气的解释也属于矫揉。我曾经身体有一点不舒服，玩味诸道书，根本没有收获。静看《性理》全编，于是感到神志清明，觉得身体变得强壮。足以可见方士家说的话不可以相信。

　初，群臣议上尊号，皇甫镈欲增"孝德"字，中书侍郎、同平章事崔群曰："言圣则孝在其中矣。"镈谮群于上曰："群于陛下惜'孝德'二字。"上怒。时镈给边军赐与，多不时得，又所给多陈败，不可服用，军士怒怒，流言欲为乱。李光颜忧惧，欲自杀。遣人诉于上，上不信。京师恟惧，群具以中外人情上闻。镈密言于上曰："边赐皆如旧制，而人情忽如此者，由群鼓扇，将以卖直，归怨于上也。"上以为然。十二月，乙卯，以群为湖南观察使，于是中外切齿于镈矣。

　中书舍人武儒衡，有气节，好直言，上器之，顾待甚渥，人皆言其且入相。令狐楚忌之，思有以沮之者，乃荐山南东道节度推官狄兼谟才行。癸亥，擢兼谟左拾遗内供奉。兼谟，仁杰之族曾孙也。楚自草制辞，盛言"天后窃位，奸臣擅权，赖仁杰保佑中宗，克复明辟。"儒衡泣诉于上，且言："臣曾祖平一，在天后朝，辞荣终老。"上由是楚楚之为人。

　【译文】起初，群臣商议给宪宗上尊号，皇甫镈想增加"孝德"二字，中书侍郎、同平章事崔群说："有圣字，孝就包含在里面了。"皇甫镈在宪宗李纯面前诋毁崔群说："崔群对陛下吝惜'孝德'二字。"宪宗听后很气愤。当时皇甫镈供给边军的衣食及赏赐之物，经常不按时下发，所有供给的衣粮物品，又往往破旧腐烂，根本没有办法使用，士兵对此充满埋怨愤怒，有传言说这些士兵打算发动兵变。邠宁节度使李光颜心急如焚，十分忧虑，甚至一度想自杀；他派人将此情况向宪宗汇报，宪宗不相信他说的事情。京城上下听说边境将士要发动兵变的消息，也都惊恐不已，崔群就把京城内外人心惶恐的情形禀告宪宗。皇甫镈秘密对宪宗说："朝廷供给边军的衣粮赏赐物品，都是按从前的规定下发，而现在军心忽然如此，我看都是因为崔群在那里故意煽动，他想以此来获取声名，好让士卒痛恨陛下。"宪宗李纯认为皇甫镈说得很对。十二月，乙卯日（十一日），宪宗任命崔群为湖南观察使，于是朝廷内外都对皇甫镈痛恨得咬牙切齿。

中书舍人武儒衡，做官有节操，喜欢直言进谏，宪宗很器重他，对待他很优厚，人们都说他快要做宰相。令狐楚很妒忌武儒衡，想找人阻止武儒衡被任命为宰相，于是令狐楚向宪宗李纯推荐山南东道节度推官狄兼谟，认为他才学品行都好。癸亥日（十九日），宪宗升狄兼谟为左拾遗内供奉。狄兼谟是狄仁杰的同族曾孙。令狐楚亲自起草任命狄兼谟的诏书，诏书夸大其词地说："天后武则天窃取帝位，奸臣执掌政权，依赖狄仁杰，中宗李显继承皇位，最终恢复李唐王朝。"武儒衡哭泣着向宪宗陈述，认为令狐楚这番话是影射自己的祖先，而且他说："臣的曾祖父武平一，在天后武则天朝，辞去荣华，住在嵩山，尊崇佛教，终老嵩山。"宪宗从此鄙薄令狐楚的为人。

元和十五年（庚子，公元八二零年）春，正月，沂、海、兖、密观察使曹华请徙理兖州，许之。

义成节度使刘悟入朝。

初，左军中尉吐突承璀谋立澧王恽为太子，上不许。及上寝疾，承璀谋尚未息。太子闻而忧之，密遣人问计于司农卿郭钊。钊曰："殿下但尽孝谨以俟之，勿恤其他。"钊，太子之舅也。

上服金丹，多躁怒，左右宦官往往获罪，有死者，人人自危。庚子，暴崩于中和殿。时人皆言内常侍陈弘志弑逆，其党类讳之，不敢讨贼，但云药发，外人莫能明也。

中尉梁守廉与诸宦官马进潭、刘承偕、韦元素、王守澄等共立太子，杀吐突承璀及澧王恽，赐左、右神策军士钱人五十缗，六军、威远人三十缗，左、右金吾人十五缗。

【译文】元和十五年（庚子，公元820年）春季，正月，沂、海、兖、密观察使曹华请求把州府所在地迁到兖州，宪宗批准他的请求。

义成节度使刘悟入京朝见天子。

起初，左军中尉吐突承璀计划立澧王李恽为太子，宪宗李纯没有答应。等到宪宗卧病在床，吐突承璀的计划仍然在暗中进行。太子李恒听到这个消息，十分担忧，秘密派人向司农卿郭钊询问应对这件事的办法，郭钊说：“殿下只要对陛下竭尽您的孝顺之心，顺其自然等待事情的发展，不要担忧其他事情。”郭钊是太子李恒的舅舅。

宪宗吃了金丹后，常常暴躁发怒，左右的宦官常被怪罪责骂挨打，甚至有人被打死，因此人人害怕恐惧。庚子日（二十七日），宪宗在中和殿暴毙。当时的人都说宪宗李纯是被内常侍陈弘志杀死的，陈弘志的同党都是内宫官员，为了替他隐瞒真相，他们都不敢追究凶手，只是说宪宗吃金丹后药性发作死去，宫外的人都无法辨明事情的真假。

中尉梁守谦和宦官马进潭、刘承偕、韦元素、王守澄等共同拥立太子李恒继承皇位，杀死吐突承璀及澧王李恽，赐给左、右神策军士每人五十贯钱，六军、威远军每人三十贯钱，左、右金吾每人十五贯钱。

闰月，丙午，穆宗即位于太极殿东序。是日，召翰林学士段文昌等及兵部郎中薛放、驾部员外郎丁公著对于思政殿。放，戎之弟；公著，苏州人；皆太子侍读也。上未听政，放、公著常侍禁中，参预机密，上欲以为相，二人固辞。

丁未，辍西宫朝临，集群臣于月华门外。贬皇甫镈为崖州司户，市井皆相贺。

上议命相，令狐楚荐御史中丞萧俛。辛亥，以俛及段文昌皆为中书侍郎、同平章事。楚、俛与皇甫镈皆同年进士，上欲诛镈，俛及宦官救之，故得免。

壬子，杖杀柳泌及僧大通，自馀方士皆流岭表，贬左金吾将军李道古循州司马。

【译文】闰月，丙午日（初三日），穆宗李恒在太极殿东厢房中即位。这一天，穆宗在思政殿召见翰林学士段文昌等人，以及兵部郎中薛放、驾部员外郎丁公著问话。薛放是薛戎的弟弟；丁公著是苏州人。他们都是穆宗即位前的太子侍读。穆宗这时正为宪宗李纯服丧，还没有亲掌大权，薛放、丁公著常在宫中侍候穆宗，参与商量机密大事，穆宗李恒想任用他们做宰相，二人坚决拒绝。

丁未日（初四日），唐穆宗李恒在西宫早晚哭丧，在月华门外召见百官。随后穆宗下诏，贬皇甫镈为崖州司户；市井中的百姓都拍手称好，庆贺一大祸害被除掉。

穆宗李恒与群臣商量任命宰相一事，令狐楚推荐御史中丞萧俛。辛亥日（初八日），穆宗任命萧俛及段文昌同为中书侍郎、同平章事。令狐楚、萧俛和皇甫镈都是同年登科的进士。穆宗痛恨皇甫镈和吐突承璀暗中谋划拥立澧王李恽为太子，因此打算诛杀皇甫镈，萧俛和宦官都劝阻穆宗，所以他才能免于一死。

壬子日（初九日），穆宗李恒下令杖杀柳泌和僧人大通，其余方士都流放到岭南；贬左金吾将军李道古为循州司马。

癸丑，以薛放为工部侍郎，丁公著为给事中。

乙卯，尊郭贵妃为皇太后。

丁卯，上与群臣皆释服从吉。

二月，丁丑，上御丹凤门楼，赦天下。事毕，盛陈倡优杂戏于门内而观之。丁亥，上幸左神策军观手搏杂戏。

庚寅，监察御史杨虞卿上疏，以为："陛下宜延对群臣，周遍顾问，惠以气色，使进忠若趋利，论政若诉冤，如此而不致升平者，未之有也。"衡山人赵知微亦上疏谏上游畋无节。上虽不能用，亦不罪也。

壬辰，废邕管，命容管经略使阳旻兼领之。

安南都护桂仲武至安南，杨清拒境不纳。清用刑惨虐，其党离心。仲武遣人说其酋豪，数月间，降者相继，得兵七千馀人。朝廷以仲武为逗遛，甲午，以桂管观察使裴行立为安南都护。乙未，以太仆卿杜式方为桂管观察使。丙申，贬仲武为安州刺史。

【译文】癸丑日（初十日），穆宗李恒任命薛放为工部侍郎，丁公著为给事中。

乙卯日（十二日），穆宗尊郭贵妃为皇太后。

丁卯日（二十四日），穆宗李恒和群臣百官服丧期满，都脱去丧服，穿上平时的服装。

二月，丁丑日（初五日），穆宗李恒驾临丹凤门楼，大赦天下。事情完毕，在城楼上举行乐舞和杂戏表演，穆宗在门里观看欣赏。丁亥日（十五日），穆宗李恒亲临左神策军，观看摔跤和杂戏表演。

庚寅日(十八日),监察御史杨虞卿向穆宗上疏,认为:"陛下应当接见群臣百官,一个个地前去征求他们对朝政的意见,给他们温和的态度,使臣下就如同奔向利益一般进献忠言,像倾诉自己冤屈一样议论政事,这样还不能使天下太平,是从来没有的事。"衡山人赵知微也上疏劝谏穆宗李恒,不要没有限度地玩乐和外出打猎。穆宗虽然不能按照他们说的那样去做,但是也没有加罪他们。

壬辰日(二十日),穆宗下令废除邕管经略使,命令容管经略使阳旻兼管邕管。

安南都护桂仲武抵达安南,杨清抗拒朝廷下达的命令,不让他进入境内。杨清对部下用刑残酷,他的同党因而和他离心离德;桂仲武派人劝说他手下的酋长豪强归顺朝廷,几个月之间,归降的蛮人连续不断,共计得到士卒七千多人。而朝廷得知桂仲武还没有前去赴任,认为他故意停留徘徊不前,甲午日(二十二日),穆宗李恒任命桂管观察使裴行立为安南都护。乙未日(二十三日),穆宗任命太仆卿杜式方为桂管观察使。丙申日(二十四日),穆宗贬桂仲武为安州刺史。

丹王逾薨。

吐蕃寇灵武。

宪宗之末,回鹘遣合达干来求婚尤切,宪宗许之。三月,癸卯朔,遣合达干归国。

上见夏州观察判官柳公权书迹,爱之。辛酉,以公权为右拾遗、翰林侍书学士。上问公权:"卿书何能如是之善?"对曰:"用笔在心,心正则笔正。"上默然改容,知其以笔谏也。公权,公绰之弟也。

辛未，安南将士开城纳桂仲武，执杨清，斩之。裴行立至海门而卒。复以仲武为安南都护。

【译文】丹王李逾去世。

吐蕃出兵侵犯灵武。

唐宪宗李纯末年，回鹘派大臣合达干来唐朝请求通婚，他们的请求十分急迫，宪宗就答应了他们的求婚请求。三月，癸卯朔日（初一日），穆宗命合达干回国。

穆宗李恒看到夏州观察判官柳公权写的书法墨迹，非常喜欢。辛酉日（十九日），穆宗任命柳公权为右拾遗、翰林侍书学士。穆宗询问柳公权："你的书法怎么写得这么好？"柳公权回答说："写字运笔关键在于用心专一，心端正，笔就端正。"穆宗听后默不作声，神色都变了，知道柳公权是以写字运笔来劝谏自己。柳公权是柳公绰的弟弟。

辛未日（二十九日），安南将士开城迎接桂仲武，将杨清抓捕，把他斩首。裴行立抵达海门镇时去世；穆宗又任用桂仲武为安南都护。

吐蕃寇盐州。

初，膳部员外郎元稹为江陵士曹，与监军崔潭峻善。上在东宫，闻宫人诵稹歌诗而善之。及即位，潭峻归朝，献稹歌诗百馀篇。上问："稹安在？"对曰："今为散郎。"夏，五月，庚戌，以稹为祠部郎中、知制诰。朝论鄙之。会同僚食瓜于阁下，有蝇集其上，中书舍人武儒衡以扇挥之曰："适从何来，遽集于此！"同僚皆失色，儒衡意气自若。

庚申，葬神圣章武孝皇帝于景陵，庙号宪宗。

【译文】吐蕃派出军队侵犯盐州。

起初，膳部员外郎元稹做江陵士曹，和监军崔潭峻交情很好。穆宗李恒为太子的时候，听到宫人吟诵元稹的诗歌，十分喜欢。等到穆宗继位做了皇帝，崔潭峻就回到京城，向穆宗进献元稹的一百多篇诗歌。于是穆宗问崔潭峻道："元稹现在在哪里呢？"潭峻回答说："他现在担任散郎。"夏季，五月，庚戌日（初九日），穆宗李恒任命元稹为祠部郎中、知制诰。百官听说元稹是因为宦官推荐才被提拔，都瞧不起他。一天，恰巧中书省的官员们在一起吃瓜，有一群青蝇飞到瓜上，中书舍人武儒衡一边用扇子扇苍蝇一边说道："你们从哪里来，忽然停留在这里干什么？"同僚们都听出他是用苍蝇来暗讽元稹，都神色大变；武儒衡却面不改色，神态如常。

庚申日（十九日），穆宗葬神圣章武孝皇帝李纯于景陵，庙号宪宗。

六月，以湖南观察使崔群为吏部侍郎，召对别殿。上曰："朕升储副，知卿为羽翼。"对曰："先帝之意，久属圣明，臣何力之有！"

太后居兴庆宫，每朔望，上帅百官诣宫上寿。上性侈，所以奉养太后尤为华靡。

秋，七月，乙巳，以郓、曹、濮节度为天平军。

门下侍郎、同平章事令狐楚坐为山陵使，部吏盗官物，又不给工人佣直，收其钱十五万缗为羡馀献之，怨诉盈路。丁卯，罢为宣、歙、池观察使。

【译文】六月，穆宗李恒任命湖南观察使崔群为吏部侍郎，在别殿召他问话。穆宗说："朕当年被册立为太子，知道你也有辅助的功劳。"崔群回答说："这全仰仗先帝的圣明，我又有什么功劳呢？"

皇太后居住在兴庆宫，每月初一、十五，穆宗便率领百官到宫中问候。穆宗为皇太后敬酒祝寿。穆宗本性奢侈无度，所以奉养皇太后特别奢华浪费。

秋季，七月，乙巳日（初五日），穆宗李恒颁下诏命称郓、曹、濮节度号为"天平军"。

门下侍郎、同平章事令狐楚任职山陵使时，他的部下官吏偷盗国家财物，而且令狐楚拒不支付工匠的工钱，还搜刮十五万缗作为陵墓工程的节余，将这些钱财进献给朝廷，工匠们无比气愤，路上到处是怨恨和诉苦之声。丁卯日（二十七日），穆宗李恒免去令狐楚的官职，让他担任宣、歙、池州观察使。

八月，癸巳，发神策兵二千浚鱼藻池。

戊戌，以御史中丞崔植为中书侍郎、同平章事。

己亥，再贬令狐楚衡州刺史。

上甫过公除，即事游畋声色，赐与无节。九月，欲以重阳大宴。拾遗李珏帅其同僚上疏曰："伏以元朔未改，园陵尚新，虽陛下就易月之期，俯从人欲；而《礼经》著三年之制，犹服心丧。遵同轨之会始离京，告远夷之使未复命。过密弛禁，盖为齐人。合谋后庭，事将未可。"上不听。

戊午，加邠宁节度使李光颜、武宁节度使李愬并同平章事。

【译文】八月，癸巳日（二十四日），穆宗李恒派遣二千神策兵前去疏浚鱼藻池。

戊戌日（二十九日），穆宗李恒任命御史中丞崔植为中书侍郎、同平章事。

己亥日（三十日），穆宗再贬令狐楚为衡州刺史。

穆宗刚过公除日（除去丧服之日），就游乐打猎，沉湎女色，对臣子的赏赐一点也没有节制。九月，穆宗李恒打算在重阳节举行盛大的宴会。拾遗李珏率领同僚呈上奏疏说："陛下即位还不到一年，年号还没有更改，先帝的陵墓现在还是崭新的。虽然陛下采取以日易月的丧期，顺应臣民的愿望，但是依据《礼经》服丧三年的制度，陛下还应当在内心继续哀悼。邻国前来吊丧的使者才离开京城，朝廷赴各国告丧的使者还没有回来复命。解除奏乐的各种禁令，是为百姓，而在后宫寻欢作乐，这种事恐怕不妥当吧。"穆宗不听从他的建议。

戊午日（十九日），穆宗加封邠宁节度使李光颜、武宁节度使李愬同为同平章事。

冬，十月，王承宗薨，其下秘不发丧，子知感、知信皆在朝，诸将欲取帅于属内诸州。参谋崔燧以承宗祖母凉国夫人命，告谕诸将及亲兵，立承宗之弟观察支使承元。

承元时年二十，将士拜之，承元不受，泣且拜，诸将固请不已。承元曰："天子遣中使监军，有事当与之议。"及监军至，亦劝之。承元曰："诸公未忘先德，不以承元年少，欲使之摄军务，承元请尽节天子以遵忠烈王之志，诸公肯从之乎！"众许诺。承元乃视事于都将听事，令左右不得谓己为留后，委事于参佐，密表请朝廷除帅。

庚辰，监军奏承宗疾亟，弟承元权知留后，并以承元表闻。

【译文】冬季，十月，王承宗去世；他的下属隐瞒此事，没有公开举丧，王承宗的儿子王知感、王知信都在朝内做人质，诸将想从成德管辖的诸州选取一人为元帅。参谋崔燧根据王承宗的祖母凉国夫人的命令，告诉诸将及亲兵，拥立王承宗的弟弟观察支使王承元继承节度使的职位。

王承元当时二十岁，将士向他下拜行礼，王承元不接受，哭泣着回拜；诸将坚决请他继任节度使的职位，王承元说："天子派中使做监军，有事情应当和他商量。"等到监军到来，也劝王承元继任。王承元说："大家没有忘记我的祖辈在成德做节度使时对大家的恩德，也没有认为我年少无知，打算让我暂时掌管军务，我请求你们答应我首先向朝廷竭尽忠诚，以便能够遵循我祖父对朝廷效忠的遗志，你们愿意听从我的这番话吗？"众人都同意了。于是王承元才到都将厅堂办公，命令身边的人不许叫自己留后，把一切事务交付给参军及僚佐处理，然后他秘密地上表给朝廷请求由朝廷任命节度使。

　　庚辰日（十一日），监军向穆宗李恒上奏王承宗病重，他的弟弟王承元暂时掌管留后职务，并把王承元请求任命节度使的奏表呈报给朝廷。

　　党项复引吐蕃寇泾州，连营五十里。

　　辛巳，遣起居舍人柏耆诣镇州宣慰。

　　壬午，群臣入阁。谏议大夫郑覃、崔郾等五人进言："陛下宴乐过多，畋游无度。今胡寇压境，忽有急奏，不知乘舆所在。又晨夕与近习倡优狎暱，赐与过厚。大金帛皆百姓膏血，非有功不可与。虽内藏有馀，愿陛下爱之，万一四方有事，不复使有司重敛百姓。"时久无阁中论事者，上始甚讶之，谓宰相曰："此辈何人？"对曰："谏官。"上乃使人慰劳之，曰："当依卿言。"宰相皆贺，然实不能用也。覃，珣瑜之子也。

　　【译文】党项再次诱引吐蕃攻打泾州，驻扎的军营首尾相连达五十里。

　　辛巳日（十二日），穆宗派起居舍人柏耆到成德安抚慰问将士。

壬午日（十三日），群臣到便殿朝见穆宗。谏议大夫郑覃、崔郾等五人劝谏说："陛下游乐和宴会的次数太多，打猎游玩没有节制。现在胡寇压境，如果边防忽然有紧急情况上奏，都不知道天子车驾在哪里。陛下还整日整夜与乐舞唱戏的优人在一起亲近嬉戏，对他们的赏赐太丰厚了。所有的金银布帛都是百姓辛苦所得，如果他们没有立下功劳，是不可随便赏赐的。虽然国库的财物还有剩余，希望陛下爱惜，一旦四方有战争，就可动用国库中的财物，这样就可以不再让官吏向百姓征收重税。"当时谏官已经很久没有在内殿启奏朝政，穆宗李恒听到郑覃等人的进言后，开始还很惊讶，就对宰相说："这些是什么人呢？"宰相回答说："他们都是谏官。"穆宗于是派人去安抚慰劳他们说："我会依照你们的话去做。"宰相都对穆宗虚心纳谏的态度表示庆贺。然而穆宗并没有接受郑覃等人的劝谏。郑覃是郑珣瑜的儿子。

上尝谓给事中丁公著曰："闻外间人多宴乐，此乃时和人安，足用为慰。"公著对曰："此非佳事，恐渐劳圣虑。"上曰："何故？"对曰："自天宝以来，公卿大夫竞为游宴，沉酣昼夜，优杂子女，不愧左右。如此不已，则百职皆废，陛下能无独忧劳乎！愿少加禁止，乃天下之福也。"

癸未，泾州奏吐蕃进营距州三十里，告急求救。以右军中尉梁守谦为左、右神策京西、北行营都监，将兵四千人，并发八镇全军救之。赐将士装钱二万缗。以郯王府长史邵同为太府少卿兼御史中丞，充答吐蕃请和好使。

【译文】穆宗曾对给事中丁公著说："听说朝外士大夫们

经常宴饮游玩，这真是天下太平，国泰民安的景象，让人欣慰啊。"丁公著回答说："这种现象并不是好事，恐怕以后要发生有劳陛下圣虑的事情。"穆宗说："为什么这么说呢？"丁公著回答说："自从玄宗李隆基天宝年间以来，公卿大夫争相游宴，日夜沉迷其中，男女混杂在一起游宴跳舞，不以之为羞耻。如果这样下去的话，必然导致朝廷政事废弛，陛下对此能不担忧吗？希望陛下对这样的事情稍微加以禁止，这才是天下之福啊。"

癸未日（十四日），泾州向朝廷上奏吐蕃进犯，军营离州城仅三十里，向朝廷告急求救。穆宗李恒任命右军中尉梁守谦为左右神策、京西北行营都监，率领四千军队，同时征发神策京畿八镇的全部军队前往救援，赏赐将士行装钱二万缗。穆宗任命郯王府长史邵同为太府少卿兼御史中丞，充任答吐蕃请和好使。

初，秘书少监田洎入吐蕃为吊祭使，吐蕃请与唐盟于长武城下，洎恐吐蕃留之不得还，唯阿而已。既而吐蕃为党项所引入寇，因以为辞曰："田洎许我将兵赴盟。"于是，贬洎郴州司户。

成德军始奏王承宗薨。乙酉，徙田弘正为成德节度使，以王承元为义成节度使，刘悟为昭义节度使，李愬为魏博节度使。又以左金吾将军田布为河阳节度使。

渭州刺史郝玼出兵袭吐蕃营，所杀甚众。李光颜发邠宁兵救泾州。邠宁兵以神策受赏厚，皆愠曰："人给五十缗而不识战斗者，彼何人邪！常额衣资不得而前冒白刃者，此何人邪！"汹汹不可止。光颜亲为开陈大义以谕之，言与涕俱，然后军士感悦而行。将至泾州，吐蕃惧而退。丙戌，罢神策行营。

西川奏吐蕃寇雅州。辛卯，盐州奏吐蕃营于乌、白池，寻亦皆退。

【译文】起初，秘书少监田洎到吐蕃去做吊祭使，吐蕃请求和唐朝在长武城下订立盟约，田洎担心吐蕃把自己扣留，于是对他们的要求满口答应。不久，吐蕃因为党项的勾引入侵唐朝边境，把田洎答应会盟的事情作为借口，说："田洎曾经许诺我国率领兵马前来参加会盟。"于是穆宗李恒贬田洎为郴州司户。

成德军这时才向朝廷奏报王承宗去世。乙酉日（十六日），穆宗李恒任命魏博节度使田弘正为成德节度使，任命王承元为义成节度使，任命刘悟为昭义节度使，任命李愬为魏博节度使。又任命左金吾将军田布为河阳节度使。

渭州刺史郝玼屡次率领兵马偷袭吐蕃军营，杀死很多敌军。李光颜派邠宁的军队前去救援泾州。邠宁的军队因为神策军受到的赏赐比较丰厚，而他们什么也没得到，都气愤地说："有的军人获得五十缗钱的赏赐却不参加战斗，他们是哪一等人呢？有的军人连应当得到的衣服和粮食都不给予，却要冒死向前冲锋陷阵，这又是哪一等人呢？"兵士吵闹不休。李光颜亲自对士兵们晓以大义，开导他们，声泪俱下，军士受到感动，愤怒的情绪才渐渐平息，于是兵士都出发上路。将要到达泾州，吐蕃畏惧邠宁的军队而纷纷撤退。丙戌日（十七日），穆宗下令撤销梁守谦率领的神策行营。

西川向朝廷奏报吐蕃攻打雅州。辛卯日（二十二日），盐州向朝廷奏报吐蕃在乌池、白池扎营，不久也都撤退。

十一月，癸卯，遣谏议大夫郑覃诣镇州宣慰，赐钱一百万缗以赏将士。王承元既请朝命，诸将及邻道争以故事劝之，承元皆不听。及移镇义成，将士喧哗不受命，承元与柏耆召诸将以诏旨谕之，诸将号哭不从。承元出家财以散之，择其有劳者擢之，谓曰："诸公以先代之故，不欲承元去，此意甚厚。然使承元违天子之诏，其罪大矣。昔李师道之未败也，朝廷尝赦其罪，师道欲行，诸将固留之。其后杀师道者亦诸将也。诸将勿使承元为师道，则幸矣。"因涕泣不自胜，且拜之。十将李寂等十馀人固留承元，承元斩以徇，军中乃定。丁未，承元赴滑州。将吏或以镇州器用财货行，承元悉命留之。

【译文】十一月，癸卯日（初五日），穆宗李恒派遣谏议大夫郑覃赶赴镇州安抚慰问军民，赏赐将士一百万缗钱。王承元请求朝廷任命成德节度使，他的部将和邻近的藩镇都争着拿过去成德世袭的旧制劝谏他，王承元全都没有听从。等到朝廷任命他担任义成节度使后，将士们仍然喧嚷不止，都不服从朝廷的任命。王承元和柏耆召集各位将领，拿朝廷下达的委任诏书劝说大家，各位将领都失声痛哭，但仍旧不听从朝廷的任命。王承元被逼无奈，于是拿出家里的财物，散发给各位将士，并且把那些曾经立有战功的将士提拔升迁，然后对他们说："各位将士因为我的先辈在成德世代做节度使，不希望朝廷让我离开这里，你们对我的深情十分深厚。可是要让我违抗天子的诏令，这样的罪名对我来说就太大了。从前李师道叛乱尚未失败的时候，朝廷曾赦免他的罪，李师道本打算入京朝见，他的部将却执意挽留他，不让他前去；后来杀死李师道的也是他的部将。诸将不要让我王承元和李师道一样，我也就算是幸运的了。"说着已是哭泣不止，而且还向诸将下拜，请求让自己成行。牙将李寂等十几人再次强留王承元，王承元不得已杀了他们以警示众人，军中这才安定下来。丁未日（初九日），王承元到滑州上任。有的将吏想让他把成德的公用器物和财物一起带走，王承元命令他们把这些全部留下。

上将幸华清宫，戊午，宰相率两省供奉官诣延英门，三上表世谏，且言："如此，臣辈当扈从。"求面对，皆不听。谏官伏门下，至暮，乃退。己未，未明，上自复道出城，幸华清宫，独公主、驸马、中尉、神策六军使帅禁兵千馀人扈从，晡时还宫。

十二月，己巳朔，盐州奏：吐蕃千馀人围乌、白池。

庚辰，西川奏南诏二万人入界，请讨吐蕃。

【译文】穆宗李恒将驾临华清宫，戊午日（十五日），宰相率领中书、门下两省的供奉官到延英门，三次向穆宗上表恳切劝谏，并且说："如果陛下一定要去华清宫，臣等人应当跟随前去。"宰相请求面见穆宗，穆宗根本不听从他们的劝谏。谏官都拜伏在延英门下，一直到傍晚才退下。己未日（十六日），天还没亮，穆宗从复道出城，前往华清宫，只有公主、驸马、中尉、神策六军使率领禁兵一千多人随从，下午申时才回宫。

十二月，己巳朔日（初一日），盐州向朝廷奏报：吐蕃国派遣一千多人攻打乌池、白池。

庚辰日（十二日），西川向朝廷奏报南诏两万人进入唐境，请求讨伐吐蕃。

癸未，容管奏破黄少卿万馀众，拔营栅三十六。时少卿久未平，国子祭酒韩愈上言："臣去年贬岭外，熟知黄家贼事。其贼无城郭可居，依山傍险，自称洞主，寻常亦各营生，急则屯聚相保。比缘邕管经略使多不得人，德既不能绥怀，威又不能临制，侵欺虏缚，以致怨恨。遂攻劫州县，侵暴平人，或复私仇，或贪小利，或聚或散，终亦不能为事。近者征讨本起裴行立、阳旻，此两人者本无远虑深谋，意在邀功求赏。亦缘见贼未屯聚之时，将谓单弱，争献谋计。自用兵以来，已经二年，前后所奏杀获计不下二万馀人，倘皆非虚，贼已寻尽。至今贼犹依旧，足明欺罔朝廷。邕、容两管，经此凋弊，杀伤疾疫，十室九空，如此不已，臣恐岭南一道未有宁息之时。自南讨已来，贼徒亦甚伤损，察其情理，厌苦必深。贼所处荒僻，假如尽杀其人，尽得其地，在于国计不为有益。若因改元大庆，赦其罪戾，遣使宣谕，必望风降伏。仍为选择有威信者为经略使，苟处置得宜，自然永无侵叛之事。"上不能用。

【译文】癸未日（十五日），容管向朝廷奏报打败黄少卿一万多人，攻取营栅三十六座。当时黄少卿叛乱很长时间，没有被朝廷平定。国子祭酒韩愈向穆宗上奏说："臣去年贬谪到岭外，对黄家贼的事情知道得很清楚。那些贼人没有城郭可住，依靠山中险要之地，自称为洞主，平常也各自经营生计，紧急时就聚集在一起互相防守。近来因为邕管经略使大多不称职，没有施行德政来安抚蛮人，也没有足够的声威让蛮人畏惧顺服，他们甚至还经常侵扰、欺骗以致掳掠蛮人，导致蛮人心生怨恨，所以蛮人才发动军队攻打劫掠州县，侵扰凌辱百姓。蛮人有时是为报私人的仇恨，有时是贪图财物，临时聚集起来，事情办成之后，他们又各自散去，这还不足以造成很大的危害。近年来征讨蛮人，本从裴行立、阳旻二人开始，这两个人本来就没有什么深谋远虑，他们征讨的目的只在于邀功请赏。他们只看到蛮人还没聚集起来的时候，认为蛮人势力单薄，因而极力向陛下献计，请求征讨蛮人。自从他们率领兵马征讨以来，已经过去了两年，前后向朝廷奏报杀死、俘虏的人数，总共不少于二万人，如果都不是虚报，贼人已经快要被杀绝。可是到现在贼人依旧存在，足以证明他们是在欺骗朝廷。邕管、容管经过战争的破坏，杀伤疾病的摧残，已经十室九空，这样不停地打下去，臣担心岭南道没有安宁的时候。自从南征以来，蛮人也死伤不少，按情理推测，蛮人也必定深深厌恶战争。况且蛮人都住在荒凉僻远的地方，如果把蛮人全杀光，全部占领这些地区，这样对于国家来说也没有什么利益可言。因此不如借着国家改年号大加庆祝的时机，赦免蛮人的罪行，派使者去宣布命令开导他们，必定会让他们望风投降。朝廷再为当地选择有威信的人作为经略使，如果陛下处置得宜，那么以后自然永远不会再发生叛乱的事情。"穆宗李恒没有采用韩愈的建议。

穆宗睿圣文惠孝皇帝上

长庆元年（辛丑，公元八二一年）春，正月，辛丑，上祀圆丘。赦天下，改元。河北诸道各令均定两税。

门下侍郎、同平章事萧俛，介洁疾恶，为相，重惜官职，少所引拔。西川节度使王播大修贡奉，且以赂结宦官，求为相，段文昌复左右之。诏征播诣京师。俛屡于延英力争，言："播纤邪，物论沸腾，不可以污台司。"上不听，俛遂辞位。己未，播至京师。壬戌，俛罢为右仆射。俛固辞仆射，二月，癸酉，改吏部尚书。

【译文】长庆元年（辛丑，公元821年）春季，正月，辛丑日（初四日），穆宗李恒前往圜丘祭天；大赦天下，改年号为长庆。命令河北各藩镇勘定两税税额。

门下侍郎、同平章事萧俛，性情耿直，疾恶如仇，他做宰相后，非常爱惜官职，很少向朝廷推荐提拔官吏。西川节度使王播大肆向朝廷进献财物，而且用财物结交宦官，请求让他做宰相，段文昌又在朝中为他活动；于是穆宗李恒下诏征召王播进入京师。萧俛屡次在延英殿竭力劝阻此事，他说："王播卑鄙奸邪，陛下下达诏书命他进京，朝廷群臣议论纷纷，陛下不可以让这样的人来玷辱朝廷的官职。"穆宗不听从他的建议。于是萧俛就请辞去宰相之位。己未日（二十二日），王播抵达京师。壬戌日（二十五日），穆宗免去萧俛宰相之位，让他担任右仆射。萧俛坚决辞去仆射的官职，二月，癸酉日（初六日），穆宗又改任他为吏部尚书。

卢龙节度使刘总既杀其父兄，心常自疑，数见父兄为祟。常于府舍饭僧数百，使昼夜为佛事，每视事退则处其中；或处他室，则惊悸不能寐。晚年，恐惧尤甚。亦见河南、北皆从化，己卯，奏乞弃官为僧。仍乞赐钱百万缗以赏将士。

上面谕西川节度使王播令归镇，播累表乞留京师。会中书侍郎、同平章事段文昌请退，壬申，以文昌同平章事；充西州节度使；以翰如学士社杜元颖为户部侍郎、同平章事；以播为刑部尚书，充盐铁转运使。元颖，淹之六世孙也。

回鹘保义可汗卒。

【译文】卢龙节度使刘总杀死自己的父亲和兄弟后，心中常常怀疑不安，多次梦见父亲和兄弟变为厉鬼伤害自己。刘总经常在节度使府的一个房间款待几百名僧人吃饭，让他们整日整夜地为自己做法事。他每次办公后就住在这里，如果偶尔有一次住在别的地方，他就会惊吓得整晚睡不着觉。刘总到了晚年，内心更加恐惧不安；又看见河南、河北的藩镇都归顺朝廷，己卯日（十二日），刘总向朝廷上奏请求辞官为僧；又请求朝廷赐一百万缗钱，用来赏赐将士。

穆宗李恒当面告诉西川节度使王播,命令他回到本镇,王播屡次上表请求留在京师。适逢中书侍郎、同平章事段文昌请求辞去官职,壬申日(初五日),穆宗任命段文昌带同平章事的官衔,充任西川节度使;任命翰林学士杜元颖为户部侍郎、同平章事;任命王播为刑部尚书,充任盐铁转运使。杜元颖是唐太宗时宰相杜淹的第六代孙。

回鹘保义可汗去世。

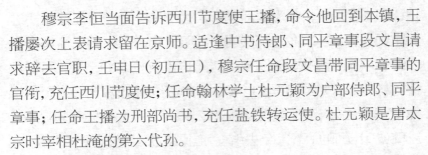

三月,癸丑,以刘总兼侍中,充天平节度使。以宣武节度使张弘靖为卢龙节度使。

乙卯,以权知京兆尹卢士玫为瀛莫观察使。

丁巳,诏刘总兄弟子侄皆除官,大将僚佐亦宜超擢,百姓给复一年,军士赐钱一百万缗。

戊午,立皇弟憬为鄜王,悦为琼王,惇为沔王,怿为婺王,憺为茂王,怡为光王,协为淄王,憺为衢王,愔为澶王;皇子湛为景王,涵为江王,凑为漳王,溶为安王,瀍为颍王。

刘总奏恳乞为僧,且以其私第为佛寺。诏赐总名大觉,寺名报恩,遣中使以紫僧服及天平节钺、侍中告身并赐之,惟其所择。

诏未至,总已削发为僧,将士欲遮留之,总杀其唱帅者十馀人,夜,以印节授留后张玘,遁去。及明,军中始知之。玘奏总不知所在。癸亥,卒于定州之境。

【译文】三月,癸丑日(十七日),穆宗任命刘总兼任侍中,充任天平节度使;任命宣武节度使张弘靖为卢龙节度使。

乙卯日(十九日),穆宗任命代理京兆尹卢士玫为瀛莫观察使。

丁巳日（二十一日），穆宗李恒下诏：刘总的兄弟子侄全部都授予官职，大将和僚佐也都予以破格提拔，百姓免除一年赋税，士兵赏赐一百万缗钱。

戊午日（二十二日），穆宗李恒立自己的弟弟李憺为郾王，李悦为琼王，李惇为沔王，李怿为婺王，李愔为茂王，李怡为光王，李协为淄王，李憺为衢王，李惋为澶王；皇子李湛为景王，李涵为江王，李凑为漳王，李溶为安王，李瀍为颍王。

刘总向穆宗李恒上奏，恳求穆宗批准自己出家为僧，并且把自己的私人住宅建成佛寺。穆宗下诏赐给刘总法名为大觉，佛寺的名称为报恩寺，派遣宦官带着紫色的僧服以及天平节度使的符节和侍中的任命书，把这些授予刘总，听任他的选择。

诏书还未到达幽州，刘总已剃发做了和尚；将士想拦路留他，他便杀死为首的十几个将士。当天晚上，他把节度使的大印和符节授予留后张玘，自己逃走。等到天亮时，军中将士才知道刘总逃亡的消息。张玘向穆宗上奏说不知道刘总去了哪里。癸亥日（二十七日），刘总死于定州境内。

翰林学士李德裕，吉甫之子也，以中书舍人李宗闵尝对策讥切其父，恨之。宗闵又与翰林学士元稹争进取有隙。右补阙杨汝士与礼部侍郎钱徽掌贡举，西川节度使段文昌、翰林学士李绅各以书属所善进士于徽；及榜出，文昌、绅所属皆不预焉，及第者，郑朗，覃之弟；裴譔，度之子；苏巢，宗闵之婿；杨殷士，汝士之弟也。

文昌言于上曰："今岁礼部殊不公，所取进士皆子弟无艺，以关节得之。"上以问诸学士，德裕、稹、绅皆曰："诚如文昌言。"上乃命中书舍人王起等覆试。夏，四月，丁丑，诏黜朗等十人，贬徽江州刺史，宗闵剑州刺史，汝士开江令。

【译文】翰林学士李德裕是李吉甫的儿子，因中书舍人李宗闵曾经在元和三年科举考试的对策中嘲讽他的父亲，所以李德裕十分痛恨李宗闵。李宗闵又和翰林学士元稹争取官职有了嫌隙。这一年，右补阙杨汝士和礼部侍郎钱徽二人主持进士考试。西川节度使段文昌、翰林学士李绅分别给钱徽写了一封书信，内容是推荐他们自己亲近的考生。等到发榜后，段文昌和李绅推荐的考生都没有在皇榜之内。考中的郑朗是郑覃的弟弟；裴撰是裴度的儿子；苏巢是李宗闵的女婿；杨殷士是杨汝士的弟弟。

段文昌对穆宗李恒说："今年礼部选拔人才非常不公平，录取的进士都是公卿子弟，没有才艺，靠行贿和托人情才考中。"穆宗问各学士，李德裕、元稹、李绅都说："确实像段文昌说的这样。"穆宗于是命令中书舍人王起等人举行复试。夏季，四月，丁丑日（十一日），穆宗下诏免去郑朗等十人的进士资格；贬钱徽为江州刺史，李宗闵为剑州刺史，杨汝士为开江令。

或劝徽奏文昌、绅属书，上必悟。徽曰："苟元愧心，得丧一致，奈何奏人私书，岂士君子所为邪！"取而焚之，时人多之。绅，敬玄之曾孙；起，播之弟也。自是德裕、宗闵各分朋党，更相倾轧，垂四十年。

丙戌，册回鹘嗣君为登啰羽录没密施句主毗伽崇德可汗。

【译文】有人劝说钱徽把段文昌、李绅请托人情的信呈奏给穆宗，穆宗必定会明白事情的原委，就会收回贬谪诏书。钱徽说："只要我问心无愧，无论我被提拔还是遭受贬黜，都没什么，为什么一定要去揭发别人的私人信件呢？这难道就是士大夫和君子应该干的事情吗？"于是钱徽拿出那些信来都烧掉，当时的人都称赞他有君子风度。李绅是李敬玄的曾孙；王起是王播的弟弟。从此以后，李德裕、李宗闵各分党派，互相倾轧，近四十年。

丙戌日（二十日），穆宗李恒册封回鹘继位之君为登啰羽录没密施句主毗伽崇德可汗。

【乾隆御批】党牛怨李已足紊乱朝常，至通关节于贡举，是以先进引后进，其为门户纷争。瓜连株蔓，尤不可究诘矣。若时人称美钱徽，不奏人私书，此更瞢说。既有私书，则掌举者已属纳人关节，且未必止段李二人而已。徽即下愚，肯自言耶？史书之不足信如此。

【译文】牛李朋党之争已足以使朝纲紊乱，至于在进士考试中暗中托请勾通有权势者，从而造成先入仕者引荐后入仕者，以至形成错综复杂的门户纷争，恩怨不断，无法探寻究竟。而有人居然还要称赞钱徽，说他没有上奏揭发他人的私信，这更是不明事理的言论。既然接受了别人的私信，作为掌管贡举的人已经属于在同流合污了，况且他接受的私信也未必仅止于段文昌、李绅二人的而已。钱徽即使再愚笨，难道肯自己说出来吗？史书竟然让人不足以相信到如此地步！

【申涵煜评】徽掌贡举，不受关节，人反以关节中伤之。徽焚其私书，以德报怨，真长厚君子所为。彼以朋党相倾轧，四十年不息者，视此器量为何如。

【译文】钱徽掌管贡举，不受关节，人反而以关节中伤他。钱徽焚烧了他的私信，以德报怨，真是忠厚君子所为。其他人以朋党互相倾轧，四十年不停，看钱徽的器量，真是何等程度！

五月，丙申朔，回鹘遣都督、宰相等五百馀人来逆公主。

壬子，盐铁使王播奏：约榷茶额，每百钱加税五十。右拾遗李珏等上疏，以为"榷茶近起贞元多事之际，今天下无虞，所宜宽横敛之目，而更增之，百姓何时当得息肩！"不从。

丙辰，建王恪薨。

癸亥，以太和长公主嫁回鹘。公主，上之妹也。吐蕃闻唐与回鹘婚，六月，辛未，寇青寨堡，盐州刺史李文悦击却之。戊寅，回鹘奏："以万骑出北庭，万骑出安西，拒吐蕃以迎公主。"

初，刘总奏分所属为三道：以幽、涿、营为一道，请除张弘靖为节度使；平、蓟、妫、檀为一道，请除平卢节度使薛平为节度使；瀛、莫为一道，请除权知京兆尹卢士玫为观察使。

【译文】五月，丙申朔日（初一日），回鹘派都督、宰相等五百多人来唐迎娶公主。

壬子日（十七日），盐铁使王播向穆宗李恒上奏：国家茶叶专卖的税收数额，大约每一百钱增加五十钱。右拾遗李珏等上疏，以为："茶叶专卖起于德宗李适贞元年间，正值朝廷多难的时期，如今天下已经太平，陛下应当减少征敛赋税的数目，可是现在却反而增加赋税的名目，百姓什么时候才能减轻负担呢？"穆宗不听从他的建议。

丙辰日（二十一日），建王李恪去世。

癸亥日（二十八日），穆宗李恒颁下诏令，把太和长公主嫁到回鹘。太和长公主是穆宗的妹妹。吐蕃听到唐与回鹘通婚的消息，六月，辛未日（初七日），出兵侵犯青寨堡，盐州刺史李文悦率领军队击退吐蕃军队。戊寅日（十四日），回鹘向朝廷上奏："我国已经派出一万名骑兵抵达北庭，一万名骑兵抵达安西，抗击吐蕃的侵犯，以便迎娶公主。"

起初，刘总向朝廷上奏建议把幽州所管辖的州县分为三道：幽、涿、营三州为一道，请求任命张弘靖为节度使；平、蓟、妫、檀四州为一道，请求任用平卢节度使薛平为节度使；瀛、莫二州为一道，请求任用代理京兆尹卢士玫为观察使。

弘靖先在河东，以宽简得众，总与之邻境，闻其风望，以燕人桀骜日久，故举弘靖自代以安辑之。平，嵩之子，知河朔风俗，而尽诚于国，故举之。士玫，则总妻族之亲也。

总又尽择麾下宿将有功伉健难制者都知兵马使朱克融等送之京师，乞加奖拔，使燕人有慕羡朝廷禄位之志。又献征马万五千匹，然后削发委去。克融，滔之孙也。

是时上方酣宴，不留意天下之务，崔植、杜元颖无远略，不知安危大体，苟欲崇重弘靖，惟割瀛、莫二州，以士玫领之，自馀皆统于弘靖。朱克融等久羁旅京师，至假丐衣食，日诣中书求官，植、元颖不之省。及除弘靖幽州，勒克融辈归本军驱使，克融辈皆愤怨。

【译文】张弘靖之前在河东，因为对部下宽容清简，而得到将士的拥护。刘总和他相邻，听见他的风声威望，考虑到幽州人倔强不驯服已有很长时间，于是向朝廷推荐张弘靖代替自己的职位，以便更好地安抚士兵。薛平是唐代宗李豫时期相卫节度使薛嵩的儿子，他熟悉河朔地区的风土人情，所以刘总向朝廷推荐他来幽州任职。卢士玫是刘总妻子家族的亲戚。

刘总又把像都知兵马使朱克融那样强横又难以管理的将士全都挑选出来，把他们全部送往京城，请求朝廷对他们进行奖励和提拔，以此让幽州人都产生羡慕朝廷官爵俸禄的想法。刘总又向朝廷进献一万五千匹战马。然后刘总就削发为僧，抛弃一切离开幽州。朱克融是唐德宗李适时期幽州节度使朱滔的孙子。

这时穆宗李恒正沉湎于酒色玩乐，不关心天下政事，崔植、杜元颖缺乏长远的思虑，没有考虑朝政局势，只是一味尊崇张弘靖的官位，只是把瀛州、莫州从幽州节度使管辖的地区中分割出来，由卢士玫管理，其余各州，都由张弘靖来统领。朱克融等长久留在京师，甚至困窘到借衣讨食的地步，每天到中书省请求授予官职，崔植、杜元颖对他也不理会。等到朝廷正式任命张弘靖为幽州节度使，命令朱克融等人回到本军接受张弘靖的指使，朱克融等人都非常愤怒怨恨。

先是，河北节度使皆亲冒寒暑，与士卒均劳逸。及弘靖至，雍容骄贵，肩舆于万众之中，燕人讶之。弘靖庄默自尊，涉旬乃一出坐决事，宾客将吏罕得闻其言，情意不接，政事多委之幕僚。而所辟判官韦雍辈多年少轻薄之士，嗜酒豪纵，出入传呼甚盛，或夜归烛火满街，皆燕人所不习也。诏以钱百万缗赐将士，弘靖留其二十万缗充军府杂用，雍辈复裁刻军士粮赐，绳之以法，数以反虏诟责吏卒，谓军士曰："今天下太平，汝曹能挽两石弓，不若识一丁字！"由是军中人人怨怒。

【译文】先前，河北的节度使都亲自冒着严寒酷暑，与士卒同甘共苦。等到张弘靖上任，仪态雍容，身份骄贵，在众人之中乘轿而行，幽州人很看不惯这些行为，对此十分惊讶。张弘靖庄重静默，自尊自大，每十天才到节度使府处理一次军政事务，他的幕僚和部下将吏很难听到他说什么话，因此他与部下的关系特别不融洽，日常政务大多委派他的幕僚处理。他任命的判官韦雍等人大多都是年少轻狂的人，喜好饮酒，奢侈过度，行为放纵，进出官府时，随从传叫呼喊，有时晚上回家火把满街，这些都是幽州人不习惯的。穆宗李恒下诏赐给将士一百万贯钱，张弘靖留下二十万贯作为军府杂用，韦雍这些人又裁减克扣军士的粮饷赏赐，用法令制裁将士，并常用"反叛的囚虏"来嘲笑责骂将士，对军士说："现在天下太平，你们虽然能拉开两石的强弓，却不如认识一个字。"因此军中将士都十分怨恨愤怒。

资治通鉴卷第二百四十二　唐纪五十八

起重光赤奋若七月，尽玄黓摄提格，凡一年有奇。

【译文】起辛丑（公元821年）七月，止壬寅（公元822年），共一年六个月。

【题解】　本卷记录了公元821年七月至822年的历史，共一年零六个月。为唐穆宗长庆元年至二年。河北三镇归服，形势大好。但穆宗只知吃喝玩乐，游宴无度，宦官恣意妄为，逐走贤相裴度，政治形势急转直下。幽州、成德、相州、武宁、宣武相继兵变，穆宗发兵讨成德，虽然任用裴度为招讨使，名将乌重胤、李光颜助阵，但朝政不肃、宰相寡才、中使监军，裴度及各镇主将多受牵制，十五万官军征讨一万多叛军，围攻多年，财竭力尽，屡战不胜，无法成功。白居易上奏靖乱良策，穆宗不纳，而是采取姑息政策，授朱克融与王庭凑节度使，朝廷失去河朔，直到唐朝灭亡。兵部侍郎韩愈宣慰成德，有礼有节，不辱使命。

穆宗睿圣文惠孝皇帝中

长庆元年（辛丑，公元八二一年）秋，七月，甲辰，韦雍出，逢小将策马冲其前导。雍命曳下，欲于街中杖之。河朔军士不贯受杖，不服。雍以白弘靖，弘靖命军虞候系治之。是夕，士卒连营呼噪作乱，将校不能制，遂入府舍，掠弘靖货财、妇女，囚弘靖于蓟门馆，杀幕僚韦雍、张宗元、崔仲卿、郑埙、都虞候刘操、押牙张抱元。明日，军士稍稍自悔，悉诣馆谢弘靖，请改心事之，凡三请，弘靖不应，军士乃相谓曰："相公无言，是不赦吾曹。军中岂可一日无帅！"乃相与迎旧将朱洄，奉以为留后。洄，克融之父也，时以疾卧家，自辞老病，请使克融为之，众从之。众以判官张彻长者，不杀。彻骂曰："汝何敢反，行且族灭！"众共杀之。

【译文】长庆元年（辛丑，公元821年）秋季，七月，甲辰日（初十日），韦雍外出，碰到一个小将骑马冲撞了他的仪仗前导，韦雍命令把小将从马上拖下来，想在街道中间杖责他。河朔的军士不习惯受杖责，他拒不服从惩罚。韦雍将此事报告张弘靖，张弘靖命令军虞候把这个小将抓捕治罪。当天傍晚，将士连营呼叫叛乱，将校都控制不住局面，于是将士们就冲入节度使府舍，掠夺张弘靖的财产，抢走他的妻妾，把张弘靖关押在蓟门馆，杀死他的幕僚韦雍、张宗元、崔仲卿、郑塤、都虞候刘操、押牙张抱元等人。第二天，这些将士渐渐对自己的所作所为有些后悔，都到蓟门馆向张弘靖谢罪，请求改过自新，仍然效命于他，请求多次，张弘靖都没有回应他们。于是将士一起商议说："张相公闭口不说话，这是不愿赦免我们啊。军队中怎么可以一天没有元帅？"于是他们共同迎接幽州老将朱洄，拥戴他做留后。朱洄是朱克融的父亲，当时身患疾病，在家卧床休养，因为年老多病，拒绝众人的请求，他请求让朱克融做留后；将士答应了他的请求。将士因为判官张彻年长而没有杀他。张彻骂道："你们怎敢反叛朝廷，会被灭族的！"将士一拥而上杀了他。

壬子，群臣上尊号曰文武孝德皇帝。赦天下。

甲寅，幽州监军奏军乱。丁巳，贬张弘靖为宾客、分司。己未，再贬吉州刺史。庚申，以昭义节度使刘悟为卢龙节度使。悟以朱克融方强，奏请"且授克融节钺，徐图之。"乃复以悟为昭义节度使。

辛酉，太和公主发长安。

初，田弘正受诏镇成德，自以久与镇人战，有父兄之仇，乃以魏兵二千从赴镇，因留以自卫，奏请度支供其粮赐。户部侍郎、判度支崔倰，性刚褊，无远虑，以为魏、镇各自有兵，恐开事例，不肯给。弘正四上表，不报；不得已，遣魏兵归。倰，沔之孙也。

【译文】壬子日（十八日），群臣给穆宗李恒加上"文武孝德皇帝"的尊号；穆宗颁下诏令，大赦天下。

甲寅日（二十日），幽州监军向朝廷奏报将士作乱。丁巳日（二十三日），穆宗下旨贬张弘靖为太子宾客，分司东都；己未日（二十五日），穆宗再贬张弘靖为吉州刺史。庚申日（二十六日），穆宗任命昭义节度使刘悟为卢龙节度使。刘悟因为朱克融势力强盛，上奏朝廷请求"暂且给予朱克融节度使的旌节和斧钺，再慢慢想办法除掉他"。于是穆宗又任用刘悟为昭义节度使。

辛酉日（二十七日），太和公主从长安出发，前往回鹘。

起初，田弘正被任命为成德节度使，他认为之前长期与成德人打仗，与他们有父兄的仇恨，于是田弘正带着魏地的士兵二千人跟随他到镇州，以便保护自己，并向朝廷上奏请求供给这二千人的军饷。户部侍郎、判度支崔倰，性情刚强，心胸狭窄，缺乏深思熟虑，认为魏博、成德各有军队，恐怕此事开了先例，因此不肯供给他们军饷。田弘正四次上表朝廷，崔倰都不理会；不得已，田弘正只好把魏博的士兵遣返回镇。崔倰是崔沔的孙子。

弘正厚于骨肉，兄弟子侄在两都者数十人，竞为侈靡，日费约二十万，弘正辇魏、镇之货以供之，相属于道。河北将士颇不平。诏以钱百万缗赐成德军，度支辇运不时至，军士益不悦。

都知兵马使王庭凑，本回鹘阿布思之种也，性果悍阴狡，潜谋作乱，每抉其细故以激怒之，尚以魏兵故，不敢发。及魏兵去，壬戌夜，庭凑结牙兵噪于府署，杀弘正及僚佐、元从将吏并家属三百馀人。庭凑自称留后，逼监军宋惟澄奏求节钺。八月，癸巳，惟澄以闻，朝廷震骇。崔倰于崔植为再从兄，故时人莫敢言其罪。

【译文】田弘正对待骨肉情谊深厚，居住在东、西两都的兄弟子侄几十人，生活非常奢侈，每天的开销大约二十万钱，田弘正把魏博、成德两镇的财货运去供他们使用，运财货的车辆在路上连续不断，幽州的将士对此事很不满意。穆宗李恒颁下诏命赐给成德军一百万贯钱，度支却没有按时送达，将士们更加不高兴。

都知兵马使王庭凑，本是回鹘阿布思族的后裔，性情果敢狡诈，暗地里谋划作乱，常常挑些小毛病来激怒士兵，只是因为魏博的二千军队还在，他不敢贸然行动。等到魏博二千军队被遣返回镇，壬戌日（二十八日）的晚上，王庭凑纠集牙兵，在节度使府作乱，杀死田弘正以及僚佐、随从将吏和他们的家属三百多人。王庭凑自称留后，逼迫监军宋惟澄向天子上奏为他授予节度使的符节。八月，癸巳日（三十日），宋惟澄把这些事全部上奏天子，朝廷震惊。崔倰是崔植同曾祖父的哥哥，所以朝官没有谁敢抨击他的罪行。

初，朝廷易置魏、镇帅臣，左金吾将军杨元卿上言，以为非便，又诣宰相深陈利害。及镇州乱，上赐元卿白玉带。辛未，以元卿为泾原节度使。

瀛莫将士家属多在幽州,壬申,莫州都虞候张良佐潜引朱克融兵入城,刺史吴晖不知所在。

癸酉,王庭凑遣人杀冀州刺史王进岌,分兵据其州。

魏博节度使李愬闻田弘正遇害,素服令将士曰:"魏人所以得通圣化,至今安宁富乐者,田公之力也。今镇人不道,辄敢害之,是轻魏以为无人也。诸君受田公恩,宜如何报之?"众皆恸哭。深州刺史牛元翼,成德良将也,愬使以宝剑、玉带遗之,曰:"昔吾先人以此剑创立大勋,吾又以之平蔡州,今以授公,努力翦庭凑!"元翼以剑,带徇于军,报曰:"愿尽死!"愬将出兵,会疾作,不果。元翼,赵州人也。

【译文】起初,朝廷调换魏博、成德节度使和僚佐,左金吾将军杨元卿向穆宗李恒上奏,认为这样做很不适宜,又去拜见宰相,深刻地向宰相陈述利害关系;等到镇州发生叛乱,穆宗赐给杨元卿一条白玉带。辛未日(初八日),穆宗任命杨元卿为泾原节度使。

瀛州和莫州的将士家属大多留居幽州,壬申日(初九日),莫州都虞候张良佐暗中勾结朱克融的军队冲进幽州城,刺史吴晖不知所终。

癸酉日(初十日),王庭凑派人杀死冀州刺史王进岌,分兵占据冀州。

魏博节度使李愬听说田弘正遇害,穿着丧服命令将士说:"魏博人能够得到天子的教化,至今生活安定富足,这都是田公的功劳啊。现在成德人做下大逆不道的事,竟然敢把田公无故杀害,这是瞧不起我们魏博,认为我们魏博没有杰出的人啊。各位都曾经受过田公的恩惠,现在你们应当如何报答他呢?"

将士们听了这些话都痛哭失声。深州刺史牛元翼是成德的一员良将，李愬派人把自己的宝剑和玉带送给他，说："从前我的祖先用这把宝剑建立大的功业，我又用它平定蔡州吴元济的叛乱，现在我把它送给你，希望你能努力剪灭王庭凑的兵马。"牛元翼带着剑和玉带在军中环绕一周，然后回来报告说："愿拼死效命。"李愬正要出兵讨伐王庭凑，刚好此时疾病发作，不能出兵。牛元翼是赵州人。

乙亥，起复前泾原节度使田布为魏博节度使，令乘驿之镇。布固辞不获，与妻子宾客诀曰："吾不还矣！"悉屏去旌节导从而行，未至魏州三十里，被发徒跣，号哭而入，居于垩室。月俸千缗，一无所取，卖旧产，得钱十馀万缗，皆以颁士卒，旧将老者兄事之。

丙子，瀛州军乱，执观察使卢士玫及监军僚佐送幽州，囚于客馆。

王庭凑遣其将王立攻深州，不克。

丁丑，诏魏博、横海、昭义、河东、义武诸军各出兵临成德之境，若王庭凑执迷不复，宜即进讨。成德大将王俭等五人谋杀王庭凑，事泄，并部兵三千人皆死。

【译文】乙亥日（十二日），穆宗李恒起用正在为父亲田弘正服丧的前任泾原节度使田布做魏博节度使，命令他乘驿车上任。田布坚决推辞而未被允许，于是与妻子宾客诀别说："我这一去就不打算活着回来。"田布下令撤除全部的节度使旌节和所有前导随行人员，然后就出发赴任，走到距离魏州三十里的地方，披散头发，赤脚步行，大声哭着走到魏州，住在没有装饰的房子里，为父亲服丧。他每月应得一千缗俸禄，但他一文也不要，却把自己留在魏博的产业全部卖掉，得到十几万缗现钱，全部用来犒赏士卒，对父亲原来的魏博部将和年长的将吏，他都看作兄长来事奉。

丙子日（十三日），瀛州军队作乱，士卒捉住观察使卢士玫及监军幕僚佐吏，把他们送到幽州，囚禁在客馆。

王庭凑派遣部将王立攻打深州，没有攻取成功。

丁丑日（十四日），穆宗李恒颁下诏书命令魏博、横海、昭义、河东、义武诸军派兵，兵临成德边境，如果王庭凑执迷不改，抗拒朝廷，就立刻进兵讨伐。成德大将王俭等五人密谋暗杀王庭凑，不料事情泄露，他们和部下三千兵马都被王庭凑杀死。

己卯，以深州刺史牛元翼为深冀节度使。

丁亥，以殿中侍御史温造为起居舍人，充镇州四面诸军宣慰使，历泽潞、河东、魏博、横海、深冀、易定等道，谕以军期。造，大雅之五世孙也。己丑，以裴度为幽、镇两道招抚使。

癸巳，王庭凑引幽州兵围深州。

九月，乙巳，相州军乱，杀刺史邢濋。

吐蕃遣其礼部尚书论讷罗来求盟。庚戌，以大理卿刘元鼎为吐蕃会盟使。

【译文】己卯日（十六日），穆宗李恒任命深州刺史牛元翼为深冀节度使。

丁亥日（二十四日），穆宗任命殿中侍御史温造为起居舍人，充任镇州四面各军的宣慰使，经过泽潞、河东、魏博、横海、深冀、易定等道，向他们传达进兵日期。温造是唐高祖李渊时黄门侍郎温大雅的第五代孙子。己丑日（二十六日），穆宗任命裴度为幽州、镇州两道招抚使。

癸巳日（三十日），王庭凑带领幽州兵马围攻深州。

九月，乙巳日（十二日），相州军队作乱，刺史邢楚被杀死。

吐蕃派礼部尚书论讷罗来唐朝请求缔结会盟条约。庚戌日（十七日），穆宗李恒派遣大理卿刘元鼎为吐蕃会盟使。

壬子，朱克融焚掠易州、涞水、遂城、满城。

自定两税法以来，钱日重，物日轻，民所输三倍其初，诏百官议革其弊。户部尚书杨于陵以为："钱者所以权百货，贸迁有无，所宜流散，不应蓄聚。今税百姓钱藏之公府。又，开元中天下铸钱七十馀炉，岁入百万，今才十馀炉，岁入十五万，又积于商贾之室及流入四夷。又，大历以前淄青、太原、魏博贸易杂用铅铁，岭南杂用金、银、丹砂、象齿，今一用钱。如此，则钱焉得不重，物焉得不轻！今宜使天下输税课者皆用谷、帛，广铸钱而禁滞积及出塞者，则钱日滋矣。"朝廷从之，始令两税皆输布、丝、纩；独盐、酒课用钱。

【译文】壬子日（十九日），朱克融出兵焚烧掠夺易州、涞水、遂城、满城。

自从德宗李适建中元年制定两税法以来，钱一天天地增值，可是实物却一天天地贬值，百姓实际上缴实物的数额比建中元年高出三倍多，穆宗诏令百官商议如何革除这种弊端。户部尚书杨於陵认为："钱是用来衡量百货的价值的东西，天下商人贩运商品，做买卖，钱无处不在，所以钱也要在各地流通，不应当都积聚在一个地方。现在征收的百姓的税钱，都藏在官府中；另外，唐玄宗开元年间天下铸了七十多炉钱，每年的税收是一百万，可是现在才铸十几炉钱，每年的税收才十五万，那些钱又大多聚积在商贾之家，以及流入四方夷狄之国。还有，唐代宗李豫大历年以前，淄青、太原、魏博商品交易兼用钱和铅、铁，岭南兼用金、银、丹砂、象牙，现在都统一用钱。如此来看，钱怎能不增值，实物怎能不贬值呢？现在陛下应该让天下缴纳赋税的人都缴纳粮食和布帛，增加铸钱，禁止铜钱蓄积以及流入塞外，这样一来，钱的数量就会一天天多了。"朝廷采纳了杨於陵的建议，开始命令两税都缴纳布、丝、棉；只有盐、酒税征收钱。

【乾隆御批】增冶铸以开其源，禁壅贸以广其流，钱价既平，即输税亦便，安得谓之厉民，乃不揣其本，舍钱法而争税法。于陵之论盖本诸陆贽而所见，尤属肤末，未为通达国体。

【译文】以增加铸钱数量的方式来开拓财源，禁止垄断以加强货币流通，钱价一旦平稳，赋税征收的事情也就随之解决，怎么能说这是苛待百姓？因为不去考虑事情的根本，避开货币流通的法则而只是争着去讨论税法。杨於陵的论断大概来源于陆贽的见解，却比陆贽的见解更为肤浅，不能算是通达治国之道。

　　冬，十月，丙寅，以盐铁转运使、刑部尚书王播为中书侍郎、同平章事，使职如故。播为相，专以承迎为事，未尝言国家安危。

　　以裴度为镇州四面行营都招讨使。左领军大将军杜叔良，以善事权幸得进；时幽、镇兵势方盛，诸道兵未敢进，上欲功速成，宦官荐叔良，以为深州诸道行营节度使。以牛元翼为成德节度使。

　　癸酉，命宰相及大臣凡十七人与吐蕃论讷罗盟于城西。遣刘元鼎与讷罗入吐蕃，亦与其宰相以下盟。

　　【译文】冬季，十月，丙寅日（初三日），穆宗李恒任命盐铁转运使、刑部尚书王播为中书侍郎、同平章事，仍兼盐铁转运使。王播担任宰相，专门阿谀迎合穆宗，很少谈及有关朝廷安危的事情。

穆宗任命裴度为镇州四面行营都招讨使。左领军大将军杜叔良，因善于巴结当朝权贵而得以升官；当时幽州、镇州的兵势正强盛，诸道派遣的征讨军队都不敢贸然前进。穆宗又想尽快看到战争的胜利，宦官又向穆宗推荐了杜叔良，所以穆宗任用杜叔良为深州各道行营节度使。穆宗又任命牛元翼为成德节度使。

癸酉日（初十日），穆宗李恒命令宰相及大臣共十七人，和吐蕃论讷罗在城西会盟；派刘元鼎与论讷罗到吐蕃，也和吐蕃国宰相及大臣会盟。

乙亥，以沂州刺史王智兴为武宁节度使。先是，副使皆以文吏为之，上闻智兴有勇略，欲用之于河北，故是以宠之。

丁丑，裴度自将兵出承天军故关以讨王庭凑。

朱克融遣兵寇蔚州。

戊寅，王庭凑遣兵寇贝州。

己卯，易州刺史柳公济败幽州兵于白石岭，杀千馀人。

庚辰，横海军节度使乌重胤奏败成德兵于饶阳。

辛巳，魏博节度使田布将全军三万人讨王庭凑，屯于南宫之南，拔其二栅。

【译文】乙亥日（十二日），穆宗李恒任命沂州刺史王智兴为武宁节度副使。之前，藩镇节度副使都任用文官，穆宗听说王智兴有勇有谋，打算调派他到河北前线，所以对他特别恩宠。

丁丑日（十四日），裴度亲自率领军队经由原承天军的驻地娘子关到达河北，讨伐王庭凑。

朱克融派遣军队攻打蔚州。

戊寅日(十五日),王庭凑派遣兵马攻打贝州。

己卯日(十六日),易州刺史柳公济在白石岭打败幽州军队,杀死一千多人。

庚辰日(十七日),横海军节度使乌重胤向朝廷奏报在饶阳打败成德军队。

辛巳日(十八日),魏博节度使田布率领全部军队三万人讨伐王庭凑,驻扎在南宫的南面,攻取王庭凑两个营栅。

翰林学士元稹与知枢密魏弘简深相结,求为宰相,由是有宠于上,每事咨访焉。稹无怨于裴度,但以度先达重望,恐其复有功大用,妨己进取,故度所奏画军事,多与弘简从中沮坏之。度乃上表极陈其朋比奸蠹之状,以为:"逆竖构乱,震惊山东,奸臣作朋,挠败国政。陛下欲扫荡幽、镇,先宜肃清朝廷。何者? 为患有大小,议事有先后。河朔逆贼,只乱山东;禁闱奸臣,必乱天下;是则河朔患小,禁闱患大。小者臣与诸将必能翦灭,大者非陛下觉寤制断无以驱除。今文武百寮,中外万品,有心者无不愤恚,有口者无不咨嗟,直以奖用方深,不敢抵触,恐事未行而祸已及,不为国计,且为身谋。臣自兵兴以来,所陈章疏,事皆要切,所奉书诏,多有参差,蒙陛下委付之意不轻,遭奸臣抑损之事不少。臣素与佞幸亦无仇嫌,正以臣前请乘传诣阙,面陈军事,奸臣最所畏惮,恐臣发其过恶,百计止臣。臣又请与诸军齐进,随便攻讨,奸臣恐臣或有成功,曲加阻碍,逗遛日时。进退皆受羁牵,意见悉遭蔽塞。但欲令臣失所,臣无成,则天下理乱,山东胜负,悉不顾矣。为臣事君,一至于此! 若朝中奸臣尽去，则河朔逆贼不讨自平；若朝中奸臣尚存，则逆贼纵平无益。陛下倘未信臣言，乞出臣表，使百官集议，彼不受责，臣当伏辜。”表三上，上虽不悦，以度大臣，不得已，癸未，以弘简为弓箭库使，稹为工部侍郎。稹虽解翰林，恩遇如故。

【译文】翰林学士元稹和知枢密魏弘简结交，友情深厚，元稹请求做宰相，因魏弘简得到穆宗的宠爱，每件事穆宗都要询问他。元稹和裴度仇怨，但是因为裴度在他得到重用前就有很高的威望，元稹害怕他又立功得到重用，妨害自己升迁，所以，凡是裴度向穆宗上奏的军事谋划，他就经常和魏弘简加以阻挠，使裴度的谋划不能实施。于是裴度向穆宗上表极力陈述元稹和魏弘简朋比为奸的情形，认为：“逆竖（指王庭凑）造反，震惊山东；奸臣朋比为党，阻挠败坏国政。陛下如果想平定幽州、镇州叛乱，应当首先肃清朝廷内部的奸党。为什么这样说呢？因为祸患有大小，考虑事情有次序的先后。河朔的逆贼，只扰乱山东；宫中的奸臣，必定祸乱天下；如此看来，对国家来说，河朔的叛臣危害小，而宫中的奸臣却危害很大。小的祸患臣和诸将必定能够剪灭，可是朝廷内部的奸臣，如果陛下自己不觉醒，断然无法驱除。现在文武百官，中外万民，凡是对朝廷有心尽忠的人，对奸臣的所作所为无不愤怒，能够开口讲话的人无不叹息，只因为陛下正重用他们，所以不敢冒犯他们，他们担心事情还没有实行而祸患已加到自己身上，这并不是他们不为国家考虑，而是担心自己会受牵连的缘故。臣自从率领军队作战，向陛下呈递的奏疏，事情都是很重要急切的，但臣接到的朝廷诏书，却指令不一，我蒙受陛下托付，指挥诸军讨伐叛贼，责任确实不轻，但遭到奸臣抑制贬损的事情也不少。臣素来和佞幸之人没有仇恨，只是因为臣前次请求乘驿车到京城，当面陈奏军事，奸臣最害怕的，就是我向陛下揭发他们的罪过，所以百般阻挠我进京朝见陛下。我又向朝廷上奏，请求陛下准许我率领军队和诸军一同进攻，随机应变，讨伐叛贼。奸臣害怕臣成功，想尽办法加以阻止，牵延时间；进退都受到控制，意见全遭蒙蔽阻碍。他们这样做，就是要让我出兵不利，不能讨贼成功，对于国家治乱，山东前线的胜负大局，他们却全然不顾及。做臣子的事奉君王，他们竟然这样做！如果陛下把朝中的奸臣完全摒除，那么河朔的逆贼不讨自平；如果朝中的奸臣还在，那么纵然逆贼被平定，对于朝廷也没有什么好处。陛下如果不相信臣的话，请把我的奏章公布，让百官一同讨论，如果奸臣不遭受百官的谴责，臣自当伏罪。"裴度连上三道奏表，穆宗虽然不高兴，可考虑到裴度是朝廷中很有威望的大臣，逼不得已，还是做出让步。癸未日（二十日），穆宗李恒任命魏弘简为弓箭库使，元稹为工部侍郎。元稹虽然被解除翰林学士的职务，但受到穆宗的宠信仍和原来一样。

【乾隆御批】诸葛亮出师，先以君侧辅翊得人为亟，其意虽非自为避谗之计，然贞邪不并立，所关于治乱消长者大矣。稹助弘简阻抑军奏，可见小人羽翼既成，即宿望元勋不能措手，岂不大可畏耶？穆宗虽为解官，而恩遇如故，谬矣！

【译文】诸葛亮出师前，先给皇帝身边选拔得力的辅佐之臣，他的用意虽然不是为自己以后免遭谗言陷害着想，然而正邪不两立，这与国家的治乱存亡关系很大。元稹能帮助魏弘简阻挠军事战报上奏，可见这帮小人羽翼已丰，即使一直以来德高望重的元老也拿他们没办法，这岂不是太可怕了吗？穆宗虽然解除了元、魏二人的官职，但对他们依然恩宠如故，真是太荒谬了！

宿州刺史李直臣坐赃当死，宦官受其赂，为之请，御史中丞牛僧孺固请诛之。上曰："直臣有才，可惜！"僧孺对曰："彼不才者，无过温衣饱食以足妻子，安足虑！本设法令，所以擒制有才之人。安禄山、朱泚皆才过于人，法不能制者也。"上从之。

横海节度使乌重胤将全军救深州，诸军倚重胤独当幽、镇东南，重胤宿将，知贼未可破，按兵观衅。上怒，丙戌，以杜叔良为横海节度使，徙重胤为山南西道节度使。

灵武节度使李进诚奏败吐蕃三千骑于大石山下。

【译文】宿州刺史李直臣犯贪污罪，根据法律应当判处死刑，宦官接受他的贿赂，为他请求减罪，御史中丞牛僧孺向穆宗坚决请求杀死李直臣。穆宗李恒说："李直臣很有才华，杀了他太可惜！"牛僧孺回答说："那些没才华的人，整天思考的不过是如何吃饱穿暖，满足妻子儿女的要求，国家对这些人又有什么顾虑呢？国家设定法令的本意，就是用来控制那些有才华的人。安禄山、朱泚都是才智超越常人的人，只是由于法律未能约束他们，才胆敢发动叛乱的。"穆宗听从了他的建议。

横海节度使乌重胤率领全部军队救援深州，诸军依靠乌重胤独自抵挡幽州、镇州东南面，乌重胤是作战经验丰富的老将，知道贼人无法一时被击破，于是按兵不动，观望敌人是否有机可乘。穆宗李恒大怒，任命杜叔良为横海节度使，调乌重胤为山南西道节度使。

灵武节度使李进诚向朝廷奏报在大石山下打败吐蕃三千骑兵。

十一月，辛酉，淄青节度使薛平奏突将马廷崟作乱，伏诛。时幽、镇兵攻棣州，平遣大将李叔佐将兵救之。刺史王稷供馈稍薄，军士怨怒，宵溃，推廷鋈为主，行且收兵至七千馀人，径逼青州。城中兵少，不敌，平悉发府库及家财召募，得精兵二千人，逆战，大破之，斩廷鋈，其党死者数千人。

横海节度使杜叔良将诸道兵与镇人战，遇敌辄北。镇人知其无勇，常先犯之。十二月，庚午，监军谢良通奏叔良大败于博野，失亡七千馀人。叔良脱身还营，丧其旌节。

丁丑，义武节度使陈楚奏败朱克融兵于望都及北平，斩获万馀人。

【译文】十一月，辛酉日（二十八日），淄青节度使薛平向朝廷奏报突将马廷鋈叛乱被杀。当时，幽州和镇州派遣军队攻打棣州，薛平派遣大将李叔佐率领军队救援。棣州刺史王稷供给的军需物资稍微少了些，军士对他愤怒怨恨，于是趁着晚上溃逃。军士们推举马廷鋈为主将，他们一边溃逃，一边招收兵马，共计军士有七千多人，他们一路向青州逼近。青州城中士兵很少，不能抵抗他们的进攻，于是薛平把府库中的钱财及自己家中财物全都拿出来招募士卒，最终招募到二千精兵，薛平率这二千军士迎战叛军，把叛军打得大败，杀了马廷鋈，叛军也死亡几千人。

横海节度使杜叔良率领各道军队与镇州人作战，每次战斗都打败仗；镇州人知道他为人胆怯，没有胆量，常常率先向他发起攻击。十二月，庚午日（初八日），监军谢良通向朝廷奏报杜叔良在博野打了一个大败仗，损失七千多军士。杜叔良脱身逃回军营，但丢失了节度使的旌节。

丁丑日（十五日），义武节度使陈楚向朝廷奏报，在望都及北平打败朱克融的军队，杀死以及俘虏的士兵有一万多人。

戊寅，以凤翔节度使李光颜为忠武节度使、兼深州行营节度使，代杜叔良。

自宪宗征伐四方，国用已虚，上即位，赏赐左右及宿卫诸军无节，及幽、镇用兵久无功，府藏空竭，势不能支。执政乃议："王庭凑杀田弘正而朱克融全张弘靖，罪有重轻，请赦克融，专讨庭凑。"上从之。乙酉，以朱克融为平卢节度使。

戊子，义武奏破莫州清源等三栅，斩获千馀人。

【译文】戊寅日（十六日），穆宗李恒任命凤翔节度使李光颜为忠武节度使兼深州行营节度使，代替杜叔良。

自从宪宗李纯征伐四方，国家的财用已经非常空虚；唐穆宗李恒即位后，赏赐左右和禁卫诸军没有一点节制，等到朝廷对幽州、镇州两地大举用兵，对峙时间很长却没有立下什么战功，国库因战争而空竭，难以继续维持开销。在这种情况下，当政大臣向穆宗建议说："王庭凑杀害田弘正，而朱克融还能保全张弘靖的性命，二人虽然都有罪，但罪行各有轻重，请求陛下赦免朱克融之罪，全力以赴前去讨伐王庭凑。"穆宗依从他们的建议。乙酉日（二十三日），穆宗李恒任命朱克融为平卢节度使。

戊子日（二十六日），义武向朝廷奏报，攻取莫州清源等三栅，杀死及俘虏敌军一千多人。

长庆二年（壬寅，公元八二二年）春，正月，丁酉，幽州兵陷弓高。先是，弓高守备甚严，有中使夜至，守将不内，旦，乃得入，中使大诟怒。贼谍知之，他日，伪遣人为中使，投夜至城下，守将遽内之，贼众随之，遂陷弓高。又围下博。中书舍人白居易上言，以为："自幽、镇逆命，朝廷征诸道兵，计十七八万，四面攻围，已逾半年，王师无功，贼势犹盛。弓高既陷，粮道不通，下博、深州，饥穷日急。盖由节将太众，其心不齐，莫肯率先，递相顾望。又，朝廷赏罚，近日不行，未立功者或已拜官，已败衄者不闻得罪。既无惩劝，以至迁延，若不改张，必无所望。请令李光颜将诸道劲兵约三四万人从东速进，开弓高粮路，合下博诸军解深、邢重围，与元翼合势。令裴度将太原全军兼招讨旧职，西面压境，观衅而动。若乘虚得便，即令同力翦除；若战胜贼穷，亦许受降纳款。如此，则夹攻以分其力，招谕以动其心，必未及诛夷，自生变故。又请诏光颜选诸道兵精锐者留之，其馀不可用者悉遣归本道，自守土疆。盖兵多而不精，岂唯虚费资粮，兼恐挠败军陈故也。今既只留东西二帅，请各置都监一人，诸道监军，一时停罢。如此，则众齐令一，必有成功。又，朝廷本用田布，令报父仇，今领全师出界，供给度支，数月已来，都不进讨，非田布固欲如此，抑有其由。闻魏博一军，屡经优赏，兵骄将富，莫肯为用。况其军一月之费，计实钱二十八万缗，若更迁延，将何供给？此尤宜早令退军者也。若两道止共留兵六万，所费无多，既易支持，自然丰足。今事宜日急，其间变故远不可知。苟兵数不抽，军费不减，食既不足，众何以安！不安之中，何事不有！况有司迫于供军，百端敛率，不许即用度交阙，尽许则人心无憀。自古安危皆系于此，伏乞圣虑察而念之。"疏奏，不省。

【译文】长庆二年（壬寅，公元822年）春季，正月，丁酉日（初五日），幽州兵马攻陷弓高县城。先前，弓高的防守很严，有一个中使出使弓高，半夜时候才到达这里，把守将士根据军法条例的规定，坚决不放他进城。天亮后，中使方才被允许进城。中使很生气，大声责骂守将。幽州的间谍得知这件事后，报告给自己的主将。没过多久，幽州派人装扮成中使，在晚上来到城下，守城将士立即打开城门让他进来；幽州兵随后赶到，因而弓高沧陷。他们又围攻下博。中书舍人白居易向穆宗李恒上奏，认为："自从幽、镇州违抗命令以来，朝廷征各道的军队，总计有十七八万，四面围攻，已经过了半年，但是官军至今没有什么进展，敌军兵势却依旧强盛。自从弓高沦陷后，通往前线的运粮道路也无法通行，下博和深州两地的将士，已经饥饿困乏，情况一天天地更加危急。这都是前线节度将领太多，反而造成军心不齐，他们谁都不肯首先进军，只是相互观望对方的缘故。另外朝廷对将士的赏罚，近来也没有有效地实行，没有立功的将士有的已经授予官衔，已经打败仗折损军队的将领却没有听见被朝廷惩罚。由于朝廷赏罚不分明，因而将士们也都拖延观望不肯冲锋效力。如果朝廷不能改弦更张，那么官军打胜仗就没有什么指望。请求陛下下旨让李光颜率领各道的精锐部队三四万人从东面迅速进军，打通到弓高县城的运粮之路，从而解除敌军对深州的重重包围，然后和牛元翼的军队汇聚一处。然后命令裴度仍兼招讨使的职务，率领太原所有的军队，从西面逼压镇州，观察敌军动静，如果看见有机可乘就立刻令两支兵马同力讨伐攻打，消灭敌人；如果官军节节取胜，敌军困窘不堪，陛下也应当答应前线将士接受敌军投降的诚意。如果这样的话，各方夹攻分散敌人的力量，招抚晓谕动摇他们的心意，在敌军还没有被平定之前，他们内部必定会发生变故。再请陛下下诏，命令李光颜从前线各道将士中挑选精锐之人留下来，其余老弱病残的士兵都遣送回本道，让他们各自守卫故土。因为兵多则不精，不仅耗费国家的衣物钱粮，而且也会削弱官军的士气，导致战斗失败啊！现在只留下李光颜、裴度两支兵马，请陛下再各设置都监一人，其他诸道监军同时罢除。这样才能众人同心，军令统一，最后官军必定取得胜利。此外，朝廷本来任用田布为魏博

节度使的本意，是让他报杀父之仇，命令他率领全部军队出境
讨伐敌人，由度支供应开销。但是几个月以来，田布都不进兵讨
贼，这并不是田布按兵不动，而是他有难以言说的苦衷。听说魏
博军队接受朝廷多次丰厚的赏赐，兵士骄纵狂横，将领特别富
有，反而都不愿打仗。况且那支军队一个月的费用，用钱计算有
二十八万贯，如果再拖延时间，朝廷用什么来供给他们呢？仅就
这个原因而言，陛下也应该早日下令让魏博退军。如果两道总共
只留六万军队，花费不多，容易支持，自然物资充足。现在前线
战事越来越紧迫，中间是否发生变故也是难以预料。如果将士
的数目不减少，导致军费浩大，粮食不充足，将士怎么能够安心
作战呢？在不安的状况中，随时都可能发生意外的变故！况且
度支被供应军需所迫，想出各种办法征税，如果不准征收，军
需就会匮乏，如果准许征收，那么人心就会动摇。自古以来国
家的安危都维系在这里，请求陛下详细了解，多加考虑，为天下
着想。"奏疏呈递上去后，穆宗李恒没有理睬这些建议。

　　己亥，度支馈沧州粮车六百乘，至下博，尽为成德军所掠。
时诸军匮乏，供军院所运衣粮，往往不得至院，在涂为诸军邀
夺，其悬军深入者，皆冻馁无所得。

　　初，田布从其父弘正在魏，善视牙将史宪诚，屡称荐，至右
职。及为节度使，遂寄以腹心，以为先锋兵马使，军中精锐，悉
以委之。宪诚之先，奚人也，世为魏将。魏与幽、镇本相表里，
及幽、镇叛，魏人固摇心。布以魏兵讨镇，军于南宫，上屡遣中
使督战，而将士骄惰，无斗志，又属大雪，度支馈运不继。布发
六州租赋以供军，将士不悦，曰："故事，军出境，皆给朝廷。今
尚书刮六州肌肉以奉军，虽尚书瘠己肥国，六州之人何罪乎！"宪

诚阴蓄异志，因众心不悦，离间鼓扇之。会有诏分魏博军与李光颜，使救深州。庚子，布军大溃，多归宪诚，布独与中军八千人还魏。壬寅，至魏州。

【译文】己亥日（初七日），度支供给沧州军粮车六百辆，运行至下博县时，全部遭到成德军劫掠。那时官军诸道都物资缺乏，供军院运送的衣粮，往往运不到行营供军院，在半路就会被诸道官军哄抢，那些孤军深入敌境的官军，都挨饿受冻，得不到衣食供给。

起初，田布跟随他的父亲田弘正在魏博，对待牙将史宪诚很好，多次向田弘正称赞举荐他，以至史宪诚被提拔担任要职；等田布做了节度使，把史宪诚看作自己的心腹，让他做先锋兵马使，军中的精锐士兵，都委托他统辖。史宪诚的祖先是奚族人，世代做魏将；魏和幽、镇二州互为表里，等到幽州和成德叛乱以后，魏博的人心已经动摇。田布率领魏博军队讨伐镇州，驻扎在南宫县，穆宗李恒屡次派中使督战，而魏军的将士骄傲懒散，没有斗志，这时正赶上天下大雪，度支运送的粮食难以接续。田布命令征收魏博六州的租赋来供应军需，将士们很不高兴，说："按照旧例，军队出境，都是由朝廷供给一切需要。现在尚书搜刮六州的民脂民膏供应军队，虽然是克己奉国的行为，但六州百姓为什么要遭受这样的罪呢？"史宪诚暗地里有篡夺节度使的野心，于是趁此机会挑拨煽动将士的不满情绪。恰好有诏令把魏博的军队分给李光颜指挥，前往救援深州，庚子日（初八日），田布率领的军队大败而散，许多人投到史宪诚手下；田布独自和中军八千人返回魏州，壬寅日（初十日），到达魏州。

癸卯，布复召诸将议出兵，诸将益偃蹇，曰："尚书能行河朔旧事，则死生以之。若使复战，则不能也！"布无如之何，叹曰："功不成矣！"即日，作遗表具其状，略曰："臣观众意，终负国恩。臣既无功，敢忘即死。伏愿陛下速救光颜、元翼，不然者，义士忠臣皆为河朔屠害矣！"奉表号器，拜授幕僚李石，乃入启父灵，抽刀而言曰："上以谢君父，下以示三军。"遂刺心而死。宪诚闻布已死，乃谕其众，遵河北旧事。众悦，拥宪诚还魏，奉为留后。戊申，魏州奏布自杀。己酉，以宪诚为魏博节度使。宪诚虽喜得旌钺，外奉朝廷，然内实与幽、镇连结。

【译文】癸卯日（十一日），田布又召集诸将商议出兵的事，各位将士更加傲慢，说："如果田尚书能按照以前河朔割据的旧例办，我们就会舍生忘死跟随您；但是如果要让我们出战，我们肯定不能服从！"田布拿他们也没有办法，叹息说："我报效国家建立功业的愿望无法实现了。"当天，田布写好遗表，把将士的情况向穆宗李恒报告，大意是说："臣观察众人的意图，终究还是会背叛朝廷，最终辜负陛下的恩德；臣既然没有建立功业，怎敢忘记赴死。希望陛下尽快派遣军队救援李光颜、牛元翼，不然的话，这里的忠臣义士都将被河朔叛党杀害！"他手捧遗书放声痛哭，跪拜着交给幕僚李石，让他呈递给朝廷。然后田布入内，在父亲的灵座前禀告，接着抽出刀来说："我用死对上向陛下和父亲表示我没能立功报国的罪责；对下向三军将士表示我忠君爱国的决心。"于是就刺心而死。史宪诚听说田布已死，于是向众将士宣布，他将遵循河朔的旧例，实行割据。众将士都很高兴，簇拥着史宪诚返回魏州，尊他为留后。戊申日（十六日），魏州向朝廷奏报田布已经自杀。己酉日（十七日），穆宗李恒任命史宪诚为魏博节度使。史宪诚虽然很高兴得到节度使的旌节，表面上遵奉朝廷，可是暗地里却和幽州、镇州相互勾结。

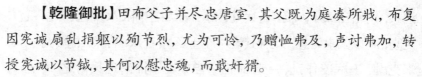

【乾隆御批】田布父子并尽忠唐室，其父既为庭凑所戕，布复因宪诚扇乱捐躯以殉节烈，尤为可怜，乃赠恤弗及，声讨弗加，转授宪诚以节钺，其何以慰忠魂，而戢奸猾。

【译文】田布父子二人都是为唐室效忠而死，他的父亲田弘正被王庭凑所杀，接着田布又因史宪诚在军中煽动叛乱而以死明志，尤为可悲的是，唐穆宗不但没对田氏父子授予任何追赠和抚恤，更没有下令讨伐罪臣，反而授予史宪诚节度使之职，这样做以什么来告慰亡者的忠魂呢？又怎能让诡诈狡猾之人有所收敛并停止邪佞之举呢？

庚戌，以德州刺史王日简为横海节度使。日简，本成德牙将也。壬子，贬杜叔良为归州刺史。

王庭凑围牛元翼于深州，官军三面救之，皆以乏粮不能进，虽李光颜亦闭壁自守而已。军士自采薪刍，日给不过陈米一勺。深州围益急，朝廷不得已，二月，甲子，以庭凑为成德节度使，军中将士官爵皆复其旧；以兵部侍郎韩愈为宣慰使。

【译文】庚戌日（十八日），穆宗李恒任命德州刺史王日简为横海节度使。王日简本来是成德的牙将。壬子日（二十日），穆宗贬杜叔良为归州刺史。

王庭凑把牛元翼围困在深州，官军从东、北、西三个方向前去救援，都因缺少粮草而无法继续前进。即使是名将李光颜也只是关闭军营自守。军士自己去砍柴割草，每日的供给不过一勺陈米（百分之一升）。这时深州被叛军围攻，形势日益危急，朝廷迫不得已，二月，甲子日（初二日），穆宗李恒任命王庭凑为成德节度使，军中将士都恢复旧日的官爵；任命兵部侍郎韩愈为宣慰使。

上之初即位也，两河略定，萧俛、段文昌以为"天下已太平，渐宜消兵，请密诏天下，军镇有兵处，每岁百人之中限八人逃、死。"上方荒宴，不以国事为意，遂可其奏。军士落籍者众，皆聚山泽为盗。及朱克融、王庭凑作乱，一呼而亡卒皆集。诏征诸道兵讨之，诸道兵既少，皆临时召募，乌合之众。又，诸节度既有监军，其领偏师者亦置中使监陈，主将不得专号令，战小胜则飞驿奏捷，自以为功，不胜则迫胁主将，以罪归之。悉择军中骁勇以自卫，遣赢懦者就战，故每战多败。又凡用兵，举动皆自禁中授以方略，朝令夕改，不知所从。不度可否，惟督令速战。中使道路如织，驿马不足，掠行人马以继之，人不敢由驿路行。故虽以诸道十五万之众，裴度元臣宿望，乌重胤、李光颜皆当时名将，讨幽、镇万馀之众，屯守逾年，竟无成功，财竭力尽。

【译文】穆宗李恒刚刚即位的时候，河南、河北的叛乱藩镇都已经被平定，萧俛、段文昌认为"天下已经太平，应该逐渐裁减国家的军事武装。请陛下命各地秘密下达诏令，凡是有士兵驻扎的军镇，每年允许每百名士兵中有八人逃走和死亡，注销他们的军籍"。此时穆宗正沉迷于游乐饮宴，不把国家政事放在心上，于是就准许他们的奏请。被除去军籍的军士很多，他们都聚集在深山、江湖中成为盗贼。等到朱克融、王庭凑叛乱的时候，一呼百应，这些逃亡的兵士都投奔到他们的麾下谋生。穆宗下诏征召各道的军队前去讨伐叛贼，各道的士兵数目既少，又都是临时招募的乌合之众。另外，朝廷在各道已经设置监军，对于他们部将管辖的军队也派中使临时监阵，导致主将不能独自掌控军权，打了一个小胜仗监军就飞书向朝廷奏捷，认为是自己的功劳，打不了胜仗就逼迫威胁主将，把罪责加到主将头上。监军还把军中勇猛的将士全部挑选出来保护自己；其余老弱病残的兵士，就被派遣攻战，所以每次打仗都失败。凡是作战，军队的一举一动，都由朝廷授予作战方略，朝令夕改，将士都不知所措；而监军又不衡量事情能不能实行，只监督责令将士遵照执行，教他们迅速作战。道路上的中使来往如织，驿马不够，抢路上行人的马来补充，以致行人都不敢从驿路行走。所以虽然动用各道十五万的军队，裴度是久有名望的大臣，乌重胤、李光颜都是当时的名将，讨伐幽州、成德一万多人，屯守一年多的时间，竟然没有任何结果，还把国家弄得财竭力尽。

崔植、杜元颖、王播为相，皆庸才，无远略。史宪诚既逼杀田布，朝廷不能讨，遂并朱克融、王庭凑以节钺授之。由是再失河朔，讫于唐亡，不能复取。

朱克融既得旌节，乃出张弘靖及卢士玫。

丙寅，以牛元翼为山南东道节度使，以左神策行营乐寿镇兵马使清河傅良弼为沂州刺史，以瀛州博野镇遏使李寰为忻州刺史。良弼、寰所戍在幽、镇之间，朱克融、王庭凑互加诱胁，良弼、寰不从，各以其众坚壁，贼竟不能取，故赏之。

丙子，赐横海节度使王日简姓名为李全略。

【译文】崔植、杜元颖、王播担任宰相，都是没有远见卓识的平庸之辈。史宪诚逼迫田布自杀后，朝廷没有能力征讨他，于是就将他和朱克融、王庭凑三人，都任命为节度使。从此朝廷又失去河朔地区，一直到唐朝灭亡，都没能再收复。

朱克融被任命为幽州节度使后，才放出张弘靖及卢士玫。

丙寅日（初四日），穆宗李恒任命牛元翼为山南东道节度使，任命左神策行营乐寿镇兵马使清河人傅良弼为沂州刺史，任命瀛州博野镇遏使李寰为忻州刺史。傅良弼、李寰所戍守之地在幽、镇之间，朱克融、王庭凑交相引诱胁迫，二人拒不服从，各自率领士兵坚守驻地，叛贼最终也没能够攻取他们的戍地，所以朝廷奖赏他们，给他们加官进爵，表彰他们对朝廷的忠诚。

丙子日（十四日），穆宗赐给横海节度使王日简姓名为李全略。

辛巳，中书侍郎、同平章事崔植罢为刑部尚书，以工部侍郎元稹同平章事。

癸未，加李光颜横海节度、沧景观察使，其忠武、深州行营节度如故。以横海节度使李全略为德棣节度使。时朝廷以光颜悬军深入，馈运难通，故割沧景以隶之。

王庭凑虽受旌节，不解深州之围。丙戌，以知制诰东阳冯宿为山南东道节度副使，权知留后，仍遣中使入深州督牛元翼赴镇。裴度亦与幽、镇书，责以大义。朱克融即解围去，王庭凑虽引兵少退，犹守之不去。

【译文】辛巳日（十九日），穆宗李恒免去中书侍郎、同平章事崔植的官职，任命他为刑部尚书，任用工部侍郎元稹为同平章事。

癸未日（二十一日），穆宗加封李光颜横海节度使、沧景观察使，他原来的忠武、深州行营节度的官职照旧。穆宗李恒派横海节度使李全略为德棣节度使。当时朝廷因为李光颜孤军深入敌境，军需供给的道路很难打通，所以分割横海的沧、景二州隶属于他去管理。

王庭凑虽然被任命为成德节度使，但是仍然不解除围困深州的军队。丙戌日（二十四日），穆宗李恒派知制诰东阳人冯宿为山南东道节度副使，暂时代理留后，督促牛元翼赶赴山南东道上任。裴度也写信给幽州、镇州两道，责备朱克融和王庭凑仍然围攻深州，抗拒朝廷命令，并用忠君爱国的大道理劝说二人撤退军队。朱克融立刻解围撤军而去；王庭凑虽然带兵稍微后撤，但还是守在那里不撤军。

元稹怨裴度，欲解其兵柄，故劝上雪王庭凑而罢兵。丁亥，以度为司空、东都留守，平章事如故。谏官争上言："时未偃兵，度有将相全才，不宜置之散地。"上乃命度入朝，然后赴东都。以灵武节度使李听为河东节度使。初，听为羽林将军，有良马，上为太子，遣左右讽求之，听以职总亲军，不敢献。及河东缺帅，上曰："李听不与朕马，是必可任。"遂用之。

昭义监军刘承偕恃恩，陵轹节度使刘悟，数众辱之，又纵其下乱法。阴与磁州刺史张汶谋缚悟送阙下，以汶代之。悟知之，讽其军士作乱，杀汶。围承偕，欲杀之，幕僚贾直言入，责悟曰："公所为如是，欲效李司空邪！此军中安知无如公者，使李司空有知，得无笑公于地下乎！"悟遂谢直言，救免承偕，囚之府舍。

【译文】元稹怨恨裴度，想让穆宗解除他的兵权，所以劝说穆宗赦免王庭凑的罪，停止对幽州、成德继续用兵。丁亥日（二十五日），穆宗李恒任命裴度为司空、东都留守，依旧带同平章事的荣誉官衔。谏官争相向穆宗上奏："朝廷对河朔藩镇的战争还未平息，裴度是做将相的全才，不应该放在闲散的职位上。"穆宗于是下诏令裴度入朝，然后再赴东都上任。穆宗任命灵武节度使李听为河东节度使。起初，李听担任羽林将军，得到一匹好马，穆宗那时还是太子，派身边的人暗示李听把马献给自己，李听因为职务是总领保卫天子的羽林军，所以不敢进献。恰好河东缺少节度使，于是穆宗说："李听起初没有把那匹好马献给我，刚直不阿，这人必定可以任用。"就下达诏书任用他。

昭义监军刘承偕倚仗拥立穆宗的功劳，欺压节度使刘悟，多次当着将士的面侮辱他，又纵容自己的部下败坏法纪。他还暗地里和磁州刺史张汶谋划把刘悟捆绑送到京都，让张汶代替他的职务。刘悟得知刘承偕的阴谋，暗示部下兵士作乱，杀死张汶。他们包围刘承偕，想杀了他，幕僚贾进来直言，责备刘悟说："你这么做，想效法李师道吗？在这个军中您怎么能知道没有像您一样的人，也效法您当年杀李师道那样而谋害您呢？假使李司空还有知觉，能不在地下嘲笑您吗？"刘悟于是向贾直言谢罪，说自己做得不对，把刘承偕救出来，并把他囚禁在府舍中。

初，上在东宫，闻天下厌苦宪宗用兵，故即位，务优假将卒以求姑息。三月，壬辰朔，诏："神策六军使及南牙常参武官具由历、功绩，牒送中书，量加奖擢。其诸道大将久次及有功者，悉奏闻，与除官。应天下诸军，各委本道据守旧额，不得辄有减省。"于是，商贾、胥吏争赂藩镇，牒补列将而荐之，即升朝籍。奏章委职，士大夫皆扼腕叹息。

【译文】起初，穆宗在东宫为太子的时候，听说天下百姓对宪宗李纯用兵作战非常厌恶愁苦，所以穆宗李恒即位后，对待将士尽量宽容优赏，以求相安无事。三月，壬辰日（初一日），穆宗颁下诏书："神策六军使和南牙常参武官，将得官的原因，所经历的职位、功绩，用公文送到中书，适当加以奖励提拔。各道大将任职已久及有功者，也都向朝廷报告，授予官职。各地军队，都由本道遵照之前已规定的士兵数额，不得随便裁减人员。"诏书下达后，一些商贾、管文书的小吏，争相贿赂藩镇节度使、观察使，希望由藩镇授予一个军将的职务，再推荐到朝廷，那么立刻就有朝廷的官衔。各道的奏章成批地堆积在中书省内，士大夫都扼腕叹息授官太滥。

【乾隆御批】天下之苦用兵，正以强藩滋扰生民，处财匮、力殚之时，无识者苟且姑息，将自贻水深火热之忧，莫知自拔耳。穆宗甫嗣服，即以优假除官，大隳宪宗遗绪，是前此虽苦兵而尚能用兵，后此并无兵可用，而益苦矣。唐祚之衰，犹可复起哉。

【译文】天下饱尝用兵之苦，外族不断入侵，百姓不堪其扰，国家正处财力匮乏、殚精竭虑之时，而那些目光短浅的人依然苟且偷生，将自己深陷水深火热之中而不知自拔。唐穆宗刚一即位就想优赏将士并为他们封官受爵，这种做法大大毁坏了唐宪宗留下的传统，这也正是前面的宪宗虽然苦于争战却尚能用兵，而后面的穆宗却已无兵可用而更加苦恼的原因。唐朝国运的衰败，还可以复兴吗？

武宁节度副使王智兴将军中精兵三千讨幽、镇，节度使崔群忌之，奏请即用智兴为节度使，不则召诣阙，除以他官。事未报，智兴亦自疑。会有诏赦王庭凑，诸道皆罢兵，智兴引兵先期入境。群惧，遣使迎劳，且使军士释甲而入。智兴不从。乙巳，引兵直进，徐人开门待之，智兴杀不同己者十馀人，乃入府牙，见群及监军，拜伏曰："军众之情，不可如何！"为群及判官、从吏具人马及治装，皆素所办也，遣兵卫送群，至埇桥而返。遂掠盐铁院钱帛，及诸道进奉在汴中者，并商旅之物，皆三分取二。

丙午，加朱克融、王庭凑检校工部尚书。上闻其解深州之围，故褒之，然庭凑之兵实犹在深州城下。

【译文】武宁节度副使王智兴率领军中三千精兵讨伐幽州、镇州，节度使崔群忌惮王智兴，向朝廷上奏请命王智兴为节度使，否则就把他召到京师，授给别的官职。朝廷还没有答复，王智兴也有些怀疑；适逢有诏命赦免王庭凑的罪，各道参加讨伐的军队都已停止作战。王智兴率领军队先行一步，返回到武宁。崔群听说王智兴已率兵入境，很是恐惧，派使者迎接慰劳，并且教军士解除武装再入城；王智兴不依从。乙巳日（十四日），王智兴率领军队直入徐州城，徐人开城门等待他，王智兴杀了十几个不赞同他的人，才进节度使府牙，见崔群及监军，下拜伏在地上说："这都是将士们的意思，我没有一点办法！"他为崔群和判官以及随行人员准备护送的人员、马匹和行装，全都是早就办好的，派兵保卫崔群前往京城，送到埇桥才折回。埇桥有朝廷设置的盐铁院仓库，王智兴放纵士兵大肆掠夺盐铁院储藏的钱币和布帛，还抢占诸道向朝廷进奉经过汴河中的船只和商人、行人在船上的财物，全拿了三分之二。

丙午日（十五日），穆宗李恒加封朱克融、王庭凑为检校工部尚书。穆宗听说朱克融和王庭凑已经撤除包围深州的军队，所以褒奖他们，然而王庭凑的军队实际上还在深州城下。

韩愈既行，众皆危之。诏愈至境更观事势，勿遽入，愈曰："止，君之仁；死，臣之义。"遂往，至镇，庭凑拔刃弦弓以逆之，及馆，甲士罗于庭。庭凑言曰："所以纷纷者，乃此曹所为，非庭凑心。"愈厉声曰："天子以尚书有将师材，故赐之节钺，不知尚书乃不能与健儿语邪！"甲士前曰："先太师为国击走朱滔，血衣犹在，此军何负朝廷，乃以为贼乎！"愈曰："汝曹尚能记先太师则善矣。夫逆顺之为祸福岂远邪！自禄山、思明以来，至元济、师道，其子孙有今尚存仕宦者乎！田令公以魏博归朝廷，子孙虽在孩提，皆为美官；王承元以此军归朝廷，弱冠为节度使；刘悟、李祐，今皆为节度使；汝曹亦闻之乎！"庭凑恐众心动，麾之使出，谓愈曰："侍郎来，欲使庭凑何为？"愈曰："神策六军之六如牛元翼者不少，但朝廷顾大体，不可弃之耳！尚书何为围之不置。"庭凑曰："即当出之。因与愈宴，礼而归之。未几，牛元翼将十骑突围出，深州大将藏平等举城降，庭凑责其久坚守，杀平等将吏百八十馀人。

【译文】韩愈被穆宗任命为宣慰使，即将出发，百官都忧虑他的个人安危。穆宗李恒下诏命韩愈到成德边境后，先观察那里的形势变化，不要急于进入境内，以防止难以预测的事情发生。韩愈说："陛下阻止我，这是出于陛下的仁义关怀我的安危；不畏惧死亡去执行陛下的任命，则是我作为臣子应该尽的义务。"说完就毅然前往。到镇州后，王庭凑刀出鞘、箭上弦来迎接他，韩愈到馆舍，武装士兵手执兵器排列在庭院中。王庭凑对韩愈说："境内之所以纷乱蠢动，都是这些将士干的，并不是我的本意。"韩愈厉声呵斥他说："陛下因为尚书有将帅之才，所以才赐你为节度使，却想不到你竟然还指挥不动这些士卒！"有一个士兵手执兵器上前几步说："先太师（王武俊）为国家打跑朱滔，他的血衣还在，本军哪里对不起朝廷，竟然把我们当作叛贼讨伐！"韩愈说："你们能记得先太师就很好。他开始时叛乱朝廷，后来归顺朝廷，朝廷给他加官进爵。所以违背和顺从朝廷造成的祸福，例子难道很远吗？自安禄山、史思明以来，到吴无济、李师道，他们的子孙现在还有存活做官的吗？田令公举魏博归顺朝廷，田家的子孙虽是小孩子，但都被授予高官;王承元以成德归顺朝廷，才二十岁就做了节度使；刘悟、李祐起初跟随李师道、吴元济叛乱，后来也都投降朝廷，现在都是节度使，这些你们也听过吧？"王庭凑害怕众人听了韩愈的话，心中动摇，指挥众人出去；对韩愈说："侍郎到这里来，想教我怎么做？"韩愈说："神策六军的将领，像牛元翼这样的不在少数，但是朝廷顾全大局，不能把他抛弃不管。尚书为什么把他们包围着不放呢？"王庭凑说："我立刻放他们出来。"随即和韩愈宴饮，很有礼貌地送他回去。过了不久，牛元翼率领十骑突围而出，深州大将臧平等以城投降，王庭凑指责臧平等人一直坚守抗拒，杀死臧平等将吏一百八十多人。

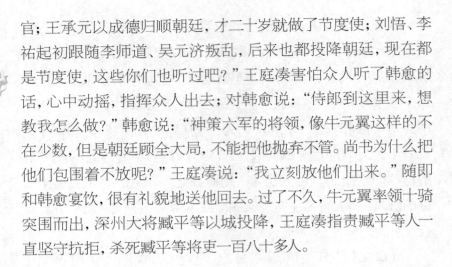

戊申，裴度至长安，见上，谢讨贼无功。先是，上诏刘悟送刘承偕诣京师，悟托以军情，不时奉诏。上问度："宜如何处置？"度对曰："承偕在昭义，骄纵不法，臣尽知之，悟在行营与臣书，具论其事。时有中使赵弘亮在臣军中，持悟书去，云'欲自奏之'，不知尝奏不？"上曰："朕殊不知也，且悟大臣，何不自奏！"对曰："悟武臣，不知事体。然今事状藉藉如此，臣等面论，陛下犹不能决，况悟当日单辞，岂能动圣听哉！"上曰："前事勿论，直言此时如何处置？"对曰："陛下必欲收天下心，止应下半纸诏书，具陈承偕骄纵之罪，令悟集将士斩之，则藩镇之臣。孰不思为陛下效死！非独悟也。"上俯首良久，曰："朕不惜承偕，然太后以为养子，今兹囚絷，太后尚未知之，况杀之乎；卿更思其次。"度乃与王播等奏请"流承偕于远州，必得出。"上从之。后月馀，悟乃释承偕。

【译文】戊申日（十七日），裴度返回长安，拜见穆宗李恒，对自己率军讨伐幽州、成德而没能取胜向穆宗请罪。先前，穆宗以诏书命令刘悟把刘承偕押送到京师，刘悟以军情紧急为借口，不立即遵奉穆宗的诏命。穆宗询问裴度："朕应该如何处置？"裴度回答说："刘承偕在昭义，骄纵不守法令，臣完全知道，刘悟出兵在行营时，曾给臣写了一封信，报告过这些情况。当时有中使赵弘亮在军中，把刘悟的信拿去，说：'我要亲自向皇上禀报。'不知道他向陛下奏呈了没有？"穆宗说："朕根本就不知道此事，再说刘悟是大臣，为什么不自己上奏？"裴度回答说："刘悟是武臣，不懂得事情的体制。现在事情议论纷纷，我和其他人向陛下当面陈述说明，陛下仍然不能做出决断，更何况刘悟当时也只是一面之词，又怎么能说动陛下呢？"穆宗说："从前的事不谈，只说现在要如何处置？"裴度回答说："如果陛下能下定决心收取天下人心的话，只要下达一纸诏书，指斥刘承偕骄横放纵的罪行，然后命令刘悟集合将士，当众把他杀了就可以。不只是一个刘悟！全国各个藩镇的节度使都会认为陛下执法如山，谁不想为陛下效命？"穆宗低下头沉默了好一会儿，说："我是不会爱惜刘承偕的，可是太后认他做养子，现在把他关起来，都没敢让皇太后知道，更何况要杀掉他呢？你再想想其他办法吧！"于是裴度和王播等向穆宗上奏，请求"把刘承偕流放到远州，刘悟必定会放他出来"。穆宗听从他们的建议。一个多月后，刘悟才释放刘承偕。

李光颜所将兵闻当留沧景，皆大呼西走，光颜不能制，因惊惧成疾。己酉，上表固辞横海节，乞归许州。许之。

壬子，以裴度为淮南节度使，馀如故。

加刘悟检校司徒，馀如故。自是悟浸骄，欲效河北三镇，招聚不逞，章表多不逊。

裴度之讨幽、镇也，回鹘请以兵从。朝议以为不可，遣中使止之。回鹘遣其臣李义节将三千人已至丰州北，却之，不从。诏发缯帛七万匹以赐之，甲寅，始还。

【译文】李光颜率领的许州士兵得知天子已经下诏停罢诸道在河朔前线的军队，而他们还要留守沧州和景州，都大声喧哗扰攘，都要向西奔走，回到许州。李光颜不能制止他们，因此惊恐生病。己酉日（十八日），李光颜向朝廷上奏，坚决辞去横海节度使的职位，请求回许州；穆宗准许他的请求。

壬子日（二十一日），穆宗任命裴度为淮南节度使，仍兼任原来的其他职务。

穆宗加封刘悟为检校司徒，仍兼任原来的其他职务。从此，刘悟渐渐骄纵起来，想效法河朔三镇，实行割据，他开始聚集各地不得志的狂放之徒，上奏朝廷的表章也多出言不逊。

当裴度讨伐幽州和成德时，回鹘请求派军队参战，朝廷商议后，认为这件事不可以，于是派中使前去阻止。回鹘派臣子李义节率领三千人已到丰州北面，中使命李义节返回，李义节不听他的命令；穆宗李恒下诏拿出缯帛七万匹赐给他，甲寅日（二十三日），李义节才返回回鹘。

王智兴遣轻兵二千袭濠州。丙辰，刺史侯弘度弃城奔寿州。

言事者皆谓裴度不宜出外，上亦自重之。戊午，制留度辅政，以中书侍郎、同平章事王播同平章事，代度镇淮南，仍兼诸道盐铁转运使。

李寰帅其众三千出博野，王庭凑遣兵追之。寰与战，杀三百余人，庭凑兵乃还，余众二千犹固守博野。

朝廷以新罢兵，力不能讨徐州，己未，以王智兴为武宁节度使。

复以德棣节度使李全略为横海节度使。

【译文】王智兴派遣二千轻兵偷袭濠州；丙辰日（二十五日），濠州刺史侯弘度弃城逃奔寿州。

所有向朝廷上奏的臣僚都认为裴度不应该被调到外地任职，应该留在朝廷为官，穆宗也很看重裴度。戊午日（二十七日），穆宗下制书留裴度在朝廷辅佐政治；任命中书侍郎、同平章事王播带同平章事的荣誉官衔，代替裴度出任淮南节度使，仍兼诸道盐铁转运使。

李寰率领三千人从博野城突围而出，王庭凑派遣军队前去追赶；李寰和他们交战，杀死三百多人，王庭凑的士兵才返回去，不再追击；李寰剩下的二千多人仍然固守博野。

朝廷考虑到刚刚对幽州、成德停止讨伐，没有能力再讨伐王智兴率领的叛军，己未日（二十八日），穆宗李恒任命王智兴为武宁节度使。

穆宗又任命德棣节度使李全略为横海节度使。

夏，四月，辛酉朔，日有食之。

甲戌，以傅良弼、李寰为神策都知兵马使。

户部侍郎、判度支张平叔上言："官自粜盐，可以获利一倍。"又请"令所由将盐就村粜易。"又乞"令宰相领盐铁使。"又请"以粜盐多少为刺史、县令殿最。"又乞"检责所在实户，据口团保，给一年盐，使其四季输价。"又"行此策后，富商大贾或行财贿，邀截喧诉，其为首者所在杖杀，连状人皆杖脊。"诏百官议其可否。

【译文】夏季，四月，辛酉朔日（初一日），天空出现日食。

甲戌日（十四日），穆宗李恒任命傅良弼、李寰为神策都知兵马使。

户部侍郎、判度支张平叔向穆宗上奏说："由官府自己卖盐，朝廷每年可以获得一倍的利润。"又建议"命各道掌管食盐专卖的官吏把盐送到村里进行交易"；又建议"命宰相兼任盐铁使"；又建议"各道以卖盐多少作为考察刺史、县令政绩优劣的依据"；又请求"要求各地核查实际户口，根据各户人口的多少，若干户组织在一起，给一年的盐，使他们按四季缴纳价款"；又说"实行这些政策后，如果那些有钱的大商人用财物行贿，或者出于不满喧哗闹事，或者向上申诉，为首的就地用杖打死，联名告状的人都给予打背脊骨的惩罚"。穆宗下诏令百官商议他这一建议是否可以实施。

兵部侍郎韩愈上言，以为："城郭之外，少有见钱籴盐，多用杂物贸易。盐商则无物不取，或赊贷徐还，用此取济，两得利便。今令人吏坐铺自粜，非得见钱，必不敢受。如此，贫者无从得盐，自然坐失常课，如何更有倍利！又若令人吏将盐家至户到而粜之，必索百姓供应，骚扰极多。又，刺史、县令职在分忧，岂可惟以盐利多少为之升黜，不复考其理行！又，贫家食盐至少，或有淡食动经旬月，若据口给盐，依时征价，官吏畏罪，必用威刑，臣恐因此所在不安，此尤不可之大者也。"

中书舍人韦处厚议，以为："宰相处论道之地，杂以鹾务，实非所宜。窦参、皇甫镈皆以钱谷为相，名利难兼，卒蹈祸败。又欲以重法禁人喧诉，夫强人之所不能，事必不立；禁人之所必犯，法必不得矣。"事遂寝。

【译文】兵部侍郎韩愈向穆宗上奏，认为："在城市以外的地方，人们很少有用现钱买盐的，多半用杂物交换。盐商随便什么东西都要，或者先赊账以后再慢慢偿还。这样的交易方式，对买卖双方都很方便。现在朝廷下令让官吏坐在铺子里卖盐，官吏们一定只要现钱，其他杂物肯定不敢接受。这样一来，手头没钱的穷人就无法得到盐，国家自然凭空失去经常的税收，怎么会有反而增加一倍的收益？其次如果教官吏把盐挨家挨户地贩卖，必定会借接待为名，乘机勒索百姓，这样对百姓的骚扰很多。再者，刺史、县令的职责在于分担天子的忧虑，岂能只以卖盐所得利益的多少，作为升官降职的依据，而不再考虑他们的政绩呢？最后，穷人家盐吃得非常少，有的甚至十天半月淡食，如果按户给盐，按时收钱，官吏恐怕会不能按时把盐钱收上来而被上司怪罪，必定会对百姓用严刑，我担心因此各地可能产生骚乱而不能安定，这是他的建议不可行的最重要一点。”

中书舍人韦处厚议论，认为：“宰相的职责就是商议国家的大政方针，如果宰相兼管盐业专卖这类具体的事务，臣认为确实是不适当的。窦参、皇甫镈都是兼管钱谷的宰相，由于两方面事务难以同时考虑周全，以致出了问题而被罢免。同时，要想用严刑峻法禁止百姓拦路告状，也是不可能的。所有勉强别人去做他们做不到的事情，这种事情必定不能成功；凡是制定人们一定会违犯的法律，这种法律就必定难以贯彻执行。”张平叔的建议于是被搁置没能实行。

平叔又奏征远年逋欠。江州刺史李渤上言：“度支征当州贞元二年逃户所欠钱四千馀缗，当州今岁旱灾，田损什九。陛下奈何于大旱中征三十六年前逋负！”诏悉免之。

邕州人不乐属容管，刺史李元宗以吏人状授御史，使奏之。

容管经略使严公素闻之，遣吏按元宗擅以罗阳县归蛮酋黄少度。五月，壬寅，元宗将兵百人并州印奔黄洞。

王庭凑之围牛元翼也，和王傅于方欲以奇策干进，言于元积，请"遣客王昭、于友明间说贼党，使出元翼。仍赂兵、吏部令史伪出告身二十通，令以便宜给赐。"积皆然之。有李赏者，知其谋，乃告裴度，云方为积结客刺度，度隐而不发。赏诣左神策告其事。丁巳，诏左仆射韩皋等鞫之。

【译文】张平叔又向穆宗李恒上奏征收百姓多年的欠税。江州刺史李渤向穆宗上奏："度支征收本州贞元二年逃税户所欠的钱四千多贯，本州今年闹旱灾，农作物损失十分之九。陛下为什么要在大旱之年征收三十六年前百姓所欠的赋税呢？"于是穆宗下诏书把欠税完全免除。

邕州人不愿意隶属容管经略使统领，刺史李元宗把吏民的奏状呈递给御史，请他将奏状上奏朝廷。容管经略使严公素知道这件事后，派遣官吏前去审查李元宗擅自把罗阳县归还给黄洞蛮酋长黄少度的问题。五月，壬寅日（十二日），李元宗带了一百个士兵，携带州印投奔黄洞蛮。

王庭凑围困牛元翼的时候，和王李绮的师傅于方想出一个奇妙的计策以求升迁，于方向元积请求说："请派遣说客王昭、于友明二人去游说王庭凑的部下，以此来达到放牛元翼出城的目的。再贿赂兵部、吏部的令史，请求他们给予文官和武官的假任命书二十张，让王昭、于友明二人游说时随时寻找机会授予对方。"元积答应了他的请求。有一个叫李赏的人，知道了他们的计划，悄悄告诉裴度，说于方为元积结交刺客，阴谋杀害裴度，裴度听后，将此事埋在心底，没有发作。李赏就到左神策报告此事。丁巳日（二十七日），穆宗李恒下诏左仆射韩皋等就此事审问于方。

戊午，幽州节度使朱克融进马万匹，羊十万口，而表云先请其直充犒赏。

三司按于方刺裴度事，皆无验。六月，甲子，度及元稹皆罢相，度为右仆射，稹为同州刺史。以兵部尚书李逢吉为门下侍郎、同平章事。

党项寇灵州、渭北，掠官马。

谏官上言：“裴度无罪，不当免相。元稹与于方为邪谋，责之太轻。上不得已，壬申，削稹长春宫使。

吐蕃寇灵武。

庚辰，盐州奏党项都督拔跋万诚请降。

壬午，吐蕃寇盐州。

戊子，复置邕管经略使。

【译文】戊午日（二十八日），幽州节度使朱克融声称向朝廷进献一万匹马，十万头羊，但他呈递的奏章上却说，先请朝廷支付这些马和羊的价钱作为对手下将士的犒赏，然后才能将马和羊进献给朝廷。

韩皋主持刑部、大理寺和御史台会审于方阴谋杀害裴度的案件，没有找到什么证据。六月，甲子日（初五日），穆宗罢免裴度和元稹的宰相之位，命裴度担任右仆射，元稹担任同州刺史；任命兵部尚书李逢吉为门下侍郎、同平章事。

党项族部落侵扰灵州、渭北，抢劫牧场上的朝廷战马。

谏官向穆宗上奏：“裴度没有犯罪，不应当被罢免宰相职务。而元稹和于方一起策划奸谋，对他们的处置太轻。”穆宗迫不得已，壬申日（十三日），免去元稹长春宫使的官职。

吐蕃攻打灵武。

庚辰日（二十一日），盐州向朝廷上奏党项都督拔跋万诚请求投降。

壬午日（二十三日），吐蕃出兵侵犯盐州。

戊子日（二十九日），唐穆宗下令重新设置邕管经略使。

初，张弘靖为宣武节度使，屡赏以悦军士，府库虚竭。李愿继之，性奢侈，赏劳既薄于弘靖时，又峻威刑，军士不悦，愿以其妻弟窦瑗典宿直兵；瑗骄贪，军中恶之。牙将李臣则等作乱，秋，七月，壬辰夜，即帐中斩瑗头，因大呼，府中响应。愿与一子逾城奔郑州。乱兵杀其妻，推都押牙李㠇为留后。

丙申，宋王结薨。

戊戌，宣武监军奏军乱。庚子，李㠇自奏已权知留后。

【译文】 起初，张弘靖担任宣武节度使，常常赏赐财物取悦军士，致使府库空虚。李愿继任宣武节度使，喜好奢侈之风，对军士赏赐犒劳的东西比张弘靖时候赏赐的东西少，又施用严刑峻法，军士很不喜欢他。李愿任用他的妻弟窦瑗掌管护卫亲兵，窦瑗骄横贪财，军中将士很憎恨他。于是牙将李臣则等人趁机作乱，秋季，七月，壬辰日（初四日）的晚上，李臣则等人就在军帐中把窦瑗杀死，随即大声呼喊，府里各处都响应。李愿和一个儿子翻过城墙逃到郑州；乱兵就杀死李愿的妻子，军士共同推举都押牙李㠇做留后。

丙申日（初八日），宋王李结去世。

戊戌日（初十日），宣武监军向朝廷奏报军队作乱。庚子日（十二日），李㠇自己向朝廷上奏已暂时代理留后。

乙巳，诏三省官与宰相议汴州事，皆以为宜如河北故事，授李齐节。李逢吉曰："河北之事，盖非获已。今若并汴州弃之，则是江、淮以南皆非国家有也。"杜元颖、张平叔争之曰："奈何惜数尺之节，不爱一方之死乎！"议未决，会宋、亳、颍三州刺史各上奏，请别命帅。上大喜，以逢吉议为然，遣中使诣三州宣慰。逢吉因请"以将军征齐入朝，以义成节度使韩充镇宣武。充，弘之弟，素宽厚得众心。脱齐旅拒，则命徐、许两军攻其左右而滑军躏其北，充必得入矣。"上皆从之。

【译文】乙巳日（十七日），穆宗下诏中书、门下、尚书三省长官和宰相商议如何处置宣武镇的叛乱问题，参加会议的官员大多数都认为应该按照河北藩镇的旧例，授予李齐节度使的职位。李逢吉说："河北藩镇割据，迫于无奈。现在如果连宣武也一并放弃，恐怕江淮以南的广大地区都将不属于朝廷。"杜元颖、张平叔和他争辩说："为什么要爱惜几尺长的节度使符节，却不爱惜宣武一方百姓的性命呢？"议论还没有决断时，正赶上宣武镇管辖的宋州、亳州、颍州三州各自向朝廷上奏疏，请求穆宗另外任命节度使。穆宗李恒非常高兴，认为李逢吉的意见是对的，派遣中使到三州去宣达慰问之意。李逢吉接着向穆宗请求"用将军的职位征召李齐到朝廷来，派义成节度使韩充镇守宣武。韩充就是前宣武节度使韩弘的弟弟，一向以宽容仁德深得将士爱戴。如果李齐恃众抗拒，陛下就命令武宁和忠武两支军队前去攻击宣武镇的左右两翼，命义成军队从北面进逼宣武边境，韩充肯定能够率领军队进入宣武"。穆宗听从了这个建议。

丙午，贬李愿为随州刺史，以韩充为宣武节度兼义成节度使。征李齐为右金吾将军，齐不奉诏。宋州刺史高承简斩其使者，齐遣兵二千攻之，陷宁陵、襄邑。宋州有三城，贼已陷其南城，承简保北二城，与贼十馀战。癸丑，忠武节度使李光颜将兵二万五千讨李齐，屯尉氏。兖海节度使曹华闻齐作乱，不俟诏，即发兵讨之。齐遣兵三千人攻宋州，适至城下，丙辰，华逆击，破之。丁巳，李光颜败宣武兵于尉氏，斩获二千馀人。

【译文】丙午日（十八日），穆宗李恒贬李愿为随州刺史，派遣韩充担任宣武节度使兼义成节度使。穆宗又征召李齐为右金吾将军，李齐拒不执行朝廷诏令。宋州刺史高承简杀了李齐的使者，于是李齐派二千兵马前去攻打他，攻陷宁陵、襄邑二县。宋州有三座城，李齐已攻陷南城，高承简率兵坚守北边的两座城，和叛贼大战十多次。癸丑日（二十五日），忠武节度使李光颜率领二万五千人讨伐李齐，驻扎在尉氏。兖海节度使曹华听说李齐作乱，不待朝廷下诏，就主动出兵讨伐。李齐派遣三千兵马攻打宋州，人马刚到城下，丙辰日（二十八日），曹华迎头痛击，打败了他。丁巳日（二十九日），李光颜在尉氏打败宣武军队，斩首和俘虏二千多人。

八月，辛酉，大理卿刘元鼎自吐蕃还。

甲子，韩充入汴境，军于千塔。武宁节度使王智兴与高承简共破宣武兵，斩首千馀级，馀众遁去。壬申，韩充败宣武兵于郭桥，斩首千馀级，进军万胜。

初，李齐既为留后，以都知兵马使李质为腹心。及齐除将军，不奉诏，质屡谏不听，会齐疽发于首，遣李臣则等将兵拒李光颜于尉氏。既而官军四集，兵屡败，齐疾甚，悉以军事属李质，卧于家。丙子，质与监军姚文寿擒齐，杀之。诈为齐牒，追臣则等，至，皆斩之。执齐四子送京师。

【译文】八月，辛酉日（初三日），大理卿刘元鼎出使吐蕃国会盟，返回京城。

甲子日（初六日），韩充率兵进入汴州，军队驻扎在千塔。武宁节度使王智兴和宋州刺史高承简联合打败宣武军队，斩首一千多人，其余敌兵逃亡。壬申日（十四日），韩充在郭桥打败宣武军队，率兵乘胜进军万胜镇。

起初，李齐做了宣武留后后，把都知兵马使李质作为自己的心腹，等到李齐被朝廷任命为右金吾将军的时候，李齐拒不执行朝廷对他的任命，李质就多次劝谏他接受任命，但李齐不听劝谏。恰好李齐头上长了恶疮，他派李臣则等人率兵前往尉氏县抵抗李光颜的忠武军队。没过多久，官兵就从四面向宣武包围过来，宣武军队屡次战败，李齐的毒疮也越来越严重。李齐就把军事的指挥权都交托给李质，自己在家卧病休养。丙子日（十八日），李质和监军姚文寿活捉李齐，并杀死他；他们又假造李齐的文书，派人追回李臣则等人。李臣则等人回到汴州后，都被斩杀；李质和姚文寿又捉住李齐的四个儿子，把他们都押送到京师。

韩充未至，质权知军务，时牙兵三千人，日给酒食，物力不能支。质曰："若韩公始至而罢之，则人情大去矣！不可留此弊以遗吾帅。"即命罢给而后迎充。丁丑，充入汴。

癸未，以韩充专为宣武节度使，以曹华为义成节度使，高承简为兖、海、沂、密节度使，加李光颜兼侍中，以李质为右金吾将军。

韩充既视事，人心粗定，乃密籍军中为恶者千馀人，一朝，并父母妻子悉逐之，曰："敢少留境内者斩。"于是，军政大治。

【译文】韩充还没有抵达汴州，李质暂时掌管宣武军务，当时府衙有三千牙兵，每天要供给酒食，宣武的财力已难以继续供给他们。李质说："如果韩充刚来宣武赴任，就罢除对牙兵的优待，肯定会大失军心！我不能遗留这个弊病让我们新任的节度使来处理。"李质立刻命令罢除对牙兵的优厚供给，然后迎接韩充。丁丑日（十九日），韩充抵达汴州。

癸未日（二十五日），穆宗李恒任命韩充专任宣武节度使，曹华为义成节度使，高承简为兖、海、沂、密等州节度使，穆宗又加封李光颜兼任侍中，任用李质为右金吾将军。

韩充到宣武就任后，人心稍稍安定下来。韩充于是开始秘密调查登记军中一贯作恶多端的将士，共一千多人。一天，韩充下令将这些人和他们的父母妻子完全驱逐出境，说："敢在宣武境内略作逗留的，一律斩首。"于是军政大治。

九月，戊子朔，浙西观察使京兆窦易直奏大将王国清作乱，伏诛。初，易直闻汴州乱而惧，欲散金帛以赏军士，或曰："赏之无名，恐益生疑。"乃止。而外已有知之者，故国清作乱，易直讨擒之，并杀其党二百馀人。

德州刺史王稷，承父锷馀赀，家富厚。横海节度使李景略利其财，丙申，密教军士杀稷，屠其家，纳其女为妾，以军乱闻。

朝廷之讨李齐也，遣司门郎中韦文恪宣慰魏博，史宪诚表请授齐旌节，又于黎阳筑马头，为渡河之势，见文恪，辞礼倨慢；及闻齐死，辞礼顿恭，曰："宪诚，胡人，譬如狗，虽被捶击，终不离主耳。"

【译文】九月，戊子朔日（初一日），浙西观察使京兆人窦易直向朝廷上奏大将王国清叛乱，已被斩杀。起初，窦易直听说宣武军队叛乱，十分害怕，打算从库房拿出金银布帛来赏赐将士，有人对他说："没有名义就赏赐他们金银布帛，恐怕更让他们疑心。"窦易直才打消这个念头，可是外面已有人知道了这个消息，所以王国清乘人心不定率领军士起来作乱；窦易直讨伐并捉住他，还杀了他的党羽共二百多人。

德州刺史王稷，继承父亲王锷的财产，家里很富有；横海节度使李景略（李景略当作李全略）贪图他的家产，丙申日（初九日），李景略秘密指使军士暗中杀害王稷和他的家人，又强娶他的女儿为妾，向朝廷奏报称军队作乱。

朝廷讨伐李弇的时候，派司门郎中韦文恪前去安抚魏博，史宪诚向穆宗李恒上表请求授予李弇宣武节度使的职位，史宪诚又在黄河北岸的黎阳县建筑码头，做出要渡河援助李弇的样子，史宪诚见了韦文恪，言辞和礼节都很傲慢；等到史宪诚听说李弇已被杀死，对李文恪的言辞和礼节立刻变得谦恭。他还自嘲说："我是胡人，就像家中的狗一样，虽然被鞭打，最终不会离开主人。"

冬，十一月，庚午，皇太后幸华清宫。辛未，上自复道幸华清宫，遂畋于骊山，即日还宫。太后数日乃返。

丙子，集王缃薨。

庚辰，上与宦者击球于禁中，有宦者坠马，上惊，因得风疾，不能履地，自是人不闻上起居。宰相屡乞入见，不报。裴度三上疏请立太子，且请入见。十二月，辛卯，上见群臣于紫宸殿，御大绳床，悉去左右卫官，独宦者十馀人侍侧，人情稍安。李逢吉进言："景王已长，请立为太子。"裴度请速下诏，副天下望。上无言。既而两省官亦继有请立太子者。癸巳，诏立景王湛为皇太子。上疾浸瘳。

是岁，初行《宣明历》。

【译文】冬季，十一月，庚午日（十四日），皇太后驾临华清宫。辛未日（十五日），穆宗李恒从复道出京到华清宫，趁机在骊山打猎游乐，当天回宫。皇太后过了很多天才返回京城。

丙子日（二十日），集王李缃去世。

庚辰日（二十四日），穆宗李恒和宦官在宫中打球，有一个宦官不小心从马上掉下来，穆宗受到惊吓，得了手足麻木的疾病，不能下地行走，从此百官都不了解穆宗的日常活动和行踪。宰相屡次请求入见，都得不到回复。裴度也多次上疏请求穆宗立太子，并请求入宫面见穆宗。十二月，辛卯日（初五日），穆宗在紫宸殿接见群臣，坐在大绳床上，完全屏退左右禁卫，只留下十几个宦官在旁边侍候，人心渐渐安定下来。李逢吉劝谏穆宗说："景王李湛如今已经长大成人，请陛下立景王为太子。"裴度也请求穆宗尽快颁下诏书立太子，以便符合天下臣民的心愿。穆宗李恒没有说话。不久中书、门下两省的官员也陆续有请求立太子。癸巳日（初七日），穆宗李恒下诏立景王李湛为太子。穆宗的病也逐渐痊愈。

这年，全国开始行用《宣明历》。

资治通鉴卷第二百四十三　唐纪五十九

起昭阳单阏，尽著雍涒滩，凡六年。

【译文】起癸卯（公元823年），止戊申（公元828年），共六年。

【题解】　本卷记录了公元823年至828年的历史，共六年。为唐穆宗长庆三年至唐文宗太和二年。六年间历经穆宗、敬宗、文宗三朝。穆宗、敬宗昏庸，只追求奢侈放纵的生活，不关心朝政，成为宦官的傀儡。穆宗知晓李逢吉奸猾，却因畏惧而重用；敬宗明白李绅含冤，却容忍李逢吉排挤李绅出朝。裴度再度入相，巧谏敬宗，敬宗罢游东都。惩治宦官扰乱市井的县令崔发被下狱，牛僧孺畏惧宦官自离相位。穆宗服用丹药驾崩，敬宗竟被宦官刘克明等人杀害。枢密使王守澄等四贵拥立文宗即位，杀害接见过朝官的绛王李悟，朝官不敢言语。八二八年，名士刘蕡应贤良方正科，对策公开反对宦官，主考官不敢录取，刘蕡落第。

穆宗睿圣文惠孝皇帝下

长庆三年（癸卯，公元八二三年）春，正月，癸未，赐两军中尉以下钱。二月，辛卯，赐统军、军使等绵彩、银器各有差。

户部侍郎牛僧孺，素为上所厚。初，韩弘之子右骁卫将军公武为其父谋，以财结中外。及公武卒，弘继薨，稚孙绍宗嗣，

457

主藏奴与吏讼于御史府。上怜之，尽取弘财簿自阅视，凡中外主权，多纳弘货，独朱句细字曰："某年月日，送户部牛侍郎钱千万，不纳。"上大喜，以示左右曰："果然，吾不缪知人！"三月，壬戌，以僧孺为中书侍郎、同平章事。

时僧孺与李德裕皆有入相之望。德裕出为浙西观察使，八年不迁。以为李逢吉排己，引僧孺为相，由是牛、李之怨愈深。

【译文】长庆三年（癸卯，公元823年）春季，正月，癸未日（二十七日），穆宗李恒赐钱给左、右两军中尉以下的官员。二月，辛卯日（初六日），穆宗赐给统军、军使等人绵（绵当作锦）彩、银器，并根据他们的职务高低来分等级颁给。

户部侍郎牛僧孺一向为穆宗李恒喜爱、器重。起初，宣武节度使韩弘的儿子、右骁卫将军韩公武，为了巩固父亲的地位，就对朝廷内外很多执掌大权的官员进行贿赂。等到韩公武去世，韩弘也去世了，而韩弘的小孙子韩绍宗就继承祖上家业。韩绍宗家里掌管储藏的家仆和宣武的官吏、御史台等向朝廷起诉韩公武向权臣行贿的事情。穆宗哀怜韩绍宗，就把韩弘的账簿全部拿来亲自查看，发现有权柄的朝廷内外官员，大多接受过韩弘的贿赂，登记簿上只有一处用红笔小字写着："某年月日，送给户部牛侍郎一千万钱，拒不接受。"穆宗非常高兴，拿给身边的人看，说："果然不出我所料，我不会看错人！"三月，壬戌日（初七日），穆宗任命牛僧孺为中书侍郎、同平章事。

当时牛僧孺和李德裕都有升迁为宰相的希望；但是李德裕被派出京城做浙西观察使，八年没有得到升迁，他认为李逢吉为了排斥自己，而向穆宗引荐牛僧孺做宰相。从此，牛僧孺、李德裕之间的仇怨就越来越深。

夏，四月，甲午，安南奏陆州獠攻掠州县。

丙申，赐宣徽院供奉官钱，紫衣者百二十缗，下至承旨各有差。

初，翼城人郑注，眇小，目下视，而巧谲倾谄，善揣人意，以医游四方，羁贫甚。尝以药术干徐州牙将，牙将悦之，荐于节度使李愬。愬饵其药颇验，遂有宠，署为牙推，浸预军政，妄作威福，军府患之。监军王守澄以众情白愬，请去之，愬曰："注虽如是，然奇才也，将军试与之语，苟无可取，去之未晚。"乃使注往谒守澄，守澄初有难色，不得已见之。坐语未久，守澄大喜，延之中堂，促膝笑语，恨相见之晚。明日，谓愬曰："郑生诚如公言。"自是又有宠于守澄，权势益张，愬署为巡官，列于宾席。注既用事，恐牙将荐己者泄其本末，密以它罪谮之于愬，愬杀之。及守澄入知枢密，挈注以西，为立居宅，赡给之。遂荐于上，上亦厚遇之。

【译文】夏季，四月，甲午日（初十日），安南都护府向朝廷奏报陆州的獠人攻打抢劫本道州县。

丙申日（十二日），穆宗李恒赐钱给宣徽院供奉官，凡身着紫色官服的赐给一百二十贯，下至承旨官，都根据他们各自的官品高低分等级颁给。

起初，翼城人郑注，虽然身材瘦弱，眼睛近视，但为人善于巧言诌媚，善于揣摩人心，他凭借医术游行四方，常常羁旅他乡，生活很贫穷。郑注曾凭借医术请求拜见徐州牙将，牙将很喜欢他，于是把他推荐给节度使李愬。李愬吃了他的药很有效果，因而非常宠爱他，还任命他为牙推，后来郑注渐渐参与军政，胡作非为，节度使府的官员对他的作为都很担忧。监军王守澄把众人对郑注的反映报告李愬，请求李愬除掉他，李愬说："郑注虽然这样，但他是奇才，请和他试着见一面，如果你觉得他真是一无是处，那时再驱除他也还不晚啊。"于是李愬教郑注去拜见王守澄，王守澄起初有些为难，不得已才接见他，和郑注坐着谈话没多长时间，郑注说得王守澄非常高兴，于是王守澄又把郑注引到中堂，两人促膝而坐，说说笑笑，相见恨晚。第二天，王守澄对李愬说："郑先生的确如你所说的那样好。"从此郑注又得到王守澄的宠爱，权势更大，李愬又任命郑注做巡官，让他做自己的重要幕僚。郑注在掌握一定权力后，担心原来推荐自己的牙将泄露了他的底细，于是秘密地以其他罪名在李愬面前诬告牙将，李愬就把牙将杀了。等到王守澄被穆宗召入朝廷，任命为知枢密，王守澄就把郑注也带到京城，给他建造府邸，供给他财物使用，又把他推荐给穆宗，穆宗李恒对郑注也很器重。

自上有疾，守澄专制国事，势倾中外。注日夜出入其家，与之谋议，语必通夕，关通赂遗，人莫能突击其迹。始则有微贱巧宦之士，或因以求进，数年之后，达官车马满其门矣。工部尚书郑权，家多姬妾，禄薄不能赡，因注通于守澄以求节镇。己酉，以权为岭南节度使。

五月，壬申，以尚书左丞柳公绰为山南东道节度使。公绰过邓县，有二吏，一犯赃，一舞文，众谓公绰必杀犯赃者。公绰判曰："赃吏犯法，法在；奸吏乱法，法亡。"竟诛舞文者。

丙子，以晋、慈二州为保义军，以观察使李寰为节度使。

【译文】穆宗生病后，王守澄专掌国事，权势倾动朝野；郑注出入王守澄家特别频繁，和他商议谋划事情，常常商量整个晚上。二人还相互串通收受他人贿赂，外人都没有办法窥探他们的行踪。刚开始的时候，还只是一些身份卑微却又善于钻营趋炎附势的官吏，通过贿赂郑注而得以升迁；几年之后，达官贵戚们也都争着和郑注交往，以致郑注家门前经常挤满车马。工部尚书郑权，家里有很多姬妾，但因俸禄微薄难以供养，于是通过郑注向王守澄推荐他，请求让他担任节度使。己酉日（二十五日），穆宗李恒任命郑权为岭南节度使。

五月，壬申日（十八日），穆宗任命尚书左丞柳公绰为山南东道节度使。柳公绰经过邓县，发现两个官吏犯法：一个因为贪受钱财，一个因为擅自篡改法文。众人都认为柳公绰肯定要杀那个贪污钱财的官吏。柳公绰却判决说："贪污的官吏虽然违反法律，但法律还是存在；而篡改法文的官吏扰乱了国家的法律，法律对他来说，已经形同虚设。"最后柳公绰判决杀了篡改法文的奸吏。

丙子日（二十二日），唐穆宗李恒下诏以晋、慈二州为保义军，任命观察使李寰为节度使。

六月，己丑，以吏部侍郎韩愈为京兆尹。六军不敢犯法，私相谓曰："是尚欲烧佛骨，何可犯也！"

秋，七月，癸亥，岭南奏黄洞蛮寇邕州，破左江镇。丙寅，邕州奏黄洞蛮破钦州千金镇，刺史杨屿奔石南砦。

南诏劝利卒，国人请立其弟丰祐。丰祐勇敢，善用其众，始慕中国，不与父连名。

八月，癸巳，邕管奏破黄洞蛮。

丙申，上自复道幸兴庆宫，至通化门楼，投绢二百匹施山僧。上之滥赐皆此类，不可悉记。

癸卯，以左仆射裴度为司空、山南西道节度使，不兼平章事。李逢吉恶度，右补阙张又新等附逢吉，竞流谤毁伤度，竟出之。又新，荐之子也。

【译文】六月，己丑日（初六日），穆宗任命吏部侍郎韩愈为京兆尹；禁军将士都不敢触犯法律，他们在私下里相互说："他连佛骨都敢焚烧，我们怎么还敢触犯法律？"

秋季，七月，癸亥日（十一日），岭南向朝廷上奏，黄洞蛮攻打邕州，攻取左江镇。丙寅日（十四日），邕州向朝廷上奏，黄洞蛮攻下钦州的千金镇，刺史杨屿逃到石南砦。

南诏国王劝利去世，南诏人向唐朝上奏请求立劝利的弟弟丰祐为国王。丰祐勇敢而且善于任用贤才，他很仰慕唐朝的礼仪和文化，从他以后，南诏国王不再父辈连名。

八月，癸巳日（十一日），邕管向朝廷上奏攻破黄洞蛮。

丙申日（十四日），穆宗李恒从复道到兴庆宫，走到通化门楼，穆宗向山里的僧人施舍二百匹绢。穆宗这种滥施赏赐的行为，一点没有节制，像这一类事情，实在太多，根本无法一一记载。

癸卯日（二十一日），穆宗任命左仆射裴度为司空、山南西道节度使，不再兼任平章事。李逢吉怨恨裴度，右补阙张又新等人亲附李逢吉，竞相用流言蜚语诋毁中伤裴度，最终把裴度排挤出朝廷，放逐京外任命他为外地的节度使。张又新是张荐的儿子。

九月，丙辰，加昭义节度使刘悟同平章事。

李逢吉为相，内结知枢密王守澄，势倾朝野。惟翰林学士李绅每承顾问，常排抑之，拟状至内庭，绅多所臧否。逢吉患之，而上待遇方厚，不能远也。会御史中丞缺，逢吉荐绅清直，宜居风宪之地。上以中丞亦次对官，不疑而可之。会绅与京兆尹兼御史大夫韩愈争台参及它职事，文移往来，辞语不逊。逢吉奏二人不协，冬，十月，丙戌，以愈为兵部侍郎，绅为江西观察使。

己丑，以中书侍郎、同平章事杜元颖同平章事，充西川节度使。

辛卯，安南奏黄洞蛮为寇。

韩愈、李绅入谢，上各令自叙其事，乃深痼。壬辰，复以愈为吏部侍郎，绅为户部侍郎。

【译文】九月，丙辰日（初五日），穆宗加封昭义节度使刘悟为同平章事。

李逢吉担任宰相时，在朝内和掌管枢密的王守澄勾结在一起，权势倾动朝野。只有翰林学士李绅每次接受穆宗的问话，常排斥压抑他们，李逢吉把推荐官员的拟状呈奏给穆宗后，穆宗就把它拿到翰林院听取臣子的建议，李绅对李逢吉的拟状有很多批评。李逢吉对此十分担忧，但由于穆宗特别信任李绅，李逢吉没有办法向穆宗进谗言使穆宗疏远李绅。恰在此时御史中丞空缺，李逢吉便向穆宗推荐李绅，说他是清高正直的官员，适合担任监察工作；穆宗因为御史中丞也是次对官（在宰相之后，能面见皇上回答问题），未加怀疑而同意了这一建议。适逢此时李绅和京兆尹、御史大夫韩愈，为京兆尹到任是否到御史台向御史行参谒之礼发生争执，二人奏章往来，言辞多有不逊。于是李逢吉向穆宗上奏称李绅、韩愈二人关系不合。冬季，十月，丙戌日（初五日），穆宗任命韩愈为兵部侍郎，任命李绅为江西观察使。

己丑日（初八日），穆宗任命中书侍郎、同平章事杜元颖为同平章事、充任西川节度使。

辛卯日（初十日），安南向朝廷上奏，黄洞蛮侵扰。

韩愈、李绅进入京城向穆宗李恒感谢赐予新任职务，穆宗教他们各自陈述争论的经过，这时才明白事情的原因。壬辰日（十一日），穆宗又任命韩愈为吏部侍郎，任命李绅为户部侍郎。

长庆四年（甲辰，公元八二四年）春，正月，辛亥朔，上始御含元殿朝会。

初，柳泌等既诛，方士稍复因左右以进，上饵其金石之药。有处士张皋者上疏，以为："神虑淡则血气和，嗜欲胜则疾疹作。药以攻疾，无疾不可饵也。昔孙思邈有言，'药势有所偏助，令人藏气不平，借使有疾用药，犹须重慎。'庶人尚尔，况于天子！先帝信方士妄言，饵药致疾，此陛下所详知也，岂得复循其覆辙乎！今朝野之人纷纭窃议，但畏忤旨，莫敢进言。臣生长蓬艾，麋鹿与游，无所邀求，但粗知忠义，欲裨万一耳！"上甚善其言，使求之，不获。

【译文】长庆四年（甲辰，公元824年）春季，正月，辛亥朔日（初一日），自即位以来，穆宗李恒首次亲临含元殿举行大朝会。

起初，柳泌等人被杀死后，方士又逐渐通过穆宗的身边侍从进入宫中，穆宗服用他们炼制的金石药物。有一个叫张皋的处士（有学行而隐居没有做官的人）向穆宗上疏，认为："大凡性情恬淡的人就会血气相协，身体健康；而欲求强烈的人则容易招致疾病。药物是用来行医治病的，如果没有患病就不要轻易去吃那些药物。从前孙思邈说过：'药物对人的身体各个器官的作用是有所偏重的，经常食用会导致人的五脏元气不平，即使是有病用药治疗，也必须非常谨慎小心。'百姓尚且如此，更何况是天子呢？昔日先帝相信方士的胡言乱语，服用金丹导致疾病，这是陛下很了解的事情，怎能重蹈覆辙呢？现在朝廷内外私下纷纷议论此事，都是害怕违背陛下的旨意，所以没有人敢说话。臣是自幼生长在草野之中的隐士，整天和麋鹿在一起，没有什么追求，但也约略知道一些忠义的道理，上书朝廷的原因，只是希望对陛下有些许帮助罢了。"穆宗认为他说得很有道理，派人去访求张皋，最终也没有找到。

【申涵煜评】皋以草莽之士，忧穆宗饵药致疾，亟进忠言。及使人求之不获，如神出没，不可测度。是高士亦是奇士，殆司马承祯一流。

【译文】张皋以草野的士人，担心穆宗服用的药物导致疾病，多次进献忠言，以及使人求之不获，如同神人出没，不可测量。他是高士也是奇士，恐怕是司马承祯一流的人物。

丁卯，岭南奏黄洞蛮寇钦州，杀将吏。

庚午，上疾复作。壬申，大渐，命太子监国。宦官欲请郭太后临朝称制。太后曰："昔武后称制，几倾社稷。我家世守忠义，非武氏之比也。太子虽少，但得贤宰相辅之，卿辈勿预朝政，何患国家不安！自古岂有女子为天下主而能致唐、虞之理乎！"取制书手裂之。太后兄太常卿钊闻有是议，密上笺曰："若果徇其请，臣请先帅诸子纳官爵归田里。"太后泣曰："祖考之庆，钟于吾兄。"是夕，上崩于寝殿。癸酉，以李逢吉摄冢宰。丙子，敬宗即位于太极东序。

【译文】丁卯日（十七日），岭南向朝廷奏报黄洞蛮侵扰钦州，杀死将士和官吏。

465

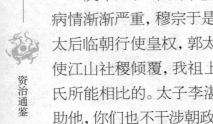

庚午日（二十日），穆宗的疾病又发作。壬申日（二十二日），病情渐渐严重，穆宗于是任命太子李湛代理朝政。宦官想请郭太后临朝行使皇权，郭太后对他们说："之前武皇后称帝，几乎使江山社稷倾覆，我祖上世世代代恪守忠孝仁义，这绝不是武氏所能比的。太子李湛虽然年幼，如果身边有贤德的宰相辅助他，你们也不干涉朝政，还用得着担心国家不安定吗？从古至今，哪里有女子做天下之主，而能达到唐尧、虞舜的太平盛世的呢？"说完，郭太后拿起宦官拟定的制书亲手撕碎。太后的哥哥太常卿郭钊听说宦官的建议，就秘密给太后送上一封书信说："假如真顺从宦官的请求，臣请求先率领儿子们交出官衔和爵位，回到乡下。"太后哭泣着说："祖先应该庆幸有我哥哥这样的好后代。"当天傍晚，穆宗在寝宫驾崩。癸酉日（二十三日），朝廷任命李逢吉兼任冢宰，主持穆宗的治丧等相关的事宜。丙子日（二十六日），敬宗李湛在太极殿东厢即位。

初，穆宗之立，神策军士人赐钱五十千，宰相议以太厚难继，乃下诏称："宿卫之勤，诚宜厚赏，属频年旱歉，御府空虚，边兵尚未给仪，沾恤期于均济。神策军士人赐绢十匹、钱十千，畿内诸镇又减五千。仍出内库绫二百万匹付度支，充边军春衣。"时人善之。

自戊寅至庚辰，上赐宦官服色及锦彩金银甚众，或今日赐绿，明日赐绯。

初，穆宗既留李绅，李逢吉愈忌之。绅族子虞颀以文学知名，自言不乐仕进，隐居华阳川，及从父耆为左拾遗，虞与耆书求荐，误达于绅。绅以书诮之，且以语于众人。虞深怨之，乃诣逢吉，悉以绅平日密论逢吉之语告之。逢吉益怒，使虞与补阙张又新及从子前河阳掌书记仲言等伺求绅短，扬之于士大夫间。且言"绅潜察士大夫有群居议论者，辄指为朋党，白之于上。"由是士大夫多忌之。

【译文】起初，穆宗李恒即位的时候，神策军士每人赐给五十千钱，宰相商议，认为陛下赏赐太丰厚，难以继续实行，于是穆宗下诏说："根据禁军将士宿卫的功劳，确实应当给他们丰厚的赏赐。只是近年来各地多次出现旱灾，很多地方庄稼都歉收，国家府库空虚，戍守边地的士兵到现在还没有春衣供给。朝廷对将士的恩泽应该尽量做到平均，神策军士每人赏赐绢十匹、钱十千，京畿神策诸镇军士每人又减少五千钱。将内库中的绫拿出二百万匹交给度支，作为边地戍兵的春衣。"当时的人都称赞陛下的这次赏赐比较公允。

从戊寅日（二十八日）到庚辰日（三十日），唐敬宗李湛赐给宦官官服以及很多锦彩、金银，或今日赐给他们六品、七品的绿色官服，明日赐给他们四品、五品的红色官服。

起初，穆宗李恒留下李绅在朝廷任职，李逢吉更加忌恨他。李绅的族子李虞因文章博学而知名，他自称不喜欢做官，因此隐居华阳川。等到从父（伯父或叔父）李耆担任左拾遗后，李虞写信给李耆请求把他推荐给天子，不料这封信误送到李绅手里；李绅就写了一封书信嘲讽他，并把这件事在众人面前宣扬。因此李虞就很怨恨李绅，于是前去拜见李逢吉，把李绅平日暗地里议论李逢吉的话全部都告诉他。李逢吉听了这些更生气了，让李虞和补阙张又新，以及侄子前河阳掌书记李仲言等人随时监视李绅的过失，把这些事在士大夫之间传扬开来；而且说："李绅暗里观察士大夫，看到有人聚集在一起议论，就将他们指斥为朋党，还向皇上告状。"从此，士大夫也都怨恨李绅。

及敬宗即位，逢吉与其党快绅失势，又恐上复用之，日夜谋议，思所以害绅者。楚州刺史苏遇谓逢吉之党曰："主上初听政，必开延英，有次对官，惟此可防。"其党以为然，亟白逢吉曰："事迫矣，若俟听政，悔不可追！"逢吉乃令王守澄言于上曰："陛下所以为储贰，臣备知之，皆逢吉之力也。如杜元颖、李绅辈，皆欲立深王。"度支员外郎李续之等继上章言之。上时年十六，疑未信。会逢吉亦有奏，言"绅谋不利于上，请加贬谪。"上犹再三覆问，然后从之。二月，癸未，贬绅为端州司马。逢吉仍帅百官表贺，既退，百官复诣中书贺，逢吉方与张又新语，门者弗内。良久，又新挥汗而出，旅揖百官曰："端溪之事，又新不敢多让。"众骇愕辟易，惮之。右拾遗内供奉吴思独不贺，逢吉怒，以思为吐蕃告哀使。丙戌，贬翰林学士庞严为信州刺史，蒋防为汀州刺史。严，寿州人。与防皆绅所引也。给事中于敖，素与严善，封还敕书。人为之惧。曰："于给事为庞、蒋直冤，犯宰相怒，诚所难也！"及奏下，乃言贬之太轻，逢吉由是奖之。

【译文】等到唐敬宗李湛即位后，李逢吉和他的党羽因李绅失势而拍手称快，又担心敬宗再次任用他，于是他们日夜密谋，商量陷害李绅的办法。楚州刺史苏遇对李逢吉的同党说："陛下刚刚上朝听政，必定要开延英殿询问百官，而李绅的官职是次对官，就应该在这时防备李绅被陛下重新重用。"李逢吉的同党认为此话很有道理，赶紧把这些情况禀告给李逢吉，并说："事情很紧迫，如果等到陛下驾临延英殿听政再做防备，我们后悔都来不及。"于是李逢吉教王守澄对敬宗说："陛下所以能被立为太子，臣全都知道，主要是李逢吉的功劳。像杜元颖、李绅那些人，都想立深王李察。"度支员外郎李续之等跟着上奏章说这些话。敬宗当时十六岁，有些怀疑他们的话所以没有相信，恰好李逢吉也有奏章，说："李绅不忠于陛下，请陛下贬谪他的官职。"敬宗还反复地问情况是否属实，然后才依从他的建议。二月，癸未日（初三日），敬宗贬李绅为端州司马。李逢吉因而率领百官上表道贺，退朝后，百官又到中书省道贺，正逢李逢吉、张又新两人在中书省交谈，百官被守门人拒之门外。百官等待很久后，才看见张又新一边擦汗一边走出来，他向百官作揖行礼，然后说："李绅被贬谪端州一事，我不能再退让。"百官听了这话，都特别吃惊，纷纷退下，很惧怕张又新。只有右拾遗内供奉吴思没有向李逢吉道贺，李逢吉非常生气，于是派吴思做吐蕃告哀使。丙戌日（初六日），敬宗李湛贬翰林学士庞严为信州刺史，蒋防为汀州刺史。庞严是寿州人。他和蒋防都是被李绅引荐而受重用。给事中于敖，平时和庞严特别友好，他把贬谪二人的敕书封还朝廷，百官都认为他要为这两人辩解，因此都替他忧虑，说："于给事替庞严、蒋防申冤，触犯宰相，确实难能可贵啊。"等到后来于敖向敬宗上奏辩驳时，反而说对这两人贬官太轻。李逢吉因此嘉奖他。

张又新等犹忌绅，日上书言贬绅太轻，上许为杀之。朝臣莫敢言，独翰林侍读学士韦处厚上疏，指述"绅为逢吉之党所谗，人情叹骇。绅蒙先朝奖用，借使有罪，犹宜容假，以成三年无改之孝，况无罪乎！"于是，上稍开寤，会阅禁中文书，有穆宗所封一篋，发之，得裴度、杜元颖、李绅疏请立上为太子，上乃嗟叹，悉焚人所上谮绅书。虽未即召还，后有言者，不复听矣。

己亥，尊郭太后为太皇太后。

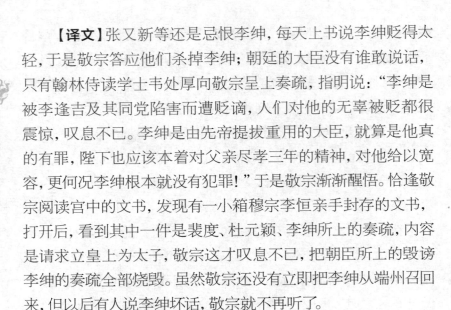

【译文】张又新等还是忌恨李绅，每天上书说李绅贬得太轻，于是敬宗答应他们杀掉李绅；朝廷的大臣没有谁敢说话，只有翰林侍读学士韦处厚向敬宗呈上奏疏，指明说："李绅是被李逢吉及其同党陷害而遭贬谪，人们对他的无辜被贬都很震惊，叹息不已。李绅是由先帝提拔重用的大臣，就算是他真的有罪，陛下也应该本着对父亲尽孝三年的精神，对他给以宽容，更何况李绅根本就没有犯罪！"于是敬宗渐渐醒悟。恰逢敬宗阅读宫中的文书，发现有一小箱穆宗李恒亲手封存的文书，打开后，看到其中一件是裴度、杜元颖、李绅所上的奏疏，内容是请求立皇上为太子，敬宗这才叹息不已，把朝臣所上的毁谤李绅的奏疏全部烧毁。虽然敬宗还没有立即把李绅从端州召回来，但以后有人说李绅坏话，敬宗就不再听了。

己亥日（十九日），敬宗李湛尊郭太后为太皇太后。

乙巳，尊上母王妃为皇太后。太后，越州人也。

丁未，上幸中和殿击球，自是数游宴、击球、奏乐，赏赐宦官、乐人，不可悉纪。

三月，壬子，赦天下。诸道常贡之外，毋得进奉。

甲寅，上始对宰相于延英殿。

初，牛元翼在襄阳，数略王庭凑以请其家，庭凑不与。闻元翼薨，甲子，尽杀之。

【译文】乙巳日（二十五日），敬宗李湛尊自己的母亲王妃为皇太后。皇太后是越州人。

丁未日（二十七日），敬宗李湛到中和殿打球，从此常常游乐、打球、奏乐，赏赐宦官、乐人财物。这些事情多得难以全部记载。

三月，壬子日（初三日），敬宗李湛大赦天下；命令诸道在规定进献的数额以外，不准再向朝廷进奉财物。

　　甲寅日（初五日），敬宗开始在延英殿召见宰相问话，商议朝政大事。

　　起初，牛元翼镇守襄阳，多次拿财物贿赂成德节度使王庭凑，请求他把自己的家眷释放送回，但王庭凑坚决不释放他的家人；后来王庭凑听说牛元翼死了，甲子日（十五日），就把他的家人全部杀掉。

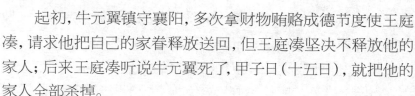

　　上视朝每晏，戊辰，日绝高尚未坐，百官班于紫宸门外，老病者几至僵踣。谏议大夫李渤白宰相曰："昨日疏论坐晚，今晨愈甚，请出阁待罪于金吾仗。"既坐班退，左拾遗刘栖楚独留，进言曰："宪宗及先帝皆长君，四方犹多叛乱。陛下富于春秋，嗣位之初，当宵衣求理。而嗜寝乐色，日晏方起，梓宫在殡，鼓吹日喧，令闻未彰，恶声遽布。臣恐福祚之不长，请碎首王阶以谢谏职之旷。"遂以额叩龙墀，见血不已，响闻阁外。李逢吉宣曰："刘栖楚休叩头，俟进止！"栖楚捧首而起，更论宦官事，上连挥令出。栖楚曰："不用臣言，请继以死。"牛僧孺宣曰："所奏知，门外俟进止！"栖楚乃出，待罪金吾仗，于是宰相赞成其言。上命中使就仗，并李渤宣慰令归。寻擢栖楚为起居舍人，仍赐绯。栖楚辞疾不拜，归东都。

　　庚午，赐内教坊钱万缗，以备行幸。

　　【译文】敬宗李湛每次上朝都很晚，戊辰日（十九日），太阳已经很高，还没有坐朝，百官排列在紫宸门外等待见驾，年老生病的大臣几乎双腿麻木要跌倒。谏议大夫李渤告诉宰相说："昨天我上疏议论陛下坐朝太晚，不料今天早晨陛下上朝更晚,请允许我在金吾仗前等候陛下治罪吧。"等敬宗上朝结束,百官退朝,左拾遗刘栖楚独自留下,对敬宗说:"宪宗和先帝都是成年之后才即位,但各地仍然多有叛乱。而陛下正当盛年,又刚刚即位,应当早起勤于政事,治理好天下。可是您却沉溺声乐女色之中,嗜睡晚起不早朝。如今先帝的灵柩还没有下葬,鼓吹奏乐的声音,天天喧腾,而陛下勤政美好的声誉没有显著,不孝的恶名却已远近皆知。臣担心国家的命运不会长久,请让微臣在台阶上碰死,来作为对我作为谏官失职罪责的惩罚吧。"说完就用额头往龙阶上碰去,结果流血不止,叩撞声就连宫殿之外都能听得见。李逢吉宣布敬宗的旨意说:"刘栖楚不要再叩头,等待皇上的处分吧。"刘栖楚捧着头起来,又向敬宗上奏宦官专权的问题。敬宗听得很不耐烦,连连挥手让他出去。刘栖楚说:"如果陛下不采用臣的建议,那就让臣死在陛下的面前吧。"牛僧孺又宣布敬宗李湛的旨意说:"所奏的事皇上已经知道,到门外等待皇上的处分!"刘栖楚这才退出去,在金吾仗前等待惩罚,这时宰相都赞成刘栖楚的建议。于是敬宗李湛命令中使到金吾仗前慰问刘栖楚和李渤,命令二人回家。不久,敬宗提拔刘栖楚为起居舍人,并赐予他五品的红色官服。刘栖楚以生病为由没有接受,回东都去了。

庚午日(二十一日),敬宗李湛赏赐内教坊一万缗钱,作为外出巡行的资费。

【乾隆御批】栖楚碎首玉阶,似与朱云折槛、师丹伏蒲同一风节,乃其心固不可问也。彼盖党于逢吉,知可倚权臣以为援,因而讪上沽直,特祖杜钦、谷永之故智耳。八关十六子之目安能逃公议乎。

【译文】刘栖楚碎首于玉阶，看起来好像与朱云折槛、师丹伏蒲一样有风骨节操，然而他心里定有不可告人的目的。他可能想成为李逢吉的党羽，知道倚重权臣作为自己的援手，所以就给皇上进谏以沽名钓誉，这恰恰是杜钦、谷永之辈的故技重施而已。八关十六子的名堂怎么能逃过大家的眼睛呢？

【申涵煜评】栖楚犯颜廷诤，叩墀见血，有古直臣风，乃溷厕于八阙十六子之列。岂李逢吉借其戆直以立威，如高齐之有崔暹耶，抑出忌者之口也，观其与时相耳语，似非纯士。

【译文】刘栖楚犯颜在朝廷上谏诤，叩头都叩出血来，有古代直臣之风，于是混杂在八关十六子之列。哪里是李逢吉借他的憨厚正直来树立威信，如高齐之有崔暹呢。抑或是出自嫉妒他的人之口，看他与当时宰相耳语，似乎不是纯粹的士人。

夏，四月，甲午，淮南节度使王播罢盐铁转运使。

乙未，以布衣姜洽为补阙，试大理评事陆涝、布衣李虞、刘坚为拾遗。时李逢吉用事，所亲厚者张又新、李仲言、李续之、李虞、刘栖楚、姜洽及拾遗张权舆、程昔范，又有从而附丽之者，时人恶逢吉者，目之为八关、十六子。

卜者苏玄明与染坊供人张韶善，玄明谓韶曰：“我为子卜，当升殿坐，与我共食。今主上昼夜球、猎，多不在宫中，大事可图也。”韶以为然，乃与玄明谋结染工无赖者百馀人。丙申，匿兵于紫草，车载以入银台门，伺夜作乱。未达所诣，有疑其重载而诘之者，韶急，即杀诘者，与其徒易服挥兵，大呼趣禁庭。

【译文】夏季，四月，甲午日（十五日），敬宗罢免淮南节度使王播盐铁转运使的职务。

乙未日（十六日），敬宗任用平民姜洽为补阙，试用大理评事陆洿、平民李虞、刘坚为拾遗。此时，李逢吉把持大权，他亲信重用的人有张又新、李仲言、李续之、李虞、刘栖楚、姜洽和拾遗张权舆、程昔范，还有一些顺从亲附他们的士人。当时憎恨李逢吉的人，都把他们称为八关十六子（由张至程，八人都担任重要职位，依附的又有八人）。

占卜术士苏玄明和朝廷染坊的供役人张韶交好，苏玄明私下对张韶说："我为你占卜一卦，你将来应该能进宫升殿做皇帝，和我坐在一起用餐。现在皇上白天黑夜踢球游猎，大多数时间都不在宫中，我们可以趁此机会谋划大事。"张韶认为他说得很有道理，于是就和苏玄明在暗地里勾结一百多名染坊工匠和奸刁的无赖。丙申日（十七日），他们把兵器都藏在柴草中，然后装在车上，打算运进银台门，趁着夜黑之时作乱。还到达目的地，就有人因车载的分量太重而对他们产生怀疑，然后对他们加以盘问，张韶着急了，立刻杀死盘问的人，和他的手下换了衣服，然后挥动兵器，大叫着冲向宫中。

上时在清思殿击球，诸宦者见之，惊骇，急入闭门，走白上。盗寻斩关而入。先是右神策中尉梁守谦有宠于上，每两军角伎艺，上常佑右军。至是，上狼狈欲幸右军，左右曰："右军远，恐遇盗，不若幸左军近。"上从之。左神策中尉河中马存亮闻上至，走出迎，捧上足涕泣，自负上入军中，遣大将康艺全将骑卒入宫讨贼。上忧二太后隔绝，存亮复以五百骑迎二太后至军。

张韶升清思殿，坐御榻，与苏玄明同食，曰："果如子言！"玄明惊曰："事止此邪！"韶惧而走。会康艺全与右军兵马使尚国忠引兵至，合击之，杀韶、玄明及其党，死者狼藉。逮夜始定，馀党犹散匿禁苑中。明日，悉擒获之。

【译文】当时敬宗李湛正在清思殿打球，那些宦官看见众人挥动兵器冲进来，急忙冲进去关闭宫门，然后跑去向敬宗报告发生的情况；很快，张韶等人就攻破宫门，向宫中冲杀过来。从前，右神策中尉梁守谦很受敬宗宠爱，每当左、右神策军比试武艺的时候，敬宗常常偏袒右军。到现在情况危急之时，敬宗狼狈不堪，想到右神策军营躲避大难，身边的侍从说："右军距离远，恐怕我们在半路就遭遇盗贼，不如到左军路途近。"敬宗听从这个建议。左神策中尉河中人马存亮听说敬宗驾临，急忙跑出军营前去迎接，捧着敬宗的脚哭泣，亲自背敬宗到军中，然后派大将康艺全率领骑兵入宫讨伐作乱的人。敬宗李湛担忧太皇太后和皇太后被隔离在宫中会有危险，马存亮又派遣五百骑兵把两位太后接到军中。

张韶登上清思殿，坐在御榻上，和苏玄明共同吃东西，说："果然像你说的一样啊。"苏玄明很吃惊，说："难道你所追求的就是吃喝吗？"张韶听了这话很害怕想要逃走。恰好康艺全和右军兵马使尚国忠率领军队赶到，他们合力攻打，杀死张韶、苏玄明和他们的党羽，尸体狼藉遍地，直到天黑才安定。张韶的余党还有一些散藏在禁苑中；第二天，也全部被擒。

时宫门皆闭，上宿于左军，中外不知上所在，人情惶骇。丁酉，上还宫，宰相帅百官诣延英门贺，来者不过数十人。盗所历诸门，监门宦者三十五人法当死。己亥，诏并杖之，仍不改职任。壬寅，厚赏两军立功将士。

五月，乙卯，以使部侍郎李程、户部侍郎、判度支窦易直并同平章事。上问相于李逢吉，逢吉列上当时大臣有资望者，程为之首，故用之。上好治宫室，欲营别殿，制度甚广，李程谏，请以所具木石回奉山陵，上即从之。

【译文】当时大明宫的各个大门都已经关闭，敬宗住在左神策军营中，朝廷内外都不知敬宗去了哪里，大臣们又害怕又惊慌。丁酉日（十八日），敬宗李湛回到皇宫，宰相率领百官到延英门道贺，前来的朝官不超过几十人。根据法律规定，凡是张韶和他的党羽所经过的宫门，三十五个监门宦官因为失职应该被判处死刑；己亥日（二十日），敬宗下诏用刑杖惩罚宦官，但并没有变动他们的职务。壬寅日（二十三日），敬宗重赏左、右两军立功的将士。

五月，乙卯日（初七日），敬宗李湛任命吏部侍郎李程、户部侍郎兼判度支窦易直同做同平章事。敬宗询问李逢吉，朝中官员谁能做宰相，李逢吉按资历、功勋和声望高低，一一列在表章上向敬宗上奏。李程排在第一位，所以敬宗就任命李程担任宰相。敬宗很喜欢修筑宫室，打算再修建一座别殿，别殿设计的规模很大。李程上表就此事劝阻敬宗，请求敬宗将准备好的木材和石料用来修筑穆宗的陵墓，敬宗立刻答应他的请求。

六月，己卯朔，以左神策大将军康艺全为鄜坊节度使。

上闻王庭凑屠牛元翼家，叹宰辅非才，使凶贼纵暴。翰林学士韦处厚因上疏言："裴度勋高中夏，声播外夷，若置之岩廊，委其参决，河北、山东必禀朝算。管仲曰：'人离而听之则愚，合而听之则圣。'理乱之本，非有他术，顺人则理，违人则乱。伏承陛下当食叹息，恨无萧、曹，今有一裴度尚不能留，此冯唐所以谓汉文得廉颇、李牧不能用也。夫御宰相，当委之，信之，亲之，礼之，于事不效，于国无劳，则置之散寮，黜之远郡。如此，则在位者不敢不厉，将进者不敢苟求。臣与逢吉素无私嫌，尝为裴度无辜贬官。今之所陈，上答圣明，下达群议耳。"上见度奏状无平章事，以问处厚。处厚具言李逢吉排沮之状。上曰："何至是邪！"李程亦劝上加礼于度。丙申，加度同平章事。

【译文】六月，己卯朔日（初一日），敬宗任命左神策大将军康艺全为鄜坊节度使。

敬宗李湛听说王庭凑杀害牛元翼全家，叹息辅政大臣没有治国的才能，导致贼人如此放肆，嚣张残暴。翰林学士韦处厚就此事向敬宗上疏说："裴度的功勋国人皆知，声望四方远扬，如果陛下把他召回朝廷，委派他主持朝政大事，河北、山东的割据藩镇必定会顺从朝廷的命令。管仲说：'如果一个人拒绝听取别人的建议，那就会变得愚昧；如果乐于听取别人的建议，那才会变得聪明。'治乱的根本，并没有别的方法，只要顺从人心，自然就会天下昌平，而背离人心就必然会天下混乱。现在陛下正处在用人之际，却对现状叹息不已，为朝廷中没有像萧何、曹参那样德才兼备的宰相而深深遗憾，如今有贤臣裴度却不能留在朝中委以重用，这就和汉代的冯唐所说汉文帝刘恒就是得到廉颇、李牧那样优秀的将领却不能任用的道理是一样的啊。任用宰相，应当把事情交付给他，信任他，亲近他，礼遇他，做事没有功效，于国没有功劳，就调到闲散的官职，或者流放到荒远的州郡，给以惩罚。这样一来，处于宰相职位的人就必定会竭尽心力工作，而想获取宰相职务的人也就不敢有丝毫懈怠，又怎能得过且过呢？臣和李逢吉向来没有私人矛盾，却曾经无辜地被裴度贬过官职。现在陈述的，只是为了对上报答陛下对臣的信任，对下转达群臣的建议罢了。"后来敬宗看见裴度的奏状上没有平章事的官衔，问韦处厚是怎么回事。韦处厚把李逢吉排挤裴度的情况做了详细的汇报。敬宗说："怎么会到这地步？"李程也劝敬宗礼遇裴度。丙申日(十八日),敬宗加封裴度为同平章事。

张韶之乱,马存亮功为多,存亮不自矜,委权求出。秋,七月,以存亮为淮南监军使。

夏绥节度使李祐入为左金吾大将军,壬申,进马百五十匹,上却之。甲戌,侍御史温造于阁内奏弹祐违敕进奉,请论如法,诏释之。祐谓人曰:'吾夜半入蔡州城取吴元济,未尝心动,今日胆落于温御史矣!"

八月,丁卯朔,安南奏黄蛮入寇。

龙州刺史尉迟锐上言:"牛心山素称神异,有掘断处,请加补塞。"从之。役数万人于绝险之地,东川为之疲弊。

【译文】张韶之乱被平定后,左神策军护军中尉马存亮取得的功劳最大,但马存亮并没有夸耀自己的功劳,反而放弃兵权,请求出任地方职务;秋季,七月,敬宗下诏让马存亮担任淮南监军使。

夏绥节度使李祐入朝担任左金吾大将军,壬申日(二十五日),李祐向朝廷进献一百五十匹马;敬宗拒绝他的请求。甲戌日(二十七日),侍御史温造在紫宸殿弹劾李祐违反法令进奉马匹,请求敬宗按法律规定治李祐的罪,敬宗下诏释免李祐的罪。李祐对人说:"当年我半夜进入蔡州城活捉吴元济,都没有胆战心惊过,今天遇到温御史竟教我魂飞胆破。"

八月,丁卯朔日(丁卯当作丁丑,初一日),安南向朝廷上奏遭到黄洞蛮的侵扰。

龙州刺史尉迟锐向敬宗李湛上奏说:"州内江油县的牛心山素来被人称为神奇怪异的地方,现在牛心山上有一处山脉被人挖断，请求朝廷批准征派民夫堵塞填补。"敬宗听从这一建议。当地被征发的民夫有一万多人，他们在高山险要的地方作业，整个东川都因为这件事而使百姓疲敝不堪。

九月，丁未，波斯李苏沙献沉香亭子材。左拾遗李汉上言："此何异瑶台、琼室！"上虽怒，亦优容之。汉，道明之六世孙也。

冬，十月，戊戌，翰林学士韦处厚谏上宴游曰："先帝以酒色致疾损寿，臣是时不死谏者，以陛下年已十五故也。今皇子才一岁，臣安敢畏死而不谏乎！"上感其言，赐锦彩百匹、银器四。

十一月，戊午，安南奏：黄蛮与环王合兵攻陷陆州，杀刺史葛维。

庚申，葬睿圣文惠孝皇帝于光陵，庙号穆宗。

【译文】九月，丁未日（初一日），波斯大商人李苏沙向朝廷进献可以做亭子的沉香木。左拾遗李汉向敬宗李湛上奏说："这和瑶台、琼室有什么不同？"敬宗虽然很生气，但仍然还是宽容了他。李汉是李道明的六世孙。

冬季，十月，戊戌日（二十三日），翰林学士韦处厚劝谏敬宗宴游说："先帝因为过度沉溺酒色而导致疾病，损耗寿命。当时我没有冒死劝谏先帝，只是考虑到陛下已经十五岁，长大成人了。如今陛下的儿子才一岁，我怎么敢因贪生怕死就不规劝陛下呢？"敬宗听从他的建议，非常感动，赐给韦处厚一百匹锦缎、四件银器。

十一月，戊午日（十三日），安南向敬宗李湛上奏，黄洞蛮与环王合兵攻陷陆州，杀死刺史葛维。

庚申日（十五日），朝廷在光陵埋葬睿圣文惠孝皇帝李桓，庙号穆宗。

【乾隆御批】处厚单以危词耸听，而不知其言之乖谬。大臣笃于忠爱，苟事切君，身当随时直陈无隐，岂宜计储位少长为进谏等差乎？使其隐微，果存此念，则心迹叵测，罪不容诛。即趋饰以抒激切，而显斥先朝罔顾尊亲之讳，亦岂能掩其不敬！处厚于二者皆无可自解。尹起莘仅责其受赏不辞，不从大体，立论殊失轻重，而敬宗乃感其言，非昏戾而何？

【译文】韦处厚只想着危言耸听，却没想到他的话简直荒谬至极。大臣追求的是忠君爱国，如果事关君主，就应及时进谏，陈述其不足之处，怎么能把太子年龄大小作为是否进谏的依据呢？如果真有什么隐微之处，那么他存的这种念头就是居心叵测，罪不容诛。即便他过于矫饰只是为了抒发激切之情，那么公然指责先皇而不顾长幼尊卑的忌讳，又怎么能掩饰他的大不敬呢！韦处厚对这两大罪状都无法替自己辩解。尹起莘只是指责他毫不推辞地接受赏赐，没有遵循大体，这种论断未免不知轻重，而唐敬宗居然被他的话所感动，这不是昏昧乖戾又是什么呢？

王播以钱十万缗赂王安澄，求复领利权，十二月，癸未，谏议大夫独孤朗、张仲方、起居郎柳公权、起居舍人宋申锡、拾遗李景让、薛廷老请开延英论其奸邪。上问："前廷争者不在中邪？"即日，除刘栖楚谏议大夫。景让，憕之曾孙；廷老，河中人也。

十二月，庚寅，加天平节度使乌重胤同平章事。

乙未，徐泗观察使王智兴以上生日，请于泗州置戒坛，度僧尼以资福，许之。自元和以来，敕禁此弊，智兴欲聚货，首请置之，于是四方辐凑，江、淮尤甚，智兴家赀由此累巨万。浙西观察使李德裕上言："若不钤制，至降诞日方停，计两浙、福建当失六十万丁。"奏至，即日罢之。

是岁，回鹘崇德可汗卒，弟曷萨特勒立。

【译文】淮南节度使王播用十万贯钱贿赂王守澄，请求让他再担任盐铁转运使，十二月，癸未日（初九日），谏议大夫独孤朗、张仲方，起居郎柳公权、起居舍人宋申锡，拾遗李景让、薛廷老请求开延英殿，向敬宗李恒当面揭发王播的奸邪之事。敬宗问："上次在朝堂之上以死劝谏朕的刘栖楚不在你们中间吗？"当天，敬宗授予刘栖楚谏议大夫的职务。李景让是李憕的曾孙；薛廷老是河中人。

十二月，庚寅日（十六日），敬宗加封天平节度使乌重胤为同平章事。

乙未日（二十一日），徐泗观察使王智兴为庆祝敬宗的生日，请求在泗州设置戒坛，剃度僧尼为敬宗祈福，敬宗批准他的请求。自宪宗李纯元和年间以来，朝廷禁止各地设戒坛剃度僧尼的弊政，王智兴企图凭借这件事积聚钱财，所以首先破例请求设置戒坛，于是四方百姓云集而来，以江、淮地区的百姓最多。王智兴的家财因此事而达到几万。浙西观察使李德裕向敬宗上奏："如果朝廷不赶快制止此事，等到陛下生日才停止，估计下来，两浙、福建会损失六十万壮丁。"他的奏折被送到朝廷的当天，敬宗就下令王智兴停止这种做法。

这一年，回鹘崇德可汗去世，他的弟弟曷萨特勒即位。

敬宗睿武昭愍孝皇帝

宝历元年（乙巳，公元八二五年）春，正月，辛亥，上祀南郊。还，御丹凤楼，赦天下，改元。

先是鄠令崔发闻外喧器，问之，曰："五坊人殴百姓。"发怒，命擒以入，曳之于庭。时已昏黑，良久，诘之，乃中使也。上怒，收发，系御史台。是日，发与诸囚立金鸡下，忽有品官数十人执梃乱捶发，破面折齿，绝气乃去。数刻而苏，复有继来求击之者，台吏以席蔽之，仅免。上命复系发于台狱而释诸囚。

中书侍郎、同平章事牛僧孺以上荒淫，嬖幸用事，又畏罪不敢言，但累表求出。乙卯，升鄂岳为武昌军，以僧孺同平章事、充武昌节度使。

【译文】宝历元年（乙巳，公元825年）春季，正月，辛亥日（初七日），敬宗李湛驾临南郊祭祀；回宫后，敬宗御临丹凤楼，颁旨大赦天下，改年号为宝历。

起先，鄠县县令崔发有一次听到门外有喧器吵嚷的声音，就询问身边人发生了什么事，手下人回答说："是五坊的宦官殴打百姓。"崔发听说后非常气愤，命令把五坊的宦官抓起来，拖到庭院中。当时天已昏黑，过了好久才开始询问，原来是宫中派出的使臣。敬宗知道这件事后非常生气，下令把崔发抓起来，关押在御史台的监狱里。敬宗大赦天下的当天，崔发与即将被赦免的罪犯都站立在丹凤楼下的金鸡旁，等待被赦免回家；忽然有几十个宦官拿着木棍冲出来，他们照着崔发劈头盖脸打过来，结果崔发被打得血流满面，牙齿断裂，一下子昏死过去，宦官见此情形，这才离去。过了好半天，崔发苏醒过来，这时又有宦官跑来要打崔发，御史台的官吏急忙用席子把他遮盖起来，崔发才逃过一死。敬宗又命令把崔发重新关在御史台的监狱，而把其他的囚犯释放。

中书侍郎、同平章事牛僧孺因为敬宗荒淫奢侈，身旁的亲信小人把持朝政大权，又怕因自己进言而被敬宗怪罪，所以不敢直言劝谏敬宗，因此，他多次向敬宗上奏请求辞去职位，出任地方官职。乙卯日（十一日），敬宗提拔鄂岳为武昌军，任命牛僧孺为同平章事、代理武昌节度使的职务。

中旨复以王播兼盐铁转运使，谏官屡争之，上皆不纳。

牛僧孺过襄阳，山南东道节度使柳公绰服橐鞬候于馆舍，将佐谏曰："襄阳地高于夏口，此礼太过！"公绰曰："奇章公甫离台席，方镇重宰相，所以尊朝廷也。"竟行之。

上游幸无常，昵比群小，视朝月不再三，大臣罕得进见。二月，壬午，浙西观察使李德裕献《丹扆六箴》：一曰《宵衣》，以讽视朝稀晚；二曰《正服》，以讽服御乖异；三曰《罢献》，以讽征求玩好；四曰《纳诲》，以讽侮弃谠言；五曰《辨邪》，以讽信任群小；六曰《防微》，以讽轻出游幸。其《纳诲箴》略曰："汉骜流湎，举白浮钟；魏睿侈汰，陵霄作宫。忠虽不忤，善亦不从。以规为瑱，是谓塞聪。"《防微箴》曰："乱臣猖獗，非不遽数。玄服莫辨，触瑟始仆。柏谷微行，豺豕塞路。睹貌献餐，斯可戒惧！"上优诏答之。

【译文】敬宗又任命王播兼任盐铁转运使；谏官屡次向敬宗劝谏此事，敬宗都不接受他们的建议。

牛僧孺经过襄阳，山南东道节度使柳公绰背着弓衣箭袋在驿馆恭恭敬敬地迎候牛僧孺。他的部将和幕僚劝阻他说："我们襄阳的地位就本来高于武昌，您用这样隆重的礼节迎接他有些过分。"柳公绰对他们说："牛僧孺刚刚离开宰相的职位，各地藩镇重视宰相，我这样做就是表示我对朝廷的尊重。"最终柳公绰用这种礼节来迎接牛僧孺。

敬宗李湛游玩没有节制，亲近身边的小人，每个月上朝听政不超过两三次，即使大臣也很少能见着他。二月，壬午日（初八日），浙西观察使李德裕向敬宗进献《丹扆六箴》：一叫《宵衣》，用来讽谏敬宗听朝少、时间晚；二叫《正服》，用来讽谏敬宗服饰色彩繁杂，不合乎法度；三曰《罢献》，用来讽谏敬宗向地方征求珍宝古玩；四曰《纳诲》，用来劝谏敬宗轻视或不虚心接受群臣进谏；五曰《辨邪》，用来劝谏敬宗分辨忠正与奸邪，不要重用身边的小人；六曰《防微》，用来劝谏敬宗提高警惕，不要轻易就出外游玩作乐。其中的《纳诲》箴大意是说："汉成帝刘骜流连沉湎酒色；魏明帝曹睿骄纵奢华，修建高出云霄的宫阙。他们虽然不拒绝忠臣的意见，但也没有从善如流。如果一定要把臣子善意劝谏当作塞耳朵的装饰之物，那就是皇帝自我堵塞了臣子的言路，拒绝让自己变得耳聪目明。"《防微》箴说："自古以来乱臣贼子暗中谋划叛乱的事数都数不清。汉宣帝刘询时，霍光的外曾孙任章趁着黑夜不辨服色的时机，身穿黑衣混进禁军侍从的行列，谋划暗杀汉宣帝而没有成功。汉侍中仆射马何罗暗中密谋行刺汉武帝刘彻，却不慎撞到皇宫中的宝瑟摔倒在地而被活捉。汉武帝曾穿着便服到柏谷巡访，豺狼野猪堵塞道路，一个村妇看武帝面貌非凡，因而献上食物。这些事确实是应当引以为戒的。"敬宗下诏用委婉的言辞答复他。

上既复系崔发于狱，给事中李渤上言："县令不应曳中人，中人不应殴御囚，其罪一也。然县令所犯在赦前，中人所犯在赦后。中人横暴，一至于此。若不早正刑书，臣恐四夷藩镇闻之，则慢易之心生矣。"谏议大夫张仲方上言，略曰："鸿恩将布于天下而不行御前，霈泽遍被于昆虫而独遗崔发。"自馀谏官论奏甚众，上皆不听。戊子，李逢吉等从容言于上曰："崔发辄曳中人，诚大不敬，然其母，故相韦贯之之姊也，年垂八十，自发下狱，积忧成疾。陛下方以孝理天下，此所宜矜念。"上乃愍然曰："此谏官但言发冤，未尝言其不敬，亦不言有老母。如卿所言，朕何为不赦之！"即命中使释其罪，送归家，仍慰劳其母。母对中使杖发四十。

【译文】敬宗李湛下令把崔发重新关押御史台监狱后，给事中李渤向敬宗上奏说："县令不应该拖扯中人，中人也不应当随意去殴打御史台监狱的囚犯，他们两方面犯的罪是一样的。然而县令犯的罪，是在陛下大赦天下以前，中人所犯的罪是在陛下大赦天下之后。中人的横行霸道，已经到了目无朝廷诏令的程度。如果此时陛下对中人不及时加以制裁，我担心各地藩镇知道这件事后，都会萌发瞧不起朝廷的心理。"谏议大夫张仲方向敬宗上奏，大意是说："陛下大赦天下，德行遍布四方，但陛下的恩德却不能在您的御驾前实行，陛下的恩泽遍及昆虫，却单单遗漏了崔发一人。"其他谏官上奏议论此事的也有很多，敬宗都没有采纳他们的建议。戊子日（十四日），李逢吉等臣子语气和缓地对敬宗李湛说："崔发擅自拖扯中人，确实是对陛下犯下了大不敬的罪，然而他的母亲，是原来宰相韦贯之的姐姐，年纪快八十岁了，自从崔发下狱，她已积忧成疾。陛下正以孝治理天下，对于崔发母亲的情况，陛下应当给以哀怜。"敬宗于是怜悯地说："近来谏官向朕上奏，只一直强调说崔发冤枉，都没有说他对朕不敬，也不曾说他家有老母。按照你所说的情况，朕怎么能不赦免崔发的罪行呢？"敬宗即刻命令中使释放崔发，派人送他回家，顺便安慰他的母亲。崔发回到家后，他的母亲当着中使，打了崔发四十棍，表示对他的惩罚。

【乾隆御批】逢吉用巽言救全崔发，读史者竟以为善处事，而实非也。以殴百姓之中人而曳之于庭强项令，不惟无过，且应奖擢示劝，乃蒙罪遇赦，而中人复敢执梃随之，是抗王章矣。逢吉特谓母老可念而原之，岂发罪竟不可赦，而中官本无罪乎? 故逢吉之言于理未明，即李渤之言亦于理未尽。

【译文】李逢吉用恭顺委婉的话对崔发施救并使他得到安全，读史的人竞相认为他善于处事，而实际并非如此。将殴打百姓的宦官抓起来加以严惩，这种行为不但无罪反而应受到奖赏提拔，以示惩恶扬善，而崔发却因此蒙冤被治罪，等到大赦天下时，那些宦官竟然还敢手持棍棒追打崔发，这又是抗旨不遵。李逢吉故意说崔发家中有老母亲，请求皇上念在可怜的老母分上宽恕崔发，难道真是崔发罪不可赦，而打人的宦官本来就没有罪吗? 所以说李逢吉的话是不明事理，而李渤的话就是不近情理了。

三月，辛酉，遣司门郎中于人文册回鹘曷萨特勒为爱登里啰汨没密于合毗伽昭礼可汗。

夏，四月，癸巳，群臣上尊号曰文武大圣广孝皇帝。赦天下。赦文但云："左降官已经量移者，宜与量移，"不言未量移者。翰林学士韦处厚上言："逢吉恐李绅量移，故有此处置。如此，则应近年流贬官，因李绅一人皆不得量移也。"上即追赦文改之。绅由是得移江州长史。

【译文】三月，辛酉日（十七日），敬宗派司门郎中于人文册封回鹘曷萨特勒为爱登里罗汨没密于合毗伽昭礼可汗。

夏季，四月，癸巳日（二十日），群臣给敬宗李湛奉上"文武大圣广孝皇帝"的尊号；敬宗下诏大赦天下。对于因犯罪而被贬谪的官吏，赦文上只是说："凡是因获罪而被贬到荒远偏僻之地的官吏，已经酌情迁往近处任职的，应该再酌情迁移任职。"

赦文中却没有提及未曾酌情迁往近处任职的官吏。翰林学士韦处厚向敬宗上奏说："李逢吉害怕李绅迁移任职，因此拟定赦文时才有这种处置。如果按照诏书的规定执行，近年来所有因罪被流贬的官，都因李绅一个人的缘故而不能酌情迁调到近处任职。"敬宗立刻命人把赦文追回，并加以修改。李绅因此才能从端州移任江州长史。

秋，七月，甲辰，盐铁使王播进羡馀绢百万匹。播领盐铁，诛求严急，正入不充而羡馀相继。

己未，诏王播造竞渡船二十艘，运材于京师造之，计用转运半年之费。谏议大夫张仲方等力谏，乃减其半。

谏官言京兆尹崔元略以诸父事内常侍崔潭峻。丁卯，元略迁户部侍郎。

昭义节度使刘悟方去郓州也，以郓兵二千自随为亲兵。八月，庚戌，悟暴疾薨，子将作监主簿从谏匿其丧，与大将刘武德及亲兵谋，以悟遗表求知留后。司马贾直言入责从谏曰："尔父提十二州地归朝廷，其功非细，只以张汶之故，自谓不洁淋头，竟至羞死。尔孺子，何敢如此！父死不哭，何以为人！"从谏恐悚不能对，乃发丧。

【译文】秋季，七月，甲辰日（初二日），盐铁使王播以节余的名义向朝廷进奉绢一百万匹。王播掌管盐铁，严苛地向百姓征求财物，征求时又特别急切，因此朝廷规定的盐铁专卖收入往往征收不足，而他却以节余为名向朝廷连续不断地进献财物。

己未日（十七日），敬宗李湛下诏命令王播建造用来游乐比赛用的二十艘竞渡龙舟，运材料到京师来建造，总计费用相当于盐铁转运半年的费用。谏议大夫张仲方等人尽力劝谏敬宗，敬宗才下令只建造十艘竞渡龙舟。

谏官向敬宗进言说，京兆尹崔元略用事奉伯叔父的礼节来事奉内常侍崔潭峻；丁卯日（二十五日），敬宗调崔元略担任户部侍郎。

昭义节度使刘悟离开郓州的时候，带领郓州二千士兵作为自己的随从亲兵。八月，庚戌日（初十日），刘悟患急病去世，他的儿子将作监主簿刘从谏隐瞒父亲去世的消息，不向朝廷汇报。刘从谏和大将刘武德及亲兵暗中策划，打算以父亲的遗书向朝廷上奏，请求朝廷任命自己为留后。司马贾直言责备刘从谏说："你父亲当年杀死李师道，率领淄青十二州归顺朝廷，功劳很大，只是因为他擅自杀死磁州刺史张汶，自认为背上恶名，最终才羞悔而死。你现在不过是个年纪轻轻的后生，怎敢如此大胆欺瞒朝廷？你父亲死了还不赶快吊丧哭泣，以后你还有脸做人吗？"刘从谏害怕惶恐得无法应对，于是公开父亲的丧事，为父亲治丧。

初，陈留人武昭罢石州刺史，为袁王府长史，郁郁怨执政。李逢吉与李程不相悦，水部郎中李仍叔，程之族人，激怒之云，程欲与昭官，为逢吉所沮。昭因酒酣，对左金吾兵曹茅汇言欲刺逢吉，为人所告。九月，庚辰，诏三司鞫之。前河阳掌书记李仲言谓汇曰："君言李程与昭谋则生，不然必死。"汇曰："冤死甘心！诬人自全，汇不为也！"狱成。冬，十月，甲子，武昭杖死，李仍叔贬道州司马，李仲言流象州，茅汇流崖州。

上欲幸骊山温汤，左仆射李绛、谏议大夫张仲方等屡谏不听，拾遗张权舆伏紫宸殿下，叩头谏曰："昔周幽王幸骊山，为犬戎所杀；秦始皇葬骊山，国亡；玄宗宫骊山而禄山乱；先帝幸骊山，而享年不长。"上曰："骊山若此之凶邪？我宜一往以验彼言。"十一月，庚寅，幸温汤，即日还宫，谓左右曰："彼叩头者之言，安足信哉！"

【译文】起初，陈留人武昭被免去石州刺史的职务，担任袁王府长史，心中郁郁不得志，怨恨朝廷当权的大臣。李逢吉和李程关系不和睦，水部郎中李仍叔是李程的同族，他趁机激怒武昭说："李程本来建议皇上授予您官职，但因为李逢吉阻挡而没有实现。"一次，武昭饮酒到兴头时，醉沉沉地对左金吾兵曹茅汇说"我想刺杀李逢吉"，这件事被人告发了。九月，庚辰日（初十日），敬宗李湛命令御史台、刑部、大理寺三司共同审问他。前任河阳掌书记李仲言对曹茅汇说："如果你能证明武昭刺杀李逢吉是与李程共同谋划，你还能保住性命；否则，你就难免一死。"曹茅汇说："我心甘情愿被冤枉！但要我诬告别人来保全自己的性命，我是绝对不会这样做的！" 三司审判就结束了。冬季，十月，甲子日（二十五日），武昭被用杖打死，李仍叔被贬为道州司马，李仲言被流放象州，曹茅汇被流放崖州。

敬宗李湛打算到骊山温泉游玩，左仆射李绛、谏议大夫张仲方等屡次劝谏，敬宗都不听他们的建议，拾遗张权舆伏在紫宸殿下向敬宗叩头劝谏说："以前周幽王到骊山巡行游玩时，被犬戎杀死；秦始皇出游后，病死被埋葬在骊山，秦王朝也覆灭；唐玄宗李隆基大兴土木，在骊山建造宫殿，结果导致安禄山叛乱；先帝也由于到骊山游乐，导致寿命不长。"敬宗李湛说："骊山真像这样不吉利吗？朕应该去证明一下那些话是否灵验。"十一月，庚寅日（二十一日），敬宗驾临温泉，当天回到皇宫，对左右侍从说："那个叩头的人说的话，哪里值得相信呢？"

【乾隆御批】周幽、秦始各有灭亡之故，即明皇以失政播迁，穆宗以服饵短祚，咎皆自取，此数君者虽不幸骊山，其能幸免乎？维时敬宗方在谅闇，遽事游观，权舆若以此纠绳，则辞正而理当，不此之务而归罪骊山，亦殊昧进言体要矣。

【译文】周幽王、秦始皇各有各的灭亡原因，即使唐明皇也是因为政治混乱而仓皇逃走，唐穆宗因服用金石而短命，这都是他们咎由自取，这几个君王即使不临幸骊山，难道就能幸免于难吗？只是当时穆宗的服丧期还未结束敬宗就去逸乐，张权舆如果以此劝说敬宗纠正他的错误，就是义正词严的，但他没有这样做，而是将皇帝们的灾祸归罪于骊山，这与进谏的规则也太不相符了。

【申涵煜评】骊山之不可幸，不过为荒游扰众耳。权舆便引幽王始皇等诸凶证，似欲危言以耸听，使当聪察之主，未必不反触其怒，失纳约自牖之义矣。

【译文】骊山不可以去的原因，不过是因为荒游扰乱民众而已。张权舆于是引用幽王、秦始皇等凶证，似乎是想要危言耸听，假如遇到聪明听察的君主，未必不会反撞他的愤怒，有失《周易》中"纳约自牖"之义了。

丙申，立皇子普为晋王。

朝廷得刘悟遗表，议者多言上党内镇，与河朔异，不可许。左仆射李绛上疏，以为："兵机尚速，威断贵定，人情未一，乃可伐谋。刘悟死已数月，朝廷尚未处分，中外人意，共惜事机。今昭义兵众，必不尽与从谏同谋，纵使其半叶同，尚有其半效顺。从谏未尝久典兵马，威惠未加于人。又此道素贫，非时必无优赏。今朝廷但速除近泽潞一将充昭义节度使，令兼程赴镇，从谏未及布置，新使已至潞州，所谓'先人夺人之心'也。新使既至，军心自有所系。从谏无位，何名主张，设使谋挠朝命，其将士必不肯从。今朝廷久无处分，彼军不晓朝廷之意，欲效顺则恐忽授从谏，欲同军恶则恐别更除人，犹豫之间，若有奸人为之画策，虚张赏设钱数，军士觊望，尤难指挥。伏望速赐裁断，仍先下明敕，宣示军众，奖其从来忠节，赐新使缯五十万匹，使之赏设。续除刘从谏一刺史。从谏既粗有所得，必且择利而行，万无违拒。设不从命，臣亦以为不假攻讨，何则？臣闻从谏已禁山东三州军士不许自畜兵刀，足明群心殊未得一，帐下之事亦在不疑。熟计利害，决无即授从谏之理。"时李逢吉、王守澄计议已定，竟不用绛等谋。十二月，辛丑，以从谏为昭义留后。刘悟烦苛，从谏济以宽厚，众颇附之。

【译文】丙申日（二十七日），敬宗李湛册立皇子李普为晋王。

朝廷收到刘悟的遗表，群臣商议，多数人认为上党（昭义）一直以来都是朝廷的内镇，与应朔藩镇长期割据的情况不一样，朝廷不应答应刘从谏承继父位担任留后。左仆射李绛向敬宗上疏，认为："用兵的关键是军事行动迅速，建立权威的关键是对出现的任何情况能做出正确的判断。只有人心还没有统一的时候，才可以通过谋略控制敌人，取得胜利。刘悟已经去世几个月，朝廷对他留下的职位还没有做出安排，朝廷内外的意见，都是对朝廷没有能够把握住解决昭义问题的最佳时机而深感痛惜。如今昭义的士兵，一定不会都和刘从谏共同谋划，即使有一半士兵和他同心协力谋划，也还有一半的士兵会为朝廷效命。何况刘从谏也一直没有掌握军权，对将士来说，他也没有什么恩惠和应该有的权威，将士们怎么可能都和他一起作乱呢？另外，昭义这一道素来地瘠人穷，在时机不当的时候，刘从谏必定不会给将士优厚的赏赐。现在只要朝廷赶快从靠近泽潞的藩镇选拔一员大将，任命为昭义节度使，命令他日夜赶路，前往昭义赴任。刘从谏还没来得及安排部署军队，新任节度使已到潞州上任，所谓'先发制人，就可摧折敌人的士气'。新节度使上任，军心自然有所安定；刘从谏没有得到朝廷的任命，就没有资格对将士发号施令，假使他打算阻挠朝廷的命令，那些将士必定不肯听从。现在朝廷很长时间没有安排部署昭义的人事情况，军中将士不知道朝廷的想法，有的将士想效命朝廷又担心朝廷忽然把节度使的职位授予刘从谏，有的将士想和他同流合污又担心朝廷把节度使的职务授予别人，在这军心浮动不定的时候，假如有奸人给刘从谏出谋划策，对外宣称赏赐将士们若干钱财，将士贪图钱财，到了那种情况，朝廷再任命节度使前往昭义赴任，新任命的节度使就很难在那里指挥自如。希望陛下赶快做出决断，首先请陛下公开下诏，向昭义将士明确宣布，昭义的军队从李抱真担任节度使以来，一直效忠朝廷，赏给新节度使五十万匹缯，命他去行赏，以便稳定军心；然后再授予刘从谏一个刺史的职位。刘从谏既然略有所得，必然选择有利的事去做，万万没有违抗朝命的道理。假使刘从谏不顺从朝廷的任命，臣也认为不必立即发兵讨伐，为什么呢？臣听说刘从谏已禁止太行山东部三州的军士私自储藏兵器，这足以证明军心不一致，刘从谏的麾下亲兵中有杀死刘从谏然后归顺朝廷，以求得朝廷的赏赐的人，我看这种情形是必定会出现的。考虑各方面的利害得失，陛下没有任命刘从谏为昭义留后的任何缘由。"当时，李逢吉、王守澄已商议好这件事，最终没有采用李绛等人的计划。十二月，辛丑日（初三日），敬宗李湛任命刘从谏为昭义留后。刘悟担任昭义节度使时，常常对部下烦扰苛刻，刘从谏以宽厚的政策治理昭义来进行补救，将士们渐渐依附他。

李绛好直言，李逢吉恶之。故事，仆射上日，宰相送之，百官立班，中丞列位于廷，尚书以下每月当牙。元和中，伊慎为仆射，太常博士韦谦上言旧仪太重，削去之。御史中丞王播恃逢吉之势，与绛相遇于涂，不之避。绛引故事上言："仆射，国初为正宰相，礼数至重。倘人才忝位，自宜别授贤良。若朝命守官，岂得有亏法制。乞下百官详定。"议者多从绛议。上听行旧仪。甲子，以绛有足疾，除太子少师、分司。

言事者多称裴度贤，不宜弃之藩镇，上数遣使至兴元劳问度，密示以还期。度因求入朝，逢吉之党大惧。

【译文】李绛议论朝政，喜欢直言进谏，李逢吉很怨恨他。按照旧例，仆射上朝时，宰相要为他送行，百官排成行列，御史中丞站立在廷中迎接，各部尚书以下的官员每月要前往仆射的府衙上参拜。宪宗元和年间，伊慎担任仆射，太常博士韦谦上奏说对仆射的礼仪过于崇重，唐宪宗接受他的建议，同意消除这些礼仪。御史中丞王播仰仗李逢吉的权势，和李绛在路上相遇，也不回避。李绛引用旧规矩上奏朝廷："尚书仆射这个官职在建国初期是正宰相，在礼仪上非常崇重的，如果朝廷认为臣不称职的话，就应当另外任命德才兼备的人来担任这一职务；如果朝廷仍然任用臣担任这一官职，那怎么会让人任意违法乱纪呢？请求陛下将我的建议交给百官，让他们详细地加以讨论，然后给以裁定。"商议的大臣都赞成李绛的意见。敬宗李湛听从他们的建议，又开始遵行旧礼仪。甲子日（二十六日），因为李绛患有脚病，敬宗授予他太子少师、分司东都的官职。

谏官都称赞裴度很贤德，认为朝廷不应该将他弃置在藩镇。敬宗屡次派使者到兴元慰问裴度，向他秘密转告即将被召回朝廷重新重用的日期。裴度因此要求入朝觐见敬宗，而李逢吉和他的党羽听到这一消息非常恐慌。

宝历二年(丙年，公元八二六年)春，正月，壬辰，裴度自兴元入朝，李逢吉之党百计毁之。先是民间谣云："绯衣小儿坦其腹，天上有口被驱逐。"又，长安城中有横亘六冈，如乾象，度宅偶居第五冈。张权舆上言："度名应图谶，宅占冈原，不召而来，其旨可见。"上虽年少，悉察其诬谤，待度益厚。

度初至京师，朝士填门，度留客饮。京兆尹刘栖楚附度耳语，侍御史崔咸举觞罚度曰："丞相不应许所由官咕嗫耳语。"度笑而饮之。栖楚不自安，趋出。

【译文】宝历二年(丙午，公元826年)，春季，正月，壬辰日(二十四日)，裴度从兴元入京朝见敬宗李湛，李逢吉及其同党想尽各种办法去毁谤他。之前，民间已有民谣说："绯衣小儿坦其腹，天上有口被驱逐。"(绯衣，裴度的字；天上有口，吴字。意思是说裴度当年指挥官军抓获淮西的叛将吴元济，他的才能应当得到朝廷的重用。)另外，长安城里有横亘着的六条高坡，好像是乾卦的六爻，裴度的住宅偶然处在第五条高坡上。张权舆向敬宗上奏说："裴度的名字应验歌谣中的谶语，住宅选择在第五个高坡，现在，他等不及朝廷召唤，就擅自来京，他的意图可想而知。"敬宗虽然年轻，但也洞察到张权舆对裴度的诬陷和诽谤，反而对裴度更加亲近信任。

裴度刚刚抵达京师，百官纷纷前往看望，甚至到了人满为患的程度，裴度留百官饮酒。京兆尹刘栖楚附在裴度耳边说话，侍御史崔咸举杯罚裴度说："丞相不应允许京兆尹在耳旁低声说悄悄话。"裴度笑着喝了罚酒。刘栖楚自己却感到不安，赶紧离开。

二月，丁未，以度为司空、同平章事。度在中书，左右忽白失印。闻者失色，度饮酒自如。顷之，左右白复于故处得印，度不应。或问其故，度曰："此必吏人盗之以印书券耳，急之则投诸水火，缓之则复还故处。"人服其识量。

上自即位以来，欲幸东都，宰相及朝臣谏者甚众，上皆不听，决意必行，已令度支员外郎卢贞按视，修东都宫阙及道中行宫。裴度从容言于上曰："国家本设两都以备巡幸，自多难以来，兹事遂废。今宫阙、营垒、百司廨舍率已荒阤，陛下倘欲行幸，宜命有司岁月间徐加完葺，然后可往。"上曰："从来言事者皆云不当往，如卿所言，不往亦可。"会朱克融、王庭凑皆请以兵匠助修东都。三月丁亥，敕以修东都烦扰，罢之，召卢贞还。

【译文】二月，丁未日（初九日），敬宗任命裴度为司空、同平章事。裴度在中书门下办公的时候，身边的官吏忽然向他报告说，中书门下的大印丢失。听到这一消息的官员都吓得脸色大变，裴度却还是照样喝酒；过了一会儿，身边的官吏又向裴度报告说，在原来的地方找到大印，裴度好像没听见，闭口不答。有人问他，这是什么缘故。裴度说："大印丢失，肯定是官吏偷偷拿走，私下里印制文书。如果我逼迫追踪得急切，他就会把大印丢在水火中，相反，如果我不动声色，他必然会把大印放回原处。"属下官员对他的见识器度非常佩服。

敬宗李湛即位以来，想到东都洛阳巡行，宰相和朝廷的臣子劝谏的很多，敬宗都不听从他们的建议，决意必定前去，并已经下诏度支员外郎卢贞前往巡察，修建洛阳的宫阙和长安到洛阳途中的行宫。裴度从容地对敬宗说："国家设有两都，本来就是用来准备天子巡察，自从安史之乱以来，这件事就废止了。现在宫阙、军队驻扎的营垒、百官的公廨及房舍都已经荒废，陛下如果真想前去巡游，应该首先命令有关部门在较长的时间中慢慢修建好，然后才可以前去巡游。"敬宗说："从来谏官都说朕不应当去洛阳巡行，若按照你这样所说，我倒也可以真的不去洛阳巡行。"恰巧此时朱克融、王庭凑都向敬宗请求本道出士兵和工匠帮助朝廷修补洛阳的宫阙。三月，丁亥日（二十日），敬宗下敕书以修建东都劳烦骚扰众多为由，命令停止修建，召卢贞回京。

先是，朝廷遣中使赐朱克融时服，克融以为疏恶，执留敕使。又奏"当道今岁将士春衣不足，乞度支给三十万端匹"，又奏"欲将兵马及丁匠五千助修宫阙"。上患之，以问宰相，欲遣重臣宣慰，仍索敕使。裴度对曰："克融无礼已甚，殆将毙矣！譬如猛兽，自于山林中咆哮跳踉，久当自困，必不敢辄离巢穴。愿陛下勿遣宣慰，亦勿索敕使，旬日之后，徐赐诏书云：'闻中官至彼，稍失去就，俟还，朕自有处分。时服，有司制造不谨，朕甚欲知之，已令区处。其将士春衣，从来非朝廷征发，皆本道自备。朕不爱数十万匹物，但素无此例，不可独与范阳。'所称助修宫阙，皆是虚语，若欲直挫其奸，宜云'丁匠宜速遣来，已令所在排比供拟。'彼得此诏，必苍黄失图。若且示含容，则云'修宫阙事在有司，不假丁匠远来。'如是而已，不足劳圣虑也。"上悦，从之。

【译文】先前，朝廷派中使赐给朱克融当季的春装，朱克融认为朝廷所给春衣质地粗糙，把中使拘留下来；又向朝廷上奏说："今年本道将士的春衣不够，请求度支给衣料三十万匹。"又上奏说："想带兵马和工匠五千人帮助修建东都洛阳的宫阙。"敬宗担心朱克融发兵叛乱，拿这件事询问宰相，说自己打算派一位有威望的大臣前往幽州抚慰朱克融，同时让他归还中使。

裴度回答说："朱克融对朝廷太无礼，必会自取灭亡的！这就好比是猛兽，自己在山林中咆哮跳跃，时间一久必定疲困，不敢随便离开巢穴。臣希望陛下不要派遣官员去幽州安抚，也不要索回中使，十天以后，慢慢赐给朱克融诏书，就说：'朕听说中使到幽州，举止有违背礼节的地方，等他回来，朕自有处分。朝廷赐予你的春衣，有关部门制造时非常不严格，朕也很想了解一些真实的情况，现在朕已经下令命人调查此事。将士的春衣，从来不是由朝廷征收发给，都是各道自行安排。朕并不是爱惜几十万匹物资，只是朝廷向来没有这样的先例，不能只给幽州物资。'至于朱克融上奏声称要帮助朝廷修建东都洛阳的宫阙，其实都是假话、空话，如果陛下想直接挫败他的奸谋，应该在敕文中说：'工匠应迅速派来，朕已下诏命令沿途各地安排接待。'如此一来，朱克融接到诏书，在匆促中必定不知怎么办才好。如果陛下对朱克融的跋扈无礼表示宽容的话，就说：'修建宫阙的事有司已计划妥当，不必劳驾幽州的工匠远地而来。'这样一来就足以解决所有的问题，不必再劳陛下忧虑。"敬宗李湛听了这些建议很高兴，依从裴度的想法。

立才人郭氏为贵妃。妃，晋王普之母也。

横海节度使李全略薨。其子副大使同捷擅领留后，重赂邻道，以求承继。

夏，四月，戊申，以昭义留后刘从谏为节度使。

五月，幽州军乱，杀朱克融及其子延龄，军中立其少子延嗣主军务。

六月，甲子，上御三殿，令左右军、教坊、内园为击球、手搏、杂戏。戏酣，有断臂、碎首者，夜漏数刻乃罢。

己卯，上幸兴福寺，观沙门文溆俗讲。

【译文】敬宗李湛册立才人郭氏为贵妃。郭贵妃是晋王李普的母亲。

横海节度使李全略去世了，他的儿子副大使李同捷擅自兼任留后，并用重金贿赂邻近藩镇，以便达到承继父亲的官职的目的。

夏季，四月，戊申日（十一日），敬宗李湛任命昭义留后刘从谏为节度使。

五月，幽州的军队发生叛乱，将士杀死朱克融和他的儿子朱延龄，军中拥立朱克融的小儿子朱延嗣主持军务。

六月，甲子日（二十八日），唐敬宗李湛亲自驾临三殿，命令左右神策军、教坊、内园栽接使的军士和官吏踢球、摔跤、玩杂戏。游戏到兴头，有人折断手臂、有人打破头，一直到夜深游戏才停止。

己卯日（六月无此日），敬宗李湛驾临兴福寺，观看僧人文溆用俗语讲佛学教义。

癸未，衡王绚薨。

壬辰，宣索左藏见在银十万两、金七千两，悉贮内藏，以便赐与。

道士赵归真说上以神仙，僧惟贞、齐贤、正简说上以祷祠求福，皆出入宫禁，上信用其言。山人杜景先请遍历江、岭，求访异人。有润州人周息元，自言寿数百岁，上遣中使迎之。八月，乙巳，息元至京师，上馆之禁中山亭。

朱延嗣既得幽州，虐用其人。都知兵马使李载义与弟牙内兵马使载宁共杀延嗣，并屠其家三百馀人。载义权知留后，九月，数延嗣之罪以闻。载义，承乾之后也。

庚申，魏博节度使史宪诚妄奏李同捷为军士所逐，走归本道，请束身归朝。寻奏同捷复归沧州。

壬申，以中书侍郎、同平章事李程同平章事、充河东节度使。

【译文】癸未日（六月无此日），衡王李绚去世。

壬辰日（六月无此日），敬宗宣旨，索取现银十万两，黄金七千两，储备在皇帝的内藏库，以便随时供自己赏赐。

道士赵归真用神仙之道向敬宗李湛宣传游说，僧人惟贞、齐贤、正简拿佛教的祈祷求福理论游说敬宗，他们都在皇宫中进进出出，致使敬宗听信他们的宣传游说。占卜算命的隐士杜景先向敬宗李湛请求历遍各州，为敬宗求访有特殊才能的人。有一个叫周息元的润州人，自称年纪有数百岁，敬宗特意派中使去把他迎入宫中。八月，乙巳日（初十日），周息元抵达京师，敬宗让他住在宫里山池间的亭子中。

朱克融的小儿子朱延嗣被将士推举为幽州留后后，对自己的部下和百姓特别残暴严苛；都知兵马使李载义和他的弟弟牙内兵马使李载宁一起商议谋划，最终把朱延嗣杀死，同时还屠杀朱延嗣的三百余口家眷。李载义暂时管理留后的职务，九月，李载义列举朱延嗣的罪行，并向朝廷奏报。李载义是唐太宗的长子李承乾的后代。

庚申日（二十五日），魏博节度使史宪诚欺瞒朝廷说，李同捷已经被横海将士驱逐，逃到魏博，请求自戴刑具，归顺朝廷；不久史宪诚又奏报，李同捷回到横海的治所沧州。

壬申日（八月无此日），敬宗李湛任命中书侍郎、同平章事李程同平章事、代理河东节度使。

冬，十月，己亥，以李载义为卢龙节度使。

十一月，甲申，以门下侍郎、同平章事李逢吉同平章事、充山南东道节度使。

上游戏无度，狎暱群小，善击球，好手抟，禁军及诸道争献力士，又以钱万缗付内园令召募力士，昼夜不离侧。又好深夜自捕狐狸。性复褊急，力士或恃恩不逊，辄配流、籍没。宦官小过，动遭捶挞，皆怨且惧。十二月，辛丑，上夜猎还宫，与宦官刘克明、田务澄、许文端及击球军将苏佐明、王嘉宪、石从宽、阎惟直等二十八人饮酒。上酒酣，入室更衣，殿上烛忽灭，苏佐明等弑上于室内。刘克明等矫称上旨，命翰林学士路隋草遗制，以绛王悟权句当军国事。壬寅，宣遗制，绛王见宰相百官于紫宸外庑。

【译文】冬季，十月，己亥日（初五日），敬宗任命李载义为卢龙节度使。

十一月，甲申日（二十一日），敬宗任命门下侍郎、同平章事李逢吉为同平章事、代理山南东道节度使。

敬宗游玩没有节制，和一群小人亲近，他还擅长踢球，喜爱摔跤，禁军和各道藩镇争相向朝廷进献大力士，供敬宗玩乐；敬宗李湛又拿出一万缗钱给内园栽接使，叫他们招募大力士，这些大力士陪同敬宗摔跤，日夜不离身旁。此外，敬宗还喜欢在深夜亲自捉狐狸。他性情又狭隘急躁，有的大力士倚仗皇恩出言不逊，常被敬宗流放到边远之地，登记并没收他的家产；宦官犯了一点小错，动不动就要遭到一顿鞭打，他们对敬宗都既怨恨又害怕。十二月，辛丑日（初八日），敬宗晚上打猎回宫，和宦官刘克明、田务澄、许文端及打球军将苏佐明、王嘉宪、石从宽、阎惟直等二十八人在一起喝酒。敬宗酒兴正浓，到房中换衣,这时候,大殿里的风忽然把烛火熄灭,苏佐明等人趁此机会在房中杀死敬宗。刘克明等人假称敬宗的旨意,命令翰林学士路隋写下遗诏,任命绛王李悟(宪宗子)暂时掌管军国事务。壬寅日(初九日),宣布遗诏,绛王在紫宸殿的外廊接见宰相和百官朝拜。

克明等欲易置内侍之执权者,于是枢密使王守澄、杨承和、中尉魏从简、梁守谦定议,以卫兵迎江王涵入宫,发左、右神策、飞龙兵进讨贼党,尽斩之。克明赴井,出而斩之。绛王为乱兵所害。

时事起苍猝,守澄等以翰林学士韦处厚博通古今,一夕处置,皆与之共议。守澄等欲号令中外,而疑所以为辞。处厚曰:"正名讨罪,于义何嫌,安可依违,有所讳避!"又问:"江王当如何践阼?"处厚曰:"诘朝,当以王教布告中外以已平内难。然后群臣三表劝进,以太皇太后令册命即皇帝位。"当时皆从其言,时不暇复问有司,凡百仪法,皆出于处厚,无不叶宜。

【译文】刘克明等撤换内侍省掌权的内侍。消息传出,枢密使王守澄、杨承和,神策中尉魏从简、梁守谦决定,派十二卫士兵迎接江王李涵(穆宗子)入宫,派出左右神策军、飞龙兵讨伐杀害敬宗的贼党,并把他们全部斩首。刘克明躲藏到井里,也被禁军搜出来杀死。绛王李悟也被乱兵所杀。

当时诛讨贼党的事情决定得特别仓促,王守澄因翰林学士韦处厚博通古今,一夜间所有的决定,都和他商量。王守澄等人想要对朝廷内外发号施令,思虑用什么借口来措辞。韦处厚说:"名正言顺地讨伐罪人,是合乎道义的,怎么还犹豫不决,有所避讳呢?" 王守澄等人又问:"江王李涵应该采取什么方式即位呢?" 韦处厚说:"明天早晨,百官上朝时,应当首先以江王教令的名义宣告天下,说明已平定宫廷内部叛乱。然后群臣多次上表劝谏江王即位,用太皇太后的命令,赐给江王册书,正式册命江王即皇帝位。" 当时王守澄等人都依从韦处厚的建议行事,也无暇询问有关部门做得是否正确。江王即位的种种仪式和法规,都出自韦处厚之手,没有不适合的。

癸卯,以裴度摄冢宰。百官谒见江王于紫宸外庑,王素服涕泣。甲辰,见诸军使于少阳院。赵归真等诸术士及敬宗时佞幸者,皆流岭南或边地。

乙巳,文宗即位,更名昂。戊申,尊母萧氏为皇太后,王太后为宝历太后。是时,郭太后居兴庆宫,王太后居义安殿,萧太后居大内。上性孝谨,事三宫如一,每得珍异之物,先荐郊庙,次奉三宫,然后进御。萧太后,闽人也。

庚戌,以翰林学士韦处厚为中书侍郎、同平章事。

上自为诸王,深知两朝之弊,及即位,励精求治,去奢从俭。诏宫女非有职掌者皆出之,出三千馀人。五坊鹰犬,准元和故事,量留校猎外,悉放之。有司供宫禁年支物,并准贞元故事。省教坊、翰林、总监冗食千二百馀员,停诸司新加衣粮。御马坊场及近岁别贮钱谷所占陂田,悉归之有司。先宣索组绣、雕镂之物,悉罢之。敬宗之世,每月视朝不过一二,上始复旧制,每奇日未尝不视朝,对宰相群臣延访政事,久之方罢。待制官旧虽设之,未尝召对,至是屡蒙延问。其辍朝、放朝皆用偶日,中外翕然相贺,以为太平可冀。

【译文】癸卯日(初十日),朝廷任命裴度兼任冢相,主持敬宗的治丧事宜。百官在紫宸殿外廊朝见江王李涵，江王身着丧服，哭泣流泪。甲辰日（十一日），江王在少阳院接见禁军各军使。赵归真那些方士和敬宗李湛在位时奸佞而得宠的人，都被放逐到岭南或边疆荒凉之地。

乙巳日（十二日），文宗即皇帝位，改名为李昂。戊申日（十五日），文宗李昂尊母亲萧氏为皇太后，尊王太后为宝历太后。这时，穆宗的母亲郭太后在兴庆宫居住，王太后在义安殿居住，萧太后在太极宫居住。文宗生性孝顺，行事小心谨慎，事奉三位太后都特别周到，对待她们如同一人，每次文宗得到珍贵奇异的食品，首先用来祭天以及供奉祖庙，其次进献给三位太后食用，最后剩下的才自己吃。萧太后是闽人。

庚戌日（十七日），文宗李昂任命翰林学士韦处厚为中书侍郎、同平章事。

唐文宗被封为亲王后，深深了解穆宗李恒、敬宗李湛两朝的弊端，等到即位后，励精求治，摒弃奢靡之气，厉行节俭。文宗下诏，凡是未担任后宫职务的宫女全部让她们出宫，总共放出三千多人。五坊所养的鹰和猎狗，按照宪宗李纯元和年间制定的旧例，酌量留一些打猎，其余的一律放出。度支、盐铁、户部和州府每年供应宫中的日常用品，一切依照唐德宗李适贞元年间规定的数额供给，不得随意增加。裁减教坊、翰林院和宫苑总监所辖的一千二百多闲散人员，停止唐敬宗李湛对内诸司所辖宦官增加的衣粮方面的待遇。御马坊、球场及近年另外存的钱谷、占用的田地，完全归之于有关部门。先前敬宗下诏征集的各地按规定进献朝廷的数额之外的绣缎、雕镂等物，一律禁止。敬宗时代，每月不过上朝一两次，文宗重新恢复旧制，单日从来没有不上朝，向宰相和群臣百官访询政事，很晚才罢朝。过去朝廷虽然也设置待制官，但不曾召集咨询问题，这时，他们才多次被文宗召集顾问。此外，凡是因为对大臣去世表示哀悼等事而辍朝，以及因酷暑或雨雪天气而放朝，也都尽量安排在双日。朝廷内外一致互相道贺，认为天下太平有希望了。

文宗元圣昭献孝皇帝上之上

太和元年(丁未，公元八二七年)春，二月，乙巳，赦天下，改元。

李同捷擅据沧景，朝廷经岁不问。同捷冀易世之后或加恩贷，三月，壬戌朔，遣掌书记崔从长奉表与其弟同志、同巽俱入见，请遵朝旨。

上虽虚怀听纳而不能坚决，与宰相议事已定，寻复中变。夏，四月，丙辰，韦处厚于延英极论之，因请避位。上再三慰劳之。

忠武节度使王沛薨。庚申，以太仆卿高瑀为忠武节度使。

自大历以来，节度使多出禁军，其禁军大将资高者，皆以倍称之息贷钱于富室，以赂中尉，动逾亿万，然后得之，未尝由执政。至镇，则重敛以偿所负。及沛薨，裴度、韦处厚始奏以瑀代之。中外相贺曰："自今债帅鲜矣！"

【译文】太和元年（丁未，公元827年）春季，二月，乙巳日（十三日），文宗李昂大赦天下，改年号为太和。

李同捷擅自担任横海留后，割据沧景将近一年时间，而朝廷对此事不闻不问。李同捷寄希望于文宗登基后会宽容自己的行为。三月，壬戌朔日（初一日），李同捷派遣掌书记崔从长带着奏表和他的弟弟李同志、李同巽一同入京朝见文宗，请求遵守朝廷的旨意。

文宗李昂虽然虚心接受百官的建议，但临事时又常常犹豫，不能决断，和宰相商量决定的事情，不久又中途改变做法。夏季，四月，丙辰日（二十五日），韦处厚在延英殿尽力劝谏文宗这种做法的弊端，又因此事请求让位；文宗再三慰劳他。

忠武节度使王沛去世。庚申日（二十九日），文宗李昂任命太仆卿高瑀为忠武节度使。

自从代宗李豫大历年间以来，藩镇节度使大多从禁军将领中选出，资历较高的禁军大将，都愿意拿出多倍的利息向富人借钱，用这些钱来贿赂神策军的护军中尉，请求他们让自己被授予节度使的职位。他们贿赂的钱财动辄超过数万，这样才能得到想要的官职。他们被授予官职从来都不是由宰相推荐；等到他们赴任，就收重税层层压榨百姓，以便偿还欠下的本息。等到王沛去世，裴度、韦处厚才向文宗上奏请求派高瑀替代王沛担任忠武节度使。朝廷内外官员都相互道贺说："从现在起，'欠债的元帅'少了啊。"

【乾隆御批】虚怀听纳而不能坚决，不特筑室无成，亦且小人得以生计，此失策之大者也！

【译文】有虚怀纳谏之心但却不能坚决，这不仅像"筑室于道"的人一样一事无成，而且给小人以可乘之机，这可是大的失策呀！

五月，丙子，以天平节度使乌重胤为横海节度使，以前横海节度副使李同捷为充海节度使。朝廷犹虑河南、北节度使构扇同捷使拒命，乃加魏博史宪诚同平章事。丁丑，加卢龙李载义、平卢康志睦、成德王庭凑检校官。

盐铁使王播自淮南入朝，力图大用，所献银器以千计，绫绢以十万计。六月，癸巳，以播为左仆射、同平章事。

【译文】五月，丙子日（十五日），文宗李昂任命天平节度使乌重胤为横海节度使，任命前任横海节度副使李同捷为兖海节度使。朝廷仍然忧虑河南、河北的藩镇节度使会怂恿煽动李同捷，让他违抗朝廷诏命，文宗又加封魏博节度使史宪诚同平章事的荣誉职务。丁丑日（十六日），文宗加封卢龙的李载义、平卢的康志睦、成德的王庭凑为检校官。

盐铁使王播从淮南进入京城朝见文宗李昂，企图得到朝廷的重用，因而他所献的银器以千来计算，绫绢以十万来计算。六月，癸巳日（初三日），文宗任命王播为左仆射、同平章事。

秋，七月，癸酉，葬睿武昭愍孝皇帝于庄陵，庙号敬宗。

李同捷托为将士所留，不受诏。乙酉，武宁节度使王智兴奏请将本军三万人，自备五月粮以讨同捷，许之。八月，庚子，削同捷官爵，命乌重胤、王智兴、康志睦、史宪诚、李载义与义成节度使李听、义武节度使张璠各帅本军讨之。

同捷遣其子弟以珍玩、女妓赂河北诸镇，戊午，李载义执其侄，并所赂献之。

【译文】秋季，七月，癸酉日（十三日），朝廷举行葬礼，在庄陵埋葬睿武昭愍孝皇帝；庙号敬宗。

李同捷向朝廷谎称被将士强留，拒不接受朝廷诏令；乙酉日（二十五日），武宁节度使王智兴向文宗上奏，请求率领本军三万人，自备五个月的粮饷，前去讨伐李同捷，文宗准许他的请求。八月，庚子日（十一日），文宗革除李同捷的官爵，下诏乌重胤、王智兴、康志睦、史宪诚、李载义与义成节度使李听、义武节度使张播各自率领本部军队前去讨伐李同捷。

李同捷派遣他的儿子和侄子用珍玩器物、歌伎舞女去向河北各藩镇行贿。戊午日（二十九日），幽州节度使李载义擒获李同捷的侄子，把他以及他所行贿的物品一起进献给文宗。

史宪诚与李全略为婚姻，及同捷叛，密以粮助之。裴度不知其所为，谓宪诚无贰心。宪诚遣亲吏至中书请事，韦处厚谓曰："晋公于上前以百口保尔使主，处厚则不然，但仰俟所为，自有朝典耳！"宪诚惧，不敢复与同捷通。

王庭凑为同捷求节钺不获，乃助之为乱，出兵境上以挠魏师。又遣使厚赂沙陀酋长朱邪执宜，欲与之连兵，执宜拒不受。

冬，十月，天平、横海节度使乌重胤击同捷，屡破之。十一月，丙寅，重胤薨。庚辰，以保义节度使李寰为横海节度使，从王智兴之请也。

十二月，庚戌，加王智兴同平章事。

【译文】魏博节度使史宪诚与李同捷的父亲李全略是儿女亲家，李同捷背叛朝廷后，史宪诚偷偷派人运送粮食，前去援助李同捷。裴度不知道史宪诚已经与李同捷暗中勾结，还认为他对朝廷没有二心。史宪诚派亲信官吏到中书门下奏请公事，韦处厚对他说："裴晋公在皇上面前用他全族上百口人为你的主人作保，认为他对朝廷忠心耿耿；我韦处厚却不以为然，史宪诚对朝廷是否忠心，要看他怎么做了，朝廷自有法律制裁他。"史宪诚听了这些话很害怕，不敢再和李同捷勾结。

成德节度使王庭凑向朝廷上奏，请求让李同捷担任横海节度使，文宗李昂没有批准他的请求，于是王庭凑协助李同捷叛乱，往边境上派遣军队阻挠魏博讨伐李同捷的军队；他又派使者给沙陀酋长朱邪执宜送去很贵重的财物，想和他联合军队，朱邪执宜拒绝他的拉拢，不接受他的财物。

冬季，十月，天平、横海节度使乌重胤攻打李同捷，屡次打败李同捷的军队。十一月，丙寅日(初八日)，乌重胤去世。庚辰日(二十二日)，唐文宗李昂根据王智兴的建议，任命保义节度使李寰为横海节度使。

十二月，庚戌日(二十三日)，文宗加封王智兴为同平章事。

太和二年(戊申，公元八二八年)春，三月，己卯，王智兴攻棣州，焚其三门。

自元和之末，宦官益横，建置天子在其掌握，威权出人主之右，人莫敢言。辛巳，上亲策制举人，贤良方正，昌平刘蕡对策极言其祸，其略曰："陛下宜先忧者：宫闱将变，社稷将危，天下将倾，海内将乱。"又曰：'陛下将杜篡弑之渐，则居正位而近正人，远刀锯之贱，亲骨鲠之直，辅相得以专其任，庶职得以守其官，奈何以亵近五六人总天下大政！祸稔萧墙，奸生帷幄，臣恐曹节、侯览复生于今日。"又曰："忠贤无腹心之寄，阍寺恃废立之权，陷先君不得正其终，致陛下不得正其始。"又曰："威柄陵夷，藩臣跋扈。或有不达人臣之节，首乱者以安君为名；不究《春秋》之微，称兵者以逐恶为义。则政刑不由乎天子，征伐必自于诸侯。"又曰："陛下何不塞阴邪之路，屏亵狎之臣，制侵陵迫胁之心，复门户扫除之役，戒其所宜戒，忧其所宜忧！既不能治于前，当治于后，既不能正其始，当正其终；则可以虔奉典谟，克承丕构矣。昔秦之亡也失于强暴，汉之亡也失于微弱。强暴则贼臣畏死而害上，微弱则奸臣窃权而震主。伏见敬宗皇帝不虞亡秦之祸，不翦其萌。伏惟陛下深轸亡汉之忧，以杜其渐，则祖宗之鸿业可绍，三、五之遐轨可追矣。"又曰："臣闻昔汉元帝即位之初，更制七十馀事，其心甚诚，其称甚美，然而纪纲日紊，国祚日衰，奸宄日强，黎元日困者，以其不能择贤明而任之，失其操柄也。"又曰："陛下诚能揭国权以归相，持兵柄以归将，则心无不达，行无不孚矣。"又曰："法宜画一，官宜正名。今分外官、中官之员，立南司、北司之局，或犯禁于南则亡命于北，或正刑于外则破律于中，法出多门，人无所措，实由兵农势异而中外法殊也。"又曰："今夏官不知兵籍，止于奉朝请；六军不主兵事，止于养勋阶。军容合中官之政，戎律附内臣之职。首一戴武弁，疾文吏如仇雠。足一蹈军门，视农夫如草芥。谋不足以翦除凶逆，而诈足以抑扬威福；勇不足以镇卫社稷，而暴足以侵轶里闾。羁绁藩臣，干陵宰铺，隳裂王度，汩乱朝经。张武夫之威，上以制君父；假天子之命，下以御英豪。有藏奸观衅之父，无伏节死难之义。岂先王经文纬武之旨邪！"又曰："臣非不知言发而祸应，计行而身戮，盖痛社稷之危，哀生人之困，岂忍姑息时忌，窃陛下一命之宠哉！"

【译文】太和二年（戊申，公元828年）春季，三月，己卯日（二十三日），王智兴攻打棣州，焚烧三个城门。

自宪宗李纯元和末年以来，宦官越来越骄横跋扈，皇帝的废立都由他们掌控，权力威势远在皇帝之上，百官敢怒而不敢言。文宗李昂亲自主持科举考试，选拔人才，贤良方正的科考生，昌平人刘蕡回答文宗的对策，尽力说明宦官的危害，他的大意是说："陛下应该先忧虑的是，宫中将发生变故，国家将出现危难，天下即将灭亡，海内将有祸乱。"又说："如果陛下真想杜绝皇位被篡夺的情况，就应当端正自己的一言一行，亲近信任百官，远离宦官，任用正直忠诚的大臣担任宰相，主持朝中政事，使朝廷各个部门都尽忠职守。为何陛下却放任身边的五六个宦官把持朝政呢？如果这样下去，祸害将会在宫廷之内酝酿成熟，奸邪之事将产生在帷帐之中，我恐怕汉桓帝刘志时期宦官曹节、侯览专权的祸事可能会在如今重新上演啊。"又说："忠臣贤臣得不到皇上的亲近信任，宦官把持着废立皇帝的大权，他们让敬宗皇帝惨遭杀害，不能寿终正寝，而如今陛下又被宦官拥立即位，也不能正大光明地亲自处理政事。"又说："如今，皇帝的权力威势衰败，各地藩镇的节度使骄横跋扈。在这种情况下，如果有不懂儒家臣子礼义的猛将，就可能以安定皇位为借口，首先率领军队作乱；而不明白孔子《春秋》中微言大义的节度使，也可能把清君侧作为旗号，率领军队发动内战。这样的话，朝廷的方针政策就不能由陛下做主，征战讨伐都出于藩镇节度使的好恶。"又说："陛下为什么不下决心杜绝奸邪小人往上爬的门路，斥退宦官，抑制他们侵凌胁迫的野心，恢复他们打扫门户的差使，使他们警戒应该警戒的工作，担忧应该忧虑的事情！既然陛下不能在先前把它做好，就应当在以后把它做好；陛下没能在登基之初就开始亲政，就应当在今后正大光明地执掌朝政；这样就可以恭敬地遵奉古圣先贤的告诫，继承祖上开创的事业。从前秦朝灭亡是由于皇帝强横残暴，汉朝灭亡是由于皇帝软弱无能。如果皇帝强横残暴则贼臣害怕被杀死而害死皇帝，如果皇帝软弱无能则奸臣窃夺政权而震慑皇帝。臣看见敬宗皇帝不忧虑秦朝灭亡的祸患，不剪除祸患的征兆。因此，陛下应当深刻总结汉朝灭亡的经验教训，截断朝政大权可能落入他人之手的根源。这样一来，陛下不仅能够真正继承祖上开创的基业，并赶上三皇、五帝开创的圣贤大德。"又说："臣听说从前汉元帝刘奭刚即位的时候，就大刀阔斧革除朝廷弊政七十多件，内心特别虔诚，在当时获得很好的美誉，可是之后国家的纲纪一天天紊乱，国运一天天衰危，奸邪的势力一天天强大，百姓一天天困苦，是因为他没有选拔德才兼备的臣子委以重任，以致朝政大权落到奸臣手中。"又说："陛下真能把国家的政权交给宰相，把兵权交给武将，那么陛下励精图治的愿望就会全部实现，陛下颁布的诏令就会全部得到贯彻执行。"又说："朝廷执法应当内外统一，设官任职应当名正言顺。现在分外官、中官两部分，成立南司、北司的官局，有人在南司犯法就逃命到北司，外官明正典刑，而中官能违背法令包容他，法令不一致，人民不知道要怎么做，实在是兵制崩溃，兵农分离，因而中官、外官法律不统一的缘故啊！"又说："现在兵部尚书不掌管军人簿籍，仅仅上朝时充数装装样子，禁卫六军大将不能统率军队，只是靠勋爵领取俸禄。而由宦官担任的军容使却又手握重权，藩镇军将都对由宦官担任的监军多加亲附。而宦官一旦穿上军装，就如仇敌一般对待文官，脚刚踏进军队，就把农夫看成草芥一般。他们的智谋不足以讨伐叛乱，而奸诈却足以作威作福；他们的勇敢不足以保卫国家，残暴却足以侵害乡里。他们在地方对节度使控制欺侮，在朝廷就对宰相百般凌辱，使国家法度纲常败坏，搅得朝政混乱不堪。他们凭借军权在握的威势，在朝廷挟制皇帝，又假借皇上的诏令，对下掌控百官和藩镇节度使，居心不良，蠢蠢欲动，却没有一点为国家赴难而死的节义。这难道是古代的圣王所倡导的用文武功治理天下的本意吗？"又说："臣并不是不知道话说出来祸患就跟着来到，就算皇上采纳臣的建议，臣也难免被迫害的命运。只是因为痛惜国家面临的危机，百姓身处水深火热之中，臣怎么忍心姑息宦官专权而窃取陛下授给我一命之官的恩宠呢？”

闰月，丙戌朔，史宪诚奏遣其子副大使唐、都知兵马使亓志绍将兵二万五千趣德州讨李同捷。时宪诚欲助同捷，唐泣谏，且请发兵讨之；宪诚不能违。

甲午，贤良方正裴休、李郃、李甘、杜牧、马植、崔玙、王式、崔慎由等二十二人中第，皆除官。考官左散骑常侍冯宿等见刘蕡策，皆叹服，而畏宦官，不敢取。诏下，物论嚣然称屈。谏官、御史欲论奏，执政抑之。李郃曰：“刘蕡下第，我辈登科，能无厚颜！”乃上疏，以为：“蕡所对策，汉、魏以来无与为比。今有司以蕡指切左右，不敢以闻，恐忠良道穷，纲纪遂绝。况臣所对不及蕡远甚，乞回臣所授以旌蕡直。”不报。蕡由是不得仕于朝，终于使府御史。牧，佑之孙；植，勋之子；式，起之子；慎由，融之玄孙也。

【译文】 闰月，丙戌朔日（初一日），史宪诚向文宗李昂上奏，他已经派遣儿子、魏博节度副大使史唐，都知兵马使亓志绍率领二万五千兵马前往德州讨伐李同捷。当时史宪诚想帮助李同捷，史唐哭着劝谏，并且请求父亲遵循朝廷诏命，派兵讨伐；史宪诚不能违背儿子的意愿，只好同意。

甲午日（初九日），参加贤良方正科考试的考生裴休、李郃、李甘、杜牧、马植、崔玙、王式、崔慎由等二十二人通过考试予以录取，朝廷都授予他们官职。考官左散骑常侍冯宿等人看见刘蕡的策书，十分佩服他的才能和胆识，但是因为惧怕宦官的威势，不敢录取刘蕡。朝廷录取的诏书颁下后，舆论哗然，朝中官员都为刘蕡叫屈。谏官、御史台打算向文宗李昂上奏议论此事，宰相阻止了他们。李郃说："刘蕡落第，我们却登科，能不感到厚颜无耻吗？"于是他向文宗上疏，认为："刘蕡对策的水平，从汉和魏以来，没有人能够和他相比。现在考官考虑到刘蕡的对策抨击陛下身边的亲信宦官，不敢将他的对策报告天子听闻，恐怕这样一来，正直贤德的读书人今后入仕为官再没有什么指望，朝廷的法纪到现在也形同虚设。况且臣所对答的策书远远赶不上刘蕡，请求陛下把授予臣的官职授给刘蕡，以表彰他的忠直。"文宗李昂没有理会他的建议。刘蕡因此不能在朝廷做官，一直做节度使幕府的御史。杜牧是杜佑的孙子；马植是马勋的儿子；王式是王起的儿子；崔慎由是崔融的玄孙。

【乾隆御批】考官既叹赏蕡策，乃以指斥宦官摈弃弗录，衡鉴之公安在？谏官又复为执政所抑钳口不言，纪纲于是扫地矣！

【译文】考官既然赞叹赏识刘蕡的对策，却又因他斥责宦官而放弃没有录用他，公正的评鉴标准到底在哪里？谏官又因被当权者的压制所迫而缄口不言，唐朝的纲纪从此威严扫地了！

【申涵煜评】玩蕡策词，是陆敬舆、韩昌黎一流，而剀直过之。虽为主司所抑，已足垂名不朽。士君子所取重于世者，何必定在科目哉。李郃欲回其所授，亦附骥尾矣。

【译文】玩味刘蕡的策词，和陆贽、韩愈的文章类似，而文辞的恳切直率又超过了两者。虽然被主管官员所抑制，已足以留名不朽。士君子所取重于世的，为什么一定要定在哪一个科目呢？李郃想回他所授，也算是想依附他而成名吧。

夏，六月，晋王普薨。辛酉，赠悼怀太子。

初，萧太后幼去乡里，有弟一人。上即位，命福建观察使求访，莫知所在。有茶纲役人萧洪，自言有姊流落，商人赵缜引之见太后近亲吕璋之妻，亦不能辨，与之俱见太后。上以为得真舅，甲子，以为太子洗马。

峰州刺史王升朝叛。庚辰，安南都护武陵韩约讨斩之。

王庭凑阴以兵及盐粮助李同捷，上欲讨之。秋，七月，甲辰，诏中书集百官议其事。宰相以下莫敢违，卫尉卿殷侑独以为："廷凑虽附凶徒，事未甚露，宜且含容，专讨同捷。"己巳，下诏罪状廷凑，命邻道各严兵守备，听其自新。

【译文】夏季，六月，晋王李普去世；辛酉日（初七日），朝廷追赠悼怀太子的谥号。

起初，唐文宗李昂的母亲萧太后从小离开家乡，她还有一个弟弟；等到文宗即位，命令福建观察使寻找，福建观察使报告说，没有找到，不知道在哪里。有一个叫萧洪的运茶工人，自称有一个姐姐流落他乡，不知漂泊到哪里，商人赵缜带萧洪见萧太后的亲戚吕璋的妻子，她也认不出此人是不是萧太后的弟弟，就带他一同去面见太后。文宗便自认为萧洪就是自己的亲舅舅，甲子日（初十日），文宗任命萧洪担任太子洗马。

峰州刺史王升朝叛乱；庚辰日（二十六日），安南都护武陵人韩约前去讨伐并把王升朝斩首。

王庭凑暗中援助李同捷兵器、食盐和粮食，文宗李昂打算派兵马讨伐他；秋季，七月，甲辰日（二十日），文宗下诏命令中书省召集百官商议这件事。宰相以下的官员都不敢违背文宗的意思，只有卫尉卿殷侑认为："王庭凑虽然亲附凶徒，但还不太明显，应该暂且包容他，当务之急是集中兵力讨伐李同捷。"己巳日（七月无此日），文宗下诏书公布王庭凑的罪状，命令邻近成德的各道各自严兵防守，等待王庭凑改过自新。

九月，丁亥，王智兴奏拔棣州。

李寰自晋州引兵赴镇，不戢士卒，所过残暴，至则拥兵不进，但坐索供馈。庚寅，以寰为夏绥节度使。

甲午，诏削夺王庭凑官爵，命诸军四面进讨。

加王智兴守司徒，以前夏绥节度使傅良弼为横海节度使。

岳王绲薨。

庚戌，容管奏安南军乱，逐都护韩约。

冬，十月，洋王忻薨。

魏博败横海兵于平原，遂拔之。

【译文】 九月，丁亥日（初四日），王智兴向文宗上奏攻取棣州。

新任横海节度使李寰从晋州率兵马前往横海赴任，沿途没有约束士兵，一路上听任手下士兵做劫掠百姓的事；到达前线后，李寰又止步不前，只是一味向朝廷索求军粮馈饷。庚寅日（初七日），文宗任命李寰为夏绥节度使。

甲午日（十一日），文宗下诏撤销王庭凑成德节度使的职务以及爵位，命令各军从四面进兵讨伐他。

文宗任命王智兴暂守司徒，任命前任夏绥节度使傅良弼为横海节度使。

岳王李绲去世。

庚戌日（二十七日），容管向朝廷上奏安南的军队发生叛乱，将士把都护韩约驱逐。

冬季，十月，洋王李忻去世。

魏博军队在平原打败横海军队，又攻占了平原。

十一月，癸未朔，易定节度使柳公济奏攻李同捷坚固寨，拔之。又破其兵于寨东。时河南、北诸军讨同捷久未成功，每有小胜，则虚张首虏以邀厚赏，朝廷竭力奉之，江、淮为之耗弊。

傅良弼至陕而薨。乙酉，以左金吾大将军李祐为横海节度使。

甲辰，禁中昭德寺火，延及宫人所居，烧死者数百人。

十二月，丁巳，王智兴奏兵马使李君谋将兵济河，破无棣。

壬申，中书侍郎、同平章事韦处厚薨。

李同捷军势日蹙，王庭凑不能救，乃遣人说魏博大将亓志绍使杀史宪诚父子取魏博。志绍遂作乱，引所部兵二万人还逼魏州。丁丑，命谏议大夫柏耆宣慰魏博，且发义成、河阳兵以讨志绍。

戊寅，以翰林学士路隋为中书侍郎、同平章事。

辛巳，史宪诚奏亓志绍兵屯永济，告急求援。诏义成节度使李听帅沧州行营诸军以讨志绍。

【译文】十一月，癸未朔日（初一日），易定节度使柳公济向文宗上奏进攻李同捷的坚固寨，夺取了坚固寨；又在寨东打败李同捷的军队。当时河南、河北各军讨伐李同捷，一直没有大的战功，每当他们取得一点胜利，就向朝廷虚报斩获敌军的数目，以便获取朝廷丰厚的赏赐。朝廷竭尽财力供给诸军粮饷，以致江、淮地区百姓虚耗疲敝，不堪重负。

傅良弼赶赴横海就任，走到陕州时就去世了。乙酉日（初三日），文宗李昂任命左金吾大将军李祐为横海节度使。

甲辰日（二十二日），宫中昭德寺失火，火势蔓延到宫女居住地，烧死几百人。

十二月，丁巳日（初六日），王智兴向文宗李昂上奏兵马使李君谋率领军队渡过黄河，攻破无棣。

壬申日（二十一日），中书侍郎、同平章事韦处厚去世。

在官军的四面进攻下，李同捷军队的形势一天天困窘起来，王庭凑也没有办法援助他，于是李同捷派人游说魏博大将亓志绍，教他杀了史宪诚父子夺取魏博；亓志绍因他的挑拨而叛乱，带着部下二万人回头进击魏州。丁丑日（二十六日），文宗李昂命令谏议大夫柏耆前去安抚慰问魏博，并且派出义成、河阳的军队前去讨伐亓志绍。

戊寅日（二十七日），文宗李昂任命翰林学士路隋为中书侍郎、同平章事。

辛巳日（三十日），史宪诚向朝廷上奏亓志绍的军队已经在永济驻扎，并告称军情紧急，请求援助；文宗李昂下诏义成节度使李听率领沧州行营的各军前去讨伐亓志绍。

资治通鉴卷第二百四十四　唐纪六十

起屠维作噩，尽昭阳赤奋若，凡五年。

【译文】起己酉（公元829年），止癸丑（公元833年），共五年。

【题解】本卷记录了公元829年至833年的历史，共五年。为唐文宗太和三年至七年，是唐文宗执政的前期，牛李党争已成为朝廷一大害。太和三年，文宗召浙西观察使李德裕入朝任职，不到二十天就被排挤出朝，李德裕有才干，西疆稳固。李宗闵、牛僧孺妒忌李德裕建功，迫使李德裕送还吐蕃降人，致使数千名吐蕃降人遭屠。李宗闵、牛僧孺还勾结宦官，文宗深恶痛绝。太和六年牛僧孺被罢相，李德裕回朝任职，太和七年任相，排挤李宗闵出朝。太和五年，文宗任命宋申锡为相，想谋诛宦官，宋申锡办事不密，宦官王守澄派人诬告宋申锡，文宗信以为真，朝官力争，宋申锡才免于一死。文宗虽平定沧景节度使李同捷叛乱，但姑息强镇，河朔三镇变乱，受到司马光批评。杜牧上奏《罪言》《原十六卫》《守论》等政论，针砭时弊。

文宗元圣昭献孝皇帝上之下

太和三年（己酉，公元八二九年）春，正月，亓志绍与成德合兵掠贝州。

义成行营兵三千人先屯齐州，使之禹城，中道溃叛，横海节度使李祐讨诛之。

李听、史唐合兵击亓志绍，破之。志绍将其众五千奔镇州。

李载义奏攻沧州长芦，拔之。

甲辰，昭义奏亓志绍馀众万五千人诣本道降，置之洺州。

二月，横海节度使李祐师诸道行营兵击李同捷，破之，进攻德州。

武宁捉生兵马使石雄，勇敢，爱士卒。王智兴残虐，军中欲逐智兴而立雄。智兴知之，因雄立功，奏请除刺史。丙辰，以雄为壁州刺史。

【译文】太和三年（己酉，公元829年）春季，正月，亓志绍与成德联合兵马抢劫贝州。

义成行营参与讨伐李同捷的三千士兵先在齐州驻扎，之后奉命调防禹城，他们走在半路就溃散叛变；横海节度使李祐前去讨伐他们，把他们全部杀死。

李听、史唐联合军队进攻亓志绍，把亓志绍打败；亓志绍率领部下五千士兵逃往镇州。

李载义向朝廷上奏进攻沧州长芦，攻取了长芦。

甲辰日（二十三日），昭义向朝廷上奏，亓志绍剩余的部众一万五千人前来本道请降，已经把他们安置在洺州。

二月，横海节度使李祐率领各道行营的兵马攻打李同捷，把李同捷打败，又前去攻打德州。

武宁的捉生兵马使石雄，打仗英勇，关爱手下士兵；而节度使王智兴却对部下残暴狠毒，军中将士打算把王智兴驱逐，拥立石雄为节度使。王智兴得知这一消息后，趁石雄在前线作战立功的机会，向朝廷上奏请求授予石雄刺史的职位。丙辰日（初六日），文宗李昂任命石雄为壁州刺史。

史宪诚闻沧景将平而惧，其子唐劝之入朝。丙寅，宪诚使唐奉表请入朝，且请以所管听命。

石雄既去武宁，王智兴悉杀军中与雄善者百馀人。夏，四月，戊午，智兴奏雄摇动军情，请诛之。上知雄无罪，免死，长流白州。

戊辰，李载义奏攻沧州，破其罗城。李祐拔德州，城中将卒三千馀人奔镇州。李同捷与祐书请降，祐并奏其书，谏议大夫柏耆受诏宣慰行营，好张大声势以威制诸将，诸将已恶之矣。及李同捷请降于祐，祐遣大将万洪代守沧州。耆疑同捷之诈，自将数百骑驰入沧州，以事诛洪，取同捷及其家属诣京师。乙亥，至将陵，或言王庭凑欲以奇兵篡同捷，乃斩同捷，传首，沧景悉平。五月，庚寅，加李载义同平章事。诸道兵攻李同捷，三年，仅能下之。而柏耆径入城，取为己功。诸将疾之，争上表论列。辛卯，贬耆为循州司户。李祐寻薨。

【译文】史宪诚听说沧景（横海）快要被平定的消息，非常害怕，他的儿子史唐趁机劝他前往京城朝拜，归顺朝廷。丙寅日（十六日），史宪诚派史唐携带上奏朝廷的表章入京城朝拜文宗，请求朝廷准许自己入朝参拜，请求自己管辖的魏博六州听从朝廷的诏令。

石雄离去后，武宁节度使王智兴把军中和石雄交好的一百多人全部杀掉。夏季，四月，戊午日（初九日），王智兴向朝廷上奏石雄动摇军心，请求朝廷杀了他。文宗知道石雄并没有罪，下诏免去石雄的死刑，长久流放白州。

戊辰日（十九日），李载义向朝廷上奏攻打李同捷的治所沧州，已经攻进外城。李祐攻占德州，城中三千多将士都逃到镇州。李同捷写信给李祐请求投降，李祐把李同捷的书信都上奏给文宗，文宗命谏议大夫柏耆前去宣达自己的慰问安抚之意，柏耆喜好炫耀自己的声威，想凭借自己的威严控制诸将，各位大将对他早已怨恨至极。等到李同捷向李祐请求投降，李祐派大将万洪代守沧州；柏耆怀疑李同捷诈降，亲自率领几百骑兵跑到沧州，寻找了一个借口杀死万洪，把李同捷和他的家属全都带往京城。乙亥日（二十六日），柏耆走到德州将陵县，有人说王庭凑想用奇兵篡取李同捷，于是柏耆命人斩下李同捷的首级，送到京师，到此时沧景才完全平定。五月，庚寅日（十二日），文宗李昂加封李载义为同平章事。朝廷征发诸道军队攻打李同捷，用了三年，才逼迫他投降，而柏耆直接进城，抓获李同捷就据为自己的功劳，诸将都很怨恨他，争相上表列举他的罪状。辛卯日（十三日），文宗贬柏耆为循州司户。李祐不久就去世了。

【乾隆御批】柏耆虽不免急功，然以诸道攻三年不能得之贼，一旦诛之，其功固可抵过也，乃以李祐之死遂令自尽，何以励用命之士哉。

【译文】柏耆尽管不免有些急功近利，然而朝廷派各路大军攻打了三年都没能抓获贼人，柏耆居然杀掉了他，柏耆的功过原本可以相抵，文宗却因李祐的死而命柏耆自尽，以后还靠什么来激励以死效忠朝廷的将士呢？

壬寅，摄魏博副使史唐奏改名孝章。

六月，丙辰，诏："镇州四面行营各归本道休息，但务保境，勿相往来。惟庭凑或效顺，为达章表，馀皆勿受。"

辛酉，以史宪诚为兼侍中、河中节度使；以李听兼魏博节度使；分相、卫、澶三州，以史孝章为节度使。

初，李祐闻柏耆杀万洪，大惊，疾遂剧。上曰："祐若死，是耆杀之也！"癸酉，赐耆自尽。

河东节度使李程奏得王庭凑书，请纳景州；又奏亓志绍自缢。

【译文】壬寅日（二十四日），暂代魏博节度副使史唐向朝廷奏称，改名为史孝章。

六月，丙辰日（初八日），文宗李昂下诏："四面行营各道兵马，各自返回本道养精蓄锐，力求保卫边境安全就可以了，一定不要互相有所往来。只有王庭凑上奏表示愿意归顺朝廷的时候，才可以为他传达上奏朝廷的奏疏，其余命令全部不要接受。"

辛酉日（十三日），文宗李昂任命史宪诚为兼侍中、河中节度使；任命李听兼任魏博节度使。下令把魏博管辖的相、卫、澶三州分割出来，任命史孝章为节度使。

起初，李祐听闻柏耆杀死万洪，非常震惊，于是病情加重。文宗说："李祐如果病死，那也是柏耆害死的。"癸酉日（二十五日），文宗赐柏耆自杀。

河东节度使李程向朝廷上奏接到王庭凑给朝廷的书信，王庭凑请求进献景州给朝廷；李程又奏报说，亓志绍已经自缢而死。

上遣中使赐史宪诚旌节，癸酉，至魏州。时李听自贝州还军馆陶，迁延未进，宪诚竭府库以治行，将士怒。甲戌，军乱，杀宪诚，奉牙内都知兵马使灵武何进滔知留后。李听进至魏州，进滔拒之，不得入。秋，七月，进滔出兵击李听。听不为备，大败，溃走，昼夜兼行，趣浅口，失亡过半，辎重兵械尽弃之。昭义兵救之，听仅而得免，归于滑台。

河北久用兵，馈运不给，朝廷厌苦之。八月，壬子，以进滔为魏博节度使，复以相、卫、澶三州归之。

沧州承丧乱之馀，骸骨蔽地，城空野旷，户口存者什无三四，癸丑，以卫尉卿殷侑为齐、德、沧、景节度使。侑至镇，与士卒同甘苦，招抚百姓，劝之耕桑，流散者稍稍复业。先是，本军三万人皆仰给度支，侑至一年，租税自能赡其半；二年，请悉罢度支给赐；三年之后，户口滋殖，仓廪充盈。

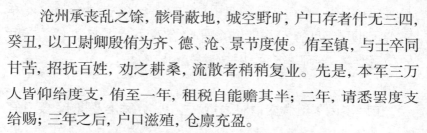

【译文】文宗李昂派中使授予史宪诚河中节度使的旌节，癸酉日（二十五日），中使到达魏州。当时李听率领军队从贝州返回，走到魏州以北的馆陶县，犹豫不定不再进军，史宪诚竭尽府库的钱财为自己置办行装，将士们大怒。甲戌日（二十六日），军队变乱，杀死史宪诚，尊奉牙内都知兵马使灵武人何进滔掌管留后职务。李听率领军队抵达魏州城下，遭到何进滔的抗击，进不了城。秋季，七月，何进滔派遣军队攻打李听；李听事先没有防备，结果被打得大败，士兵纷纷溃散逃走。他们日夜兼行，一直奔逃到馆陶县浅口镇，士兵损失逃亡的超过大半，辎重兵器全都丢弃。昭义的军队前来援助他，李听仅仅免于一死，返回滑台。

从文宗李昂太和元年朝廷出兵征讨横海李同捷以来，长期在河北地区派出军队攻打叛军，军需运输一直难以为继，朝廷对这种情况十分厌烦痛苦，不希望再生事端。八月，壬子日（初五日），文宗任命何进滔为魏博节度使，又把相、卫、澶三州分属于他。

横海的治所沧州经过多年战乱，遍地骸骨，城镇乡野都非常空旷，户口留下的不到十分之三四。癸丑日（初六日），文宗李昂任命卫尉卿殷侑为齐、德、沧、景节度使。殷侑到镇上，和士卒同甘共苦，招抚百姓，鼓励百姓耕田植桑，使流散在他乡的百姓渐渐回乡恢复生产。此前，本军三万人都靠度支供给物资养活，殷侑到镇一年，依靠当地租税收入，已经能供给一半的军需；等到两年以后，已经能够全部自给自足，于是向朝廷请求度支停止供给；等到三年后，户口增多，仓库充盈。

王庭凑因邻道微露请服之意。壬申，赦庭凑及将士，复其官爵。

征浙西观察使李德裕为兵部侍郎，裴度荐以为相。会吏部侍郎李宗闵有宦官之助，甲戌，以宗闵同平章事。

上性俭素、九月，辛巳，命中尉以下毋得衣纱縠绫罗。听朝之暇，惟以书史自娱，声乐游畋未尝留意。驸马韦处仁尝着夹罗巾，上谓曰："朕慕卿门地清素，故有选尚。如此巾服，听其他贵戚为之，卿不须尔。"

壬辰，以李德裕为义成节度使。李宗闵恶其逼己，故出之。

冬，十月，丙辰，以李听为太子少师。

路隋言于上曰："宰相任重，不宜兼金谷琐碎之务，如杨国忠、元载、皇甫镈皆奸臣，所为不足法也。"上以为然。于是，裴度辞度支，上许之。

【译文】王庭凑借助邻近藩镇向朝廷透露自己愿意归顺朝廷的想法；壬申日（二十五日），文宗李昂赦免王庭凑和他的将士的罪行，恢复他们的官职和爵位。

文宗征召浙西观察使李德裕为兵部侍郎，裴度向文宗推荐他担任宰相。恰逢吏部侍郎李宗闵得到宦官的帮助，甲戌日（二十七日），文宗任命李宗闵为同平章事。

文宗生性节俭朴素,九月,辛巳日(初四日),文宗李昂命令神策中尉以下的官员不准穿纱縠绫罗;文宗在处理朝政之外的空闲时间,只把读书观史作为爱好,对于美色、声乐和外出打猎游玩之事从来不放在心上。驸马韦处仁曾戴夹罗巾,文宗对他说:"朕敬慕你家门第清高素雅,所以才选你和公主婚配。像这样贵重的头巾,让其他的贵戚去戴,你不要如此。"

壬辰日(十五日),文宗李昂任命李德裕为义成节度使。李宗闵憎恨李德裕威胁到自己的职位,所以建议文宗把他调到外地。

冬季,十月,丙辰日(初九日),文宗李昂任命李听做太子少师。

路隋对文宗说:"宰相的责任很重,对钱、谷之类的琐碎事情不宜监管。过去杨国忠、元载、皇甫镈担任宰相,都兼管朝廷财政,可是他们都是奸臣,不值得效法。"文宗认为他说得有道理。于是宰相裴度向文宗请求辞去兼任的度支使的职务;文宗准许他的请求。

【乾隆御批】宰相叙百揆,其职固无所不统。自汉晋以来,丙吉大言变理,谢安自命风流。于是不亲案吏,不视细事,名尊相体,实斁官常。路隋此言所谓知其一未知其二,至杨国忠辈擅权通贿,由于委任非人,以彼贪憸性成当日,即不兼琐务,其能尽匡弼之职乎?

【译文】宰相为总理国政之官,他的职责无所不包。自汉晋以来,丙吉大谈宰相应忧时而变之道,谢安则自命风流。于是他们不亲自审理案件和官吏,不过问琐碎的小事,名义上是维护宰相的大体,实际上却是在毁坏官吏制度。路隋这番话是所谓的只知其一不知其二,至于专权受贿的杨国忠之辈，只能说所任非人，因为他们贪婪狡诈的性格早已形成，即使当时不兼任那些琐碎事务，难道会尽到匡正辅佐君主的职责吗？

十一月，甲午，上祀圆丘。赦天下。四方毋得献奇巧之物，其纤丽布帛皆禁之，焚其机杼。

丙申，西川节度使杜元颖奏南诏入寇。元颖以旧相，文雅自高，不晓军事，专务蓄积，减削士卒衣粮。西南戍边之卒，衣食不足，皆入蛮境钞盗以自给，蛮人反以衣食资之。由是蜀中虚实动静，蛮皆知之。南诏自嵯颠谋大举入寇，边州屡以告，元颖不之信。嵯颠兵至，边城一无备御。蛮以蜀卒为乡导，袭陷巂、戎二州。甲辰，元颖遣兵与战于邛州南，蜀兵大败，蛮遂陷邛州。

武宁节度使王智兴入朝。

诏发东川、兴元、荆南兵以救西川。十二月，丁未朔，又发鄂岳、襄邓、陈许等兵继之。

【译文】十一月，甲午日（十八日），文宗亲临圜丘祭祀；大赦天下。文宗还下诏杜绝各地进献制作特别精巧的东西，所有的细密华美的布帛一律不能生产，织造这类物品的纺织机也一律焚毁。

丙申日（二十日），西川节度使杜元颖向朝廷上奏南诏前来侵扰。杜元颖因为过去曾担任宰相，自认为文才高雅，自夸清高。他不懂得军政大事，却一意孤行为自己积蓄财产，削减士卒的衣食供给。西南戍边的士卒衣食不够，就都偷偷跑到南诏国境内劫掠盗取，以便自给自足，南诏国还赠送他们一些衣物和粮食，因此西川的动静虚实，南诏国都能了如指掌。南诏从嵯巅执掌朝政以来，就大规模入侵西川，西南的边防州郡屡次向杜元颖反映，可是杜元颖一概不相信；嶲巅的将兵到了边城，边防的城池竟然一点防备都没有。南诏军队以西川降卒为向导，偷袭占据嶲、戎二州。甲辰日（二十八日），杜元颖派兵马和他们在邛州南面交战，西川士兵大败；南诏乘胜占据邛州。

武宁节度使王智兴入京朝见文宗。

文宗李昂下诏征发剑南东川、兴元、荆南三道的兵马前去援救西川；十二月，丁未朔日（初一日），又征发鄂岳、襄邓、陈许等道的兵马继续支援。

以王智兴为忠武节度使。

己酉，以东川节度使郭钊为西川节度使，兼权东川节度事。

嶲巅自邛州引兵径抵成都。庚戌，陷其外郭。杜元颖帅众保牙城以拒之，欲遁去者数四。壬子，贬元颖为邵州刺史。

己未，以右领军大将军董重质为神策、诸道西川行营节度使，又发太原、凤翔兵赴西川。南诏寇东川，入梓州西郭。郭钊兵寡弱不能战，以书责嶲巅。嶲巅复书曰："杜元颖侵扰我，故兴兵报之耳。"与钊修好而退。

【译文】文宗李昂任命王智兴为忠武节度使。

己酉日（初三日），文宗任命东川节度使郭钊为西川节度使，暂时代理东川节度使。

嶲巅从邛州率兵攻打，径直抵达成都城下，庚戌日（初四日），攻陷成都的外城。杜元颖率领部众退守牙城，抵抗南诏军队，杜元颖多次想离城逃跑。壬子日（初六日），文宗贬杜元颖为邵州刺史。

己未日（十三日），文宗李昂任命右领军大将军董重质为神策、诸道西川行营节度使，又征调太原、凤翔的军队进驻西川。

南诏的军队又对东川进行侵犯，已经攻取东川节度使驻地梓州的西城。郭钊的军队实力寡弱，没有能力坚守驻地，于是写了一封书信斥责嵯巅入侵，嵯巅回复书信说："杜元颖侵扰我国边境，我国一定要派遣军队报复你们。"嵯巅和郭钊和好后率兵撤退。

资治通鉴

蛮留成都西郭十日，其始慰抚蜀人，市肆立堵。将行，乃大掠子女、百工数万人及珍货而去。蜀人恐惧，往往赴江，流尸塞江而下。嵯颠自为军殿，及大度水，嵯颠谓蜀人曰："此南吾境也，听汝哭别乡国。"众皆恸哭，赴水死者以千计。自是南诏工巧埒于蜀中。

嵯颠遣使上表，称："蛮比修职贡，岂敢犯边，正以杜元颖不恤军士，怨苦元颖，竞为乡导，祈我此行以诛虐帅。诛之不遂，无以慰蜀士之心，愿陛下诛之。"丁卯，再贬元颖循州司马。诏董重质及诸道兵皆引还。郭钊至成都，与南诏立约，不相侵扰。诏遣中使以国信赐嵯颠。

【译文】南诏军队驻留成都西城十天，开始的时候还能安抚蜀人，因此街市上的店铺安居乐业；只是要撤退的时候，才大肆劫掠妇女和各种工匠几万人，还有各种珍宝奇货撤退而去。西川百姓非常害怕，往往跳江而逃，水面的浮尸塞满长江往下流去。嵯巅亲自为军队殿后，走到大渡河，嵯巅对他们掳掠来的西川人说："从这里往南走，就进入我国境内。准许你们哭别故乡。"众人都痛哭流涕，跳水而死的人数以千计。从此南诏工人的手艺和蜀中一样好。

嵯巅派使者向文宗李昂上表，说："近年来，我国一直向贵国称臣交纳贡物，怎么敢擅自侵犯贵国边境？只是因为杜元颖不体恤本道士卒，士卒非常怨恨他，他们才争相来做我的向导，请求我派遣军队诛杀杜元颖。我没能杀死杜元颖，不能安慰蜀地军士的心，实现自己的诺言，希望陛下把杜元颖杀掉。"丁卯日（二十一日），文宗再贬杜元颖为循州司马。文宗下诏董重质及各道把增援西川的兵马都退回去。新任西川节度使郭钊抵达成都后，和南诏订立盟约，规定两国互不侵犯。文宗又下诏命令中使携带朝廷信件前往南诏国，递交给嵯巅。

【乾隆御批】元颖暗事召衅诚不足惜，然蛮人已袭陷诸州，而不声其内犯之罪，乃因表诛节帅。为之汲汲贬逐，措置若此，河北贼尚可去哉！

【译文】杜元颖糊里糊涂做了不明事理之事以致引火烧身，固然不值得可怜，然而蛮族已攻陷了诸州，却不以侵犯中原之罪声讨他们，只因蛮夷上表请求诛杀节度使而惶恐不安，急忙将节度使贬逐，如此处事，还有希望消灭河北叛匪吗？

太和四年（庚戌，公元八三零年）春，正月，辛巳，武昌节度使牛僧孺入朝。

戊子，立子永为鲁王。

李宗闵引荐牛僧孺。辛卯，以僧孺为兵部尚书、同平章事。于是，二人相与排摈李德裕之党，稍稍逐之。

南诏之寇成都也，诏山南西道发兵救之，兴元兵少，节度使李绛募兵千人赴之，未至，蛮退而还。

【译文】太和四年（庚戌，公元830年）春季，正月，辛巳日（初六日），武昌节度使牛僧孺入京朝见天子。

戊子日（十三日），文宗李昂册立皇子李永为鲁王。

宰相李宗闵向文宗推荐牛僧孺；辛卯日（十六日），文宗任命牛僧孺为兵部尚书、同平章事。牛僧孺、李宗闵二人一起排斥李德裕的党羽，逐渐把他们从朝廷中贬逐出去。

南诏攻打成都的时候，文宗下诏山南西道派兵前去救援，山南西道驻地兴元府的兵力太少，节度使李绛招募新兵一千人前往救援，他们还没有到达西川，南诏兵马已经撤走，新兵于是又返回兴元。

兴元兵有常额，诏新募兵悉罢之。二月，乙卯，绛悉召新军，谕以诏旨而遣之，仍赐以廪麦，皆怏怏而退。往辞监军，监军杨叔元素恶绛不奉己，以赐物薄激之。众怒，大噪，掠库兵，趋使牙。绛方与僚佐宴，不为备，走登北城。或劝缒而出，绛曰："吾为元帅，岂可逃去！"麾推官赵存约令去。存约曰："存约受明公知，何可苟免！"牙将王景延与贼力战死，绛、存约及观察判官薛齐皆为乱兵所害，贼遂屠绛家。

戊午，叔元奏绛收新军募直以致乱。庚申，以尚书右丞温造为山南西道节度使。是时，三省官上疏共论李绛之冤。谏议大夫孔敏行具孙叔元激怒乱兵，上始悟。

【译文】兴元府的兵力编制向来有严格的规定，朝廷诏命新招募的士兵一律遣返回家。二月，乙卯（初十日），李绛将新兵召集在一起，向他们传达朝廷的诏令，赏赐每人一些麦子，命令他们回家乡。新兵都闷闷不乐地退散，又前去与监军杨叔元辞别，杨叔元一向痛恨李绛不遵奉自己的命令，于是就以赏赐给新兵的麦子太少为由，故意煽动新兵，使他们对李绛不满。士兵都大怒，大声喧嚣吵嚷，然后抢夺仓库中的兵器，直向节度使衙门冲去。李绛正和自己的幕僚在一起饮酒宴乐，毫无防备，于是慌忙向北城跑去。有人劝说李绛从城上悬垂绳子缒下逃走，李绛对他说："我是节度使，怎能这样逃走呢？"命令推官赵存约赶快撤离。赵存约说："我之前受到您的赏识和重用，现在岂可自己苟且偷生，独自逃离呢？"牙将王景延和叛贼拼命厮杀而死，李绛、赵存约及观察判官薛齐都被乱兵所害；叛贼又杀死李绛全家。

戊午日（十三日），杨叔元向朝廷上奏说，李绛擅自收取招募新兵用的财物，因此导致新兵叛乱。庚申日（十五日），文宗李昂任命尚书右丞温造为山南西道节度使。这时，中书省、门下省、尚书省三省的官员一同上疏申诉李绛的冤屈；谏议大夫孔敏行把杨叔元激怒新兵从而使新兵作乱的事实经过详细地呈奏文宗，文宗这时才了解李绛被害的真相。

三月，乙亥朔，以刑部尚书柳公绰为河东节度使。先是，回鹘入贡及互市，所过恐其为变，常严兵迎送防卫之。公绰至镇，回鹘遣梅录李畅以马万匹互市，公绰但遣牙将单骑迎劳于境，至则大辟牙门，受其礼谒。畅感泣，戒其下，在路不敢驰猎，无所侵扰。

陉北沙陀素骁勇，为九姓、六州胡所畏伏。公绰奏以其酋长朱邪执宜为阴山都督、代北行营招抚使，使居云、朔塞下，捍御北边。执宜与诸酋长入谒，公绰与之宴。执宜神彩严整，进退有礼。公绰谓僚佐曰："执宜外严而内宽，言徐而理当，福禄人也。"执宜母妻入见，公绰使夫人与之饮酒，馈遗之。执宜感恩，为之尽力。塞下旧有废府十一，执宜修之，使其部落三千人分守之，自是杂虏不敢犯塞。

【译文】三月，乙亥朔日（初一日），文宗李昂任命刑部尚书柳公绰为河东节度使。之前，回鹘进献特产或进行商品交易时，凡是他们经过的地方，朝廷都担心回鹘兵士作乱，所以经常准备军队迎送防卫他们。柳公绰到镇赴任后，回鹘派梅录李畅带一万匹马来交易，柳公绰只派遣一名牙将骑马到边境上迎接慰问。梅录李畅抵达太原后，柳公绰命令士兵大开节度使衙门，接受梅录李畅的拜见。柳公绰的信任让李畅感动得哭泣，李畅警诫自己的属下，在沿途不准驰骋打猎，回鹘此行交易一点也没有侵扰百姓。

陉岭之北的沙陀人向来勇猛，九姓回鹘和六州胡人都被沙陀的骁勇折服。柳公绰向朝廷上奏，请求任命他们的酋长朱邪执宜为阴山都督、代北行营招抚使，批准他们迁居到云州、朔州的边塞，保卫河东的北方边境。朱邪执宜和沙陀的诸位酋长前来太原拜访柳公绰，柳公绰设宴招待他们。朱邪执宜神情严肃，进退很有礼貌，柳公绰对幕僚佐吏说："朱邪执宜外表看上去很严肃，可是内心宽容大度，言谈缓慢，但却言之成理，真是一个有福禄的人啊。"朱邪执宜的母亲妻子进入谒见，柳公绰让自己的夫人陪她们一起饮酒，赠送给她们一些礼物。朱邪执宜非常感激柳公绰对他的恩遇，表示愿意竭尽全力为他效劳。云州和朔州有过去残留的十一座废弃营栅，朱邪执宜命人把它们修好，分派他的部众三千人防守，从此在边境上游牧的退浑、回鹘、鞑靼、奚、室韦等蛮族部落都不敢轻易侵犯边塞。

温造行至襄城，遇兴元都将卫志忠征蛮归，造密与之谋诛乱者，以其兵八百人为牙队，五百人为前军，入府，分守诸门。己卯，造视事，飨将士于牙门，造曰："吾欲问新军去留之意，宜悉使来前。"既劳问，命坐，行酒。志忠密以牙兵围之，既合，唱

"杀!"新军八百馀人皆死。杨叔元起,拥造靴求生,造命囚之。其手杀绛者,斩之百段,馀皆斩首,投尸汉水,以百首祭李绛,三十首祭死事者,具事以闻。己丑,流杨叔元于康州。

癸卯,加淮南节度使段文昌同平章事、为荆南节度使。

【译文】温造前往山南西道赴任,走到襃城,遇见兴元都将卫志忠征讨蛮人回来,温造和卫志忠秘密商议诛讨叛乱的新兵,把卫志忠率领的八百部下作为牙队,另外五百人作为先锋,他们抵达兴元后,就进入节度使衙门,派士兵分别守住各道门。己卯日(初五日),温造上任办事,在牙门用酒肉犒劳众位将士,温造对他们说:"我想问问新军要走还是要留,应该把他们全部召集前来。"温造慰劳新兵后,命令大家都坐下,然后请他们喝酒。卫志忠悄悄派遣牙兵把新兵包围,包围完成后,他大喊一声:"杀!"八百多名新兵全部被杀死。杨叔元站起来,抱着温造的腿求饶,温造命令把他囚禁起来。那些亲手杀死李绛的人,都被斩成一百段,其余的新兵,也都被杀死,尸体被抛入汉江。温造下令取一百个新兵的首级来祭奠李绛,用三十个新兵的首级来祭奠因这次事变死去的人。温造又把这里发生的全部情况呈报文宗李昂。己丑日(十五日),唐文宗下令把杨叔元流放到康州。

癸卯日(二十九日),文宗李昂加封淮南节度使段文昌为同平章事,担任荆南节度使。

奚寇幽州。夏,四月,丁未,卢龙节度使李载义击破之。辛酉,擒其王茹羯以献。

裴度以高年多疾,恳辞机政。六月,丁未,以度为司徒、平章军国重事,俟疾损,三五日一入中书。

上患宦官强盛，宪宗、敬宗弑逆之党犹有在左右者。中尉王守澄尤为专横，招权纳贿，上不能制。尝密与翰林学士宋申锡言之，申锡请渐除其逼。上以申锡沉厚忠谨，可倚以事，擢为尚书右丞。秋，七月，癸未，以申锡同平章事。

资治通鉴

【译文】奚族人侵扰幽州。夏季，四月，丁未日（初三日），卢龙节度使李载义打败他们；辛酉日（十七日），李载义活捉奚王茹羯并献给文宗。

裴度因为年纪大身体多病，诚恳请求文宗批准自己辞去宰相职务。六月，丁未日（初五日），文宗任命裴度为司徒、平章军国重事，等他病稍好转，可三天或五天到中书门下办公一次。

文宗李昂担心宦官权势日益强盛，杀害唐宪宗、唐敬宗的宦官，还有服侍在文宗身边的；神策中尉王守澄尤其专横，招揽权势，接受贿赂，文宗根本没有办法控制他。文宗李昂曾秘密地和翰林学士宋申锡说到宦官专权这件事，宋申锡请求逐渐剪除他们的权势。文宗李昂认为宋申锡稳重忠实谨慎，可以依赖信任，于是提拔他为尚书右丞；七月，癸未日（十一日），文宗又任命宋申锡同平章事。

初，裴度征淮西，奏李宗闵为观察判官，由是渐获进用。至是，怨度荐李德裕，因其谢病，九月，壬午，以度兼侍中，充山南东道节度使。

西川节度使郭钊以疾求代，冬，十月，戊申，以义成节度使李德裕为西川节度使。

蜀自南诏入寇，一方残弊，郭钊多病，未暇完补。德裕至镇，作筹边楼，图蜀地形，南入南诏，西达吐蕃。日召老于军旅、习边事者，虽走卒蛮夷无所间，访以山川、城邑、道路险易广狭远近，未逾月，皆若身尝涉历。

【译文】起初，裴度率领军队征讨淮西吴元济叛乱时，向文宗奏请让李宗闵担任幕府的观察判官，从此李宗闵逐渐被提拔重用。到这时，李宗闵埋怨裴度向朝廷推荐李德裕，李宗闵趁着裴度因患病而提出辞职的机会，九月，壬午日（十一日），让文宗任命裴度兼任侍中、代山南东道节度使。

西川节度使郭钊因为身体有病，向朝廷请求派其他官员代替自己的职位，冬季，十月，戊申日（初七），文宗任命义成节度使李德裕为西川节度使。

西川自从遭受南诏侵犯劫掠，建筑残破，民生凋敝。郭钊因为身体多病，还没来得及对这里完治修补。李德裕到此地上任，派人修建筹边楼，绘制西川地形图，地形图南到南诏，西到吐蕃。李德裕每天召集在军中时间久、熟习边境事务的士兵，即使是士卒或夷人、蛮人也没有隔阂，向他们询问山川的形势、城邑的位置、道路的危险和宽窄远近等情况，不到一个月，就对此地了如指掌，他对每个地方熟悉得好像亲身去跋涉经历过一样。

上命德裕修塞清溪关以断南诏入寇之路，或无土，则以石垒之。德裕上言："通蛮细路至多，不可塞，惟重兵镇守，可保无虞。但黎、雅以来得万人，成都得二万人，精加训练，则蛮不敢动矣。边兵又不宜多，须力可临制。崔旰之杀郭英乂，张朏之逐张延赏，皆镇兵也。"时北兵皆归本道，惟河中、陈许三千人在成都，有诏来年三月亦归，蜀人恼惧。德裕奏乞郑滑五百人、陈许千人以镇蜀。且言："蜀兵脆弱，新为蛮寇所困，皆破胆，不堪征戍。若北兵尽归，则与杜元颖时无异，蜀不可保。恐议者云蜀经蛮寇以来，已自增兵，向者蛮寇已逼，元颖始捕市人为兵，得三千馀人，徒有其数，实不可用。郭钊募北兵仅得百馀人，臣复召募得二百馀人，此外皆元颖旧兵也。恐议者又闻一夫当关之说，以为清溪可塞。臣访之蜀中老将，清溪之旁，大路有三，自馀小径无数，皆东蛮临时为之开通，若言可塞，则是欺罔朝廷。要须大度水北更筑一城，迤逦接黎州，以大兵守之方可。况闻南诏以所掠蜀人二千及金帛赂遗吐蕃，若使二虏知蜀虚实，连兵入寇，诚可深忧。其朝臣建言者，盖由祸不在身，望人责一状，留入堂案，他日败事，不可令臣独当国宪。"朝廷皆从其请。德裕乃练士卒，葺堡鄣，积粮储以备边，蜀人粗安。

是岁，勃海宣王仁秀卒，子新德早死，孙彝震立，改元咸和。

【译文】文宗李昂命令李德裕修建清溪关以便切断南诏入侵的道路，如果没有土，就用石头堆积。李德裕向文宗上奏说："通到南诏那里的道路很多，没有办法全都堵塞，只有派遣重兵镇守此地，才能保证没有忧虑；只要朝廷从黎州、雅州招募一万人，从成都招募二万人，对他们加强训练，那么南诏必然不敢轻举妄动。镇守边塞的军队不适宜太多，关键是能够驾驭他们，使他们听从指挥。崔旰杀死郭英义，张朏赶走张延赏，依靠的都是边防戍守的军队。"这时北方各道援救西川的兵马大多都返回本道，只有河中、陈许的三千军队还在成都，朝廷颁下诏书命令他们明年三月也要撤回本道，因此西川人都非常害怕，心里不安，担心各道兵马一旦撤走，南诏会再次乘虚进犯西川。李德裕向朝廷上奏请求留郑滑五百人、陈许一千人，继续镇守西川；并且说："蜀兵生性怯懦，新近又被南诏打败，都吓破了胆，不能够让他们再担任征战戍防的工作。如果北方的军队全部撤回本道，那就和杜元颖担任西川节度使时一样，那么西川肯定难以保住。我忧虑朝廷可能有人议论,自从西川遭受南诏侵犯后,本道已经增派了兵力。直到南诏已经逼近西川,杜元颖才开始招募这里的市民为兵,总共招募三千多人,仅仅是有些数目罢了,他们实际上没有丝毫作战经验。郭钊又招募北方人,把他们充作士兵,结果只招募到一百多人,臣又招募到二百多人,除此之外,都是杜元颖的旧兵。臣担心议论的人又听过一夫当关、万夫莫开的话,认为清溪关可以阻隔南诏进攻,臣问过西川的老将,清溪关的旁边,有三条大路,其余的小径还有无数,这都是东蛮为南诏临时开通的道路。如果认为只要堵塞清溪关,就能阻挡南诏的侵扰,那就是欺骗朝廷。关键是应当在大渡河的北面再修筑一座城,蜿蜒接连到黎州,派遣重兵驻守,才可能阻挡南诏的侵犯。况且臣听说南诏把抢去的二千西川人以及金帛赠送给吐蕃,如果二虏(指南诏和吐蕃)知道了西川的虚实,联合军队前来侵扰,这确实令人担忧。那些说话的朝廷大臣,因为祸患不会加到他们的身上,臣希望朝廷责令他们把建议写成状子,留在政事堂存档,如果将来出了问题,有存档可查,不能让臣一个人来承担罪责。"文宗李昂完全依照他的请求。于是李德裕开始训练士兵,修建城堡亭鄣,积存粮食以备边防,西川百姓心里稍微安定一些。

这一年,渤海宣王大仁秀去世,他的儿子大新德早年死亡,他的孙子大彝震即位,改年号为咸和。

【乾隆御批】德裕在蜀治绩,实出杜黄裳、韦皋之上,独以门户恩怨之见,牢不可破,是以擘画,虽中机宜,而举措动多隔阂,况宗闵、僧孺辈乎。于此,见党人之祸人家国,可为深叹!

【译文】李德裕在蜀地的政绩,确实远在杜黄裳、韦皋之上,只是他独有的门户、党派之间的恩怨之见牢不可破，是以筹划谋略虽然切中时机，但行动却多掺杂隔阂与偏见，更何况李宗闵、牛僧孺之辈呢！由此可见，朋党之争祸国殃民，实为令人叹息之事！

太和五年（辛亥，公元八三一年）春，正月，丁巳，赐沧、齐、德节度名义昌军。

庚申，卢龙监军奏李载义与敕使宴于球场后院，副兵马使杨志诚与其徒呼噪作乱，载义与子正元奔易州。志诚又杀莫州刺史张庆初。上召宰相谋之，牛僧孺曰："范阳自安、史以来，非国所有，刘总暂献其地，朝廷费钱八十万缗而无丝毫所获。今日志诚得之，犹前日载义得之也。因而抚之，使捍北狄，不必计其逆顺。"上从之。载义自易州赴京师，上以载义有平沧景之功，且事朝廷恭顺，二月，壬辰，以载义为太保，同平章事如故。以杨志诚为卢龙留后。

【译文】太和五年（辛亥，公元831年）春季，正月，丁巳日（十八日），文宗李昂赐沧、齐、德节度使为义昌军节度使。

庚申日（二十一日），卢龙监军向文宗李昂上奏，节度使李载义在球场后院摆设酒宴招待朝廷派来的敕使，副兵马使杨志诚趁着这个机会与他的党羽喧嚷作乱，李载义就和他的儿子李正元逃奔易州。杨志诚又杀死莫州刺史张庆初。文宗召集宰相商量应对这件事的办法，牛僧孺说："幽州自从安禄山、史思明以来，一直割据一方，飞扬跋扈，实际上已不隶属朝廷管辖；穆宗李恒在位时，幽州节度使刘总暂时把那块土地进献给朝廷，朝廷花费了八十万贯钱却没有丝毫收获。如今杨志诚占领幽州，与上次李载义占据幽州一样，不如趁着这个机会朝廷派人前去安抚杨志诚，让他防守北方边境，防备奚、契丹对边境的侵犯，不要去计较他们对朝廷的态度。"文宗李昂依从这一建议。李载义从易州抵达京师，文宗因为李载义曾出兵协助平定横海李同捷叛乱，立下战功，事奉朝廷也很恭敬顺从，二月，壬辰日（二十三日），任命李载义为太保，仍兼任同平章事。任命杨志诚为卢龙留后。

◆臣光曰："昔者圣人顺天理，察人情，知齐民之莫能相治也，故置师长以正之；知群臣之莫能相使也，故建诸侯以制之；知列国之莫能相服也，故立天子以统之。天子之于万国，能褒善而黜恶，抑强而辅弱，抚服而惩违，禁暴而诛乱，然后发号施令而四海之内莫不率从也。《诗》云："勉勉我王，纲纪四方。"载义藩屏大臣，有功于国，无罪而志诚逐之，此天子所宜治也。若一无所问，因以其土田爵位授之，则是将帅之废置杀生皆出于士卒之手，天子虽在上，奚为哉！国家之有方镇，岂专利其财赋而已乎！如僧孺之言，姑息偷安之术耳，岂宰相佐天子御天下之道哉！◆

新罗王彦升卒，子景徽立。

【译文】◆臣司马光说："从前圣人顺从天理、了解人情，知道人民不能互相管理，所以才设置官吏统治百姓；了解群臣之间不能相互指使，所以建置诸侯控制他们；懂得诸侯国之间不能相互服从听命，所以设立天子去管理它们。天子对于天下的诸侯国来说，能褒扬有善行的人而罢黜作恶多端的人，压抑豪强而帮助弱小，抚慰顺服的人而惩罚叛乱的人，禁止暴虐的行为而诛杀作乱的人，然后发号施令，四海之内没有不顺从的。《诗经》上说："我们圣明智慧的天子，勤勉不懈，都是为了治理好国家。"李载义是保卫国土的大臣，对国家有功劳，没有犯罪而被杨志诚无缘无故驱逐，杨志诚这种图谋不轨的行为，文宗应当严惩不贷。如果对此事一点也不加以责问，反而将幽州节度使的职位授予他，藩镇节度使废立的生杀大权就都出于士卒之手，天子虽然高高在上，又起到了什么作用呢? 国家之所以设置藩镇，难道就是让各地节度使擅自占有当地的财赋吗? 像牛僧孺那样的处置藩镇事务的办法，不过是姑息偷安的方法，哪里是宰相辅佐天子治理天下的大道呢? "◆

新罗王金彦升去世，他的儿子金景徽即位。

上与宋申锡谋诛宦官，申锡引吏部侍郎王璠为京兆尹，以密旨谕之。璠泄其谋，郑注、王守澄知之，阴为之备。

上弟漳王凑贤，有人望，注令神策都虞候豆卢著诬告申锡谋立漳王。戊戌，守澄奏之，上以为信然，甚怒。守澄欲即遣二百骑屠申锡家，飞龙使马存亮固争曰："如此，则京城自乱矣! 宜召他相与议其事。"守澄乃止。

是日，旬休，遣中使悉召宰相至中书东门。中使曰："所召无宋公名。"申锡知获罪，望延英，以笏叩额而退。宰相至延英，上示以守澄所奏，相顾愕眙。上命守澄捕豆卢著所告十六宅宫市品官晏敬则及申锡亲事王师文等，于禁中鞫之；师文亡命。三月，庚子，申锡罢为右庶子。自宰相大臣无敢显言其冤者，独京兆尹崔琯、大理卿王正雅连上疏请出内狱付外廷核实，由是狱稍缓。正雅，翊之子也。晏敬则等自诬服，称申锡遣王师文达意于王，豫结异日之知。

【译文】文宗李昂和宋申锡计划诛杀宦官，宋申锡推荐吏部侍郎王璠为京兆尹，把文宗打算诛杀宦官的意图透露给他。王璠泄露了他们的计划，郑注、王守澄知道这一消息后，暗地里做好了防备工作。

文宗李昂的弟弟漳王李凑德才兼备，很有声望。郑注教神策都虞候豆卢著向文宗诬告宋申锡暗中谋划拥立漳王李凑为天子。戊戌日（二十九日），王守澄把这件事向文宗上奏，文宗以为这件事是真的，非常恼怒。王守澄要立即派遣二百个骑兵前去杀掉宋申锡家族的所有人，飞龙使马存亮竭力劝谏说："这样一来，京城必然会大乱！ 最好还是召集宰相一起来商议这件事。"王守澄这才作罢。

这天，是十日休假，文宗李昂派宦官召集所有宰相到中书省东门。宰相到中书省东门后，宦官说："陛下所召的人中没有宋申锡的名字。"宋申锡知道自己被人诬陷，遥望着延英殿，手执笏板磕头后退下离去。其他宰相前往延英殿，文宗把王守澄的奏疏拿给他们看，大家都用惊愕的眼光互视。文宗命令王守澄逮捕豆卢著奏告的十六宅宫市品官晏敬则以及宋申锡的亲事（常在左右的人）王师文等，将他们羁押在宫中接受审问；王师文听闻消息逃跑了。三月，庚子日（初二日），文宗罢免宋申锡的官职，任用他为右庶子。从宰相到大臣，几乎没有人敢上书为宋申锡辩冤，只有京兆尹崔琯、大理卿王正雅接连向文宗李昂上疏，请求将宫中审讯的结果交付御史台复核，因此审问才进行得稍微缓慢些。王正雅是王翊的儿子。晏敬则等承认豆卢著诬告的事情都是事实，声称宋申锡派王师文前去向漳王李凑传达他的想法，将来有一天会拥立漳王为皇帝。

狱成，壬寅，上悉召师保以下及台省府寺大臣面询之。午际，左常侍崔玄亮、给事中李固言、谏议大夫王质、补阙卢钧、舒元褒、蒋系、裴休、韦温等复请对于延英，乞以狱事付外覆按。上曰："吾已与大臣议之矣。"屡遣之出，不退。玄亮叩头流涕曰：

"杀一匹夫犹不可不重慎，况宰相乎！"上意稍解，曰："当更与宰相议之。"乃复召宰相入。牛僧孺曰："人臣不过宰相，今申锡已为宰相，假使如所谋，复欲何求！申锡殆不至此！"郑注恐覆案诈觉，乃劝守澄请止行贬黜。癸卯，贬漳王凑为巢县公，宋申锡为开州司马。存亮即日请致仕。玄亮，磁州人；质，通五世孙；系，义之子；元褒，江州人也。晏敬则等坐死用及流窜者数十百人，申锡竟卒于贬所。

【译文】审讯结束后，壬寅日（初四日），文宗李昂把太师、太保以下及台、省、府、寺的大臣全部召来当面询问。刚到午，左常侍崔玄亮、给事中李固言、谏议大夫王质、补阙卢钧、舒元褒、蒋系、裴休、韦温等再次请求在延英殿面见文宗，请求把审讯结果交付御史台复审。文宗说："我已和朝廷大臣商议过了。"好几次叫他们退下，他们都不肯退下。崔玄亮一边磕头，一边哭着说："杀掉一个百姓尚且要慎重，更何况是宰相呢？"文宗的怒气稍微消解一点，说："我会再和宰相商量。"于是又召宰相入宫前往延英殿，牛僧孺说："人臣的禄位，最高不过宰相，如今宋申锡已经做了宰相，假如他真的拥立漳王谋反，除了再给他宰相之位，他还能求些什么呢？臣认为宋申锡绝不会愚笨到这种地步！"郑注担心重审会暴露他们的欺诈行为，于是劝说王守澄奏请文宗尽快贬黜宋申锡。癸卯日（初五日），文宗贬漳王李凑为巢县公，贬宋申锡为开州司马。飞龙使马存亮清楚宋申锡含冤遭贬，可是自己没有能力替他申冤，同时也憎恨王守澄专横嚣张的气焰，就在当日向文宗请求退休回家。崔玄亮是磁州人；王质是王通的五世孙；蒋系是蒋义的儿子；舒元褒是江州人。晏敬则等近百人因这个案子受到牵连而被判处死刑或被流放他乡，宋申锡最后在贬谪之地去世。

【乾隆御批】申锡引用王璠不密害成，固皆自贻伊戚，特是文宗，既与谋诛宦寺，方且寄以腹心，乃反间一行，遂堕其术而不悟甚矣，其愦愦也。

【译文】宋申锡引荐王璠却不知保守秘密，致使谋划失败，这固然是宋申锡自招忧患，但就文宗来说，既然已与宋申锡合谋诛除宦官，刚刚将他当成心腹，仅仅一个反间计就让他的谋划失败并且迟迟不能醒悟，文宗未免太昏庸了。

夏，四月，己丑，以李载义为山南西道节度使，杨志诚为幽州节度使。

五月，辛丑，上以太庙两室破漏，逾月不葺，罚将作监、度支判官、宗正卿俸；亟命中使帅工徒，辍禁中营缮之材以葺之。左补阙韦温谏，以为："国家置百官，各有所司，苟为堕旷，宜黜其人，更择能者代之。今旷官者止于罚俸，而忧衅所切即委内臣，是以宗庙为陛下所私而百官皆为虚设也。"上善其言，即追止中使，命有司葺之。

丙辰，西川节度使李德裕奏遣使诣南诏索所掠百姓，得四千人而还。

【译文】夏季，四月，己丑日（二十一日），文宗李昂任命李载义为山南西道节度使，杨志诚为幽州节度使。

五月，辛丑日（初四日），文宗李昂因为太庙的两间房子破损漏雨，一年多还没有修补完，罚将作监、度支判官、宗正卿的薪俸；文宗又紧急诏令暂时停止宫中修建，由宦官带着工匠，用宫中修建用的材料去修整太庙。左补阙韦温向文宗劝谏，认为："国家设置百官，各有执掌，如果他们之中有人失职的话，应当对他撤职，另外挑选有才能的官员替代他。如今陛下对失职的官员仅仅是罚减俸禄，而太庙漏雨的事情却委任宦官去带人进行修补，陛下这样做，就是把太庙当作自己的私人财产，朝廷百官都只是形同虚设。"文宗认为他说得有道理，于是立刻命人把宦官追回，仍旧命令有关部门负责修补太庙。

丙辰日（十九日），西川节度使李德裕向文宗李昂上奏，本道派遣使者前往南诏索要南诏国劫掠的西川百姓，总计索回四千人。

秋，八月，戊寅，以陕虢观察使崔郾为鄂岳观察使。鄂岳地囊山带江，处百越、巴、蜀、荆、汉之会，土多群盗，剽行舟，无老幼必尽杀乃已。郾至，训卒治兵，作蒙冲追讨，岁中，悉诛之。郾在陕，以宽仁为治，或经月不笞一人，乃至鄂，严峻刑罚。或问其故，郾曰："陕土瘠民贫，吾抚之不暇，尚恐其惊；鄂地险民杂，夷俗慓狡为奸，非用威刑，不能致治。政贵知变，盖谓此也。"

西川节度使李德裕奏："蜀兵羸疾老弱者，从来终身不简，臣命立五尺五寸之度，简去四千四百馀人，复简募少壮者千人以慰其心。所募北兵已得千五百人，与土兵参居，转相训习，日益精练。又，蜀工所作兵器，徒务华饰不堪用。臣今取工于别道以治之，无不坚利。"

【译文】秋季，八月，戊寅日（十三日），文宗任命陕虢观察使崔郾为鄂岳观察使。鄂岳群山连绵，长江从这里流过，处在百越、巴、蜀、荆、汉会聚的地点，地方上有很多盗贼，抢劫来往行人的船只，无论老人还是儿童，只要被抓住，必定全部杀死。崔郾到任后，训练军队，制造兵器和战船，分派士兵前去追击讨伐盗贼，不到一年的时间，就将盗贼全部剿灭。崔郾在陕州，以宽大仁爱治民，有时一个月都不会鞭打责罚一人，等崔郾到鄂州上

资治通鉴

任，却用严刑酷法治民。有人询问这是什么缘故。崔郾说："陕州土瘠民贫，百姓生活穷困，我整天安抚慰问都怕来不及，唯恐惊扰了百姓；而鄂州地势险要，居民人种复杂，夷人的风俗崇尚剽掠狡诈，不对他们用重刑，就很难治理这里。为政贵在变通，说的就是这个道理。"

西川节度使李德裕向文宗上奏："西川对那些老弱病残的士兵，向来是到死都不进行裁减淘汰，臣命令立五尺五寸的标准，淘汰四千四百多人，又以这个标准招募一千名壮丁来安慰西川百姓的心。又在北方各道招募一千五百名士兵，和西川士兵掺杂在一起，对他们进行训练，军士一天比一天精良。西川工匠制造的兵器，只是讲究华丽的装饰而不能使用；臣现在在其他藩镇招募工匠制造兵器，这些兵器没有不坚韧锋利的。"

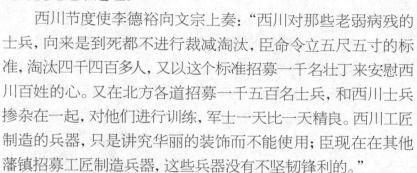

九月，吐蕃维州副使悉怛谋请降，尽帅其众奔成都。德裕遣行维州刺史虞藏俭将兵入据其城。庚申，具奏其状，且言"欲遣生羌三千，烧十三桥，捣西戎腹心，可洗久耻，是韦皋没身恨不能致者也！"事下尚书省，集百官议，皆请如德裕策。牛僧孺曰："吐蕃之境，四面各万里，失一维州，未能损其势。比来修好，约罢戍兵，中国御戎，守信为上。彼若来责曰：'何事失信？'养马蔚茹川，上平凉阪，万骑缀回中，怒气直辞，不三日至咸阳桥。此时西南数千里外，得百维州何所用之！徒弃诚信，有害无利。此匹夫所不为，况天子乎！"上以为然，诏德裕以其城归吐蕃，执悉怛谋及所与偕来者悉归之。吐蕃尽诛之于境上，极其惨酷。德裕由是怨僧孺益深。

冬，十月，戊寅，李德裕奏南诏寇嶲州，陷三县。

【译文】九月，吐蕃维州副使悉怛谋向朝廷请求投降，率领所有部下投奔成都；李德裕派遣代理维州刺史虞藏俭率领军队进入维州城驻守。庚申日（二十五日），李德裕把这些情形上奏朝廷，并且说："臣打算派遣三千未开化的羌族人，焚烧十三桥，随后派遣军队直捣吐蕃的心脏，从而洗刷安史之乱以来吐蕃侵占我朝边防疆域的耻辱，这也是前西川前节度使韦皋一生都在努力却没有实现的愿望。"文宗李昂将李德裕的奏折交给尚书省，然后召集百官前来商议此事，百官都向文宗请求准许李德裕的建议。牛僧孺说："吐蕃疆域辽阔，四面边境各达万里，就算损失维州，也不能削减它的势力。近来唐与吐蕃修好，双方已经约定共同削减边防戍守士兵，朝廷对戎夷族的外交策略，一向是信誉为先。如果陛下准许李德裕的建议，吐蕃就必然派人来责问说：'为什么不讲信义呢？'他们就会在原州的蔚茹川蓄养战马，派遣军队直趋平凉原，调派一万骑兵驻守回中，怒气冲冲地斥责我朝，可能不到三天时间，他们就会抵达咸阳桥头。这时就算在西南几千里外得到一百个维州又有什么用呢？如果按照李德裕的建议去做，只能让我国背弃信义，真是有百害而无一利呀。这是普通人也不会去做的事情，何况是陛下您呢？"文宗认为他说得有道理，于是下诏命令李德裕将维州归还吐蕃，把悉怛谋以及随同他一起降唐的人员全部逮捕送还吐蕃。吐蕃在边境上把悉怛谋等人全部杀了，手段极其残酷。李德裕从此更加憎恨牛僧孺。

冬季，十月，戊寅日（十四日），李德裕向朝廷上奏，南诏侵扰嶲州，攻占三县。

太和六年（壬子，公元八三二年）春，正月，壬子，诏以水旱降系囚。群臣上尊号曰太和文武至德皇帝。右补阙韦温上疏，以为:"今水旱为灾,恐非崇饰徽称之时。"上善之,辞不受。

三月,辛丑,以武宁节度使王智兴兼侍中,充忠武节度使;以邠宁节度使李听为武宁节度使。

回鹘昭礼可汗为其下所杀,从子胡特勒立。

李听之前镇武宁也,有苍头为牙将。至是,听先遣亲吏至徐州慰劳将士,苍头不欲听复来,说军士杀其亲吏,脔食之。听惧,以疾固辞。辛酉,以前忠武节度使高瑀为武陵节度使。

夏,五月,甲辰,李德裕奏修邛崃关及移巂州理台登城。

【译文】太和六年(壬子,公元832年)春季,正月,壬子日(十八日),文宗李昂下诏,鉴于各地水旱灾害特别严重,对所有监狱中关押的囚犯,全部予以减刑。群臣给文宗加上"太和文武至德皇帝"的尊号;右补阙韦温向文宗上疏,认为:"现在水旱造成灾害,恐怕不是推崇美饰陛下美好名声的时候。"文宗认为他说的建议很好,于是就推辞了尊号不接受。

三月,辛丑日(初八日),文宗任命武宁节度使王智兴兼任侍中,充任忠武节度使;文宗任命邠宁节度使李听为武宁节度使。

回鹘昭礼可汗被属下杀害,可汗的侄子胡特勒被拥立为可汗。

李听从前担任武宁节度使的时候,提拔自己的一个家奴担任牙将;到这时,李听接到任命,先派自己亲近信任的官吏到徐州慰劳将士,李听的这个家奴不希望他再回来担任武宁节度使,于是他就游说军士,杀死李听派来的官吏,残酷地把尸体切成碎块吃掉。李听听说这件事,非常害怕,以身体有病为借口,坚决请求辞去武宁节度使的职位。辛酉日(二十八日),文宗李昂任命前任忠武节度使高瑀为武宁节度使。

夏季，五月，甲辰日（十二日），李德裕向文宗李昂上奏本道修补邛崃关，同时把州刺史的驻地迁移到台登城。

秋，七月，原王逵薨。

冬，十月，甲子，立鲁王永为太子。初，上以晋王普，敬宗长子，性谨愿，欲以为嗣。会薨，上痛惜之，故久不议建储，至是始行之。

十一月，乙卯，以荆南节度使段文昌为西川节度使。西川监军王践言入知枢密，数为上言："缚送悉怛谋以快虏心，绝后来降者，非计也。"上亦悔之，尤中书侍郎、同平章事牛僧孺失策。附李德裕者因言"僧孺与德裕有隙，害其功。"上益疏之。僧孺内不自安，会上御延英，谓宰相曰："天下何时当太平，卿等亦有意于此乎！"僧孺对曰："太平无象。今四夷不至交侵，百姓不至流散，虽非至理，亦谓小康。陛下若别求太平，非臣等所及。"退，谓同列曰："主上责望如此，吾曹岂得久居此地乎！"因累表请罢。十二月，乙丑，以僧孺同平章事，充淮南节度使。

【译文】秋季，七月，原王李逵去世。

冬季，十月，甲子日（初五日），文宗立鲁王李永为太子。起初，文宗认为晋王李普是敬宗的长子，性情谨慎诚实，打算册立他为太子；不巧李普去世，文宗十分悲痛惋惜，很长时间没有再商议册立储君的事情，到现在才册立李永为太子。

十一月，乙卯日（二十七日），文宗李昂任命荆南节度使段文昌担任西川节度使。西川监军王践言进入京师担任枢密使，他多次向文宗进谏说："朝廷命令西川把吐蕃降将悉怛谋用绳索捆绑起来送归，这让吐蕃国特别痛快，但是以后恐怕没有人敢来归降我朝。"文宗对此事也很后悔，埋怨中书侍郎、同平章事牛僧孺对这件事的处理失策。亲附李德裕的官员趁此机会向文宗进言说："牛僧孺和李德裕之间有嫌隙，牛僧孺故意妨害李德裕立下功劳。"文宗听后更加疏远牛僧孺。牛僧孺心里感到不安。一天，正巧赶上文宗驾临延英殿，对宰相说："天下何时才太平，你们是否也有意图往这方面努力呢？"牛僧孺回答说："天下太平没有固定的标准。如今朝廷周边夷蛮之族还不至于侵犯我朝边境，国内百姓也不至于流离失所，无家可归，虽然现在没有达到天下大治的盛景，但是也可称得上是小康。如果陛下还不满足现在的形势，还想追求太平盛世，那就不是我们的能力所能达到的了。"牛僧孺退朝后，就对同事们说："君王如此责备抱怨我们，我们怎能久居此宰相之位呢？"因此他接连向文宗上表请求辞去宰相之位。十二月，乙丑日（初七日），文宗任命牛僧孺为同平章事，充任淮南节度使。

◆臣光曰：君明臣忠，上令下从，俊良在位，佞邪黜远，礼修乐举，刑清政平，奸宄消伏，兵革偃戢，诸侯顺附，四夷怀服，时和年丰，家给人足，此太平之象也。于斯之时，阍寺专权，胁君于内，弗能远也；藩镇阻兵，陵慢于外，弗能制也；士卒杀逐主帅，拒命自立，弗能诘也；军旅岁兴，赋敛日急，骨血纵横于原野，杼轴空竭于里闾，而僧孺谓之太平，不亦诬乎！当文宗求治之时，僧孺任居承弼，进则偷安取容以窃位，退则欺君诬世以盗名，罪孰大焉！"◆

珍王诚薨。

乙亥，昭义节度使刘从谏入朝。

【译文】◆臣司马光说："国君圣明并且臣子正直，上司颁布命令而下司服从命令；德才兼备的官员被朝廷委以重任，而奸邪作恶的小人被罢黜贬谪流放；国家制定的礼乐制度官员都能够严格地遵守执行，刑罚清明，政令公正；一些犯上叛乱的行为都被朝廷清除干净，国家的兵器放入府库，战马放归南山，地方诸侯也没有不服从朝廷诏令，边境的夷族都被朝廷安抚而顺从归服，百姓能够自给、富足，这就是太平盛世的景象。而现在宦官掌握大权，在宫中威胁君王，君王却不能够黜贬流放他们。藩镇节度使叛乱，在朝廷外欺凌天子，朝廷却未能讨伐制服他们；士兵或杀死或驱逐节度使，抗拒朝廷之命而自立为节度使，朝廷不能过问苛责他们；每年都发生战争，征收赋税日益急迫，原野上遍地尸骨，村子里织布机空自腐朽，而牛僧孺却认为这就是天下太平，难道不是在公然欺骗朝廷吗？当文宗李昂不知疲倦地奋发图强的时候，牛僧孺作为宰相，升职就苟且偷安，阿谀谄媚迎合皇帝，以此来获得宰相的职位，当他请求辞官时又欺骗天子，诬蔑时事以便盗取美好的名声，他的罪行确实是很大了！◆

珍王李诚去世。

乙亥日（十七日），昭义节度使刘从谏入京朝见文宗。

丁未，以前西川节度使李德裕为兵部尚书。

初，李宗闵与德裕有隙，及德裕还自西川，上注意甚厚，朝夕且为相，宗闵百方沮之不能。京兆尹杜悰，宗闵党也，尝诣宗闵，见其有忧色，曰："得非以大戎乎？"宗闵曰："然。何以相救？"悰曰："悰有一策，可平宿憾，恐公不能用。"宗闵曰："何如？"悰曰："德裕有文学而不由科第，常用此为慊慊，若使之知举，必喜矣。"宗闵默然有间，曰："更思其次。"悰曰："不则用为御史大夫。"宗闵曰："此则可矣。"悰再三与约，乃诣德裕。德裕迎揖曰："公何为访此寂寥？"惊曰："靖安相公令惊达意。"即以大夫之命告之。德裕惊喜泣下，曰："此大门官，小子何足以当之！"寄谢重沓。宗闵复与给事中杨虞卿谋之，事遂中止。虞卿，汝士之从弟也。

【译文】丁未日（十二月无此日），文宗李昂任命前任西川节度使李德裕为兵部尚书。

起初，李宗闵和李德裕有嫌隙，等到李德裕从西川返回京城，文宗对他非常关心，急于任命他为宰相，李宗闵千方百计阻止却没能够成功。京兆尹杜惊是李宗闵的同党，曾去拜见李宗闵，看见他面露忧愁之色，就说："是不是担心大戎（兵部掌管戎政，尚书是长官。故杜惊用隐语把李德裕叫作大戎）即将被任命为宰相？"李宗闵说："是的。但又有什么办法能够阻止他呢？"杜惊说："我有一个办法，可以平息旧怨，只是担心您不能采用。"李宗闵说："是什么办法呢？"杜惊说："李德裕很擅长文学，但没有通过科举考试而获得进士出身，因此经常感到遗憾，如果能让他掌管科举考试，他必定非常高兴。"李宗闵沉默了一会儿，说："再想想其他办法吧。"杜惊说："如果您不希望他掌管科举考试，就任命他为御史大夫。"李宗闵说："任命他为御史大夫可以实行。"杜惊再三和他约定，不能泄露消息，然后才去拜见李德裕。李德裕连忙作揖迎接说："您为什么会来看我这个寂寞的人呢？"杜惊说："靖安相公（李宗闵居住在靖安坊，因而用来称呼他）叫我转达他的意思。"就把要任命李德裕为御史大夫的事情告诉了他。李德裕高兴地流下眼泪，说："御史大夫是朝廷举行大礼时在宫门纠察百官班列的重要职务，作为晚辈，我怎么敢担当如此重任呢？"一再请他转达对李宗闵的感谢。李宗闵又和给事中杨虞卿商议这件事，事情又半途停止。杨虞卿是杨汝士的堂弟。

【乾隆御批】杜悰欲用一官羁縻德裕,此特为宗闵尽策平憾耳。若德裕已朝夕可望入相,岂转以知举与御史大夫为重哉?盖德裕之意:"以悰为宗闵谋主,故伪为惊喜寄谢,冀缓其倾陷之计。"史家乃谓德裕实艳羡科第清华,何异痴人说梦。然德裕之机诈,实亦可鄙矣。

【译文】杜悰想用一官半职来笼络李德裕,这不过是专门为李宗闵出谋划策以抚平其遗憾罢了。既然李德裕的相位指日可待,怎么又会看重一个小小的主考官或御史大夫之职呢?大概李德裕的用意是:"他知道杜悰是给李宗闵出谋划策的重要人物,所以便假意惊喜并致以谢意,希望能有一个缓兵之计,以延缓李宗闵一伙设计陷害他的阴谋实施进程。"史家却认为李德裕是羡慕主持科举考试这一虚名才感激李宗闵,这简直就是痴人说梦。然而李德裕的狡诈也实在是令人鄙视。

太和七年(癸丑,公元八三三年)春,正月,甲午,加昭义节度使刘从谏同平章事,遣归镇。初,从谏以忠义自任,入朝,欲请他镇。既至,见朝廷事柄不一,又士大夫多请托,心轻朝廷,故归而益骄。

徐州承王智兴之后,士卒骄悖,节度使高瑀不能制,上以为忧。甲寅,以岭南节度使崔珙为武宁节度使。珙至镇,宽猛适宜,徐人安之。珙,琯之弟也。

二月,癸亥,加卢龙节度使、检校工部尚书杨志诚检校吏部尚书。进奏官徐迪诣宰相言:"军中不识朝廷之制,唯知尚书改仆射为迁,不知工部改吏部为美,敕使往,恐不得出。"辞气甚慢,宰相不以为意。

【译文】太和七年（癸丑，公元833年）春季，正月，甲午日（初六日），文宗加封昭义节度使刘从谏为同平章事，教他返回藩镇。起初，刘从谏自命为忠义之士，入京朝见天子，想向朝廷请求调到别的藩镇；抵达京城后，他发现朝廷政事权柄不一，士大夫大多通过行贿做官升职，心里非常轻视朝廷，所以刘从谏返回后更加骄傲。

王智兴担任武宁节度使后，士卒骄横无礼，新任节度使高瑀没有办法控制那里，文宗李昂对此事十分忧虑。甲寅日（二十六日），文宗任命岭南节度使崔珙为武宁节度使。崔珙抵达武宁，处理问题宽大严厉恰到好处，武宁人心渐渐安定。崔珙是崔琯的弟弟。

二月，癸亥日（初五日），文宗李昂加封卢龙节度使、检校工部尚书杨志诚为检校吏部尚书。进奏官徐迪拜见宰相说："军中不知道朝廷制度，只知道尚书改仆射是迁调，不知道工部改吏部也是升官，如果朝廷派往幽州宣达任命的敕使抵达，我担心会被囚禁起来。"徐迪言辞高傲无礼，宰相却没有放在心上。

丙戌，以兵部尚书李德裕同平章事。德裕入谢，上与之论朋党事，对曰："方今朝士三分之一为朋党。"时给事中杨虞卿与从兄中书舍人汝士、弟户部郎中汉公、中书舍人张元夫、给事中萧澣等善交结，依附权要，上干执政，下挠有司，为士人求官及科第，无不如志，上闻而恶之，故与德裕言首及之。德裕因得以排其所不悦者。初，左散骑常侍张仲方尝驳李吉甫谥，及德裕为相，仲方称疾不出。三月，壬辰，以仲方为宾客分司。

【译文】丙戌日（二十八日），文宗李昂任命兵部尚书李德裕为同平章事。李德裕入朝谢恩，文宗和他谈论朋党的事情，李德裕回答说："当今朝廷的士大夫有三分之一是朋党。"当时给事中杨虞卿和堂兄中书舍人杨汝士、弟弟户部郎中杨汉公、中书舍人张元夫、给事中萧瀚等相互结交，关系密切；他们依附有权势的人，向上干涉宰相处理政事，向下阻挠有司工作，为读书人求取官职以及科举考试中榜及第等事情，没有不达到目的的，文宗李昂听见这些事很讨厌他们，所以文宗和李德裕谈论时，李德裕首先提到这方面的事。李德裕因而能够排除他不喜欢的人。起初，左散骑常侍张仲方曾经驳斥朝廷礼官给李德裕父亲李吉甫拟定的谥号太优，等到李德裕担任宰相，张仲方借口身体有病不上朝。三月，壬辰日（初五日），文宗任命张仲方为太子宾客分司东都。

【申涵煜评】朋党之论，前人已详，文宗不能别白是非，自奋乾断，而但为朋党所用，任其倾轧，迭为胜负，已徒临朝叹息，谓去此为难，岂尽朋党之过哉。

【译文】朋党之论，前人已经说得很详细，文宗不能识别是非，自奋干断，而只为朋党所用，任他倾轧，任他们先后为胜为负，自己只是上朝叹息，说去掉朋党很难，难道完全是朋党的过失吗？

杨志诚怒不得仆射，留官告使魏宝义并春衣使焦奉鸾、送奚、契丹使尹士恭。甲午，遣牙将王文颖来谢恩并让官。丙申，复以告身并批答赐之，文颖不受而去。

和王绮薨。

庚戌，以杨虞卿为常州刺史，张元夫为汝州刺史。它日，上复言及朋党，李宗闵曰："臣素知之，故虞卿辈臣皆不与美官。"李德裕曰："给、舍非美官而何！"宗闵失色。丁巳，以萧浣为郑州刺史。

夏，四月，丙戌，册回鹘新可汗为爱登里啰汩没密施合句禄毗伽彰信可汗。

【译文】杨志诚没有得到仆射的官职，非常愤怒，拘留朝廷派来的官告使魏宝义和春衣使焦奉鸾以及送奚、契丹两番的使者尹士恭等人；甲午日（初七日），杨志诚派遣牙将王文颖来京师拜谢并辞让朝廷授予的吏部尚书的官职。丙申日（初九日），文宗李昂将吏部尚书的任命书和对杨志诚辞职的批答授予王文颖，王文颖没有接受就离开京城返还幽州。

和王李绮去世。

庚戌日（二十三日），文宗李昂任命杨虞卿为常州刺史，张元夫为汝州刺史。过了几天，文宗又谈到朋党之事，李宗闵说："臣素来知道朝廷中究竟哪些人朋比为党，所以杨虞卿这些人都不授予美好的官职。"李德裕说："他们在这以前担任的给事中、中书舍人不是美好的官职是什么？这又是谁授予他们的官职呢？是谁在结成朋党呢？"李宗闵听出李德裕借机讽刺自己，顿时脸色都变了。丁巳日（三十日），文宗任命萧浣为郑州刺史。

夏季，四月，丙戌日（二十九日），文宗册封回鹘新可汗为爱登里罗汩没密施合句禄毗伽彰信可汗。

【康熙御批】人受天地之中，以生所谓公心也。公好公恶岂可阿徇？若曲附朋党，灭天理，丧人心，无所不至矣。士流读书明理，至于如此，尚不愧衾影哉？

【译文】人受生于天地之间，所以才会有公心的说法。大家的好恶怎么可以随意迎合呢？如果曲附朋党，泯灭天理，丧失人心，就会什么事情都做得出来。士人读书明理，还到这个地步，难道不觉得惭愧吗？

六月，乙巳，以山南西道节度使李载义为河东节度使。先是，回鹘每入贡，所过暴掠，州县不敢诘，但严兵防卫而已。载义至镇，回鹘使者李畅入贡，载义谓之曰："可汗遣将军入贡，以固舅甥之好，非遣将军陵践上国也。将军不戢部曲，使为侵盗。载义亦得杀之，勿谓中国之法可忽也。"于是，悉罢防卫兵，但使二卒守其门。畅畏服，不敢犯令。

壬申，以工部尚书郑覃为御史大夫。初，李宗闵恶覃在禁中数言事，奏罢其侍讲。上从容谓宰相曰："殷侑经术颇似郑覃。"宗闵对曰："覃、侑经术诚可尚，然论议不足听。"李德裕曰："覃、侑议论，他人不欲闻，惟陛下欲闻之。"后旬日，宣出，除覃御史大夫。宗闵谓枢密使崔潭峻曰："事一切宣出，安用中书！"潭峻曰："八年天子，听其自行事亦可矣！"宗闵愀然而止。

乙亥，以中书侍郎、同平章事李宗闵同平章事、充山南西道节度使。

【译文】六月，乙巳日（六月无此日），文宗李昂任命山南西道节度使李载义为河东节度使。先前，回鹘每次向朝廷进贡，所经过的地方，都放纵士兵对百姓残酷掠夺，州县官吏都不敢责问他们，只是组织兵力，加强防备。李载义到河东后，适逢回鹘使者李畅前来进贡，李载义对他说："可汗派将军来进贡以巩固舅甥情谊，不是派将军来欺凌蹂躏我国，将军不约束部下，放纵他们侵夺百姓，我只好派出军队诛杀他们，不要以为大唐的法律可以随意轻视而不需要遵守。"于是，李载义下令撤除所有防卫兵，只派两个士兵把守在门口。李畅对他非常敬畏，不敢再违犯唐朝的法令。

壬申日（十六日），文宗李昂任命工部尚书郑覃为御史大夫。起初，李宗闵痛恨郑覃在宫中多次与文宗交谈朝政的得失，奏请文宗罢免郑覃侍卫学士的职务。文宗从容地对宰相说："殷侑精通经学，他的水平与郑覃相差无几。"李宗闵回答说："诚然郑覃、殷侑的经术水平很高，然而他们议论朝政却不值得听取。"李德裕说："郑覃、殷侑的议论，别人不想听，只有陛下想听。"十天后，文宗的宣命下达，任命郑覃为御史大夫。李宗闵对枢密使崔潭峻说："朝廷对官员的任命都由陛下直接决策，还要中书门下有什么用呢？"崔潭峻说："陛下已经做了八年天子，任他自己去决策事情也可以。"李宗闵听后神色忧惧，马上停止不再说话。

乙亥日（十九日），文宗李昂任命中书侍郎、同平章事李宗闵为同平章事、充任山南西道节度使。

【乾隆御批】《书》称"威克爱克"，固行师不易之论，而推之控驭外夷为尤宜。观载义以二卒守门，回鹘即不敢犯令，其胜严兵防卫远矣。无识者约束所过州县，逢迎供顿，惟恐伤之，损望长骄，何足以言治体。

【译文】《书经》所称"威严胜过慈爱，就能成功，慈爱胜过威严，就难以成功"，这是行军本不可更改之论，而要将它推广到可以控制抵御外夷入侵就更适宜了。看李载义用两个士兵守卫城门而回鹘却不敢来侵略，远胜过重兵严防死守。那些没有远见的人只知道限制管束所过州县的兵力，甚至逢迎敌军给予供应，唯恐得罪了他们，徒然长了敌人的骄慢之气，而灭了自己的威风，这样还有什么资格谈论治国的纲领和要旨呢！

秋，七月，壬寅，以右仆射王涯同平章事、兼度支、盐铁转运使。

宣武节度使杨元卿有疾，朝廷议除代，李德裕请徙刘从谏于宣武，因拔出上党，不使与山东连结。上以为未可。癸丑，以左仆射李程为宣武节度使。

上患近世文士不通经术，李德裕请依杨绾议，进士试论议，不试诗赋。德裕又言："昔玄宗以临淄王定内难，自是疑忌宗室，不令出阁。天下议皆以为幽闭骨肉，亏伤人伦。向使天宝之末、建中之初，宗室散处方州，虽未能安定王室，尚可各全其生。所以悉为安禄山、朱泚所鱼肉者，由聚于一宫故也。陛下诚因册太子，制书听宗室年高属疏者出阁，且除诸州上佐，使携其男女出外婚嫁。此则百年弊法，一旦因陛下去之，海内孰不欣悦！"上曰："兹事朕久知其不可，方今诸王岂无贤才，无所施耳！"八月，庚寅，册命太子，因下制：诸王自今以次出阁，授紧、望州刺史、上佐；十六宅县主，以时出适；进士停试诗赋。诸王出阁，竟以议所除官不决而罢。

【译文】 秋季，七月，壬寅日（十七日），文宗任命右仆射王涯同平章事兼度支、盐铁转运使。

宣武节度使杨元卿身体有病，朝廷商议派官员代替他的职务，李德裕建议任命昭义节度使刘从谏为宣武节度使，就可以把刘从谏从昭义调出来，以避免他和崤山以东的割据藩镇勾结；文宗认为这样做不可行。癸丑日（二十八日），文宗任命左仆射李程为宣武节度使。

文宗忧虑近代文人不通经术，李德裕向文宗李昂请求依照杨绾的建议，进士只考策论，不再考诗赋。李德裕又说："从前玄宗李隆基凭借临淄王的身份平定内乱，玄宗即位后，对皇族子弟有疑心，还猜忌他们，不准许他们出宫担任中央和地方的职务；天下的议论都以为，天子这样做是囚禁自己的骨肉至亲，损害了儒家关于父子有亲的伦理准则。假使从前天宝末年、建中初年，宗室分散在四方州郡，虽然不一定能辅佐皇室安定太平，但是至少可以保全各自的性命；宗室之所以全部被安禄山、朱泚残害，就是因为聚居在一个宫中啊。陛下确实应当利用册立太子之际，下诏让皇族子弟中年纪已大而且亲属关系疏远的人出宫，任命他们为各州僚佐，让他们带着自己的家眷，离开宫廷，各自结婚成家立业；这样从玄宗以来沿袭了近百年的弊法，陛下一朝就给革除，天下无论是谁都会感到欢欣鼓舞！"文宗李昂说："这事朕很早就知道不合理，当今十六宅宫诸王中怎能没有德才兼备的人？只是没有机会施用罢了！"八月，庚寅日（初七日），文宗册封太子，趁此机会颁下制书：十六宅宫诸王从今以后按照辈分高低依次出宫，授予紧和望一级的州刺史、僚佐，十六宅宫的县主，也根据她们的年龄大小，出宫嫁人；进士停止考诗赋。诸王出宫的事，最终因朝廷在商议任命他们职务时意见不一致而作罢。

壬寅，加幽州节度使杨志诚检校右仆射，仍别遣使慰谕之。

杜牧愤河朔三镇之桀骜，而朝廷议者专事姑息，乃作书，名曰《罪言》，大略以为："国家自天宝盗起，河北百馀城不得尺寸，人望之若回鹘、吐蕃，无敢窥者。齐、梁、蔡被其风流，因亦为寇。未尝五年间不战，焦焦然七十馀年矣。今上策莫如先自治，中策莫如取魏，最下策为浪战，不计地势，不审攻守是也。"

【译文】壬寅日（十九日），文宗李昂加封幽州节度使杨志诚为检校右仆射；另外派使者去慰劳晓谕他。

杜牧对河朔的幽州、成德、魏博藩镇节度使桀骜不驯深感气愤，而朝廷商议对付他们的办法时，总是把应付迁就作为唯一策略。于是杜牧就撰写了一篇文章，名叫《罪言》，文章大意认为："国家自玄宗李隆基天宝年间盗贼兴起，河北一百多座城池没有剩下尺寸之地，人们看待那里，就好像是回鹘、吐蕃一样，没有人敢窥探并希望收复那里。淄青、宣武、淮西也受他们不良习气的熏染，纷纷与朝廷对抗，割据叛乱。从那时开始到现在，征伐不断，长达七十多年，几乎不出五年就要发生一次战争。现在朝廷打算收复河朔三镇，上策是整治朝廷内部，中策是率领军队攻打魏博，最下策就是草率出兵征讨，不顾虑地势是否对我军有利，不谨慎地制定进攻防守的方针策略。"

又伤府兵废坏，作《原十六卫》，以为："国家始踵隋制，开十六卫，自今观之，设官言无谓者，其十六卫乎！本原事迹，其实天下之大命也。贞观中，内以十六卫蓄养武臣，外开折冲、果毅府五百七十四，以储兵伍；有事则戎臣提兵居外，无事则放兵居内。其居内也，富贵恩泽以奉养其身，所部之兵散舍诸府。上府不越千二百人，三时耕稼，一时治武，籍藏将府，伍散田亩，力解势破，人人自爱，虽有蚩尤为帅，亦不可使为乱耳。及其居外也，缘部之兵被檄乃来，斧钺在前，爵赏在后，飘暴交捽，岂暇异略！虽有蚩尤为帅，亦无能为叛也。自贞观至于开元百三十年间，戎臣兵伍未始逆篡，此大圣人所以能柄统轻重，制部表里，圣算神术也。至于开元末，愚儒奏章曰：'天下文胜矣，请罢府兵。'武夫奏章曰：'天下力强矣，请搏四夷。'于是，府兵内铲，边兵外作，戎臣兵伍，湍奔矢往，内无一人矣。尾大中干，成燕偏重，而天下掀然，根萌烬燃，七圣旰食，求欲除之且不能也。由此观之，戎臣兵伍，岂可一日使出落铃键哉！然为国者不能无兵，居外则叛，居内则篡。使外不叛，内不篡，古今已还，法术最长，其置府立卫乎! 近代已来, 于其将也, 弊复为甚, 率皆市儿辈多赍金玉、负倚幽阴、折券交货所能致也。绝不识父兄礼义之教, 复无慷慨感概之气。百城千里, 一朝得之, 其强杰悁勃者则挠削法制, 不使缚己, 斩族忠良, 不使违己, 力壹势便, 罔不为寇。其阴泥巧狡者, 亦能家算口敛, 委于邪幸, 由卿市公, 去郡得都, 四履所治, 指为别馆。或一夫不幸而寿, 则戕割生人, 略币天下。是以天下兵乱不息, 齐人干耗, 靡不由是矣。呜呼! 文皇帝十六卫之旨, 其谁原而复之乎!"

【译文】杜牧又哀伤府兵制度败坏, 作《原十六卫》, 认为: "国家在建立之初沿袭隋朝的府兵制度, 设置十六卫, 统率府兵, 从现在来看, 设置官职而最没有意义的, 恐怕就是十六卫府了! 推求事情的本源, 它其实是国家安身立命的根本。贞观年间, 太宗李世民在朝廷设置十六卫在内用来蓄养武臣, 在外开设五百七十四座折冲、果毅府, 用来储备兵卒。一旦边防发生战争, 那么武臣率领军队在外面征战, 如果没有发生战争, 那么就解散军队, 让他们住在卫府。当他们居住在卫府的时候, 国家授予他们的俸禄和官爵, 足够用来奉养家眷, 他们统率的兵马也就散归各折冲、果毅府中。折冲、果毅府又分为三个等级, 上等不超过一千二百人, 春、夏、秋三季让士卒从事农耕生产, 冬季让他们进行军事训练。这样一来, 士卒的兵籍由折冲、果毅府来管理, 他们平时散居农田之间, 分散力量, 必然人人珍惜生命。所以这时候, 就算让蚩尤当统帅带领他们造反, 他们也不可能跟随叛乱。等他们统兵出征, 因统领的士卒收到檄文才前来, 士兵一方面对朝廷军法的惩治深感恐惧, 另一方面又受到朝廷加官进爵封赏的激励, 两方面因素相互制约, 相互影响, 即使是蚩尤担任统帅, 他们也不可能叛乱。从太宗贞观年间到玄宗开元年间的一百三十里，武臣兵卒从来没有叛逆篡夺，这是大圣人太宗能够恰当地运用皇权，平衡内外的军事力量，谋划神机妙算的缘故啊！到开元末年，有愚笨的儒者向天子上奏章说：'天下已经太平，请求废除府兵制。'武将向天子上奏章说：'天下武力很强，请求讨伐四周夷族，开拓疆域。'于是朝廷就废除府兵制，大力扩充边兵，朝廷的武将和士兵，都被派往边防，而内地就空虚。导致尾大不掉，军事上外重内轻，安禄山就是因此在幽州把持重兵，天下翻动，旧势力死灰复燃。从肃宗李亨以来一直到敬宗李湛，都因这种情况而日夜忧思难安。可是这个时候，再想讨伐他们，也毫无可能了。由此可知，对于武将和士兵，朝廷怎么能让他们有一日脱离朝廷的控制呢？国家不能缺少军队，而军队在外又容易发生叛变，在朝廷又容易受小人利用来篡夺皇位。要使得他们在外不叛变朝廷，在内不篡皇权，从古至今，最好的方法，恐怕就是建立府兵制度。近年来，朝廷任命节度使的弊端更为严重，商人及平民，只要他们能用重金向当权的宦官进行贿赂，就能得到朝廷任命；可是他们一点也不懂父兄礼义的教化，也没有慷慨激昂的义气。一百座城池，上千里的土地，一朝得到，那些强悍凶残违法悖乱的节度使，就会大肆搅扰朝廷法制，为了不受朝廷束缚，他们毫不在意地杀害正直贤德的幕僚；为了使自己的愿望实现，他们随意称兵叛乱，与朝廷对抗；那些阴险狡猾的节度使，还会对百姓施加重税，残酷盘剥，他们委派自己的亲信，向朝廷的权贵进行贿赂。这样一来，他们不断得到升迁，他们有的由卿大夫被提拔做国公，有的由一般的州郡被提拔到重要的都城。在管辖的地方，就像住在自家的府邸般逍遥快活。倘若他们中有一人活很长时间，那里的百姓就会被他随意宰割，从而流毒无穷啊。所以，天下至今战争不断，百姓穷困不堪，都是由此导致啊。唉！当年太宗文皇帝设立十六卫的意思，现在究竟还有谁能真正理解并重新恢复它呢？"

又作《战论》，以为："河北视天下，犹珠玑也；天下视河北，犹四支也。河北气俗浑厚，果于战耕，加以土息健马，便于驰敌，是以出则胜，处则饶，不窥天下之产，自可封殖。亦犹大农之家，不待珠玑然后以为富也。国家无河北，则精甲、锐卒、利刀、良弓、健马无有也，是一支，兵去矣。河东、盟津、滑台、大梁、彭城、东平，尽宿厚兵以塞虏冲，不可它使，是二支，兵去矣。六镇之师，厥数三亿，低首仰给，横拱不为，则沿淮已北，循河之南，东尽海，西叩洛，赤地尽取，才能应费，是三支，财去矣。咸阳西北，戎夷大屯，尽铲吴、越、荆、楚之饶以啖兵戍，是四支，财去矣。天下四支尽解，头腹兀然，其能以是久为安乎！今者诚能治其五败，则一战可定，四支可生。夫天下无事之时，殿寄大臣偷安奉私，战士离落，兵甲钝弊，是不蒐练之过，其败一也。百人荷戈，仰食县官，则挟千夫之名，大将小裨，操其馀赢，以虏壮为幸，以师老为娱，是执兵者常少，糜食常多，此不责实料食之过，其败二也。战小胜则张皇其功，奔走献状以邀上赏，或一日再赐，或一月累封，凯还未歌，书品已崇，爵命极矣，田宫广矣，金缯溢矣，子孙官矣，焉肯搜奇出死，勤于我矣！此厚赏之过，其败三也。多丧兵士，颠翻大都，则跳身而来，刺邦而去。回视刀锯，气色甚安，一岁未更，旋已立于坛墠之上矣，此轻罚之过，其败四也。大将兵柄不得专，恩臣、敕使迭来挥之，堂然将陈，殷然将鼓，一则曰必为偃月，一则曰必为鱼丽，三军万夫，环旋翔羊愰骇之间，虏骑乘之，遂取吾之鼓旗，此不专任责成之过，其败五也。今者诚欲调持干戈，洒扫垢污，以为万世安，而乃踵前非，是不可为也。”

【译文】杜牧又撰写了一篇《战论》，认为：“河北之于天下，就像珠玑一样；天下之于河北，就像四肢一样，相互联系而不可分割。河北风俗淳厚朴实，人们擅长打仗和耕种，河北藩镇只要打仗，往往大败敌军；而平时他们耕作劳动，生活也很富庶，不需要谋夺其他地方的物产，就可以供给自己。这就好比一个农家大户，虽然没有珠宝，还是生活富足。国家失去河北的话，就失去精良的盔甲、精锐的士兵、锋利的刀剑、优良的弓箭和矫健的战马，对于朝廷来说，这是第一肢，损失兵力。朝廷在河东、盟津、滑台、大梁、彭城、东平各地，全部驻扎重兵防止河北藩镇的叛乱，而不能派去做其他的工作，这是第二肢，军队没有了。六镇的军队，每年耗费三亿钱财，士卒什么也不做，只盼着朝廷运输衣食，淮河以北，黄河以南，东到海，西至洛，搜刮尽这片土地上的财物，才能供应耗费，这是第三肢，钱财没有了。国家在咸阳的西北巩固边防，也同样驻扎屯守重兵，为防备吐蕃的侵扰，朝廷把吴、越、荆、楚等地的赋税，全都用到这些地方作为军饷，这是第四肢，钱财耗尽了。天下的四肢全都去掉了，只剩下头和身子，难道靠这两者还能保有生命吗？现在朝廷真能够治好五种失败的弊端，那么一战就能安定天下，生长四肢。天下太平无事的时候，身负国家重任的大臣苟且偷安，只顾自己的利益，战士离散沦落，兵器不锋利，盔甲破损。这是朝廷没有注重军事训练的缘故，也是导致官军溃败的第一个原因。官军中作战的人只有一百，但是花名册上一千个士兵在领军饷，无论大将还是小兵，都公然聚敛公饷，吃掉空出的军饷；他们为了从中牟利，总是因为敌人的强大而高兴，而把官军的失败作为娱乐，所以，现在军中真正能上战场打仗的士兵很少，而虚耗军饷的士兵却非常多。这是朝廷没有查看军饷供给情形的缘故，也是导致军队出征败北的第二个原因。军队出战稍微取得一点胜利便大肆宣扬，向朝廷快速回报，虚报取得的战绩，请求朝廷丰厚的赏赐，有时朝廷一天赏赐两次，有时朝廷仅仅一个月里就赏赐两个官职，官军还没有胜利回转，而将士们的官阶已经被升迁得很高了，爵位也被升迁很高，田产住宅也在不断扩大，金银珍宝也堆积如山，甚至子孙后代的爵位都被授予，谁还再肯出生入死为朝廷效力呢？这是赏赐太丰厚的缘故，也是军队败北的第三个原因。军将出征讨伐失败，死伤大批士兵，丧失重要的城镇，可是他们逃回京城，朝廷却仅仅把他们贬为州刺史；他们对于国法军法，一点也不在意，神态自若，不超过一年半载，他们往往又被朝廷官复原职。这就是朝廷对败将惩处太轻的缘故，也是军队出征败北的第四个原因。朝廷派军队出征，大将无法独自行使兵权，朝廷派遣出使前线的宦官和监军轮番指手画脚，他们有的亲自率领军队，有的在前线亲自擂鼓督战，有的让主帅摆偃月阵，有的让主帅布下鱼丽阵，常常为作战部署争吵不断；这样一来，三军将士也不知该怎么做，官军常常在犹豫慌乱之中，被敌军骑兵趁机攻击，官军最终大败而归。这就是朝廷不能集中兵权的缘故，也是军队出征败北的第五个原因。现在朝廷真想派遣军队，洗刷过去的耻辱，但又依旧沿袭过去的弊政，那就跟目标在南方却又不断往北走是一个道理啊，根本没有可能达到预期目的的呀。"

又作《守论》，以为："今之议者咸曰：夫倔强之徒，吾以良将劲兵为衔策，高位美爵充饱其肠，安而不挠，外而不拘，亦犹豢扰虎狼而不指其心，则忿气不萌。此大历、贞元所以守邦也，亦何必疾战，焚煎吾民，然后以为快也！愚曰：大历、贞元之间，适以此为祸也。当是之时，有城数十，千百卒夫，则朝廷别待之，贷以法度。于是，乎阔视大言，自树一家，破制削法，角为尊奢，天子养威而不问，有司守恬而不呵。王侯通爵，越禄受之；觐聘不来，几杖扶之；逆息虏胤，皇子嫔之；装缘采饰，无不备之。是以地益广，兵益强，僭拟益甚，侈心益昌。于是，土田名器，分划殆尽，而贼夫贪心，未及畔岸，遂有淫名越号，或帝或王，盟诅自立，恬淡不畏，走兵四略以饱其志者也。是以赵、魏、燕、齐卓起大唱，梁、蔡、吴、蜀蹑而和之；其馀混涢轩嚣，欲相效者，往往而是。运遭孝武，宵旰不忘，前英后杰，夕思朝议，故能大者诛锄，小者惠来。不然，周、秦之郊，几为猎哉！大抵生人油然多欲，欲而不得则怒，怒则争乱随之，是以教笞于家，刑罚于国，征伐于天下，此所以裁其欲而塞其争也。大历、贞元之间，尽反此道，提区区之有而塞无涯之争，是以首尾指支，几不能相运掉也。今者不知非此，而反用以为经。愚见为盗者非止于河北而已，呜呼！大历、贞元守邦之术，永戒之哉！"

【译文】杜牧又撰写了《守论》，认为："如今，上奏朝廷的官员都说：'朝廷应当派遣精兵良将去震慑藩镇骄横跋扈的节度使，加封他们高官厚禄，让他们心里舒畅，不违反法律，让他们有自主权，不至于过分谨慎。就如同驯养虎狼一样，只要不违背它们的天性去驯教，它们就不会咆哮着胡乱伤人；这就是代宗李豫大历、德宗李适贞元年间朝廷安抚藩镇节度使，保持国家稳定的方法，又何必一定要通过武力来解决问题，让百姓受尽煎熬，然后才觉得快慰呢？我认为：大历、贞元之间，朝廷正是由于奉行这种方针而造成祸害。在那时候，管辖几十个城池、拥有几千个士兵的节度使，朝廷就对他们特别恩遇，犯了法也不用法律制裁他们。于是这些人目中无人，大言不惭，自建一家，破坏制度，修改刑法，以尊贵奢侈互相竞争，天子看着他们的势力一天天增大而不敢过问，有关部门为了一方安定，也不斥责他们。他们没有功劳而朝廷却超越等级授予王侯等通显的爵位，他们不主动到京城朝拜天子，朝廷还要赏赐给他们几杖，对他们加以抚慰。尤其是对长期割据的河北三镇，朝廷不仅不对其征讨，反而把公主嫁给他们的子孙，陪送的嫁妆也极尽豪华奢靡，没有不准备周全的。因为朝廷对藩镇节度使如此姑息迁就，所以他们的地盘逐渐扩展，军队实力一天天强大，节度使的骄横跋扈也越来越厉害，骄奢淫逸之心逐渐增长，国家的土地和爵位、法制几乎都被他们分割破坏，可是他们仍然一点也不满足，认为还没有达到自己的目标。以致有超越的名号出现，有的称帝，有的称王，随后他们又互相缔结盟约宣称独立，对朝廷的措施一点都不害怕，还派出军队四处侵略，以便满足他们的欲望。因此，赵、魏、燕、齐卓然而起，倡导于前，梁、蔡、吴、蜀，跟着响应；其余藩镇混杂在一起，高举兵器喧嚣。想要效法他们的节度使，到处都是。到宪宗孝武帝李纯时，宪宗早晚都没有忘记这事，和前后的英雄豪杰，晚上思考，早上商量，所以才能把势力大的节度使杀死铲除，对势力小的节度使施加恩惠使他归顺。不然，从京城长安到东都洛阳，差一点也要遭到劫掠啊！大概人一生来就有很多欲望，欲望一旦得不到满足就会愤怒气恼，一旦愤怒气恼，那么战争也就来了，因此一家一户要有教育和处罚后代子孙的方法，朝廷也要有对付藩镇的刑法和措施，天子治理国家，就应当征讨天下反叛之徒。这些措施和刑法，都是为了对付有欲望的人，阻止战乱才产生的。大历、贞元之间，完全违反这个道理，拿着小小的朝廷爵命，想阻止无穷的纷争，因此弄得首尾四肢，几乎不能互相指挥。现在朝廷中一些官员不仅不对这些情况进行批判，反而对这些奉若经典。我认为这样下去，恐怕割据的藩镇就不仅仅限于河北三镇了。呜呼！大历、贞元年间对藩镇姑息迁就的治国方针，要永远避免呀！"

又注《孙子》，为之序，以为："兵者，刑也；刑者，政事也；为夫子之徒，实仲由、冉有之事也。不知自何代何人分为二道曰文、武，离而俱行，因使缙绅之士不敢言兵，或耻言之；苟有言者，世以为粗暴异人，人不比数。呜呼！亡失根本，斯最为甚《礼》曰：'四郊多垒，此卿大夫之辱也。'历观自古，树立其国，灭亡其国，未始不由兵也。主兵者必圣贤、材能、多闻博识之士乃能有功，议于廊庙之上，兵形已成，然后付之于将。汉祖言'指踪者人也，获兔者犬也'，此其是也。彼为相者曰："兵非吾事，吾不当知。"君子曰："勿居其位可也！"

【译文】杜牧又为《孙子》作注解，撰写了一篇序，认为："甲兵是刑法；刑法就是政事；孔子的门徒，实际上只有仲由和冉有真正理解他的这种思想。不知道从哪一代开始，不知什么人，把本来同一的事物分为两途，叫作文、武，分道并行，因而文官不敢再谈论军事，甚至把谈论军政大事当作耻辱，如果有人谈论这些，其他的人就把他视为粗鄙无知之人，不愿再和他接近。呜呼！如今朝廷最大的问题，莫过于此！《礼记》上说：'四郊有许多军营堡垒，是卿大夫的耻辱。'自古以来，建国、灭国，从来没有不用甲兵。主持兵政的必定是圣贤、有才干、博学多闻的人才能有功劳,群臣应该在朝廷充分商议有关军事方面的问题,把战略方针商议好,然后再任命大将出征执行。汉高祖刘邦说'指示野兽踪迹的是人,猎获兔子的是狗',就是这个意思。如今有些宰相说:'军事与我没有关系,我不需要懂得。'君子就应当说:'你如果不懂军事,就不要担任宰相之职!'"

前邠宁行军司马郑注,依倚王守澄,权势熏灼,上深恶之。九月,丙寅,侍御史李款阁内奏弹注:"内通敕使,外连朝士,两地往来,卜射财贿,昼伏夜动,干窃化权,人不敢言,道路以目。请付法司。"旬日之间,章数十上。守澄匿注于右军,左军中尉韦元素、枢密使杨承和、王践言皆恶注。左军将李弘楚说元素曰:郑注奸猾无双,卵翼不除,使成羽翼,必为国患。今因御史所劾匿军中,弘楚请以中尉意,诈为有疾,召使治之,来则中尉延与坐,弘楚侍侧,伺中尉举目,擒出杖杀之。中尉因见上叩头请罪,具言其奸,杨、王必助中尉进言。况中尉有翼戴之功,岂以除奸而获罪乎!"元素以为然,召之。注至,蠖屈鼠伏,佞辞泉涌。元素不觉执手款曲,谛听忘倦。弘楚诇伺往复再三,元素不顾,以金帛厚遗注而遣之。弘楚怒曰:"中尉失今日之断,必不免它日之祸矣!"因解军职去。顷之,疽发背卒。王涯之为相,注有力焉,且畏王守澄,遂寝李款之奏。守澄言注于上而释之,寻奏为侍御史,充右神策判官,朝野骇叹。

【译文】前任邠宁行军司马郑注,依靠王守澄,权势熏人,文宗非常讨厌他们。九月,丙寅日(十三日),侍御史李款在紫宸殿上奏弹劾郑注:"郑注在宫中勾结宦官,在南衙勾结百官,他在两地往来奔走,接受他人贿赂,窥测朝廷动向,窃取朝政大权，人们对他的行为都敢怒而不敢言。请求朝廷准许把他交付御史台审查并予以治罪。"十天之中，他连续向文宗呈递几十封奏章。于是王守澄便把郑注藏匿在右神策军中，左神策军中尉韦元素、枢密使杨承和、王践言都憎恨郑注。左军将李弘楚劝谏韦元素说："郑注为人奸诈狡猾，天下无双；如果不趁着他还在卵壳的时候及时把他除掉，一旦等到他羽翼丰满，必定会成为国家的心腹大患。现在因为有御史弹劾他，他被迫躲藏在右神策军中。请求让我以您的名义去拜见郑注，借口说您身体有病，请他前来为您诊治，等他来了以后，中尉请他就座，我在旁边陪侍，一旦看到您用眼睛示意我，我就立刻把他抓出去杀掉。中尉随即进谏陛下，向陛下叩头请罪，把他之前的奸恶罪行一一向陛下禀告，届时，枢密使杨承和、王践言肯定会帮助您进言。更何况中尉您在宪宗元和末年还有拥立穆宗的功劳，怎么会因除奸而获罪呢？"韦元素认为他说的话很有道理，于是按李弘楚的计策召郑注前来。郑注到了后，态度非常谦卑，谄媚的话像泉水一样涌出来；韦元素听得入迷，不知不觉间亲切地拉住他的手，全神贯注，不知疲倦。李弘楚在一旁再三暗示韦元素动手，韦元素没有看他，还送给郑注许多金帛，然后让郑注回去。李弘楚发怒说："中尉您今天失去杀死郑注的机会，将来必然难免遭受他的陷害啊。"因此李弘楚毅然辞去军中职务离开；过了不久，李弘楚后背上长恶疮去世。王涯之所以能做宰相，是因为郑注出力帮忙，王涯畏惧王守澄的权势，因而把李款弹劾郑注的奏章压下来，没有交上去在朝廷上讨论。王守澄在文宗李昂面前替郑注辩护；文宗就赦免郑注。不久王守澄又奏请朝廷任命郑注为侍御史，充任右神策军判官。朝廷内外对此无不惊讶叹息。

甲寅，以前忠武节度使王智兴为河中节度使。

群臣以上即位八年，未受尊号。冬，十二月，甲午，上尊号曰太和文武仁圣皇帝。会有五坊中使薛季稜自同、华还言闾阎凋弊。上叹曰："关中小稔，百姓尚尔，况江、淮比年大水，其人如何！吾无术以救之，敢崇虚名乎！"因以通天带赏季稜。群臣凡四上表，竟不受。

庚子，上始得风疾，不能言。于是，王守澄荐昭义行军司马郑注善医。上征注至京师，饮其药，颇有验，遂有庞。

【译文】甲寅日（初一日），文宗李昂任命前任忠武节度使王智兴为河中节度使。

文宗即位八年，还没有接受尊号；冬季，十二月，甲午日（十二日），群臣给文宗加上"太和文武仁圣皇帝"的尊号。恰好五坊中使薛季稜从同州、华州回京，向文宗禀告民生凋敝。文宗叹息说："关中稍有丰收，百姓尚且如此，何况江、淮连年大水，百姓生活可想而知啊！我没有方法救他们，岂敢崇尚虚名？"于是赏赐薛季稜一条通天犀带。群臣共上四次表让文宗加上尊号，文宗最终没有接受。

庚子日（十八日），文宗李昂中风，不能开口说话。于是王守澄向文宗推荐昭义行军司马郑注，说他擅长医术；文宗召郑注到京师，吃了他开的药非常有效，于是，郑注开始受到文宗的宠爱。